Brian M. Fagan

DAS FRÜHE NORDAMERIKA

Brian M. Fagan

DAS FRÜHE NORDAMERIKA

Archäologie eines Kontinents

Übersetzt und für die deutsche Ausgabe
eingerichtet von Wolfgang Müller

Verlag C. H. Beck München

Der Übersetzung liegt folgende Ausgabe zugrunde:
Brian M. Fagan, Ancient North America. The Archaeology of a Continent

FÜR COLIN RIDLER
MIT DANK FÜR SEINE
ERMUTIGUNG UND INFORMATIONEN

Die Deutsche Bibliothek – CIP-Einheitsaufnahme

Fagan, Brian M.:
Das frühe Nordamerika : Archäologie eines Kontinents/
Brian M. Fagan. Übers. und für die dt. Ausg. eingerichtet
von Wolfgang Müller. – München : Beck, 1993
Einheitssacht.: Ancient North America ⟨dt.⟩

ISBN 3-406-37245-7
NE: Müller, Wolfgang [Bearb.]

ISBN 3 406 37245 7

Für die deutsche Ausgabe:

Satz und Druck: Appl, Wemding
Gedruckt auf säurefreiem, aus chlorarm gebleichtem
Zellstoff hergestelltem Papier
Printed in Germany

INHALT

Vierter Teil

DER HOHE NORDEN

Fünfter Teil

DER WESTEN

Sechster Teil

DAS ÖSTLICHE WALDLAND

Siebenter Teil

NACH KOLUMBUS

ANHANG

VORWORT

Dieses Buch faßt alles, was wir über die Vorgeschichte Nordamerikas wissen – von der Erstbesiedlung vor 15 000 Jahren bis zur europäischen Landnahme – zusammen, und zwar so, daß das aus den Befunden gewonnene Bild auch für den interessierten Laien nachvollziehbar ist. Es stützt sich auf die Ergebnisse der archäologischen Forschung, die in Tausenden von Büchern, Artikeln, vervielfältigten Tagungsprotokollen und Kurzberichten niedergelegt sind. Meine Recherchen führten mich zu Grabungsstätten und in Museen, ich besuchte Konferenzen und diskutierte mit Kollegen in jedem Winkel Nordamerikas. Vor uns liegt eine Reise in die Vergangenheit, zu deren Vorbereitung mir noch ein paar Sätze nötig scheinen.

Ich gehe davon aus, daß der Leser über einige Grundkenntnisse verfügt und über Ziele und Terminologie der Archäologie Bescheid weiß. Viele Details, insbesondere aus der methodologischen Schublade, die sich in der Fachliteratur nachschlagen lassen, sind um der Klarheit und Flüssigkeit willen ausgespart worden. Fachausdrücke habe ich auf das notwendige Minimum reduziert. Im Text finden sich Zitate und Verweise, die dem Leser Gelegenheit geben sollen, tiefer in die Materie einzudringen, sofern er es wünscht. Bei den zitierten Arbeiten handelt es sich in der Regel um Schlüsselwerke und Synthesen, deren Studium weitere Einzelheiten erschließt.

Naturgemäß ist ein Buch wie das vorliegende ein Kompromiß. Einerseits ist der zur Verfügung stehende Raum beschränkt, andererseits erwartet der Leser eine erschöpfende Darlegung. Wenn es darum geht, den gesamten Entwicklungsweg der Ersten Amerikaner zurückzuverfolgen, Querverbindungen aufzuzeigen und Zusammenhängen nachzuspüren, muß notgedrungen das eine oder andere Mosaiksteinchen aus dem lokalen Bereich auf der Strecke bleiben und manche Vergröberung hingenommen werden. Auch hier sei wiederum der Blick in die einschlägige Literatur empfohlen, die sich dann bald als dornenreiches Gestrüpp unterschiedlicher Lehrmeinungen, widersprüchlicher Fakten und komplexer Sachverhalte entpuppt.

Da es nicht in meiner Absicht lag, ein Handbuch für Wissenschaftler zu verfassen, habe ich manche Lokalkulturen etwas stiefmütterlich behandelt. Dort, wo es zum Verständnis des Ganzen angebracht schien, sind einige von ihnen in tabellarischer Form aufgelistet. Auslassungen und summarische Bündelung mußten aus Platzgründen in Kauf genommen werden, aber auch, weil vielen Feinunterscheidungen kaum allgemeine Relevanz zukommt. Archäologie ist, per se, eine Wissenschaft, die sich auf den örtlichen Kontext bezieht und begrenzte kulturhistorische Zusammenhänge untersucht. Regionalspezifische Darstellungen eignen sich aber dazu besser als ein Werk, das in erster Linie eine Gesamtübersicht bieten will.

In der letzten Zeit sahen sich Prähistoriker mit einer neuen, reizvollen Herausforderung konfrontiert – dem Versuch, Vorgeschichte nicht nur zu beschreiben, sondern auch in ihrem Wirkungsgefüge zu erklären. Jede Interpretation ist auf Widerlegbarkeit ausgerichtet, der Grundforderung für wissenschaftliches Argumentieren. Wo sie zu spekulativ erscheint, mag der Hinweis auf die Meinung anderer Sachverständiger genügen. Jedenfalls wäre es ziemlich töricht, dem Buch ein starres theoretisches Korsett überstreifen zu wollen, und so habe ich es unterlassen. Der erste Teil vermittelt in historischer Perspektive einen Blick in die archäologische Werkstatt. Diesem Vorspiel folgen bei Bedarf weitere Exkurse zu theoretischen Auseinandersetzungen. Wie ich hoffe, ist so eine Balance zwischen Schilderung und Erklärung entstanden – ein Spannungsbogen, der deskriptive Erfordernisse in die Gesamtschau nordamerikanischer Urgeschichte versöhnlich einfügt.

Meiner festen Überzeugung nach gehört auch die Beschäftigung mit dem katastrophalen Kulturwandel, der nach der Kolonisierung Amerikas durch Europäer einsetzte, in ein Buch über die neuweltliche Vor- und Frühgeschichte. Ansonsten wird hier eine isolationistische Haltung eingenommen, die, gestützt auf Fakten, populären Vorstellungen über die außeramerikanische Entstehung mancher Kulturelemente bis hin zu Migrationsschüben aus anderen Gegenden des Erdballs entgegentritt.

Nicht wenige Grabungen erfolgen heute im Gewand des sogenannten «Cultural Resource Management» (CRM). Ich erspare mir, Ansatz und Geschichte dieser Art Archäologie auszubreiten oder zu kritisieren, denn damit wäre ein eigener Band zu füllen. Das CRM hat eine Flut von Veröffentlichungen gezeitigt, die bisher leider überwiegend in Form von Vortragsmanuskripten oder Vervielfältigungen vorliegen und nur einem kleinen Kreis von Auserwählten zugänglich sind. Lediglich eine Handvoll Forscher weiß, daß jene «Schattenliteratur» überhaupt existiert. Unbeabsichtigte Lücken in meiner Darstellung sind diesem Umstand geschuldet.

Generell habe ich es vermieden, in dem Buch unveröffentlichtes Material zu bringen, es sei denn mit schriftlicher Einwilligung des betreffenden Archäologen. Aus wissenschaftlicher Sicht ist solches Material nicht verifizierbar und mußte daher, selbst wenn es wertvolle Aufschlüsse verspricht oder traditionell akzeptierte Sachverhalte in Frage stellt, unterdrückt werden. Unseligerweise, oft auch unnötigerweise, zirkulieren wesentliche Beiträge zum Verständnis bestimmter Zusammenhänge nur in abgeschotteten akademischen Logen, oder ihre Herausgabe verzögert sich – zum Schaden für die interessierte Öffentlichkeit und die fachliche Diskussion. Es gilt also klar herauszustellen, daß sich meine Arbeit, von einigen wenigen Ausnahmen abgesehen, auf Quellen stützt, die jedermann zugänglich sind.

Unser Ausflug in die Vergangenheit wird viele Fragen beantworten, andere aber offen lassen. Noch immer ist unsere Kenntnis der nordamerikanischen Urgeschichte in mancherlei Hinsicht lückenhaft. Alarmieren muß vor diesem Hintergrund die Feststellung, daß die frühen Zeugnisse der Ersten Amerikaner in immer größerem Ausmaß der Zerstörung preisgegeben sind, trotz ihres Wertes für die Wissenschaft und nicht zuletzt auch für die Bewahrung der kulturellen Identität heutiger Indianer und Eskimos. Sammler, Schatzsucher, die Auswirkungen der industriellen Zivilisation und sogar ungelenkte Touristenströme fordern Tribut von den archäologischen Denkmälern. Ich wünsche mir, daß das Buch als Chronik unnachahmlicher menschlicher Leistungen und brillanter kultureller Schöpfungen verstanden wird. Bitte, tun Sie alles, um Plünderungen und Andenkenjagd zu verhindern! Überzeugen Sie andere Menschen, daß die stummen Zeugen aus den Nebeln der Geschichte wertvoll, selten und erhaltenswürdig sind! Es wäre eine Tragödie, wenn uns unsere Enkel anklagten, zugelassen zu haben, daß sie unwiederbringlich verlorengingen. Leider sieht es so aus, als könnte dies geschehen.

Santa Barbara, Kalifornien — Brian M. Fagan

EIN HINWEIS ZUR DATIERUNGS-PROBLEMATIK

Bis vor kurzem haben nur sehr wenige Archäologen mit Radiokohlenstoffdaten gearbeitet, die mittels dendrochronologischer Befunde geeicht wurden. Deshalb beruhen alle Datierungen in diesem Buch, sofern nicht eigens gekennzeichnet, auf unkalibrierten Werten. Die Zeittabellen am Anfang einiger Kapitel enthalten in gesonderten Spalten geeichte Angaben zum Vergleich.

Einem besseren Verständnis soll die folgende Übersicht dienen. Sie gründet sich auf die grundsätzliche Bestimmung des Gegenstandes von Jeffrey Klein, J. C. Lerman, P. E. Damon und E. K. Ralph: Calibration of Radiocarbon Dates: Tables Based on the Consensus Data of the Workshop on Calibrating the Radiocarbon Time Scale. In: Radiocarbon, 1982, 24 (2) 103–149.

Eichtabelle für Radiokohlenstoffdaten

Radiokohlenstoffalter	Kalibrierter Zeitrahmen
1500 u. Z.	1300–1515 u. Z.
1000	870–1230
500	265–640
1	175 v. Chr.–235 u. Z.
500 v. Chr.	820–400 v. Chr.
1000	1530–905
1500	2345–1660
2000	2830–2305
2500	3505–2925
3000	3950–3640
3500	4545–3960
4000	5235–4575
4500	5705–5205
5000	6285–5445
vor 5500	außerhalb exakter Kalibrierung

ERSTER TEIL

DER HINTERGRUND

«Kein Toter entsteigt seinem Grab und beantwortet unsere Fragen. Doch will es scheinen, als ertöne, wie Carl von Linné es empfand, nun da alles stillgeworden ist, ein Wispern, das von den materiellen Hinterlassenschaften, unvergänglich oder nur langsam zerfallend, ausgeht.»

Björn Kurtén
How to Deep-Freeze a Mammoth (1984)

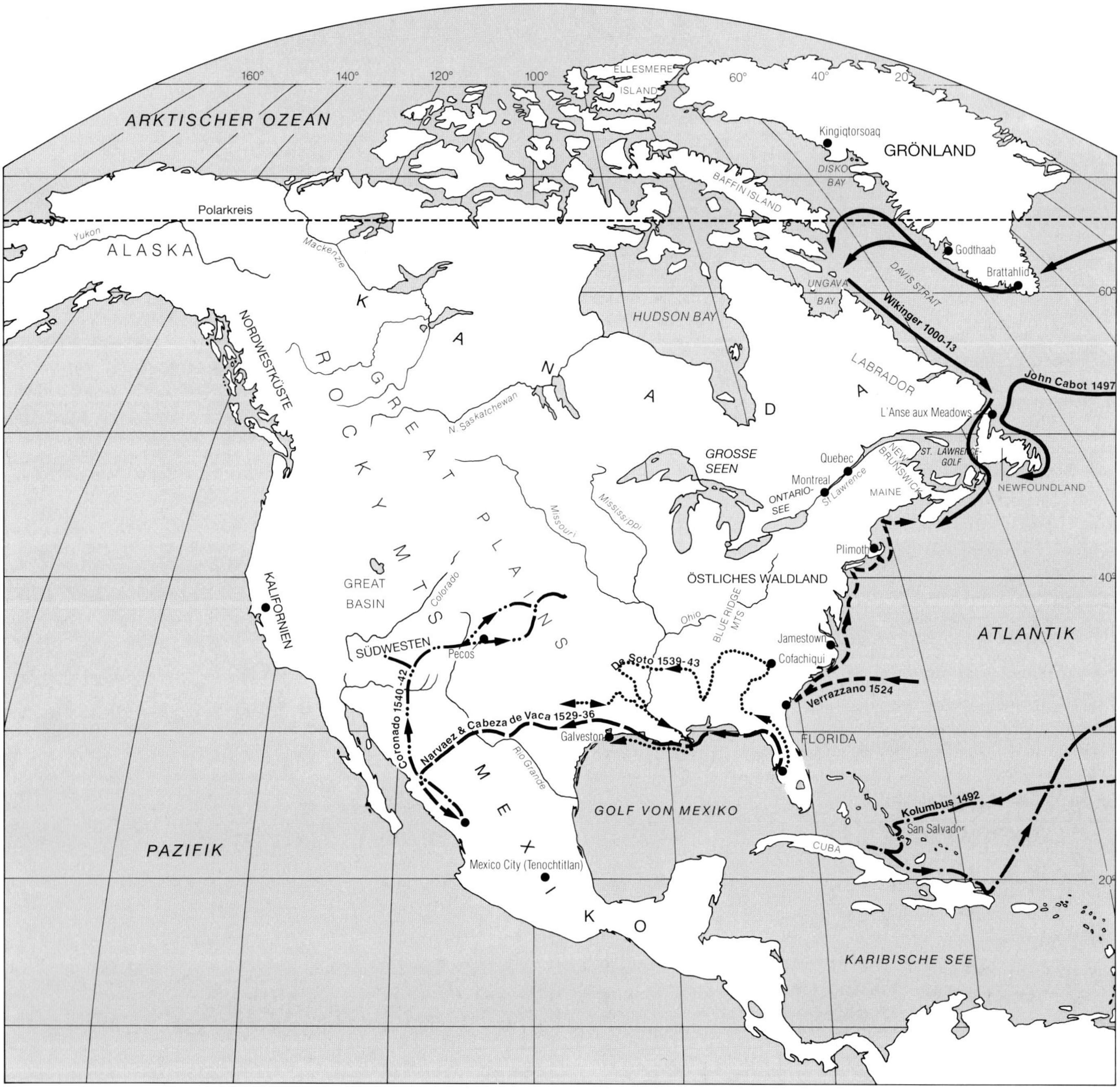

ARKTISCHER OZEAN
160°
140°
120°
100°
60°
40°
20°
ELLESMERE ISLAND
GRÖNLAND
Kingiqtorsoaq
DISKO BAY
BAFFIN ISLAND
Polarkreis
Yukon
ALASKA
Mackenzie
Godthaab
Brattahlid
UNGAVA BAY
DAVIS STRAIT
HUDSON BAY
Wikinger 1000-13
K A N A D A
NORDWESTKÜSTE
ROCKY MTS
GREAT PLAINS
LABRADOR
John Cabot 1497
N. Saskatchewan
L'Anse aux Meadows
GROSSE SEEN
Quebec
Montreal
ONTARIO-SEE
St. Lawrence
NEW BRUNSWICK
ST. LAWRENCE-GOLF
NEWFOUNDLAND
MAINE
Missouri
Mississippi
Plimoth
GREAT BASIN
Colorado
KALIFORNIEN
ÖSTLICHES WALDLAND
Ohio
BLUE RIDGE MTS
ATLANTIK
SÜDWESTEN
Pecos
Jamestown
De Soto 1539-43
Cofachiqui
Verrazzano 1524
Coronado 1540-42
Narvaez & Cabeza de Vaca 1529-36
Galveston
FLORIDA
Rio Grande
MEXIKO
GOLF VON MEXIKO
Kolumbus 1492
San Salvador
CUBA
PAZIFIK
Mexico City (Tenochtitlan)
KARIBISCHE SEE

1. DIE ENTDECKUNG

Etwa um das Jahr 982 n. Chr., der genaue Zeitpunkt ist umstritten, machte sich der Isländer Eirik Thorvaldsson auf, jene geheimnisvollen Länder zu suchen, die manchmal schemenhaft am fernen Horizont erschienen, wenn auf See der Wind von Norden wehte. Drei Jahre später brachte der vom Thing Geächtete Geschichten über einen fruchtbaren Flecken Erde, wo es Fische im Überfluß gab und sich saftige Weiden dehnten, nach Hause zurück. Eirik taufte seine Entdeckung Grönland, grünes Land, ein Name, der bis heute geblieben ist.

986 nahmen 25 Bootsmannschaften, die Eirik, den man seiner Haare wegen den «Roten» nannte, überredet hatte, mit ihm auf die große Insel zu kommen, Kurs auf Grönland. Dort gründeten die Siedler das kleine, abgelegene Brattahlid im Südwesten und Vestribygd, die «Westliche Niederlassung», 644 km weiter nördlich. Über Jahrhunderte dienten diese Weiler den Wikingern als Stützpunkte für Ausfahrten in den hohen Norden, vorbei an eisgepanzerten Fjorden und Inseln bis zu den Grenzen des Arktischen Ozeans. Drachenboote überwanden die 300 m breite Davis-Straße und ankerten vor den Küsten Baffinlands, Labradors und an Gestaden noch weiter im Süden.

Die umtriebigen, abenteuerlustigen Grönländer bestellten den Boden, züchteten Schafe und Rinder, fischten und jagten zu Lande wie zu Wasser. Zuallererst aber waren sie Seeleute, die jeden Winkel ihrer neuen Heimat bis hin zu den *Ubygdir,* den «unbewohnten Breiten» jenseits des Gesichtskreises, immer wieder erforschten.

Spärlich ist die Kunde von den Expeditionen wagemutiger Männer (und Frauen) ins Unbekannte. Lediglich zwei isländische Überlieferungen, die *Grönlændernessaga* und die *Eirikssaga,* mindestens 200 Jahre später niedergeschrieben und oft als Vinland-Erzählungen zusammengefaßt, schildern äußerst vage und kaum weniger widersprüchlich die Westfahrten kühner Pioniere. Unglücklicherweise kann man historische Fakten und Fantasie, geografische Information und Fiktion, mehrfach kopiert und mit allerlei Beiwerk ausgeschmückt, kaum auseinanderhalten (Wahlgren, 1986).

Die *Grönlændernessaga* erzählt von einem jungen Handelsreisenden namens Bjarni Herjolfsson, der mit reicher Fracht von Norwegen kommend wieder in Island eintraf. Hier erfuhr er, daß sein Vater mit Eirik dem Roten nach Grönland aufgebrochen sei. Bjarni folgte ihnen, verirrte sich aber in einer Nebelbank. Tage oder Wochen später sichtete seine Crew eine flache, waldbedeckte Küste, die gen Osten wies. Den Männern wurde klar, daß sie unmöglich Grönland erreicht haben konnten, und sie änderten daher den Kurs nach Norden. Neue Wälder tauchten auf, dann eine Insel, von deren Bergen Gletscher ins Meer züngelten. Bjarni ließ darauf nach Osten wenden, segelte durch die Davis-Straße und gelangte so sicher an sein Ziel.

(Gegenüber) Routen der frühen europäischen Entdecker in und um Nordamerika.

Ungefähr 15 Jahre später, um 990, brach Leif Eiriksson, ein Sohn Eiriks des Roten, zur Erkundung des Westens auf. Er fuhr an Bjarni Herjolfssons Gletscherinsel vorbei, wandte sich dann aber nach Süden. Leif und seine 35 Kameraden überwinterten an einem geschützten Ort, an dem zu ihrer Freude Weintrauben wuchsen. Nach ungewöhnlich mildem Winter erforschten sie die Umgebung, schlugen Holz und kehrten nach Grönland heim. Die neu entdeckten Gebiete nannte Leif Eiriksson *Helluland,* «Steintafelland», eventuell Baffin Island oder Nord-Labrador, *Markland,* «Waldland», möglicherweise Ost-Labrador oder Neufundland, und *Vinland,* «Weinland», über dessen Lage kontroverse Auffassungen kursieren. Nach sorgfältiger Auswertung der Sagas kommt Erik Wahlgren (1986) zu dem Schluß, daß Leif Eiriksson unweit der Passamaquoddy Bay, nahe der Grenze des US-Bundesstaates Maine zum kanadischen New Brunswick, sein Winterlager Leifsbudir aufschlug. Die Reben, die das Entzücken seiner Männer hervorriefen, stammten, so Wahlgren, von dem in den Neuenglandstaaten weitverbreiteten Wilden Wein. Andere glauben, gestützt auf eine isländische Karte aus dem 16. Jh., daß Vinland identisch mit Neufundland sei, und daß Leif seinen Bericht mit Weintrauben «würzte», um potentielle Siedler zu beeindrucken (McGhee, 1984).

Leif Eiriksson kehrte nie wieder nach Vinland zurück. Doch sein Bruder Thorvald trat in die Fußstapfen des Entdeckers. Er rüstete eine Expedition aus, die zwei Jahre den Unbilden der Wildnis trotzte. Scheinbar verschlug es ihn zur Bay of Fundy, wo er bei einem Scharmützel mit Einheimischen getötet und begraben wurde. Der Kaufmann Thorfinn Karlsefni aus Island schaute als nächster in Vinland vorbei. Mit 60 Begleitern suchte er Leifs verlassene Winterunterkünfte auf und trieb Handel mit den dort lebenden Indianern. Es gab Kämpfe, die auf beiden Seiten Todesopfer forderten. Nach zwei Wintern, vielleicht um das Jahr 1012, ließ Thorfinn Segel setzen und fuhr nach Grönland. In den folgenden drei Jahrhunderten kam es vermutlich zu weiteren (nicht dokumentierten) Vinland-Törns, wahrscheinlich um Holz zu fällen, das auf Grönland knapp war (McGhee, 1984).

Auf den Spuren der Wikinger in Nordamerika

Archäologen haben fleißig nach Anzeichen früher skandinavischer Ansiedlung in Nordamerika Ausschau gehalten. Natürlich begleiteten auch die üblichen Fantastereien Unberufener und Wichtigtuer die Spurensuche. So wurde behauptet, der geheimnisumwitterte Newport-Turm auf Rhode Island oder der 1898 in Minnesota geborgene Kensington-Runenstein seien das Werk altnordischer Amerika-Fahrer. Doch hat keines dieser angeblichen «Belegstücke» wissenschaftlicher Prüfung standgehalten (Wahlgren, 1986).

Als die Gebiete, wo man am ehesten Niederlassungen der Nordmänner erwarten kann, gelten Nord-Labrador und Neufundland. Tatsächlich kamen bislang lediglich aus L'Anse aux Meadows im nördlichen Neufundland archäologische Zeugnisse ans Licht, die zweifelsfrei den Aktivitäten von Skandinaviern zuzuordnen sind. Der Norweger Helge Ingstad und seine Frau Anne Stine stießen dort auf die Überreste von acht Grassodenhäusern. Die Behausungen befanden sich

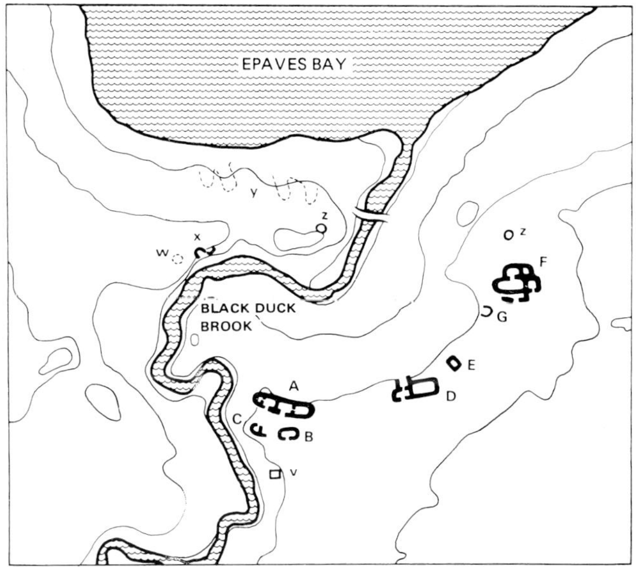

L'Anse aux Meadows im nördlichen Neufundland. *(Oben, links)* Luftaufnahme des Fundgebietes an der Epaves Bay. *(Oben, rechts)* Siedlungsplan: A–C Gehöft, D Eindachhof, E Werkstatt, F Hallenhaus mit Anbauten, v natürliches Eisenerzvorkommen, w Kohlenmeiler, x Schmiede, y Bootsschuppen, z Kochgruben. *(Links)* Von Parks Canada wiedererrichtetes Gehöft: mehrzoniges Langhaus, Gesindehaus und Werkstatt. Die Rekonstruktion stützte sich auf den archäologischen Befund und Erkenntnisse, die man an den Orten anderer alt-skandinavischer Niederlassungen sammelte.

auf einer Strandterrasse mit Blick über die seichte vorgelagerte Bucht. Ein Spinnwirtel aus Speckstein und eine Nadelhone, unbestreitbar aus der Hand von Wikingern, wurden zutage gefördert. Eines der Turfhäuser war zu lang, um von einem einzigen Dach überspannt zu werden. Es bestand aus mehreren aneinandergeschmiegten Unterkünften und mag als Schlafhalle gedient haben. Darüberhinaus verfügte die Anlage über einen Werkschuppen, eine abseits errichtete Schmiede, (wahrscheinlich) eine Sauna und vier Bootsbaracken, die ehedem mit sodengedeckten Planken oder Ästen überdacht waren. Nahebei fanden sich Hinweise auf die frühere und spätere Anwesenheit der Ureinwohner.

L'Anse aux Meadows ist ein flacher Küstenabschnitt, der sich – aus Sicht der Fremdlinge – durch einen großen Vorteil auszeichnete: er eignete sich als Viehweide. Die Kolonie lag strategisch günstig, auf drei Seiten von Wasser umgeben, und bot sich als Ausgangsbasis für Erkundungen im Bereich des St. Lorenz-Stromes an, falls den Wikingern überhaupt der Sinn nach solchen Abenteuern stand. Radiokohlenstoffdatierungen der Gebäude bewiesen, daß der Stützpunkt um das

Hinweise für die Anwesenheit von Skandinaviern in der Hocharktis: Einen Europäer (Mantel!) darstellende Holzfigurine; Inventar einer Eskimobehausung in Okivilialuk *(oben)*. Wollener Kleidungsfetzen von Skraeling Island *(oben, rechts)*.

Jahr 1000 u. Z. bewohnt war. Ob hier allerdings Leif Eiriksson hauste, wie die Ausgräber vermuten, sei dahingestellt.

Bisher stehen weitere eindeutige Zeugnisse skandinavischer Siedlung in Nordamerika aus. Eine norwegische Münze aus der Zeit zwischen 1065 und 1080 fand sich bei Goddard an der Penobscot Bay in Maine. Soweit festgestellt werden kann, erreichte das Geldstück den Fundort im 12. oder 13. Jh., vielleicht über Handelsverbindungen mit Eskimos aus dem Norden (McGhee, 1984). Einige Langhausruinen an der Ungava-Bucht, vom grönländischen Brattahlid nur durch die Davis-Straße getrennt, sind mit hoher Wahrscheinlichkeit das Werk einheimischer Eskimos.

Die arktischen Ureinwohner und nordeuropäische Kolonisten standen seit dem 12. Jh. in sporadischem Kontakt, hauptsächlich im Bereich des östlichen Franklin-Archipels, an der Nordrsetur (zentralen Westküste) Grönlands sowie an der Disko-Bugt (McGhee, 1984). Aus Eskimo-Dörfern in der Hocharktis – namentlich von Ellesmere Island – stammen eine Reihe skandinavischer Ausrüstungsstücke: Kupfer- und Eisenfragmente, Glieder von Kettenpanzern, Fetzen wollener Kleidung, Zimmermannswerkzeug, Nieten und Bootsnägel. Schnitzereien der Eskimos bilden Menschen mit europäischen Gesichtszügen ab. Eine Handvoll Cairns (Steinsetzungen) und die mit dem Datum 24. April 1333 versehene Runeninschrift von Kingiqtorsoaq hoch oben an der grönländischen Westküste sind weitere Indizien für die Anwesenheit von Wikinger-Trupps im Eskimoland. Sogar 819 km nordwestlich von Kingiqtorsoaq fand man noch europäische Artefakte. Dies muß jedoch nicht bedeuten, daß Grönländer so weit reisten, eher gelangten diese Gegenstände über Handelsnetze der Eskimos dorthin.

Die Nordmänner verspotteten die Einheimischen als *Skrælinger,* Winzlinge oder halbe Portionen. «Sie besitzen kein Eisen, aber Walroßzähne als Geschosse und geschärften Stein anstelle von Messern», lesen wir in der «Geschichte Grönlands», einem Werk, das auf einem Manuskript des 13. Jhs. fußt. Kontakte zwischen Eskimos und Grönländern waren mutmaßlich auf die kurzen Sommermonate beschränkt, wenn Jagdexpeditionen nach Norden aufbrachen. Mit Walroßelfenbein bezahlten die versprengten Schafe der christlichen Herde ihre Kirchensteuern im fernen Norwegen. Zeitweilig betrug der Zehnt 400 Stoßzähne pro Jahr, viel mehr als in den Gewässern vor Brattahlid und Vestribygd erbeutet werden konnte.

Soweit wir sehen, endeten die gelegentlichen Zusammenkünfte der beiden unterschiedlichen Bevölkerungsgruppen meist friedlich, nur ab und zu kam es zum blutigen Handgemenge, keinesfalls aber waren die Treffen von langer Dauer.

Auch mit den mysteriösen «Beothuk» – vermutlich Elnu (Micmac), Indianer der Algonkin-Sprachfamilie vom Festland, die nur während des Sommers Jagdreviere in Neufundland aufsuchten – kamen die Skandinavier in Berührung.

Dennoch, trotz weiter Ausfahrten auf der Suche nach Holz oder jagdbaren Tieren, kolonisierten die Wikinger Nordamerika nicht. Um das Jahr 1000 war Europa dazu noch nicht bereit oder in der Lage. Die zähen, ausdauernden Skandinavier konnten zwar an Grönlands Küsten überleben, aber sie waren zahlenmäßig unterlegen und es fehlte ihnen an den nötigen Ressourcen, um zu expandieren und Dauersiedlungen zu gründen. Die Konkurrenz der einheimischen Bevölkerung war einfach zu groß. Außerdem gab es keine zwingende Motivation für eine gezielte Landnahme – keine religiöse Verfolgung zuhause, keine Reichtümer, die die Gier von Abenteurern hätten wecken können. Wie sich herausstellen sollte, lag sogar Grönland jenseits der Schwelle des längerfristig Machbaren. Das skandinavische Intermezzo währte dort nur bis gegen 1500. Zunehmende Klimaverschlechterung, die den Südvorstoß von Eskimo-Gruppen begünstigte, im Bunde mit wirtschaftlichem Niedergang und verschärftem Wettbewerb um Nahrungsquellen, sinkender Geburtenrate und kultureller Isolation vom Mutterland hatten zur Destabilisierung der Verhältnisse geführt. Zudem tauchten gelegentlich feindselige Besucher auf, womöglich Piraten. Baskische und bretonische Walfänger etwa kreuzten seit 1372 in grönländischen Gewässern. Auch sie könnten übrigens bis Labrador verschlagen worden sein, obwohl bisher außer einigen offenbar baskischen Lehnworten in den östlichen Algonkinsprachen dafür keine stichhaltigen Beweise existieren.

Fast unmerklich und in aller Stille verabschiedeten sich die Wikinger aus der Westlichen Hemisphäre. Ihrer Nachwelt überlieferten sie lediglich diffuse geografische Anhaltspunkte – den Schimpfnamen «Skrælinger» und zwei Ortsangaben: Markland, ein Gebiet, wo sich schier endlose Wälder erstreckten, und *Promontorium Winlandiae,* das heutige Neufundland. Die bewundernswerten Ausfahrten, die sie unternahmen, lebten im Bewußtsein der Europäer als Bestätigung der Aussage antiker Autoren fort, es gäbe fernab, jenseits der bekannten Grenzen, exotische Völkerschaften mit kuriosen Bräuchen. «Dort kommen Tiere von solcher Größe vor, daß die Bewohner der Inneren Inseln deren Knochen und Wirbel zum Hausbau verwenden. Man bedient sich ihrer auch zur Anfertigung von Keulen, Pfeilen, Lanzen, Messern, Sitzgelegenheiten, Leitern, überhaupt aller möglichen Dinge, die andernorts aus Holz hergestellt werden.» So berichtet der am Hof Rogers II. von Sizilien wirkende arabische Geograf al-Idrisi über den Nordatlantik und seine reichen Fischgründe in dem berühmten *Nuzhet al-Muštaq,* einem ca. 1150 verfaßten erdkundlichen Kompendium. Wie alle mittelalterlichen Geografen bezog sich al-Idrisi nicht nur auf den Augenschein, sondern flocht die Berichte von Reisenden aus aller Herren Länder in seine Darstellung ein. Vielleicht hatte er auf diesem Weg auch von den Walfängern des hohen Nordens gehört. Waren seine «Bewohner der Inneren Inseln» etwa Eskimo-Jäger? Falls er tatsächlich Menschen meinte, die in der kanadischen Arktis lebten, dürften die Geschichten über Walknochenhäuser, die ihm zugetragen wurden, aus skandinavischen Quellen in Grönland und Island stammen.

Der erste flüchtige Kontakt zwischen Eskimos, Indianern und europäischen Seefahrern änderte nichts an der Lebensweise der Ersten Amerikaner, deren Kulturen sich über viele Jahrtausende isoliert von der Außenwelt entfaltet hatten. Jahrhunderte vergingen, ehe erneut fremde Besucher an den Gestaden des nördlichen Amerika landeten.

Eine Passage wird gesucht

Am 12. Oktober 1492 hißte Christoph Kolumbus, Admiral ihrer königlichen Majestäten von Kastilien und Aragón, die spanische Flagge auf der Bahamas-Insel Guanahaní. Ob dieses Eiland das heutige San Salvador war oder Samaná Cay, darüber zerbrechen sich Gelehrte, gerade rechtzeitig zur fünfhundertsten Wiederkehr des Ereignisses, den Kopf. Die Menschen, die Kolumbus dort traf, sind, in seinen Worten, «sehr gut gebaut, von schöner Gestalt und edlem Gesichtsschnitt» gewesen. Nach Meinung des Admirals lebten sie auf Inseln vor der asiatischen Ostküste, und so nannte er sie «Indios», Inder. Im Kielwasser des Entdeckers folgten, Heuschreckenschwärmen gleich, Glücksritter, deren erklärtes Ziel darin bestand, «Gott zu dienen und wohlhabend zu werden.» Kolumbus' Nachfolger begegneten einer überraschenden kulturellen Vielfalt – einfachen Jägern und Sammlern, bäuerlichen Dorfgemeinschaften und großartigen Zivilisationen, etwa den Azteken im mexikanischen Hochland. Als Hernan Cortés und seine Soldaten 1519 von einer Anhöhe auf die aztekische Kapitale Tenochtitlán unten im Tal von Anahuac herabschauten, lag eine Stadt vor ihnen, die es an Pracht mit den Metropolen der Christenheit aufnahm.

Nur sieben Jahre nach Kolumbus' Tod 1506 durchquerte der Konquistador Vasco Núñez de Balboa Zentralamerika und erblickte den Pazifischen Ozean. Westindien war nicht der Vorgarten Chinas, sondern eine «Neue Welt, dichter besiedelt und reicher an Tieren als Europa, Asien oder Afrika». In den nächsten Jahrzehnten hatten die Europäer nur eines im Sinn – weitere goldreiche Hochkulturen und eine Seepassage in den Fernen Osten zu entdecken.

Just um den Zeitpunkt, als die letzten skandinavischen Siedler Grönland aufgaben, verließ der in englischen Diensten stehende Genuese Giovanni Caboto (John Cabot) auf der Suche nach einer kurzen nördlichen Indienroute Bristol (Morison, 1971). Die *Mathew* segelte 1496 los, legte auf Neufundland einen Zwischenstop ein, umschiffte die Ostküste der Insel und fand schließlich die ergiebigen Kabeljau-Fanggründe der Grand Banks. Caboto traf auf keine Menschen, aber er sah Fallen und Netze, die wahrscheinlich Beothuk-Gruppen gehörten.

Zwei Jahre später brach der Portugiese Gaspar Corte Real von den Azoren nach Norden auf. Wochen später sichtete er «ein Land, in dem es sehr kalt ist und große Bäume wachsen», vermutlich ebenfalls Neufundland. Schon im folgenden Jahr kam Corte Real wieder. Seine Männer verschleppten 57 Indianer, die «dortselbst fischen und Tiere fangen, viele an der Zahl. Aus den Häuten dieser Geschöpfe machen sie Kleider, Häuser und Boote.» Wie der Portugiese weiter schreibt, hausten die Einheimischen in «Felslöchern und fellgedeckten Hütten». Nach den ersten Erfahrungen mit Europäern zogen sich die Beothuk ins Landesinnere zurück und empfingen spätere Besucher feindselig.

Im nächsten Vierteljahrhundert geriet der eisummantelte, nebelverhangene Norden mit seinen dicht bewaldeten, felsigen Küsten fast in Vergessenheit. Nur

Dorschfischer tauchten hin und wieder im westlichen Nordatlantik auf, rauhe Burschen, die wenig für Wissenschaft und die Lebensweise fremder Völker übrig hatten. Vielmehr richtete sich das allgemeine Interesse auf Entdeckungen weiter im Süden. Im September 1522 warf die *Victoria,* das Schiff Sebastians del Caño, im Hafen von Sevilla Anker. Gerade 18 Mann der 239 köpfigen Besatzung, die einst mit Fernão de Magalhães in See stachen, hatten dessen ruhmreiche Weltumsegelung überlebt. Magalhães war es gelungen, vom Atlantik in den Pazifik vorzudringen, durch jene stürmische Passage an der Südspitze Südamerikas, die seither seinen Namen trägt. Spanische und portugiesische Seefahrer kreuzten vor den Küsten beider Teilkontinente, von Florida bis Patagonien, doch fand keiner einen Durchschlupf nördlich der Magellan-Straße. Auf den meisten Karten dieser Zeit treibt Neufundland als einsame Insel im Meer, ohne erkennbare Bindung zu südlicheren Gefilden. Dreizehn Breitengrade, das ganze Gebiet zwischen Maine und Georgia, ließen die Kartografen weiß. Dort, so dachte man, müsse es eine Wasserstraße nach Westen geben oder, besser noch, offene See, die europäischen Kapitänen den Weg zu den «glücklichen Gestaden Cathays» wies.

1524, im Januar, segelte der italienische Edelmann Giovanni da Verrazano von Madeira aus gen Westen. Anstatt die Westindischen Inseln anzulaufen, hielt er sich nördlich der Route, die Kolumbus über 30 Jahre zuvor eingeschlagen hatte. Am 1. März landete er am Kap Fear im heutigen North Carolina. Auf seiner Fahrt nordwärts kam er mit zahlreichen indianischen Völkerschaften in Berührung, friedlichen Fischern und Bauern, die sich in Hirschleder kleideten und Blätterschmuck anlegten. Die Bewohner der Casco Bay in Maine, scheinbar vertrauter mit Fremden, waren weniger gastfreundlich. «Sie zogen alle Register der Unhöflichkeit und Verachtung, die ein Barbar zu entwickeln in der Lage ist. So entblößten sie ihr blankes Hinterteil und lachten unanständig». Aus Rache taufte Verrazano diese Küste *Terra Onde di Mala Gente,* «Land der bösen Leute».

Die Aussicht, einen nördlichen Zugang nach China zu finden, führte Jacques Cartier, Meisternavigator aus Saint-Malo in der Bretagne, im April 1534 nach Neufundland. Fünf Monate später gelangte er glücklich heim nach Frankreich. Cartier war es gelungen, den St. Lorenz-Golf zu erforschen, wo er und seine Männer sich vom Fleisch des nunmehr ausgerotteten Riesenalks (*Pinguinus impennis*), von Vogeleiern, Fischen und Walderdbeeren ernähren mußten. In seiner Begleitung befanden sich zwei Wendat-Jugendliche, Söhne eines Dorfvorstehers, die bei einer späteren Reise als Führer dienen sollten. Dieses Vorhaben verwirklichte der Franzose bereits im nächsten Jahr. Cartiers Absicht war es, tiefer in das Gebiet des St. Lorenz-Stromes vorzudringen. Seine Wendat-Scouts kannten den großen Fluß bis zu seinem Mittellauf gut, und der Forscher sah in ihm die Einfallspforte ins Landesinnere. «Niemand kennt sein Ende, berichtet man mir», notierte er hoffnungsvoll.

Nahe dem heutigen Québec schloß Cartier Freundschaft mit den Wendat, die wir aus Romanen und anderen populären Darstellungen unter dem Namen Huronen kennen. Am 2. Oktober 1535 traf er in Hochelaga, dem späteren Montreal, ein. Mehr als 1000 Indianer standen dort zu seiner Begrüßung bereit, beschenkten ihn mit Maisbrot und führten Willkommenstänze auf. Das stark befestigte Hochelaga war von Maisfeldern umgeben. Heute erstreckt sich hier ein Teil des Geländes der McGill-Universität. Die Wehranlage bestand aus einem Palisadengürtel mit zwei Schanzen, «verstärkt durch Felsblöcke und Steine zum Schutz und zur Verteidigung». Die Einwohner lebten in 50, um den Dorfplatz gescharten Häusern aus Holz und Rindenstücken. Jedes Gebäude verfügte über mehrere Räume und eine zentrale Feuerstelle. Alle Dörfler befanden sich in ständiger Alarmbereitschaft, denn in unmittelbarer Nähe streiften die kriegerischen Hotinohsyonni, die Mitglieder der Irokesenliga, gefürchtet wegen ihrer blutigen Raubzüge. Cartier zeigte sich tief beeindruckt vom freundlichen Empfang, mit dem ihn die Wendat ehrten. Doch als er wiederkehrte, um eine Niederlassung zu gründen, fand er die Lage am St. Lorenz verändert. Die «Huronen» verhielten sich feindselig, griffen seine Kolonie an und töteten 35 Personen. Der Schock wirkte, und über ein halbes Jahrhundert blieben die Anwohner des großen Stromes vor neuen europäischen Siedlungsversuchen verschont.

Raleighs Virginia

Am 27. April 1584 verließen zwei Karavellen den Hafen von Plymouth in England. Ihr Ziel waren jene Küsten, die Verrazano 60 Jahre zuvor erforscht hatte. Philip Amadas und Arthur Barlow segelten unter dem Befehl von Walter Raleigh, der sich im Besitz eines von Königin Elizabeth I. unterzeichneten Freibriefs befand, der ihn zur Kolonisierung eines nicht näher umrissenen Gebietes in Nordamerika berechtigte. Vier Monate später ankerten die Schiffe bei Nag's Head im heutigen Virginia. Bald stellte die Besatzung Kontakte zu den dort ansässigen Hetaniw (Powhatan), Indianern der Algonkin-Sprachfamilie, her, «sehr schönen und gutartigen Menschen», die die Engländer königlich bewirteten (Morison, 1971). «Die Erde hier», schwärmte Barlow, «ist die reichste, süßeste, fruchtbarste und gesündeste auf der ganzen Welt.» Derlei Überschwang köderte künftige Siedler und zeigte auch bei der «jungfräulichen Königin» Wirkung. Elizabeth erhob Walter Raleigh in den Adelsstand und gestattete ihm, seine Kolonie in der Neuen Welt Virginia zu nennen.

Im April des nächsten Jahres führte Sir Richard Grenville eine Expedition von fünf Schiffen und etwa 500 Passagieren, darunter 108 Aussiedler, nach Virginia. An ihrer Seite hatte Raleigh Thomas Hariot, einen Mathematiker aus Oxford, und den Künstler John White beordert. Dem Kolonisierungsvorhaben war zwar kein Erfolg beschieden, White und Hariot aber ergriffen die Gelegenheit, mehrere Indianerdörfer zu besuchen. White hielt das Leben der Einheimischen – wenngleich gefärbt von zeittypischer Romantisierung – recht detailgenau fest. Hariots *Briefe and True Report of the New Found Land of Virginia* erschien 1588. Bereichert durch Whites Illustrationen bildete das Werk nahezu ein Jahrhundert lang die wichtigste Informationsquelle über nordamerikanische Indianer (Roundtree, 1989).

Trotz weiterer Anläufe gelang es den Siedlern nicht, in Virginia Fuß zu fassen. Ein solches Vorhaben glückte erst 1607 mit der Gründung von Jamestown am Chesapeake. Diese Kolonie erfreute sich materieller Zuwendungen aus dem Mutterland, und sie erschloß sich mit Tabakexport einen Erwerbszweig, der Geld in die Kasse brachte. 1608 legte Samuel de Champlain den Grundstock für eine Ansiedlung in Québec am St. Lorenz-Strom, zwölf Jahre vor Landung der Pilger-

Das Küstenalgonkindorf Secoton in Virginia nach einer Skizze von John White, 1585. Ein zeittypisch idealisierendes Dokument, das viele Details aus dem Alltagsleben wiedergibt.

väter in Plimoth, Neu-England. Die ersten drei Jahrzehnte des 17. Jhs. sahen den Beginn dauerhafter europäischer Kolonisierung – mit katastrophalen Folgen für die eingeborene Bevölkerung.

Spanische Glücksritter im Südosten

Früher als die Engländer und Franzosen hatten Spanier damit begonnen, Nordamerika von Süden her – ausgehend von *Nueva España* (Mexiko) und den karibischen Inseln – zu erforschen. Dabei folgten ihre Vorstöße keineswegs direkt auf die Eroberung des aztekischen Imperiums. Schließlich brauchte es zehn Jahre harter militärischer Auseinandersetzung, bis der letzte substantielle indianische Widerstand in Mittelamerika gebrochen war. Immer mehr Land öffnete sich europäischer Ausbeutung, und die Goldgier der Konquistadoren wuchs. Nördlich des reichen Mexiko lag unbekanntes Terrain. Hier mußte es weitere Schätze geben. Ständig traten neue Bittsteller auf, die bei Hofe anfragten, ob ihnen gestattet werde, Expeditionen dorthin zu führen (Fagan, 1977).

Der erste, der sich von Westindien aus in den Norden vorwagte, war Ponce de Leon. 1513 landete er nahe dem heutigen Palm Beach in Florida (Silverberg, 1968). Chronisten hatten gemutmaßt, auf einer Insel irgendwo nördlich von Kuba läge der sagenhafte «Jungbrunnen», und Ponce de Leon hoffte, ihn ausfindig zu machen. Seine Nachforschungen endeten jedoch ergebnislos. Die Region erwies sich als sandig, und ihre Einwohner verhielten sich abweisend. Sechs Jahre vergingen. Dann tauchten wieder spanische Segel am Horizont auf: Alonso Álvarez de Piñeda war ins Mississippi-Delta gekommen. Er blieb sechs Wochen, fand die Gegend relativ dicht besiedelt, Gold aber konnte er von hier nicht heimbringen.

An Piñedas Kursangaben hielt sich Pánfilo de Narváez, eine sinistre Gestalt mit feuerrotem Bart; er wurde jedoch nach Osten abgetrieben, zur heutigen Tampa Bay. Seine Mannschaft handelte dort ein paar Goldobjekte ein, was ihre wirre Fantasie beflügelte. Während seine kleine Flotte einen besseren Ankerplatz suchte, brach Narváez zur Landerkundung nach Westen auf und verlor prompt Kontakt zu den Schiffen. Man baute behelfsmäßige Boote, die aber in der Mississippi-Mündung sanken. Das letzte Fahrzeug zerschellte an der texanischen Küste unweit dem heutigen Galveston. Lediglich ein Unteroffizier namens Álvar Núñez Cabeza de Vaca, zwei Soldaten und ein schwarzer Diener kamen mit dem Leben davon. So unglaublich es klingt, die Gefährten beschlossen, von da, wo sie gestrandet waren, nach Mexiko zu marschieren. Eine schier endlose Strapaze, aber die Vier schafften es. Ihre Schilderung des Leidenswegs enthält kaum brauchbare Informationen über Land und Leute. Immer wieder werden armselige Kreaturen beschrieben, die in meist knochentrockener Einöde ihr Dasein fristeten. Auf Gold und andere Preziosen stießen die Schiffbrüchigen nicht.

1537 kehrte der Konquistador Hernando de Soto, der an Francisco Pizarros Peru-Feldzug teilgenommen hatte, als wohlhabender Mann nach Spanien zurück. Seine Abenteuerlust war jedoch ungebrochen, und so bewarb er sich um den Gouverneursposten von Kuba und Florida, den er schließlich auch – dank einflußreicher Freunde – bekleidete. Mit einer 622 Köpfe starken Armee landete

Spanischer Angriff auf ein Indianerdorf in Florida, 90er Jahre des 16. Jhs. Das Gemetzel ruft Erinnerungen an die Soto-Expedition ein halbes Jahrhundert zuvor wach.

dieser bemerkenswerte Mann 1539 an der Tampa Bay. Dort hoffte er ein Königreich zu finden, das den Zivilisationen der Azteken und Inkas gleichkam.

In dieser Hinsicht enttäuschte ihn Tampa. Die Einheimischen lebten «in einer Stadt aus sieben oder acht großen Häusern, aus Holz erbaut und mit Palmwedeln gedeckt. Das Anwesen des Häuptlings erhob sich auf einem künstlichen Hügel ... am Strand. Am anderen Ende der Stadt befand sich ein Tempel, dessen Dach ein hölzerner Vogel mit vergoldeten Augen zierte.» Die nähere Umgebung beschreibt Soto als flach und ausgesprochen sumpfig. Edelmetalle gab es nicht.

Mit eisernem Willen kämpfte sich der Konquistador durch die fieberverseuchten Sümpfe, ehe er festeren Boden erreichte. Seine Soldaten marodierten und plünderten, metzelten die Einwohner ganzer Dörfer nieder und steckten deren Häuser in Brand. Einige Männer und Frauen führte man als Sklaven fort. Zufällig gelangte die Meute auch nach Cofitachiqui (oder Cofachiqui), einer ziemlich bedeutenden Ansiedlung. Angstvoll erwartete die hier residierende Fürstin unter dem Baldachin ihres Kanus sitzend die Ankunft der Spanier. Soto muß seine Wünsche recht deutlich zum Ausdruck gebracht haben, denn die eingeschüchterte Frau gab Befehl, alle gelben und weißen «Metalle», die in ihrem Herrschaftsbereich aufzutreiben waren, den Fremden zu Füßen zu legen. Berge von Kupfer kamen zusammen, ebenso Glimmerplatten, aus denen die Kunsthandwerker dieses Volkes schöne Schmuckstücke schnitten. Die Spanier fragten nach Süßwasserperlen, doch man beschied ihnen, diese würden von weit her importiert. Aber in ihrer Verzweiflung schickte die Herrscherin Sotos Männer zur «Oberstadt», wo über der Grabstätte längst verblichener Häuptlinge und deren Verwandten ein

Die Franzosen in Florida. *(Oben, rechts)* Man schreibt das Jahr 1564. Häuptling Atoré zeigt René de Laudonnière eine zwei Jahre zuvor von anderen Franzosen gesetzte Gedenksäule. Die Säule (auf der Karte *oben, links* mit «F» gekennzeichnet) trug den Waffenrock des französischen Monarchen. Die von Jacques Lemoyne de Morgues idyllisch angelegte Szene mag dazu gedient haben, europäischen Kolonisten die Neue Welt schmackhaft zu machen.

Tempel thronte. Die Soldaten schändeten das Grabmal und beraubten die Toten. Etwa 158 kg Perlen erbeuteten sie und teilten den Schatz unter sich auf.

Auf dem Weg nach Cofitachiqui waren die Konquistadoren an vielen verlassenen Dörfern vorbeigekommen. Knapp 5 km vom Sitz der Fürstin entfernt lag Talomeco, einst eine größere Niederlassung mit den üblichen Erdanschüttungen, auf denen einmal das Häuptlingshaus und ein Sakralbau gestanden hatten. Den Tempel fanden die Spanier noch in gutem Zustand vor. Er maß 30 m in der Länge und 12 m in der Breite; sein steiles Weichdach bestand aus Binsen und zersplissenem Schilf, geschmückt mit Konchylienschalen. Gewaltsam verschaffte man sich Zutritt. Drinnen stießen die Eindringlinge auf perlenbehangene Holzfigurinen, dicke Fellbündel und Ballen gefärbter Kleidungsstücke, ferner auf Verstecke, in denen kupferschneidige Zeremonialwaffen lagerten, Streitkolben und Keulen, fein ausgelegte Bögen und Pfeile, Schilde aus Holz und Schilfgeflecht, alles künstlerisch recht ansprechend – aber nicht aus Gold!

Der verschlossene, starrsinnige Soto war so besessen von dem gelben Metall, daß er seine Gefährten weitertrieb, westwärts über die Blue Ridge Mts. ins heutige Tennessee. Stetig nahmen die Entbehrungen zu. Cahtaw-Krieger überfielen den Trupp. Über 150 Männer fanden beim Gegenangriff den Tod. Den Winter verbrachten die Konquistadoren am Yazoo River, wo man «gutaussehende» Indianer in einer Flotte Kanus, «einer Armada von Galeonen gleich», traf. Im Frühjahr führte Soto seine Schar durch die Ozark-Berge nach Ost-Oklahoma. Dort hörten sie von «vielen Rindern», deren Häute den Bewohnern der Gegend als Bettdecken dienen sollten. Mit eigenen Augen sahen sie die Bisons, denn um diese Tiere muß es sich gehandelt haben, nicht.

Endlich begriff Soto, daß er einem Phantom nachjagte. Erschöpft und entmutigt lenkten die Spanier ihre Schritte nach Südosten, zum Golf von Mexiko. Der Rückzug geriet zum Alptraum. Die Männer schleppten sich durch unwegsames Gebiet, stets beschattet von argwöhnischen Blicken. Soto erlag dem Fieber, doch die Hälfte seiner ursprünglichen Streitmacht, der er zu Ruhm und Reichtum hatte verhelfen wollen, erreichte wohlbehalten Kuba.

Hernando de Sotos Expedition setzte den Spekulationen über märchenhafte Königreiche im Nordosten Mexikos ein ernüchterndes Ende. Außer zwei französischen Vorstößen in den 60er Jahren des 16. Jhs. nach Florida, die aber bald abgebrochen wurden, fanden das Mississippi-Tal und die subtropischen Wälder an der nördlichen Golfküste mit ihren hochentwickelten Häuptlingstümern wieder Frieden. Bereits zur Zeit der spanischen *Entradas* lagen zahlreiche Siedlungen wüst, als ob es plötzlich herbe Bevölkerungsverluste gegeben hätte. Einige Archäologen glauben daher – wie wir noch sehen werden –, daß sich bislang unbekannte Seuchen, etwa Pocken, ins Landesinnere verbreiteten, ehe es zu dauerhaften Kontakten zwischen Europäern und Indianern kam (Ramenofsky, 1987). Die grandiosen Erdwerke der Einheimischen aber sollten noch Generationen später weißen Kolonisten und Gelehrten Rätsel aufgeben.

Hawikuh, ein A'šiwi(Zuñi)-Pueblo in New Mexico, fotografiert Ende des 19. Jhs.

Die Sieben Städte von Cíbola

Als Álvar Núñez Cabeza de Vaca 1536 aus Texas kommend, nach unsäglichen Strapazen in der Stadt Mexiko eintraf, riefen seine Berichte über den unwirtlichen, trockenen Norden ungläubiges Staunen hervor. Geblendet vom Zauberwort «Gold» wischten die Kolonialbürokraten Neu-Spaniens die Entbehrungen, die er schilderte, sorglos beiseite. In aller Munde waren damals sieben geheimnisvolle Städte, die, angeblich von einem Bischof aus Lissabon im 8. Jh. gegründet, in einem Lande namens Cíbola liegen sollten. Wo anders als im Norden konnte das sein, nachdem ja weder Cortés in Mexiko noch Pizarro in Peru darauf gestoßen waren? Und wie zur Bestätigung solcher Annahmen hatte Cabeza de Vaca Gerüchte von Städten weiter im Norden mitgebracht, Städten voller Gold und Silber, in denen Tausende Indianer lebten. Schnell wurde gehandelt. Der mexikanische Vizekönig betraute den Franziskaner Fray Marcos de Niza mit Nachforschungen. An der Seite dieses Mannes, dem man nachsagte, er verfüge über «große Erfahrung im Umgang mit Indianern», befand sich der Mohr Esteban (Estevanico), einst Begleiter Cabeza de Vacas. Sie gaben ein seltsames Paar ab: der asketische Priester und der übermütige Schwarze, ein Frauenheld, der in pfauenhafter Aufmachung reiste – geschmückt mit Seidenbändern und Federn, denn es eilte ihm der Ruf voraus, ein mächtiger Zauberer zu sein.

Die Expedition endete mit einem Fiasko. Esteban, der Kundschafter, bildete mit einigen Männern die Vorhut, beglückte jeden Indianer, den er unterwegs traf, mit der frohen Botschaft, in seinem Gefolge komme ein großer Herr, der die wahre Liebe predige, und wies die Leute an, alles Erdenkliche zu dessen Bequemlichkeit herzurichten. So gelangte er ins Land der A'šiwi (Zuñi) im heutigen New Mexico. Hier jedoch versagte sein forscher Auftritt, der Mohr wurde gefangengesetzt und, nach einem Fluchtversuch, samt seinem Troß abgeschlachtet. Fray Marcos erfuhr von dem Massaker durch einen Überlebenden, will heimlich an den Ort des Geschehens gereist sein, wo er angeblich eine «Märchenstadt» erblickte, Häuser, «ordentlich gebaut . . . aus Stein und in mehreren Stockwerken, mit flachen Dächern, soweit ich das erkennen konnte». Die hellhäutigen Bewohner besäßen «Geschirr aus Gold und Silber, denn sie kennen keine anderen Metalle. Davon aber gibt es größere Mengen als in Peru.»

Kein Wunder, daß Marcos' Bericht Wasser auf die Mühlen der Goldgierigen goß, als er wieder in Mexiko-Stadt weilte. Der Mönch war ein guter Erzähler, und er schmückte seine Geschichte bei jeder Gelegenheit weiter aus. Unter Historikern allerdings herrscht jetzt Einvernehmen, daß er in Wahrheit nicht über den Gila River in Süd-Arizona hinauskam und nach Entgegennahme der Meldung vom Ende Estebans Fersengeld gab. Damals jedoch fielen seine Worte auf fruchtbaren Boden. Im Februar 1540 heftete sich Francisco Vásquez de Coronado, ein junger Höfling, auf Fray Marcos' Spuren. 225 Reiter, 60 Infanteristen und ein bunt zusammengewürfelter Haufen aus Sklaven und indianischen Aliierten standen unter seinem Kommando. Marcos de Niza selbst diente als Führer.

Coronado durchquerte auf Indianerpfaden unwirtliche Einöden. Pferde und Männer litten entsetzlich unter der flirrenden Hitze, aber sie trotzten der Wüstenglut und standen eines Tages vor sechs A'šiwi-Pueblos. Das waren die gesuchten «Sieben verschollenen Städte.» «Es ist ein kleines Dorf voller wimmelnder Menschen», bemerkt der Chronist Pedro de Castañeda über das Pueblo Hawikuh, «das aussieht, als habe es jemand zusammengestaucht. In Neu-Spanien gibt es Haciendas, die aus der Ferne einen besseren Eindruck machen.» Fray Marcos' «Märchenstadt» entpuppte sich nun als lausiges Nest, das den enttäuschten Spaniern keinen Schuß Pulver wert schien. Coronados Armee überwältigte die Verteidiger in weniger als einer Stunde. Die ausgehungerten Soldaten marschierten schnurstracks auf die Vorratsspeicher los, wo sie «viel Mais, Bohnen und Geflügel» fanden. Gold und Edelsteine wurden natürlich nicht entdeckt.

In den folgenden Monaten erkundete Coronado weite Teile des Südwestens der heutigen USA. Seine Schar betrat das Gebiet der Hopísinom, drang bis zum Grand Canyon vor und besuchte Pecos-Pueblo nahe dem gegenwärtigen Santa Fé. Pecos konnte seinerzeit 500 Krieger rekrutieren, war also kein geringer Ort. Wie Pedro de Castañeda berichtet, lag die Ansiedlung auf einem Felssporn, bildete dort «ein Geviert . . . um einen großen Platz oder Hof im Zentrum, wo sich die Dampfbäder [Irrtümlich hielten die Spanier unterirdische Ritualkammern, aus denen manchmal der Rauch von Feuern aufstieg, für Schwitzbäder. Anm. d. Verf.] befinden. Alle Häuser sehen gleich aus, haben vier Stockwerke. Ohne auf eine Straße zu treffen, kann man über die Dächer des Dorfes spazieren.» Betreten wurden die Gebäude von oben über Leitern, die aus Luken ragten.

Um Gerüchten auf den Grund zu gehen, es gebe in den Steppen eine «Art Kuh mit zottigem Fell», schickte Coronado Hernando de Alvarado auf die Ebenen östlich von Pecos. Schon bald sah sich der Stoßtrupp von riesigen Bisonherden umgeben, «den monströsesten Kreaturen, von denen die Welt je gehört hat.» Später kam Coronado selbst hierher, nach Kansas, wie wir heute wissen, wo er Bekanntschaft mit den Plains-Indianern schloß. Für diese, so lernte er, war das wuchtige Wildrind Nahrungsgrundlage und Lieferant mancherlei Dinge des alltäglichen Gebrauchs.

Als die desillusionierte Expedition im Herbst 1542 nach Mexiko zurückkehrte, zählte sie nur noch knapp einhundert Mann. Lediglich ein paar indianische Decken und eine Handvoll Türkise – läßt man einmal die Fülle neuer geografischer Erkenntnisse beiseite – standen unter dem Strich von zwei Jahren Schatzsuche. Das war ein halbes Jahrhundert vor Beginn der endgültigen Kolonisierung des Südwestens. Doch noch im ausgehenden 18. Jh., als katholische Missionare und Forscher die Region in jeder Himmelsrichtung bereist hatten, blieb der spanische Einfluß auf wenige, durch Forts gesicherte Stützpunkte beschränkt.

«Ein junges Geschlecht, kaum älter als tausend Jahre . . .»

Eroberer und Reisende erschlossen der Welt einen neuen Kontinent mit all seinen fremdartigen Pflanzen und Tieren. Nicht minder exotisch wirkten dessen Ureinwohner auf unsere europäischen Vorfahren. Wer waren die «Indianer», jene federgeschmückten Menschen z. B., die Kolumbus vor Königin Isabella und ihrem Gemahl paradieren ließ und die von Papst Alexander VI. für würdig befunden wurden, «den christlichen Glauben zu empfangen»? Woher kamen diese «Wilden», und warum waren sie untereinander so verschieden? Schon bald konnten sich selbst Europäer daheim ein Bild von den «verirrten Gotteskindern» machen, denn Forscher, Missionare und Sklavenjäger pferchten Hunderte in die Leiber ihrer Schiffe, um sie zu Hause zur Schau zu stellen. Die Reaktionen schwankten zwischen Abscheu über die «brut bestis . . . clothid in beastys skinnys» aus Nordamerika und unverhohlener Bewunderung der aztekischen Adeligen und Akrobaten, die um 1520 den spanischen Hof bezauberten. Den Indianern Virginias sagte man nach, sie seien freundlich, edelmütig und befänden sich im Einklang mit der Natur, eine Einschätzung, die gewiß von John Whites idealisierenden Gemälden gefärbt wurde. Verwegener schienen da schon die Eskimos. Martin Frobisher hatte 1576 einen Mann und eine Frau von Baffin Island «mitgebracht». Wie man es von solchen Naturkindern erwartete, erlegte der Jäger mit Pfeil und Bogen, in seinem Kajak sitzend, Enten am Avon bei Bristol – zur großen Freude der zahlreich erschienenen Schaulustigen.

Einer der von Martin Frobisher 1576 gefangenen Inuit.

Im 16. Jh. kochten die Vermutungen bezüglich des Ursprungs der Ersten Amerikaner über. Man ließ phönikische Seefahrer in der Neuen Welt landen oder machte aus den Indianern Nachfahren der «Zehn verschollenen Stämme Israels», die der assyrische König Sargon II. 721 vor Christus in alle Winde zerstreute (Wauchope, 1972). Daneben wurden auch ernsthaftere Argumente vorgetragen, etwa von dem Dominikanerpater Bartolomé de Las Casas, einem Anwalt der Geknechteten, der konstatierte, für ihn stehe außer Frage, «daß die Bewohner dieser Inseln und vom Kontinent auf ein sehr hohes Alter zurückblicken». Doch auch er stützte sich, wie die anderen Gelehrten seiner Zeit, notgedrungen auf die einzigen verfügbaren historischen Quellen – Traktate antiker Autoren und die Heilige Schrift. So glaubte man die Ersten Amerikaner verwandt mit den vertrauten Völkerschaften des Altertums: Tataren, Skythen und biblischen Hebräern.

Indessen wunderte sich der elisabethanische Philosoph Francis Bacon über die geringe Populationsdichte in der Neuen Welt, «denn Ihr müßt anerkennen, daß die Bewohner Eures Amerika ein junges Geschlecht sind, kaum älter als tausend Jahre, bestimmt aber jünger als die übrige Erdbevölkerung».

Mochte man hinsichtlich des Alters der Ersten Amerikaner geteilter Auffassung sein, so bestand Einigkeit, daß sie dem Paradiesgarten entstammten. Wie aber gelangten sie in den Doppelkontinent? Hatten sie den Ozean durchmessen, oder kamen sie zu Fuß? Noch im 16. Jh. wußten selbst Gebildete so gut wie nichts über Sibirien, und die Existenz der Beringstraße zwischen Asien und Alaska war noch verborgen. 1589 veröffentlichte der Jesuit José de Acosta ein bemerkenswertes Buch, seine *Historia Natural y Moral de las Indias* (Willey und Sabloff, 1980). Es sei völlig ausgeschlossen, schrieb er, daß «Menschen zur See, verschlagen durch die Launen des Windes, Westindien erreichten». Vielmehr hätten sie, wie auch jene absonderlichen Tiere, die in der Neuen Welt lebten, auf dem Landweg dorthingefunden. Acosta vermutete, daß kleine Jägergruppen, «vertrieben von Hunger oder einem anderen üblen Geschick», aus Asien in ihre gegenwärtige Heimat einwanderten. «Kurze Fahrten übers Meer», ergänzte er, müsse man aber annehmen. Zuerst habe es keine nennenswerte Bevölkerungsverdichtung gegeben. Die Pioniere jedoch waren erfolgreich. Ihre Nachkommen hätten gelernt, Feldbau zu treiben, und ihr kulturelles Niveau fortwährend verfeinert. Letztlich seien Zivilisationen wie die der alten Mexikaner und Peruaner entstanden. Acosta schätzte, daß die Immigration rund 2000 Jahre vor Eroberung des aztekischen Reiches durch seine Landsleute stattgefunden habe.

1728, anderthalb Jahrhunderte später, segelte Vitus Bering, ein Däne, der im Auftrag des russischen Zaren reiste, durch die nach ihm benannte Wasserstraße. Weitere 70 Jahre sollten vergehen, ehe die Geburtsstunde der Archäologie in Nordamerika schlug. Damals waren viele weiße Flecken auf dem Globus getilgt, und man hatte alle erdenklichen Völkerschaften in den entlegensten Winkeln der Erde besucht. Das Zeitalter der Aufklärung bescherte den Wissenschaften Anerkennung und Auftrieb. James Cook berichtigte die Karten von Südsee und Nordpazifik. 1794 konnte der russische Gelehrte Pfefferkorn erklären, es sei «ziemlich sicher, daß die ersten Bewohner Amerikas tatsächlich über die Beringstraße kamen». Dennoch unterdrückten solche sachlichen Feststellungen keineswegs alle Hirngespinste, die sich noch um den Ursprung der Indianer rankten. Gerade solche Fantastereien gaben den Hintergrund ab, vor dem sich die archäologische Erforschung Nordamerikas vollzog.

2. KULTURGESCHICHTE UND ARCHÄOLOGIE NORDAMERIKAS

Als sich Thomas Jefferson 1791 auf seinen Landsitz in Virginia zurückzog, fand er die Muße, sich einer Anfrage der französischen Regierung zu widmen, die möglichst detaillierte Informationen über seinen Heimatstaat wünschte. Welche Pflanzen und Tiere kamen in Virginia vor? Welche Bodenschätze, Erzeugnisse und Gewerbe gab es? Was war von den Ureinwohnern bekannt? Jeffersons Recherchen zeitigten die famosen *Notes on the State of Virginia,* eine längere Abhandlung, die u. a. ethnografische Fakten und einen Bericht über die erste archäologische Grabung in den Vereinigten Staaten enthält.

Der erste Spatenstich

Jefferson war einflußreiches Mitglied der Kaffeehausgesellschaft Philadelphias, eines Zirkels von Intellektuellen, die sich auch über die Lebensweise der Indianer, versunkene Städte und zerfallene Erdwerke draußen im Westen Gedanken machten. Der weitgereiste Botaniker William Bartram gehörte ebenfalls diesem Kreis an. Auf seinen Exkursionen im Südosten der jungen Nation hatte er noch viele indianische Völkerschaften angetroffen. Von den Aniyunwiha (Cherokee) etwa wußte Bartram zu berichten, daß sie ihre Versammlungshäuser auf mächtigen Erdanschüttungen zu errichten pflegten, die bis zu 6 m Höhe aufwiesen. Nicht die «Cherokee» selbst legten diese *Mounds* an, sondern ein vorgeschichtliches Volk, in dem der Botaniker die Nachkommen biblischer Stämme vermutete (Fagan, 1977).

Bartram ist nicht der einzige gewesen, der sich über Mounds den Kopf zerbrach. Einige Reisende äußerten den Verdacht, solche gewaltigen Hügel müßten von Tolteken geschaffen worden sein, ehe sie nach Mexiko auswanderten, denn kein nordamerikanischer Indianer sei dazu fähig. Andere meinten, daß irische Mönche die Einheimischen angeleitet hätten oder daß die Anlagen auf Überlebende des sagenhaften Atlantis zurückgingen.

Jefferson hörte sich die vorgetragenen Hypothesen an und beschloß, sich seinen eigenen Reim auf die Kontroverse zu machen. In aller Stille führte er auf einem kleinen Hügel am Rivanna River eine Grabung durch. Seine Stichgräben enthüllten Bestattungen und, damit vergesellschaftet, indianische Artefakte, in Straten säuberlich voneinander getrennt. Jefferson bemerkte dazu: «Daß es sich um die Ruhestätten von Toten handelt, leuchtet wohl jedem ein, zu welchem Anlaß man sie aber errichtete, steht in Zweifel.» Mit dieser ersten stratigrafisch ausgerichteten Grabung setzte sich Thomas Jefferson selbst ein Denkmal, wurde zum Vorbild nicht allein in seiner Zeit, sondern noch für nachfolgende Generationen.

Die «Moundbuilder»-Kontroverse. Unter den vielen Grab- und Bilderhügeln, die Gelehrte wie Ephraim Squier *(oben)* und sein Kollege Edwin Davis Mitte des 19. Jhs. kartierten, befand sich auch der Great Serpent Mound im Adams County, Ohio. Squier und seine Zeitgenossen sahen darin das Werk geheimnisvoller Fremdlinge.

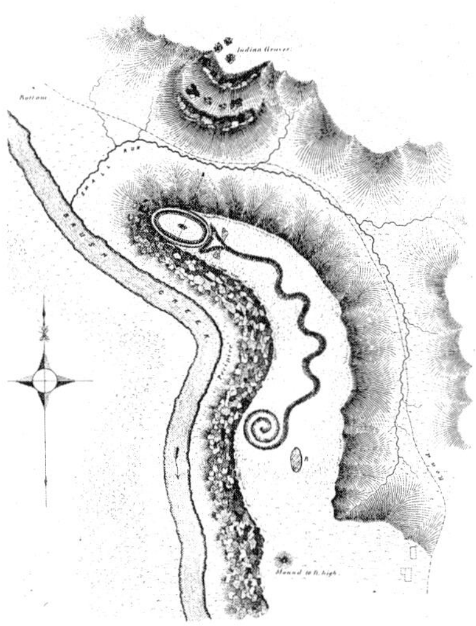

Der Moundbuilder-Mythos

Nach 1815 ergoß sich eine Siedlerflut über die Alleghanies. Die Bauern rodeten den Wald und stießen dabei nicht selten auf neue Mounds, Befestigungen und andere seltsame Erdwerke. Der Mittlere Westen war damals weitgehend unbewohnt, möglicherweise als Folge verheerender Seuchen, die dort im 16. und 17. Jh. wüteten. Überzeugt, in den Hügeln lägen Schätze verborgen, griffen die weißen Kolonisten zu Hacke und Schaufel. Ihre Träume von Gold zerrannen, statt dessen förderten sie Dutzende Skelette und vielerlei Kunstgegenstände zutage, darunter gravierte Steinpfeifen, Glimmerplattierungen in Gestalt von Vögeln und anderen Tieren sowie Kupferschmuck. Die Funde lösten hitzige Debatten aus. Man fabulierte von einem «dahingegangenen Geschlecht» weißer Baumeister, die einst diese fruchtbare Region erobert hätten. Solche Theorien sprachen vor allem romantische Gemüter an und Menschen, die sich nicht vorzustellen vermochten, daß «unsere Indianer» zu architektonischen Leistungen dieser Größenordnung fähig waren.

Inzwischen versuchten ein paar Gelehrte und Heimatkundler, den Schleier über den Erdwerken und ihren Erbauern zu lüften. Caleb Atwater, der Posthalter von Circleville in Ohio, widmete seine ganze Freizeit der Erforschung der Mounds, die den Ort umgaben. Seine Beobachtungen legte er in einer 1820 erschienenen Schrift nieder. Auf empirischer Ebene arbeitete der Postmeister recht sorgfältig, in der Analyse jedoch erwies er sich als echtes Kind seiner Zeit: Inder sollten die Hügel aufgetürmt haben und dann nach Mexiko ausgewandert sein (Atwater, 1820). Nur wenige Zeitgenossen, etwa der Hobby-Altertumsforscher James McCulloh, vertraten die Auffassung, daß Indianer die Erdwerke schufen, doch man schenkte ihren Ausführungen kaum Beachtung.

1839 brachte ein Pionier der Physischen Anthropologie, Samuel Morton, seine *Crania Americana* heraus, eine Arbeit, in der er acht Moundbuilder-Schädel mit denjenigen von gegenwärtig lebenden (rezenten) Indianern verglich. Morton kam zu dem Schluß, daß alle ein- und derselben Rasse angehörten, unterschied aber unter rein kulturellen Gesichtspunkten zwischen «Tolteken» und «Barbaren» (Morton, 1839).

Kaum ein Vierteljahrhundert nach Caleb Atwaters Schrift schlossen zwei Altertumsforscher aus Ohio, E. G. Squier und E. H. Davis, eine der ersten wissenschaftlichen Monografien der gerade gegründeten Smithsonian Institution ab. *Ancient Monuments of the Mississippi* ist ein umfangreiches deskriptives Werk, das so präzise Zeichnungen und Pläne enthält, daß man sich noch heute danach richten kann (Squier & Davis, 1848). Nun setzte diese Publikation zwar formale Maßstäbe, inhaltlich jedoch war sie noch immer den Klischees einer geheimnisvollen «großen Moundbuilder-Rasse» verpflichtet.

Exogene Einflüsse wurden noch lange für die Entstehung der Grabhügel geltend gemacht, aber es mehrten sich allmählich die Stimmen derjenigen, die anders dachten. An ihrer Spitze stand Samuel Haven, Bibliothekar der American Antiquarian Society. 1856 veröffentlichte er einen wegweisenden Artikel, *Archaeology in the United States,* in dem er alles zusammenfaßte, was über die Vorgeschichte Nordamerikas und den Ursprung der Indianer bekannt war. Als urteilskräftiger

Samuel Haven *(unten, links)*, John Wesley Powell *(unten, Mitte)* und Cyrus Thomas *(unten, rechts)* gehörten zu den Wissenschaftlern, die zweifelsfrei nachweisen, daß nordamerikanische Indianer Mounds wie jene bei Marietta in Ohio (Aspektskizze *links* von Squier und Davis) erbauten.

Frederick W. Putnam und andere Archäologen, 1883 auf einem Mound bei Fair Grounds (Chillicothe, Ohio) aufgenommen. Putnam hat die nordamerikanische Archäologie professionalisiert. Einen Namen machte er sich außerdem als Gründer verschiedener Museen und Lehrstühle für Anthropologie/Ethnologie.

und emotionsloser Beobachter diktierte Haven den künftigen wissenschaftlichen Kurs. Seine Schlußfolgerungen bestechen durch bemerkenswerte Zurückhaltung. «Wo der Augenschein endet, müssen wir innehalten», schrieb er in seinem Vorwort. Den Ureinwohnern bescheinigte der Bibliothekar ein hohes Alter: «Jedes ihrer typischen Merkmale finden wir bereits bei frühen asiatischen Rassen». Mit Samuel Haven beginnt eine neue Ära – die Phase systematischer, an Fakten orientierter Erforschung der nordamerikanischen Vergangenheit.

Die Moundbuilder-Kontroverse zog ihre Kreise bis weit in die 90er Jahre des 19. Jhs., wachgehalten durch eine Vielzahl von Amateur-Grabungen und das Erscheinen literarischer Verirrungen, die dem Mythos noch bizarrere Facetten anfügten (Silverberg, 1968). Beispielsweise verstiegen sich einige Autoren zu der Behauptung, nur mit Hilfe gezähmter Mammuts, die man als «Bulldozer» eingesetzt habe, sei es den Hügelbauern gelungen, größere Erdbewegungen durchzuführen. Doch unaufhaltsam gewann die wissenschaftliche Sichtweise an Boden, Hand in Hand mit der Gründung neuer Universitäten und Colleges und dank der Unterstützung von Seiten staatlicher Stellen wie der US Geological Survey. Diese Behörden und das Peabody-Museum der Harvard-Universität spielten herausragende Rollen in der Auseinandersetzung um die steinzeitliche Besiedlung Nordamerikas (Fagan, 1987a).

1879 wurde das Bureau of Ethnology der Smithsonian Institution gegründet. Federführend war dabei John Wesley Powell, der erste Weiße, der den Grand Canyon zu Wasser, dem Lauf des Colorado River folgend, bereiste. Insbesondere dem Desiderat, die rasch verlöschenden indianischen Kulturen des Westens noch zu dokumentieren, schuldet die völkerkundliche Abteilung der bedeutendsten Wissenschaftsinstanz in den USA ihre Existenz. Unter Powells Direktorat erstreckte sich die Tätigkeit des Büros auch auf den archäologischen Bereich, und es wurden entsprechende Programme im ganzen Land aufgelegt (Judd, 1954).

Powell bezog die Moundbuilder in seine Forschungsvorhaben mit ein, weil ihn der amerikanische Kongress dazu aufgefordert und die damals horrende Summe von $ 5000 jährlich für Grabungen bereitgestellt hatte. Mit der Leitung der Sektion «Mounds» betraute Powell 1882 den Insektenkundler Cyrus Thomas aus Illinois. Thomas unterstützte anfänglich die These von der «eigenständigen Moundbuilder-Rasse» und startete die Grabungskampagne in der Hoffnung, sie werde seine Meinung bestätigen, aber auch, um Hunderte von Erdwerken vor drohender Zerstörung zu bewahren. Das Team zerstreute sich über den gesamten Mittleren Westen, vermaß die Anlagen, führte Sichtungsgrabungen durch, verglich Artefakte und erstellte Lagepläne. Angesichts der überwältigenden Datenfülle revidierte Thomas seine vorgefaßte Überzeugung. 1894 legte er alle Protokolle und Befunde im gewichtigen 12. Jahresbericht des Bureau of Ethnology der Öffentlichkeit vor. Aus dem Material ging klar hervor, daß die Hügelbauer prähistorische Indianer gewesen sind, durch eine Vielzahl von Übereinstimmungen verbunden mit modernen Bevölkerungsgruppen. Seither akzeptiert jeder ernsthafte Wissenschaftler dieses Fazit.

Erste deskriptive Ansätze

Zwischen 1874 und 1914 erarbeiteten Fachleute die ersten Systematiken vorgeschichtlicher Keramikstile im östlichen Nordamerika – frühe Versuche, Kriterien zu gewinnen, die chronologische Kultursequenzen sichtbar machen sollten. Stratigrafisch angelegte Ausgrabungen in Schillhaufen, den prähistorischen «Müllkippen», entlang der Ostküste und – unter Leitung des in Dresden gebürtigen Archäologen Max Uhle – an kalifornischen Stränden fanden zur selben Zeit statt. Bereits 1880 stellte sich der kanadische Geologe John Dawson von der McGill-Universität in Montreal die Aufgabe, Bodenfunde aus der Gegend dem Wendat-Dorf Hochelaga zuzuordnen (Willey & Sabloff, 1980).

Derartige Projekte profitierten vom Zusammenspiel der anthropologischen Unterdisziplinen Ethnologie (Völkerkunde bzw. Kulturanthropologie), Physische Anthropologie (Humanbiologie) und Vorgeschichte bzw. Archäologie. John Wesley Powell hatte bereits Archäologie und Ethnologie aneinandergeschmiedet. Nun bekräftigten Cyrus Thomas' Skelett- und Artefaktfunde die Notwendigkeit einer «Ehe» von Physischer Anthropologie und Altertumswissenschaft. Diese Sichtweise, bald fester Lehrsatz an amerikanischen Universitäten wie Harvard oder Berkeley, stand in scharfem Kontrast zur Entwicklung in Europa, wo sich jedes Fach getrennt von den anderen entfaltete, und man die Archäologie als Hilfsdisziplin der Geschichte betrachtete. Hierin lag anfangs auch eine gewisse Logik, denn die Amerikaner erforschten ja keineswegs historische Kontinua, wie sie etwa seit der römischen Besatzung in weiten Teilen Europas bestanden, sondern Volksgruppen, deren Genese sich abseits ihres eigenen Kulturkreises vollzogen hatte (Willey & Sabloff, 1980).

Die Nähe der Ethnologie zur nordamerikanischen Archäologie erwies sich als sehr anregend, denn es konnten Analogievergleiche mit rezenten Gemeinschaften angestellt werden. Die Gegenwart bildete gewissermaßen eine Plattform, von der aus man sich in unbekannte Zeitdimensionen vortastete. Darüber hinaus verfügte die Völkerkunde über ein Theoriengebäude, das nützliche Aufschlüsse über kulturelle Wandlungen versprach.

Im späten 19. Jh. blühte der Evolutionismus. Fußend auf Ideen von Rousseau, Kant, Adam Smith, Hegel, Darwin u. a. beflügelte der Fortschrittsgedanke auch anthropologische Diskussionen und gipfelte in dem brillanten historischen Periodisierungsversuch des Ex-Anwalts Lewis Henry Morgan. Morgan (1977) entwarf nicht weniger als neun zeitlich gestaffelte Stadien unilinearer gesellschaftlicher Evolution, beginnend mit dem Zustand der «Wildheit» und fortschreitend über die Epoche der «Barbarei» zur «Zivilisation». Von Friedrich Engels (1884) popularisiert, bildete dieser Ansatz eine Richtschnur marxistischer Gesellschaftsmodelle und drückte dem Wissenschaftsbetrieb in den sozialistischen Staaten bis heute seinen Stempel auf. Westliche Gelehrte jedoch verwarfen das Schema bald als zu stark vereinfachend und daher ungeeignet, die kulturelle Vielfalt auf unserem Planeten zu erklären.

Cushing, Bandelier und die Pueblo-Kulturen

Die ersten archäologischen Untersuchungen im damals noch «wilden» Westen verantworteten staatlich bestellte Wissenschaftler oder Teilnehmer an privat finanzierten Expeditionen. Viele Ausgräber waren Landvermesser, die zufällig an verlassenen Pueblos oder Höhlen vorbeikamen und darüber staunten, wie gut das trockene Klima des amerikanischen Südwestens menschliche Hinterlassenschaften konserviert hatte. Mit zwei bemerkenswerten Persönlichkeiten verbinden wir

(Oben) Frank Hamilton Cushing, Regierungsethnologe und Mitglied der A'šiwi-Bogenpriestergesellschaft, gilt als Pionier der «Teilnehmenden Beobachtung».
Cushings Buch *My Adventures in Zuñi* ist nebenstehende Abbildung entnommen. Sie zeigt eine Töpferin beim Bemalen ihrer Produkte. Während der Arbeit, so Cushing, hörte man keinen Laut, denn die A'šiwi glaubten, Geräusche könnten in den Ton eindringen und sein Zerspringen bewirken, wenn das Gefäß gebrannt wurde.

hier den Beginn seriöser Forschung: Frank Cushing, einem Mitarbeiter des «Smithsonian», und dem ehemaligen Bergwerksingenieur Adolph Bandelier.

Frank Cushing besuchte Zuñi-Pueblo 1879. Seine Absicht war, drei Wochen zu bleiben, am Ende wurden viereinhalb Jahre daraus. Während dieser Zeit lernte er A'ši̮wi, das er schließlich fließend sprach. Cushing ist kein Archäologe gewesen, aber er zeichnete gewissenhaft die mündlichen Überlieferungen seiner Gastgeber auf. So gelangte er zu der Überzeugung, daß der beste Weg, sich der Vergangenheit zu nähern, seinen Anfang in der Gegenwart nehmen sollte (Cushing, 1882–83).

1880 verschlug es Adolph Bandelier in den Südwesten. Er zeigte sich beeindruckt vom Werk Lewis Henry Morgans, der ihm auch die Erlaubnis besorgt hatte, im Westen zu arbeiten. Der gebürtige Schweizer ritt auf Maultieren von Pueblo zu Pueblo, alle persönlichen Habseligkeiten in einer Satteltasche mit sich führend. Wie Cushing sammelte Bandelier orale Traditionen und kam zum gleichen Schluß, daß man nämlich die Vorgeschichte «Schritt für Schritt, vom Bekannten zum Unbekannten», entschlüsseln müsse (Bandelier, 1884).

Franz Boas und der «Historische Partikularismus»

In den 90er Jahren des letzten Jahrhunderts stieß der Evolutionismus auf immer mehr Ablehnung, weil man sich nicht mit dem unverrückbaren Stadienmodell anfreunden mochte, die Reduzierung einzelner Völker und ihrer Eigenarten zugunsten einer Stufe kritisierte, die Abwertung anderer Kulturen beklagte oder die oft schwerwiegenden Fehldeutungen bemängelte. Als Gegenpol zu den Evolutionisten formierten sich nun die Vertreter der empirischen Ethnologie, an ihrer

William Henry Holmes um 1890 inmitten einer «Paläolithen»-Halde. Wie Holmes herausfand, diente diese Steinflur *rezenten* Indianern als Rohstoffquelle.

Aleš Hrdlička untersucht einen vorgeschichtlichen Schädel.

Spitze der in Minden geborene Franz Boas, der auf Feldforschung gegründete Detailstudien mit dem Ziel, regionale Kulturgeschichte zu schreiben, forderte. Boas' Kulturrelativismus, das Destillat jahrelanger penibler Faktensammlung, ging als «Historischer Partikularismus» in die wissenschaftlichen Annalen ein. Im Blick auf überschaubare Kulturpartikel aber ging jede größere Perspektive verloren, und es entstand ein Klima, das sich lähmend auf die Suche nach den Ursprüngen kultureller Wandlungen legte. Auch die nordamerikanische Archäologie blieb davon nicht verschont.

Im Nachhinein fällt es schwer zu begreifen, warum sich die Archäologie widerspruchslos von dieser Welle des Anti-Evolutionismus überrollen ließ. Doch es gab triftige Gründe. So ging die Fachwelt damals noch davon aus, daß sich die Indianer erst vor relativ kurzer Zeit in Amerika niederließen. Verantwortlich für diese Doktrin zeichneten zwei eigenwillige, um nicht zu sagen autoritäre Persönlichkeiten – der Archäologe William Henry Holmes und der Physische Anthropologe Aleš Hrdlička. Da also die Erstbesiedlung der Neuen Welt, wie man meinte, vor rund 4000 Jahren stattgefunden habe, sei auch kein nennenswerter Kulturwandel zu erwarten (Meltzer, 1983).

Die stratigrafische Erschließung von Fundstätten steckte ebenfalls noch in den Kinderschuhen, hieß es doch, es gebe kaum Plätze, die über mehrere Kulturschichten verfügten. Ferner mangelte es am technologischen und analytischen Rüstzeug, um selbst kleine kumulative Veränderungen im Fundbestand festzustellen bzw. auszuwerten. Machen wir es kurz: Die Archäologie befand sich nicht gerade in der günstigsten Position, um den Partikularisten Paroli zu bieten (Willey & Sabloff, 1980).

Die Geburt der Kulturgeschichte

Kulturgeschichte, die Darstellung bzw. Rekonstruierung historischer Entwicklungsprozesse und Transformationen, denen Kulturen oder Kulturräume unterworfen sind, beruht auf zwei fundamentalen, zu Anfang unseres Jahrhunderts gewonnenen Einsichten. Zum einen ist dies der induktive Forschungsansatz, also die genaue Betrachtung einzelner Problemkonstellationen mit dem Ziel, generalisierende Aussagen zu treffen. Das zweite Prinzip, die Beschreibung normativer Faktoren, stützt sich auf die Erkenntnis, daß ein Kanon abstrakter Regeln die Normalität menschlichen Zusammenlebens moduliert. Dementsprechend gründet die Archäologie ihr kulturgeschichtliches Gerüst auf die Annahme, kulturelle Hinterlassenschaften, Tonscherben z. B., gäben, gespiegelt durch stilistische oder andere formale Veränderungen, Auskunft über sich im Zeitlauf wandelnde Normen einer beliebigen Gemeinschaft. Akribische Schichtgrabungen, sorgfältige Artefaktbestimmungen und -zuordnungen sowie zuverlässige Chronologien bilden den Rahmen jeder kulturhistorischen Analyse. Für das Exposé nordamerikanischer Vorgeschichte, an der mehrere Forschergenerationen mitschreiben sollten, erwies sich diese theoretische Vorgabe als ideal.

Nach 1914 wurden *stratigrafisch ausgerichtete Grabungen* in der Archäologie Nordamerikas verbindlich. Etwa zeitgleich formulierte man Richtlinien für Seriation (Einordnung von Funden in ein chronologisches Raster), Artefakt-

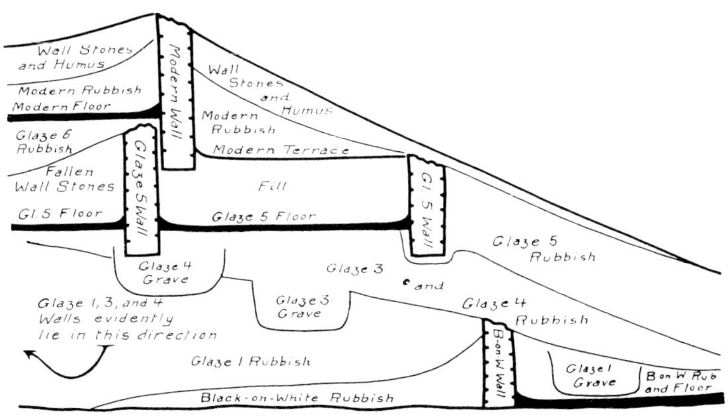

Ausgrabung in Pecos, 1916. Alfred Kidder *(Inset)* posiert vor einem Schichtprofil. *Links* ein stratigrafischer Schnitt mit Mauerresten und Begehungshorizonten *(floors)*. Keramiktypen verschiedener Straten sind benannt (z. B. «Glaze 5» oder «Black-on-White»).

Typologie und Objekt-Klassifizierung. Die erste Synthese wesentlicher Kulturareale Nordamerikas war das Ergebnis.

Nils Nelson, ein hochgewachsener, erdverbundener Skandinavier, verdankte seine Ausbildung dem berühmten Anthropologen Alfred Kroeber in Berkeley. Als junger Mann hatte er Höhlengrabungen in Frankreich beigewohnt und mit Koryphäen wie Hugo Obermeier und Henri Breuil zusammengearbeitet. Derlei

Erfahrungen überzeugten den Novizen von der Notwendigkeit Schichtenquerschnitte anzulegen. Von 1914 bis 1916 grub Nelson im Auftrag des American Museum of Natural History im Galisteo-Becken New Mexicos. Diese Region hatten Adolph Bandelier und ein anderer Pionier der Bodenforschung, Edgar Hewitt, empfohlen, weil sie Aufschlüsse über «kulturelle Veränderungen in vorgeschichtlicher Zeit» vermitteln könne. Nun kamen tatsächlich stratigrafisch gestützte Belege unterschiedlicher Keramikstile in San Marcos und einer Reihe weiterer Pueblos zum Vorschein. Allerdings blieb Nelsons Sequenz bis zur Entdeckung von 3 m mächtigen Abfallschichten in der Wüstung San Cristobal unvollständig. Hier aber dokumentierte er die Abfolge schwarz auf weißer Grundierung bemalter Töpferware aus den ältesten Straten über glasierte Stücke hin zu bemalten und glasierten Formen (Nelson, 1916).

Nelsons Grabungen bereiteten der *historisch vergleichenden Methode* den Boden. Aufgegriffen wurde diese Vergangenheit und Gegenwart verknüpfende Arbeitsweise von Alfred V. Kidder während der Pecos-Kampagne. Kidder hatte in Harvard studiert und bei dem Ägyptologen G. A. Reisner Felderfahrung gesammelt. Er bereiste den Nahen Osten und eignete sich europäische Grabungstechniken an. Dieses Wissen kam ihm nach 1916 in Pecos zustatten, der bis dato umfangreichsten archäologischen Spurensicherung in 6 m starken Abfallhaufen der Wüstungen Pecos und Fork Lightning. Nach einer Weile sah sich Kidder imstande, aus dem stratigrafischen Zusammenhang eine Keramikstilfolge für jedes Pueblo vorzulegen, die Nelsons Galisteo-Sequenz bestätigte und fortan als Leitfaden für die Entwirrung der Vorgeschichte im Südwesten diente (Kidder, 1924).

Die so entstandene Hierarchie einzelner Untersuchungsschritte – Vermessung von Ausgrabungsstätten, Bestimmung ihrer Zeitstellung anhand ausgewählter Kriterien, vergleichende Analyse dieser Kriterien, Suche nach Schichtenfolgen und Ergrabung derselben, Bestätigung des Befundes mittels archäologischer Kontrollschnitte, Auswertung des Materials – sollte zum Vorbild aller künftigen Forschungsvorhaben werden.

In den 20er und 30er Jahren erfuhr die historisch vergleichende Methode weitere formale Absicherungen. Den wohl nachhaltigsten Impuls erhielt sie durch die Grabungen von W. D. Strong und Waldo Wedel in Nebraska (Strong, 1935, 1940; Wedel, 1938, 1961). Beide Archäologen begannen mit einer Art Stoffsammlung, in der sie ethnografisches und historisches Material zusammentrugen. Dann setzten sie in Dörfern der Cahiksicahiks (Pawnee) den Spaten an, arbeiteten sich bis zu Siedlungen aus der europäisch-indianischen Kontaktperiode und schließlich in immer tiefere Zeithorizonte vor. Das Resultat fand außergewöhnlichen Widerhall, denn die Anwendung der historisch vergleichenden Methode enthüllte dramatische kulturelle Verwerfungen auf den Plains – den Wandel von der Bisonjagd ohne Reittiere zum Gartenbau in Flußauen und zurück zur Bisonjagd, nun jedoch vom Pferderücken aus. Strongs *Nebraska Archaeology* steckte seither im Gepäck der meisten Ausgräber in ganz Nordamerika.

Klassifizierung

Typologie, die Klassifizierung von Artefakten anhand formaler und dekorativer Kriterien, war (und ist) ein elementarer Baustein der kulturgeschichtlichen Erfassung Nordamerikas. Bereits William Holmes hatte in den 90er Jahren des letzten Jhs. versucht, prähistorische Keramik systematisch zu ordnen (Holmes, 1903). Die Auslese formaler Varianten und Formkombinationen spielte dabei die Hauptrolle. Erst als die erwähnten Grabungen im Südwesten Fundgut aus stratifizierten Zusammenhängen zutage förderten, gewannen auch chronologische Kategorien taxonomische Relevanz. Da der Archäologe am häufigsten auf Tonscherben stößt, wurden sie zum Parameter der Fundsystematik, einem Gradmesser kultureller Wandlungen, der es erlaubte, Vergangenheit in überschaubare Abschnitte zu zerlegen (W. & H. S. Gladwin, 1931; Sayles, 1936).

Die Pecos-Klassifizierung. Kidders Grabungen in Pecos erweiterten den damaligen wissenschaftlichen Horizont beträchtlich. Er selbst lud 1927 die führenden Archäologen der Region zu einer Tagung nach Pecos ein, wo man sich über ein verbindliches Klassifizierungsmodell mit entsprechender Zeittabelle für den Südwesten Gedanken machen wollte. Angeregt wurde ferner, künftige Keramikfunde nach einem Zweiwerte-System zu benennen: Hauptfundort und Dekor. «Mimbres Black-on-White» z. B. bezeichnete jetzt die Mimbres-Ware mit schwarzem Muster auf weißem Grund. Inzwischen ist die Pecos-Konferenz eine Institution geworden, die alljährlich Publikationen zur Forschungsproblematik herausgibt.

Auf der 1. Pecos-Konferenz prägten Teilnehmer den Begriff «Basketmaker» (Korbflechter) und ordneten ihm die ältesten Fundschichten im Grenzgebiet von Arizona, New Mexico, Colorado und Utah (Four Corners Area) zu. Diese Menschen lebten sowohl in Grubenhäusern als auch in oberirdischen Behausungen, und sie ernährten sich anfänglich von Feldfrüchten und der Jagd. Man unterschied Sequenzen der Basketmaker-Kultur, gefolgt von fünf Pueblo-Phasen, individuell erkennbar an Veränderungen bei Architektur, Siedlungsmuster und Töpferei. Pueblo IV und V überspannten die Zeit von 1300 bis heute.

Schon bald aber schälte sich heraus, daß diese allgemeine Klassifizierung für die im Gila- und Salt River-Becken arbeitenden Archäologen unzweckmäßig war, da sie dort stark abweichende Kulturmanifestationen vorfanden, die unmöglich Teil der aus dem Four Corners-Gebiet beschriebenen Tradition sein konnten.

Die Gladwin-Klassifizierung. 1934 schlugen Harold und Winifred Gladwin ein alternatives Gliederungsmodell vor, das auf dem Grundriß von drei Regionalkulturen fußte: Basketmaker (später Anasazi genannt), Mogollon und Caddoan (heute Hohókam). Jede dieser «Wurzeln» brachte Kulturstämme hervor, die Basketmaker-Tradition etwa Seitentriebe wie «San Juan» und «Playas». Die Äste wiederum gabelten sich und umrissen kleinräumliche Kulturareale, z. B. «Chaco» oder «Kayenta». Schließlich unterteilten die Gladwins solche Verzweigungen in Phasen – chronologische Einheiten, die sie aus dem Vergleich abgeschlossener Schichtenfolgen in verschiedenen Fundstätten definierten. Das Gladwin-Modell entspricht einem Dendrogramm, einem Diagramm in Form eines Baumes, das

Raum und Zeit miteinander verknüpft. Es war der Annahme verpflichtet, daß sämtliche kulturellen Ausprägungen, die innerhalb einer bestimmten Region angetroffen wurden, auf eine gemeinsame Basis zurückgehen, von der aus sie sich, gleichsam «phylogenetisch» (Willey & Sabloff, 1980), in graduellen Abstufungen entwickelten.

Das Midwestern Taxonomic System. Während die Gladwins in der Kulturenvielfalt des Südwestens Ordnung schafften, erarbeitete eine Gruppe Archäologen aus dem Mittleren Westen unter Leitung von W. C. McKern ein Klassifikationsschema für das östliche Nordamerika. Es wurde als «Midwestern Taxonomic System» bekannt, findet sich in der Literatur aber auch unter der Bezeichnung «McKern-Klassifizierung» (McKern, 1939).

Die Wissenschaftler dort schlugen sich mit ganz anderen Problemen herum als ihre Kollegen im Südwesten, namentlich dem Mangel an bis dato klar stratifizierten Fundstätten und den vergleichsweise viel schlechteren Erhaltungsbedingungen im feuchten Waldland. Zwar verfügten sie über große Mengen Artefakte, die meisten freilich ohne Herkunftsangabe, gesammelt von Privatpersonen oder professionellen Ausgräbern.

Notgedrungen stützte sich die McKern-Taxonomie daher auf Fundgut-Typologie und ruhte nicht auf chronologischen oder räumlich eingrenzbaren Streben. Ihre Architekten gingen von der Annahme aus, daß formale Ähnlichkeiten zwischen verschiedenen Objekten auf einen gemeinsamen kulturellen Ursprung hindeuteten, also historische Kontinuität anzeigten. Das Modell fußte auf sogenannten *Komponenten,* Einzelbausteinen kultureller Gefüge in Gestalt ganzer Fundorte oder ausgewählter Straten. Mehrere Komponenten ergaben einen *Focus,* der sich durch ein hohes Maß an Übereinstimmungen seiner konstituierenden Elemente auswies. Foci klassifizierte man zu *Aspekten,* Gruppierungen auf breiterer Grundlage, deren Zusammenhang deutlich war, aber bereits abnehmende Gemeinsamkeiten erkennen ließ. Noch höhere Verzweigung kam durch die Ordnungssegmente *Phase, Muster* und *Basis* zum Ausdruck, gestaffelt nach immer geringer werdenden kulturellen Berührungspunkten.

Ohne in einen zeitlichen oder räumlichen Kontext eingebunden zu sein, erfuhr das Midwestern Taxonomic System harsche Kritik von Archäologen, die während der großen Wirtschaftsflaute in den USA die umfangreichen River Basin Surveys durchgeführt hatten. Dieses ehrgeizige Projekt erbrachte eine Fülle chronologischer Daten und den Nachweis zahlreicher Regionalkulturen, minuziös beschrieben von James A. Ford und seinen Mitarbeitern (Ford & Willey, 1941). Dennoch erwies sich die McKern-Klassifizierung in der Praxis als recht effektiv und nahm, dank der rasch anschwellenden Masse an Fundgut und dessen Kategorisierung, auch raum-zeitliche Dimensionen an.

Entwicklungsreihenbestimmung (Seriation)

Sind anhand typologischer Vergleiche Veränderungen bei einem Ensemble Fundobjekte klassifiziert, zeigt sich meist, daß die Gegenstände in einer Entwicklungsreihe (Serie) gruppiert werden können. Der erste amerikanische Gelehrte,

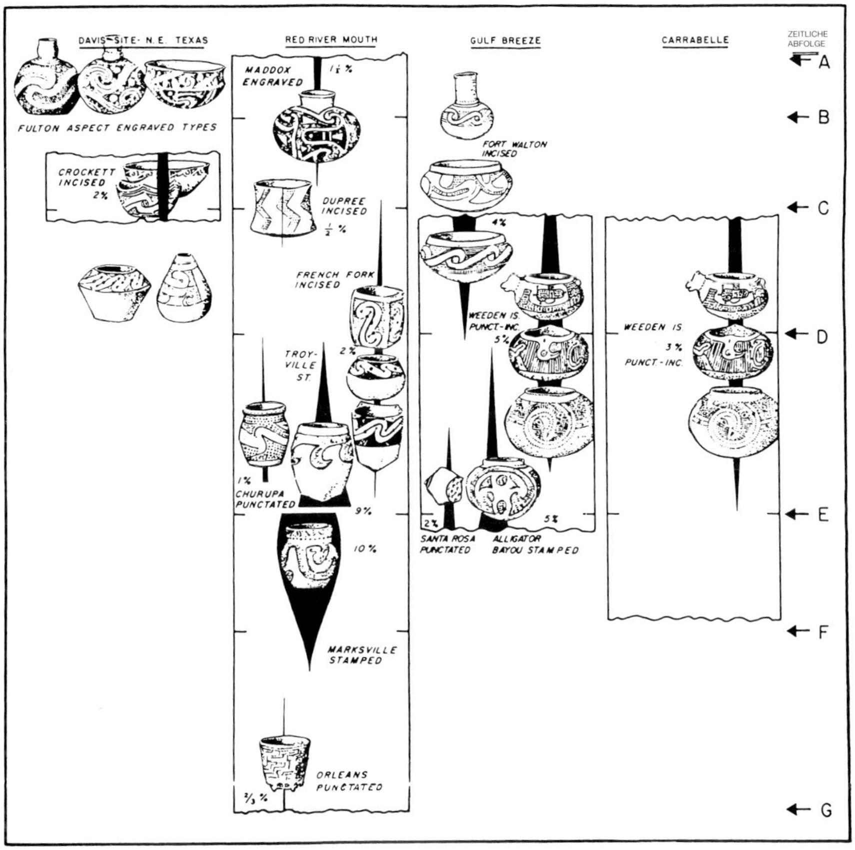

James A. Fords Keramikstilseriation mit Produktionsmengenangaben in Prozenten. Versucht wird die zeitliche Korrellierung verschiedener Traditionen aus Nordosttexas, Louisiana und Florida.

der die Bedeutung solcher Reihenbildungen erkannte, war Alfred Kroeber. Von ihm in der Wüste nahe Zuñi-Pueblo aufgesammelte Tonscherben fügten sich gut zu einer Serie, die der Anthropologe mittels stilistischer Anhaltspunkte und der Fundhäufigkeit in sechs Abschnitte gliederte (Kroeber, 1916).

Ein Jahr später verbesserte Leslie Spier (1917) Kroebers Arbeit. «Seriation» ist seine Wortschöpfung. Spiers Forschungen machten das Verfahren salonfähig, verhalfen ihm zum wissenschaftlichen Durchbruch, nicht nur als Handhabe zur Klassifizierung prähistorischer Töpferware, sondern auch um architektonische Elemente, Steingeräte und andere Artefakte systematisch im Rahmen kulturgeschichtlicher Zusammenhänge zu erfassen.

Henry Collins, Spezialist für arktische Archäologie, suchte in den 30er Jahren nach Beziehungen zwischen der Siedlungswahl prähistorischer Eskimos und der Lage ihrer Dörfer an ehemaligen Strandlinien. Der Schichtungsbefund seiner Grabungen diente ihm als Maßgabe für die Seriation von Gerätschaften aus Knochen und Walroßelfenbein (Collins, 1937). An Collins' Seite befand sich damals der junge James A. Ford, der viele Anregungen, darunter das Verfahren der Reihenbildung, mit in den Südosten der Vereinigten Staaten nahm, wo er bis in die 60er Jahre an artefaktgestützten Chronologien arbeitete.

Im Lauf der Zeit erschienen immer mehr Abhandlungen zu regionalen Themen, die das Wissen um die Vorgeschichte Nordamerikas vertieften, aber auch unterstrichen, wie komplex und vielgestaltig das Kulturmosaik im nördlichen Teil der Neuen Welt gewesen ist. Pioniere wie Collins (1940), Deuel (1935), Ford & Willey (1941), Kidder (1924), McGregor (1941) oder Strong (1935) waren die Architekten des kulturhistorischen Gebäudes und Multiplikatoren des noch heute verbindlichen fachlichen Instrumentariums, die Nomenklatur eingeschlossen.

Zwischen den 20er und den 50er Jahren hatte sich die Archäologie an den nordamerikanischen Universitäten als solide Wissenschaft etabliert. Nicht so in den Augen aller Anthropologen. Da die Bodenforscher jegliche Art von Spekulation oder Theoriebildungen als unnötig, ja unseriös verwarfen, wurden sie von den Nachbarfächern nicht ganz für voll genommen. «Archäologie», ereiferte sich der Ethnologe E. Adamson Hoebel, «kann bestenfalls begrenzte Resultate liefern. Sie ist daher verurteilt, die Rolle des Juniorpartners der Anthropologie zu spielen».

Das Problem der Datierung

Es ist kein Wunder, daß nordamerikanische Archäologen vor einem halben Jahrhundert mit relativen Datierungsmethoden wie Stratigrafie oder Seriation jonglierten. In dieser Hinsicht erging es ihnen nicht besser als Kollegen anderswo auf der Welt, denn damals gab es noch keine Möglichkeit, vorgeschichtliche Zeiteinheiten absolut zu fassen. Bis in die 20er Jahre extrapolierte man von historischen Ereignissen, verließ sich auf seinen Instinkt und auf die Vorgabe, die Erstbesiedlung Amerikas läge keineswegs sehr lange zurück.

1924 geriet die Doktrin, Menschen hätten den Doppelkontinent erst vor etwa 4000 Jahren betreten, ins Wanken. Bei Folsom, New Mexico, fanden sich nämlich Hinweise, daß die Ersten Amerikaner eiszeitliche Bisonarten jagten. Schätzungen, dies sei vor mindestens 10000 Jahren geschehen, machten die Runde, doch ein Beweis dafür konnte nicht erbracht werden, entzogen sich doch selbst wesentlich jüngere Fundstätten exakter Datierung. Nun aber kam Hilfe von unerwarteter Seite. Naturwissenschaftler entwickelten genaue, leicht anzuwendende Verfahren, die vorliegende Chronologien präzisierten und Angelpunkte für neue archäologische Ansätze schufen.

Dendrochronologie. Andrew E. Douglass, Astronom an der Universität Tucson, hatte sich seit 1901 mit der Frage beschäftigt, ob die rhythmisch an Häufigkeit zunehmenden Sonnenflecken, dunkle Stellen in der Photosphäre unseres Tagesgestirns, das Erdklima beeinflußten. Tatsächlich glückte ihm dieser Nachweis, indem er astronomische Aufzeichnungen mit den Jahresringen von Bäumen verglich: Dicke Wachstumsringe zeigten feuchte Jahre an, dünne dagegen regenarme Abschnitte. In Arizona, wo Douglass seine Untersuchungen an lebenden Bäumen durchführte, entdeckte er einen Elfjahrezyklus besonders ergiebiger Regenfälle, der sich mit Phasen lebhafter Sonnenflecken-Aktivität deckte. Um seine Beobachtung noch besser abstützten zu können, suchte der Astronom nach älterem Holz. Clark Wissler vom American Museum of Natural History gab den

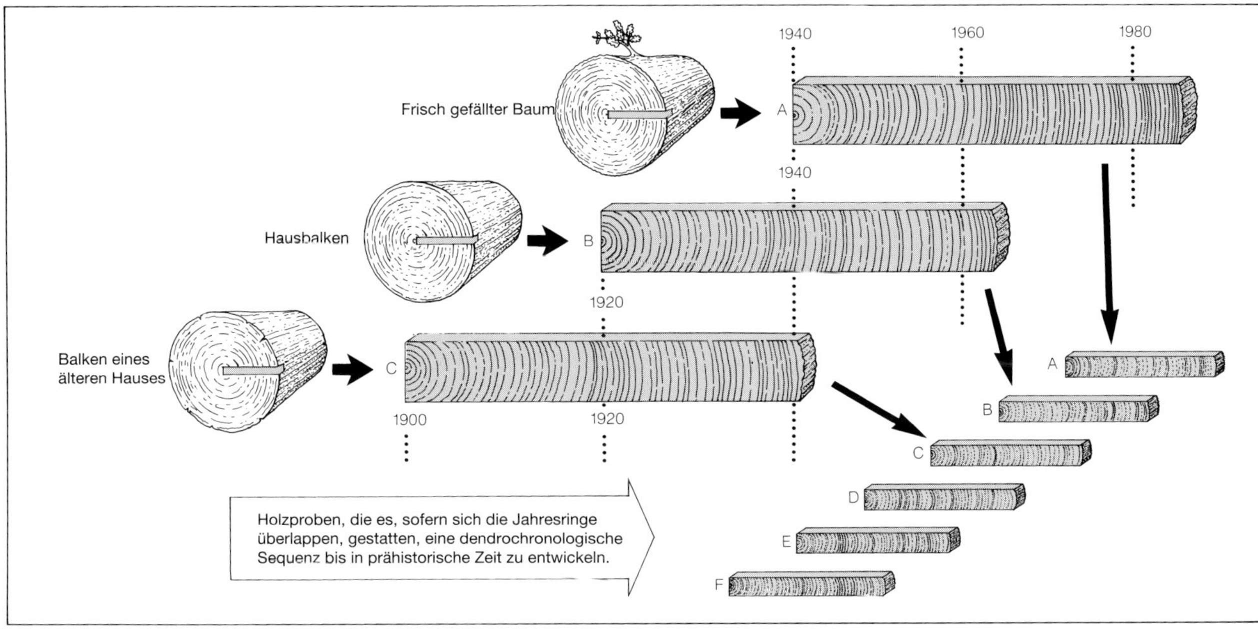

Aufbau einer dendrochronologischen Sequenz.

entscheidenden Tip: Aus Balken prähistorischer Indianersiedlungen müßten sich solche Proben gewinnen lassen. Hielt man nun die Jahresringserie eines unversehrten oder frisch gefällten Baumes gegen die Serie eines bereits abgestorbenen, so stimmte das Muster der inneren Ringe des jüngeren Holzes mit dem der äußeren Ringe des älteren überein, vorausgesetzt, beide Bäume überschnitten sich in ihrer Lebenszeit. Fuhr man dementsprechend fort, ergab sich eine Sequenz, die chronometrische Aussagen erlaubte.

Mitte der 30er Jahre verfügte die Wissenschaft über ein exaktes zeitliches Tableau der Kulturen im Südwesten. Basketmaker II datierte in die Zeit vor 500 n. Chr., Basketmaker III blühte zwischen 500 und 700, die vier Pueblo-Phasen überbrückten die Spanne von 700 bis zur spanischen Conquista.

Die Baumringdatierung bedeutete einen Riesenschritt vorwärts, aber sie ist, aus Mangel an ausreichend alten Proben, nicht beliebig in die Vergangenheit zu verlängern. Außerdem kann sie in der Regel nur auf eine bestimmte Region angewendet werden, da in Nachbargebieten oft andere öko-klimatische Bedingungen herrschen bzw. herrschten, was zur Ausbildung unterschiedlicher Baumringmuster führt. Immerhin gelang es in jüngster Zeit, mit Hilfe dendrochronologischer Sequenzen die nachfolgend beschriebene «Radiokohlenstoffuhr» zu eichen. Den Archäologen verdeutlichte die Methode, daß die verschiedenen, in der Pecos-Klassifizierung benannten Phasen eher kulturellen Stadien als chronologischen Einheiten entsprechen. Und erstmals konnten sie nicht allein Kulturfolgen studieren, sondern auch Phänomene der Diffusion und des Kulturwandels sowie Abweichungen im Niederschlagsaufkommen über längere Zeiträume.

Radiokohlenstoffdatierung. Was im Südwesten, wo sich unter den dort wirksamen trockenen Umweltverhältnissen altes Bauholz gut erhalten hatte, so vorzüglich klappte, ließ sich andernorts nicht gleichartig nachvollziehen. Dann aber, 1949, überraschte der Chemiker Willard Libby aus Chicago die Fachwelt mit der geradezu sensationellen Radiokohlenstoff(Radiocarbon)-Datierungsmethode. Sie beruht auf der Beobachtung, daß kosmische Strahlung, wenn sie die Erdatmosphäre trifft, Neutronen erzeugt, die mit dem in der Luft gelösten Stickstoff das radioaktive Kohlenstoff-Isotop ^{14}C aufbauen. Letzteres gelangt, etwa über Nahrungsketten oder die Fotosynthese der Pflanzen, auch in lebende Organismen. Der Absorptionsprozess endet mit dem Tod der Lebewesen, die in ihnen gespeicherte ^{14}C-Menge verstrahlt und zerfällt dabei wieder in den nichtradioaktiven Stickstoff 14. Da der Zerfall gleichmäßig (Halbwertzeit) vonstatten geht, kann man durch Messen der noch in organischen Materialien verbliebenen Anteile das Alter einer Probe berechnen. Libby testete sein Verfahren an Objekten bekannter Entstehungszeit, z. B. altägyptischen Schiffen, und übertrug es später auf Holzkohle und anderes organisches Fundgut aus archäologischen Grabungen. Wie er herausfand, konnte er solches Material über 40 000 Jahre zurückdatieren.

Es ist gewiß keine Übertreibung zu behaupten, daß die Radiokohlenstoffmessung die nordamerikanische Archäologie revolutionierte. Schon kurz nach Libbys Entdeckung konnte das Datum der Erstbesiedlung Amerikas auf mindestens 11 000 Jahre vor heute vorgeschoben werden. Weitere Proben füllten das Vakuum zwischen der paläoindianischen Epoche und späteren Entwicklungsperioden. Und über den rein chronometrischen Befund hinaus stillte die ^{14}C-Methode noch andere wissenschaftliche Bedürfnisse. Man sah sich fortan besser gewappnet, Veränderungen in verschiedenen Lebensräumen nachzugehen und regionale Vergleiche anzustellen. Erstmals bot sich die Chance, über den Tellerrand einfacher Kultursequenzen zu blicken und die Dynamik des Wandels in seiner ganzen Komplexität zu studieren. Der Grundstein für die fast dramatisch zu nennenden methodologischen und theoretischen Umwälzungen der 60er Jahre war gelegt.

Ein Wermutstropfen fiel allerdings in den Freudenbecher der Archäologen. Es kam nämlich heraus, daß Radiokohlenstoffwerte umso stärker von Kalenderdaten (Sonnenjahren) abweichen, je älter das Testmaterial ist: Sie fallen «jünger» aus als diese. Durch Kalibrierung (Eichung) mit dendrochronologischen Befunden, deren Sequenzen bis 7000 v. Chr. zurückreichen, gelang es aber, solche Standardabweichungen wenigstens in gewissem Umfang zu korrigieren. Inzwischen wurden auch weitere chronometrische Verfahren von Naturwissenschaftlern entwickelt, darunter die Elektronenspinresonanz-Datierung, die archäomagnetische Intensitäts-Datierung, die Obsidian-Hydrationsschicht-Datierung oder die Thermolumineszenz-Datierung, die, obwohl noch im Erprobungsstadium, bereits recht vielversprechende Ergebnisse brachten (Renfrew & Bahn, 1991).

Naturwissenschaften und Archäologie

In den 50er Jahren setzte sich bei vielen nordamerikanischen Archäologen die Erkenntnis durch, daß die Naturwissenschaften wichtige Beiträge zu ihrem Fach leisten konnten. Die Palynologie (Pollenanalyse) etwa erwies sich als nützliches

Instrument, natürlichen oder vom Menschen verursachten Umweltveränderungen in Paläo-Biotopen auf die Spur zu kommen, und die Archäozoologie eröffnete Möglichkeiten, aus tierischen Überresten im Fundgut Subsistenzstrategien abzuleiten. Engere Zusammenarbeit mit Geologen, Ökologen, Botanikern oder anderen Fachwissenschaftlern mündete in interdisziplinären Forschungsvorhaben, die Kulturentwicklungen vor dem Hintergrund großklimatischer Umschwünge im Zeitraum der letzten 15 000 Jahre untersuchten (Willey & Sabloff, 1980). Solche konzertierten Bemühungen zeitigten Resultate von beachtlicher Tragfähigkeit wie im Falle des Beringia-Projektes (vgl. Kapitel 4), wo Geomorphologen, Palynologen, Paläontologen und Archäologen kooperierten.

Andere Beiträge der «harten» Wissenschaften erstreckten sich auf die Verbesserung von Werkstoffanalyse, Datenspeicherung oder kartografischer Erfassung. Die Auswertung von Luftbildern und Satellitenaufnahmen gestattete es, Beziehungen archäologischer Stätten zu ihrem Umfeld aufzudecken oder sie zu lokalisieren, ehe sie zerstört wurden (Sharer & Ashmore, 1987).

Standardwerke

Die Übernahme naturwissenschaftlicher Praktiken fiel mit dem Archäologie-Boom nach dem 2. Weltkrieg zusammen, zu dem es im Zuge von Hochwasserkontrollmaßnahmen (Staudammbauten), die zahlreiche Notgrabungen erforderlich machten, gekommen war. Solche in aller Eile vorangetriebenen Grabungen, stellvertretend genannt sei hier das Glen Canyon-Projekt (Jennings, 1966), erbrachten ungeheure Mengen fachrelevanter Aufschlüsse. Daneben verstärkten sich, namentlich in den 40er und 50er Jahren, Forschungen rein akademischen Charakters.

All jene Untersuchungen trugen sehr zum Verständnis der nordamerikanischen Kulturgeschichte bei. Ihre Früchte waren großartige theoretische Entwürfe und Synthesen, darunter der Band *Method and Theory in American Archaeology,* der 1958 erschien. In diesem Klassiker stellten die Autoren, Gordon Willey und Philip Philips, gestützt auf das gesamte bis dato vorliegende Material, zu dem sich Arbeiten über die Zivilisationen Mesoamerikas und Alt-Perus gesellten, fünf einander nachgeordnete Entwicklungs- oder Kulturstufen auf, zu deren Kennzeichnung sie u.a. technologische, wirtschaftliche und gesellschaftliche Kriterien heranzogen. Zusammengefaßt sah ihr Modell, das Zeitfaktoren weitgehend ausklammerte, wie folgt aus:

- Lithikum (paläo-indianische und andere frühe Kulturmanifestationen der Neuen Welt)
- Archaikum (nacheiszeitliche Jäger und Sammler)
- Formativum (erste bäuerliche Kulturen und/oder Gesellschaftsformationen, die seßhaft geworden waren)
- Klassikum (urbane Zivilisationen)
- Postklassikum (Militäraristokratien und imperialistische Reiche wie die der Azteken und Inkas)

Mit ihrem Sukzessionsschema hatten Willey und Philips einen schlafenden Löwen geweckt, denn es erinnerte doch stark an evolutionistische Ansätze, die

Edward Sheriff Curtis, ein Pionier der Indianerfotografie, hinterließ eine Bilderfülle von unschätzbarem Informationswert. Hier die Portraits des Numañkaki (Mandan) Yellow Owl und *(darunter)* von Sitting Bear, einem Aririxa (Arikara).

ALLGEMEINE KULTURWISSENSCHAFTLICHE STICHWÖRTER

Einige kulturwissenschaftliche Fachausdrücke erscheinen in diesem Buch häufiger. Sie sollen hier vorab erläutert werden.

Anpassung (Adaption). Selektiv gesteuerte Prozesse, durch die Lebewesen auf Umweltveränderungen reagieren, indem sie ein homöostatisches Verhältnis zur Umgebung zu bewahren suchen und so ihre und ihrer Nachkommen Überlebenschancen verbessern. Dabei kann es sich um kurzfristige, reversible Schritte angesichts plötzlicher Fluktuationen handeln oder um nichtumkehrbare Umwandlungen der Systemstruktur im Falle einer anhaltenden Milieutransformation.

Kulturwandel. Qualitative Veränderung eines gesamtkulturellen Organismus oder wesentlicher Teilaspekte. Der Wandel kann durch externe Faktoren, Anpassungsprozesse oder von innovativen Kräften innerhalb der Gemeinschaft selbst angestoßen werden. Manche Elementarbereiche bleiben dabei lange unangetastet, andere Wandlungsvorgänge haben überhaupt keine sichtbare Auswirkung auf das Kulturganze. Wegen der Vielzahl solcher oft gegenläufiger Tendenzen ist keine Kultur oder Gesellschaft jemals ein vollständig integriertes System.

Subsistenz. Nicht marktorientierte, ganz oder überwiegend der Selbstversorgung dienende Wirtschaftsweise.

Austausch. Der Gütertransfer zwischen menschlichen Gruppen. Gewöhnlich werden drei Formen des A. s. unterschieden: (a) Tauschhandel auf der Grundlage von Gegenseitigkeit und Wertausgleich (Reziprozität), (b) Umverteilung von Waren innerhalb gesellschaftlicher Gefüge (Redistribution) und (c) Marktwirtschaft, bei der sich der Objektwert nach dem Verhältnis von Angebot und Nachfrage richtet.

man längst vergessen glaubte. Einige Kollegen lehnten es daher strikt ab, andere griffen das Modell begeistert auf oder modifizierten es nach Gutdünken (Willey & Sabloff, 1980). Von heutiger Warte aus betrachtet, spiegelten das Werk und die Resonanz darauf den damaligen Zeitgeist, denn die Archäologie war in Bewegung gekommen. Die Kulissen der Bühne, auf der ein neues Stück gegeben werden sollte, standen. Das Drehbuch wurde noch überarbeitet, aber sein Thema hatte sich bereits herumgesprochen. Es ging nicht mehr allein darum, die Vergangenheit lediglich zu beschreiben, sondern auch zu fragen, *warum* sich vorge-

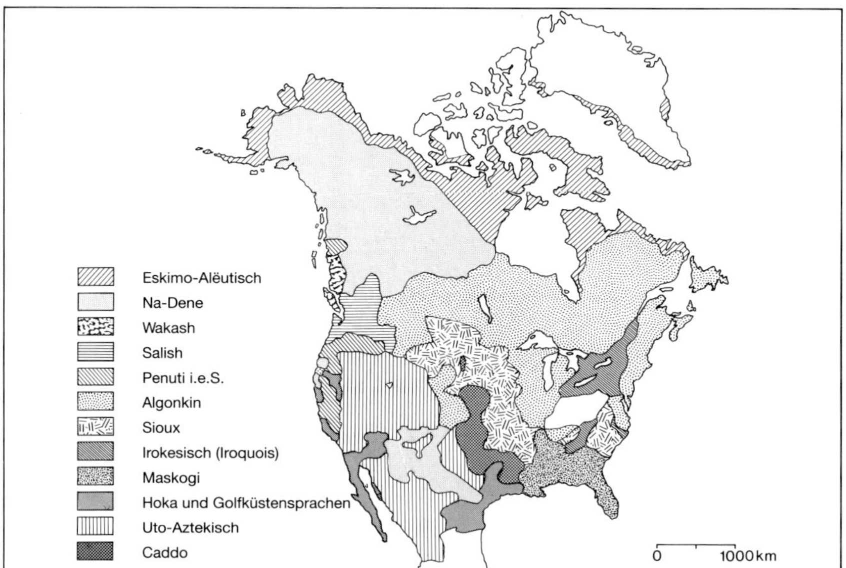

Verteilung indianischer Sprachfamilien in Nordamerika

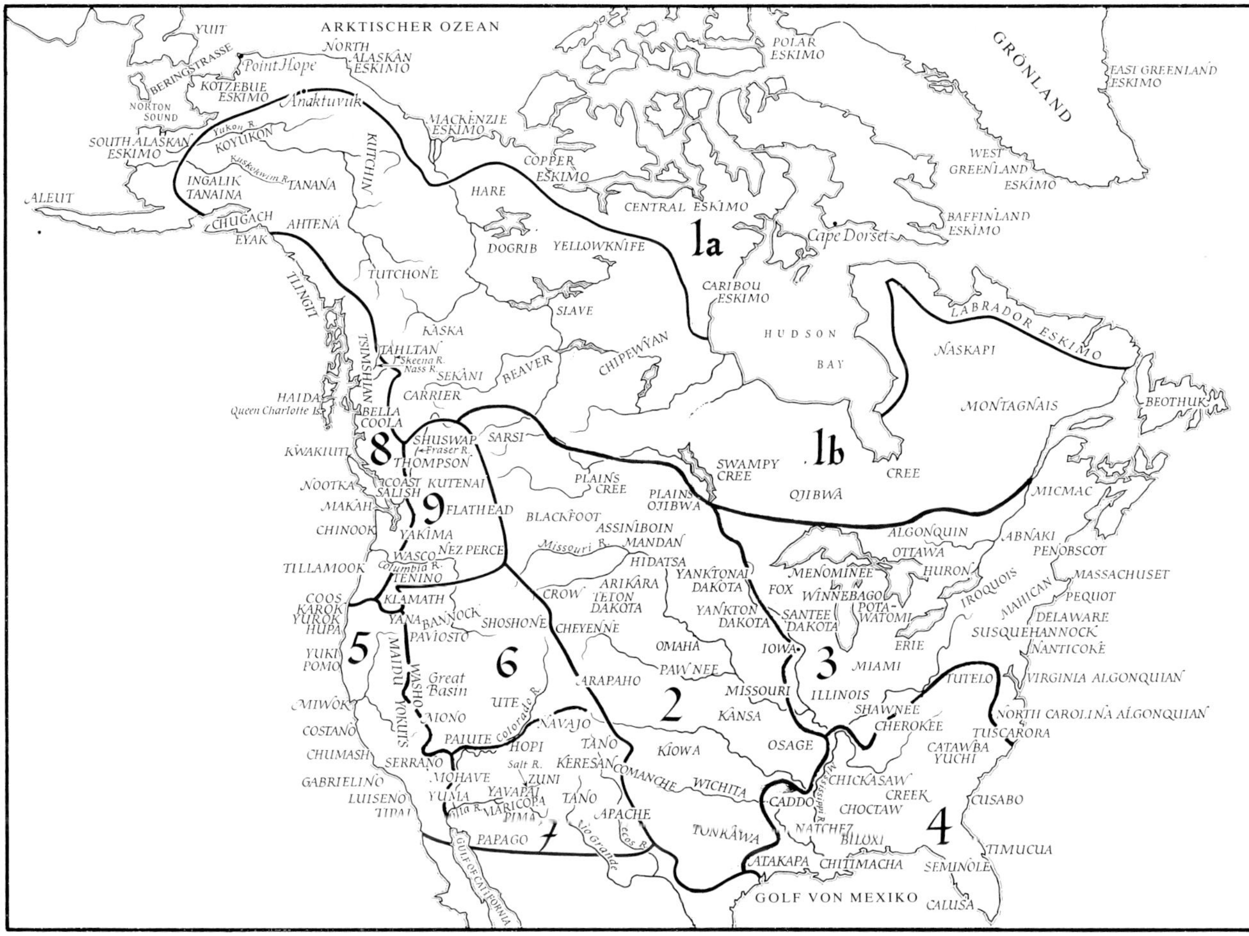

Kulturareale in Nordamerika: 1 a Arktis, 1 b Subarktis, 2 Plains und Prärien, 3 Östliches Waldland (Nordosten), 4 Östliches Waldland (Südosten), 5 Kalifornien, 6 Großes Becken, 7 Südwesten, 8 Nordwestküste, 9 Nördlicher intermontaner Raum.

schichtliche Kulturen wandelten, und *wie* ihre Anpassung an gegensätzliche ökologische Rahmenbedingungen verlief.

1948 veröffentlichte W. W. Taylor *A Study of Archaeology,* in der er sich kritisch mit früheren archäologischen Vorgehensweisen auseinandersetzte. Kidders Œuvre etwa, so bemerkte Taylor bissig, sei nichts weiter als eine «komparative Chronik». Weder versuche Kidder, vergangenes Leben zu rekonstruieren noch läge ihm an einer Diskussion funktionaler Aspekte. Auch andere Pioniere gerieten in Taylors Schußlinie. Pauschal warf er ihnen vor, sich nur für Artefakt-Klassifizierungen und zeitliche Planspiele zu interessieren, Phänomene des Kulturwandels oder soziale Organisationsformen aber zu vernachlässigen. Dieser Abrechnung ließ er seine Vision einer «konjunktiven» Archäologie folgen, die sich aller gangbaren Wege bediente, um Problemlösungen zu finden. Taylors Auffassung nach hatte sich ein Archäologe nicht ausschließlich mit Artefakt-Typologie zu beschäftigen, er mußte auch Siedlungsmuster auswerten, Fauna und Flora die nötige Beachtung schenken und Nahrungsreste analysieren.

TERMINOLOGIE RÄUMLICHER UND ZEITLICHER FUNDZUSAMMENHÄNGE

Eine weltweit verbindliche Systematik raum-zeitlicher archäologischer Fundzusammenhänge existiert nicht. Die nachstehenden Definitionen sind daher Arbeitsbegriffe, von denen manche dringend der Neubestimmung oder Vereinheitlichung bedürfen.
Stratigrafie. Meist vertikale Fundlagersequenz, die auf der Beobachtung beruht, daß durch Ablagerung jüngere Erd- und Fundschichten über älteren zu liegen kommen. Falls die Abfolge nicht durch natürliche Einwirkungen oder menschliche Eingriffe gestört ist, ergibt sich daraus ein chronologisches Schichtprofil.
Artefakt. Jeder von Menschenhand hergestellte, künstlich veränderte oder konstruierte Gegenstand.
Assoziation (Vergesellschaftung). Geschlossener Fundzusammenhang von Artefakten und/oder Gebeinen, die zum selben Zeitpunkt verschüttet, versteckt, vergraben oder beigesetzt wurden.
Assemblage. Ortsgebundene Gruppe von Artefakten unterschiedlichen Typs in enger Assoziation.
Industrie. Komplex ortsverschiedener Funde, die lediglich eine bestimmte Artefaktklasse (etwa Waffenspitzen) enthalten.
Komponente. Zeitlich begrenzte Begehungs- oder Siedlungsschicht eines gegebenen Fundortes.
Phase. Auf der selben Zeitschiene angeordnete Komponenten benachbarter Fundorte mit ähnlichen Assemblagen.
Kultur. Vieldeutiger Begriff. Allgemein die vom Menschen gestaltete Umwelt, im Gegensatz zur Natur (Un-Kultur). Schärfer gefaßt, bezeichnet K. den Handlungsrahmen, in dem Menschengruppen spezifische, historisch investierte und den kollektiven Sinnzusammenhang betonende Produkte, Wirtschaftsformen, Verhaltensweisen und Leitvorstellungen hervorbringen. Archäologen verstehen unter K. zumeist einen geografisch und zeitlich limitierten Komplex von Phasen oder Assemblagen.
Horizont (auch *Komplex*). Räumlich oft nicht sauber zu definierende Sphäre, in der vereinzelt einander ähnliche, das Verbreitungsgebiet einer spezifischen Kultur überschreitende Artefakttypen auftreten. Im archäologischen Arbeitsjargon wird der Begriff auch synonym zu Komponente gebraucht.
Tradition. Zeitlich fortgeschriebene Phasensequenz, wobei kulturgenetische Kontinuität nicht notwendigerweise vorliegen muß. Viele Archäologen wollen den Terminus daher nur für Kulturfolgen verwenden, bei denen klar ist, daß sich diese in linearer Sukzession unter Bewahrung von Stilelementen früherer Phasen entwickelten.

Wie zu erwarten war, erntete die Brandschrift wütende Kommentare. Nicht wenige Archäologen verfochten ja den Standpunkt, daß ihr Arbeitsmaterial zu wenig mehr als deskriptiver Darstellung tauge. Auf der anderen Seite aber rieben sich Kollegen, der von kulturgeschichtlichen Fundamentalisten ausgesprochenen Beschränkungen überdrüssig, frohgemut die Hände (J. A. Ford, 1952; Spaulding, 1953). 1958 beklagten Willey und Philips, die Archäologie operiere zwar mit Begriffen wie «Akkulturation» (der Unterwerfung einer Kultur unter die Dominanz einer anderen) oder «Diffusion» (dem transkulturellen Austausch), verwende sie aber in einem zu eng bemessenen Kontext. Kaum ein Wissenschaftler habe den Versuch gewagt, über den Elfenbeinturm seines Spezialgebietes hinaus allgemeine Thesen aufzustellen, so daß es schwer falle, für derlei Anstrengungen, wenn sie denn stattfänden, eine geeignete Bezeichnung zu finden.

Method and Theory in American Archaeology und *A Study of Archaeology* stehen paradigmatisch für einen Dammbruch in der nordamerikanischen Bodenforschung. Sie bezeichnen das Ende trockener Schreibstubengelehrsamkeit und den Beginn einer Forschung, die sich kausalen Fragen zuwandte. Mit ihrer Beharrung auf multidimensionalen, problemorientierten Lösungsansätzen, dem schüchternen Flirt mit verpönten Intergraduationsmodellen evolutionistischer Prägung und ihrer Offenheit gegenüber unorthodoxen Vorgehensweisen schalteten die Autoren der beiden provokanten Schriften wissenschaftliche Ampeln auf den künftigen Kurs.

3. KULTURWANDEL UNTER DER LUPE

Als die Bodenforschung in den 60 er Jahren überkommene Zöpfe abschnitt, umgab sie sich mit neuen Trabanten, Hilfsdisziplinen und theoretischen Krücken, deren Entstehung gut ein Jahrzehnt weiter zurückliegt. Die Rede ist von Kulturökologie *(cultural ecology)*, Siedlungsarchäologie und Umweltarchäologie.

Evolution, Kulturökologie und Lebensraum

Während der 40 er und 50 er Jahre zerbrach sich der Ethnologe Julian H. Steward über die Frage den Kopf, wieso Menschen in verschiedenen Erdteilen zu ganz ähnlichen Kulturmustern gefunden hatten. Besonders interessierte er sich für die Art und Weise, wie solche Bevölkerungsgruppen ihren natürlichen Lebensraum nutzten. Steward fand heraus, daß der Wirtschaftsorganisation dabei zentrale Bedeutung zukam. In ihr, so der Wissenschaftler, vollziehe sich die Auseinandersetzung mit der Umwelt unmittelbar, diene also der Milieuadaption von Kultur. Diesen Grundgedanken spann er weiter und erklärte, kulturelle Kernelemente, die mehr oder minder direkt mit der Subsistenzökonomie verbunden seien, entwickelten sich unter vergleichbaren Umweltkoordinaten nahezu kongruent. Steward war nicht der erste, der multilinearer Evolution das Wort redete, aber er bereicherte die Debatte um das Problem des Kulturwandels um eine neue Facette – den Bezug zum natürlichen Lebensraum. Die Kulturökologie war geboren.

In ihrer ursprünglichen Auslegung fußte die kulturökologische Theorie auf drei Stützpfeilern: Verschiedene Kulturen entwickelten in ähnlichen Milieus gleichartige Anpassungen. Keine Kultur war unveränderlich. Differenzierungen und Wandlungen, die im Zeitlauf auftraten, führten entweder zu gesellschaftlicher Komplexität oder zu völlig neuen Kulturmustern (Steward, 1955).

Auf die alte Frage, warum die Menschheit so viele kulturelle Eigenwege beschritten hatte, gab Steward eine überraschend einleuchtende Antwort. Neben Außeneinflüssen und evolutiver Sukzession nannte er Umweltanpassung als dritten entscheidenden Faktor. Wer sich also mit dem Phänomen des Kulturwandels befassen wollte, mußte auch die Veränderlichkeit des natürlichen Umfeldes in seine Überlegungen einbeziehen. Damit gekoppelt waren paläoökologische Studien und die Betrachtung von Siedlungsmustern bzw. der Verlagerung von Wohnstätten im Wechselspiel mit der Natur.

Steward selbst leistete Pionierarbeit auf dem Gebiet der Siedlungsforschung. Zu diesem Zweck besuchte er Nuummö-Gruppen im Great Basin, Wildbeuter aus der Shoshone-Sprachfamilie, und zeichnete ihr an Territorien gebundenes, zyklisches Wanderverhalten auf. Es war Steward, der 1946 den Harvard-Archäologen Gordon Willey ermutigte, sich mit der Verteilung archäologischer Stätten

SOZIOKULTURELLE BEGRIFFE UND POLITISCHE ORGANISATIONSFORMEN

Theorien kultureller Evolution gründen in der Annahme, daß sich in prähistorischen Gesellschaften ständig Veränderungen vollzogen, die sukzessive zu höherer Komplexität, insbesondere zur Verzweigung sozialer und politischer Institutionen führten. In Anlehnung an evolutionistische Denkansätze favorisieren manche Wissenschaftler ein Phasenmodell, das einen Entwicklungsstrang von der segmentären Gesellschaft, also eines durch die Verschachtelung mehrerer tendenziell gleichrangiger Teilglieder (Verwandtschaftsgruppen, Altersklassen etc.) charakterisierten Organismus, über die bereits soziale Verwerfungen aufweisende Rangstufengesellschaft zur Klassengesellschaft aufzeige. Kritiker bemängeln an solchen Linearmodellen, sie verneinten die Möglichkeit äußerer Einflußnahme sowie von kultureller Rezession und vernachlässigten eine Vielzahl abhängiger Variablen, die zur Beschreibung menschlicher Interaktion notwendig seien. Zunehmende gesellschaftliche Komplexität ist daher zwar Fakt, erfolgt aber keineswegs zwangsläufig und muß – auf den konkreten Fall bezogen – in der Zusammenschau verschiedener Wirkprinzipien betrachtet werden.

Hier wollen wir die wichtigsten politischen Organisationsformen und einige soziokulturelle Strukturelemente kurz erläutern:

Lokalgruppe. Kleine, aus einer oder mehreren Kernfamilien gebildete Residenz- und Wirtschaftseinheit, die an einem (auch veränderlichen) Ort zusammenlebt.

Nexus. Lose Vereinigung mehrerer Lokalgruppen, die zwar über kein gemeinsames politisches Dach verfügt, aber Heiratspartner tauscht und sich gelegentlich zu kooperativer Aktion (Jagd, Kult) trifft.

Stamm. Lockerer Verbund mehrerer autonomer Lokalgruppen unter der – manchmal periodischen – Führung einer schwachen politischen Zentralinstanz (Stammeshäuptling).

Stammesfürstentum (Häuptlingstum). Von einem sakralen Häuptling (Stammesfürsten) präsidierte, straffe gesellschaftliche Hierarchie, bei der persönlicher Status i. d. R. vom Verwandtschaftsgrad mit dem Machthaber abhängt.

Staat. Form gesellschaftlicher Gliederung, die, über ethnische oder verwandtschaftliche Verbindlichkeiten hinausgreifend, durch das Vorhandensein einer institutionalisierten Zentralregierung mit hohem Organisationsstand gekennzeichnet ist.

Lineage. Ortsgebundene Verwandtschaftsgruppe, deren Mitglieder von einem Ahn in direkter und bekannter männlicher oder weiblicher Linie abstammen.

Klan (Sippe). Nicht notwendigerweise am selben Ort lebende Verwandtschaftsgruppierung, die ihre Deszendenz von einem in mythische Ferne gerückten Stammheros (oft Tier, Pflanze, Naturphänomen) herleitet.

Abstammungsrechnung (Filiation). Regelung, die darüber entscheidet, wie ein Individuum kraft seiner Geburt in die mütterliche (matrilineare) oder väterliche (patrilineare) Verwandtschaftsgruppe seines gesellschaftlichen Status, seiner Rolle, Position und Erbansprüche teilhaftig wird. Gelegentlich auch fakultativ gehandhabt.

Wohnsitzregelung. Bestimmung, die vorsieht, welche Person (meist abhängig von Geschlecht, Alter, Filiation und Status) wo in einer Gesellschaft ihren Wohnsitz nimmt, z. B. patrilokal (= Ort des Vaters), matrilokal (= Ort der Mutter), uxorilokal (= Ort der Gattin), uxori-matrilokal (= Ort der Schwiegermutter) oder neolokal (an einem frei gewählten Ort).

im Virú-Tal Perus und ihrer Verschiebung über Jahrhunderte zu befassen. Willeys Untersuchung lieferte den Impuls, der eine Vielzahl ähnlicher Projekte in ganz Amerika anschob (Willey, 1953). In den 60er Jahren geschah dies vornehmlich im Rahmen des Cultural Resource Management-Programms, das sich der Aufnahme, Rettung und der Erhaltung archäologischer Fundplätze verschrieben hat und mittlerweile die wohl wichtigste Institution nordamerikanischer Bodenforschung verkörpert.

Umweltarchäologie rekonstruiert anhand von Fundzusammenhängen die Lebensbedingungen unserer Vorgänger in ihrer Abhängigkeit vom sie umgebenden Ökosystem. Sie ist eine recht junge Disziplin, die zunächst in Skandinavien und in den 50er Jahren in England (Starr Carr) Fuß faßte (Clark, 1954).

Waldo Wedel, Veteran der Plains-Archäologie, gehörte zu den ersten Amerikanern, die sich damit beschäftigten. Sein Interesse galt den klimatischen Wechselbädern, die auf den Steppen zu jeweils neuen wirtschaftlichen Einnischungen führten (Wedel, 1953). Mehr deskriptiv als interpretativ setzten sich u. a. Emil Haury im Südwesten (Ventana Cave), Jesse Jennings in Utah und Robert Heizer in Kalifornien mit prähistorischen Umweltverhältnissen auseinander.

Beeinflußt wurden all diese Untersuchungen von Stewards kulturökologischem Ansatz. Vielleicht gebührt ihm das Prädikat des wichtigsten theoretischen Beitrags für die nordamerikanische Archäologie in diesem Jahrhundert, auch wenn man später wegen der Vieldeutigkeit seiner Kernaussagen, und weil es Steward an einer ganzheitlichen Sicht (Konzept der Vernetzung), die heutige Ökologiebetrachtung auszeichnet, fehlte, nicht mit Kritik sparte.

Waldo R. Wedel (links im Bild) und George S. Metcalf besichtigen eine Grabung im Rice County, Kansas. *(Darunter)* Emil Haury und Vance Haynes (rechts im Bild) an der paläoindianischen Fundstätte Lehner, Arizona.

Prozessuale Archäologie

Als Jungakademiker darangingen, Bezüge zwischen Mensch und Natur aufzudecken, machten sie theoretische Anleihen bei Biologie, Ökologie und sogar den Geisteswissenschaften. Der Einfluß von Philosophen wie Thomas Kuhn und Carl Hempel zeigte Wirkung, ebenso systemtheoretische Ansätze (Binford, 1983). Gerade die Systemtheorie übte große Anziehungskraft auf Archäologen aus, denn sie schärfte den Blick für interagierende Kräfte innerhalb einer Kultur, Technologie und Wirtschaft beispielsweise, die ihrerseits mit der natürlichen Umwelt verwoben waren. Diese Sichtweise ermöglichte Ausgräbern viel präzisere Fundortbeschreibungen und förderte die Perfektionierung der Untersuchungsmethoden.

In den 60er Jahren veröffentlichte Lewis Binford eine Reihe von Schriften, in denen er sich für die konsequente Anwendung naturwissenschaftlicher Kontrollverfahren aussprach (Binford, 1983). Man dürfe sich nicht allein auf die Felderfahrung verdienter Archäologen und ihre von überkommenen Wertmaßstaben geprägten Eingebungen verlassen, sondern müsse den Grabungsbetrieb straffer formalisieren. Derlei Kernsätze bildeten die Überschrift der von Binford geforderten «New Archaeology».

Der Sinn solcher Überlegungen liegt darin, Art und Ablauf von Prozessen, denen Kulturen unterliegen oder die sie durch ihre Eigendynamik selbst in Gang setzen, transparenter darzustellen. Binfords theoretischer Schlüssel sieht vor, nach anfänglicher Beobachtung Arbeitshypothesen aufzustellen und diese gegen den vorhandenen Datenbefund auf ihre Tragfähigkeit hin zu überprüfen. Erklärtes Ziel ist das Erkennen kultureller Steuermechanismen und Gesetzmäßigkeiten.

Binford und die wachsende Schar seiner Anhänger zogen auch gegen die Annahme zu Felde, verläßliche Aufschlüsse über immaterielle Aspekte prähistorischer Kulturen seien wegen des trügerischen archäologischen Befundes nicht zu erwarten. Die «Neuen Archäologen» dagegen äußerten die Hoffnung, aus dem Fundkontext, der Artefakte ja in der Regel nicht planlos, sondern in bedeutungsvoller Anordnung preisgab, ableiten zu können, ob die betreffenden Gegenstände in Beziehung zu ökonomischen, gesellschaftlichen oder religiösen Rahmenzusammenhängen standen. Obendrein seien Artefakte auch Ausdruck modischer Kurzzeittrends, die Auskunft über Akzeptanz, Gebrauch und Ablehnung gäben, kurzum, ihre Aussagekraft führe weit über rein materielle Gesichtspunkte hinaus. Gerade mit den Artefakten komme jeder verborgene Bestand an kulturellen

Variablen zum Vorschein, der gesellschaftliche Ausformungen modelliere. «Die meisten, wenn nicht sogar alle Bausteine soziokultureller Systeme haben sich im archäologischen Bestand erhalten», betonte Binford nachdrücklich 1968.

Es liegt auf der Hand, daß die vorgetragenen Argumente hitzige Debatten entfesselten. Einige Gelehrte meinten, Archäologie sei eine Naturwissenschaft, die die Grundzüge menschlichen Zusammenlebens und Verhaltens erforsche. Andere betonten die Geschichtsgebundenheit des Fachs, das seine eigenen «Spielregeln» entwickeln müsse (Flannery, 1973 a; Spaulding, 1973). Übereinstimmung wurde lediglich in dem Punkt erzielt, daß mathematische Modelle, statistische Auswertungen und zusätzliche naturwissenschaftliche Hilfsmittel, zumal solche aus dem Bereich der Technik, in Zukunft stärker zu berücksichtigen wären.

Über die Jahre dämpfte sich das Schlachtgetöse, hauptsächlich deshalb, weil viele Lehrsätze prozessualer Archäologie, wie sie Binford und seine Getreuen propagierten, klammheimlich Eingang in den Wissenschaftsbetrieb gefunden hatten. Heute sind sie weithin akzeptiert, und High-Tech-Verfahren bei Sondage, Werkstoffanalyse und radiometrischer Altersbestimmung wurden unverzichtbar. Dennoch machte sich auch Ernüchterung breit, da nicht wenige Forderungen aus dem Richtlinienkatalog der 60 er Jahre unerfüllt blieben (Dunnell, 1982).

Gegenwärtig zerfällt, so jedenfalls mein Eindruck, das Heer nordamerikanischer Archäologen in zwei Lager. Die einen feilen am methodologischen Rahmen – Verfahren, Konzepte, Heuristik –, die anderen, sicher die Mehrheit, arbeiten empirisch, meist ganz nach Art ihrer Vorgänger. Zwar trifft es zu, daß «naturwissenschaftliche» Methoden in den Camps der Feldarchäologen Einzug hielten, doch übertüncht dies keineswegs theoretische Defizite. Ein reger Austausch zwischen beiden Gruppen scheint nicht zu existieren. So betrachtet war die «New Archaeology» ein Fehlschlag. Nun fragen sich manche enttäuschte Archäologen, ob ihre Wissenschaft am Ende gar atheoretische Züge angenommen hat. Doch hier irren sie! Beim Seitenblick auf andere, traditionsreichere Fächer drängt sich die Vermutung auf, daß die Bodenforschung, wie auch die übrigen Sozialwissenschaften, eine Phase durchläuft, aus der sie – vergleichbar der Biologie vor ca. dreißig Jahren – gestärkt und mit neuem theoretischen Fundament hervortritt (Meltzer, Fowler & Sabloff, 1986).

Ein Gutteil der gegenwärtigen Theoriediskussion nimmt Bezug auf eine Problematik, die zwangsläufig entsteht, wenn Vergangenes wieder lebendig werden soll. Die Archäologie ist die einzige Wissenschaft, die ihre Schlußfolgerungen auf Indizien, jahrhundertelang oder noch länger im Boden verborgene materielle Hinterlassenschaften, baut. Wie aber kommt sie zu ihren Interpretationen? Hilfreich sind dabei vor allem Versuche und Verfahren, die im praktischen Nachvollzug oder durch Analogievergleiche eine Annäherung an vergangene Zeiten gestatten.

Das Problem ethnologischer Analogie

Die Anwendung von Analogieschlüssen, die eine Brücke von der ethnologischen Vielfalt unserer Tage zur archäologisch erfaßten Vergangenheit schlagen sollen, fußt auf der historisch vergleichenden Methode, also dem Grundsatz der Rückschau von heutiger Warte aus (Wylie, 1985). Nordamerikanische Archäologen bedienen sich solcher Analogien auf unterschiedlichster Ebene. Betrachten wir ein einfaches Beispiel. Ausgehend von der Tatsache, daß rezente Naturvölker sorgfältig retuschierte Steinabschläge als Speerspitzen verwenden, wurde die These aufgestellt, ähnliche Stücke aus der Hand altindianischer Siedler hätten den gleichen Zweck erfüllt. Auf direkte Beobachtung gestützte Vermutungen über Herstellung und Gebrauch schlossen sich an. Ein derartiges Vorgehen impliziert, daß sich Form und Funktion von Objekten über lange Zeiträume unverändert erhalten, Lernprozesse oder äußere Beeinflussung demnach nicht stattfinden.

Unmittelbare Vergleiche erweisen sich dann als wertvoll, wenn, wie im Fall der Kolonie Martin's Hundred in Virginia, historische Quellen direkt Analogien zwischen etwa Hausbesitz und dem archäologischen Befund erlauben (Noël-Hume, 1982). Auch bei subrezenten Kulturen aus der Vor-Kontaktzeit liefert die Methode u. U. brauchbare Resultate, ihre Effektivität nimmt aber in dem Maße ab, je weiter man in die Vergangenheit eintaucht.

Direkte Querverweise auf ethnische Realität galten früher als das Nonplusultra der Enträtselung vorgeschichtlicher Zusammenhänge. Heute sieht man die Dinge nüchterner. Anhänger der «New Archaeology» lassen sich daher von drei ineinandergreifenden Handlungsanweisungen leiten, die gleichwohl den Brückenschlag von der Gegenwart zur Vergangenheit erlauben – Middle-Range-Theorie, Ethnoarchäologie und experimentelle Archäologie.

Aktualistische Ansätze

Es war Lewis Binford, der die entscheidende Frage aufwarf: «Jeder archäologische Befund ist gegenwartsbezogen; Grabungen finden heute statt und Beobachtungen, die man anstellt, sind von unserer heutigen Sicht geprägt.» Wie soll ein Forscher Vergangenes erklären, wenn er «die Determinanten und die Vernetzung von Beharrung und Wandel» nicht kennt? Dieser Ansatz, der sowohl die dynamischen als auch die statischen Momente kultureller Entfaltung hervorhebt und ihre Interdependenz auslotet, wird als Middle-Range-Theorie bezeichnet, ein Begriff, den man von der Soziologie borgte. Seine Perspektive ist «aktualistisch», weil die angesprochenen Prozesse nur in ihrem aktuellen Ablauf, also im gegenwärtigen Bezugsrahmen, nachvollzogen werden können. So gibt die Middle-Range-Theorie Antworten auf die Frage, wie Fundkonstellationen, mit denen sich ein Archäologe konfrontiert sieht, zustandekamen. Zu untersuchen sind all jene natürlichen und antropogenen Faktoren, die z. B. für die Auflösung einer verlassenen Siedlung mit ihren allmählich zerfallenden Behausungen und dem Interieur in Einzelbestandteile – Artefakte, konstruktive Elemente etc. – verantwortlich waren (s. hierzu u. a. Schiffer, 1987). Neben der Fundstättenbildung *(site formation processes)* drückt sich die Middle-Range-Theorie auch im Experiment mit Repliken vorgeschichtlicher Werkzeuge aus, im Studium rezenter Gesellschaftsformationen (Ethnoarchäologie) und in der Auswertung ethnohistorischer Quellen (Binford, 1983; Fagan, 1987 b).

Die praktische Erprobung von Arbeits- und Produktionsweisen der Menschen vergangener Zeit liefert nützliche, wenngleich in ihrer Aussagekraft oft einge-

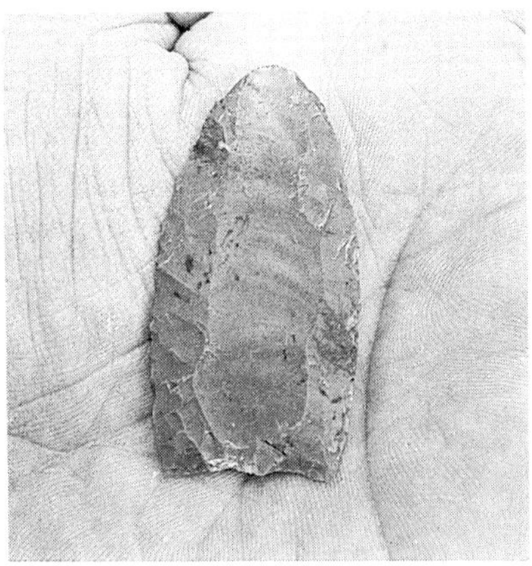

Experimentelle Archäologie. Jeffrey Flenniken demonstriert die Herstellung einer Folsom-Waffenspitze. Mittels eines Hammersteines *(oben, rechts)* spaltet er Blankstücke von einer Obsidianknolle. Durch sorgfältiges distales Beschlagen und Druckretuschieren *(oben, links)* wird der Rohling zugerichtet. Die charakteristische Schäftungsrinne *(Kannelure)* entsteht durch Lösen eines vertikalen Spans.

schränkte Informationen, anhand derer die Middle-Range-Theorie überprüft werden kann (Coles, 1973). Früher experimentierte man viel mit der Herstellung alter Gerätschaften oder trachtete danach, den Gebrauch prähistorischer Waffen zu simulieren (Pope, 1923). Heute verfährt man zielgerichteter, geht akribischer zu Werke und betreibt Langzeitstudien. Die Nachbildung urgeschichtlicher Steinwerkzeuge des paläoindianischen Typs gehört ebenso zu diesem Versuchsspektrum wie Aussaat, Ernte und Lagerung von Nutzpflanzen, etwa von Mais im Südwesten, oder die Errichtung, Einäscherung und Ausgrabung von nachgebauten Häusern der Mississippi-Kultur. Solche Experimente entsprechen dem von Binford geforderten Gegenwartsbezug. Sie geben gewissermaßen den dynamischen Rahmen ab, der den statischen archäologischen Befund mit Aussagen über seine Entstehung erhellt.

Ethnoarchäologie ist ein verhältnismäßig junger Wissenschaftszweig, der «Stammeskulturen», die bis in unsere Tage überlebt haben, mit dem Ziel studiert, archäologische Zeugnisse besser verstehen und interpretieren zu können (Gould, 1978). Indem er sich z. B. in eine Eskimo-Siedlung begibt, will der Forscher herausfinden, ob Beziehungen zwischen den von ihm beobachteten Alltagsaktivitäten (u. a. Nahrungserwerb, Herstellung und Gebrauch von Artefakten) und archäologischen Fundmustern zutagetreten. Die ersten ethnoarchäologischen Untersuchungen, durchgeführt etwa bei den Buschleuten der Kalahari oder australischen Ureinwohnern, konzentrierten sich auf bestimmte Kunstformen (Felsbilder) und auf das Lagerleben dieser Wildbeuter. Man erhoffte sich davon Erkenntnisse über unsere ältesten Vorfahren, die vor Millionen Jahren ist Ostafrika umherstreiften (Yellen, 1977). Heute gilt das Augenmerk vornehmlich der Verfeinerung archäologischer Methoden, die helfen sollen, die Kluft zwischen Gegenwart und Vergangenheit zu überbrücken.

Lewis Binford suchte zu diesem Zweck die Nunamiut in Alaska auf, Wildbeuter, deren Subsistenzsicherung im Untersuchungszeitraum zu etwa 80% von der Rentierjagd abhing. Mit der von ihm formulierten Middle-Range-Theorie im Hinterkopf stellte sich Binford die Aufgabe, so viel wie möglich über «Nahrungsbeschaffung, Fleischverarbeitung und Verzehr der Nunamiut-Eskimos» herauszubringen «und diese Verhaltensweisen mit der Bestandssituation der Tiere in Beziehung zu setzen» (Binford, 1978). Dabei stützte er sich überwiegend auf die Auswertung von Nahrungsresten, weil die Rengerippe, obwohl keine Artefakte im strengen Sinn, doch ein Produkt menschlicher Tätigkeit seien.

Die Nunamiut essen erheblich mehr Fleisch als andere Wildbeuter. Binford schätzte, daß ein Erwachsener pro Jahr lediglich anderthalb Meßbecher voll frischer pflanzlicher Nahrung zu sich nahm, ergänzt allerdings durch nicht unbeträchtliche Mengen des halbverdauten Mageninhalts der arktischen Hirsche. In einem Lebensraum, in dem der Sommer kaum mehr als einen Monat dauert, waren die Nunamiut gezwungen, mindestens achteinhalb Monate von haltbar gemachtem Fleisch zu leben. Frischfleisch stand nur zwei Monate lang zur Verfügung. Zerlegen und Konservieren des anfallenden Wildbrets sowie sein Transport von und zu Bevorratungsplätzen spielten demnach eine zentrale Rolle im Alltag der Jäger. Stück für Stück fügte sich so aus dem Puzzle des Knochenabfalls und aus der Kenntnis von Verarbeitungspraktiken allmählich ein Bild dessen, was sich auch in vorgeschichtlicher Zeit zugetragen haben könnte.

Dank seiner Feldforschung bei den Nunamiut häuften sich, unter Einbeziehung des Wissens um archäologische Fundstätten der Region, empirische Daten, die Binford nunmehr in die Lage versetzten, auch anderweitig, über das konkrete Fallbeispiel hinausgreifend, Interpretationen anzubringen. Er konnte zeigen, wie sich örtlich begrenzte Anpassungen von Menschen an ihren Lebensraum vollzogen – im Zusammenspiel topografischer, klimatischer, logistischer und einer ganzen Reihe weiterer Faktoren. Als Fazit der Untersuchung ergaben sich mehrere elementare Schlußfolgerungen, die inzwischen allgemeine Beachtung fanden:

- Die anhaltende Dynamik bei der Adaption an einzelne Habitate führt u. U. zu ganz erheblichen Abweichungen im Gepräge von Fundstätten.
- Es ist mit z. T. gravierenden interregionalen Varianten einer Basiskultur zu rechnen, die sich in unterschiedlichen archäologischen Fazies (Erscheinungsbildern) spiegeln.
- Adaptive Strategien und andere Faktoren, von denen die Entscheidungsfindung einer Gemeinschaft abhängt, können Konstanten darstellen, selbst wenn der archäologische Befund hohe Variabilität anzeigt.
- Frequenzschwankungen bei Steinwerkzeugen oder Keramiktypen sind nicht notwendigerweise Indiz für neue Anpassung. Ohne genaue Kenntnis der örtlich wirksamen Adaptionsmechanismen (gegebenenfalls auch historischer Einflüsse) ist eine definitive Beurteilung möglicher Kulturbrüche und -sprünge nicht zulässig. Solche Einsichten aber stellen sich nur dann ein, wenn Nahrungsreste oder ähnlich aussagekräftiges Material in einer Fundstätte geborgen und analysiert wurde.

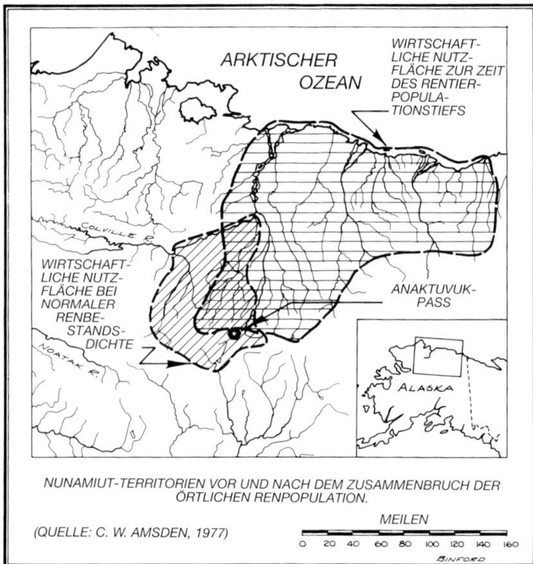

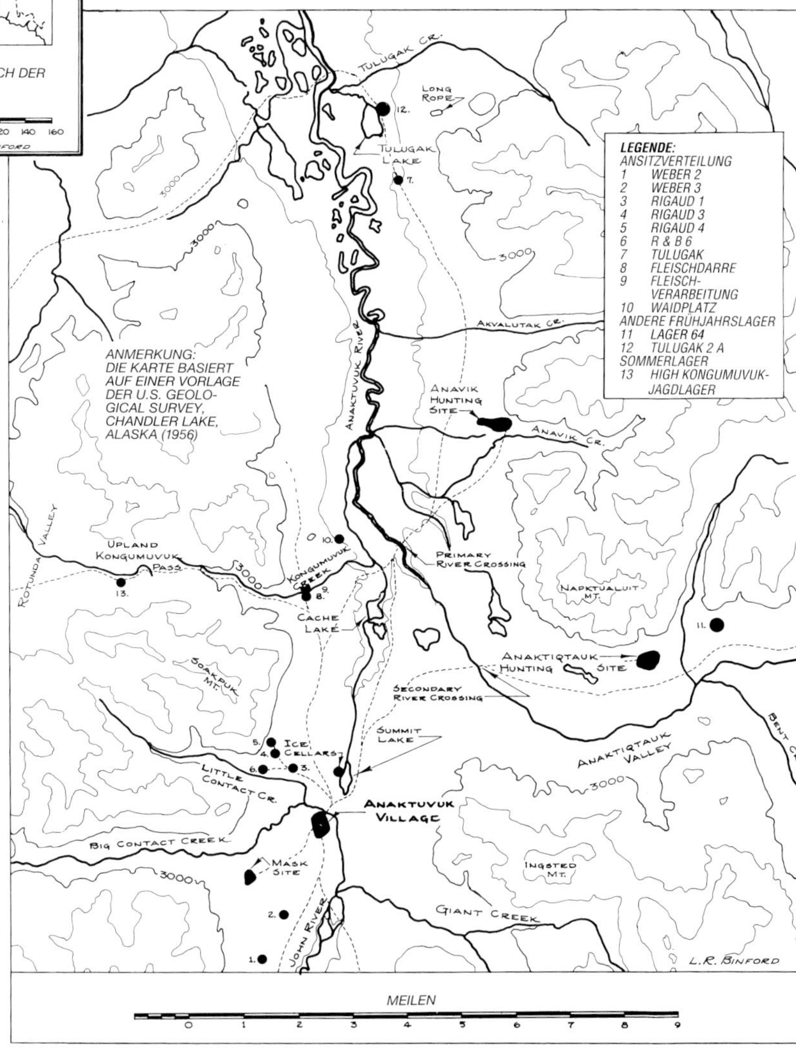

Ethnoarchäologie: Lewis Binfords Forschungen unter den Nunamiut Alaskas. *(Oben)* Karte der Nunamiut-Reviere vor und nach dem Zusammenbruch der lokalen Rentierpopulation 1910. Die Menschen reagierten auf den Kollaps mit Verdreifachung ihrer Wirtschaftsfläche. *(Rechts)* Detailplan mit Jagdlagern, Ansitzen und anderen Aktivitätsloci der Anaktuvuk-Region in der Brooks Range, wo Binford seine Untersuchung durchführte. *(Rechts, oben)* Ansitz R & B, eine Sichtblende aus Steinen. Die Mulde dahinter war mit Karibufellen ausgelegt. Hier ruhte ein Jäger, während sein Gefährte nach Wild Ausschau hielt.

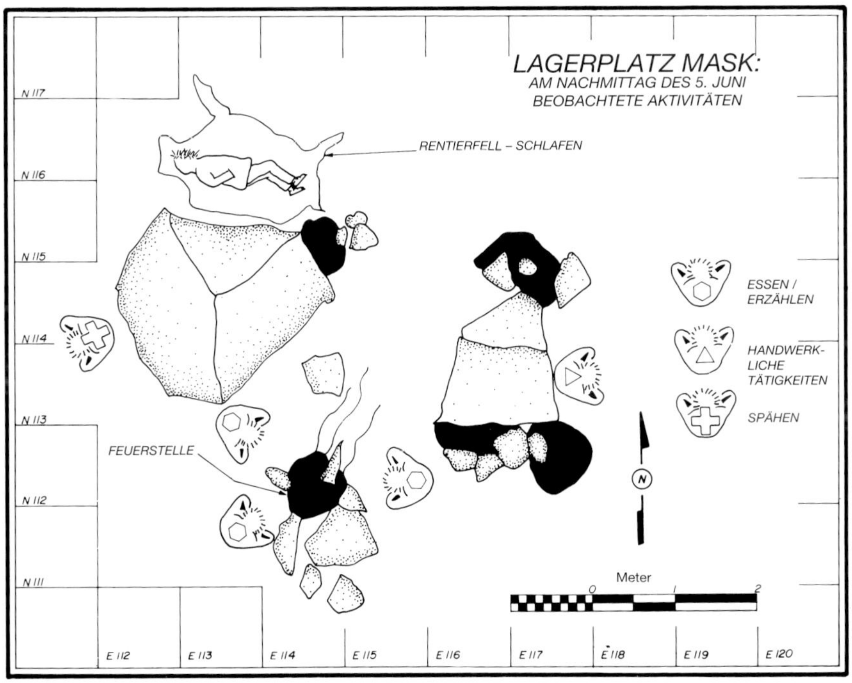

(Oben) Von den Nunamiut errichtete «Steinmänner» an einer Bergflanke östlich Tulugak Lake. Sie bildeten eine Treiblinie, die verfolgte Rentierherden am Ausbrechen hindern sollte. *(Links)* Binfords Skizze verschiedener Aktivitäten, die von ihm an einem Frühlingsnachmittag bei Mask in der Anaktuvuk-Region beobachtet wurden. Studien wie diese liefern eine Fülle empirischer Daten und leisten wertvolle Hilfe bei der Interpretation archäologischer Funde.

Die Nunamiut-Studie und zahlreiche vergleichbare Untersuchungen haben deutlich gemacht, daß nicht jede Art der Abweichung im Fundbestand unmittelbar auf kulturelle Ähnlichkeiten oder Unterschiede schließen läßt. Ethnoarchäologische Forschung orientiert sich hauptsächlich an funktionalen, verhaltensrelevanten und ökologischen Ansatzpunkten. Wie wir in Kapitel 4 noch näher ausführen werden, trug sie entscheidend zum Verständnis prähistorischer Wildbeuterkulturen in Nordamerika bei.

Funktionalismus und strukturale Archäologie

Die nordamerikanische Archäologie steckt derzeit in einer Phase, die von der tastenden Suche nach neuen theoretischen Ufern gekennzeichnet ist (Binford, 1986; Moore & Keen, 1983). Kein Quader traditioneller Denkgebäude bleibt ungewendet, und auch die Bastion funktionalistischen Kulturverständnisses liegt unter Beschuß.

Der Funktionalismus, die Betrachtung soziokultureller Erscheinungen (Systeme) im Licht ihrer Aufgaben und Leistungen, die sie im Rahmen des übergeordneten gesellschaftlichen Organismus erfüllen, prägte die anthropologische Theorie seit dem späten 19. Jh., insbesondere aber zwischen beiden Weltkriegen. Seine Hauptvertreter, allen voran A. R. Radcliffe-Brown, glaubten an das Vorhandensein bestimmter Regularien in Struktur und Funktion von Sozialgebilden und schlossen von daher auf die Möglichkeit, nicht nur Kausalzusammenhänge gesellschaftlicher Institutionen zu erkennen, sondern auch zukünftige Abläufe und Folgephänomene vorhersagen zu können. Seine utilitaristische Ausrichtung, die bei extremer Auslegung zur Reduktion des Funktionsbegriffes auf reine Bedürfnisbefriedigung verkam, hat die Grundfesten dieser Lehre zwar erschüttert, doch blieb ihr systemorientierter Ansatz, der von mannigfachem innerkulturellen Rückkopplungen ausgeht, mit den Leitlinien prozessualer Archäologie aufs engste verbunden.

Die Anhänger der prozessualen Schule pflegen, getreu einer funktionalistischen Maxime, ein Gleichgewicht zwischen Kultur und Umwelt (Homöostasie) anzunehmen. Kritiker halten ihnen vor, dieser Vorstellung zu viel Gewicht beizumessen. Außerdem dürfe man das Axiom, kulturelle Veränderungen seien weitgehend milieuabhängig, nicht überbewerten (Hodder, 1982). Solchen Einwürfen zufolge sind «Funktion» und «Nutzen» zur Erklärung soziokultureller Systeme ungeeignet. «Kultur setzt sich aus wesentlich mehr Bestandteilen als nur Funktionen und Tätigkeiten zusammen. Darüber stehen Inhalte und Strukturen, deren Verständnis sich dann erschließt, wenn man sie für sich betrachtet, ihre eigene Logik und Kohärenz anerkennt», schreibt Ian Hodder (1982). Der Autor merkt an, daß die prozessuale Archäologie von einem sehr allgemeinen Anpassungsbegriff ausgehe, der für historische Einschnitte kaum Platz lasse. Ein Mobile der Systeme bestimme dort das Bild einer Kultur, nicht aber der Mensch in seiner Individualität. Gefragt werden müsse auch, ob die Behauptung der Prozessualisten zutreffe, gesellschaftliche Institutionen stünden in rationalem Verhältnis zu ihrer Umwelt. Man habe daher, so Hodder, essentielle Kulturelemente und ihre Beziehungen zueinander nach der strukturalen Methode zu untersuchen.

«Struktur» definiert Hodder nicht als Komponentengeflecht innerhalb eines kulturellen Bezugsfeldes, was der Synonymsetzung mit dem Systembegriff der Prozessualisten gleichkäme, sondern, in Anlehnung an den französischen Ethno-Soziologen Claude Lévi-Strauss, als «Kodierungen und Regeln für die zu beobachtende soziokulturelle Praxis». Um seine Ansicht zu zementieren, reiste Hodder zu den Nuba-Bauern im Sudan. Hier fand er bestätigt, daß jeder Kulturaspekt, von den Begräbnisriten über das Siedlungsmuster bis zu künstlerischen Ausformungen einem Regelkanon unterworfen war, der die Wertvorstellungen seiner Gastgeber in «Reinheit, Beschränkung und Ordnung» bestimmte.

Diesen Kanon vergleicht Hodder mit den Spielregeln beim Schach – kodifizierte Handlungsanweisungen, denen menschliche Gemeinschaften bei ihrer Lebensgestaltung Folge leisten.

Aus der ethnografischen Beobachtung abgeleitete Strukturmodelle, die den besonderen Verhaltens- und Objektbereich, auf den sie abheben, auf die einfachste und eleganteste Weise ordnen, bestechen durch ihre analytische Tiefgründigkeit und Brillanz, doch hat die strukturale Archäologie, die sich hierauf stützt, bislang noch in keinem Fall überzeugend darlegen können, daß tatsächlich Verbindungen zwischen ihren künstlichen «Codes» und der sozialen oder ökologischen Wirklichkeit einer Kultur existieren.

Das Flair, das die strukturale Theorie verbreitet, fügt sich gut in eine Zeit, in der die nordamerikanische Vorgeschichtsforschung um die Gewinnung neuer Erklärungsmuster bemüht ist. Gesucht wird eine Handhabe, die Vernetzung von gesellschaftlichen Strukturen, Glaubensvorstellungen, Alltagsaktivitäten und deren materiellen Ausgestaltungen besser zu verstehen. Der strukturale Ansatz verstärkt das Konzert der Stimmen, die sich gegen die Solistenrolle der prozessualen Archäologie mit ihrem naturwissenschaftlichen, streng logischen und deduktiven Gepräge zur Wehr setzen. Wir müssen dies als Zeichen werten, daß unser Fach in seiner gegenwärtigen kulturellen und historischen Ausrichtung künftig aufregende, vielleicht radikale Umwidmungen erfährt.

Ausblick

Wohin führt der Weg der nordamerikanischen Archäologie? An diesem *Quo vadis* scheiden sich die Geister. Gewiß werden Sukzessionstheorien und ökologische Ansätze ihre Relevanz behalten, wenn es darum geht, die Phänomene des Kulturwandels und das Zustandekommen gesellschaftlicher Komplexität auszuleuchten. Wir haben gelernt, daß menschliche Tätigkeiten und Entscheidungen geschichtliche Vorgänge bestimmen können. Der ethnoarchäologischen Schule verdankt unser Wissenschaftszweig die Einsicht, daß derlei Prozesse sich im relativen Gleichgewicht von Beharrung und Fortschritt auspendeln, angeregt nicht allein von innerkulturellen oder biologischen Stimuli, sondern auch im Wechselspiel mit der Natur. Das Verständnis solcher Rahmenbedingungen betrachten die Prozessualisten als Hebel, kultureller Dynamik auf die Spur zu kommen.

Auf frappierende Weise sehen sich Biologen und Archäologen mit demselben Problem konfrontiert: Wie entstehen Organismen, lebendig oder von kulturellem Zuschnitt, und wodurch gelingt es ihnen, auf dem «Schlachtfeld» der Evolution die Oberhand zu behalten? Bisher fehlt es an Versuchen der Archäologie, sich das Erklärungspotential moderner Entwicklungsbiologen nutzbar zu machen, die in den letzten Jahrzehnten immense Anstrengungen unternommen haben, das Verhalten der Tiere und deren Abstammung zu ergründen. Was die Archäologie dringend braucht, ist ein allgemeines Szenar, das naturwissenschaftliche Erkenntnisse mit historisch ausgelegter Forschung versöhnt und unter einem stabilen theoretischen Dach vereint (Dunnell, 1980). In dieser Richtung bewegt sich derzeit verhältnismäßig wenig, und so bleibt die Tilgung der Agenda wohl den Gelehrten des 21. Jhs. vorbehalten.

ZWEITER TEIL

DIE PALÄO-INDIANER

«In einer längst vergangenen Epoche lebten hierzulande Menschen, abgeschnitten von der Außenwelt wie Eremiten und den Gewalten der Natur preisgegeben. Die neuesten Errungenschaften der Zivilisation nannten sie ihr eigen: Feuersteingeräte des Steinzeitalters ... Jene, die sie einst schufen und benutzten, weilen noch in verschwindender Zahl unter uns.»

Samuel Haven, 1864

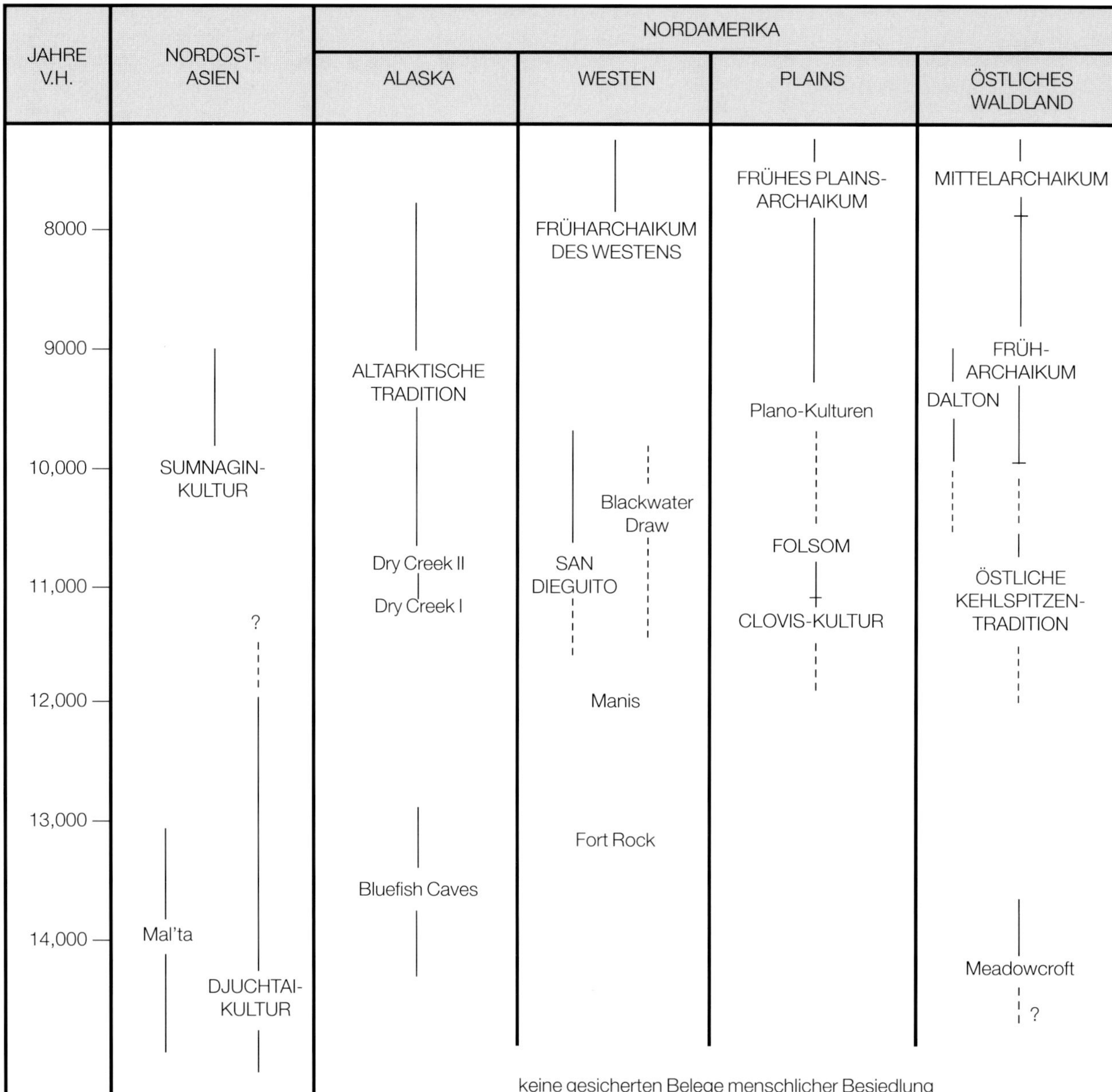

Anmerkung zu den Zeittafeln
Sämtliche Zeittabellen des Buches setzen lediglich grobe Referenzpunkte. Es sind nicht alle im Text erwähnten Fundstätten, Phasen oder Kulturen aufgeführt.

Nachstehender Schlüssel gilt auch für die folgenden Tafeln:

—— Gesicherte Chronologie
——┤ Allgemein akzeptiertes Ende einer kulturellen Entwicklungslinie
- - - - Ungesicherte oder zweifelhafte Zeitstellung

CLOVIS Bezeichnungen in Großbuchstaben beziehen sich auf Einzelkulturen, Kulturhorizonte oder Kulturtraditionen

Meadowcroft In Normalschrift gesetzte Namen bezeichnen archäologische Fundstätten

4. DIE ERSTEN SIEDLER

Nach fünfjähriger Beschäftigung mit dem Problemkreis der Einwanderung urgeschichtlicher Pioniere in die Neue Welt fühlte ich mich zu der Feststellung gedrängt, daß «jeder, der die Ersten Amerikaner studiert, einen gefährlichen Kurs zwischen Skylla und Charybdis steuert. Beiderseits des akademischen Ozeans lauern leidenschaftliche Emotionen und widersprüchliche wissenschaftliche Aussagen» (Fagan, 1987a). Die Kontroverse, wann und wie der Mensch zuerst seinen Fuß auf den Doppelkontinent setzte, dauert an; sie hat in jüngster Zeit sogar an Schärfe zugenommen. In diesem Kapitel wollen wir das zusammenfassen, was nach derzeitigem Wissensstand als gesichert gelten darf und wo die Meinungen auseinandergehen (Nähere Informationen bei Carlisle, 1988; Fagan, 1987a; Fiedel, 1987; Kirk & Szathmary, 1985; Meltzer, 1989).

Steinzeitliche Jäger in Asien

Es war *Homo sapiens sapiens,* der anatomisch moderne Mensch, der die Neue Welt als erster betrat. Seine Ankunft in der Westlichen Hemisphäre setzte den Schlußpunkt hinter eine lange Reise, die vor ca. 150000 Jahren in Ostafrika ihren Anfang nahm und eine Fülle kultureller Errungenschaften zeitigte (Fagan, 1990; Lewin, 1992; Reichholf, 1990).

Grundsätzlich herrscht Einvernehmen, daß *Homo sapiens* vor rd. 40000 Jahren aus tropischen und subtropischen Breiten in den kalten Norden der Alten Welt vorstieß. Aber niemand weiß, wann genau sich steinzeitliche Jäger aufmachten, die baumlosen Weiten der eurasischen Steppen und Tundren zu kolonisieren. Vielleicht geschah dies vor ca. 35000 Jahren. Von Westeuropa bis tief nach Innerasien erstreckten sich damals eisfreie Räume. Die schneearmen Winter müssen sonnig gewesen sein, da es weniger Bewölkung als heute gab. Dennoch war es bitterkalt, und von den vorgerückten Gletscherschilden wehte der Atem der Arktis. In geschützten Auen trotzten knorrige Weiden, Pappeln und Birken dem Dauerfrost. Gräser und Kräuter gediehen auf den Steppen; in der moorigen Tundra wuchsen Flechten, Moose und Zwergsträucher. Die einzelnen Lebensräume beherbergten eine Vielzahl bemerkenswerter Tiere, darunter Kältesteppenmammut *(Mammuthus primigenius),* Fellnashorn *(Coelodonta antiquitatis),* Moschusochse *(Ovibos moschatus),* Steppenwisent *(Bison priscus),* Ren *(Rangifer tarandus),* Wildpferd *(Equus ferus)* und Saiga *(Saiga tatarica).* Über Jahrtausende bildeten diese Großsäuger die Ernährungsgrundlage umherziehender Wildbeuter.

Die kleinen, hochmobilen Jagdscharen des *Homo sapiens* verloren sich in der endlosen Einöde. Jede Gruppe hatte große Entfernungen zurückzulegen, wenn sie ihrer wandernden Beute habhaft werden wollte. Letztlich resultierte daraus die

Vor 18 000 Jahren, während des Höhepunktes der letzten Vereisung, bezogen Jäger auf der windgepeitschten ukrainischen Steppe solide, kuppelförmige Unterkünfte aus Holzstangen und Mammutknochen; Fellbespannungen oder Rasensoden sorgten für gute Isolierung. Behausung Nr. 4 aus Mežirič am Dnjepr, die hier ausgegraben wird, wies Wandteile aus unterschiedlichen Knochentypen auf. Möglicherweise hat es sich bei diesem Gebäude um einen Sakralbau oder die Residenz eines Verwandtschaftsgruppenführers gehandelt.

verhältnismäßig rasche Durchdringung des gewaltigen Raumes (Soffer, 1984). Da die Bestände des Wildes, abhängig von Jahreszeit und Nahrungsangebot, stark fluktuierten, waren die Horden gezwungen, sich saisonal zusammenzuschließen, Gemeinschaftsjagden abzuhalten und dann wieder auseinanderzugehen. Solche regelmäßigen Treffen und der damit verbundene Ideenaustausch, sicher auch die Anforderungen des gleichförmigen Milieus, sorgten für eine überraschend einheitliche materielle Ausstattung.

Mal'ta und Djuchtai

Es gibt zwei Hauptfundkomplexe, die uns eine Vorstellung von der Lebensweise steinzeitlicher Jäger in Sibirien ausgangs der Eiszeit vermitteln (Fiedel, 1987). Der Mal'ta-Komplex umfaßt eine Reihe Freilandstationen westlich des Baikalsees, die sporadisch zwischen 25 000 und 13 000 Jahren v. h. bewohnt waren. Mal'ta selbst, eine Siedlung mit halb eingegrabenen, durch Lehmblöcke und Mammut-

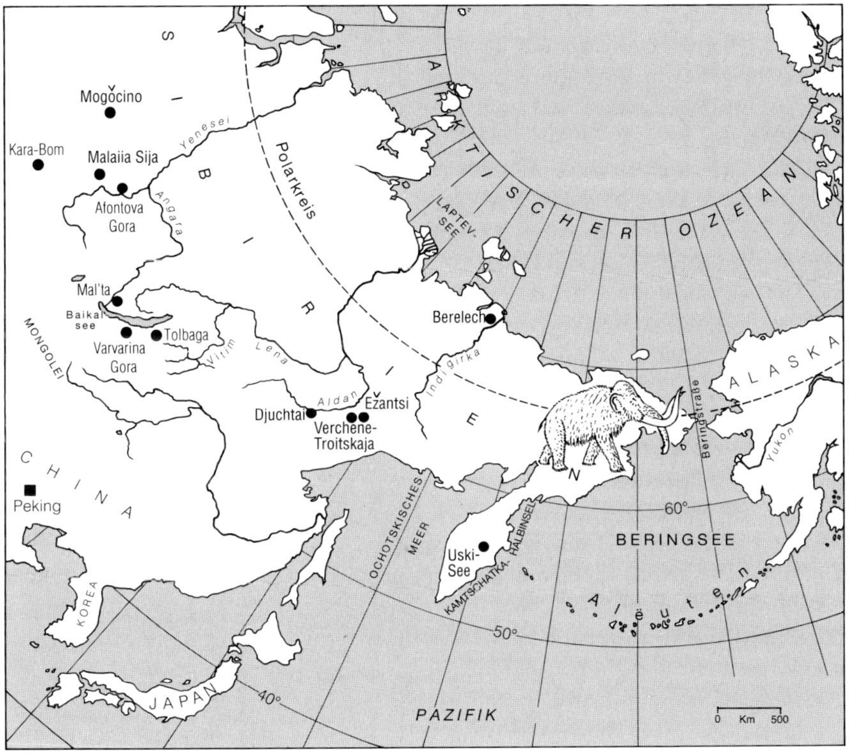

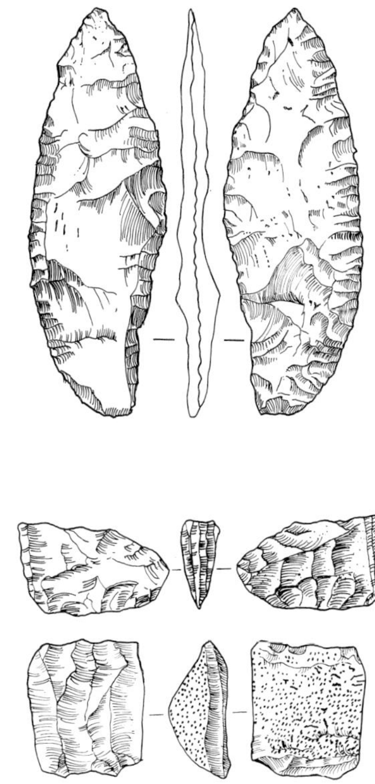

Nordostasien: Wichtige Fundstätten *(oben, links)*. *(Rechts)* Artefakte der Djuchtai-Tradition aus Verchene-Troitskaja: bifazial beschlagenes Blattmesser *(oben)* und zwei keilförmige Mikroklingenkerne. Länge des Messers 14 cm.

knochen verstärkten Holz- und Geweihstangenbehausungen, deckt mehr als 600 m². Die Menschen dort sind Großwildjäger gewesen, deren Kultur an Traditionen in der Tschechoslowakei und der Ukraine erinnert (Gerasimov, 1935).

Auf die bisher ältesten Spuren menschlicher Anwesenheit in Nordostsibirien stieß man am mittleren Aldan, einem Zufluß der Lena. Hier liegt die Djuchtai-Höhle, in der Mammut- und Moschusochsenjäger zwischen 14000 und 12000 Jahren v. h. ein- und ausgingen. Kurz darauf entdeckten sowjetische Forscher weitere Stätten des Djuchtai-Typs an den Ufern des Aldan, dieses Mal Freilandstationen, deren Alter, wie es hieß, 35000 Jahre betrug (Mochanov, 1977). Nach Abschluß der Grabungen mehrten sich jedoch Stimmen, die die Datierung in Zweifel zogen. Die Radiokohlenstoffdaten, auf die sich die Sowjets stützten, stammten aus Flußablagerungen, deren kultigener Inhalt – Tierknochenabfall und Werkzeuge – bedingt durch jahrtausendelange Frost- und Tauperioden erhebliche Störungen aufwies. Die Proben selbst gingen auf Beifunde zurück, Holzteile, die sich unter Dauerfrostbedingungen gut erhielten, wahrscheinlich aber älteren Horizonten angehörten und resedimentiert wurden.

Die meisten nordamerikanischen und russischen Archäologen glauben heute, daß die Djuchtai-Kultur nicht älter als 18000 Jahre ist. Um 14000 war sie über weite Teile Nordostasiens verbreitet, ablesbar an der Streuung ihrer kennzeichnenden Artefakte: beidflächig (bifazial) beschlagene Waffenspitzen und Messer, grobe Chopper (Hacksteine) und zahlreiche keil- oder scheibenförmige Kern-

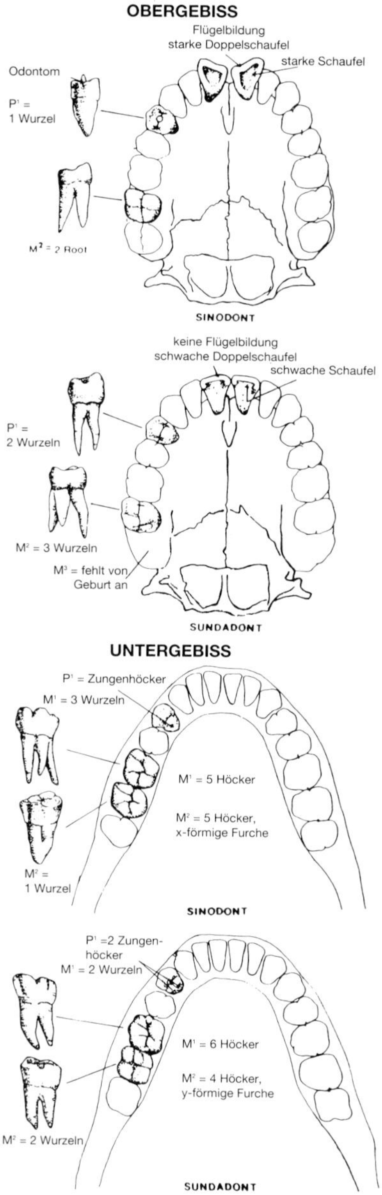

Überlegungen zur Besiedlung Amerikas beruhen auf Abweichungen im Zahnbau von Sinodonten (Nordostasiaten und Indianer) und Sundadonten (Mongoliden). Zu den Merkmalen, die Sinodontie ausmachen, s. nebenstehenden Text.

steine, von denen man sogenannte Mikroklingen gewann. Vor allem die Kleinklingen gelten als «Leitmotiv» der Djuchtai-Tradition. Dank ihrer geringen Größe ließen sie sich bequem in knöcherne oder hölzerne Heftungen einfügen. Dergestalt fungierten sie wohl als Widerhaken an Projektilen, als Messerchen oder Kratzer.

Von der Angara im Westen bis zum Amur im Süden und der Halbinsel Kamtschatka im Osten dehnt sich das Verbreitungsgebiet des Djuchtai-Komplexes. Möglicherweise sind sogar Fundstätten in Japan anzuschließen. Mikroklingen tauchten im Oberpaläolithikum auch weiter südlich auf, zwischen 30000 und 10000 Jahren v. h. in Nordchina, wo ihre Fertigung gegen Ende dieser Spanne ein hohes Maß an Perfektion erreichte (Chung & Pei, 1986). Vielleicht ist die Mandschurei als Epizentrum der Kleinklingen-Industrie anzusehen, von dem aus die Technologie nach Norden getragen wurde. Selbst in Alaska, jenseits der Beringstraße, kamen Artefakte zutage, die Werkzeugen und Waffen der Djuchtai-Tradition stark ähneln. Sie traten dort später auf als in Sibirien. Neben Kulturen, die hauptsächlich Mikrolithen verwendeten, kennt die Forschung in Nordostasien, an den Küsten des Ochotskischen Meeres und Japans, auch Fundstätten, in denen bifazial gearbeitete Gerätschaften dominieren. Ob solche Inventare zu Assemblagen in Alaska, die ebenfalls beidflächig retuschierte Artefakte enthalten, eine Beziehung aufweisen, ist unklar.

Läßt sich aus dieser knappen Skizze ableiten, daß die Ersten Amerikaner ursprünglich aus Nordostasien stammen und Ableger oberpaläolithischer Traditionen Innerasiens oder Nordchinas bildeten? Glücklicherweise sind wir heute in der Lage, derlei Hypothesen von mehreren Seiten aus zu verifizieren – durch den archäologischen Befund sowie mit Beiträgen der Physischen Anthropologie und der Linguistik.

Sinodonte und Indianer

Der Physische Anthropologe Christy Turner (1984, 1986) leitet aus der Morphologie von Kronen und Zahnwurzeln Aussagen über den Verwandtschaftsgrad prähistorischer Populationen ab. So verwies er darauf, daß der Zahnbau der Ersten Amerikaner weniger variabel ist als die Dentalmorphologie von Bevölkerungsgruppen in Ost- und Südostasien, sich aber deutlich dem Muster nordostasiatischer Naturvölker annähert. Das Zahnbild der Indianer, Eskimos und Nordostasiaten nennt Turner «sinodont», weil es bereits bei Vergleichsstücken 18300 Jahre alter Schädel aus der Oberen Höhle von Zhoukoudian nahe Peking vorkommt. Typisch dafür sind oben gegenständig doppelschaufelige (konkave) innere Schneidezähne, einwurzelige erste Vorbackenzähne des Obergebisses und dreiwurzelige erste Molaren des Untergebisses.

Zahnfunde aus dem Oberpaläolithikum des Baikalseegebietes (Mal'ta) weisen keine Sinodontie auf. Turner nimmt daher an, daß die Träger der dortigen archäologischen Kulturen keine Rolle bei der Erstbesiedlung der Neuen Welt spielten. Seiner Überzeugung nach entwickelte sich der sinodonte Zahnbau schon bei einer archäomorphen Bevölkerungsschicht des *Homo sapiens,* die Ostasien vor Ausbreitung der mongoliden Völker bewohnte und in ihrem Äußeren mutmaßlich den rezenten japanischen Ainu entsprach. Den Massenzuwachs der Kronen, charakteristisch für Sinodontie, erklärt Turner als Anpassung an die harten periglazialen, auch die Zähne beanspruchenden Bedingungen des Milieus. Ausgehend von einer im Weltmaßstab gleich verlaufenden Rate dentaler Evolution, sieht er die Trennung der Sinodonten von ihrer Wurzelgruppe bei etwa 20 000 Jahren v. h. Die Beringstraße sei, zumindest von einigen Populationen, vor ca. 14 000 Jahren überschritten worden.

Sinodontie ist ein abgeleitetes, also auf evolutivem Weg erworbenes Kennzeichen, das Nordostasiaten, Eskimos und Indianer von den Mongoliden (den «Sundadonten» Turners), mit denen die Ureinwohner Amerikas traditionell zusammengebracht werden, trennt. Überhaupt fällt der geringe, wenn auch deutlich erkennbare Prozentsatz mongolider Merkmale bei den indianischen Rassen auf. So erscheint die Nasenlidfalte (Mongolenfalte) höchstens sporadisch, und auch die in weiten Teilen Asiens dominante Blutgruppe B findet sich in nennenswertem Umfang nur bei den Eskimos. Auffällig dagegen wirken die für Mongolide untypisch vorgeschobene Nase, das nur mäßig flache Gesicht und die manchmal üppige Körperbehaarung. Dies erlaubt nur einen Schluß: Die Erstbesiedlung Amerikas wurde von einer prä-mongoliden Population getragen, der später mongolide oder mongoloide Einwanderer folgten. Im Verlauf der Kolonisierung verwischten sich die Unterschiede durch Hybridisierung, und das geschilderte Merkmalsmosaik entstand.

Bestätigung erfährt dieses Szenar durch Erkenntnisse der Humanbiologie. Eine Arbeitsgruppe amerikanischer Genetiker untersuchte bestimmte Abweichungen in der Struktur von Gammaglobulinen, jener von Plasmazellen synthetisierten Eiweiße, die im Blutserum Antikörperfunktion erfüllen. Alle Proteine «driften», d. h. sie produzieren ständig Varianten (Allotypen). Vermischen sich menschliche Populationen, bringen sie ihre jeweiligen Allotypen-Sets in den «Pool» ein. Wenn man nun die IgG (Immunglobulin Gamma)-Allotypen zweier Bevölkerungsgruppen vergleicht, läßt sich ihr genetischer Abstand, also der Zeitpunkt, an dem zuletzt Hybridisierungen erfolgten, messen (Suarez, Crouse & O'Rourke, 1985).

Das Laborteam entnahm bei Zigtausenden Indianern und Eskimos Blutproben und untersuchte die allotypischen Veränderungen ihres IgG-Gehalts. Dabei kam heraus, daß sich in der Neuen Welt mindestens zwei Ursprungspopulationen gemischt haben müssen – die Vorfahren einer Gruppe, der u. a. Eskimos, Athapasken und eine Reihe von Nordwestküstenindianern angehören, und ein Abstammungsverband, dessen heutige Vertreter überwiegend im Osten Nord- und Südamerikas sowie in Mittelamerika siedeln. Zu einem ähnlichen Ergebnis gelangte die Genetikerin E. J. E. Szathmary schon 1981. Anhand 14 ausgewählter genetischer Loci Sibiriens und des nördlichen Nordamerika unterschied sie drei Abteilungen: 1. mongolide Asiaten, 2. Rentier-Tschuktschen, Eskimos und Athapasken sowie 3. Algonkin-Indianer. Die unerwartete Nähe von Eskimos und Athapasken erklärt sich wohl aus der Mischung von Randpopulationen (vgl. Kapitel 8).

Wesentliche Einsichten in die Problematik vermittelte die Sprachforschung. Bereits 1956 hatte der Linguist Joseph Greenberg aus Stanford die Vermutung geäußert, daß der weitaus größte Teil der altamerikanischen Sprachen einer weitgespannten Familie angehört, die er als «indianisch» *(amerind)* bezeichnete. Die

Idiome der Athapasken, Tlingit und Haida (Na-Dene-Gruppe) sonderte er aus diesem Konzert aus, ebenso die Mundarten der Eskimos und Alëuten. 1987 legte Greenberg eine faktenreiche Übersicht vor, die seine frühere Annahme untermauern sollte. Von den meisten Fachleuten wird die Klassifizierung wegen ihrer Mängel bei Methodik (Massenvergleich) und Feingliederung aber verworfen. Statt dessen kristallisiert sich im Zuge neuerer Forschungen heraus, daß die Idiome der Na-Dene-Völker mit den penutoiden Sprachen (Penuti/Maya, Aruak/Tucano/Südandensprachen) eine gewisse, in zwei Hauptgruppen zerfallende Einheit bilden, denen die Eskimo/Wakash-Sprachen und der große verbleibende Rest gegenüberstehen (vgl. u. a. Campbell & Mithun, 1979; Key, 1981; Klein & Stark, 1985; Matteson et al., 1972; Müller, im Druck).

Dieser faszinierende, wenngleich vorläufige Befund deckt sich in wesentlichen Teilen mit den Ergebnissen der Genetik und hat, falls er sich bewahrheitet, weitreichende Implikationen. Wakash, Eskimos-Alëuten und ihre nordostsibirischen Vettern scheinen darüber hinaus mit den uralischen (finnisch-ugrischen) Völkern verwandt, die Na-Dene-Gruppe mit den Ket, einem ethnischen Splitter am Jenisej in Sibirien. Es sprechen also eine Menge Fakten und Indizien für die Herleitung der amerikanischen Urbevölkerung aus Nordasien. Lassen sich daraus weitergehende Interpretationen gewinnen? Möglich wäre, daß die Vorfahren der Finno-Ugrier, Ket, Altsibirier, Eskimos und Indianer noch in Asien eine Einheit bildeten, die von nordwärts vorrückenden Mongoliden gesprengt wurde. Hierauf scherten einige Verbände westwärts aus, andere zogen über die Beringstraße nach Amerika. Vielleicht brachen die Angehörigen des «altindianischen» Phylums (Algonkin, Hoka/Otomangue, Kiowa-Tano/Sioux/Iroquois/Caddo/Golf, Uto-Azteken/Chibcha/Pano, Je/Tupí/Kariben) als erste auf, gefolgt von Sprechern proto-penutoider Mundarten. Die Sprachen des ersten Blocks sind nämlich heute überwiegend im Osten des Doppelkontinentes verbreitet, die des zweiten im Westen, was als Zeichen chronologisch gestaffelter Verdrängung gewertet werden darf. Die Eskimos und ihre Verwandten weichen linguistisch so stark von den anderen «altindianischen» Sprachen ab, daß eine sehr späte Einwanderung, zwischen 9000 und 4000 v. h., anzunehmen ist.

Kehren wir noch einmal zu dem archäologischen Befund zurück. Gegenwärtig liegen uns keine verläßlichen Datierungen aus Nordostsibirien vor, die weiter als 18 000 Jahre in die Vergangenheit reichen. Die dortigen Mikroklingen-Kulturen deuten auf Verbindungen mit Nordchina hin, doch bleiben die näheren Umstände unklar. Der Paläontologe Dale Guthrie (1982) hält es für möglich, daß man solche Kleinklingen in Geweihschäfte einsetzte und dergestalt als Jagdwaffe auf Rentiere verwendete. Vielleicht, so Guthrie, spiegelt die weitverbreitete Mikroklingen-Industrie erfolgreiche Anpassung an den Tundra-Lebensraum mit seinen umherziehenden Rentierherden – einen Entwicklungsschritt, der gegen Ende der letzten Eiszeit vollzogen wurde und sich noch im Holozän bewährte.

Die ältesten bekannten Einwohner des asiatischen Nordostzipfels sind die Träger der Djuchtai-Kultur gewesen. Vorstellbar ist, daß Menschen dieses Kulturtyps irgendwann nach 18 000 in Alaska auftauchten. In den Worten David Meltzers (1989) kamen sie «tröpfchenweise», d. h. in vielen kleinen Schüben. Nicht alle Gruppen faßten sofort in der Neuen Welt Fuß; einige scheiterten, wieder andere kehrten an ihren Herkunftsort zurück. Ob es neben den Gemeinschaften, die

Amerika zu Lande, über den damals bestehenden amerasischen Isthmus, erreichten, auch solche gab, die auf dem Seeweg, in Sichtweite der Küste, einwanderten, bleibt offen. Gänzlich ausgeschlossen ist das jedenfalls nicht. Im Postglazial bildeten Fischfang und Seesäugerjagd bedeutende Wirtschaftszweige beiderseits der Beringstraße, und es könnte sein, daß von marinen Ressourcen abhängige Subsistenzsicherung im Endpleistozän einen noch höheren Stellenwert besaß. Alaska und der gesamte nordwestamerikanische Küstenstreifen wurden vielleicht zuerst von Robbenjägern, die über hautbespannte Boote verfügten, besiedelt. Als Startbasis käme auch hier nur Asien in Betracht. Eventuell orientierten sich Menschen aus bereits im Kargin-Interstadial (43 000–32 000 Jahre v. h.) besetzten Stationen am Amur – Filimoški und Kumara – seewärts und drangen langsam entlang der vom warmen Japanstrom begünstigten Pazifikküste nach Norden vor. Diesbezüglich sind freilich nur Spekulationen möglich, denn alle Gebiete, in denen u. U. Seejäger gelebt haben könnten, eroberte das Meer zurück. Es ist deshalb fraglich, ob man derartige Verbände je wird nachweisen können. Trotzdem gewann die These von einer relativ frühen Immigration von See her jüngst wieder an Gewicht, da einige Forscher meinen, daß schon vor dem üblicherweise angenommenen Einwanderungszeitraum zwischen 15 000 und 12 000 Jahren v. h. Menschen in Amerika lebten.

Beringia

Vor 18 000 Jahren, als der Meeresspiegel im Weltmaßstab 91 m tiefer als gegenwärtig lag, verband ein niedriger Schelfabsatz, den die Geologen «Beringia» tauften, Nordostasien mit Alaska. Die sibirische Seite dieses amerasischen Isthmus fiel steil zur Sohle hin ab, jenseits des Übergangs aber dehnten sich breite Küstenebenen, durchfurcht von zahllosen Wasserläufen. Unbeschadet solcher topografischen Unterschiede bildeten beide Hälften Beringias ein System trockener, periglazialer Erhebungen und Senken. Hier, an der Nahtstelle zweier Kontinente, befand sich das Sprungbrett zur Kolonisierung Amerikas (Hopkins et al., 1982).

Die Bering-Landbrücke blickt auf eine abwechslungsreiche geologische Vita zurück, die wir mittlerweile dank landgestützter Untersuchungen und Tiefseebohrungen recht gut kennen. Tiefseebohrkerne belegen, daß die letzte Glazialperiode (in Amerika als Wisconsin-Eiszeit bezeichnet, in Europa als Weichsel/Würm-Vereisung) vor ca. 100 000 Jahren begann. Im Zuge steter Abkühlung zwischen 75 000 und 45 000 Jahren, die immer mehr Wasser in Form von Gletschern und polaren Eiskappen band, senkte sich der Spiegel der Ozeane, und im Bereich der Bering-See stieg ein Landrücken auf. Anläßlich einer wärmeren Phase, die von 40 000 bis 25 000 v. h. währte, verwandelte sich die Feste in einen schmalen, regelmäßig überfluteten Steg. Nach 25 000 Jahren vor der Gegenwart kam die Kälte zurück. Erneut vergrößerte die Brücke ihre Ausdehnung. In dieser Form bestand sie bis vor 14 000 Jahren, dem Auftakt rascher nacheiszeitlicher Erwärmung. Während des letzten Hochglazials lagen weite Teile der heutigen Tschuktschen-See frei. Der Südrand der Landmasse reichte vom Anadyr-Golf in Sibirien bis zur Halbinsel Alaska im gleichnamigen US-Bundesstaat.

Klima- und Meeresspiegelschwankungen im Gebiet der Beringstraße während der letzten 125 000 Jahre.

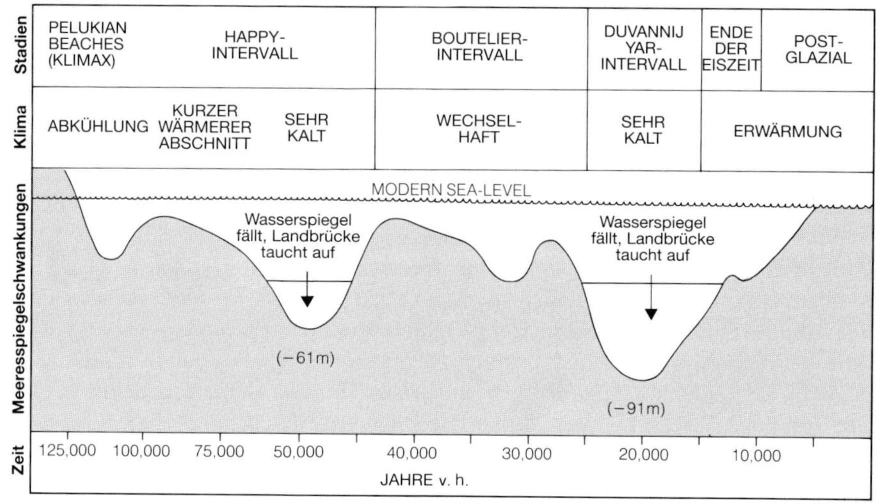

Als unsere Erde bei höheren Temperaturen ihre Eispanzer abstreifte, veränderte sich die landschaftliche Szenerie Beringias dramatisch. Beringstraße und Anadyr-Golf füllten sich mit Wasser. Die sibirische Ostflanke erhielt ihre jetzige Gestalt vor 10 000 Jahren, doch der Küstensaum ihres amerikanischen Vis-à-vis war damals noch bis zu 100 km breiter als momentan.

Der abgesenkte, windumtoste amerasische Isthmus ist kein Ort gewesen, wo sich halbnackte Großwildjäger in wogendem Gras tummelten und Ausflüge von Kontinent zu Kontinent unternahmen. Vielmehr herrschten arktische Verhältnisse, und die Vegetation überraschte mit einem bunten Scheckenkleid. Ökologen und Palynologen streiten noch über die genaue Zusammensetzung des früheren Bioms, also der natürlichen Lebensgemeinschaft aus Pflanzen und Tieren. Paul Colinvaux (1980) von der Ohio State-Universität vertritt die Ansicht, daß hier einst «eine staubige Ebene» existierte, «die den gesamten Gesichtskreis einnahm, schütter bewachsen von Seggen und Süßgräsern – nicht mehr als eine trockenere Ausgabe der hocharktischen Tundra». Die Tierwelt habe sich überwiegend aus Formen zusammengesetzt, wie sie für die heutige subpolare Fauna typisch sind. Nur gelegentlich hätten Großsäuger von den angrenzenden Kontinentalfesten Beringia aufgesucht.

Dem Palynologen Steven Young (1982) und dem Paläontologen Dale Guthrie (1982) erscheint dieses Bild zu düster. Beide glauben, daß auf der Landbrücke blühendes Leben gedieh, vergleichbar den Grassavannen Ostafrikas. Ein Mosaik unterschiedlicher Pflanzengesellschaften habe es gegeben – Tundra, Steppen-Tundra und dort, wo Tümpel und Seen für gute Durchfeuchtung sorgten, auch saftige Wiesen. Mehrere Ströme, darunter der Anadyr und der Yukon, durchzogen das Gebiet und bildeten Überschwemmungsauen, Nahrungsgründe, die sicher Großwild anlockten.

Tatsächlich bezeugen Knochenfunde den großen Tierreichtum Beringias. Neben einer Fülle kleiner und mittlerer Spezies kamen u. a. Wildpferde, Yaks *(Bos mutus)*, Steppenwisente, Steppenbisons, Schneeschafe *(Ovis nivicola)*, Rentiere, Käl-

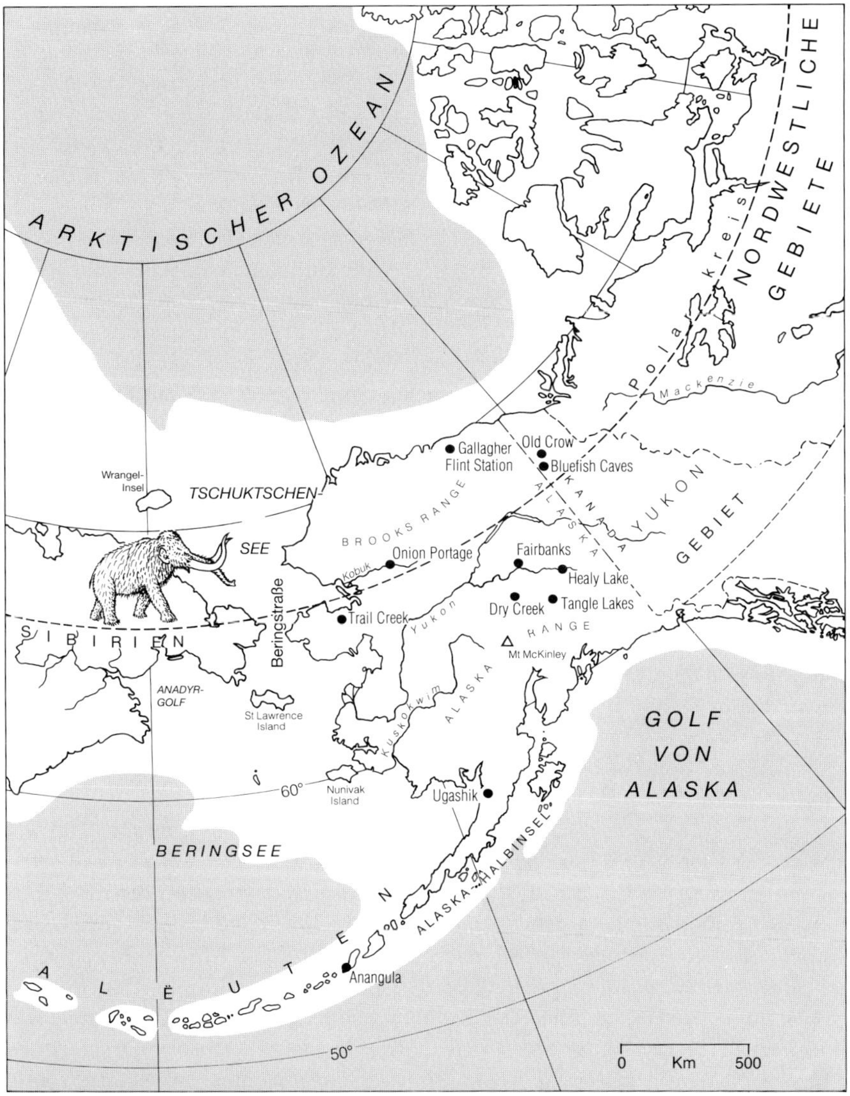

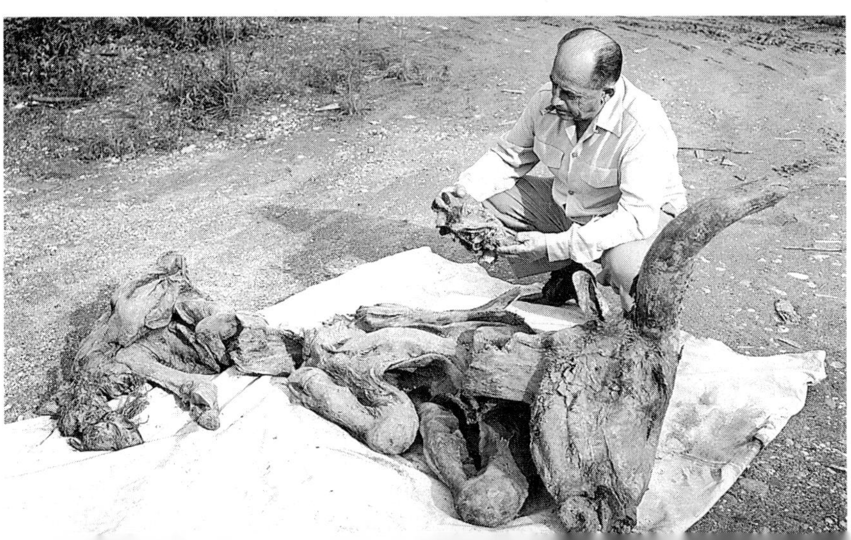

Beringia und seine Tierwelt. Die Fauna des amerasischen Isthmus ist durch Fossilfunde, oft tiefgefrorene Kadaver, gut bekannt. *(Oben)* Von West-Eurasien bis Alaska waren Kältesteppenmammut, Steppenwisent, Wildpferd und Ren verbreitet, hier in Höhlenmalereien des südwestfranzösischen Paläolithikums festgehalten. *(Links)* Der Paläontologe O. W. Geist untersucht Hautpartien und Skelettreste eines Riesen-Steppenwisents *(Bison priscus crassicornis)*, die Goldsucher 1951 am Dome Creek bei Fairbanks in Alaska entdeckten. Nach Radiokohlenstoffdatierung der Haut ist der Fund ca. 31 400 Jahre alt.

testeppenmammuts, Saigas, Moschusochsen und Löwen *(Panthera spelaea atrox)* vor. Sie bildeten eine Lebensgemeinschaft, die über zweimal so viele Arten als die heutige Tundra umfaßte (Matthews, 1982). Die abwechslungsreiche Mischung der Pflanzendecke erlaubte Weidefolgen, denn das Wild stellte unterschiedliche Ansprüche an sein Futter. Ernährten sich Rene überwiegend von Flechten, bevorzugten Mammuts hochwüchsige Süßgräser, Sauergräser und Kräuter, Wildpferde hingegen niedrige Süßgräser. Solange das Ökosystem intakt blieb, konnte der Weidezyklus aufrecht erhalten werden, und die Arten kamen sich nicht ins Gehege.

Völlig gegensätzliche Umweltverhältnisse herrschten an der Südküste Beringias und auf vorgelagerten Inseln. Sicher lebten dort Unmengen Seevögel, Pelzrobben, Seelöwen, Seehunde, Walrosse, Riesenseekühe *(Hydrodamalis gigas)* und Seeotter *(Enhydra lutris)*. Menschlichen Pionieren boten die Küsten ähnlich gute, wenn nicht bessere Jagdbedingungen als das Inland. Ihre Strandlager sind untergegangen, verschlungen vom steigenden Meer im Postglazial, wie die ihrer Verwandten weiter landeinwärts. Da uns deswegen kein datierbares Fundgut zur Verfügung steht, läßt sich der exakte Zeitpunkt der Besiedlung Beringias schwer abschätzen. Dies gilt auch für den Übertritt in die Neue Welt. Schiebt man einmal die Möglichkeit früher Küstenfahrten beiseite, die, wie erwähnt, nicht zu beweisen sind, muß man jedoch zu dem Ergebnis kommen, daß sich die Einwanderung im wesentlichen nach 14000 v. h. vollzog, als Meereseinbrüche den Bewegungsspielraum von Jägern auf der Bering-Landbrücke immer nachhaltiger beschnitten.

Die ersten Schritte

Vor etwa 18000 Jahren bedeckten Gletscher die Alaska Range und die Alaska-Halbinsel. Auch die Brooks Range weiter im Norden trug einen Eismantel. Unmittelbar östlich der heutigen Beringstraße jedoch erstreckten sich periglaziale Gebiete. Einige Autoren glauben, daß in solchen eisfreien Nischen keine Menschen existieren konnten, andere halten Alaska lediglich für eine Durchgangsstation auf dem Weg des *Homo sapiens* nach Süden. Tatsächlich aber hatten sich dort kleine Jägergruppen niedergelassen. Sie entwickelten dem arktischen Milieu angepaßte Überlebensstrategien und kulturelle Ausprägungen (Giddings, 1960). Unglückseligerweise ist der hohe Norden Amerikas noch weitgehend jungfräuliches archäologisches Terrain. Spekulationen hinsichtlich der Erstbesiedlung Alaskas und des Yukon Territory Kanadas übersteigen daher deutlich die Anzahl der Bodenfunde. Nur eine Handvoll Grabungsstätten verschafft uns Einblick in die Problematik (Fagan, 1987a; Morlan, 1978).

In der Keele Range, im äußersten Westen des Yukon Territory, liegt der Fundort *Bluefish Caves*. Unmittelbar davor befanden sich vor 15000 Jahren eiszeitliche Seen, die von äolischen Ablagerungen versiegelt wurden. Dies geschah zwischen 14000 und 12000 Jahren, wie uns das Alter eingetragener Birkenpollen verrät. In den Lößschichten vor Höhle I förderte Jacques Cinq-Mars (1978) die Knochen von Wildpferden, Steppenwisenten, Rentieren sowie anderer pleistozäner Spezies zutage. Vergesellschaftet damit waren u. a. bifazial getrimmte Abschläge, ein Keilkern und Mikroklingen. Nach Knochenkollagendatierungen erfolgte ihre Einbettung im Zeitraum zwischen 15 000 und 12 000 vor der Gegenwart. Demnach lebten Menschen, die sich noch im Einzugsbereich der sibirischen Djuchtai-Tradition bewegten, bereits vor mindestens 12 000 Jahren in Amerika.

Die Fundstelle *Dry Creek* am Nordfuß der Alaska Range kann eine von Radiokohlenstoffdaten gestützte Stratigrafie vorweisen. Ihre älteste Kulturschicht, Dry Creek I, datiert 11 200 Jahre zurück. Sie enthielt einige Abschlagsgeräte, Werkzeuge aus Flußkieseln, zerbrochene Klingen, dünne, bifazial retuschierte Messer und Waffenspitzen. Roger Powers vergleicht diese Artefakte mit Gerätschaften aus der Grabung Kuchtji III in Ostsibirien (Powers und Hamilton, 1978). Stratum Dry Creek II wird ein Alter von 10 700 Jahren zugebilligt. Es fanden sich hier Mikroklingen und anderes Gerät, das zur Herstellung solcher Objekte diente.

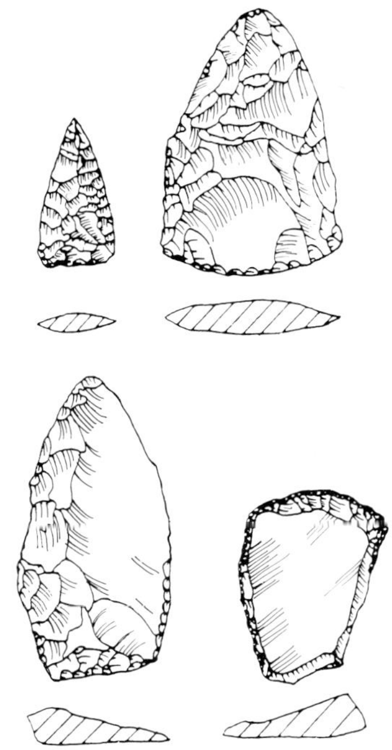

Gerätschaften des Nenana-Komplexes von Dry Creek in Alaska. Im Uhrzeigersinn: kleine Dreieckspitze, große Dreieckspitze, Klingenschaber und Blattspitze.

Dry Creek ist ein bemerkenswertes Unikum, gilt es doch als möglicher Vorläufer der in Alaska später weitverbreiteten Mikroklingen-Kulturen, die man unter der Bezeichnung «Altarktische Tradition» zusammenfaßt (vgl. Kapitel 8). William Powers und John Hoffecker (1989) allerdings schließen das ältere Stratum dem Nenana-Komplex an, Assemblagen, die beidflächig beschlagene Artefakte enthalten, aber *keine* Mikroklingen. Im Nenana-Tal datiert der Komplex in die Spanne zwischen 11 800 und 11 100 v. h. Seine Fundstätten (Walker Road, Moose Creek, Owl Ridge) befinden sich am äußersten Rand von Flußterrassen, hochwassersicheren Stützpunkten mit guter Fernsicht. Offenbar handelte es sich bei derartigen Plätzen um saisonal bewohnte Jagdlager. Powers und Hoffecker legen Wert auf die Feststellung, daß der Nenana-Komplex eine regionale Anpassung spiegelt und auf die Nordabdachung der Alaska Range beschränkt war.

Derzeit gibt es keine stichhaltigen Beweise, daß Menschen den Nordwestzipfel der Neuen Welt vor der 15 000-Jahre-Schwelle betraten. Das stärkt die Argumentation derjenigen, die meinen, eine Besiedlung Ost-Beringias habe erst nach 14 000 stattgefunden, als die Landbrücke unterzutauchen begann. Um 11 000 häufen sich dann aber Siedlungsnachweise, die samt und sonders der Altarktischen Tradition zugerechnet werden. Augenscheinlich gehörten die frühesten Kolonisten einer Bevölkerungsgruppe an, die es nicht verstand, Mikroklingen zu fertigen. Powers und Hoffecker vermuten, daß jene Pioniere aus dem maritimen Randbereich Ost-Sibiriens stammten, wo ausgangs der Eiszeit bifazial beschlagene Werkzeuge in Gebrauch waren, später ergänzt oder verdrängt von Kleinklingen. Setzt man diese Hypothese zu den Ergebnissen der Linguistik in Beziehung, erhält man ein provokantes Szenar, das jedoch noch auf rein spekulativer Grundlage beruht! Vorstellbar ist, daß Seejäger mit proto-«altindianischen» Sprachen entlang der sibirischen Küste nordwärts ausschwärmten und um 15 000 Ost-Beringia erreichten. Mikroklingen herstellende Verbände aus dem Inneren Nordostasiens, der Heimat der Djuchtai-Kultur, mögen ihnen gefolgt sein. Als deren Erben sind eventuell die Träger der Bluefish Caves-Kultur, Vorfahren der penutoiden Völker, und – in einer zweiten Besiedlungswelle – der Altarktischen Tradition (Proto-Na-Dene) anzusehen.

Die Nord-Süd-Passage

Während der Kaltzeiten panzerten Gletscher weite Bereiche Nordamerikas mit Eis. Ihr Rand verlief auf dem Höhepunkt des Wisconsin-Glazials quer durch den ganzen Kontinent. Die Geologen unterscheiden aber zwei glaziale Epizentren: die laurentische Eismasse im östlichen und nördlich-zentralen Kanada sowie den Kordilleren-Eisschild im gebirgigen Westen. Zwischen 41 000 und 33 000 Jahren v. h. wichen die Gletscher zurück und es öffnete sich eine eisfreie Traversale. Hätten damals bereits Menschen in Beringia gelebt, wären sie auf diesem Weg bequem nach Süden gelangt. Doch mit zunehmender Kälte verriegelte die Eisbarrikade den Zugang erneut und blieb 18 000 Jahre lang geschlossen.

In den 50er Jahren überraschten kanadische Geologen die Fachwelt mit der Behauptung, auch während des Hochglazials sei ein Nord-Süd-Korridor, offen gehalten von einem trockenen Fallwind, dem Chinook, passierbar gewesen. In der Vorstellung mancher Leute nahm diese Passage die Gestalt eines urzeitlichen «Superhighways» an, auf dem Mammuts und ihre Jäger ins Warme strebten. Jenes ansprechende Bild aber entpuppte sich rasch als geologischer Mythos. Die Begrenzungen der Eisschilde wurden inzwischen sorgfältig kartiert. Dabei kam heraus, daß die Gletscherdome zwar nicht überall fugenlos aneinanderstießen, aber auch keinen durchlässigen Korridor bildeten (Rutter, 1980). Zerklüftete Eiszungen, turmhohe Moränenhalden und reißende Schmelzwasserströme erschwerten das Fortkommen selbst dort, wo tiefe eisfreie Keile existierten. Falls sich Jäger in das Eislabyrinth verirrten, wären sie gewiß Hungers gestorben, denn die spärliche Vegetation ernährte kein Großwild. Wie dicht der «Reißverschluß» zwischen den Eismassen gewesen ist, verdeutlicht die Tatsache, daß sich Tierpopulationen, die die Barriere voneinander isolierte, durch die lange Trennung zu eigenständigen Spezies entwickelten, z. B. Schneeschaf *(Ovis nivicola)* und Dickhornschaf *(Ovis canadensis),* Wolf *(Canis lupus)* und Rotwolf *(Canis rufus),* Nordluchs *(Lynx lynx)* und Rotluchs *(Lynx rufus).* Erst ab 16 000 vor der Gegenwart verbreiterte sich der Korridor im Eis allmählich und erlaubte Mensch und Tier den Durchzug (Porter, 1988).

Wenn schon die «eisfreie Passage» mit hoher Wahrscheinlichkeit als früher Wanderweg nach Süden ausscheidet, gab es dann vielleicht andere Zugänge? Der kanadische Archäologe Knud Fladmark hat auf den zu British Columbia gehörenden Queen Charlotte-Inseln Spuren menschlicher Anwesenheit entdeckt, die seiner Überzeugung nach ein Alter von maximal 12 000 Jahren aufweisen. Fladmark (1982) führt aus, daß die relativ milde Pazifikküste mit einer Fülle mariner Ressourcen aufwartete, die Seejägern ideale Lebensbedingungen boten. Leider liegen aus dem Bereich des nacheiszeitlich «ertrunkenen» westlichen Kontinentalsockels sonst keine archäologischen Zeugnisse vor, die seine These stützen könnten. Aber immerhin wird uns hier eine Alternative aufgezeigt, eine Route, der u. U. Robbenjäger aus der ostsibirischen maritimen Tradition kraft ihrer Milieukenntnisse folgten.

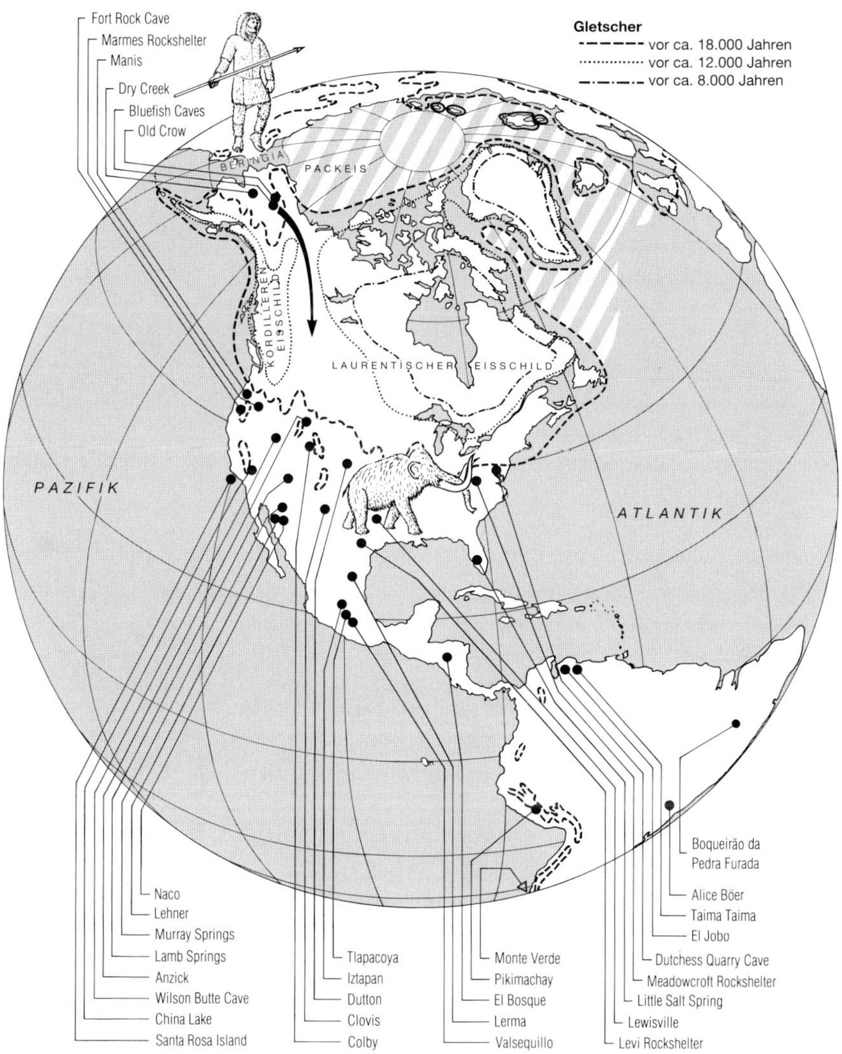

Amerika während der letzten Phase der Wisconsin-Eiszeit. Über die Routen der Erstsiedler nach Süden wird noch debattiert.

Wann kam der Mensch nach Amerika?

In der Archäologie Amerikas hat nichts so kontroverse Auseinandersetzungen hervorgerufen wie die Frage nach dem Zeitpunkt der Erstbesiedlung. Zwar stimmen die Wissenschaftler überein, daß Beringia die Einfallspforte bildete, doch wann die Einwanderung vonstatten ging und wie sie sich im einzelnen vollzog, wird leidenschaftlich diskutiert. Zwei chronologische Szenarien stehen zur Disposition, jedes mit engagierten Verfechtern. Ausgehend von einer Handvoll Fundstätten, überwiegend in Mittel- und Südamerika, glaubt die eine Partei, *Homo sapiens* habe den Doppelkontinent vor mindestens 30 000 Jahren betreten, während die andere, größere Fraktion für eine Immigration um 15 000 v. h. plädiert (s. hierzu u.a.: Bednarik, 1989; Bryan, 1986; Fagan, 1987a; Lynch, 1990; Meltzer, 1989).

Die Stätte mit der vorgeblich größten Zeittiefe ist Toca do Boqueirão da Pedra Furada, ein Abri im nordostbrasilianischen Bundesstaat Piauí, der von einer alten Bachrinne durchschnitten wird. Hier entdeckte Niède Guidon vom Centre National de Recherche Scientifique in Paris Schichten, die, wie sie meint, wesentlich älter als 10000 Jahre sind. In den Schotter- und Sandprofilen der untersten Straten will Frau Guidon ca. 40000jährige «Feuerstellen» lokalisiert haben, ferner Artefakte aus anstehendem Quarz. Nun handelt es sich bei den fraglichen Schichten aber mit hoher Wahrscheinlichkeit um eingeschwemmtes, also von außerhalb herbeigeführtes Material, und die Asche- und Holzkohlelinsen ihrer «foyers» könnten ebensogut auf natürlich entstandene Brände zurückgehen (Guidon & Delibrias, 1986; Lynch, 1990). Selbst die vermeintlichen Artefakte überzeugten Kenner paläolithischer Steingeräteherstellung nicht. Auch wenn die archäologische Jury noch kein abschließendes Urteil fällte, so spricht der Anschein doch gegen Pedra Furada.

Weiter im Süden, in Mittelchile, legte Tom Dillehay ein bemerkenswertes altindianisches Lager frei. Die Rede ist von der Station Monte Verde am Chinchihuapi-Bach. Dillehay zufolge sind zwei Siedlungshorizonte nachweisbar. Die jüngere Schicht datiert zwischen 13000 und 11500 v.h., die andere soll über 33000 Jahre alt sein (Dillehay, 1988; Dillehay & Collins, 1988). Das Grabungsteam ging sehr gewissenhaft zu Werke, und die jüngere Fundschicht erfreut sich in Fachkreisen zunehmender Akzeptanz. Monte Verdes Bewohner lebten in rechtwinkligen, wohl fellverkleideten Behausungen, deren Pfostenlöcher über die Art der Konstruktion Aufschluß geben. Lehmverstrichene Kochstellen kamen zutage und eine wie das Brustbein eines Vogels gestaltete Struktur, die eine isoliert stehende, vielleicht zeremoniellen Zwecken dienende Rundhütte umschloß. Ferner wurden die Knochen erlegter Leierzahnelefanten (*Cuvieronius* spec.) sowie Überreste zahlreicher wildwachsender Nutzpflanzen geborgen. Lediglich einfaches Gerät aus Holz und Stein, darunter primitive Chopper, half bei der Nahrungszubereitung und handwerklichen Tätigkeiten. Die unterste Fundschicht beschreibt Dillehay selbst mit geziemender Zurückhaltung als Stratum, das «verkohltes Holz» enthalte (Pino & Dillehay, 1988). Soweit erkennbar, liefert es keine überzeugenden Anhaltspunkte, die das ihm zugeschriebene hohe Alter stützten.

Weder Monte Verde noch Pedra Furada oder irgendeine andere mittel- und südamerikanische Fundstätte (z.B. Pikimachay, Pendejo, Tlapacoya, Valsequillo) haben hieb- und stichfeste Beweise für die Anwesenheit von Menschen *vor* 15000 Jahren v.h. erbracht. Wir fragen uns heute, nach welchen Kriterien frühe Siedlungshinweise beurteilt werden sollten (Bray, 1988; Fagan, 1987a). Es fehlen noch immer, und das ist wohl der entscheidende Gesichtspunkt, Häufungen datierter und unbestreitbar aus der Zeit vor dem ältesten zuverlässig dokumentierten Kulturhorizont, dem Clovis- oder Llano-Komplex, stammender Artefakte, die konsistent belegen, wie sich die Ersten Amerikaner an ihre neue Heimat anpaßten. Nach mehr als einem Jahrhundert angestrengter Suche beginnen nicht wenige Wissenschaftler zu zweifeln, ob solche Assemblagen überhaupt existieren, vor allem deshalb, weil nördlich des Rio Grande keine Fundstätte bekannt wurde,

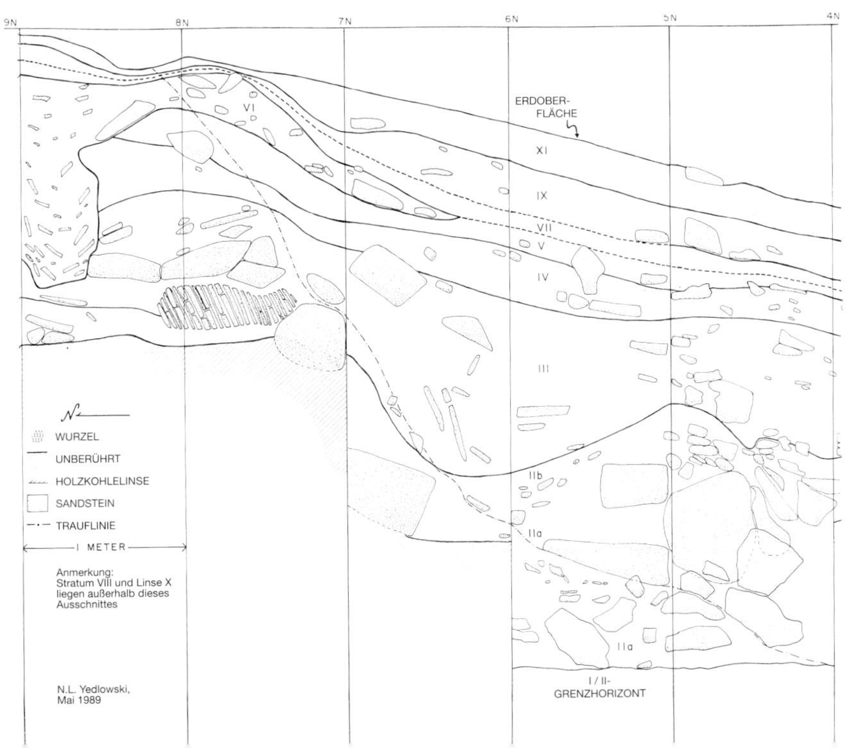

Meadowcroft-Abri in Pennsylvania. *(Oben)* Blick auf die Anfänge der siebenjährigen Grabung, 1973. Der große Felsbrocken am linken Bildrand gehört zu den Trümmern eines Deckenversturzes. *(Links)* Schichtensequenz von Meadowcroft. Das kritische Stratum II a befindet sich in der stark gestörten Verbruchschicht.

Artefakte aus Meadowcroft, jeweils in Vorder- und Rückansicht: *(Links)* Ungekehlte Miller-Lanzettspitze; Länge 4,4 cm. *(Mitte und rechts)* Prismatischer Klingen- und einseitswendiger Schaber; Länge ca. 4 cm.

die auch nur annähernd das angebliche Alter von Monte Verde oder Pedra Furada streift. Das Häuflein der Plätze in Nordamerika, die zeitlich vor dem Clovis-Horizont liegen könnten, ist schnell vorgestellt.

Unter all diesen Stätten gilt der Meadowcroft-Abri, 48 km südwestlich von Pittsburgh, als aussichtsreichster Kandidat, denn er wurde am gründlichsten untersucht. James Adovasio (1982, 1984) dokumentierte dort eine lückenlose Ansiedlung, die von etwa 1250 nach Christi Geburt bis 12 000 Jahre v. h. – möglicherweise sogar darüber hinaus – reicht. Die unterste der elf Fundschichten, Stratum II a, hat der Ausgräber in drei Abschnitte untergliedert. Voneinander sind diese Unterschichten durch Lagen abgebröckelter Felstrümmer aus der Abridecke getrennt. In dem jüngsten Substratum fanden sich kleine Abschläge und Klingen, darunter ein Typ, den Adovasio «Mungai-Messer» taufte, und ein paar bifazial beschlagene Projektilköpfe («Miller-Lanzettspitzen»), denen man ein Alter zwischen 10950 und 7950 Jahren zubilligt. Ein Korbfragment, das 19 600±2400 Jahre alt sein soll, tauchte zusammen mit Werkschutt in der tiefsten Schicht von Stratum II a auf. Hier scheiden sich die Geister. Da die untersten Lagen außerhalb der Traufline des heutigen Abri anstehen, waren sie u. U. Kontaminierungen durch gelöste Huminsäuren ausgesetzt, die die Radiokohlenstoffdatierung verfälscht haben könnten (Haynes, 1980). Ferner bleibt ungeklärt, wieso im Fundgut Überreste von Pflanzen- und Tierarten gemäßigter Habitate auftreten, obwohl sich in nur 83 km Entfernung der Rand des Laurentischen Gletscherschildes befand. Adovasio (1990) kontert mit der Feststellung, daß Meadowcroft relativ geschützt läge, was bei der paläo-ökologischen Rekonstruktion zu berücksichtigen sei. Kritiker, die seine Meßergebnisse anzweifelten, konfrontiert er mit neuen, durch Massenspektrometrie bestätigten Werten. Sie ergaben ein mittleres Alter des Stratums II a von 14 555–13 955 Jahren. Hiermit halte man den Beweis in Händen, daß Menschen 2000 bis 3000 Jahre vor dem Clovis-Horizont in Meadowcroft verkehrten. Wie auch immer dieser Disput enden wird, Meadowcroft *ist* einer der ältesten archäologisch erschlossenen Fundorte Nordamerikas.

Auch einige Stätten im Westen des Teilkontinentes geben Anlaß zu der Vermutung, Menschen hätten sich bereits zwischen 14 000 und 12 000 v. h. im eisfreien Süden aufgehalten. Es sind Wilson Butte Cave in Idaho, der Mastodon-Schlachtplatz Manis nahe Sequim im Staat Washington und Fort Rock Cave im südlich-zentralen Oregon. Andere, früher häufig genannte Anwärter, z. B. Calico Hills, Lewisville oder Santa Rosa Island, haben der wissenschaftlichen Überprüfung nicht standgehalten (Dincauze, 1984; Fagan, 1987 a). Erwähnen muß man noch spektakuläre Funde aus wassergefüllten Einsturzdolinen in Florida (vgl. Kapitel 6), die vielleicht, wie auch das Schädelfragment von Midland in Texas («Midland Minnie»), auf ein Alter von 12 000 Jahren zurückblicken.

Daß bisher nur so wenige Fundorte bekannt wurden, überrascht keineswegs. Die damalige Bevölkerungsdecke ist sicher ziemlich dünn gewesen, und die Menschen verloren sich in einem riesigen geografischen Raum. Ob jene Pioniere, gleich, woher sie kamen – durch eine Passage zwischen den zurückweichenden Gletscherschilden oder an der Küste entlang –, den Bodensatz bereiteten, aus dem spätere paläo-indianische Traditionen hervorgingen, muß vorläufig offen bleiben. Jedenfalls explodierte die kulturelle Entwicklung nach diesem «Vorlauf» regelrecht. Allenthalben können die Archäologen jetzt dem Clovis-Horizont zugeschriebene Assemblagen nachweisen.

Die Clovis-Kultur: ca. 11 600 – ca. 10 700 v. h.

1931/32 entdeckte man bei Clovis in New Mexico, nahe der texanischen Grenze, eine Anzahl eigenartiger steinerner Speerspitzen, an Orten, wo altindianische Jäger Großwild getötet und ausgeweidet hatten. Zur selben Zeit waren vergleichbare Stücke in der Umgebung von Dent, Colorado, aufgetaucht. Viele weitere Funde schlossen sich an. So nahm allmählich der Umriß einer in Nordamerika weitverbreiteten «Kultur» Gestalt an, die ein knappes Jahrtausend, von 11 600 bis 10 700 v. h. währte.

Ende der Wisconsin-Eiszeit bestimmten trockene pazifische Luftmassen das Klima der Gebiete, die im Regenschatten östlich der Rocky Mountains lagen. Hier erstreckten sich grasige Ebenen, die, wie noch heute, jahreszeitlichen Extremen ausgesetzt waren. Auf den Plains kamen viele Millionen Großsäuger vor, die sich kurzen Vegetationsperioden anpassen mußten. Die Steppenflora versorgte sie ausreichend mit Nährstoffen, selbst in den schneearmen Wintern. An der Schwelle zum Holozän wurde es wärmer und trockener. Damals streiften hier kleine Verbände von Clovis-Jägern umher, weit verstreut und enorme Territorien nutzend. Innerhalb nur weniger Jahrhunderte gelangten sie in nahezu jeden Winkel Nordamerikas. Ihre Camps standen an Flußufern, Plätzen, die das Großwild aufsuchte, um zu trinken oder Futter aufzunehmen. Einige Jagdscharen zog es zu Quelltöpfen und Wasserlöchern, andere verkehrten in Höhlen oder lagerten unter Felsschutzdächern, etwaigen Winterunterkünften.

Es wäre falsch anzunehmen, daß die Träger der Clovis-Kultur ausschließlich von der Großwildjagd lebten, auch wenn im archäologischen Fundbestand oft Knochen von Großsäugern aufscheinen. Solche Knochen überdauerten die Jahrtausende besser als die Gebeine des Niederwildes und der Kleinfauna, die sicher auch auf dem Speiseplan der Clovis-Jäger standen. Daneben nutzte man wohl allerlei Pflanzen, insbesondere im Frühling, Sommer und Herbst, oder fing Fische und anderes Wassergetier, wenn sich Gelegenheit dazu bot. Obwohl großer Beute gewiß das Hauptaugenmerk galt, und man weite Wanderungen in Kauf nahm, um ihrer habhaft zu werden, dürfen wir davon ausgehen, daß die Menschen recht unterschiedliche Subsistenzstrategien erprobten. Nicht alle Ressourcen, die sie ausschöpften, sind archäologisch zu dokumentieren.

Anscheinend bejagte die Clovis-Bevölkerung der Plains besonders gerne Südmammuts *(Mammuthus jeffersoni)* und Altbisons *(Bison bison antiquus)*. Mammutknochen erscheinen an fast jedem der alten Schlachtplätze im Fundgut. Aus vielerlei Gründen bildeten diese gewaltigen Geschöpfe ein lohnendes Ziel. Ein einziges erlegtes Tier deckte den Fleischbedarf einer Lokalgruppe über Wochen. Häute, Stoßzähne und Knochen lieferten Rohmaterialien für die Herstellung von Haushaltsgerät, Waffen und Kleidung oder den Hüttenbau. Das Fett innerer Organe wurde geschmolzen und diente zum Braten oder als Lampenbrennstoff – geradeso wie auf der eurasischen Steppen-Tundra einige Jahrtausende zuvor.

Ausgrabung in der Clovis-Fundstätte Murray Springs, Arizona.

Es ist unbekannt, ob Jäger Mammuts allein oder in Gruppenstärke angriffen. Die meisten Waidplätze – Orte, an denen man Wild zur Strecke brachte – befanden sich auf ebenem Gelände, unweit von Bächen, Quellen oder Tümpeln. Man kann hieraus vielleicht ableiten, daß die Verfolger ihrer Beute an feuchten Stellen auflauerten, wo der morastige Untergrund rasche Flucht verhinderte. Doch es gibt näherliegende Möglichkeiten. Um sie zu verstehen, müssen wir unseren Blick auf Afrika richten. Die dort beheimateten Steppenelefanten *(Loxodonta afri-*

cana africana) sind hochmobil und reagieren flexibel auf Veränderungen im Nahrungsangebot. Sie wandern in Herden von bis zu 40 Exemplaren, meist Weibchen samt ihrem Nachwuchs, die von einer Leitkuh geführt werden; erwachsene Bullen gesellen sich nur während der Paarungszeit zu diesem Harem. Die Sozialstruktur solcher Herden fördert die Weitergabe von Traditionen. So kehren Elefanten Generation für Generation zu denselben Salzlecken, Wasserlöchern und Wäldchen zurück, benutzen dieselben Pfade. Ähnlich dürften sich auch ihre nordamerikanischen Verwandten verhalten haben. Es verwundert daher nicht, daß Waidplätze der Clovis-Jäger gerade dort lagen, wo man sicher mit dem Erscheinen der Giganten rechnen konnte.

Nach Vance Haynes (1966) hefteten sich Späher wochenlang an die Fersen der wandernden Kühe und Kälber, wobei sie deren Verhalten unablässig beobachteten. Hatte sich die Herde an einer Tränke eingefunden, riefen die Kundschafter andere Männer herbei. Unachtsame Tiere ereilte dann der Tod. An der Lehner-Fundstätte wiederholte sich das Schlachten offenbar Jahr für Jahr, denn hier stieß man auf Überreste von dreizehn Mammuts. George Frison experimentierte mit steinbewehrten Clovis-Speeren an verendeten Elefanten in Zimbabwe und fand dabei heraus, daß Waffen dieser Bauart, die man mit einer Hebelschleuder (Atlatl) fortkatapultierte, durchaus tödliche Wunden verursachen konnten, vorausgesetzt, der Werfer stand still und zielte sorgfältig. Frison glaubt, lediglich zwei Personen hätten bei der Jagd kooperiert, wobei die eine die Aufmerksamkeit des Opfers auf sich lenkte und die andere das todbringende Geschoß schleuderte. Wahrscheinlich gelang es aber nur gemeinschaftlich und erst nach mehreren Würfen, Beutetiere von der Größe eines Mammuts niederzustrecken. In Naco, Arizona, lagen nicht weniger als acht Projektilköpfe zwischen dem Gerippe eines den Jägern entkommenen Eiszeitelefanten, was bedeuten könnte, daß ebensoviele Männer ihre Waffen einsetzten und trotzdem erfolglos blieben.

Bei einem Mammutskelett in Naco, Arizona, geborgene Clovis-Waffenspitzen. Möglicherweise entkam der Elefant seinen Verfolgern, erlag dann aber seinen zahlreichen Verletzungen.

An den Murray Springs in Arizona fanden elf Bisons den Tod, ausreichend, um 50 bis 100 Leute zu verköstigen. Vance Haynes geht davon aus, daß eine Lokalgruppe aus 20–40 Personen bestand, ein Fünftel davon waffenfähige Männer. Beileibe nicht alles anfallende Fleisch wurde auch verzehrt. Wann immer man ein Mammut erlegte, nahmen die Jäger nur die besten Stücke und ließen den Rest des Kadavers verrotten. Bei Clovis, Murray Springs und Colby in Wyoming türmten sich allerdings Knochenhaufen, mutmaßlich Überbleibsel gestapelter Wintervorräte. Bisons hat man, Abfällen nach zu urteilen, scheinbar ökonomischer verwertet.

Clovis-Technologie. Wie es sich für Leute schickt, die ständig unterwegs sind, verfügten die Clovis-Menschen über ein leichtgewichtiges Geräteset. Als Ausgangsmaterial der Werkzeugherstellung dienten wertvolle, feinkörnige Gesteinsarten, die oft aus gehöriger Distanz beschafft werden mußten. Einige der Kernsteine, aus denen Waffen und Arbeitsgerät entstanden, stammten von Aufschlüssen, die bis zu 299 km vom späteren Fundort entfernt lagen. Handelsketten von Gruppe zu Gruppe befriedigten wohl die Nachfrage. Vom Canadian River in Texas importierte man gebänderten Kalksinter (Onyx-Marmor). Durchscheinender, dunkelbrauner Jaspis kam aus dem Tal des Knife River in North Dakota und Manitoba; andere feinkristalline Quarze (Chalzedone) wurden in Ohio gefördert. Obsidian

Bruce Huckell vom Arizona State Museum benutzt ein Blattmesser zum Häuten eines verendeten Zirkuselefanten.

gelangte aus dem Gebiet des heutigen Yellowstone-Nationalparks auf die Plains. Gestein mit scharfen Bruchkanten war lebensnotwendig, wenn man andere Rohstoffe – Häute, Sehnen und Holz – bearbeiten oder Fleisch portionieren wollte.

Die Werkzeugmacher der Clovis-Kultur wandten eine spezielle Form der Abschlagstechnik an, wobei von einer Steinknolle (Kern) zunächst große Stücke abgespalten und dann bifazial beschlagen (retuschiert) wurden. Ohne weitere Bearbeitung dienten solche faustkeilartigen «Zweiflächner» als Schlachtmesser und Chopper. Man konnte sie aber auch als Rohlinge gebrauchen, aus denen bei Bedarf feinere Artefakte entstanden. An den Murray Springs stellte sich Bruce Huckell vom Arizona State Museum die Aufgabe, herumliegende Abschläge so zusammenzusetzen, daß «Zweiflächner», von denen man sie einst löste, wieder Gestalt annahmen. Durch dieses «Retrofitting» gewann er aufschlußreiche Einblicke in steinzeitliche Produktionsvorgänge. Am gleichen Fundort kamen auf ein paar Waffenspitzen und sonstige Gerätschaften Tausende von Sprengstücken. Nur 36 Werkzeuge fand man intakt, vermutlich weil die Jäger ihr bestes Handwerkszeug mitnahmen, um es bei nächster Gelegenheit erneut zu verwenden. Das Verhältnis von gebrauchsfähigen Artefakten zu Steinsplittern betrug 1:10000 – beredter Ausweis des Wertes, den man feinkörnigem Gestein zumaß.

Prunkstück im Artefaktkatalog der Clovis-Jäger ist die meist kannelierte Waffenspitze, ein relativ großer (7–12 cm), lanzettförmiger Projektilkopf mit leicht konkaver Basis. An den Flächen besitzt sie charakteristische Auskehlungen, die man für Schäftungsrinnen hält. Wahrscheinlich wurden die Spitzen auf hölzerne oder knöcherne Vorschäfte montiert. Diese lösten sich vom Holztorso des Speeres, wenn das Geschoß sein Ziel traf. Da er samt eingedrungener Spitze am Körper verblieb, regte der wippende Vorschaft, unterstützt durch die Bewegungen des flüchtenden Wildes, den Blutfluß an, und das Tier ermattete rasch. Indem er einen neuen Vorschaft aufpflanzte, war ein Akteur in wenigen Augenblicken wieder wurfbereit. Eine entsprechende Bewaffnung kam besonders hochmobilen Wildbeutern zugute. Schnelle Wurfbereitschaft konnte, gemessen an der Alternative, dem Mitführen eines ganzen Arsenals Speere, nur von Vorteil sein.

Die Herkunft der Clovis-Kultur. Wie wir sahen, häufen sich die Hinweise, daß bereits vor dem Auftritt der Clovis-Kultur vereinzelt Menschen in Amerika lebten. Ob sie aber als Vorfahren der Großwildjäger in Frage kommen, ist eher unwahrscheinlich. Ihre Werkzeuge und Waffen bieten keinerlei Anhaltspunkte für einen Entwicklungsstrang zwischen beiden Bevölkerungsschichten. Vance Haynes (1982, 1987) nimmt daher an, daß die Clovis-Jäger ursprünglich aus Gebieten jenseits der transkontinentalen Gletscherbarriere kamen und nach Süden vorstießen, als sich die Eisschranke geöffnet hatte.

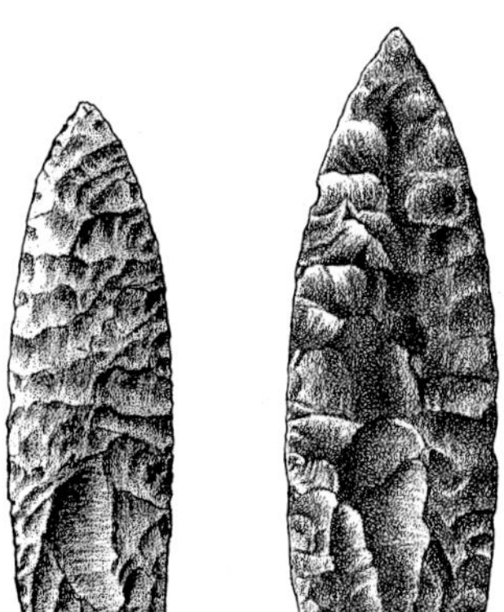

Clovis-Projektilköpfe von den Fundstellen Lehner *(links)* und Blackwater Draw *(rechts)*. Länge der Lehner-Spitze ca. 9 cm.

Sollte dies zutreffen, müßten sich eigentlich die Clovis-Artefakte von Prototypen im hohen Norden herleiten lassen. Clovis-Waffenspitzen kamen in allen kanadischen Provinzen und den Hauptstaaten der USA ans Licht, nicht aber in Alaska und dem Yukon Territory, ausgenommen in späteren Fundzusammenhängen. Die Mikroklingen- und Keilkern-Industrien Alaskas scheiden aus technologischen und zeitlichen Gründen ebenfalls als Vorgänger aus. Lediglich der Nenana-Komplex käme in Betracht, das Vergleichsmaterial reicht jedoch bei weitem nicht aus, um eine Verbindung herzustellen.

Vance Haynes und der deutsche Archäologe Hansjürgen Müller-Beck (beide 1982) vertraten die Auffassung, daß die amerikanische Großwildjägertradition angesichts großer Ähnlichkeiten bei der Lebensführung Teil eines weitverzweigten Komplexes war, der sich von Osteuropa über das Baikalseegebiet bis nach Nordostasien und darüber hinaus erstreckte. Dem steht allerdings die Abstammung der Ersten Amerikaner von sinodonten Bevölkerungselementen, deren Urheimat in Nordchina und östlich des Baikalsees zu suchen ist, entgegen. Die Jäger Mal'tas oder der Ukraine wiesen einen völlig anderen Zahnbau auf und sind deshalb von der Ahnentafel der Indianer und Eskimos zu streichen.

Das Rätsel ist verzwickt und scheint kaum lösbar. Doch vielleicht bringt uns eine These des Hamburger Völkerkundlers Wolfgang Haberland (1991) ein Stück vorwärts. Er glaubt, daß nicht Waffen aus Stein Vorbilder der Clovis-Geschoßspitzen gewesen sind, sondern knöcherne Projektilköpfe. Bricht man einen Röhrenknochen entzwei, kommt die Markhöhle, ein Kanal, der das Knochenmark aufnimmt, zum Vorschein. Der Hohlraum bildet eine ideale Schäftungsrinne, die den Kanneluren der Clovis-Spitzen recht genau entspricht. Haberlands scharfsinnige Beobachtung können wir nun weiterspinnen. Am besten passen leichte Knochenwaffen zu Seejägern, die ihre Boote nicht mit schweren Steinutensilien belasten dürfen und darauf zu achten haben, daß Projektile bei Fehlwürfen auf schwimmende Ziele nicht untergehen. Waren die Vorfahren der Clovis-Bevölkerung also u.U. eine abgesprengte Seitenlinie von Seejägern ostsibirisch-maritimer Provenienz, ein Pioniertrupp, der sich nach seiner Ankunft in Ost-Beringia auf größere, landlebende Beute verlegte? Irgendwann müßten sie, konfrontiert mit dieser Herausforderung, ihr Waffenarsenal umgestellt haben, entweder noch in Alaska (Nenana-Komplex) oder erst südlich des Eises (Agate Basin-Präfolsom), wo sie auf eine Fülle eigenartiger, ihnen unbekannter Tiere stießen. Ob es so gewesen ist, steht dahin, und schlüssige Beweise sind wegen der schlechten Erhaltungsbedingungen organischer Artefakte schwer beizubringen.

Das Massensterben der Großtiere

Nach 11 000 v. h. verschwanden die Clovis-Jäger so plötzlich von der Bildfläche wie sie gekommen waren. Andere, deutlich voneinander verschiedene Lokalkulturen traten an ihre Stelle. Zur selben Zeit erloschen die Bestände der meisten pleistozänen Großsäuger. Unausweichlich kam eine Diskussion darüber in Gang, ob nicht der Mensch an diesem verheerenden Artensterben die Schuld trüge. Die sich entwickelnde Kontroverse gehört zu den schärfsten auf dem Feld urgeschichtlicher Forschung (Martin & Klein, 1984; Mead & Meltzer, 1986).

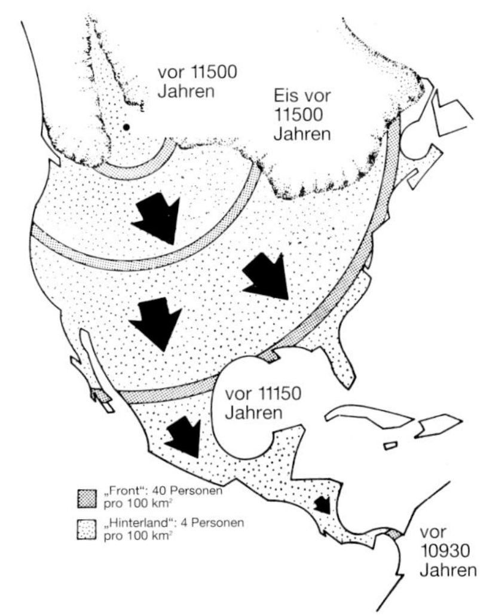

Paul Martins «Blitzkrieg»-Modell, das die rasche Ausbreitung von Clovis-Jägern in Nordamerika erklären soll: Nachdem alle Großtiere an der jeweiligen Expansionsfront ausgerottet waren, stießen die Menschen immer weiter vor.

Ein einzigartiges Merkmal der Aussterbewelle ist das selektive Verschwinden großer Säugetiere aus dem Ökosystem, wodurch die nordamerikanische Fauna in unserer heutigen Welt sehr verarmte. Vor jenem Einschnitt gab es die Maße eines Kleinwagens erreichende Panzertiere *(Glyptotherium)*, Riesengürteltiere *(Dasypus bellus, Holmesina septentrionalis)*, schaf- bis elefantengroße Bodenfaultiere *(Megalonyx, Eremotherium, Nothrotheriops* und *Glossotherium)*, Brillen- und Riesenbären *(Tremarctos* und *Arctodus)*, jungen Dickhäutern nachstellende Säbel- und Dolchzahnkatzen *(Smilodon* und *Homotherium),* den geschmeidigen Gepardpuma *(Miracinonyx trumani),* den furchteinflößenden Amerikanischen Löwen *(Panthera spelaea atrox),* in Rudeln jagende Großwölfe *(Canis dirus)* und Rothunde *(Cuon alpinus),* Riesenbiber *(Castoroides),* großwüchsige Meerschweinchenverwandte *(Hydrochoerus* und *Neochoerus),* Wildpferde und Pferdeesel *(Equus* und *Hemionus),* Tapire *(Tapirus),* Nabelschweine *(Mylohyus* und *Platygonus),* Großkamele und Lamas *(Camelops, Hemiauchenia* und *Palaeolama),* urtümliche Hirsche *(Navahoceros, Sangamona* und *Cervalces),* kuriose Geweihhornböcke *(Capromeryx, Tetrameryx* und *Stockoceros),* Saiga-Antilopen *(Saiga tatarica),* schwerfällige Rindergemsen *(Euceratherium),* waldbewohnende Schafochsen *(Symbos),* Yaks *(Bos mutus),* Weithornbisons *(Bison priscus)* sowie gewaltige Elefanten *(Mammut* und *Mammuthus).* Die Vogelwelt litt unter dem Desaster weniger, und es fielen ihm hauptsächlich Arten zum Opfer, die sich an den Kadavern verendeter Großtiere gelabt hatten. Zu nennen sind hier u.a. Laufadler *(Wetmoregyps daggetti),* Geierfalke *(Milvago readei),* Teergeier *(Breagyps clarkei),* Riesengeier *(Teratornis merriami),* Amerika-Schmutzgeier *(Neophrontops americanus)* und Riesenstorch *(Ciconia maltha).*

Die Vorstellung, menschliche Aktivitäten seien der Hauptauslöser für das Massensterben gewesen, ist als Overkill-Hypothese bekannt geworden. In der Formulierung ihres stärksten Verfechters, Paul Martin von der University of Arizona, besagt sie, daß die Clovis-Jäger eine Art «Blitzkrieg» gegen das Großwild entfesselten, es lokal vernichteten und auf der Suche nach noch reicherer Beute immer weiter wanderten. Waren die Konsumenten pflanzlicher Nahrung ausgelöscht, mußten auch spezialisierte Raubtiere und Aasfresser eingehen (Martin, 1967; 1973).

Kritiker haben Martins Theorie vor allem gegen die Annahme abgewogen, daß der nacheiszeitliche Klimawandel die Megafauna hinwegraffte. Gerade die allerjüngste Episode im pleistozänen Wechselspiel von Warm- und Kaltzeiten war besonders schwerwiegend und leitete ein sehr ausgeprägtes Jahreszeitenklima ein. Enorme ökologische Umwälzungen, die nachhaltig Verteilung und Zusammensetzung der Pflanzendecke betrafen, schlossen sich an. Auf diese Instabilität, so die Befürworter der Klimahypothese, konnten sich die meisten Großsäuger, extrem angepaßte Arten, nicht einstellen und starben aus. Doch letztlich trug wohl beides – Jagddruck und Umweltkatastrophe – zur Krise der Megafauna bei. Die Ausrottung der arg zusammengeschmolzenen Bestände vollzog sich quasi im Handumdrehen, gewiß nicht vorsätzlich, aber endgültig. So fände auch das rasche Vorrücken der Clovis-Kultur eine einleuchtende Erklärung: Ihrer schwindenden Beute nachziehend, legten die Jäger immer größere Strecken zurück und durchmaßen den ganzen Subkontinent in weniger als 1000 Jahren.

5. JÄGER- UND SAMMLERGESELLSCHAFTEN IM HOLOZÄN

Um 9000 vor Christi Geburt lebten Jäger- und Sammlergruppen in jeder Ecke Nordamerikas. Sie waren direkte Nachfahren jener Siedler, die ein paar Jahrtausende zuvor die Neue Welt in Besitz genommen hatten. Diese Verbände, gering an Zahl und nur mit einfachstem Gerät ausgestattet, trotzten den gewaltigen Umweltveränderungen, die das heraufziehende Holozän, die Erdgegenwart, mit sich brachte. Öko-klimatische Umwälzungen und das Jagdverhalten der Clovis-Bevölkerung verantworteten den Niedergang des Großwildes, das den Pionieren anfangs als Nahrung diente. Nun wurde ihre bevorzugte Beute rar und nicht wenige Gemeinschaften blickten ins Antlitz des Hungers. Doch es gehört zu den hervorstechendsten menschlichen Eigenschaften, sich neuen Gegebenheiten anzupassen und eine Chance beim Schopf zu packen, wann immer sie sich bietet. So erblühten in den ersten Jahrhunderten des frühen Holozäns und während der wärmeren Zeitabschnitte, die folgten, eine Vielzahl unterschiedlicher Wildbeuterkulturen.

Einige der Gemeinschaften blieben Großwildjäger, auf den Plains bis zur europäischen Kontaktzeit, andere richteten sich in den Trockenlandschaften des Westens neu ein, erlegten Hirsche oder Niederwild und sammelten eßbare Pflanzen bzw. Pflanzenteile. Wieder andere ließen sich nahe bei Sümpfen, Seen und Flüssen nieder, auch an Küsten oder an Buchten, wo es eine Fülle von Wassertieren und -pflanzen gab. Da und dort entwickelten sich nach und nach verschiedene Gesellschaftsformen, beginnend mit dem Anbau von Nutzpflanzen, der Seßhaftwerdung und der Vervollkommnung sozialer Institutionen, bis sie schließlich schwach, aber doch vernehmlich an die Tür zu urbaner Zivilisation klopften. Überwiegend freilich hat sich die Urgeschichtsforschung in Nordamerika mit Wildbeutern zu befassen, die in späteren Stadien ihrer kulturellen Entfaltung und Anpassung noch Zeugen der europäischen Landnahme geworden sind.

Obwohl eine ganze Reihe von Jäger- und Sammlergesellschaften noch in historischer Zeit existierte, hat sich besonders die Archäologie um die Erforschung solcher Gemeinschaften, zumal nördlich des Rio Grande, verdient gemacht (Bettinger, 1987). Zusammen mit der Ethnologie brachte sie Denkmodelle und Erklärungsschemata auf den Weg, die von immenser Bedeutung für die Auslegung archäologischer Befunde sind. In diesem Kapitel wollen wir uns einigen theoretischen Ansätzen zuwenden, soweit sie uns darüber Auskunft geben, was Wildbeutersein ausmacht und wie die Gruppen ihren Alltag bewältigten. In späteren Abschnitten des Buches gehe ich dann der Frage nach, wie es zur Entstehung von noch komplexeren Gesellschaftsformationen kommen konnte.

Jäger und Sammler im Spiegel der Wissenschaft

Ganz vom Bild einer Entwicklungsleiter war die Sicht von Völkerkundlern und Archäologen geprägt, als sie begannen, Wildbeuterkulturen zu studieren. Landwirtschaft und Viehzucht fehlten; evolutionistisch betrachtet repräsentierten sie die unterste Stufe notorischer Fortschrittsszenarien. In den komparativen und kulturmaterialistischen Untersuchungen galten Jäger und Sammler daher als «Wilde» par excellence. Anscheinend weder fähig zu planvoller Wirtschaftsführung und deshalb ständig vom Hungergespenst bedroht, noch in der Lage, ein höheres technisches Niveau zu erklimmen, erklärte man sie zu Mängelwesen, deren schöpferischer Geist sich nicht voll entfaltet hatte.

In Europa wurden derlei hohle darwinistische Denkhülsen schon früh in Frage gestellt, doch erst in den 60er Jahren, angestoßen durch eine Reihe aufsehenerregender Feldforschungen (etwa die von Irven De Vore und Richard Lee unter den Kalahari-Buschleuten), setzte allmählich ein radikaler Sinneswandel ein, der auch bei amerikanischen Archäologen Wirkung zeigte. Man überzeugte sich davon, daß Jäger nicht notwendigerweise jung sterben oder tagtäglich, umgeben von feindseliger Natur, in hartem «Kampf ums Dasein» bestehen müssen. Unter neuer Überschrift, diktiert vom kulturökologischen und funktionalen Verständnis, sah man das Verhalten der Jäger-Sammlergesellschaft nunmehr als Anpassungsstrategie, Spezialistentum oder Nischennutzung.

Vor allem die systemtheoretische Richtung innerhalb der Archäologie baute Jäger- und Sammlerkulturen paradigmatisch in ihre Überlegungen ein. Sie sieht in ihnen selbstgesteuerte soziale Organismen, deren Verhalten bewußt oder unbewußt logischen Grundsätzen gehorcht und sich in einem homöostatischen Verhältnis zur Natur befindet. Solche eher vagen Beschreibungen taugen jedoch in der Praxis nicht viel. So bemühten sich Wissenschaftler seit den 70er Jahren, ein tragfähiges theoretisches Gerüst zu zimmern, das die Ergebnisse der ethnoarchäologischen Feldforschung besser berücksichtigt. Wir haben diesen Ansatz in Kapitel 3 gewürdigt. Er liegt Lewis Binfords Nunamiut-Studie zugrunde und kommt auch in seinem «Stöberer/Eintreiber-Modell» zum Ausdruck.

Das «Stöberer/Eintreiber-Modell»

Binfords Modell beruht auf der Annahme, daß Wildbeuter dort, wo der Zugang zu den natürlichen Ressourcen über Monate gesperrt ist oder wo nur ein verhältnismäßig kleines Areal zur Verfügung steht, Maßnahmen zu einer umfassenderen Nutzung des Angebots ergreifen (Binford, 1983). Fehlen solche Beschränkungen, unterbleiben auch die auf deren Überwindung abzielenden Strategien.

Stöberer (foragers). In wärmeren Klimaten gibt es normalerweise keine einschneidende Ressourcenverknappung. Daher ist die Neigung, Nahrungsmittel zu bevorraten oder aufzusparen, in der Regel nur gering. Es genügt, Nahrungsquellen in unmittelbarer Nähe des Camps auszubeuten; die südwestafrikanischen Buschleute tun dies innerhalb eines Radius, der durch etwa zweistündige

Fußmärsche bemessen wird. Wenn die Ressourcen erschöpft sind, verlegt man das Lager. Ausdehnung einer Siedlung und Verweildauer der Bewohner richten sich nach der Produktivität der jeweiligen Umgebung. Diese Form beweglicher Residenz, die Menschen leichteren Zugang zum Reservoir der Subsistenzmittel gestattet, nennt Binford «Stöberer-System». Zwischen der Ressourcenverteilung und der Bevölkerungsstreuung besteht meist kein direkter Zusammenhang.

Nuummö-Frauen aus dem Großen Becken mit Flechtkappen gegen die sengende Sonne und Sammelausrüstung.

Eintreiber (collectors). Was aber geschieht, wenn ausgeprägte jahreszeitliche Gegensätze das Nahrungsangebot steten, mitunter dramatischen Wechseln unterwerfen? Die Plains-Indianer z. B. lebten in einer Umwelt, die besonders im Winter mit ihren Ressourcen geizte. Vorratshaltung ist in solchen Fällen dringend geboten. Wie wir hörten trifft das auch für die Nunamiut zu. Hier wie dort, und dasselbe gilt für alle Extremlebensräume Nordamerikas, waren die Menschen gezwungen, einen Überschuß zu erwirtschaften, der über Versorgungsengpässe hinweghalf. Planung und Organisation ökonomischer Aktivitäten waren gefordert. Laut Binford paßt auf solche Gemeinschaften am besten das Etikett «Eintreiber», weil sie, vergleichbar dem Staat, der Steuern einnimmt und sich damit ein finanzielles Polster schafft, Rücklagen für Notzeiten einziehen.

Das Horten von Nahrungsmitteln in größerem Umfang bringt naturgemäß einige Nachteile mit. Es bindet Populationen an Basen, wo die Überschußproduktion gespeichert wird, und verhindert deswegen die flexible Verlagerung der Wohnstätten in Anpassung an das wechselnde Angebot. Da Ressourcen üblicherweise breit gefächert sind, entstehen weitere Widersprüche zwischen Angebotsspektrum und Siedlungsmuster. Wildbeuter reagieren oft darauf, indem sie in Zeiten erhöhter Produktivität erhebliche Mengen Jagdbeute oder Sammelgut einbringen, nicht selten gruppenweise. Plains-Indianer etwa hielten im Herbst Gemeinschaftsjagden ab und kehrten dann zu ihrem Zeltdorf zurück, wo sie mehrere Tage verweilten, um in Ruhe Häute zu schaben, Fleisch zu trocknen und Pemmikan, eine als Reiseproviant dienende Mischung aus gestampftem Fleisch, Fett und Beeren, herzustellen. Die Nunamiut legten nicht nur Vorratsdeponien an, sondern «parkten» vorsorglich auch Jagdwaffen und Werkzeuge an solchen Plätzen, was viel Aufwand sparte und die wertvollen Geräte schonte.

Eintreiber-Systeme zeichnen sich durch stark strukturierte Beziehungen zwischen Bevölkerung und Ressourcen aus. Bestimmte Angebote werden selektiv von Basislagern aus genutzt. Mangelperioden entschärft man durch diesen organisierten Pendelverkehr und konsequente Vorratshaltung. «Eintreiber» bewohnen ganz verschiedene Siedlungstypen, Standlager z. B. oder bei anderer Gelegenheit temporäre Jagdcamps. Im Gegensatz dazu verlegen «Stöberer» ständig ihre Unterkünfte.

Das «Stöberer/Eintreiber-Modell» gibt einen passablen Rahmen ab, um wesentliche Abschnitte der nordamerikanischen Vorgeschichte besser zu verstehen. Wir sollten uns allerdings stets vor Augen führen, daß hier Idealtypen gefaßt wurden, zwischen denen in der Realität alle erdenklichen Schattierungen vorkommen können. Ganz selten trifft man auf Gesellschaften, die sich streng an das eine oder das andere Muster halten. Sinnvoller erscheint daher manchem Wissenschaftler lediglich die Grobunterscheidung von Wildbeutern in Mangelgebieten (etwa im Great Basin), in Überflußgebieten (z. B. an der Nordwestküste) und in

Das «Eintreiber»-Modell: Auf George Catlins Skizze aus dem Jahr 1876 nähern sich Plains-Indianer in Wolfsverkleidung einer Herde grasender Bisons.

Gebieten von mittlerem Reichtum (u. a. in den Laubwäldern Kaliforniens). In den Mangelzonen liegt die Bevölkerungsdichte meist niedriger, der soziale Verbund umfaßt weniger Personen und die Mobilität ist größer. Dagegen lebt man in Regionen mit reicher Ressourcenlage eher seßhaft. Aber auch hier operiert die Forschung mit relativen Zuschreibungen, die von den Betroffenen selbst u. U. gänzlich anders definiert werden als von uns.

«Optimal Foraging»

Hand in Hand mit der Typisierung wildbeuterischer Lebensstrategien ging die Entwicklung eines theoretischen Entwurfs, der zu erklären sucht, wie Entscheidungsprozesse über Ressourcennutzung zustande kommen. Einige der Kernsätze, die man unter dem Begriff «Optimal Foraging» bündelt, sind der Biologie entlehnt, finden sich aber auch in Lehrbüchern der Mikroökonomie (Bettinger, 1987). Den Archäologen vermittelt die Theorie Anhaltspunkte, wie Jäger und Sammler bei knapper Ressourcenlage die negative Energiebilanz ausgleichen. Alle Lebensäußerungen hängen mit Energieumwandlung zusammen. Dies geschieht beispielsweise durch Nahrungsaufnahme, wobei das Essen den Brennstoff liefert, der unseren Organismus betriebsbereit macht. Nahrung aber muß erst beschafft werden. Bei Wildbeutern stehen Entscheidungen an, wo man möglicherweise auf entsprechende Ressourcen stößt, wieviel Zeit für bestimmte Aktivitäten nötig ist, wo man sein Lager aufschlägt usw. (Bettinger, 1987; E. A. Smith, 1983; Winterhalder & Smith, 1981). Am häufigsten begegnet man der «Optimal Foraging»-Theorie bei Nahrungsenergie-Modellen.

Das wichtigste dieser Modelle geht davon aus, daß Jäger und Sammler auf ihren täglichen Streifzügen eine Fülle von eßbaren Pflanzen und Tieren vorfinden. Derlei Ressourcen variieren jedoch hinsichtlich der Häufigkeit ihres Auftretens (Abundanz), sind unterschiedlich reich an Nährstoffen bzw. Nahrungsenergie und erfordern jeweils andere Methoden der Beschaffung und der Verarbeitung. Eine Wildbeutergemeinschaft wird idealerweise solche Ressourcen auswählen, die den Nettoenergie-Input (Energiemengen, die bei Jagd oder Sammeltätigkeit, gemessen am Gesamtvolumen der möglichen Nahrungsenergie, verlorengehen) niedrig halten. Dahinter stehen drei Annahmen:

- Normalerweise bilden Zeitaufwand sowie Beschaffungsenergie und das Nahrungsenergieangebot feste Größen.
- Bei der Entscheidung über Nahrungsalternativen fällt die Wahl gewöhnlich auf Ressourcen mit höherer energetischer «Leistung».
- Eine Nahrungsquelle wird danach beurteilt, ob sie energetische Optima erfüllt oder nicht.

In dieser Kosten/Nutzen-Rechnung steckt nur eine Variable – die häufigen Schwankungen der Nahrungsressourcen in der unmittelbaren Umgebung. Angenommen, es stünden alle Nahrungsquellen eines Gebietes unbegrenzt zur Verfügung, läge der Ermessensspielraum zwischen zwei Veränderlichen, dem Zeitaufwand beim Erwerb und der Nahrungsenergie-Effizienz. Das Angebot würde den Zuschlag erhalten, welches unter den günstigsten Voraussetzungen die großtmögliche Energiezufuhr garantiert. Wenn man aus einem breiteren Nahrungsmittelspektrum seine Wahl treffen kann, wird man, um die beste Energiebilanz zu erreichen, mehrere Ressourcen kombinieren. Zwangsläufig entsteht dann eine Nutzgüter-Hierarchie, die aus dem Verhältnis von Energie-Erwartung und Zeitaufwand resultiert. Logischerweise würde kein Wildbeuter Tiere jagen oder Pflanzen sammeln, die am unteren Ende der Skala rangieren, wenn die Natur ihm gleichzeitig auch höherwertige Nahrungsquellen anbietet. Damit sind wir bei der Kernaussage des «Optimal Foraging»: Jäger und Sammler nutzen alle hoch bewerteten Nahrungsmittel ihres Lebensraums, sofern sie Gelegenheit dazu haben.

Soweit die Theorie. Wie aber sieht es in der Praxis aus? Im Normalfall sind Ressourcen selbst in Überflußgebieten nicht in unendlicher Fülle vorhanden. Als

Leben im Überfluß: An den Kettle Falls des Columbia River speeren und fangen Xwelpi (Colville) Lachse. Gemälde von Paul Kane, 1841.

Regulative wirken u. a. natürliche Bestandsschwankungen sowie die Häufigkeit und areale Verbreitung der Arten. Entsprechend differenziert fällt der Zeitaufwand aus, der nötig ist, um bestimmte Spezies, Pflanzen und Tiere, ausfindig zu machen. An der Nordwestküste etwa wandern Lachse im saisonalen Rhythmus und überwinden an bekannten Stellen Hindernisse, Hirsche dagegen kommen zwar das ganze Jahr über im Revier vor, sind aber selten am selben Ort anzutreffen. Die Jäger entscheiden sich dafür, so viele Fische wie möglich zu fangen, die getrocknet als Wintervorrat dienen sollen, Wild jedoch nur dann zu erlegen, wenn sich eine passende Gelegenheit ergibt. Für einige Küstenvölker ohne Wasserfahrzeuge waren gestrandete Wale die am meisten geschätzte Nahrungsquelle. Da die Meeressäuger allerdings nur ausnahmsweise «auf Grund liefen», zahlte sich eine gezielte Suche nach verunglückten Tieren nicht aus und hätte, um in der Sprache der Energetik zu bleiben, zu einer negativen Energiebilanz geführt.

Es wird nun Zeit, ein neues Steinchen in unser Mosaik einzufügen. Begleiten wir deshalb einen Jäger im östlichen Waldland auf der Pirsch. Unterstellen wir dabei, daß er vorhat, einen Hirsch, also eine Art ganz oben auf der Rangskala, zur Strecke zu bringen. Plötzlich stöbert er eine Kolonie Baumwollschwanzkaninchen auf, Tiere, die geringer bewertet wurden. Trotzdem vergißt er sein eigentliches Ziel und erlegt fünf oder sechs Kaninchen. Sein Handeln, das liegt auf der Hand, gehorcht dem unmittelbaren Zwang, Nahrungsbedürfnisse zu befriedigen und richtet sich nach der Häufigkeit der Beute. Man spricht in diesem Fall von Kontingenz, der Verbindung qualitativer Merkmale einer statistischen Masse, die modellhaft gefaßt werden kann (Bettinger, 1987). Kontingenzfaktoren spielen in der Archäologie Nordamerikas die Rolle einer *Conditio sine qua non:* Wenn die Abundanz bestimmter Ressourcen zurückgeht, nimmt die Zeit, die man mit der Suche nach Nahrung verbringt, zu, und es sind Ausweichmöglichkeiten gefragt. Umgekehrt erhält die selektive Nutzung Vorrang, wenn die Häufigkeit einer Nahrungsquelle wächst.

Verhältnismäßig wenige nordamerikanische Archäologen haben die «Optimal Foraging»-Theorie auf ihren Forschungsgegenstand bezogen. Eine der Ausnahmen sind Robert Bettinger und Martin Baumhoff (1982, 1983), die das Modell mit Gewinn auf die Verhältnisse im Great Basin übertrugen. So gelang es, bündige Beziehungen zwischen den dortigen Bevölkerungsgruppen, ihren Nahrungsquellen, dem Siedlungsmuster und den Subsistenzstrategien aufzudecken und zu begründen (vgl. Kapitel 11).

Wie immer, wenn dynamische Systeme in theoretische Formen gegossen werden, erfuhr das «Optimal Foraging»-Konzept auch Kritik. Zum Beispiel kam die Frage auf, ob man den Anpassungserfolg von Wildbeuterkulturen nur vom energetischen Standpunkt aus betrachten dürfe. Waren der Nährwert von Ressourcen und eine Reihe anderer Variablen nicht ebenfalls zu berücksichtigen? Wieso sah man Jagd und Sammelwirtschaft als «Endlosschleife individueller Antworten auf momentane Kontingenzen an und faßte sie nicht als übergreifenden Plan oder strategisches Muster auf?» (Bettinger, 1987). Und schließlich, welche Entwicklungsmechanismen oder Lernprozesse brachten Wildbeuter dazu, ihre Umwelt optimal zu nutzen?

Zwischen «Optimal Foraging» und der Middle Range-Theorie (vgl. Kapitel 3) gibt es Berührungspunkte. Beide Anschauungen gründen sich auf die neofunktionalistische Vorteilsregel und unterstellen rationales, d.h. problembewußtes Vorgehen. Sie unterliegen denselben Beschränkungen und sind theoretischen Supersystemen untergeordnet, deren Architektur noch im Rohbau begriffen ist. Dennoch leisten sie wertvolle Hilfe beim Versuch, die verwirrende kulturelle Vielfalt zu erklären, die sich in Nordamerika zu Beginn des Holozäns entfaltet hatte.

Phoma-Frau aus Kalifornien erntet Wildpflanzensamen mit Korb und Klatsche.

Öko-Streß und kulturelle Vielfalt

Das Ende der Eiszeit erzwang erhebliche Umstellungen in der Lebensführung von Wildbeutergesellschaften. Ein Trend ging dahin, die Ernährungsgrundlage zu verbreitern, selbst dort, wo Großtiere nach wie vor reichlich vorkamen. Es wurden mehr Arten verfolgt, vom Bison bis zur Taschenratte. Die Erfindung von Pfeil und Bogen wirkte sich vorteilhaft auf den Jagderfolg aus. Einige Gruppen sind scheinbar dazu übergegangen, Wälder in Brand zu setzen, damit offene Äsungsflächen für das Wild entstanden.

Hier und da entwickelten Verbände technische Hilfsmittel zur Verarbeitung von Samen und anderen Pflanzenteilen. Mörser und Stößel kamen in Gebrauch. Unter anderem dienten sie dazu, sonst ungenießbare Knorpel oder Knöchelchen zu Mus zu stampfen, Brei für Alte und Kleinkinder zuzubereiten und toxische Pflanzenteile, etwa Eicheln, zu pulverisieren, ehe sie ausgelaugt wurden. Durch Kochen gelang es, Giftpflanzen eßbar zu machen und Mark aus Knochen zu extrahieren. Auch die Fischwaid gewann an Bedeutung. Gemeinschaften in Gewässernähe legten sich entsprechende Gerätschaften zu – Angelhaken, Fischspeere, Reusen und Netze. Muscheln und Schnecken ergänzten das Nahrungsangebot, an den Küsten auch Tange, Stachelhäuter (Seesterne, Seeigel) und Tintenfische.

Überall in Mangelgebieten und Zonen mittleren Ressourcenreichtums – z. B. den gewässerfernen Teilen des östlichen Waldlandes oder im inneren Bereich des Westens – stellten hochmobile Jäger- und Sammelgruppen ihre Nahrungsversorgung auf eine neue Grundlage, geradeso, wie es die «Optimal Foraging»-Theorie vorgibt.

In Überflußgebieten, wo die Natur den Tisch opulenter deckte, und Ressourcen in zeitlich abzuschätzenden Rhythmen verfügbar wurden, spezialisierte sich die Bevölkerung, wählte nur bestimmte Nahrungsquellen aus. Auch dies entspricht der Erwartung, die man nach der «Optimal Foraging»-These hegen mußte. So erbeuteten die Menschen an der Nordwestküste ab 4000 vor Christi Geburt Tausende Lachse während der Laichzüge im Sommer und Herbst. Ihr Fleisch wurde als Reserve für den Winter getrocknet und eingelagert. Fisch spielte dort eine wesentlich größere Rolle als Wildbret.

Hinsichtlich der Ursachen dieses bedeutsamen Übergangs im Leben der nordamerikanischen Wildbeuter ist die Wissenschaft uneins. Waren die Umwälzungen das Ergebnis eines chronischen Ungleichgewichts zwischen Bevölkerungsstärke und Nahrungsangebot? Oder bewirkte der klimatische Umschwung im Postglazial die Veränderungen? Der ökologischen Hypothese wird vorgehalten, sie sei zu grobmaschig, da ja das gesamte Eiszeitalter eine Kette kontinuierlicher, oft dramatischer Klimawechsel gebildet habe. Man könne zwar nachvollziehen, daß sich solche Umschwünge lokal auswirkten, wieso aber hätten dann ähnliche Einschnitte in früheren Epochen der Menschheitsgeschichte nicht vergleichbare kulturelle Kurskorrekturen gezeitigt?

Die Kritiker der Klima-These vertreten daher die Auffassung, daß ein langsames, aber stetes Bevölkerungswachstum, so wie ein Sektkelch, der sich nach oben hin ständig verbreitert, in einzelnen Gebieten das Potential verfügbarer Ressourcen überstieg und zu neuen Formen des Nahrungserwerbs führte, speziell nach 2000 vor Christus, als die Kultivierung von Wildpflanzen begann.

Aus mehreren Gründen hält das «Sektglas-Modell» der Überprüfung nicht stand. Warum sollte die Zunahme der menschlichen Bevölkerung anderen Gesetzen gehorchen als die Populationsdynamik unserer Mitgeschöpfe? Viele in der Gegenwart lebende Wildbeuter haben über längere Zeiträume ihren Bevölkerungsstand dank Geburtenkontrolle und weiterer limitierender Faktoren konstant gehalten. Was berechtigt uns zu der Annahme, daß vorgeschichtliche Jäger und Sammler Populationsgröße und Ressourcenangebot nicht in Einklang bringen konnten? Wie will man die wirtschaftliche Neuorientierung erklären, die zu Beginn des Holozäns allenthalben auf der Erde einsetzte? Wenn starker Bevölkerungsdruck dafür verantwortlich war, wieso dann gleichzeitig z. B. im Nahen Osten, der von frühmenschlichen Pionieren vor mindestens 700 000 Jahren besiedelt wurde, und in der Neuen Welt, die der Mensch erst vor 15 000–20 000 Jahren betrat?

Keine Wildbeutergruppe ist gegen periodisch auftretende Schwankungen im Gleichgewichtsgefüge von Bevölkerungsstärke und Ressourcenangebot gefeit. Kurze und heftige, aber auch länger anhaltende Klimaveränderungen können zu Hungersnöten führen, unabhängig von der Populationsdichte. Der kanadische Archäologe Brian Hayden (1981) meint, daß Wildbeutergemeinschaften Spannungen, die zwangsläufig entstanden, wenn sie ihr Verhalten anläßlich gewandelter Klimabedingungen änderten, zu regulieren suchen. Zeitweiliger Außendruck, hervorgerufen von instabilen öko-klimatischen Verhältnissen, die auch die Verfügbarkeit von Nahrungsquellen berühren, ist, so Hayden, ein Motor des Kulturwandels, da Maßnahmen zur Eindämmung von Ressourcenverknappung und kultureller Desorientierung zu ergreifen sind.

Gewöhnlich wurden Wildbeuter mit derlei Beanspruchungen fertig, indem sie auf bewährte Jagd- und Sammelpraktiken setzten. Manchmal allerdings entwickelten sie neue, effizientere Beschaffungs- und Verarbeitungsverfahren. Nordwestküstenindianer etwa erfanden gezackte Fischspeere und trockneten ihre Lachse in enormen Mengen, um in Notzeiten gewappnet zu sein.

Hayden geht noch einen Schritt weiter. Jene neuen Technologien und Verwertungsmethoden zogen die Verbesserung überlieferter Vorgehensweisen nach sich. Auch der Katalog jagdbarer Spezies wurde erweitert, was wiederum zur Folge hatte, daß man Waffensysteme verfeinerte und immer raffiniertere Praktiken ersann, um selbst große, wehrhafte Beute niederzustrecken. Solche Geschöpfe sind naturgemäß selten, und irgendwann mußte die Grenze ihrer profitablen Nutzung erreicht sein. Deshalb erfolgte abermals eine Änderung der Strategie. Nun stellten die Jäger auch Kleintieren wie Nagern und Vögeln nach, Arten, deren Vorkommen verhältnismäßig leicht vorauszubestimmen war, die sich aber, zumal beim damaligen Stand der Technik, nur schwer fangen ließen. Einige davon, z.B. Wassergeflügel, erforderten der Wirtschaftlichkeit halber besondere Verarbeitungs- und Konservierungsverfahren.

Kleintierjagd, glaubt Hayden, trug wesentlich zur Entwicklung der nordamerikanischen Wildbeuterkulturen bei. Hasen, Nager, Vögel, selbst Reptilien und Lurche bildeten ein Reservoir, das nahezu unerschöpflich war, da ihre Fortpflanzungsrate die größerer Tiere ausstach. Die Ernährungsgrundlage der Menschen ruhte somit auf festen Stützen – nicht ohne Auswirkungen auf ihr gesellschaftliches Gefüge: Seßhaftigkeit und Bevölkerungsdichte nahmen zu, ebenso der Wettbewerb um Nahrungsquellen und Sozialprestige, was letzten Endes zu Ranggebaren und Privilegien führte.

Haydens Modell betrachtet Wildbeuter aus der Perspektive langanhaltender evolutiver Entfaltung. Archäologische Befunde aus dem «Großen Becken» und Kalifornien sprechen tatsächlich für kontinuierliche kulturelle Entwicklung. Das «Große Becken» wurde vor etwa 12000 Jahren von menschlichen Jagdscharen in Besitz genommen. Die demografische Dichte war bis vor 6000 Jahren gering, und mancherorts blieb sie es bis zur europäischen Kontaktzeit. Doch an anderen Stellen, dort wo ausreichend Ressourcen zur Verfügung standen, schnellte die Bevölkerungsziffer ab 4000 vor Christus in die Höhe. Wir lesen das von archäologisch erschlossenen Siedlungsplätzen ab. In den Fundstätten barg man Gerätschaften, die der Verarbeitung von Samen dienten, geradeso, wie auch in anderen Teilen der Erde. Als Europäer hierher kamen, lebten die Einheimischen hauptsächlich von wild wachsenden Nutzpflanzen. Beschaffung, Verarbeitung und Speicherung spiegelten vielfältige lokale Anpassungen. An begünstigten Flecken, insbesondere in der Umgebung von Feuchtgebieten, neigten spätarchaische Wildbeuter zur Ortstreue; außerdem führten sie ein regelrechtes Land-Management durch. Dazu zählten vorsätzliches Niederbrennen bevorzugter Jagd- und Sammelareale sowie Nutzung aller erdenklichen Ressourcen, vor allem der Pflanzen und Tiere in den Marschen. Inmitten der Humboldt-Senke Nevadas, waren Menschen an kleinen Seen, Resten des eiszeitlichen Lake Lahontan, seßhaft geworden. Hier fanden sich Überbleibsel von Binsenflößen, steinernen Netzsenkern und Spuren von festen Behausungen. Trotz aller Übereinstimmungen sollten wir bedenken, daß Haydens Sukzessionsschema notwendigerweise komplexe Zusammenhänge stark vergröbert und vereinfacht. Es ist deswegen verschiedentlich angegriffen worden.

Bis vor kurzem huldigten Archäologen dem Lehrsatz, Feldbau und Viehzucht hätten die Menschheitsgeschichte revolutioniert. Erst durch Pflanzenkultivierung und Domestikation von Wildtieren seien weitreichende kulturelle Veränderungen in Gang gekommen, darunter die Seßhaftwerdung und die Verwendung hochentwickelter technischer Hilfsmittel. Wenn man sich jedoch die Evolution wildbeuterischer Gesellschaften ansieht, wird klar, daß etwa die Nutzpflanzen-Kultivierung nur eine logische Fortsetzung der von Wildbeutern angewandten Nutzungsmodi darstellt. Wie in Kapitel 17 noch näher ausgeführt, *ergänzten* Jäger und Sammler im östlichen Waldland ihren Speisezettel anfangs mit Feldkost, in manchen Gebieten bereits um 2000 vor Christus. Solche wenig spektakulären Formen der Daseinsbewältigung bewährten sich und blieben, ohne nennenswerte Zäsur im Lebenszyklus der Wildbeuter, jahrhundertelang prägend. Gleichzeitig aber drängten andere Gemeinschaften zur Seßhaftigkeit, erweiterten ihr sozia-

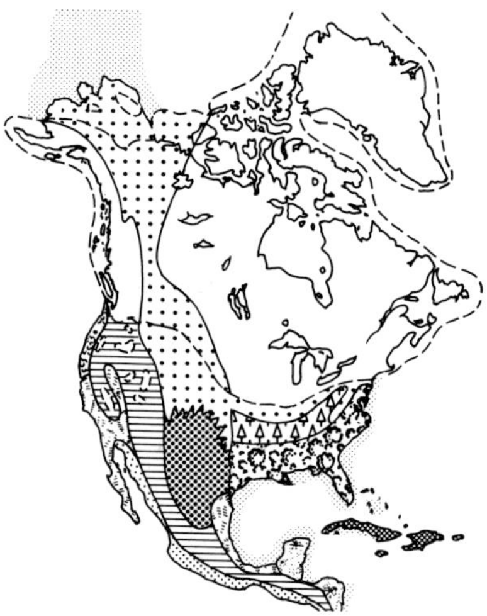

Biome des spät-eiszeitlichen Nordamerika.

les Bezugsnetz und festigten territoriale Abgrenzungen. Für Gesellschaften dieses Zuschnitts, ähnliches trifft auf Kulturen im nordamerikanischen Südwesten zu, bildete der Bodenbau zunächst eine zusätzliche wirtschaftliche Absicherung. Solche Strategien griffen auch ohne die Erfindung neuer Gerätschaften. Nur wenig später, vor ca. 2000 Jahren, kam es im Zuge eines überbordenden Bevölkerungswachstums zum Anbau von Mais und Bohnen in großem Ausmaß, ein Schritt, der wesentlich einschneidendere Impulse gab. Es waren jene zahlreichen damit einhergehenden Neuerungen, die nicht allein das Gesicht des natürlichen Umfeldes verwandelten, sondern auch das gesellschaftliche Gefüge nachhaltig beeinflußten. Doch davon später mehr.

Holozäner Klimawandel in Nordamerika: Der Westen

Wenn man kulturelle Veränderungen über einen Zeitraum von gut 12 000 Jahren nachvollziehen will, muß man sich mit den Klimakapriolen im Holozän (griech. hólos «ganz», kainós «neu») auseinandersetzen, und zwar sowohl auf lokaler Ebene als auch in kontinentalem Maßstab. Dabei helfen u. a. Pollenanalyse, dendrologische Befunde und die Auswertung des glazialen Formenschatzes (Wright, 1981).

Wer vom Flugzeug aus den Westen der nordamerikanischen Landmasse betrachtet, hält die Region möglicherweise für eine schier endlose Wüste, gesäumt von zerklüfteten Gebirgen und dem breiten pazifischen Küstenstreifen. In Wahrheit aber liegt unter unserem Luftreisenden ein abwechslungsreiches Schachbrett von Lebensräumen, einige davon mit reicher biotischer Ausstattung.

Die Handschrift der Eiszeit und der darauf folgenden Klimaabschnitte manifestiert sich nicht nur in den Abtragungs- und Ablagerungsformen der Erdkräfte, sondern noch auf mancherlei andere Weise – in Pollendiagrammen ausgetrockneter Seen, Bohrkernen aus den Tiefen der Ozeane, den Wachstumsringen der Bäume sowie in gänzlich unerwarteten Naturarchiven (Aikens, 1981). Zu letzteren gehören etwa die Nester der Wüsten-Buschratte *(Neotoma albigula)*. Buschratten pflegen alles in ihre voluminösen Bauten einzutragen, was im Umkreis von 30–100 m wächst, auch wenn es ungenießbar ist. So entsteht im Lauf der Zeit ein recht getreues Abbild der örtlichen Vegetationsdecke. Da es sich um organisches Material handelt, das der Radiokohlenstoffdatierung unterzogen werden kann, liefern die oft in Höhlen oder unter Felsvorsprüngen angelegten Nester eine nahezu lückenlose Sequenz, die klimatische Verwerfungen langfristig dokumentiert. Buschrattennester vom Chaco Canyon belegen beispielsweise, daß dort in der Spanne zwischen 8500 und 7300 v. Ch. Douglasie *(Pseudotsuga taxifolia)*, Bergwacholder *(Juniperus scopulorum)* und Nevada-Zirbelkiefer *(Pinus flexilis)* gediehen, im Zeitraum zwischen 5500 und 4500 v. h. dagegen Wüstenkiefer *(Pinus cembroides)* und ausgedehnte Wacholderbestände (Betancourt & Van Devender, 1981).

Aus Hunderten solcher Puzzlestückchen gewinnen wir Einblick in Dauer und Umfang klimatischer Umschwünge. Sie vermitteln ein differenzierteres und komplexeres Portrait holozänen Klimas als geologische Fazies. Schnappschüssen gleich geben sie selbst über kleinste *lokale* Abweichungen Auskunft, etwa über nachlassende oder sich verstärkende Niederschläge, denen *örtliche* Bevölkerungsgruppen ausgesetzt waren.

Grundsätzlich nähert sich der Archäologe dem holozänen Klimageschehen von zwei Seiten. Einmal wird der Gesamtverlauf witterungsbedingter Unregelmäßigkeiten in Augenschein genommen. Zum anderen untersucht man jene metereologischen Erscheinungen, die zu ortstypischen Veränderungen im Ressourcenspektrum geführt haben.

Im großen und ganzen blieben die Witterungsverhältnisse, die den Klimaverlauf im Westen diktierten, während des gesamten Holozäns weitgehend konstant (Madsen, 1982). Verschiebungen im Ressourcenspiegel erfolgten aufgrund räumlich begrenzt wirksamer Fluktuationen von Niederschlagsmenge und Temperaturpegel. Die Mehrzahl der Klimatologen unterteilt das Postglazial in drei Phasen und eine Reihe von Abschnitten (Antevs, 1948; Aikens, 1983).

Lebensräume der Gegenwart

Jungholozän (ca. 10 500 bis 6500 v. Ch.). Zwischen 10 000 und 8000 vor Christi Geburt zog sich der Kordilleren-Gletscherschild zurück. Große eiszeitliche Seen, die sich in den Beckenlandschaften ausgedehnt hatten, schrumpften; die Megafauna starb aus. Die Wiedererwärmung ging nicht kontinuierlich vonstatten, sondern verlief phasenweise, mit Rückschlägen. In den südlicheren Gebieten wirkte sich der Klimawechsel vielleicht weniger extrem aus, aber es herrscht hierüber noch keine völlige Klarheit. Von archäologischem Interesse ist insbesondere die Tatsache, daß die Nachfahren der ersten Siedler laufend geänderte Umweltverhältnisse vorfanden. Über mehr als fünf Jahrtausende schwankte der Wasserhaushalt hinsichtlich Verteilung und Ergiebigkeit von Niederschlägen und Schüttungen beträchtlich; bestimmte Pflanzengesellschaften (wie der Kiefern-Wacholder-Eichenwald im Südwesten) breiteten sich aus. Der Meeresspiegelanstieg, ausgelöst vom Abschmelzen der Eiskappen, wurde gebietsweise verstärkt oder aufgehoben durch Bewegungen des Festlandes infolge Hebung der ehemals kraft Gletscherlast niedergedrückten Erdkruste (Glazialisostasie); Teile des westlichen Kontinentalsockels gingen dabei unter.

Mittelholozän (6500 bis 2000 v. Ch.). Das Mittelholozän, auch Altithermal (Antevs, 1948) genannt, war ein Zeitabschnitt, in dem es sehr warm, oft wärmer als heute war. Während dieses Intermezzos kam es zu einer Kette größerer kultureller Wandlungen. Viele Binnenseen trockneten endgültig aus und hinterließen Sümpfe, örtlich auch riedwiesengesäumte Lachen, um die sich Wildbeutergruppen scharten. Das Kiefern-Waldland zog sich aus dem Südteil des Großen Beckens nach Norden zurück. Einige Gebiete wurden von ihren menschlichen Bewohnern verlassen, andere, in nur wenigen Kilometern Entfernung, entwickelten sich zu Keimzellen kultureller Entfaltung. Definitive Aussagen über allgemeine Auswirkungen der Erwärmung verbieten sich daher.

Früher haben Archäologen endlos darüber debattiert, inwieweit das mittelholozäne «Warm-up» menschliche Gemeinschaften im Innern des nordamerikanischen Westens berührte. Jesse Jennings von der Universität Utah verbrachte Jahrzehnte damit, die Vorgeschichte des Großen Beckens zu klären. Seiner Überzeugung nach war die von ihm so genannte «Wüstenkultur» des Großen Beckens eine überaus stabile Formation, die sich jahrtausendelang mit nur minimalen Modifizierungen bewährte. Selbst harsche öko-klimatische Einschnitte seien so gut wie spurlos am Kulturmuster der Beckenbewohner vorbeigegangen (Jennings, 1957; 1964). Zwei andere Veteranen der Bodenforschung, Martin Baumhoff und Robert Heizer, vertraten die Gegenposition. So verheerend müsse man sich die mittelholozäne Trockenheit vorstellen, daß die Menschen gezwungen waren, weite Bereiche des inneren Westens zwischen 5000 und 2500 v. Chr. aufzugeben (Baumhoff & Heizer, 1965). Neuerdings gelang der Nachweis, wie verschieden die Lebensräume tatsächlich gewesen sind. Die meisten Archäologen neigen deshalb jetzt der Ansicht zu, es habe einen breiten Fächer von Anpassungen und nur begrenzt auch Abwanderungen gegeben.

Spätholozän (ca. 2000 v. Chr. bis heute). Drei Kälteeinbrüche kennzeichnen das Spätholozän oder Medithermal (Antevs, 1948). Aus dem nördlichen Großen Becken liegen Hinweise auf vermehrte Niederschläge um 2000 v. Chr. vor, ebenso auf eine Trockenperiode um Christi Geburt und zwei weitere feuchte Intervalle bei 400 und 1300 u. Z. Im Südwesten der heutigen USA gingen stärkere Regenfälle um 950 und 1250 u. Z. nieder (Aikens, 1983; Mehringer, 1977). Solche Regenperioden führten zu kurzfristiger Ausdehnung der Binnenseen und zur regionalen Absenkung der Baumgrenze. Wiederum lassen sich Auswirkungen auf die menschliche Bevölkerung schwer ermessen. Da und dort mögen einzelne Verbände in höher gelegenes Terrain ausgewichen sein, weil Hochwasser ihre Siedlungsplätze an Seerändern unbewohnbar machte und Marschland von der Nutzung ausschloß. Generell aber trafen die Gruppen seit Anbruch des Spätholozäns Verhältnisse an, die sich von den heutigen kaum mehr unterschieden.

Östliches Nordamerika

Ackerland und Forst prägen gegenwärtig den Landschaftsaspekt weiter Teile des östlichen Nordamerika. Hingegen gab es noch zur Zeit der europäischen Landnahme hier ausgedehnte sommergrüne Laubwälder, die nach Süden zu in trockene Kiefernwälder und paratropische Holzpflanzenformationen mit Zypressensümpfen übergingen. Im Norden umspannt Taiga, der boreale Nadelwaldgürtel, auch heute noch die einst vergletscherten Gebiete Ost-Kanadas. Südlich der Großen Seen weicht die Taiga einer Park-Savanne, die früher den ganzen Raum zwischen Iowa und den Appalachen einnahm. Zwischen Rocky Mountains und dem Golf von Mexiko wogte das Grasmeer der Prärien.

Auf dem Höhepunkt der Wisconsin-Eiszeit, vor etwa 18 000 Jahren, bildete der Eisrand des Laurentischen Gletscherdoms einen Wall durch Montana, die Dakotas, Iowa, Illinois, Indiana, Ohio und Pennsylvania bis nach New York. Ihm vorgelagert war ein 60 bis 100 km breiter Tundrastreifen. Nadelwälder, in denen die Leistenkiefer *(Pinus banksiana)* vorherrschte, stießen weit nach Süden vor, bis ungefähr 34° nördlicher Breite. An jener Nahtstelle zwischen subarktischen und gemäßigten Biomen befand sich die klimatische Scheidelinie, eine Luftmassengrenze polarer und pazifischer Ströme, die das Vorrücken subtropisch-maritimer Fronten nach Norden stoppte. Sommergrüne und halb-immergrüne Eichenwälder mit Hickory *(Carya)*, Tulpenbäumen *(Liriodendron)*, Magnolien *(Magnolia)*,

Schwarznuß *(Juglans nigra)* und Fenchelholzbäumen *(Sassafras officinale)*, lokal auch Kiefernwälder, bedeckten das Land am Golfbogen. Trockenheit liebende Gewächse gediehen im damals von Dornwald bestockten Florida. Ausgangs der Eiszeit traten die ersten Menschen auf.

Jungholozän (ca. 10500 bis 6500 v. Chr.). Gegen 10500 v. Chr. hatten sich die Gletscherschilde weit voneinander getrennt, und das Eis zog sich auf seine Entstehungsgebiete im hohen Norden zurück. Die Großen Seen bildeten sich um 7500 vor Christi Geburt, die Küsten Labradors traten nach 6500 v. Chr. hervor. Letzte Inlandeisreste verschwanden um 4500 v. h. in den Bergen Zentral-Quebecs. Vom Gewicht des Gletscherpanzers befreit, hob sich die Erdkruste örtlich um mehr als 150 m. Becken, in denen sich das Schmelzwasser zu Seen gestaut hatte, wurden verschoben, und es entstanden neue Abflüsse. Die Tundra folgte dem Eis nach Norden. Koniferenwälder mit Rotfichte *(Picea rubra)* und Balsamtanne *(Abies balsamea)* als Leitbäumen breiteten sich in den vormals vergletscherten Zonen aus.

Um 8000 v. Chr. dominierte noch immer Tundra in den heutigen Neu-England-Staaten, und offenes Fichten-Parkland bedeckte die dem Atlantik zugewandten kanadischen Provinzen. Fichten/Kiefern-Wälder erstreckten sich von Wisconsin bis New York. Über den Mittleren Westen breiteten sich Mischwälder aus; nach Süden hin nahm der Anteil der Laubbäume ständig zu.

Solche Vegetationswechsel beeinträchtigten auch die menschliche Besiedlung. So standen in der Taiga nur verhältnismäßig geringe Mengen wild wachsender Nutzpflanzen und Jagdtiere zur Verfügung. Anders verhielt es sich in den Laubwäldern mit ihrem Angebot an Früchten und Nüssen sowie der reichen Fauna. Bei der Nahrungswahl bevorzugte man Formen, die nicht an einen bestimmten Standort oder ein besonderes Verbreitungsgebiet gebunden sind.

Mittelholozän (ca. 6500 bis 2000 v. Chr.). Das Mittelholozän des Ostens wird mitunter als Hypsithermal bezeichnet. Größere Wärme und Trockenheit prägten das Klima, möglicherweise abhängig vom Vordringen trocken-warmer westlicher Luftmassen. Steppe, Eichen-Savanne und Eichen-Hickory-Wälder drängten die Mischwälder nach Osten zurück. Um 5000 v. Chr. hatte der Präriegürtel seine östlichste Ausdehnung erreicht. 2000 Jahre später entsprach das Vegetationsbild in etwa dem heutigen Stand, und auch der Meeresspiegel war bei seinem gegenwärtigen Niveau angelangt. Die Zahl der Menschen wuchs. Immer vielfältiger wurden die Formen ihrer Anpassung.

Spätholozän (ca. 2000 bis heute). Nur geringfügige Klimaschwankungen modellierten noch da und dort den Landschaftscharakter des östlichen Nordamerika. Infolge vermehrter Regenfälle und kühlerer Witterung verschob sich beispielsweise die Grenze der Taiga etwas nach Süden. Gleichzeitig wurde die Präriehalbinsel nach Westen zurückgedrängt.

Das Spätholozän sah erste erfolgreiche Bemühungen um Nutzpflanzenkultivierung. In Pollendiagrammen tauchen Hinweise auf anthropogene Veränderungen des natürlichen Vegetationsbildes auf. Mais erscheint sporadisch um Christi Geburt. Pollen kulturfolgender Acker-Wildkräuter sind ab 450 u. Z. im palynologischen Spektrum des Little Tennessee-Gebietes nachgewiesen, ebenso das

Verschwinden der Waldflora Hand in Hand mit europäischer Landnutzung ab 1756 (Delcourt et al., 1986).

Gewinn und Verlust halten sich die Waage, wenn man Gletscherrückzug und holozänes «Warm-up» gegeneinander aufrechnet. Zwar versanken die Schelfgebiete Nordamerikas im Ozean und Tierarten starben aus, in den küstennahen Meeren aber wimmelte es jetzt vor Leben, und Pflanzen eroberten neue Habitate. Das Gesicht des Globus trug allerorten frische Schminke auf. Dieser Prozeß vollzog sich jedoch nicht schlagartig, sondern in kleinen Schritten und in Form steter Wechselbäder. Vom ersten Tag der Besiedlung Amerikas an sahen sich Wildbeuter und später Bauern vor ständige öko-klimatische Herausforderungen gestellt, die letztlich dynamischer Kulturentfaltung Vorschub leisteten. In den nächsten Kapiteln wollen wir aufzeichnen, welche Wege die Menschen im Zuge ihrer Anpassung an unterschiedlichste Lebensräume einschlugen, welche Hindernisse sie dabei überwinden mußten und welche Faktoren sich günstig auf ihre Eingewöhnung auswirkten.

6. SPÄTERE PALÄO-INDIANISCHE KULTUREN

Als um 9000 v. Chr. die eiszeitliche Megafauna verschwand, mußten die paläo-indianischen Gruppen andere Wege einschlagen, um ihren Lebensunterhalt zu sichern. Einige Verbände paßten sich den zunehmend trockeneren Bedingungen des Westens an und bezogen pflanzliche Kost stärker in ihre Nahrungsplanung ein. Im Osten verfolgten Jäger Hirsche oder kleinere Waldbewohner, und man sammelte Beeren, Pilze, Nüsse nach Saison. Lediglich auf den Plains blieb die Großwildjagd integraler Bestandteil der Lebensführung bis in historische Zeit.

Leider wissen wir noch sehr wenig über die späten paläo-indianischen Kulturen. Im gesamten Fundgebiet umfassen ihre Hinterlassenschaften gerade ein paar Häuflein höchst unterschiedlicher Waffenspitzen, ergänzt durch Schaber und anderes Allzweckgerät. Die aufschlußreichsten Informationen stammen von Bisonschlachtplätzen auf den Ebenen, die ein schiefes, weil regional begrenztes Bild paläo-indianischer Lebensweise abgeben. Dennoch gewinnt man daraus den Eindruck einer vergleichsweise unspezialisierten Wildbeutertradition mit relativ einheitlicher materieller Ausstattung, die sich über ein dünn besiedeltes, landschaftlich außerordentlich abwechslungsreiches Terrain ausgebreitet hatte. Erst danach, im Archaikum, kam es zu strengerer Spezialisierung und stärkerer ökologischer Einnischung.

Die Nachfolger der Clovis-Kultur auf den Plains: ca. 9000 bis 6000 v. Chr.

Um 9000 vor Christi Geburt erstreckte sich ein breiter Streifen dürren oder mäßig feuchten Graslandes von Süd-Alaska bis zum Golf von Mexiko. Dieser Präriegürtel lag im Regenschatten der Rocky Mountains und war das ganze Jahr über trockenen pazifischen Luftmassen ausgesetzt. Spärliche Frühlings- und Sommerregen ließen auf den «High Plains» nur niedriges Gras wachsen, das unterirdisch ein verfilztes, wasserspeicherndes Wurzelgeflecht ausbildete, so daß die Feuchtigkeit im Boden erhalten blieb und selbst im trockenen Herbst noch die Wasserversorgung der Gräser ermöglichte. Einige Großtiere, namentlich der Steppenbison *(Bison bison occidentalis),* konnten sich auf diese Verhältnisse einstellen, während andere ausstarben, als die Niedriggrassteppen im Postglazial an Ausdehnung zunahmen (McDonald, 1981). Um 8000 v. Chr. wandten sich daher Paläo-Indianer, die vorher aus dem Vollen schöpfen konnten, dem Bison als Hauptnahrungsquelle zu.

Sozialer Angelpunkt der Bisonjäger ist die Lokalgruppe gewesen. Bei dieser wichtigsten produktiven Einheit handelte es sich wohl um einen Familienverbund. Regelmäßig besuchten die Gruppen Quellen und andere von ihnen ge-

Spätere paläo-indianische Fundorte in Nordamerika.

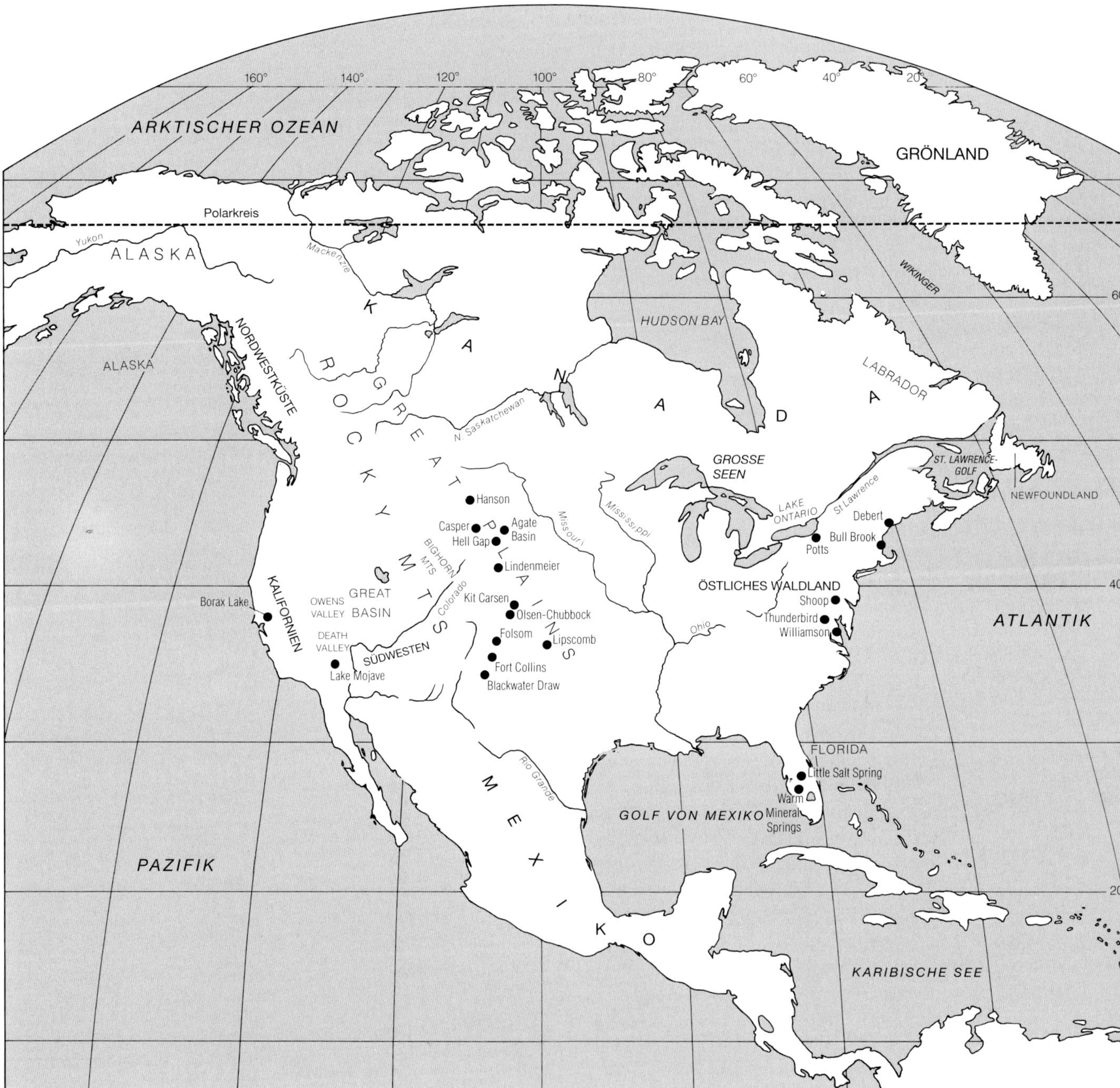

schätzte Örtlichkeiten. Dort lagerten sie ein paar Tage, hoben eine Feuergrube aus, errichteten vielleicht Windschirme, fertigten Werkzeuge oder zerlegten Beute und nahmen dann ihr Wanderleben wieder auf (Bamforth, 1988; Frison, 1978). Einige Plätze, wie Lindenmeier in Colorado, dienten als Fixpunkte im Raum, zu denen man turnusmäßig zurückkehrte. Gemeinschaftsjagden wurden vom Herbst bis ins Frühjahr abgehalten. Offenbar legte man kaum Vorräte an. Daraus ist zu schließen, daß auch im Sommer genug Fleisch zur Verfügung stand, um die Familien zu ernähren (Bamforth, 1988). Mit ziemlicher Sicherheit lag die Bevölkerungsdichte niedriger als in späterer Zeit. Gewöhnlich lebten die Lokalgruppen getrennt voneinander, stets auf der Suche nach Beute. Anläßlich von Gemeinschaftsjagden allerdings schlossen sich einzelne Verbände zusammen. Solche Treffen bildeten Höhepunkte im Jahreslauf, denn nun pflegte man intensiv soziale Kontakte. Ehen wurden angebahnt, möglicherweise Reifefeiern für Knaben abgehalten und Tauschhandel betrieben (Wobst, 1974; Bamforth, 1988).

Die meisten paläo-indianischen Fundstätten dieser Zeit vermitteln uns wichtige Erkenntnisse über die damalige Bisonjagd. Dabei prägt sich manch unbefangenem Betrachter die Vorstellung einer makabren Massenvernichtungsorgie ein, die Dutzenden, ja Hunderten von Tieren den Tod brachte. Treibjagden zu Fuß waren jedoch ein schwieriges und nicht ungefährliches Unterfangen, das nur im Zusammenspiel individueller und kooperativer Aktionen funktionierte (Frison, 1978). Es war notwendig, denn die Existenz der Horden hing davon ab.

Von Frank Roberts geleitete Grabung an der Fundstelle Lindenmeier, 1936.

Diorama eines Bisonsturzes auf den nördlichen Plains. In Auftrag gegeben von der Montana Historical Society.

Unbelästigt verlieren Bisons rasch ihre Scheu vor Menschen. Wenn sie aber verfolgt werden, ändert sich dies. Wir dürfen annehmen, daß die Jäger das Verhalten ihrer Beute aufmerksam beobachteten. Trieb man sie, so geschah das gewiß aus einiger Entfernung, um die Tiere zur Ruhe kommen zu lassen. Man kann Bisons, das haben Experimente in Nationalparks ergeben, mühelos etwa zwei Kilometer weit treiben, dann entsteht Panik und sie brechen aus. Ist die Herde einmal in rascher Bewegung, hält sie fast nichts wieder auf. Um Treibjagden befriedigend abschließen zu können, galt es also, äußerst behutsam zu Werke zu gehen. Konzertiertes Handeln, strenge Disziplin und weitsichtige Organisation waren gefordert.

Ohne intime Kenntnis der lokalen Gegebenheiten mußte das Vorhaben ebenfalls scheitern. Topografische Barrieren lenkten den Ausbruch, wenn die Zeit dafür gekommen war. Berichten aus dem 18. und 19. Jh. nach zu urteilen, hielten sich die Jäger an einen regelrechten Aufmarschplan. Eine Schar erfahrener Männer begleitete die Herde tagelang und lenkte sie mit sachten Kurskorrekturen in die beabsichtigte Richtung. Näherten sich die Bisons dem vorbereiteten Fanggatter oder der Klippe, über die sie stürzen sollten, gaben die Verfolger ihre Zurückhaltung auf. Laut rufend und Häute schwenkend lösten sie die Flucht aus. Staubwolken stoben, wenn die Herde herandonnerte. Das Aufbäumen der Leittiere angesichts des Steilabsturzes oder des Pferchs kam zu spät. Vorwärtsgestoßen von den Leibern nachdrängender Bisons ereilte sie alle das gleiche Schicksal.

Viele Jagden spielten sich an bevorzugten Plätzen ab, Orte, die man – mit Unterbrechungen – jahrtausendelang nutzte. Bei Lindenmeier, 74 km nördlich von Fort Collins in Colorado, lagerten Generationen von Bisonjägern in demselben kleinen Tal. Edwin Wilmsen zufolge, der Knochen und Artefakte einer gründlichen Prüfung unterzog, besuchten um 8800 v. Chr. zwei Lokalgruppen, die durch soziale Kontakte miteinander verbunden waren und bei der Jagd kooperierten, die Stätte (Wilmsen & Roberts, 1978).

Bei Casper in Wyoming machten sich Paläo-Indianer die Form einer Sicheldüne mit ihren stark abfallenden Kanten aus lockerem Sand zunutze. Im Spätherbst vor 8000 Jahren kesselten sie hier rund 100 Bisons ein und schlachteten sie ab (Frison, 1974). Vom nachgebenden Sand an der Flucht gehindert, hatten die massigen Geschöpfe keine Chance. Die Jäger stürmten heran und töteten so schnell es ging. Eine oder mehrere Personen konzentrierten sich wohl auf jeweils ein Tier und durchbohrten mit Lanzen seinen Brustkorb.

George Frison befestigte eine von ihm gefundene Hell Gap-Waffenspitze (s. unten) mittels Sehnen an einem geschlitzten Kiefernholzschaft. Die Bindung härtete er mit Kiefernharz. Am Kadaver eines Schlachtochsen probierte Frison die 3,30 m lange Lanze aus. Wie er feststellte, mußte man schon erhebliche Kraft aufwenden, um Haut und Brustkorb zu durchstoßen. Selbst wenn das Herz nicht getroffen wurde, entstand mit Sicherheit eine tödliche Wunde. Gelegentlich brach die Spitze entzwei, ließ sich aber für späteren Gebrauch leicht wieder neu schärfen. Die Bindung hielt den härtesten Belastungen stand. Hinter dem Haltezaun eines Pferchs stehend, konnte ein vorgeschichtlicher Jäger solche Lanzen ohne Gefahr für Leib und Leben einsetzen.

In der Jones-Miller-Fundstätte im äußersten Osten Colorados kamen die Gerippe einiger hundert Bisons zum Vorschein. Vermutlich wurden die Tiere über

Casper in Wyoming. *(Oben)* Blick zur Leeseite einer fossilen Sicheldüne mit Überresten geschlachteter Bisons. *(Oben, links)* Nahaufnahme der Bisonskelette.

einen Zeitraum von mehreren Monaten getötet, vielleicht in einem einzigen Winter. Nach Meinung von Dennis Stanford (1978) sind die Bisons Opfer einer rituell begleiteten Hatz geworden, bei der Schamanen ihre Hilfsgeister aussandten, um die Herde herbeizulocken. Neben den Resten des Fanggatters fand Stanford Überbleibsel eines massiven Holzpfahls. Eine Flöte aus Geweihknochen und eine Miniatur-Waffenspitze lagen in der Nähe. Der Ausgräber glaubt, der Pfahl könne als Schamanenbaum gedient haben und hält die nahebei geborgenen Artefakte für Kultgegenstände.

Olsen-Chubbock, ein 25,7 km südöstlich von Kit Carson in Colorado gelegener Fundort, bot die einmalige Chance, den Ablauf einer Bisonjagd vor etwa 8500 Jahren zu rekonstruieren (Wheat, 1972). Jäger hatten dort eine Herde ausfindig gemacht und über die Kante eines Trockenflußbettes (Arroyo) getrieben. 157 Tiere kamen zu Tode, teilweise niedergetrampelt und zerquetscht von den eigenen Artgenossen. Noch im Fundzusammenhang steckten zehn Exemplare kopfüber zwischen den Gerippen der übrigen, zwei weitere lagen auf dem Rücken. Als die Hatz beendet war, erwartete die Jäger stundenlange Schwerstarbeit. Zunächst manövrierten sie die Kadaver am Rand der Rinne in eine Stellung, in der man sie zerlegen konnte. Einige der zuunterst eingekeilten Geschöpfe schlachteten sie am Ort ihres Todeskampfes. Man arbeitete in Teams, die gleichzeitig mehrere Bisons aufbrachen. Zu diesem Zweck rollten die Schlächter ihre Beute auf den Bauch, schlitzten die Haut am Rücken auf und zogen sie an den Flanken herunter. So entstand eine Unterlage für das Fleisch. Dann schnitten sie die zarten Weichteile an der Körperoberfläche heraus, trennten die Vorderkeulen ab, lösten Schulterblätter, Höckerfleisch, Filets und Rippenstücke. Ein

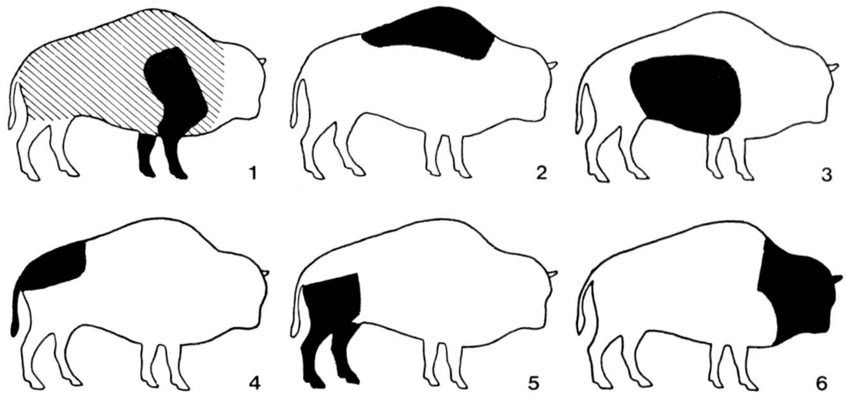

Olsen-Chubbock in Colorado: Rekonstruktion paläo-indianischer Metzgermethoden. Die Jäger häuteten Bisons vom Rücken her, um an die zarten Fleischpartien darunter (schraffiert) zu kommen. Hatte man diese entfernt, ging man daran, Vorderläufe und Schulterblätter (1) zu tranchieren. Frei lagen nun der begehrte Fettbuckel (2) sowie Rippenstücke und Innereien (3). Nachdem die Wirbelsäule durchtrennt worden war, löste man das Becken mit der Schwanzrolle (4) und den Keulen (5). Schließlich wurden Kopf, Nacken und Wamme (6) abgeschnitten; das minderwertige Fleisch jener Körperteile eignete sich gut zur Herstellung von Pemmikan.

Teil der inneren Organe und der Zungen wurde womöglich noch an Ort und Stelle halbgar verzehrt. Den Knochenabfall stapelte man im Arroyo.

Die Olsen-Chubbock-Gruppe schlachtete 75% der Tiere, die der Treibjagd zum Opfer fielen. Man gewann 24752 kg schieres Fleisch, 2449 kg Fett und 1812 kg Innereien, eine Ausbeute, die ca. 100 Personen über einen Monat lang ernährte.

Stätten wie Olsen-Chubbock sind selten, und man darf wohl annehmen, daß den Paläo-Indianern noch andere Jagdmethoden zu Gebote standen (Frison & Todd, 1987). Eine wichtige Rolle spielte sicher die Pirsch, bei der unter Fellen getarnte Männer ihre Beute beschlichen und selektiv Tiere erlegten. Auch die Kesseltreibjagd, die wir noch von historischen Plains-Indianern kennen, wurde wahrscheinlich praktiziert. Dabei umzingelten Jäger eine Herde – erwünscht waren 20 bis 40 Bisons –, trieben sie zusammen und zwangen die Tiere, innerhalb der «menschlichen Umfriedung» im Kreis zu laufen, bis man sie tötete.

Materielle Zeugnisse der Clovis-Nachfolger auf den Plains

Jahrtausendelang bewährten sich in der Hand von Paläo-Indianern einfache Waffen- und Werkzeugformen, die zwischen 9000 und 6000 v. Chr. nur geringfügigen Veränderungen unterworfen waren. Waffenspitzen der unterschiedlichsten Typen machen 10 bis 20% des aufgefundenen Geräteinventars aus. Mindestens sieben Varianten, von denen zumindest einige auf das Vorbild der gekehlten Clovis-Spitze zurückgeführt werden können, sind nach 9000 v. Chr. auf den Plains verbreitet gewesen. Ob sich hierin auch verschiedene kulturelle Anpassungen spiegeln, ist Gegenstand wissenschaftlicher Diskussion (Knudsen, 1983). Seiten- und Endschaber gehören mit 20 bis 54% Fundhäufigkeit zu den am meisten benutzten paläo-indianischen Artefakten. Andere kennzeichnende Utensilien sind Klingenmesser, Werkzeuge, die leicht mit Blattspitzen-Rohlingen oder sogar fertigen Projektilköpfen verwechselt werden. Die bekannteste Form dieser Gruppe ist das sogenannte «Cody-Messer», ein bis zu 10 cm langes, durch transversale Parallelabschläge charakterisiertes Gerät mit einseitiger Schulter. Nicht wenige der vorgestellten Artefakte entstanden aus zerbrochenen Waffenspitzen (Irwin & Wormington, 1970).

Folsom (9000 bis nach 8500 v. Chr.). 1925, im Frühling, stieß der Viehhirte George McJunkin am Rande eines Arroyo beim Städtchen Folsom in New Mexico auf die Gebeine von Altbisons *(Bison bison antiquus)*. Zwischen den Knochen steckten paläo-indianische Feuersteinspitzen. Dies war die eigentliche Sensation. Zwei Jahre später stand fest: Menschen, die derlei Waffen führten, hatten noch zusammen mit eiszeitlichen Tieren gelebt – ein Fazit, das damals die Fachwelt erschütterte. Inzwischen wissen wir, daß der Folsom-Komplex, benannt nach diesem Erstfund, auf die Clovis-Tradition folgte. Sein Ausweis ist die druckretuschierte Waffenspitze mit breiter Kehlung und konkaver Basis. Solche Projektilköpfe fand man im westlichen Plainsgebiet, im Mittleren Westen, im Südwesten, aber auch östlich des Mississippi bis hinauf zu den Großen Seen und in New Jersey. Allgemein wird angenommen, daß Folsom ein Clovis-Ableger war, doch bisher gelang es nicht, Zwischenformen dingfest zu machen, die aus klar tratifizierten Zusammenhängen stammen. Als heißester Anwärter gilt der Goshen-Komplex von Hell Gap, einer Fundstätte in Südost-Wyoming, dem man ein – unbestätigtes – Alter zwischen 11 000 und 10 800 Jahren v. h. einräumt (Irwin-Williams et al., 1973).

Ungestörte Fundorte wie Lindenmeier oder Folsom selbst sind nicht häufig. Öfter stößt die Forschung auf Waidplätze, wo kleinere oder größere Bisonherden niedergemetzelt wurden. Lipscomb auf den südlichen Plains z. B. ist eine solche Stätte. Hier kamen die Gerippe von 50 dieser Wildrinder zutage (Schultz, 1943). Unklar bleibt allerdings, ob sie der Tod zur selben Zeit überraschte. Hanson in Zentral-Wyoming dürfte der wohl bekannteste Folsom-Fundort sein (Frison & Bradley, 1981). Er liegt unweit von Hornstein-Lesegebieten und Quarzgängen im Nordteil des Bighorn-Beckens. Aus drei kreisrunden Bodenpackungen mit Holzresten glaubt man ableiten zu können, daß hier einst zeltartige Behausungen standen; der Radiokohlenstofftest ergab ein Alter von 10 000 Jahren v. h. Neben Bisonknochen barg man in Hanson u. a. die Gebeine von Dickhornschafen *(Ovis canadensis)*, Rothirschen *(Cervus elaphus nelsoni)*, Baumwollschwanzkaninchen *(Sylvilagus audubonii)* und Gelbbauch-Murmeltieren *(Marmota flaviventris)*. Es gehörten demnach noch wesentlich mehr Arten ins Beutespektrum paläo-indianischer Jäger als lediglich Bisons. Der Folsom-Komplex umfaßt vielleicht noch weitere Traditionen, etwa Midland, das zwischen 10 700 und 10 400 Jahre alt zu sein scheint (Agogino, 1969; Wendorf & Kreiger, 1959).

Die Zeit nach Folsom. Paläo-indianische Traditionen, sofern sie dem Folsom-Komplex zeitlich nachgeordnet sind, erkennt man an den *ungekehlten*, sorgfältig flächenretuschierten Waffenspitzen. Manche überlappen sich in der Folge ihres chronologischen Auftretens. Spezialisierungen werden sichtbar. So bevorzugten einige Kulturgruppen die Großwildjagd auf der offenen Ebene, andere jagten und sammelten in den Vorbergen der Rocky Mountains. Zu den vorherrschenden Geschoßspitzentypen gehören Alberta, Cody, Frederick, Eden und Scottsbluff, die man gelegentlich unter der Bezeichnung «Plano» zusammenfaßt (nähere Beschreibungen bei: Frison, 1978; Irwin & Wormington, 1970; Wheat, 1972).

Chronologie paläo-indianischer Waffenspitzen auf den Plains							
Jahre v.h.	11,000 – 12,000	10,500	10,000	9500	9000	8500	8000
Spitzentyp	Clovis	Folsom	Midland Firstview. San Jon Agate Basin	Hell Gap	Alberta	Frederick-Firstview Cody Knife Scottsbluff Eden	Jimmy Allen Cascade

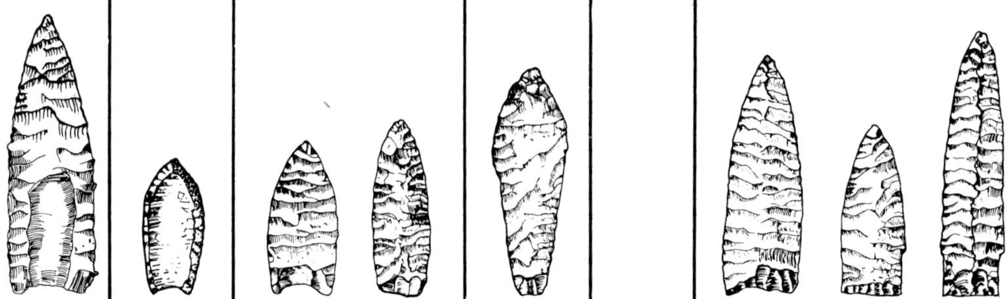

Die wichtigsten paläo-indianischen Waffenspitzenformen der Plains.

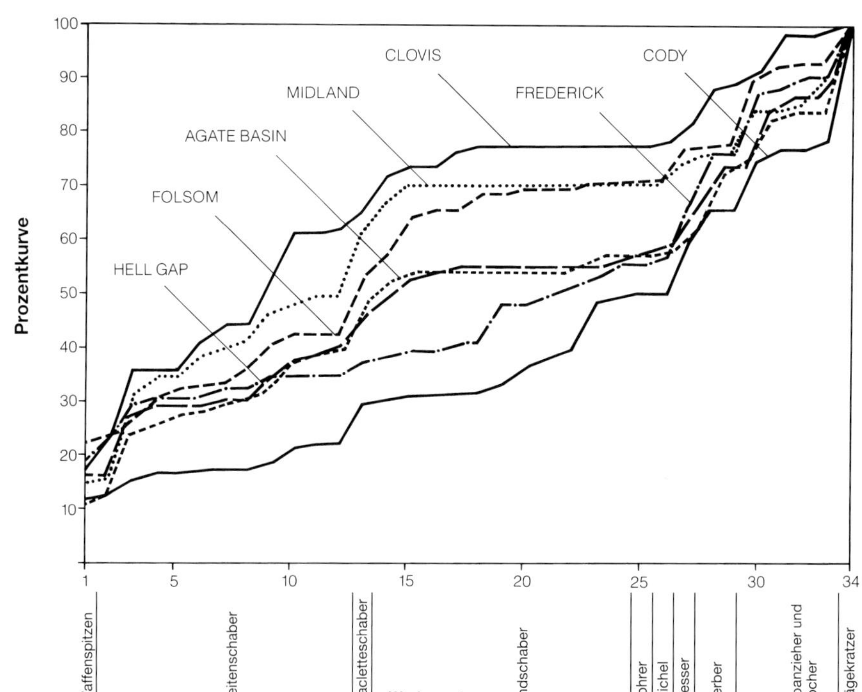

Prozentuale Häufigkeit verschiedener paläo-indianischer Artefaktklassen auf den Plains (nach Irwin und Wormington, 1970)

Irwin und Wormington (1970) erstellten ein Kurvendiagramm nach prozentualen Häufigkeiten verschiedener Artefakttypen, anhand dessen sie das paläo-indianische Gerätespektrum systematisch vergleichen wollten. Die Kurven von Clovis, Folsom und Midland verliefen ähnlich, wobei sich besonders große Entsprechungen, vor allem bei den Schabern, zwischen Folsom und Midland ergaben. Eine zweite Gruppe bildeten Hell Gap und Agate Basin, die im Gegensatz zu ihren Vorgängern über spezialisiertere Gerätschaften verfügten. Frederick und Cody, die jüngsten Traditionen, wurden einer dritten Kategorie zugewiesen. Sie fällt durch noch spezialisiertere Werkzeuge auf.

Joe Ben Wheat (1972) hat vorgeschlagen, alle Gruppen, die auf den Folsom/Midland-Komplex folgen, auf zwei Formenkreise zu verteilen. Die Typen der zentralen und südlichen Plains ordnete er unter der Bezeichnung «Firstview» und stellte sie dem nördlichen Spektrum gegenüber. Neuere Untersuchungen aber melden an dieser Unterteilung Zweifel an (Johnson & Halliday, 1980).

Kulturwandel auf den Plains

Nur gestützt auf Steinwerkzeuge fällt es nicht leicht nachzuvollziehen, wie die Veränderung paläo-indianischer Kulturformationen auf den Plains vonstatten ging. Douglas Bamforth (1988) hat aufgezeigt, daß der frühholozäne Klimawandel allenthalben zu Verlusten im Artenspiegel des Großwildes führte. Gleichzeitig aber nahmen Herdenumfang und Mobilität einzelner Spezies zu. Die Clovis-Bevölkerung war noch dünn über riesige Räume verteilt. Gemeinschaftsjagden kamen daher nur selten zustande. Zur Zeit der Folsom-Jäger, als es zwar weniger Arten, dafür aber mehr Tiere gab, jagten Gruppen häufiger zusammen. Mit fortschreitender Erwärmung im Postglazial und, damit einhergehend, ökologischer Umgestaltung wurde das Verhalten der Beute immer weniger vorhersehbar. Die Verbände wanderten von Ort zu Ort, veranstalteten ab und zu Gemeinschaftsjagden oder erlegten Wild bei jeder sich bietenden Gelegenheit. Es sei also möglich, so Bamforth, daß, ausgehend vom sozialen Miteinander, gesellschaftliche Komplexität zunächst – von Clovis zu Folsom – anwuchs und danach wieder abfiel.

Die kannelierten Geschoßspitzen der Clovis- und Folsom-Komplexe sind im Vergleich mit späteren paläo-indianischen Waffen recht schwer herzustellen. Gegenüber den Clovis-Spitzen wiederum zeichnen sich Folsom-Projektilköpfe durch geringere Dicke, sorgfältiger beschlagene Kanten und perfektere, fast die gesamte Fläche des Objekts einnehmende Kehlung aus. Es gehörte also wahrscheinlich größeres Geschick dazu, eine Folsom-Blattspitze zu fertigen. Sollte dies zutreffen, wäre ein weiterer Hinweis auf sozio-kulturelle Komplexität, ausgedrückt durch effizientere Methoden der Nahrungsbeschaffung (Bewaffnung) und technologische Verfeinerung, gefunden (Bamforth, 1988). In dem Zusammenhang ist der Verfall handwerklicher Fähigkeiten gegen Ende der paläo-indianischen Periode bemerkenswert (Hayden, 1982), vielleicht als Reflex auf die gewandelten ökologischen Rahmenbedingungen, die bei geänderter Sozialstruktur Werkzeugherstellung auf individuellerer Ebene erzwangen.

Man kann sich vorstellen, daß ein hinsichtlich Verfügbarkeit und Menge kalkulierbares Ressourcenmosaik, wie es sich zur Zeit der Folsom-Jäger auf den

Plains darbot, menschliches Zusammenleben förderte (Bamforth, 1988). Zwangsläufig mußte, legt man die Notwendigkeit strafferer Organisation, strenger Normensetzung und Aufgabenverteilung zugrunde, der Grad gesellschaftlicher Differenzierung wachsen. Ob diese provokative These mit ihren weitreichenden Implikationen in Zukunft bestätigt werden kann, hängt von besser durchdachten und mehr problemorientierten Untersuchungen materieller Hinterlassenschaften sowie der Analyse von Speiseabfällen, die u. U. Rückschlüsse auf das Wirtschaftsgebaren erlauben, ab.

Paläo-indianische Traditionen des Westens

Alles deutet darauf hin, daß der Westen Nordamerikas vor 9000 v. Chr. äußerst dünn besiedelt war. Spuren menschlicher Anwesenheit erschöpfen sich meist in Oberflächenfunden, darunter einige Waffenspitzen vom Clovis-Typ. Einer der ältesten Fundorte könnte Borax Lake bei Clear Lake in Nordkalifornien sein, dem 12 000 Jahre gutgeschrieben werden (Meighan & Haynes, 1970). Oft liegen Fundstätten auf Kiesbänken oder im Uferbereich trockengefallener Fließgewässer, die einst große Seen speisten.

Studenten arbeiten auf einem Cody-Begehungshorizont (ca. 8400 v. h.) im Blackwater Draw, Arizona.

Mit die besten Zeugnisse paläo-indianischer Lebensweise stammen aus dem nordamerikanischen Südwesten. Das Vegetations- und Landschaftsbild wich teilweise sehr vom heutigen Zustand ab. Koniferenwälder etwa reichten örtlich bis in die Täler hinab. Sommer- und Wintertemperaturen waren relativ ausgeglichen. In feuchteren Zeitabschnitten füllten sich Senken mit Wasser, und es gab reichlich Weideland für Großsäuger. Wie bei derart großer ökologischer Toleranz nicht anders zu erwarten, fanden sich Hinweise auf regionale kulturelle Anpassungen, ablesbar an unterschiedlichen Waffenspitzen. Einige dieser Typen ähneln Stücken von den Plains. Eine Übersicht der im Südwesten verbreiteten Traditionen gibt Cordell (1984).

Der Blackwater Draw, in dem Schichtgrabungen paläo-indianische Artefakte sicherten, ist eine nur mäßig eingeschnittene Talfurche im Llano Estacado, jener berüchtigten Trockenlandschaft, die sich vom östlichen New Mexico nach Texas hinein erstreckt. Inmitten des abflußlosen Llano bilden sich nach seltenen, aber heftigen Regenfällen gelegentlich Seen (Playas). Diese Wasserflächen verdunsten schnell und hinterlassen hart gebacken wirkende Tafeln von Ton, Silt und Salzausfällungen. Vom starken Wind werden solche Ablagerungen rasch ausgeblasen und türmen sich an der Leeseite von Tälern wie dem Blackwater Draw als Dünen. Vor etwa 11 000 Jahren gab es hier seichte Tümpel, grasige Bereiche und vereinzelte Bäume (Wendorf & Hester, 1975). Clovis-Jäger verkehrten im Draw zwischen 9500 und 9200 v. Chr.; einige ihrer Gerätschaften förderte man nahe einer Quelle zutage. Pflanzen- und Tierreste aus der Grabung verraten, daß damals milde Winter und kühle Sommer das Klima bestimmten. Oberhalb des Stratums, das die Clovis-Artefakte enthielt, stießen Forscher auf Folsom- und Midland-Waffenspitzen. Die Folsom-Spitzen lagen in einer Schicht Kieselgur (Diatomeenerde), die zwischen 8500 und 8300 v. Chr. durch vermehrte Niederschläge entstand. Spätere paläo-indianische Geräte waren in Silten eingebettet, deren Ablagerung während trockener Abschnitte des frühen Postglazials erfolgte (Haynes, 1975).

Wahrscheinlich ist die Folsom-Bevölkerung ähnlich mobil gewesen wie ihre Clovis-Vorgänger, da sie von wandernden Bisonherden abhängig war. 78% der Geschoßspitzen aus dem Blackwater Draw wurden aus Gestein gefertigt, das von Hornstein-Aufschlüssen im Edwards-Plateau, 300 km weiter östlich, stammte. Entweder beschaffte man den Silex über Handelsketten, oder die Jäger bauten ihn selbst auf Streifzügen durch das Tal ab.

Von etwa 9000 bis nach 8000 v. Chr. blühte in Südkalifornien und im Westen Arizonas der San Dieguito-Komplex, eine Wildbeuter-Tradition, deren Ursprung im Großen Becken vermutet wird (Wallace, 1978; Warren & True, 1961). Offenbar spielte die Nutzung von Sumpf- und Seerandressourcen eine wichtige Rolle im Leben der San Dieguito-Bevölkerung. Entlang der Ufer des heute ausgetrockneten Lake Mohave lagen zahlreiche Blatt- und Schulterspitzen verstreut. Man kann sich vorstellen, daß die Örtlichkeit, einst Lebensraum vieler Pflanzen und Tiere, frühholozäne Wildbeuter geradezu magisch anzog.

An der südkalifornischen Küste fingen Menschen um 8000 v. Chr. Seesäuger, fischten und sammelten Muscheln, Seeigel und Tange. Ihre Lebensweise unterschied sich somit kaum von der ihrer Nachfolger im Archaikum. Dasselbe gilt für die meisten paläo-indianischen Kulturgruppen des Westens. Als es trockener wurde, und einige der vorher überall verfügbaren Ressourcen nur noch an bestimmten Stellen auftraten, verstärkte sich die Tendenz zu lokaler Anpassung und größerer kultureller Vielfalt. Auch die Bevölkerungsdichten schwankten regional beträchtlich. «Ertrunkene», also von starken Regenfällen überflutete und danach versumpfte Flußtäler bildeten in Teilen Südkaliforniens noch bis vor 5500 Jahren ideale Refugien für Jäger und Sammler; im Norden dagegen schmolz die Bevölkerung arg zusammen.

Paläo-Indianer im Östlichen Waldland

Um 8600 v. Chr. verloren sich nur wenige Menschen im Osten Nordamerikas. Es waren Nachkommen jener Jäger, die 1500 Jahre früher dorthin gefunden hatten. Die Träger der «Östlichen Kehlspitzen-Tradition» (Meltzer, 1988) jagten und sammelten in einem Gebiet, das tausende Quadratkilometer Tundra, Taiga und sommergrüne Laubwälder umschloß. Meist hielten sich die Verbände in Flußauen auf, in der Nähe von Sümpfen und Seen oder an der Küste, wo das Meer ihren Tisch reichlich deckte. Ein bis zwei Großfamilien dürften eine Lokalgruppe gebildet haben, die sich vermutlich während der Sommermonate trafen, um Heiratspartner zu tauschen, Jugendweihen zu feiern und Gegenstände des alltäglichen Bedarfs oder von zeremonieller Bedeutung einzuhandeln.

Wie ihre Verwandten im fernen Westen zogen die Paläo-Indianer des Ostens ständig umher. Hunderte gekehlter Waffenspitzen und Klingenmesser ließen sie dabei zurück. Kannelierte Projektilköpfe tauchen östlich des Mississippi häufiger auf als im Westen. Sie variieren erheblich in Größe, Gestalt und Herstellungsweise. Unser Wissen um die Ureinwohner des Waldlandes stützt sich überwiegend auf diese Artefakte.

Wie wir hörten, beherrschten das östliche Nordamerika im Frühholozän zwei Großbiome: Waldtundra (Tundra mit eingestreuten Fichten und/oder Kiefern) und sommergrüne Laubwälder. Die Paläo-Indianer der nördlicheren Gebiete stellten vorzugsweise dem Karibu *(Rangifer tarandus caribou)* nach, der Taiga-Unterart des Rentieres. Nur Karibu-Herden vermochten das Überleben von Menschen in den unwirtlichen Einöden der Subarktis zu gewährleisten. Weiter im Süden umherstreifende Horden hingegen nahmen einen höheren Anteil pflanzlicher Nahrung zu sich, doch jagten sie auch Hirsche und Niederwild (Meltzer, 1988). Es überrascht daher nicht, daß bei Fundbild und Artefakten der «Östlichen Kehlspitzen-Tradition» signifikante Abweichungen auftreten.

Wenigstens sieben verschiedene Kehl- oder Riefenspitzen-Typen kennen wir allein aus dem Nordosten. Anklänge an die Clovis-Waffen der Plains zeigen uns die ältesten Vertreter. Kannelierte Formen mit ausgezogenen Enden (Ohren) kommen ebenso vor wie fünfeckige Exemplare. Wieder andere sind lang und fast dreieckig. Generationen von Wissenschaftlern haben sich bemüht, Ordnung in dieses Wirrwarr zu bringen, formale Typisierungen zu erarbeiten und die Typen zu benennen – meist nach Fundorten wie Debert, Bull Brook, Cumberland usw. Ähnlich der Situation auf den Plains sieht sich die Forschung vor das Problem gestellt, ob Stilvarianten funktionale Unterschiede andeuten oder Ausdruck kultureller Eigenständigkeit sind. Insgesamt betrachtet lassen sich aber so weitgehende Übereinstimmungen mit den Clovis- und Folsom-Komplexen erkennen, daß man sie ins gleiche chronologische Umfeld verweist.

Als die eiszeitliche Megafauna verschwand, stellten die Bewohner des Ostens ihre Ernährungsgewohnheiten um. Die Umweltverhältnisse waren sehr viel besser und das Nahrungsmittelangebot vielfältiger als das Mosaik der Biome im Westen. Gebietsweise, namentlich in den Flußtälern, bescherte die Natur im jahreszeitlichen Wechsel Nüsse, Steinfrüchte, Pilze, Beeren, Wildgemüse, Knollen, Schößlinge, Knospen und Kräuter, dazu Fische aller Art. Solcher Reichtum gestattete den Gruppen während des Sommers und im Herbst das Verweilen in Basislagern. Abseits der Auen jedoch gestaltete sich die Nahrungsbeschaffung schwieriger. Wild, vom Rothirsch *(Cervus elaphus canadensis)* bis zum Truthuhn *(Meleagris gallopavo)*, stand dort ganz oben auf dem Speiseplan. Die Jagd im dichten Unterholz war nicht einfach. Es bedurfte großer Geduld, Vertrautheit mit den Gewohnheiten der Beute und eines gewissen technischen Aufwandes, etwa bei der Konstruktion von Fallen. Der archäologische Befund unterstreicht den uniformierenden Charakter des Lebensraums Wald hinsichtlich der jägerischen Grundausstattung über eine geografische Fläche von beträchtlicher Ausdehnung, deutet aber auch auf regionale Spezialisierung hin (Meltzer, 1988).

Angesichts der auffallenden Ähnlichkeit zwischen einzelnen Kehlspitzenkomplexen ist wohl von rascher paläo-indianischer Besiedlung des Ostens auszugehen. Ungeachtet der sehr niedrigen Bevölkerungsdichte hielten Nachbargruppen, selbst über größere Entfernungen hinweg, Kontakt zueinander. Heiratsbande und verwandtschaftliche Beziehungen mögen dafür hauptverantwortlich gewesen sein. Wegen ihrer Feinkörnigkeit hochgeschätzte Gesteine gingen von Hand zu Hand: Knife River-Achate aus North Dakota, Hornstein vom oberen Mercer River in Ohio, Feuerstein aus Peoria und Burlington in Illinois. Der Austausch solcher Güter erreichte Dimensionen, an die man erst 8000 Jahre später, zur Zeit der Hopewell-Kultur, wieder anknüpfen konnte.

Die rapide Ausbreitung früher paläo-indianischer Traditionen ist kein Wunder, denn die ökologische Tragfähigkeit *(carrying capacity)*, d. h. die mögliche maximale Größe einer Bevölkerungsgruppe unter gegebenen Umweltbedingungen, war in den Wäldern begrenzt. Eine Vorbevölkerung, die sich den Neuankömmlingen hätte entgegenstemmen können, gab es nicht. Zu Beginn der Kolonisierung stand genug Raum für jedermann zur Verfügung, selbst dort, wo dank günstiger Lebensvoraussetzungen gewisse Bevölkerungsverdichtungen vorkamen. Wenn der Druck auf das vorhandene Nahrungsangebot zu groß wurde, splittete sich eine Gruppe auf. Natürlich waren die wenigen Gunsträume bald ausgelastet, und der Luxus, auf jungfräuliches Terrain auszuweichen, entfiel. An diesem Punkt, mancherorts schon vor 10 000 Jahren, machte sich der Umweltwiderstand bemerkbar. Kulturökologen umschreiben den eingetretenen Fall mit einem mathematischen Vergleich: Das exponentielle Wachstum einer Bevölkerungsgruppe wird langsamer, und die Wachstumskurve nähert sich am Ende asymptotisch einer Linie an, die die *carrying capacity* des in Frage stehenden Gebiets bezeichnet. Aus archäologischer Sicht spiegelt sich diese Zäsur im materiellen Formenspektrum, das auf lokale Anpassungen an die Umwelt und stärker auswählende Nutzungsweisen hindeutet. Am Übergang zum Archaikum mündeten solche Trends in zahlreiche regionale Kulturvarianten (Meltzer, 1988; Meltzer & Smith, 1986), die wir in Kapitel 16 vorstellen.

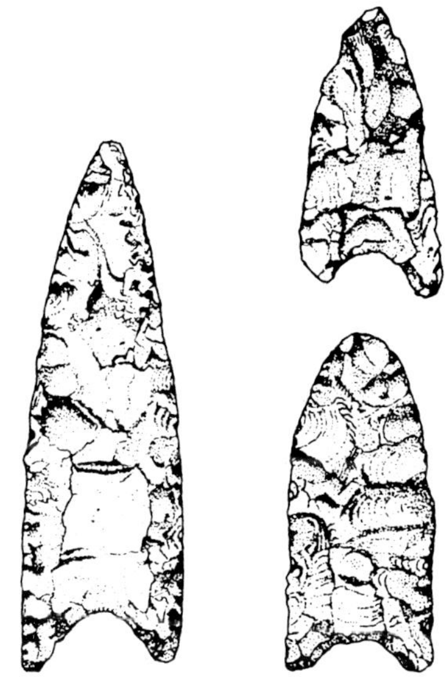

Paläo-Indianer im Nordosten: Kehlspitzen mit gezähnelter Basis aus Debert in Nova Scotia. Länge des linken Stückes 11,3 cm.

Der Nordosten. Leider dokumentiert lediglich eine Handvoll datierter Fundstätten Leben und Treiben paläo-indianischer Verbände im Östlichen Waldland. Einige liegen an der Nordostflanke des Gebietes, dort, wo Tundra und Taiga sich verzahnten. Um 8000 v. Chr. wurde die Station Debert in der Kältesteppe Nova Scotias wieder und wieder von einer Jagdschar aufgesucht, die vielleicht 15–50 Personen umfaßte. Die Gruppe lauerte ziehenden Rentieren auf und erbeutete möglicherweise auch Seesäuger (McDonald, 1968). Wahrscheinlich hausten die Menschen in einfachen Unterkünften aus Treibholz, Walknochen und Häuten. Debert stellte vermutlich ein Basislager dar, denn die aufgefundenen Gerätschaften sprechen für ein breit gefächertes Tätigkeitsspektrum – Schlachten, Häuteschaben und Holzbearbeitung. Das zeitgenössische Bull Brook bei Ipswich in Massachusetts war ebenfalls ein Standlager. Riefenspitzen, andere Artefakte, Tierknochen und Pflanzenreste verteilen sich auf mindestens 45 kreisrunde Gebiete, die in einem Radius von 90 m Durchmesser angeordnet sind (Byers, 1954). Viele Werkzeuge bestehen aus Hornstein, den man aus dem Hudson-Tal oder aus Pennsylvania importierte.

Die meisten paläo-indianischen Stätten haben bescheidenere Ausmaße. Zu ihnen zählt Vail im nordwestlichen Maine, wo eine Schar nach erfolgreicher Jagd am Ufer des Magalloway lagerte. Das Rohmaterial ihrer Waffen und Werkzeuge stammt aus bis zu 30 km entfernten Steinbrüchen.

William Ritchie (1969) machte darauf aufmerksam, daß Kehlspitzen im Nordosten vornehmlich im Bereich großer Flußsysteme, z. B. an Ohio, Alleghany, Susquehanna und Delaware, auftreten. Im mittleren und südwestlichen New York wurden 30% der kannelierten Waffen an Orten in Gewässernähe, vor allem an ehemaligen Seen, geborgen. Ritchie glaubt, daß diese Gebiete mit hoher Bioproduktion besonders anziehend auf Jägergruppen gewirkt hätten.

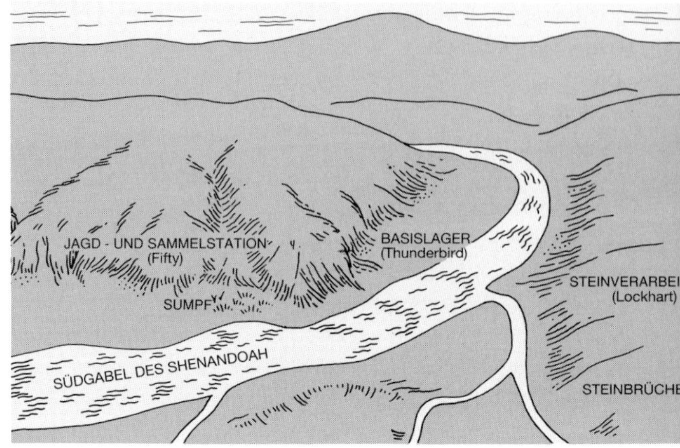

Paläo-Indianer im mittleren Süden: Thunderbird und Fifty in Virginia. *(Oben)* Südgabel des Shenandoah. Thunderbird befindet sich am rechtsufrigen Gleithang. *(Oben, rechts)* Lage und frühere Nutzung einzelner Fundorte. *(Unten)* Kartografische Erfassung des Clovis-Begehungshorizonts von Thunderbird mit Rahmen und Schnurgitter.

Der mittlere Süden. Weiter im Süden waren paläo-indianische Stationen wenig mehr als zeitweilige Jagdlager, Aussichtspunkte oder Plätze, wo man Gestein abbaute. Das Hügellager Shoop im Susquehanna-Graben bei Harrisburg in Pennsylvania gehört dazu (Witthoft, 1952; Cox, 1986). Im Frühholozän überragte der Hügel vermutlich die Waldtundra zu seinen Füßen und ermöglichte Fernsicht auf das umliegende Gelände. Die meisten Artefakte und Abschläge bestehen aus Onondaga-Hornstein, der 300 km flußaufwärts gebrochen werden mußte. John Witthoft identifizierte elf Werkzeugstreuungen auf Nachbarhügeln im Umkreis von 100 m. Shoop datiert etwa 11 000 Jahre zurück.

Auch im mittleren Süden bevorzugten frühe Siedler offenbar Flußauen als Aufenthaltsorte. Das Lager Shawnee-Minisink auf einer Uferterrasse des Delaware bei Stroudsberg in Pennsylvania wurde zwischen 8700 und 8500 v. Chr. begangen (McNett, 1985). Den paläo-indianischen Horizont schottet eine sterile (fundlose) Deckschicht gegen archaische und Waldland-Straten ab. Shawnee-Minisink darf für sich beanspruchen, eine der wenigen paläo-indianischen Stätten zu sein, die Hinweise auf Fischfang und Sammelwirtschaft liefern. Durch Auswaschen (Flotieren) von Materialproben aus ehemaligen Kochstellen sicherten die Ausgräber Überreste von u. a. Hackelbeere *(Vaccinium myrtilloides)*, Rotpflaume *(Prunus americana)*, Weinrebe *(Vitis aestivalis)*, Schwarzbeere *(Rubus alleghaniensis)*, Erdkirsche *(Physalis)* und Gänsefuß (*Chenopodium* sp.) sowie winzige Fischgräten. Die Früchte der genannten Pflanzen reifen im Spätsommer und Frühherbst. Ebenfalls im Herbst suchten Schwärme des Atlantiklachses *(Salmo salar)* Seitenarme des Delaware auf, wo sie im nächsten Frühjahr laichten. An Stromschnellen oder Flachwasserzonen erwarteten sie die Fischer.

William Gardners Grabungen in einer Reihe von Stationen des sogenannten Flint Run-Komplexes erwiesen sich als besonders aufschlußreich, belegen sie doch die Anwesenheit von Menschen in Nord-Virginia von 9500 bis 6500 v. Chr. (Gardner, 1974; 1976; 1977). Die Hauptfundstätten – Flint Run Quarry, Thunderbird und Fifty – liegen eng beieinander an der Südgabel des Shenandoah. Thunderbird, zu dem mehrere Behausungen gehörten, erstreckt sich über eine Fläche von 152 m Länge und 76,2 m Breite am Gleithang des Stromes. Wahrscheinlich diente die Örtlichkeit als Basislager, in dem man verschiedenen Tätigkeiten nachging, vor allem aber Jaspis, der hier ansteht, zu Werkzeugen und Blankstücken verarbeitete. Gardner fertigte eine Verteilungskarte der Steingeräte an und leitete daraus Aktivitätsschwerpunkte ab – Plätze, an denen Jagdwaffen hergestellt wurden, und Wohnbezirke. Letztere waren nach vorherrschender Windrichtung und Sonneneinstrahlung sowie verfügbaren Nahrungsquellen über das Grabungsgebiet verteilt.

Thunderbird und das im Schichtprofil erhaltene Fifty dokumentieren eine 3000jährige, siebenphasige Siedlungsfolge, die um 9500 v. Chr. mit der Ankunft von Clovis-Jägern beginnt. Den einzigen Bruch im kulturellen Kontinuum markiert der Übergang zu kantengekerbten Geschoßspitzen gegen 8000 v. Chr., was vielleicht mit dem Aufkommen von Speerwerfern in der Region zusammenhängt.

Gardner ist davon überzeugt, daß Thunderbird den Focus umherziehender paläo-indianischer Verbände bildete. Seiner Meinung nach kehrte man insbesondere deshalb immer wieder dorthin zurück, um den begehrten Jaspis abzubauen. Möglicherweise war die Umgebung der Steinbrüche Treffpunkt mehrerer autonomer Lokalgruppen, Heiratsmarkt und Handelsdrehscheibe zugleich – jedenfalls ein Ort, an dem soziale Kontakte gepflegt wurden. Ähnliches scheint für andere Fundstellen zu gelten, die Stationen Williamson und Dismal Swamp im Südosten Virginias etwa, wo sich nahe bei Schürfen feinkörnigen Gesteins zahlreiche Waffenspitzen fanden.

Auch in der Nachbarschaft von Feuersteinaufschlüssen in Ohio und Tennessee häufen sich Geschoßspitzenfunde. Abseits solcher Plätze gehen sie zurück. Es darf angenommen werden, daß dies Ausdruck zeitweiliger Bevölkerungsverdichtungen ist. Die Menschen sammelten sich wohl regelmäßig an den entsprechenden Stellen, um Rohmaterial für ihre Gebrauchsgüter zu gewinnen und um soziale Bande zu knüpfen oder zu bekräftigen. Ansonsten wanderten sie umher. Wir sprechen in solchen Fällen von «zentrierter Mobilität». Häufiger aufgesuchte Stationen im Nordosten (Debert, Bull Brook u. a.) passen nicht in dieses Schema. Sie sind große Jagdlager gewesen und gehorchten anderen Notwendigkeiten.

Der Mittelwesten. Paläo-indianische Kehlspitzen und eine Anzahl weiterer Artefakte kamen im Umkreis der Großen Seen zutage, manchmal an frühholozänen Strandlinien. Zu diesen Fundstätten gehört die Station Potts auf einer Anhöhe, die um 9500 v. Chr. Randsümpfe des Ontario-Sees überblickte. Bei Barnes im zentralen Michigan dürfte es sich um ein Jagdlager gehandelt haben. Hier verkehrten Menschen womöglich um 9200 v. Chr., doch die Datierung ist umstritten.

Durch William Roosa, Peter Storck und andere erhielt die Forschung Kenntnis von einer Reihe undatierter Riefenspitzenfundorte am Ufer des alten Lake Algonquin in Ontario. Eventuell liegen hier die Camps einer einzigen Lokalgruppe vor, die einst im Osten des Huron-Beckens umherzog (Roosa, 1965; Storck, 1984). In der Station Parkhill bei London hielten sich laut Roosa (1977) 45–74 Personen auf, Mitglieder einer Rentierjägergemeinschaft. Den Ausgräbern gelang es, Trümmerstücke, möglicherweise Überreste von Familienzelten, zu isolieren. Roosa unterzog Artefakte und Holztrümmer einer so gründlichen Untersuchung, daß er behauptet, die Arbeit einzelner Werkzeugmacher unter-

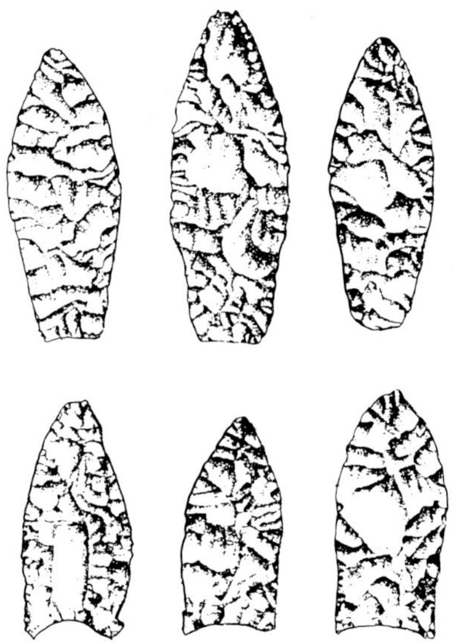

Paläo-Indianer im Mittelwesten: Projektilköpfe aus Ohio. *Obere Reihe:* Sawmill-Lanzettspitzen, Erie County; das linke Exemplar mißt 7 cm. *Untere Reihe:* Kannelierte und ungekehlte Mathewson-Spitzen, Hardin County.

scheiden zu können. Auch Parkhill ist undatiert, doch lassen Blütenpollen aus der Grabung, die mit Proben aus einem anderen Fundzusammenhang verglichen wurden, auf ein Alter zwischen 8900 und 7900 Jahren v. Chr. schließen.

Kehlspitzen aus Ohio und Indiana erreichen im Süden beider Staaten die höchste Funddichte. Dasselbe gilt für Illinois und Wisconsin. Nur wenige Lokalitäten konnten zeitlich sicher eingeordnet werden.

Der Südosten. Über 120 Einzelfunde kannelierter Geschoßspitzen, die entweder dem Clovis-Material oder dem Folsom-Typus ähneln, kamen am Mittellauf des Mississippi zum Vorschein, die Mehrzahl aus Nordost-Arkansas (Morse & Morse, 1973). Auch hier scheint sich die Vermutung zu bestätigen, daß im Frühholozän, als es wesentlich kühler und trockener als heute war, Bevölkerungskonzentrationen seltene Ausnahmen blieben, beschränkt auf wenige begünstigte Habitate. Viele paläo-indianische Lagerplätze an der ehedem weiter seewärts vorgeschobenen Küste dürften vom Meer verschlungen worden sein. Im Landesinnern hielten sich Wildbeuter an Flüssen oder in der Nähe von Einsturzdolinen auf, um die üppige Vegetation wucherte.

Einsturzdolinen sind in Florida häufig. Sie entstanden durch Deckeneinbrüche über Klüften im Kalkgestein, die unterirdische Ströme ausgefräst haben. Da dieses Gewässernetz in Verbindung zum Meer steht, sind die Dolinen heute bis zum Rand mit Wasser gefüllt. Es handelt sich dabei in der Regel um rückgestaute Süßwassersäulen. Als der Meeresspiegel im frühen Postglazial noch niedriger lag, waren die Dolinen, wegen des fehlenden Staudrucks von See her, nur bis zur Hälfte vollgelaufen. Carl Clausen, Wilburn Cockrell und andere Archäologen konnten aus solchen Erdschlünden eine Fülle paläo-ökologischen Materials bergen (Clausen et al., 1979).

An den Warm Mineral Springs im Sarasota County entdeckte Wilburn Cockrell auf dem Absatz eines Dolinentrichters eine Grabstätte. Das Skelett lag 13 m unter der heutigen Wasseroberfläche. Der Mann war selbstverständlich beigesetzt worden, als sich der Krater noch nicht vollends gefüllt hatte. An seiner Seite lag das Bruchstück eines Speerwerfers. Radiokohlenstoffdaten verweisen die Bestattung in die Zeit um 8300 v. Chr. Die sterblichen Überreste einer weiteren Person wurden von Tauchern auf einem anderen Vorsprung gefunden, im selben Tonbett wie die Knochen ausgestorbener Bodenfaultiere und Säbelzahnkatzen. Die frühen Jäger Floridas erbeuteten aber nicht nur Großwild, sondern auch Kleintiere wie Waschbären und sogar Amphibien; außerdem ernährten sie sich von pflanzlicher Kost.

Ein noch spektakulärerer Fund erwartete die Forscher in der nahegelegenen Little Salt Spring. Sie stießen hier, 26 m unterhalb des Trichtermundes, auf den umgedrehten Panzer einer ausgestorbenen Riesenschildkröte (*Chelonoidis crassiscutata*), die mittels einer Holzstange getötet worden war. Der Spieß, zerbrochen und verkohlt, steckte noch zwischen Carapax und Plastron (Bauchschild). Sein Radiokohlenstoffalter beträgt über 11000 Jahre. Die Ausgräber glauben, daß das Reptil gepfählt, umgewälzt und «in der Schale» geröstet wurde. Knochenreste von Mammuts, Bodenfaultieren sowie mehreren anderen Säugetieren und Vögeln befanden sich ebenfalls am Ort des Geschehens. Vor 10000 Jahren lag der Wasserspiegel 11 m unter dem Dolinenrand, und Weißwedelhirsche *(Odocoi-*

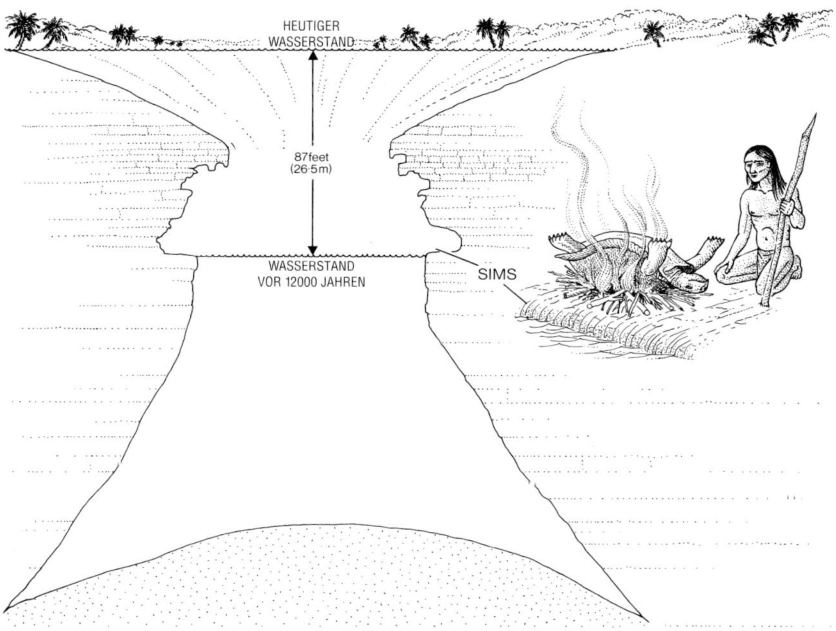

In der Little Salt Spring, Südflorida, fanden sich paläo-indianische Hinterlassenschaften, die 12 000 Jahre alt sein dürften. Ein Mann stürzte offenbar in den Dolinenkrater. Er schwamm zu einem Sims oberhalb der damaligen Wasserlinie. Hier wurden seine Gebeine zusammen mit den Überresten einer Riesenschildkröte, der das gleiche Schicksal widerfahren war, entdeckt. Der Verunglückte briet und verzehrte das Reptil. Als das Fleisch ausging, verhungerte er.

leus virginianus) machten das Gros der Beute hier lagernder Jäger aus. Aus der Little Salt Spring stammt auch das Fragment eines Wurfholzes, das in seiner Form stark an die Kylies (Jagdbumerangs) australischer Ureinwohner erinnert.

Sehr wahrscheinlich kampierten Paläo-Indianer, die die Dolinen aufsuchten, dort eine Weile, lauerten auf Beute und zogen dann weiter. Da Trinkwasser knapp war und weiträumig verteilt, müssen die Wildbeuter Floridas ausgedehnte Territorien besessen haben. Dementsprechend kann die Bevölkerungsdecke nur dünn gewesen sein. Vielleicht gab es an der Küste mehr Menschen, aber das wissen wir nicht.

Sozialordnung und Siedlungsmuster

Unsere Kenntnisse hinsichtlich der paläo-indianischen Sozialorganisation sind naturgemäß äußerst begrenzt. Sie gründen sich vornehmlich auf Spekulationen, ausgehend von den Verhältnissen bei modernen Wildbeutergruppen. Egalitärer Gesellschaftsaufbau, Verpflichtung zum Teilen und Führerschaft kraft Erfahrung (Alter) dürften Strukturelemente paläo-indianischer Verbände gewesen sein. Der Bezug auf kleinste Sozialeinheiten aus wenigen Erwachsenen und Kindern fand seine Begründung in der von der Umwelt vorgegebenen Wirtschaftsweise: Sicherung des Lebensunterhalts durch Jagd, Sammeln von pflanzlicher Nahrung und saisonalem Fischfang konnte nur dann gewährleistet werden, wenn die zu versorgende Gemeinschaft aus einer Handvoll Personen bestand. Daher ist wohl die Familie die wichtigste soziale und produktive Gruppierung gewesen. Ein einziger Jagdunfall konnte alle waffenfähigen Männer einer Schar binnen weniger Stunden auslöschen. Für die Hinterbliebenen gab es dann nur einen Ausweg – Zuflucht bei den Nachbarn, mit denen sie – möglicherweise durch verwandtschaftliche Bande – enge Beziehungen unterhielten. Von der Ethnologie wissen wir, daß Gruppenzugehörigkeit, Status und Erbansprüche bei Naturvölkern nach überlieferten, festgelegten Regeln übertragen werden. Die Deszendenzbestimmungen der subarktischen Indianer zeigen noch heute ein recht archaisches Bild, das unter Umständen Rückschlüsse auf die frühholozäne Praxis erlaubt: Durch non-unilineare (ambilineare) Abstammungsordnung, die selbst bei bevorzugter Patrilokalität (Residenz am Sitz der väterlichen Gemeinschaft) dem Individuum freie Hand bei der Wahl seines Aufenthaltsortes läßt, entstehen «offene» Verbände (Nexen) aus mehreren familienzentrierten Lokalgruppen, die sich innerhalb eines regionalen Zusammenhangs kennen und untereinander heiraten. Das Exogamiegebot, also die Verpflichtung, Ehepartner außerhalb der eigenen Schar zu suchen, sorgt für weitgespannte verwandtschaftliche Vernetzung, die in Notzeiten, bei Unfällen oder unter dem Zwang zu kooperativem Handeln Solidarität und soziale Geborgenheit stiftet. Derlei Bande erleichterten in paläo-indianischer Zeit den Zugang zu oder die Weitergabe von dringend benötigten Rohstoffen.

Auch Siedlungsstrukturen lassen sich aus dem archäologischen Befund nicht ohne weiteres ableiten, zumindest nicht auf allgemeiner Ebene. Wanderten die Paläo-Indianer ruhelos von Ort zu Ort, oder sicherten sie ihren Lebensunterhalt von einer zentralen Basis aus? Fundstätten wie dem Flint Run-Komplex nach zu urteilen, praktizierten Verbände im östlichen Waldland tatsächlich diese Form «zentrierter Mobilität». Rohstoffvorkommen, im vorliegenden Fall Jaspis, ketteten sie dort an einen Fixpunkt. Aber vielleicht verhielt man sich nur in einigen wenigen, an Nahrungsressourcen reichen Gebieten so.

Im Südosten Nordamerikas wird zumeist zwischen länger genutzten Basislagern und Kurzzeitcamps unterschieden. Nach dieser Auslegung sind Basislager Plätze, an denen wesentliche, oft zeitraubende Verrichtungen zum Lebensunterhalt *(maintenance tasks)* erfolgen. Generationen von Jägern und Sammlern verkehrten dort, verweilten bis zu mehreren Monaten am selben Fleck. Bull Brook und Thunderbird dürften solche Zentren gewesen sein, Anziehungspunkte, die sich durch besonderen Wildreichtum, Haine fruchttragender Bäume oder ähnliche Standortvorteile auszeichneten.

Aus archäologischer Sicht müßten an Stätten, die als Basislager dienten, mehr Artefakte zu finden sein als an den Brennpunkten extraktiver Aktivitäten. Waidplätze oder Steinbrüche gehören zu letzterer Kategorie, ebenso Stellen, an denen sich Menschen versammelten, um Nüsse zu ernten, Fische oder Vögel zu fangen. Man kann die verschiedenen Aufenthaltsorte von Wildbeutern nach subtileren Kriterien noch weiter differenzieren, etwa hinsichtlich der Verweildauer einer Gruppe oder dem Zeitpunkt ihrer Inbesitznahme im Jahreslauf. In der Praxis fallen solche Unterscheidungen allerdings nicht leicht. Häufig ist der Fundzusammenhang gestört, der Erhaltungszustand von Gerätschaften schließt eine sichere Beurteilung aus, oder es herrscht Unklarheit über den genauen Verwendungszweck einzelner Objekte. Selbst wenn mikroskopische Techniken wie Gebrauchsspurenanalyse zu Hilfe kommen, bleibt mitunter offen, ob die gesamte

Palette des materiellen Kulturbesitzes erfaßt wurde und somit Möglichkeiten gegeben sind, die damit assoziierten Tätigkeiten zu rekonstruieren.

Wie dargelegt, gründet sich das aussagekräftigste Modell paläo-indianischer Siedlungsstruktur auf den Thunderbird-Befund. Die Menschen dieser Gegend nutzten ausgedehnte Jagd- und Sammelreviere. Jede Lokalgruppe suchte in regelmäßigen Abständen ein zentrales Basislager auf, das sich in einer Flußaue mit großer biotischer Vielfalt befand. Den Rest des Jahres verbrachten die Horden auf Wanderschaft.

Solange die Bevölkerungsdichte niedrig blieb und genügend Großwild oder ausreichend Sammelgut zur Verfügung standen, bewährte sich dieses Siedlungsmuster. Weitverzweigte Verwandtschaftsbande und Heiratsbündnisse bildeten den Schlüssel zu Hunderte von Kilometern entfernten Rohstoffen, die von Gruppe zu Gruppe weitergetragen wurden. Die Naturnähe gerade der Jäger und Sammler, die nicht durch bäuerliche oder industrielle Eingriffe ihre Umwelt verändern, sondern sich ihr weitestgehend anpassen, zwingt sie zur Umstellung bei ökologischen Umwälzungen. Das geschah anläßlich des frühholozänen Klimaumschwungs. Nun galt es, neue Anpassungsmechanismen zu entwickeln und sich der Herausforderung mit ganzer Kraft zu stellen.

Wenn es ein allgemein verbindliches Rezept bei ökologischen Veränderungen gibt, dann ist es die Erhöhung kultureller Vielfältigkeit. Am Ende der paläo-indianischen Periode verfolgten Jäger und Sammler im Westen bereits sehr verschiedene Strategien, ihren Lebensunterhalt zu sichern, indem sie etwa pflanzliche Nahrung stärker berücksichtigten und vermehrt ortstreue Kleintiere fingen. Auf den Plains dagegen blühte die Bisonjagd. Und im Osten machten Hirsche oder Niederwild den größten Teil der Ernährung aus, ergänzt durch pflanzliche Kost. Überall verdeutlicht der Befund, daß ein breiteres Nahrungsmittelspektrum erschlossen wurde und das Schwergewicht auf Ressourcen lag, die hohen Energie-Input versprachen, geradeso, wie nach der Optimal Foraging-Theorie zu erwarten. Die Verfügbarkeit solcher hoch bewerteten Nahrungsgüter wirkte sich regional unterschiedlich auf Bevölkerungswachstum und -dichte aus. Den Beweis liefert der Entwicklungsvergleich in Ost und West (Stuart & Gauthier, 1981).

Im Steppengürtel hing die Bevölkerungsdynamik mutmaßlich von Fluktuationen des Bisonbestandes ab, hervorgerufen durch Ausdehnung und Schrumpfung des Verbreitungsgebietes infolge öko-klimatischer Wechselbäder. Generell muß das Bevölkerungswachstum gering geblieben sein. Es erfolgte aber wohl ein steter, zuweilen plötzlicher Zustrom in die Teile der Plains, wo Bisons besonders häufig auftraten. Im Westen stand den Gruppen ein reicheres Nahrungsangebot zur Verfügung. Nach anfänglichem langsamen Bevölkerungsanstieg war hier rasch ein Punkt erreicht, an dem der Umweltwiderstand, außer in Nischen mit hoher Biomasse, weiteres Anwachsen verhinderte. Die Paläo-Indianer des Ostens lebten in einem Milieu, das recht unterschiedliche Ökosysteme umfaßte. Unter den von der ökologischen Tragfähigkeit diktierten Bedingungen kam es lokal zu Bevölkerungsverdichtungen, speziell an Orten mit vorhersehbaren und saisonal in verschwenderischer Fülle vorhandenen Nahrungsquellen. Wie wir noch sehen werden, entwickelten die Menschen während des Archaikums gerade in solchen Gebieten überaus komplexe Anpassungen.

DRITTER TEIL

DIE GROSSEN EBENEN

«Die neuen Menschen fragten Inktomi, was sie essen sollten. Da Inktomi nicht wollte, daß Menschen seine Freunde verzehrten, schuf er den Bison ... Er lehrte die Männer, wie man diese Tiere tötet und ihnen die Haut abzieht. Er zeigte ihnen auch, wie man Messer macht, um das Fell zu entfernen, und brachte den Frauen die Herstellung von Schabern bei, damit sie die Häute säubern konnten, und diese weich und geschmeidig wurden. Schließlich lehrte er die Menschen, wie man Bisons ausweidet, und welche Teile gut zu essen waren.»

Aus dem Schöpfungsmythos der Inkce Wicaša
(Assiniboine)

KALIBRIERTE DATEN	RADIOKOHLENSTOFFDATEN	PLAINS		KLIMATABELLE
Moderne	Moderne		Mustangs erscheinen auf den Plains (nach 1640) Oñate-Expedition (1598)	
AD 1541	AD 1541	PROTOHISTORISCHE PERIODE	Coronado-Expedition (1541)	SPÄT-HOLOZÄN
		SPÄTE PRÄHISTORISCHE PERIODE	Höhepunkt kommunaler Bisonjagd nach 550 u.Z. Pfeil und Bogen gelangen auf die Plains erste Keramik (um 500 u.Z.)	
175 v. Chr. – AD 235	AD 1			
		SPÄTES PLAINS-ARCHAIKUM		
1530–905 v. Chr .	1000 v. Chr.			
2830–2305 v. Chr.	2000 v. Chr.	MITTLERES PLAINS-ARCHAIKUM		
3950–3640 v. Chr.	3000 v. Chr.		McKean-Komplex im Nordwesten	
			Bisonsturz Head-Smashed-In wird erstmals genutzt	
5235–4574 v. Chr.	4000 v. Chr.	FRÜHES PLAINS-ARCHAIKUM		MITTEL-HOLOZÄN
6285–5445 v. Chr.	5000 v. Chr.			
Kalibrierung ausgeschlossen	6000 v. Chr.		Olsen-Chubbock: Bisonjagd erlangt zentrale Bedeutung	
	7000 v. Chr.	PALÄO-INDIANER		JUNG-HOLOZÄN
	8000 v. Chr.		Erlöschen der eiszeitlichen Megafauna	
	9000 v. Chr.			

7. BISONJÄGER DER PLAINS

Zu Beginn des 19. Jhs. beherrschten über zwanzig berittene indianische Volksgruppen die Great Plains. Die meisten waren Bisonjäger, die über die Weite der Steppe streiften, andere lebten als seßhafte Gartenbauer am Missouri, suchten das Grasland aber regelmäßig auf, um Beute zu machen. Nach Herkunft und Sprachzugehörigkeit verschieden, brachten diese Stämme ein gemeinsames Kulturmuster hervor, das auf gewachsener Mobilität dank des Pferdes beruhte.

Die ungebundene Lebensweise der Plains-Völker, ihr Resistancegeist und ihre malerische Tracht gaben den Stoff ab, aus dem Legenden sind. Kühne Überfälle und beherzte Schlachten gegen die weiße Übermacht brachten sie in Verruf, stempelten sie zu heimtückischen Bösewichtern und blutdürstenden Heiden. Berichte über Scharmützel, abgefaßt von reisenden Zeitungskorrespondenten oder in Chroniken kleiner Grenzstädte aufgezeichnet, kleideten die «federgeschmückten Rothäute» in das romantisierende Gewand unbezwingbarer Tapferkeit – ein gefundenes Fressen für Groschenromanschreiber. Tausende von Amerikanern bezogen aus derlei Quellen ihr Wissen über die freien Indianer des Westens, geronnen zu Stereotypen unbeugsamer, exotisch geschmückter Kriegerheroen an der Seite ihrer lieblichen Squaws.

Solche Abziehbilder hielten sich hartnäckig. William F. (Buffalo Bill) Cody beschäftigte eine Anzahl Plains-Indianer und eine Schar Cowboys, die mit seiner berühmten Wildwest-Show die Städte des Ostens bereisten. Trupps bunt bemalter Krieger in prächtiger Aufmachung stoben auf ihren «Indianerponies» durch die Arena. Im Festtagsornat mit schleppenbehangenen Federhauben, eigentlich zeremoniellen Anlässen vorbehalten, attackierten die Show-Indianer Planwagen und Postkutschen, nur um dann von den Cowboys, die, zur Erleichterung der Zuschauer, gerade rechtzeitig heranstürmten, «abgeknallt» zu werden. Um den Auftritten einen Hauch von Authentizität zu verleihen, engagierte Cody Veteranen der Plains-Kriege wie den Lakota-Führer Sitting Bull.

Den Shows folgten die «Völkerschauen» der Zirkusse und schließlich die Wildwestfilme. Viele der Räuberpistolen aus der Werkstatt Hollywoods gingen auf Fortsetzungsgeschichten zurück, die zuerst in der *Saturday Evening Post,* dem Sprachrohr des bürgerlichen Amerika, gedruckt wurden. Indianer dienten solchen Streifen lediglich als Staffage. Fast immer traten sie im Kostüm der Plainsbewohner auf, selbst wenn das Drehbuch die Handlung weit weg vom Grasland ansiedelte.

Western und die von ihnen transportierten Mythen vervielfältigten nicht nur Klischees indianischer Lebensweise, sondern bestärkten auch die Annahme, die Plains-Kultur habe über lange Zeiträume unveränderlich bestanden. Das Erscheinungsbild der Steppenvölker gefror als Momentaufnahme der Spanne zwischen 1830 und 1880, jenem Zeitabschnitt, der das Schicksal der «Prärieritter» besiegelte.

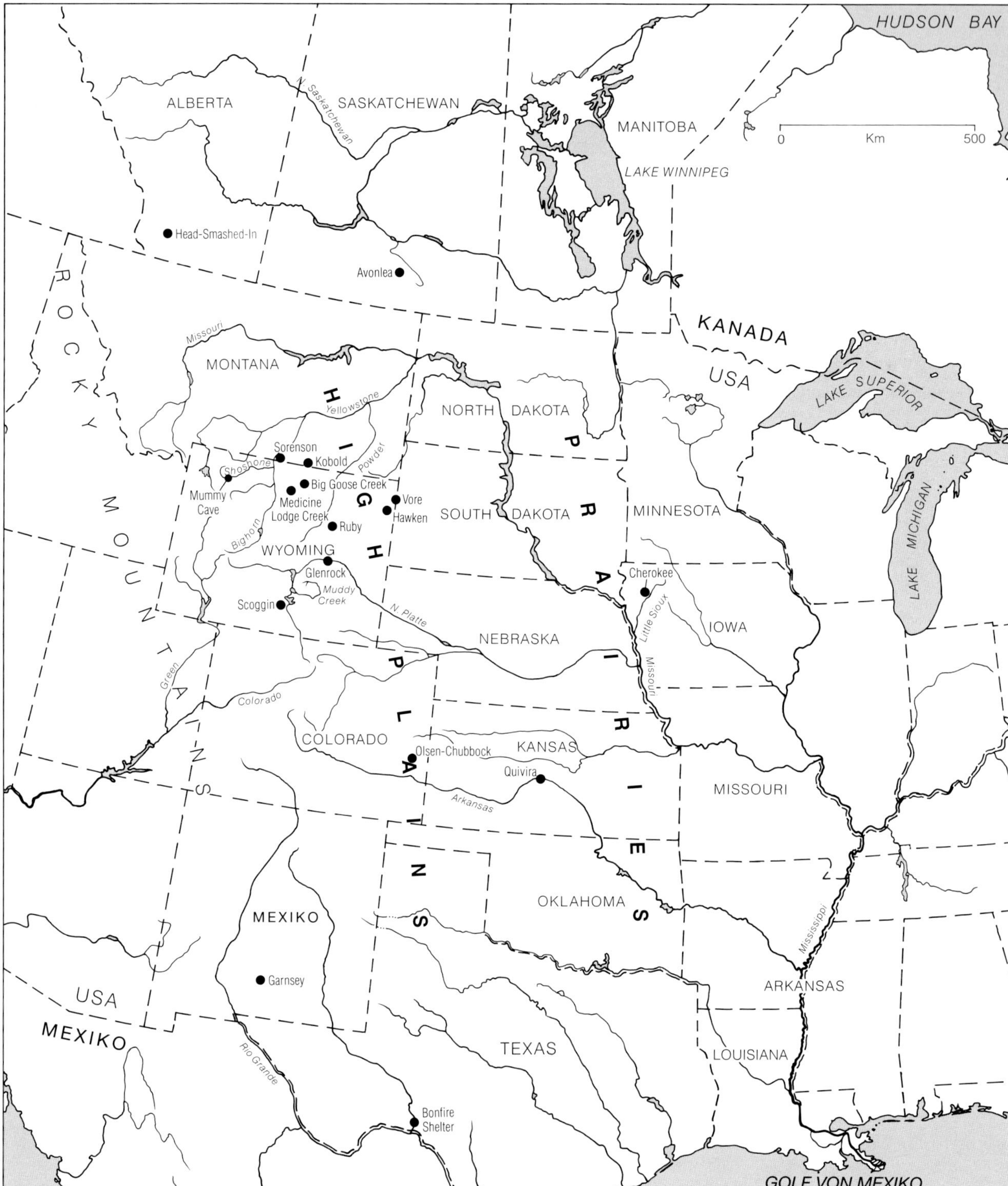
HUDSON BAY
ALBERTA
SASKATCHEWAN
N. Saskatchewan
MANITOBA
0 Km 500
LAKE WINNIPEG
Head-Smashed-In
Avonlea
KANADA
USA
ROCKY MOUNTAINS
Missouri
MONTANA
HIGH PLAINS
Yellowstone
NORTH DAKOTA
PRAIRIES
LAKE SUPERIOR
Sorenson
Kobold
Shoshone
Powder
Big Goose Creek
Mummy Cave
Medicine Lodge Creek
Vore
Hawken
SOUTH DAKOTA
MINNESOTA
LAKE MICHIGAN
Ruby
Bighorn
WYOMING
Glenrock
Muddy Creek
Cherokee
Scoggin
N. Platte
Little Sioux
IOWA
NEBRASKA
Missouri
Green
Colorado
COLORADO
Olsen-Chubbock
KANSAS
Quivira
MISSOURI
Arkansas
OKLAHOMA
MEXIKO
Mississippi
Garnsey
ARKANSAS
USA
MEXIKO
TEXAS
Rio Grande
LOUISIANA
Bonfire Shelter
GOLF VON MEXIKO

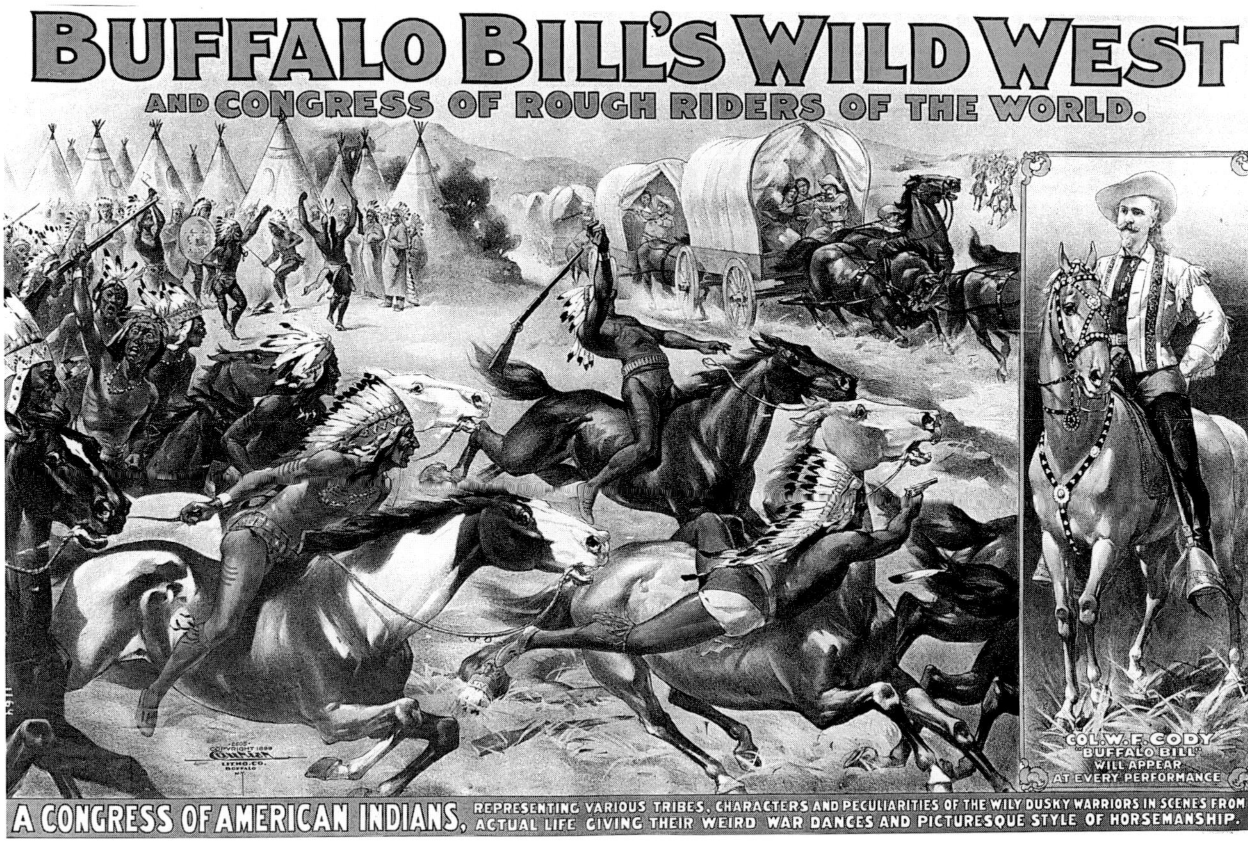

Klischeehafte Vorstellungen bestimmten und bestimmen das Bild vom Indianerleben auf den Plains. Ein Plakat der Buffalo Bill-Wildwestshow verspricht «verschlagene Rothäute, die ihre schauerlichen Kriegstänze aufführen».

Spanische Abenteurer waren die ersten Europäer, die Mitte des 16. Jhs. die Plains betraten. Dort staunten sie über die ungeheuren Mengen «wilder Kühe», die im Grasland weideten. Kanadische Trapper erforschten den Nordteil der baumlosen Weiten. Sie sind es gewesen, die die Steppen mit dem Namen *prairie,* Wiese, bedachten. Amerikanische Reisende des beginnenden 19. Jhs. teilten diese hoffnungsvolle Einschätzung nicht. Vor ihren Augen erstreckte sich Niemandsland, die «Große Amerikanische Wüste», ungeeignet für menschliche (weiße) Besiedlung.

Die meisten Gelehrten des 19. Jhs. neigten der Ansicht Lewis Henry Morgans zu, der meinte, erst die Übernahme von Pferd und Gewehr habe Indianer befähigt, die unwirtlichen Ebenen in Besitz zu nehmen. Nach 1000 v. Chr., so Morgan, seien ein paar Gruppen an den Rand des Steppengürtels gezogen, wo sie blieben, bis die Spanier Pferde in den Südwesten brachten. Wild lebende Einhufer waren ja seit dem Ende der Eiszeit in der Neuen Welt ausgestorben. Die fremdartigen Geschöpfe hätten sich dann als ideal bei der Kolonisierung des Bisonlandes erwiesen.

Wie sich aber herausstellte – der Folsom-Fund in den 20er Jahren unseres Jahrhunderts leitete die wissenschaftliche Wende ein –, lebten Wildbeuter schon seit

(Gegenüber) Karte der im Text erwähnten Fundorte.

über 10000 Jahren auf den Plains. In Kapitel 6 wurden die Spuren dieser frühen paläo-indianischen Verbände gesichert. Nun wollen wir spätere Kulturentwicklungen beschreiben und ihren Anpassungserfolg begründen.

Umwelt und Klimawandel

Vor Ankunft der Europäer bildeten die großen, im Herzen Nordamerikas gelegenen Prärien ein scheinbar endloses Graspanorama, nur begrenzt von Himmel und Erde. Dieses Meer aus Halmen erstreckte sich vom Rand der sommergrünen Laubwälder im Osten bis zu den Rocky Mountains und vom Mackenzie River in Kanada bis zum Golf von Mexiko. Nach Westen hin steigt das Gelände an, die Regenmenge aber nimmt ab. Extreme Lebensbedingungen zeichnen noch heute das Gesicht der Steppen: lähmende Hitze im Sommer, klirrender Frost im Winter. Ausdauernde Gräser beherrschten die ursprüngliche Vegetation. Bäume gab es nur in den Galeriewäldern entlang der Flüsse oder auf den wenigen gebirgigen Landrücken.

Die Grenzen zwischen Steppe und benachbarten Lebensräumen sind oft fließend. An einigen Stellen ragen Plateaus und Inselgebirge Querriegeln gleich in den Grasozean. Weiter im Osten wird mit zunehmender Niederschlagsmenge die Vegetation üppiger und weicht schließlich dem Wald.

Wer über die Ebenen fliegt, gewinnt den Eindruck einer verhältnismäßig gleichförmigen Landschaft. Fährt man aber durch das Gebiet, stößt man nach Kilometern sanfter Hügelwellen unweigerlich auf einen Fluß, eine Quelle oder eine Erosionsrinne, die die gesamte Umwelt völlig verändern. Hier spätestens wird klar, daß auch die Plains ein Mosaik recht unterschiedlicher Lebensräume darstellen, abhängig von Hydrologie und klimatischen Bedingungen.

Das Grasland liegt im Regenschatten der Rocky Mountains. Drei Luftmassenströme schneiden sich und bestimmen das Klima. Milde Luft pazifischen Ursprungs, die ihre Feuchtigkeit auf dem Weg über das trockene Große Becken und die Rockies verliert, trifft auf feucht-warme subtropische Fronten von der Golfküste und Schwälle polarer Luft. Der vorherrschende pazifische Strom sorgt für weitgehende Trockenheit im Westen. Ständige Verwirbelung der Winde (Turbulenzen) infolge des rauhen Bodenprofils und eklatanter Temperaturgefälle schwächt die «Westerlies» jedoch regional ab und führt dann von Süden her feuchtigkeitsgesättigte Warmluft heran. Der Vegetationszyklus vieler Pflanzen und die Verteilung von Weidetieren ist an solche Witterungskapriolen gebunden.

Während des Frühholozäns, nachdem sich Wald auf eisfrei gewordenen Flächen angesiedelt hatte, führte kontinuierliche Erwärmung zu größeren Veränderungen im Vegetationsbild. Ab 9000 v. Chr. wichen Fichtenwälder dem Grasland (Wright, 1983). Weiter im Osten breitete sich um 7500 v. Chr. ebenfalls Prärie aus, hier auf Kosten des parkartigen sommergrünen Baumbestandes. Inselartig blieb der laubwerfende Wald aber bis 5000 v. Chr. erhalten.

An dieser Nahtstelle von Steppe und Wald zeigt sich die progressive Abnahme der Feuchtigkeitszufuhr unter dem Einfluß pazifischer Luftmassen, die nach dem Rückzug des Laurentischen Gletscherschildes wetterwirksam wurden. Immerhin war die Nähe des Eises noch spürbar. Wie uns Pollenaufsammlungen verraten, gab es in den sommergrünen Wäldern am Rand der Prärie überwiegend Ulmen und andere, weniger kälteempfindliche Bäume. Wärmeliebende Eichen dagegen, die heute im Osten Nordamerikas häufig vorkommen, fehlten weitgehend.

Das Pflanzenkleid stellt den wichtigsten Faktor in Bezug auf die Verteilung von Tieren dar. In dem Zusammenhang ist bemerkenswert, daß die pleistozäne Megafauna etwa um 8000 v. Chr., als größere öko-klimatische Umwälzungen stattfanden, von der Bühne des Lebens abtrat. Einige Paläo-Ökologen glauben, der ausgeprägte Jahreszeitenwechsel ausgangs der Eiszeit habe sich in kürzeren, wärmeren Wintern und – im Vergleich zu heute – kühleren Sommern ausgedrückt. Spezies gemäßigter Breiten wie Eschen und Eichen konnten unter solchen Bedingungen Mischwälder mit kälteliebenden Fichten bilden. Der Tierwelt, sofern sie nicht auf den Weidegang in Grasland oder Tundra angewiesen war, kam das zugute. So stieß die allmähliche Erwärmung einen ökologischen Dominostein nach dem anderen an, bis sich im Verlauf des Mittelholozäns ein dynamisches Gleichgewicht einstellte. Man muß freilich beachten, daß es kräftige regionale Klimaabweichungen gab (vgl. z. B. Bryant & Holloway, 1985, die die Verhältnisse auf den südlichen Plains beleuchten).

Im Mittelholozän erreichte die Austrocknung (Aridisierung) ihren Höhepunkt. Damals verlief die Scheidelinie zwischen Steppe und laubwerfendem Wald 100 km östlich der gegenwärtigen Grenze. Ihre maximale Ausdehnung erreichte die «Prärie-Halbinsel» zwischen 6000 und 3000 v. Chr. Insgesamt erwies sie sich aber als relativ instabil, möglicherweise infolge der Verschiebungen laurentischer Restgletscher auf dem Labrador-Plateau hoch im Norden.

Die Ostausdehnung des Steppengürtels, zweifellos von der vorherrschenden pazifischen Luftströmung begünstigt, fiel mit der altithermalen Klimaepisode vor 8000–4500 Jahren zusammen (vgl. Kapitel 5). Gestiegene Temperaturen und das Ausmaß der Aridität verhinderten nach Ansicht einiger Forscher dauerhafte menschliche Ansiedlung während dieser Phase. Angesichts mehrerer Bison-Waidplätze, darunter Hawken und Head-Smashed-In (s. unten), ist das aber fraglich. Zwar dürfte es wegen der durch Trockenheit eingeschränkten Weidefläche zum Zusammenbruch lokaler Bisonherden gekommen sein, oder das spärlicher gewordene Futterangebot erzwang in Wechselwirkung mit gestörten Wanderzyklen eine generell niedrigere Bestandsdichte, doch bildeten die Wildrinder gewiß nach wie vor eine feste Rechengröße in der Nahrungsplanung der Steppenjäger.

Allerdings belegen die palynologischen Untersuchungen Vaughn Bryants in Südwesttexas (Bryant & Holloway, 1985) örtliche Beeinträchtigungen der Bisonjagd. Dort liegt Bonfire Shelter, die südlichste Stätte in Nordamerika, wo größere Mengen Bisons Opfer jagender Menschen wurden. Zwei Knochenpackungen, die eine aus paläo-indianischer Zeit, die andere um 500 v. Chr. angehäuft, illustrieren das Beuteaufkommen über jeweils recht kurze Zeiträume von 50–100 Jahren. Wie aber erklärt sich die enorme Fundlücke zwischen beiden Abschnitten? Bryants Pollenproben ergaben, daß im Gebiet um Bonfire nur zweimal in 10000 Jahren genügend Gras wuchs, um Großherden zu ernähren. Dann folgten Jäger den Bisons, die die Umgebung des Abri aufsuchten, und brachten die Tiere zur Strecke. Das Überleben der Verbände hing also wesentlich von sorgfältiger Beobachtung des Weideganges und der Wanderungen des Wildes ab.

Eine andere Möglichkeit, mit der Trockenheit und der damit einhergehenden Verknappung des Nahrungsmittelangebots fertig zu werden, bestand in der Ausweitung der Strategien zur Sicherung des Lebensunterhaltes. In der Cherokee Sewer Site, Nordost-Iowa, stieß man auf drei Kulturhorizonte im Ablagerungsfächer des Little Sioux River. Die Horizonte, 8400, 7300 und 6350 Jahre alt, enthielten die Überreste von Bisons, aber auch von anderen Tierarten (Shutler et al., 1974). Kleinsäugerknochen, Schneckenschalen und Pollenproben lieferten den Beweis, daß das Lokalklima um 4400 v. Chr. erheblich trockener als heute gewesen ist, die durchschnittlichen Wintertemperaturen aber etwas höher lagen. Coffey im nordöstlichen Kansas datiert 5100 Jahre zurück. Die Menschen dort stellten nicht nur Bisons nach, sondern erlegten auch Hirsche, erbeuteten Wassergeflügel und brachten allerlei pflanzliche Kost ein. Stätten wie Mummy Cave in Nord-Wyoming (Wedel et al., 1968) und das 160 km weiter östlich gelegene Medicine Lodge Creek (Frison & Wilson, 1975) bezeugen gleichfalls Anstrengungen, die Nahrungsversorgung im Altithermal auf eine breitere Grundlage zu stellen. Bei Hawken in Wyoming bediente man sich der Gemeinschaftsjagd als Alternative, um den Subsistenzertrag zu steigern (Frison, 1978).

Von Bisons und Menschen

In vorgeschichtlicher Zeit boten die Great Plains günstige Lebensbedingungen für eine Reihe großer Herdentiere. Als die ersten europäischen Siedler hierher kamen, wuchs auf den westlichen Ebenen, wo pro Jahr mit 37,5 cm Regenmenge am wenigsten Niederschlag fällt, ein dichter, widerstandsfähiger Teppich aus niedrigem Blaugramagras *(Bouteloua gracilis)* und Büffelgras *(Buchloe dactyloides)*. Je weiter man nach Osten reist, nehmen Niederschläge und Vielfalt der Vegetation zu. Von Ohio bis zum östlichen Oklahoma erstreckte sich einst die Hochgrasprärie. Regenmengen um 100 cm per annum ließen in der heutigen Kornkammer der USA Indianerhirse *(Sorghastrum nutans)* und Hohes Blaustengelgras *(Andropogon gerardi)* so hoch wachsen, daß ein Reiter zwischen den Halmen verschwand. In der Übergangszone gedeiht Mischgrasprärie mit Junigras *(Koeleria cristata)*, Westlicher Weizenquecke *(Agropyron smithii)* und Niedrigem Blaustengelgras *(Andropogon scoparius)*, die mit einem Niederschlag von 62,5 cm im Jahresmittel auskommen. Allerorten trafen die Abenteurer und Kolonisten der amerikanischen Pioniertage auf Bisons, jene Tierart, die den Ureinwohnern das Überleben in der unwirtlichen Steppe ermöglichte. Bisons aber waren beileibe keine verläßliche Nahrungsquelle. Menge und Verteilung der Niederschläge zwangen die Wildrinder zu Migrationen, immer auf der Suche nach frischem Grün. Wenn Regen ausblieb und die Halme nur spärlich sprossen, grasten die Tiere zu dicht am Boden, ihre Zähne nutzten sich rasch ab, und sie konnten schließlich kein Futter mehr aufnehmen. Bisons mußten also wandern, und der Mensch folgte ihnen.

Wildrinder der Gattung *Bison* besiedelten Nordamerika lange vor der Wisconsin-Vereisung. Einige amerikanische Altformen *(Bison priscus crassicornis, Bison priscus latifrons)* erreichten gewaltige Größen und besaßen riesige, ausladende Gehörne von über 2 m Spannweite. Der kleinere Wisconsin-Altbison *(B. bison*

Bison aus dem National Zoological Park. Dieses Tier diente als Vorlage für die Abbildung auf der 10-Dollar-Note.

antiquus) war von Alberta bis Texas verbreitet, kam aber auch in Kalifornien und Florida vor. Ausgangs der Eiszeit wanderte der Vorfahre des heutigen Bison *(B. bison occidentalis)* von Norden zu. Als ökovariable Spezies wurde er mit den sich verändernden Umweltbedingungen besser fertig als sein größerer Vetter, den er verdrängte, und bildete zwei Unterarten aus – den in den nördlichen Rocky Mountains sowie in der Taiga lebenden Waldbison *(B. bison athabascae)* und den Präriebison *(B. b. bison)*.

Die Kurzgrassteppen des Westens waren allzeit Heimat von Wildbeutergruppen, die entlang der Flußtäler oder an Quellen Quartier bezogen. Neben Bisons jagten sie Gabelböcke *(Antilocapra americana)*, Schwarzwedelhirsche *(Odocoileus hemionus)*, Rothirsche, Braunbären *(Ursus arctos)* und eine Reihe kleinerer Säuger sowie Vögel, darunter Beifußhuhn *(Centrocercus urophasianus)*, Schweifhuhn *(Tympanuchus phasianellus)* und Präriehuhn *(Tympanuchus cupido)*. Fische und Weichtiere hatten regionale Bedeutung. Pflanzliche Nahrung stand ebenfalls hoch im Kurs, vor allem Prärieklee *(Psoralea)*, Erdbirnen *(Apios)*, Nußbohnen *(Amphicarpa)* und Sonnenblumen *(Helianthus)*, namentlich Topinambur *(H. tuberosus)*.

Der Untergrund von Misch- und Hochgrasprärien im Osten der Plains ließ Gartenbau zu. Fruchtbare, leicht zu kultivierende Auen- und Schwemmlandböden erlaubten die Erwirtschaftung agrarischer Überschüsse, die an Jägergruppen weiter im Westen verhandelt wurden. Das Pflanzertum faßte in diesen Gebieten etwa 500 Jahre vor dem Kontakt mit Europäern Fuß. Dennoch gingen auch die Dorfindianer am Missouri noch regelmäßig auf Bisonjagd. Feldbautraditionen der östlichen Plains sind eng mit Entwicklungen verknüpft, die sich bereits wesentlich früher im Mississippital und dessen dem Atlantik zugewandten Hinterland anbahnten (vgl. Kapitel 14). Daneben schöpften aber auch die Prärie-Pflanzer aus dem kulturellen Fonds jener Großwildjäger, die seit Jahrtausenden auf der Steppe umherstreiften.

Der Übergang zum Archaikum: ca. 5600 v. Chr.–500 n. Chr.

Die frühen Bewohner der Plains zeichnete ein Höchstmaß an Beweglichkeit aus. Kleine Verbände durchquerten riesige Areale und kehrten nur selten zu denselben Jagdgründen zurück (vgl. Kapitel 6). Wie Douglas Bamforth (1988) ausführt, mag es zu jahreszeitlichen Treffen verwandter Lokalgruppen gekommen sein. Auch Wobst (1974) hebt den kontaktstiftenden Charakter der Mobilität hervor, gestattete sie doch den kulturellen Austausch zwischen zerstreut lebenden Gemeinschaften. Schürfe feinkörnigen Gesteins, aus dem Waffen und Werkzeuge entstanden, dürften den Wanderungen in gewissem Umfang Richtung und Ziel gegeben haben.

Die Jäger verließen sich auf ihre Fähigkeiten bei der Pirsch und die Vertrautheit mit den Gewohnheiten des Wildes. Paläo-indianische Gruppen erbeuteten wahllos Bisons jeden Alters und Geschlechts, ihre Nachfolger konzentrierten sich auf Muttertierherden mit Kälbern. Massentötungen waren anfangs selten, auf Grund raffinierterer Jagdmethoden und verbesserter technischer Hilfsmittel gewannen sie aber an Bedeutung. Es gibt Grund zu der Annahme, daß paläo-indianischen Verbänden die nötigen Arbeitskräfte fehlten, um jedes bei gelegentlichen Treibjagden gestreckte Tier zu verwerten. Der riesige «Bisonfriedhof» von Hudson-Meng in Nebraska, wo vielleicht nur 1% des angefallenen Fleisches von Scottsbluff-Jägern abtransportiert wurde, unterstreicht das. Doch blieb solche Verschwendung wahrscheinlich die Ausnahme. In einigen Fällen fand die Hatz im Winter statt. Man ließ dann die Kadaver frieren, kampierte eine Weile in der Nähe und griff bei Bedarf in diese bequeme «Tiefkühltruhe» (Reher & Frison, 1980; Kelly & Todd, 1988).

Vermutlich hat es beträchtliche Unterschiede hinsichtlich Bestandsdichte und adaptivem Verhalten von Bisonherden in Teilbereichen der Plains gegeben. Von Beobachtungen aus jüngerer Zeit und aus historischen Aufzeichnungen wissen wir, daß etwa die Herden im trockenen Südwesten des Steppengürtels kleiner, beweglicher und bei ihren Wanderungen unberechenbarer waren als die im Nordosten. Ethnografisches Material und die Auswertung von Klimadaten überzeugten Bamforth (1988), daß die am weitesten fortgeschrittenen Plainskulturen dort existierten, wo sich dank günstiger öko-klimatischer Bedingungen größere, weniger bewegliche und bestimmte Migrationsrouten bevorzugende Bisonherden aufhielten.

Auf die Kulturen von paläo-indianischem Zuschnitt folgten in fast unmerklichem Übergang archaische Traditionen, die sich ausgefeilterer Methoden der Nahrungsbeschaffung bedienten. Als um 6000 v. Chr. wärmere und trockenere Witterungsverhältnisse Einzug hielten, sank offenbar die Zahl der auf den Plains lebenden Menschen. Frühere Hypothesen, die von einem völligen Rückzug ausgingen, scheinen aber nicht zuzutreffen.

Wir kennen nur wenige Fundorte, die die Anwesenheit archaischer Bisonjäger auf den Ebenen dokumentieren. Die am gründlichsten untersuchten Stätten liegen im Nordwesten der Plains (Frison, 1978). Auf sie stützt sich die folgende Zusammenfassung.

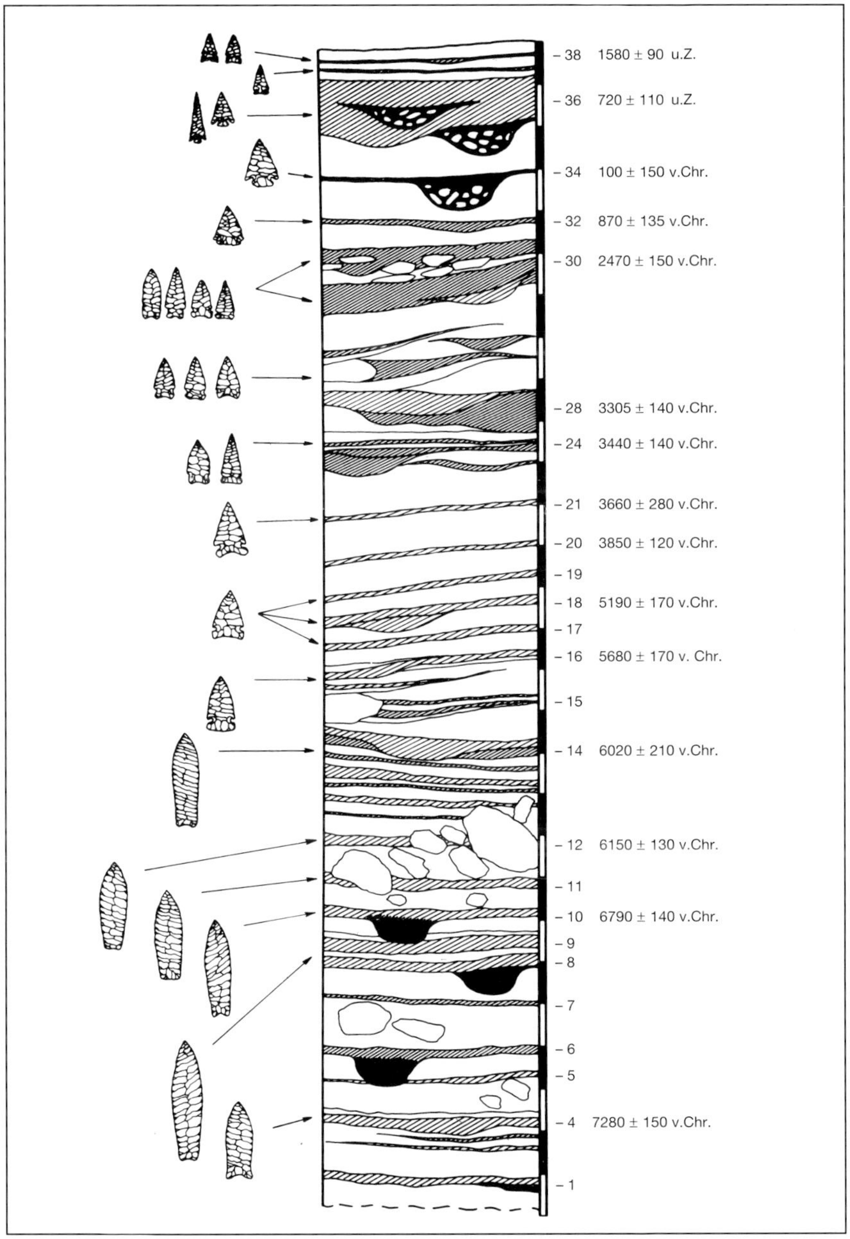

Mummy Cave in Nordwest-Wyoming: zeichnerisch umgesetztes Schichtprofil der durch Flugsandlagen getrennten Kulturhorizonte. Die links abgebildeten Projektilköpfe illustrieren den Wandel von paläo-indianischen Lanzettspitzen zu seitengekerbten und gestielten Formen.

Frühes Plains-Archaikum: ca. 5600 bis 3000 v. Chr. (oder länger)

Den Beginn des Plains-Archaikums illustriert der abrupte Wechsel von paläo-indianischen Blattspitzen zu charakteristischen seitengekerbten Projektilköpfen. Die Seitenkerbung stellt eine wichtige Neuerung dar, denn sie erlaubte die strammere Bindung der Spitzen an Vorschäfte oder Speergriffe. Ihre Effektivität bewies die Erfindung durch rasche Ausbreitung über die Plains.

Gut belegt ist der Übergang in Mummy Cave, einem Höhlenunterschlupf am Shoshone River nahe dem Yellowstone-Nationalpark in Wyoming. Die ersten seitengekerbten Spitzen tauchen in einer Kulturschicht auf, der ein Alter von 7600 Jahren zugeschrieben wird. Ähnliche Waffen kamen u. a. am Medicine Lodge Creek und in der Sorensen Site im Bighorn Canyon zutage (Husted, 1969).

Wieder sind mehrere Lokalstile auszumachen, deren Verbreitung aber noch unzureichend bekannt ist (Frison, 1978). Gegen Ende des Früharchaikums nimmt der Formenreichtum erheblich zu. Alles deutet darauf hin, daß die Menschen während der gesamten Epoche genauso lebten wie ihre Vorgänger, auch wenn sie ein vielfältigeres Nahrungsangebot nutzten.

Hawken in Wyoming war um 4400 v. Chr. Schauplatz einer erfolgreichen Bisonjagd. Die Tiere wurden in eine Erosionsrinne gedrängt, die Ausbrüche vereitelte. Mindestens dreimal fanden hier Treiben statt, den Kieferknochen und Zähnen nach zu urteilen im Früh- oder Mittwinter. Sowohl erwachsene Bisons als auch Kälber gingen in die Falle. Wie die vielen im Todeskampf zerbrochenen Waffenspitzen verraten, hatten die Jäger Schwerstarbeit zu verrichten. Einige der Bruchstücke ließen sich als Metzgerwerkzeuge weiterverwenden. Man glich Scharten aus und spitzte Kanten, bis rasiermesserscharfe Klingen entstanden, die Häute durchdringen und Muskelfleisch zerteilen konnten. Auch Bisonstürze, die Treibjagd über Klippen also, sind aus dieser Zeit bekannt. Head-Smashed-In in Alberta sah ein solches Ereignis um 3500 v. Chr.

Mittleres Plains-Archaikum: ca. 2900 bis ca. 1000 v. Chr.

Während des Mittleren Plains-Archaikums scheint es zu Bevölkerungsverschiebungen aus dem südlichen intermontanen Raum ins Grasland gekommen zu sein. Diese Wanderung wird mit dem plötzlichen Auftreten des sogenannten McKean-Komplexes vor nunmehr 4900 Jahren (Kornfeld & Todd, 1989) in Verbindung gebracht. Im Bighorn-Becken fanden sich Mahlgeräte aus Sandstein, die der Zubereitung von pflanzlicher Kost dienten, und immer wieder benutzte Kochgruben, in denen man Kiefernzapfen röstete. Das heißt nicht, daß die Einwohnerschaft der Gegend die Bisonjagd völlig aufgab. Eher entwickelte sie ökonomische Anpassungen, die sich nach jahreszeitlichen Nahrungsangeboten richteten. Dementsprechend dürften die Lokalgruppen saisonale Wanderungen unternommen und dabei große Entfernungen zurückgelegt haben.

Das Etikett «McKean» gibt zur Kontroverse in Fachkreisen Anlaß. Derzeit werden dazu nicht nur die lanzettförmigen McKean-Spitzen mit gezähnelter Basis und konvexen Kanten gezählt, sondern auch zahlreiche lokale Varianten. Verbergen sich hinter dieser Vielfalt unterschiedliche Kulturtraditionen oder spiegeln die Typen nur spezielle Gebrauchsformen? Ihre eng begrenzte Verbreitung und das Nebeneinander verschiedener Spitzen am selben Fundort könnten für letztere Annahme sprechen.

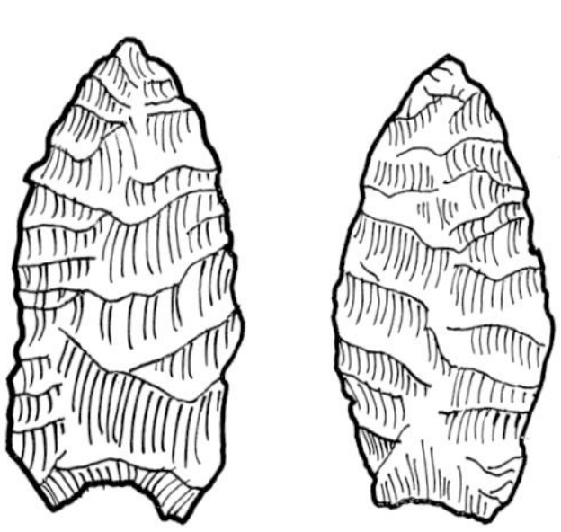

Zwei McKean-Spitzen vom Signal Butte.

Der Kobold-Bisonsturz im südlichen Montana.

Im Mittelarchaikum kamen im nordwestlichen Plainsgebiet merkwürdige Steinsetzungen auf. Es handelt sich dabei um Kreise von 3,3–7,3 m Durchmesser, die nicht mit den späteren (protohistorischen?) «Geisterrädern», deren Funktion umstritten ist (Eddy, 1981; Kehoe & Kehoe, 1979), verwechselt werden dürfen. Überwiegend mögen die Gebilde ehemalige Zeltplätze darstellen; die Steine könnten Lederplanen der Behausungen am Boden gehalten haben. Allerdings überraschte das fast völlige Fehlen von Artefakten, sieht man von einzelnen Abschlägen und zerbrochenen Waffenspitzen ab. Manche der Kreise liegen isoliert in der Steppe, anderswo konzentrieren sich hunderte an einem Ort. Oft befinden sie sich auf Anhöhen oder an Flußterrassen.

Fundstätten des Mittelarchaikums umfassen nicht nur Bison-Waidplätze, sondern auch Jagdlager, die Überreste von Schwarzwedelhirschen und Dickhornschafen enthalten. Ab 2500 v. Chr. nahm die Bisonjagd zu. Damit einher gingen effizientere Verfahren der Nahrungsbeschaffung. Jagden fanden vorzugsweise im Herbst statt. Gern kehrte man an geeignete Stellen zurück. Die Kadaver wurden ökonomischer als früher verwertet. Aus einem Großteil des Fleisches entstand Trockennahrung (Pemmikan), als ob man sich nun stärker auf Vorratshaltung besänne. Die Jäger verfuhren aber noch immer nach überlieferten und bewährten Methoden, um der Tiere habhaft zu werden, z. B. Treiben in ein Sacktal. Auch Bisonstürze galten nach wie vor als geeignete Jagdmethode, wie uns der Fundort Kobold im südlichen Montana lehrt. Bei Kobold handelt es sich um die 7,6 m hohe Abbruchkante einer Sandsteinklippe, die in der Nähe saftiger Weiden liegt. Der Taleinschnitt unterhalb des Kliffs ist geräumig und bot ausreichend Platz, um selbst ein größeres Beuteaufkommen zu bewältigen, d. h. die Tiere aufzubrechen und auszuweiden. Das Gelände war ideal für Treibjagden, denn es gibt nur einen Zugang zur Klippe, der zudem noch nach außen hin mittels Steinhaufen abgeriegelt werden konnte. Wie die vielen gebrochenen Knochen vermuten lassen, fanden nicht wenige Bisons bereits beim Aufprall auf den Boden den Tod. So erklärt sich auch die im Vergleich mit Hawken oder anderen Stätten geringere Menge herumliegender Waffenspitzen. Zwischen den Flüssen Yellowstone und Powder stießen Archäologen auf drei weitere mittelarchaische Waidplätze. Frison (1978) nimmt an, daß die hier umherziehenden Horden sich im Herbst, Winter und Vorfrühling zu Gemeinschaftsjagden trafen. Einen Teil des Fleisches, so Frison, verwendete man getrocknet als Rücklage in Schlechtwetterperioden, die den Aufenthalt im Freien nicht ratsam erscheinen ließen.

Man weiß, daß mittelarchaische Jäger auch Fanggatter errichteten. Eine dieser Umfriedungen wurde am Fundplatz Scoggin nördlich von Rawlins in Wyoming entdeckt. Sie dürfte 4500 Jahre alt sein. Scoggin liegt am Ende der Öffnung eines Quertals, dort, wo Bisons vorüberwechselten, wenn sie trinken wollten. Über eine natürliche Rampe jagte man die in Panik versetzten Tiere in einen eigens aus Steinen und Stämmen gebauten Pferch. Womöglich waren die Wandungen des Gatters mit Strauchwerk verkleidet, um zu verhindern, daß die Bisons die Falle erkannten und ausbrachen.

Spätes Plains-Archaikum: ca. 1000 v. Chr. bis 600 u. Z.

Das Auftreten eines neuen Waffentypus markiert den Übergang vom Mittel- zum Spätarchaikum, die Lebensweise der Menschen jedoch blieb unverändert. Es erscheint die Pelican Lake-Spitze, ein Projektilkopf mit unverkennbarer Eckenkerbung. Fundstätten, die solche Waffen enthalten, sind von Saskatchewan bis Nebraska und Wyoming verbreitet (Reeves, 1970). Bei den Trägern dieser Kultur mag es sich um Vorgänger der historischen Ksan'qa (Kutenai) und ausgestorbene Verwandte gehandelt haben. Die zeitliche und räumliche Streuung der Pelican Lake-Fundorte zeigt um 100 v. Chr. einen Bevölkerungsrückzug aus dem östlichen Steppengebiet an. Zwischen 200 und 250 u. Z. gingen das Saskatchewan-Tal, Nordmontana und der Osten Wyomings verloren. In den Rocky Mountains Albertas, in Südmontana und im Bighorn-Becken datieren Fundstellen aber noch bis etwa 600 u. Z.

Im 3. Jhd. nach der Zeitenwende taucht die hochspezialisierte Besant-Bisonjägerkultur im Nordwesten der Plains auf. Ihr Kennzeichen ist eine schmale, seitengekerbte Waffenspitze (Wittlaufer, 1955; Frison, 1971). Vermutlich waren es Algonkin, die diese Waffen benutzten. An bestimmten Plätzen errichteten sie Bisonpferche. Deren Pfostenlöcher sind an zwei Orten, Ruby und Muddy Creek, erhalten geblieben.

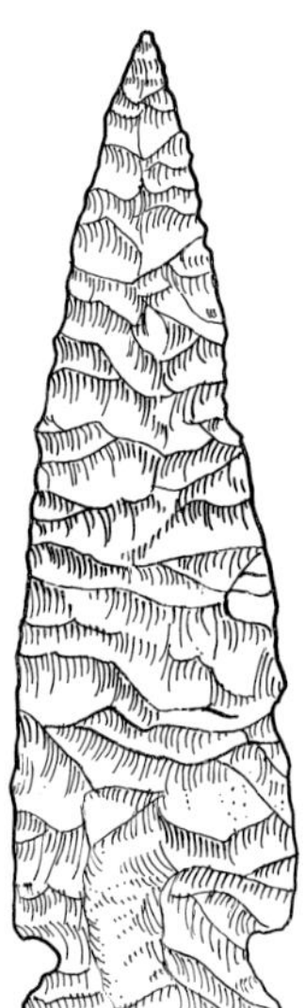

Besant-Waffenspitze vom Muddy Creek; Länge ca. 9 cm.

Die Fundstätte Ruby liegt an einem Trockenzufluß des Powder River. Der Eingang zum Fanggatter war so beschaffen, daß die verstörten Bisons die Falle erst in letzter Minute erblickten. In Sichtweite des Pferchs lagen die ersten Waffenspitzen am Boden. Es entsteht der Eindruck, als habe man die Beute gerade jetzt zum Vorwärtsstürmen anstacheln wollen. Die schwierige Aufgabe, panische Bisons in die enge Umfriedung zu lotsen, unterstreicht, daß es sich bei den Ruby-Jägern um Experten handelte.

Der Ruby-Pferch weist überraschende Ähnlichkeit mit heutigen Viehhürden auf. Gekreuzte Pfähle stützten wahrscheinlich darübergelegte Stämme. So entstand eine haltbare Befestigung, die den Anprall der Leiber abfing. Da das Gatter dergestalt in eine Schleife des Arroyo integriert wurde, daß der Prallhang eine Seite der Anlage bildete, mußte der gegenüber liegende Wall die stärksten Belastungen aushalten. Er war, wie Frison herausfand, mehrfach ausgebessert oder verstärkt worden, vielleicht, weil sich hier die Tiere zusammendrängten, als ihr Ende nahte. Die Ausgräber stießen auf Bisonrippen und Unterkiefer, mit denen die Jäger einst Pfostenlöcher aushoben. Dorthinein versenkten sie Totholz und Wacholderstämme, die man mutmaßlich durch Anbringen von Schwelbränden gefällt hatte. Frison schätzt, daß etwa 20 Männer zwischen 10 und 14 Tage an der Konstruktion arbeiteten, die Errichtung des Eingangsknicks und der aus Buschwerk o. ä. bestehenden Flügel des Treibweges eingeschlossen. Dieser Aufwand lohnte sich nur, wenn der Pferch längere Zeit betriebsbereit blieb.

An der talwärts gelegenen Seite der Umfriedung türmten sich die Gebeine der niedergemetzelten Bisons 30 cm hoch, ein Indiz dafür, daß viele Tiere dort den Tod gefunden haben müssen. Ein bislang nicht ausgegrabener Schlacht- und Werkplatz von 929 m² Fläche liegt ca. 305 m oberhalb des Gatters. Knapp neben dem Eingang zum Pferch erhob sich einst eine 12 m lange und 4,50 m breite Konstruktion, die Frison (1971) als Zeremonialanlage deutet. Ihr Grundriß ist oval, zwei sich schneidenden Halbkreisen nicht unähnlich. Löcher im Boden enthielten Rücken- und Nackenwirbel von Bisons. Um das südliche Ende der nordsüdlich ausgerichteten Struktur waren acht Bisonschädel angeordnet. Alle Pfostenlöcher führen senkrecht in den Boden; die Anlage muß demnach gerade Seitenwände besessen haben. Eine Querabteilung schied das Bauwerk ursprünglich in zwei Hälften, von denen die südliche wohl eine Überdachung trug. Frison ist überzeugt, daß Schamanen hier einst sangen und rauchten. Historische Plains-Indianer rühmten ihren heiligen Männern nach, sie könnten kraft spiritueller Begabung Bisonherden herbeilocken. Vielleicht diente auch die Anlage von Ruby diesem Zweck.

Ein anderer Bisonpferch, den Frison am Muddy Creek, einem Zufluß des North Platte River, ausgrub, weist zahlreiche Übereinstimmungen mit Ruby auf. Da wie dort lag es in der Absicht der Erbauer, kleinere Bisongruppen zu überwältigen, eventuell Muttertierherden in der Größenordnung von etwa 25 Individuen. Den Zähnen der getöteten Wildrinder nach zu schließen, fand die Hatz im Herbst oder Frühwinter statt, wenn Kälber fünf bis acht Monate alt waren (Frison, 1978).

Muddy Creek und Ruby dokumentieren den Fortschritt, den die Bisonjagd machte. Bisonstürze und das Treiben in Arroyo-Fallen verloren an Bedeutung. Statt dessen errichtete man wohldurchdachte Fangvorrichtungen und versicherte sich übernatürlicher Mächte, die den Jagderfolg garantieren sollten.

Besonders die östliche Subphase der Besantkultur läßt Einflüsse aus dem Östlichen Waldland erkennen. Dazu zählen Keramik, einfache konische Gefäße mit Schnur- oder Punktdekor, und Grabhügel. Letztere haben einen Durchmesser von ungefähr 22 m und erreichen eine Höhe von bis zu 90 cm. Die Gräber selbst waren 60–120 cm eingetieft. Darin befanden sich in Leichenbündeln die Überreste mehrerer Personen beiderlei Geschlechts und aller Altersstufen. Offenbar handelte es sich um Zweitbestattungen. Knochen und Bündel hatte man mit rotem Ocker eingerieben. Zu den Grabbeigaben gehörten u. a. Olivenschnecken

(Olivella) und Elefantenzähne *(Dentalium)* aus der Klasse der Kahnfüßer, Mollusken, deren Herkunft auf Handelsbeziehungen zur Pazifikküste hindeutet.

Kontinuität und Wandel

Nach 550 u. Z. strebte die prähistorische Bisonjagd einem Höhepunkt zu. Pfeil und Bogen tauchten im nordwestlichen Teil der Plains auf, eingeführt von Avonlea-Gruppen aus dem Norden. Kehoe (1973) vertritt die Meinung, daß diese Verbände zur athapaskischen Sprachfamilie gehörten und Vorfahren der späteren Plains-Apache (Diidé) gewesen sind. George Frison (1978) räumt der neuen Waffe, was ihre Tötungseffektivität betrifft, keinen entscheidenden Vorteil gegenüber den althergebrachten Speeren ein. In diesem Zusammenhang fällt auf, daß Besant-Leute, die den Avonlea im allgemeinen freundlich gesinnt waren, noch jahrhundertelang am Speerwerfer festhielten, obwohl sie Kenntnis von Pfeil und Bogen hatten. Dennoch überzeugten sich die Plainsbewohner bald von der praktischen Handhabe und Herstellung des Waffensystems, und so fand es rasch Nachahmer. Pfeilspitzen konnten aus nahezu jedem Gestein gefertigt werden. Auch Schäfte entstanden im Nu. Bögen waren leicht zu bedienen. Ein Jäger zog aus dem Umstand Nutzen, aus beliebiger Position den Schuß anzubringen, er brauchte sich beim Zielen nicht zu überhasten, da seine Waffe über größere Reichweiten als ein Speer verfügte, und er sparte zeitraubendes Montieren neuer Vorschäfte, weil er im Köcher stets ein Arsenal einsatzbereiter Pfeile mitführte. Pfeil und Bogen lösten allerdings nicht das Problem, das Verhalten der Beute zu kontrollieren. Bisonstürze kamen daher abermals in Mode.

Die klassischen Waidplätze der nordwestlichen Plains geben detailliert Auskunft über das wiedererwachte Interesse an dieser alten Jagdmethode. Örtlichkeiten wie Glenrock, Big Goose Creek und Vore in Wyoming belegen Treiben über mehrere Kilometer. In Vore (Reher, 1974) konnte anhand der Ablagerungen eines Erdfalls, in den man Bisons jagte, nachgewiesen werden, daß dort über einen Zeitraum von 140 Jahren nach 1550 u. Z. fünf Treiben stattfanden, jedes im Anschluß an eine ergiebige Regenperiode. Frison fragt sich, ob dies mit verbesserten Weidebedingungen, reibungsloser Jungenaufzucht und – als Folge – einer kleinen Bestandsexplosion zusammenhing.

Der berühmte Head-Smashed-In-Bisonsturz im westlichen Alberta wurde über 7000 Jahre lang genutzt. Sechs Wasserläufe speisen vor Ort eine Mulde, an deren Flanken das Gelände ansteigt. Ein größerer Bach bildet den einzigen Zugang. Mehr als 500 Steinsetzungen, ca. 30 cm hoch, begrenzen bis zu 8 km lange Treibwege, die zu dem ominösen Sandsteinkliff hinführen. Mächtige Schichten verrottender Bisonknochen, bis 5400 v. Chr. zurückreichend, stapeln sich unter der Klippe.

Head-Smashed-In war noch 1797 in Betrieb, als Peter Fidler, Händler der Hudson's Bay Company, den Pikani, einer Abteilung der Ahitape (Blackfeet), einen sechswöchigen Besuch abstattete. Dabei wurde er Zeuge mancher Treibjagd. Einmal töteten die Jäger mehr als 250 Bisons, und sie würden noch weitere hingemetzelt haben. Doch «als der Wind umschlug und vom Schlachtplatz zu den Zelten wehte, erfüllte sich die Luft mit solch unerträglichem Gestank, der von den versteinerten *(sic)* Kadavern herrührte, daß wir schleunigst das Weite suchten.»

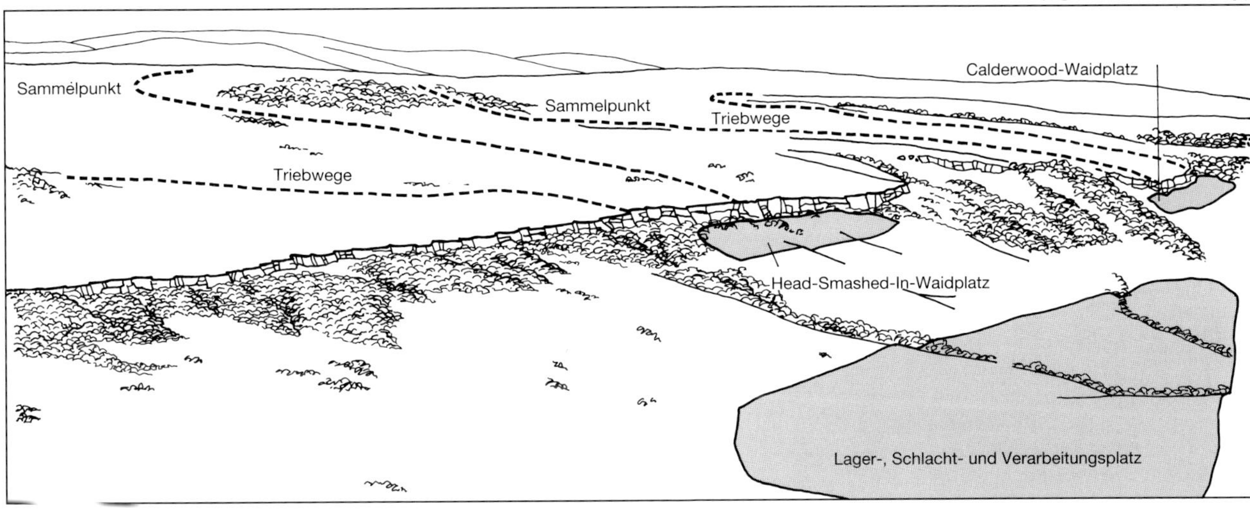

Head-Smashed-In in Alberta gehört zu den ältesten, größten und am besten dokumentierten Bisonstürzen der westlichen Plains. *(Oben)* Sammelpunkte, Triebwege, Waid- und Schlachtplätze von Head-Smashed-In und Calderwood. Die Zeichnung darunter hält den dramatischen Augenblick des Todessturzes einer Bisonherde fest.

Schauplätze derart haarsträubender Vernichtungsorgien, Olsen-Chubbock oder Head-Smashed-In z. B., stellen Ausnahmen im Jagdverhalten der Plainsbewohner dar. Nur wenige Male innerhalb eines Jahres, wenn es die Bestandsdichte der Bisons erlaubte, konnte man sich den Luxus gestatten, so zu verfahren. Wie wir sahen, mag dieser Fall insbesondere nach Perioden ergiebiger Niederschläge eingetreten sein.

John Speths Ausgrabungen in Garnsey, New Mexico, veranschaulichen, daß vorgeschichtliche Plains-Jäger bestens über den physischen Zustand ihrer Beute Bescheid wußten. Um 1550 u. Z. suchte eine Jagdschar am späteren Fundort eine Bodenwelle auf, in der sich Bisons Ende März/Anfang April sammelten. Statt jedes Tier, dessen sie ansichtig wurden, zu töten, wählten die Männer fast ausschließlich Stiere aus. Speth (1983) bringt das mit dem Umstand in Verbindung, daß männliche Bisons während des Frühjahrs in besserer Verfassung sind als weibliche, und ihr Knochenmark einen höheren Fettanteil aufweist. Überall auf der Erde bevorzugen Wildbeuter fettes Fleisch, weil es mehr Energiezufuhr und die Versorgung mit essentiellen Fettsäuren verspricht. Im Frühling war solches Fleisch rar, denn die Herden erholten sich noch von den Strapazen des Winters. Deshalb brachte man in Garnsey feiste Bullen zur Strecke und verzehrte nur die schmackhaftesten Stücke der wenigen erlegten Kühe.

Als sich Avonlea- und Besant-Gruppen auf Kosten der immer weiter zu den Rocky Mountains ausweichenden Pelican Lake-Verbände ausbreiteten, drang von Ostkansas und Ostnebraska aus die Valley-Kultur missourieaufwärts bis Montana vor. Ihr Erkennungszeichen ist die typische schnurgerauhte Keramik. Nach Reeves (1970) formierte sich die Valley-Kultur, getragen wahrscheinlich von Angehörigen der Caddo-Sprachgemeinschaft, im 1. Jh. u. Z.; um 600 ging sie in die Loseke-Phase über. Ab dann erfolgte ein Rückzug vom Missouri nach Norden. Bisonjagd spielte keine nennenswerte Rolle. Statt dessen sammelten die Valley-Leute Weichtiere, erlegten Wasservögel und fingen Schildkröten. Ob sie Wildpflanzen kultivierten, wie einige Forscher behaupten, steht dahin.

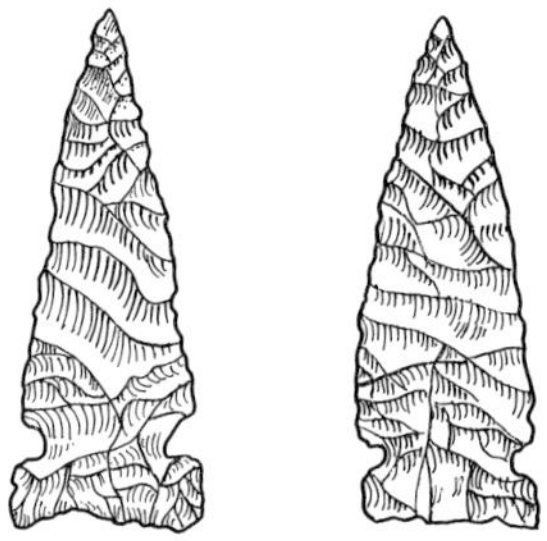

(Oben) Zwei Avonlea-Spitzen von den Fundorten Glenrock und Wardell; Länge ca. 4,2 cm.
(Unten) Anführer der Bisonstiergesellschaft, einer Altersklassenvereinigung der Numañkaki (Mandan), im Tanzornat; 1834 von dem Schweizer Künstler Karl Bodmer gemalt.

Späte Prähistorische Periode: ca. 500 u. Z. bis 16. Jh.

Auf den Plains wurden zu Beginn der Späten Prähistorischen Periode Pfeil und Bogen eingeführt. Die ältesten Pfeilspitzen, benannt nach dem Fundort Avonlea südwestlich von Regina im südlichen Zentralsaskatchewan, sind seitengekerbt und weisen oft fein gezackte Ränder auf. Avonlea war ein bedeutender Waidplatz, der offenbar nicht nur Erträge zur Sättigung des Eigenbedarfs abwarf, sondern mutmaßlich auch Überschüsse in Gestalt von Fleisch und Nebenprodukten, die man an Gartenbau treibende Nachbargruppen verhandelte. Solche Austauschsysteme bestanden bis in historische Zeit.

Während der Späten Prähistorischen Periode erschienen eine Reihe unterschiedlicher Keramikkomplexe auf den Ebenen. Sie erleichtern die chronologische Einordnung der Kulturen. Mit der Ankunft Sioux sprechender Gemeinschaften aus dem Osten, wie in der Initial Middle Missouri-Tradition (ca. 800 bis 1300 u. Z.) archäologisch belegt, kam es am Missouri zur Gründung fester Niederlassungen, deren Bewohner Mais pflanzten, aber auch der Jagd nachgingen.

Im Westen der Plains blieb die Bisonjagd lebensbestimmend. Wardell, ein Bisonpferch im Green River-Becken Wyomings, zwischen 350 und 1050 u. Z. in Betrieb (Frison, 1973), zeugt von der Effizienz, die diese Art der Nahrungsbeschaffung auszeichnete. Jäger stellten hier Bisons auf deren Weg von der Weide zum Wasser. Die Umfriedung befand sich am Fuß einer steilen Klippe, dort, wo zwei Arroyos zusammenliefen. Auf drei Seiten umschlossen Abhänge die Anlage. Über 1000 Bisons tappten im Lauf der Zeit in die Falle. Geschlachtet wurden die Tiere an einem Platz nahebei. Die Hatz erfolgte im Herbst; Pfeil und Bogen kamen zum Einsatz. Man trocknete das meiste Fleisch oder verarbeitete es vor Ort zu Pemmikan, wie Kochgruben und Kochsteine vermuten lassen. Alles deutet auf ökonomische Nutzung hin. Fast nichts ging verloren.

Ohne Pferde sind prähistorische Bisonjäger auf Gedeih und Verderb den Bestandsschwankungen ihrer wichtigsten Beute ausgeliefert gewesen. Bei niedriger Bestandsdichte erwiesen sich Familiengruppen- und Individualjagd vorteilhafter als groß angelegte gemeinschaftliche Aktivitäten, denn Treiben waren mit hohem Risiko behaftet, und eine Herde, die es geschafft hatte, den Jägern zu entkommen, befand sich im Nu außer Reichweite. Zusammenfassend ist zu sagen, daß das Jagdglück zwingend von der intimen Kenntnis des Beuteverhaltens abhing. Komplexe zeremonielle Vorbeuge und Begleitung flankierten kommunale Jagden. Sie sicherten übernatürlichen Beistand und gewährleisteten den ordnungsgemäßen Ablauf. Logistik und Organisation bildeten wesentliche Bestandteile des Vorhabens, denn Erfolge stellten sich nur dann ein, wenn es gelang, die Tiere zusammenzuhalten, ihre Geschwindigkeit zu kontrollieren und die Richtung zu bestimmen. Angenommen, Dennis Stanfords Interpretation der Jones Miller-Funde als Kultgegenstände von Schamanen trifft zu, veränderte sich dieser «Medizinjagdkomplex» über Jahrtausende kaum. Erst die Übernahme von Pferd und Gewehr von den Europäern führte zu tiefgreifendem Wandel. Freilich blieb es den Weißen vorbehalten, die urigen Steppenrinder durch hemmungsloses Abschlachten an den Rand der Ausrottung zu drängen.

Protohistorische Periode: 16. Jh. bis Moderne

Im Jahr 1541, als unbekannte Indianer bei Garnsey in New Mexico Bisons töteten, brach der spanische Konquistador Francisco de Coronado von Pecos zur Erkundung der Plains auf, um Gerüchten über Goldvorkommen nachzugehen. Einer seiner Hauptleute war bereits im vorherigen Jahr ins Grasland gelangt, wo die Männer ungeheure Bisonherden angetroffen hatten. Pedro de Castañeda, der Chronist Coronados, zeigte sich von «der enormen Größe und der langen Wolle» der Tiere beeindruckt. Zunächst fiel es den Spaniern nicht leicht, die massigen Geschöpfe ohne Gefahr für die Pferde zur Strecke zu bringen, dann aber lernten sie, ihre Spieße aus gehöriger Entfernung zu schleudern.

Coronado treckte 37 Tage gen Osten. Er durchquerte monotone Steppen ohne Landmarken. Nur einzelne Tümpel und Bisonsuhlen boten dem Auge Abwechslung. Die großen Haustierherden, die man mitführte, zertrampelten die Spur, so daß die Soldaten aus Knochen und Rinderdung Wegweiser für die Nachhut errichten mußten. Bald trafen die Spanier auf Indianer, die den wandernden Bisons folgten. Hunde zogen Schleppstangen (Travois) mit dem Hab und Gut der Jäger. An einer Stelle im nordwestlichen Texas stießen Coronados Männer auf einen gewaltigen Knochenhaufen nahe einer Salzlecke, 3,6 m hoch und «einen Armbrustschuß lang». Nach 48 Tagen erreichte die Karawane über den Texas-Panhandle und Oklahoma einen Ort namens Quivira bei Great Bend im heutigen Kansas. Dort begegneten die Reiter den Ki'tikitiš (Wichita), einer Caddo-Gruppe, die in grasgedeckten Hütten lebte, inmitten einer Landschaft «aus Tafelbergen, Ebenen und zauberhaften Flüssen voll frischen Wassers». Bisons und schmackhafte Wildpflanzen gab es reichlich. Coronado kehrte ohne Gold in die spanischen Besitzungen heim, ein unbeabsichtigtes Geschenk aber ließ er zurück – das Pferd.

Über ein halbes Jahrhundert später, am 15. September 1598, führte der *Adelantado* Juan de Oñate, der spätere Gouverneur von Neu-Mexiko, eine 60 Mann starke Expedition nach Osten. Auch dieser Trupp sichtete viele «Rinder», haarige Geschöpfe mit schwarzen Hörnern, «ähnlich denen des *bufalo*» (Wasserbüffel, *Bubalus arnee,* oder Gaur, *Bos gaurus*).

Gelegentlich traf man auf indianische Ansiedlungen. Eine davon war «eine *ranchería* von 50 Zelten, bestehend aus gegerbtem Leder und kräftig rot und weiß bemalt. Diese [Zelte] sind rund wie Pavillons, mit Türklappe und Rauchabzug versehen und ebenso hübsch anzuschauen wie jene, die man in Italien zu machen versteht. Selbst die geringsten bieten genügend Raum für vier Bettstätten». Die Bisonhaut erwies sich als so gut gegerbt, daß sie keine Nässe durchließ. «Um die Zelte zu transportieren ... verwenden die Indianer mittelgroße, struppige Hunde, die sie wie Maultiere anschirren. Sie halten ganze Rudel davon. Mit einem Gurt um Brust und Keulen ziehen sie Lasten von wenigstens hundert Pfund. Dabei bewegen sie sich im gleichen Tempo wie ihre Herren. Es ist höchst vergnüglich zu beobachten, wie ein Hund mit seiner Schleife hinter dem anderen hertrottet ...»

Etwas später versuchte sich Oñates Schar in der Kunst des Bisontreibens. Aus Pappelstämmen bauten sie eine Hürde, was drei Tage in Anspruch nahm. Die

Flügel am Eingang fielen so groß aus, als habe man erwartet, hunderte Bisons zu fangen. Tags darauf wurden sie einer riesigen Herde ansichtig und gingen daran, sie in Richtung der Umfriedung zu treiben. Zunächst gelang das auch, dann aber machten die Tiere kehrt und wandten sich gegen die Reiter. Ein wildes Durcheinander entstand, als die Spanier der Phalanx angreifender Bisons zu entkommen trachteten. Trotz aller Konfusion erlegten sie viele, verloren aber drei Pferde. Manches Reittier blutete aus mehreren Wunden.

Bald begegneten die Spanier Bisons mit gesundem Respekt, was Ausbrüche spontaner Heiterkeit allerdings nicht verhinderte: «Es gibt keinen, der so melancholisch wäre, daß er nicht herzlich lachte, wenn er diese wilden Kreaturen sieht, und sei es das hundertste Mal.» Man bewunderte die Indianer, die es vollbrachten, trinkende Bisons mit jeweils einem einzigen gezielten Pfeilschuß niederzustrecken. Ein paar Pfeile waren mit Knochenspitzen bewehrt, «doch nur wenige, denn Feuerstein eignet sich besser zum Töten der Rinder ...»

Die Plainsbewohner, mit denen die Spanier in Kontakt kamen, waren Süd-Athapasken. Deren Vorfahren sind vermutlich jene Avonlea-Gruppen gewesen, die um 1000 u. Z. im Grenzgebiet von Montana und Wyoming lebten. Ursprünglich stammten sie aus British Columbia, wo Prototypen ihrer Waffen um 350 v. Chr. erscheinen (Reeves, 1970). Ein Verband, aus dem die späteren Dina'na (Sarsi) hervorgehen sollten, blieb im Norden zurück, die übrigen aber zogen nach Süden, wo sie zwischen 1450 und 1525 eintrafen. Ende des 17. Jhs. bevölkerten Plains-Apache, *Vaqueros* (= Hirten), wie sie die Spanier nannten, weite Teile der westlichen Ebenen. Weiter im Norden, in den kanadischen Prärien, streiften die Ahitape (Blackfeet) umher, die Inunaina (Arapaho) im heutigen North Dakota. Am Fuß der Rocky Mountains siedelten Ksan'qa (Kutenai), Cohoptin (Nez Percé) und Sälst (Flathead), die nur gelegentlich Jagdausflüge in die Steppen unternahmen. K'iñago (Kiowa) kontrollierten die Ostflanke der Black Hills, vom Little Missouri an südwärts. Die benachbarten Absaroki (Crow) hatten sich von Gartenbau treibenden Stämmen am Missouri, den Sioux sprechenden Hidatsa oder Minitari späterer Reisender, abgespalten. Nun besetzten sie die Bighorn-Berge und angrenzende Teile Montanas und der Dakotas.

Das Volk der Numö (Shoshone) war aus dem «Großen Becken» über die Berge Utahs und Wyomings auf die Plains gezogen, wahrscheinlich Ende des 15. Jhs. Möglicherweise besiedelten die Numö vor Einbürgerung des Pferdes ein ausgedehntes Gebiet im nordwestlichen Steppengürtel, von Wyoming bis hinauf zur kanadischen Grenze. Zwei andere uto-aztekische Gruppierungen, die Nuwö (Ute) und die Nömöne (Comanche) hielten sich im 16. Jh. ebenfalls auf den High Plains auf; letztere hatten sich von den Numö getrennt, als diese die Berge verließen.

All diese Gemeinschaften jagten zu Fuß. Wanderungen in voreuropäischer Zeit sind schwer zu begründen. Verschiebungen in der ethnischen Tektonik nach 1650 aber können als Reaktion auf die Übernahme des Pferdes, europäischen Siedlungsdruck und Zugang zu Feuerwaffen, der einigen Gruppen leichter möglich war als anderen, gedeutet werden.

Es dauerte etwa ein Jahrhundert, ehe Pferde, die «Geheimnisvollen Hunde», wie die Dakota-Stämme sie nannten, in den Norden des Graslandes vorgedrungen waren. Erst später erfolgte die Bewaffnung mit Gewehren. Dies ist auf die rigorose spanische Politik zurückzuführen, Indianern keine Musketen zu verkaufen. In den Besitz von Pferden gelangten die Plainsbewohner durch Tauschhandel und Diebstahl. Französische Trapper, die am Mississippi und in Kanada operierten, hatten kaum Reittiere, verfügten aber über ansehnliche Waffenarsenale und Munition. Gegen wertvolles Pelzwerk wechselte einiges davon in indianische Hand. Die Verbände im Nordosten besaßen daher früher «Feuerstöcke» als die im Südwesten der Ebenen.

Südathapaskische Gruppen erwarben nach 1650 große Mengen iberischer Mustangs (von span. *mesteño* = herrenlos). Dank dieser Pferde zwangen sie Nachbarn unter ihre militärische Hoheit. Mustangs erreichten die Ki'tikitiš (Wichita) um 1700, Nömöne und Nuwö etwa zur gleichen Zeit. Um 1730 überfielen berittene Numö die Ahitape und Absaroki in Montana und Wyoming. Auf Kosten der Plains-Apachen dehnten shoshonische Gruppen ihr Verbreitungsgebiet südwärts aus. Gegen 1725 tauchten Nömöne am Arkansas auf. Durch fortgesetzte Überfälle und Diebstähle kamen auch die Ahitape 1740 in den Besitz von Pferden.

Französische Händler tauschten auf den nordöstlichen Plains Gewehre gegen Pelze: Ein bewaffneter Ininiwak (Cree)-Jäger mit Familie in der Darstellung Peter Rindisbachers, 1821.

Nach 1670 vollzog sich die Bewaffnung der Inkce Wicaša (Assiniboine) und Nehiyawak, einer aus der Taiga in die Prärien gewanderten Abteilung der Ininiwak (Cree), durch Händler der Hudson's Bay Company. Mitte des 18. Jhs. waren Gewehre allenthalben anzutreffen. Die Erschließung neuer Lebensräume hing nun von der militärischen Schlagkraft einzelner Verbände ab. Der Stärkere triumphierte über den Schwächeren. Die Numö z. B. gerieten in Schwierigkeiten, als die Ahitape Feuerwaffen einsetzen konnten. Im ausklingenden 18. Jh. hatten Ahitape, Nehiyawak und Absaroki das «Schlangenvolk», wie die Numö von ihren Feinden genannt wurden, an den Gebirgsrand zurückgedrängt.

Mit dem Mustang vergrößerte sich der Aktionsradius der Plainsbewohner beträchtlich. Bisonherden waren nun leichter aufzuspüren und zu verfolgen (Osborn, 1983). Gegenden, die zu Fuß nur schwer bejagt werden konnten, standen jetzt berittenen Verbänden offen. Zunehmend ersetzten Pferde Hunde als Last- und Packtiere.

Immer mehr Jäger forderten ihren Zoll von den Bisons. Schließlich wurden die Wildrinder am Missouri selten. Der Bedarf an Bisonroben und Zelthäuten wuchs. Die Jagd gestaltete sich zunehmend schwieriger, weil die Tiere ihre anfängliche Vertrautheit Menschen gegenüber verloren. Trotz der Jagderleichterung, die man dem Mustang verdankte, blieb die Nahrungsversorgung ein Lotteriespiel. Viele Reiterhorden stahlen während Mangelperioden Mais in den Dörfern der Pflanzer. Dadurch wuchs der Druck auf die Bauern. Deren Frauen mußten oft genug die Pflanzungen vernachlässigen, um angelieferte Bisonhäute zu schaben. Plündernde Krieger aus den High Plains leerten die Speicher. Wenn Dürre noch dazu die Ernte verdarb, gerieten die Dörfler in arge Bedrängnis.

Die Pferdebesitzer waren im Vorteil. Entweder konnten sie ihre Feldbau treibenden Nachbarn überfallen oder Fleisch und Häute gegen Agrarprodukte eintauschen, ganz wie es ihnen beliebte. Freilich ging das Bevölkerungswachstum auf den Ebenen zu Lasten der Bisonbestände. Einige vorher seßhafte Gruppen wie die Lakota (Plains-Sioux) oder die Tsistsistas (Cheyenne) verließen ihre Felder und gesellten sich zu den Reiterjägern. Der Steppengürtel wurde zur wirtschaftlichen Walstatt. Überfälle und Konterattacken waren an der Tagesordnung.

Bisonjagd zu Pferde. Aus dem 1842 erschienenen Reisebildatlas von Maximilian Prinz zu Wied und Karl Bodmer.

Man raubte Pferde und plünderte Vorratslager; kühne Kriegertrupps stießen weit in Feindesland vor und übten Vergeltung.

Douglas Bamforth (1988) ist der Meinung, daß es ökologische Gründe für das Wechselspiel der Kräfte auf den Plains gab. Militärische Überlegenheit war offenkundig bedeutsam, denn es herrschte ständig Krieg, und die Fähigkeit zur Verteidigung bildete den Schlüssel zum Überleben. Diese Fähigkeit beruhte auf numerischer Stärke – Konzentration möglichst vieler Personen in großen Lagergemeinschaften. Solche Bevölkerungsverdichtungen schufen die Grundlage kommunaler ökonomischer Aktivitäten. Ein Plus an Menschen stärkte die Produktivkraft. Mehr Nahrungsmittel konnten herbeigeschafft, bestimmte Anforderungen der Jagd leichter bewältigt werden. Der Informationsfluß nahm zu. Es bot sich Gelegenheit, gleichzeitig mehrere Pferche zu errichten oder Bisonstürze nebeneinander vorzubereiten. Größere Menschenansammlungen erleichterten die Auswahl von Heiratspartnern und den Zugang zu Handelsgütern aus entlegenen Gebieten. Da die Anzahl der Anhänger eines Führers von dessen Erfolgen im Krieg oder bei der Jagd abhing, war es ehrgeizigen Individuen möglich, Gemeinschaftsjagden zu ihrem Vorteil zu nutzen. Ansehen und Macht der Betreffenden festigten sich, ihre Anhängerschaft wuchs und damit auch die militärische Schlagkraft der Gruppe.

Bamforth glaubt also, daß sozio-politische Komplexität den Boden für neue Machtverhältnisse auf den Plains bereitete, was schließlich einigen Gesellschaften zu langfristiger Vorherrschaft verhalf. Dies werde durch den in protohistorischer Zeit erfolgten ethnischen Zustrom aus Nordost nach Südwest unterstrichen, während es keine vergleichbaren Bewegungen vom Osten in den Süden gegeben habe. Zahlenstarke, komplex organisierte Gemeinschaften mit Kriegs- und Friedenshäuptlingen, Altersklassen, Bünden, Lager- und Jagdpolizei etc. konnten sich nur an Orten behaupten, die mit ausreichend Ressourcen aufwarteten. Dies traf auf das Black Hills-Gebiet zu, und tatsächlich lebten dort Verbände, deren soziales Gefüge höchst differenziert gewesen ist. Demgegenüber erweiterten in der südlichen Steppe ansässige Stämme ihr Verbreitungsgebiet nicht, entweder weil ihre spezifischen Subsistenzstrategien anderswo nicht griffen oder weil sie bestehende Sozialverfassungen beibehalten wollten.

Die Übernahme von Pferd und (in geringerem Umfang) Gewehr – eine Waffe, die die Indianer von europäischen Handelskontakten abhängig machte – führte zur nachhaltigen Veränderung gewachsener Strukturen. Mit den Augen des Archäologen betrachtet, spiegelt sich die zunehmende Bedeutung europäischer Waren in Funden handelsüblicher Glasperlen, Pfeilspitzen aus Metall und örtlich angefertigten eisernen Lanzenspitzen. Auf sozio-kulturellem Gebiet wogen die Veränderungen schwerer. Jahrtausendealte Werte, die Kooperation und Gemeinschaftsgeist beschworen, wichen individualistischeren Verhaltensnormen, die Eigenwohl vor Gemeinwohl stellten. Das Schicksal des einzelnen konnte sich über Nacht wenden, wenn ein Überfall glückte. Reichtum, den man auf dem Schlachtfeld erworben hatte, wirkte sich günstig auf Status und Prestige aus. Selbst wenn ein Kämpfer Teile davon anläßlich eines zeremoniellen «Giveaways» wegschenkte, verarmte er nicht, denn bei nächster Gelegenheit hielt er sich beim Raubzug gegen eine Nachbargruppe schadlos; das Geschenkfest erhöhte sogar noch sein Sozialprestige. Statusrollen wurden ständig neu besetzt, da jeder mit jedem um

Gefolgsleute auf dem Kriegspfad konkurrierte. Eine neue Ära kündigte sich an – prahlerisch in ihrem Gepräge, ausgerichtet auf Schlachtenruhm. Das Alte geriet zunehmend in Vergessenheit, und als höchstes männliches Ideal pries man nunmehr den Tod im Gefecht. Die Weißen hatten diese Entwicklung – wenn auch unbewußt – angestoßen; schon bald sollten sie die blutigen Früchte ernten.

In den Händen ruhmestrunkener Krieger erwiesen sich Pferd und Gewehr als explosives Gemisch. Zu denen, die als letzte Mustangs bekamen, gehörten die Ahitape. Von ihren Nehiyawak-Nachbarn im Osten erhielten sie nach 1740 Feuerwaffen. Da ihr Wohngebiet strategisch günstig lag, kontrollierten sie in der Folge den Handel mit Reittieren und Gewehren. Die Ahitape galten als Meister blitzartiger Überfälle. Ein Kriegertrupp flog heran, raubte Pferde, metzelte jeden nieder, der sich den Männern in den Weg stellte und entschwand kurz darauf wieder am Horizont. Um 1850 beherrschten die «Schwarzfüße» ein Territorium, das vom North Saskatchewan River bis zum heutigen Yellowstone-Nationalpark reichte.

Der Aufstieg der Ahitape zur Vormacht im nordwestlichen Plainsraum vollzog sich zu einer Zeit, als europäische Trapper und Siedler in die Jagdgründe der Steppenbewohner eindrangen. Pelzhändler, die Biberfelle gegen Feuerwaffen eintauschten, stellten die Weichen für das Gemetzel, das mit der fast völligen Ausrottung der Bisonbestände enden sollte. Den Fallenstellern und Händlern folgten adelige Großwildjäger aus Übersee. Im Reisebericht des Prinzen Maximilian zu Wied etwa lesen wir von entsetzlichen Schießereien, die tagtäglich unzähligen Tieren das Leben kosteten. Als Repetiergewehre aufkamen, hielten diese eine grausige Ernte, und aber Tausende Bisonkadaver verrotteten nutzlos auf den Ebenen. Man hatte lediglich die wohlschmeckenden Zungen herausgeschnitten. Es erging den Bisons nicht besser als den Bibern, denen ihr feiner Pelz zum Verhängnis wurde. Nachdem die Wildrinder in Berührung mit dem Vieh weißer Rancher gekommen waren, begann die Rinderpest zu wüten. Der Bau der Union Pacific-Eisenbahn 1865, leitete den letzten Abschnitt der Massenvernichtung ein. Man verköstigte die hier beschäftigten Arbeiter überwiegend mit Bisonfleisch. «Buffalo Bill» Cody, von der Eisenbahngesellschaft als Jäger eingestellt, erlegte allein in nur 18 Monaten 4280 Tiere. Später veranstaltete man «Vergnügungsjagden», bei denen Reisende vom Zugfenster aus Bisons in beliebiger Menge abschießen durften. So erlosch quasi über Nacht eine scheinbar unerschöpfliche Nahrungsquelle der Plains-Indianer. Nur eine Handvoll Tiere blieb übrig, der Grundstock von heute in einigen Schutzgebieten gehegten Herden.

Die Ureinwohner, ihrer Existenzgrundlage beraubt und von der immer enger gezogenen Siedlungsgrenze der Weißen stranguliert, wehrten sich verzweifelt. Zunächst feierten sie, wie 1876 am Little Bighorn, wo die verbündeten Lakota und Tsistsistas dem Hazardeur Custer und der 7. US-Kavallerie ein unrühmliches Ende bereiteten, Erfolge, ihr Widerstand aber wurde in den nächsten Jahren brutal erstickt. Ernüchterndes Finale war der Marsch in Internierungslager, in denen die stolzen Reiterkrieger dahinsiechten oder «an gebrochenem Herzen» starben, wie Armee-Feldscher diagnostizierten.

Nur wenigen Weißen ist es vergönnt gewesen, vom Leben auf den Plains vor Ausbreitung des Pferdes zu berichten. Einer davon war der Pelzhändler Alexan-

Jahrestreffen auf den nordwestlichen Plains. Aquarell von Alfred Jacob Miller.

der Henry, der 1776 eine zu Fuß ausgezogene Jagdschar der Inkce Wicaša begleitete. «Sie kleideten sich in ganze Ochsenhäute mit Hörnern und Haaren. Ihre Gesichter waren verborgen, und ihre Bewegungen ähnelten so sehr denen der Tiere, daß ich, hätte man mich nicht eingeweiht, ebenso getäuscht worden wäre wie die Rinder», schrieb Henry.

Die Maskierten lotsten die Herde behutsam zur Hürde. Hunden wurden Knebel angelegt; Frauen und Männer bezogen um das Gatter Stellung. Als die Bisons in knapp 2 km Entfernung innehielten, um zu grasen, ahmten die Verkleideten das Blöken der Leittiere nach, und die Herde setzte sich wieder in Bewegung. Kaum daß die ersten Bisons den Eingang zur Umfriedung passiert hatten, fielen die Jäger über sie her. Das Massaker dauerte bis zum Abend und sicherte der Gruppe reiche Wintervorräte. Jagden, wie sie Henry beobachtete, zogen den Schlußstrich unter eine Tradition, die bis zu den Anfängen nordamerikanischer Urgeschichte zurückreicht, zu jenen Tagen, da Pioniere aus Asien den jungfräulichen Kontinent betraten. Ohne europäische Einmischung, dies darf man getrost annehmen, hätte die Großwildjagd auf den Plains noch lange fortbestanden.

VIERTER TEIL

DER HOHE NORDEN

«Die Eisdecke der Seen schmolz, und der Jäger fragte sich, was der Eisriese wohl gemeint hatte, als er sagte, er wolle ihm helfen. Er begann zu jagen und alles Fett, das er von seiner Beute gewann, hob er in einer Blase auf. Dann schnitt er Holz und stapelte es. So fuhr er fort. Der Mann wußte nicht, warum er diese Dinge tat. Irgend etwas schien ihn anzutreiben . . .»

Nordathapaskische Erzählung

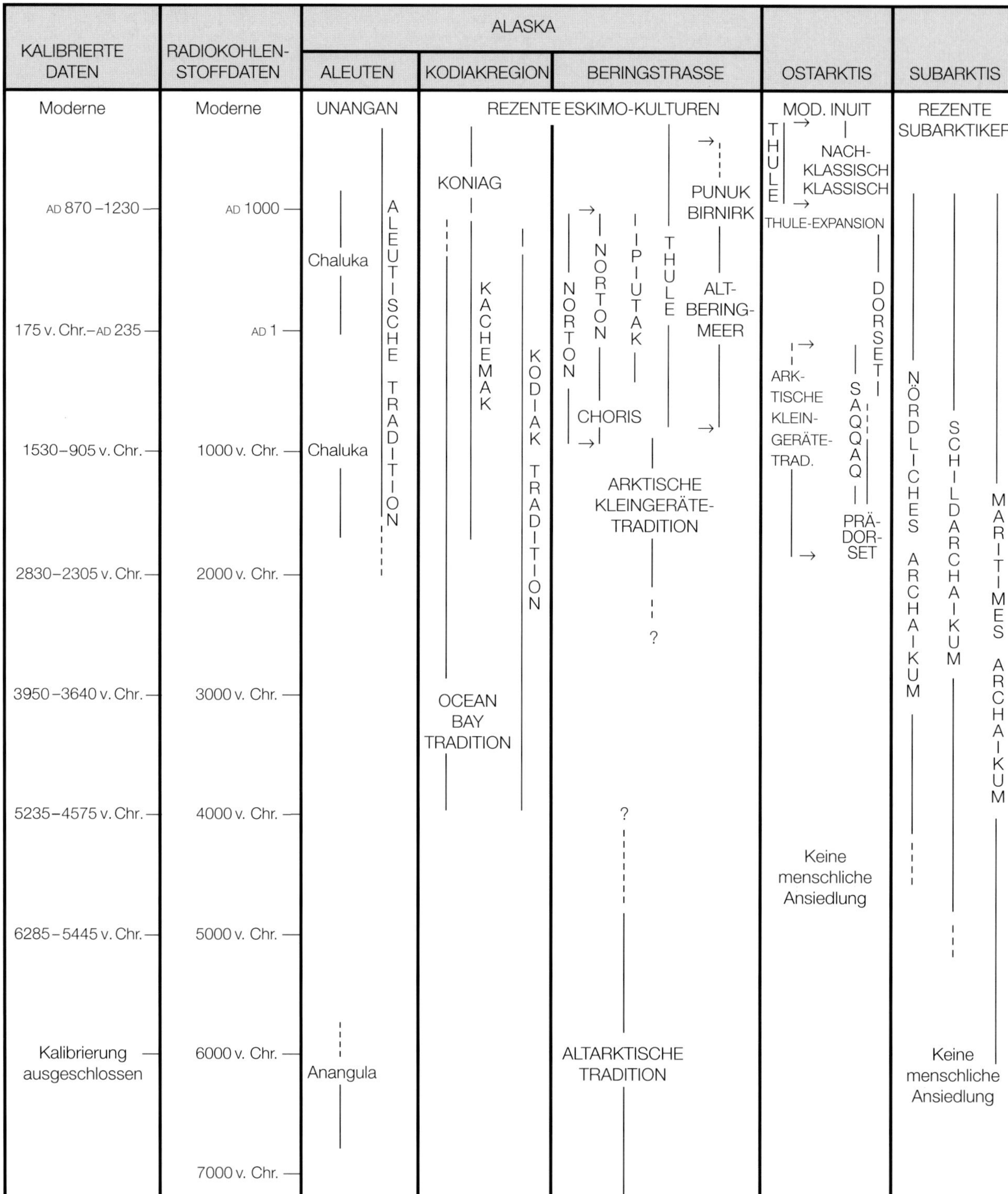

KALIBRIERTE DATEN
RADIOKOHLENSTOFFDATEN
ALASKA
ALEUTEN
KODIAKREGION
BERINGSTRASSE
OSTARKTIS
SUBARKTIS
Moderne
Moderne
UNANGAN
REZENTE ESKIMO-KULTUREN
MOD. INUIT
REZENTE SUBARKTIKER
AD 870–1230
AD 1000
175 v. Chr.–AD 235
AD 1
1530–905 v. Chr.
1000 v. Chr.
2830–2305 v. Chr.
2000 v. Chr.
3950–3640 v. Chr.
3000 v. Chr.
5235–4575 v. Chr.
4000 v. Chr.
6285–5445 v. Chr.
5000 v. Chr.
Kalibrierung ausgeschlossen
6000 v. Chr.
7000 v. Chr.
Chaluka
ALEUTISCHE TRADITION
Chaluka
Anangula
KONIAG
KACHEMAK
KODIAK TRADITION
OCEAN BAY TRADITION
NORTON
NORTON
IPIUTAK
THULE
PUNUK
BIRNIRK
ALT-BERING-MEER
CHORIS
ARKTISCHE KLEINGERÄTE-TRADITION
?
?
ALTARKTISCHE TRADITION
THULE
NACH-KLASSISCH
KLASSISCH
THULE-EXPANSION
DORSET
ARK-TISCHE KLEIN-GERÄTE-TRAD.
SAQQAQ
PRÄ-DOR-SET
Keine menschliche Ansiedlung
NÖRDLICHES ARCHAIKUM
SCHILDARCHAIKUM
MARITIMES ARCHAIKUM
Keine menschliche Ansiedlung

8. FRÜHE ARKTISCHE KULTUREN

Szene aus dem Dokumentar-Spielfilm «Nanuk der Eskimo» (1922)

Seit über vier Jahrhunderten steht die nordamerikanische Arktis im Brennpunkt westlichen Interesses, bildet sie doch eine Kulisse, die europäische Fantasien beflügelt. Die ersten Forscher, die sich in die eisigen Einöden wagten, stammten aus Ländern, wo auf fruchtbaren Böden Ackerbau betrieben wurde und man sich warmer Sommer erfreute. Frosteinbrüche und früh einsetzende Winter waren Feinde jedes Bauern, und so wunderten sich die Reisenden über die im hohen Norden angetroffenen Verhältnisse, die Vertrautes geradezu auf den Kopf stellten.

Wer damals plante, während der kurzen, eisfreien Sommermonate tiefer in die Polarregionen vorzudringen, kam in der Regel nicht weit. Packeis in der Meerenge zwischen Melville-Halbinsel und Baffin Island hielt die Schiffe fest, und ihre Besatzungen mußten vor Ort überwintern. Dort lebten die Iglulingmiut, die Hundeschlitten benutzten und in Schneehütten hausten. Fortan galt diese Art der Anpassung als typisch für «Eskimos». Man sah in den Bewohnern der Arktis fröhliche, stets optimistische Menschen, Jäger in kuschliger Pelzkleidung, die mit Gleichmut und enormen physischen Anstrengungen den Unbilden ihrer Heimat trotzten. Derlei Klischees transportiert auch das preisgekrönte Leinwandepos *Nanook of the North* (Nanuk der Eskimo) von Robert Flaherty. Der Film hatte 1922 Premiere und erzählt in dokumentarischer Form die Geschichte eines Mannes, der alle Widrigkeiten des frostigen Milieus mit Bravour meistert. In dem naiv-romantisierenden Klima seiner Entstehungszeit wurde der Streifen zum internationalen Kassenerfolg. Als der Darsteller des Nanuk ein paar Jahre später verhungerte, betrauerten Kinogänger in aller Welt sein Hinscheiden.

Die Arktis überrascht mit vielfältiger kultureller Szenerie, deren Wurzeln bis zur Erstbesiedlung Amerikas zurückreichen. Nach über 10000 Jahren menschlicher Anwesenheit im hohen Norden setzte sich hier ein Anpassungsmosaik zusammen, das wesentlich mehr Steinchen aufweist, als man gemeinhin annimmt. Ethnografisch erfaßte Unterschiede beziehen sich etwa auf den Bootsbau, die Sprache, die Subsistenzgestaltung und das Siedlungsmuster. Der archäologische Befund verwischt solche Eigenarten naturgemäß ein wenig.

Zur Zeit des Kontakts mit Europäern waren die arktischen Völker über einen mehr als 10000 km langen Streifen am Rand der Ökumene verbreitet, von Attu im äußersten Westen der Alëuten-Kette bis Ost-Grönland. Zwischen den Unangan (Alëuten) und den Eskimo-Gruppen fallen somatische Unterschiede auf, doch gelten alle als die «asiatischsten» der Ureinwohner Amerikas. Rassenmorphologisch werden sie daher oft als «arktische Mongoliden» eingestuft. Andere Forscher betonen die Eigenständigkeit der Eskimiden oder rechnen sie einem Typenspektrum zu, dem auch die westlich der Beringstraße beheimateten Lygoravetlan (Tschuktschen), Nymylyn (Korjaken), Itelmen (Kamtschadalen) und Odul (Jukagiren) angehören.

Archäologische Fundstätten im Hohen Norden.

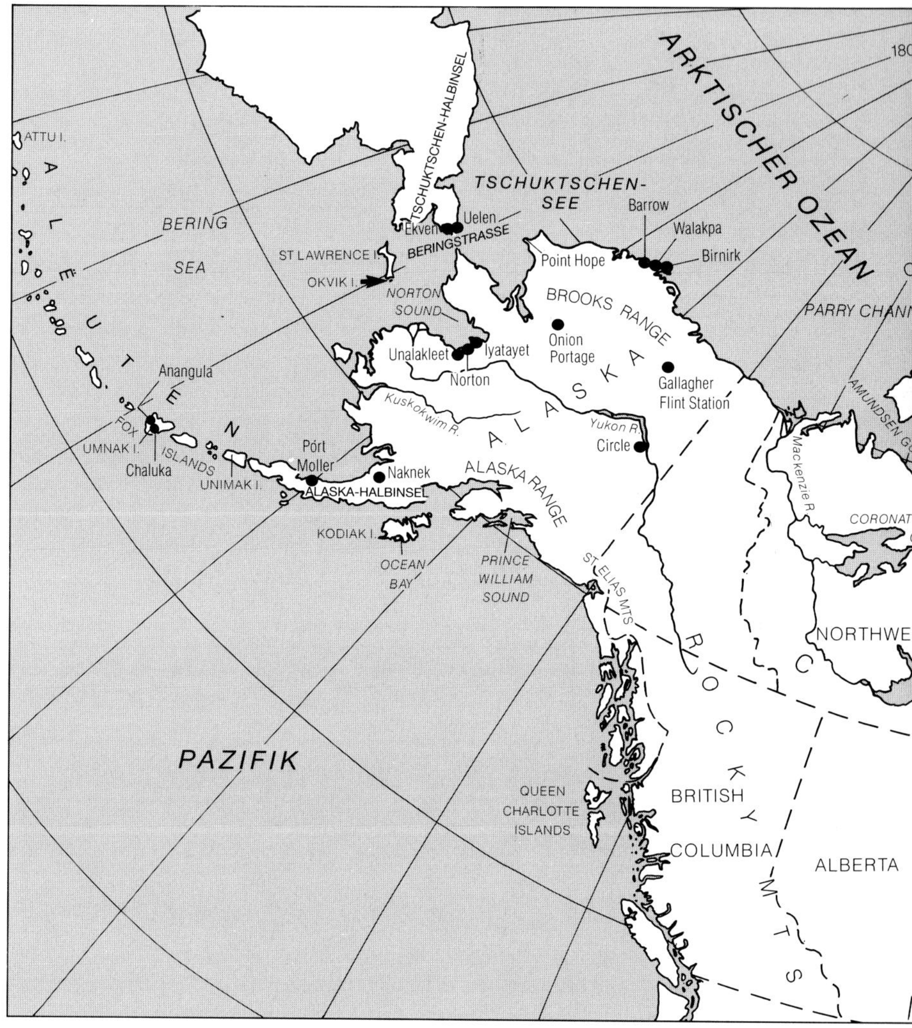

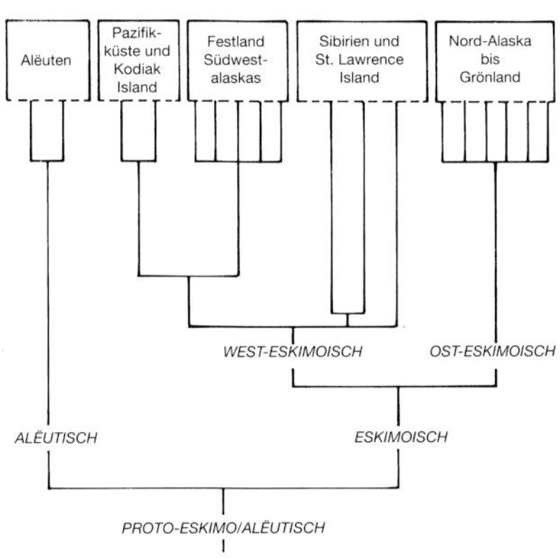

Kladogramm der eskimo-alëutischen Sprachfamilie nach Dumond (1987). Die obersten Verästelungen des Stammbaumes bezeichnen die Anzahl der Dialekte einer Sprache.

Sprachlich sind Eskimos und Unangan Mitglieder einer Familie (Dumond, 1987), deren zwei Hauptabteilungen ungefähr so zueinander stehen wie germanische und slawische Mundarten innerhalb der indo-europäischen Sprachengemeinschaft. Als die ersten russischen Schiffe in der Region aufkreuzten, wurden Unangan-Dialekte entlang der gesamten Alëuten-Kette und auf der Alaska-Halbinsel bis 159° W gesprochen. Östlich davon begann das Verbreitungsgebiet der Eskimo-Idiome. Letztere zerfallen in zwei Untereinheiten. Die Westgruppe umfaßt die Sprachen der asiatischen Eskimos und der von Saint Lawrence Island (Yupíghet u. a.), der Yúppik (Westalaska-Eskimo) und Súxpiaq (Südalaska-Eskimo) in einem Gebiet, das sich von der Čukotskij-Halbinsel Rußlands zum Norton- und Prince William-Sund auf amerikanischer Seite er-

streckte. Der Ostgruppe, zwischen Norton-Sund und Ammassalik-Fjord in Ost-Grönland ansässig, gehören Inyupiat (Nordalaska-Eskimo), Inuvialuit (Mackenzie-Eskimo), Inuit (Zentral-Eskimo), Inuhuit (Polar-Eskimo), Inusuit (West-Grönländer) und Iivit (Ost-Grönländer) an. Dieses Sprachenkontinuum wirkt in sich geschlossener, und seine Varianten werden deshalb zumeist als Dialekte eines einzigen Idioms angesehen. Unter Sprachwissenschaftlern herrscht mittlerweile Einvernehmen darüber, daß die nächsten Verwandten der eskimo-aleütischen Familie im Nordosten Sibiriens leben. Mit den Wakash und den japanischen Ainu bilden sie alle die arktisch-pazifische Abteilung des sogenannten Holarktischen Sprachbereichs, dem auch die Uralischen Mundarten unterzuordnen sind (Müller, im Druck). Sehr weit zurückreichende Beziehungen verbinden diese Gruppierung eventuell mit den sogenannten «altindianischen» Idiomen (vgl. Kapitel 4).

Allenthalben im hohen Norden stützten sich ökonomische Aktivitäten bei Ankunft der Europäer auf Jagd (zu Lande und zu Wasser), Fischfang und Sammelwirtschaft. Meeressäuger, See-, Süß- und Brackwasserfische, Rene, Moschusochsen und Niederwild, ergänzt durch pflanzliche Kost, bildeten die Ernährungsbasis, der man sich mittels grundsätzlich ähnlicher Beschaffungsmethoden versicherte. Abhängig von örtlichen Milieuunterschieden schwankte jedoch das Beuteaufkommen, was differenzierte Erwerbsstrategien erforderte.

Lebensraum Arktis

Während des Wisconsin-Glazials bestand lange Zeit eine Landverbindung zwischen Alaska und Sibirien. Über diesen Isthmus gelangten die ersten Siedler aus Asien in die Neue Welt (vgl. Kapitel 4). Nördlich der Brooks Range, die an einigen Stellen 3000 m Höhe erreicht, fällt das Gelände zum Polarmeer hin ab. Weiter südlich verläuft mit der Alaska Range, in der sich der Mt. McKinley, Nordamerikas höchster Berg, erhebt, ein zweiter Gebirgszug in west-östlicher Richtung. Nach Westen hin geht die Alaska Range in die Aleutian Range über. Deren Kegel überragen die Alaska-Halbinsel und bilden schließlich die etwa 1600 km lange Aleuten-Kette im Nordpazifik. Zwei große Flüsse, der Yukon und der Kuskokwim, entwässern Alaska; sie münden in den Stillen Ozean. Schwärme pazifischer Lachse wandern alljährlich stromaufwärts. Für die Anrainer war (und ist) ihr Erscheinen lebensnotwendig.

Das kanadische Yukon Territory schließt sich ostwärts an Alaska an. Rocky Mountains, Coast Mountains und St. Elias Range treffen dort aufeinander und verschmelzen zum steinernen Rückgrat des Nordens, das bis hinab nach British Columbia reicht. Im Pleistozän trennte der Yukon die Berggletscher des nördlichen und südlichen Alaska, so daß ein nahezu eisfreier Raum, der sich nach Westen öffnete, entstand.

Östlich des Yukon liegen wellige Tiefländer, die einst vom Laurentischen Gletscherschild bedeckt wurden. Eine flache Senke umgibt halbkreisförmig und an den Rändern bis 600 m über NN herausgehoben die Hudson Bay, in die sich mehrere Wasserläufe ergießen, darunter von Westen Churchill und Nelson, von Osten Great Whale und Eastmain (Harp, 1976; Maxwell, 1985). Dies ist der Kanadische Schild, eine Rundhöcker- und Sumpflandschaft, deren Gesteine, besonders Granite und Gneise, im Präkambrium entstanden sind. Tundra überzieht die nördlichsten Teile des Schildes, weiter im Süden gedeihen Taigawälder.

Dem Festland vorgelagert ist der Kanadisch-Arktische Archipel, ein Sammelsurium großer und kleinerer Inseln im Arktischen Ozean. Etwa ein Zehntel der Fläche, den Wasserkörper ausgenommen, hüllen ewiges Eis und Berggletscher ein. Im Osten der Queen Elizabeth Islands steigt das karge, von Fjorden gegliederte Panorama bis 3048 m an.

Am Ostrand des Kanadisch-Arktischen Archipels taucht Grönland aus dem Meer. Es nähert sich bis auf knapp 800 km dem Nordpol und ist somit die nördlichste Landmasse der Erde. Eine gewaltige Eiskappe bedeckt die Rieseninsel, doch lüftet sich der sterile Mantel am Küstensaum. Hier und da allerdings stoßen Gletscher bis zur See vor.

Die Trennlinie zwischen Arktis und Subarktis verläuft in etwa deckungsgleich mit der Baumgrenze, südlich des Polarkreises. Eigentlich ist es unsinnig, von einer «Grenze» zu sprechen, denn tatsächlich vernetzt eine breite Übergangszone Tundra und Taiga. Der Archäologe Elmer Harp (1978) hat das treffend beschrieben: «Wenn man sich ihr [der Braumgrenze] von Norden nähert, begegnet man zuerst inselartigen Flecken verkrüppelter Nadelbäume, die in Bodenwellen Schutz suchen. Je weiter man nach Süden kommt, nimmt der Baumbestand an Höhe und Geschlossenheit zu, bis einen schließlich dichter Wald umgibt.» Temperaturen, die selbst im wärmsten Monat des Jahres, Juli, 10°C nicht übersteigen, verhindern in der Arktis flächendeckendes Baumwachstum. Daher fällt die nördliche Baumgrenze mit der 10°-Juliisotherme zusammen. Natürlich handelt es sich dabei um einen Mittelwert. Abhängig von der Örtlichkeit können Sommertemperaturen weit höher klettern.

Im hohen Norden herrschen lange, dunkle und bitterkalte Winter. Lediglich drei frostfreie Monate sind dem Sommer vorbehalten. Nirgendwo taut der Boden vollends auf. In der warmen Jahreszeit verhindert oberflächennaher Dauerfrost das Versickern des Wassers. So entstehen Sümpfe mit knietiefem Morast, der Reisen erschwert – ganz zu schweigen von den Myriaden Steckmücken, die Mensch und Tier gleichermaßen quälen. Sogar im Süden Labradors und der Hudson Bay hält Eis Küsten und Inseln sieben Monate lang im Würgegriff. Mittwintertemperaturen pendeln gewöhnlich um −32°C. Spitzenwerte bis −73°C werden erreicht, wenn die rauhen Winterstürme aus Nordwest heranbrausen. Schnee bedeckt die arktischen Kältegebiete von September oder Oktober bis Mai oder Juni; er ist nicht besonders tief, aber außerordentlich fest und unregelmäßig verteilt.

Tundra ist das vorherrschende Biom der Arktis. Hier dominieren Flechten (u. a. *Cladonia* und *Cetraria*) und Moose (z. B. *Polytrichum* und *Sphagnum*). Weithin bestimmten Zwergbirken *(Betula)*, Seggen *(Carex)*, Wollgräser *(Eriophorum)*, Zwergweiden *(Salix)* und Heidekrautgewächse die Vegetation. Während der Sommerwochen erblühen u. a. Mannsschilde *(Androsace)*, Silberwurz *(Dryas)*, Süßklee *(Hedysarum)*, Nelkenwurzarten *(Geum)*, Steinbreche *(Saxifraga)* und Storchschnäbel *(Geranium)*. Stellenweise, so auf Inseln des Kanadisch-Arktischen Archipels, wird selbst dieser Pflanzenwuchs schütter und weicht steinigen Einöden oder, noch weiter im Norden, der Polarwüste.

Nur wenige Landsäuger haben es geschafft, in der Arktis zu überleben. Die bei weitem häufigste größere Art ist das Ren *(Rangifer tarandus)*, das je nach Vorkommen in verschiedenen Subspezies auftritt. Moschusochsen *(Ovibos moschatus)* bewohnen Teile Grönlands, die kanadischen Barrengrounds und Nordalaska. Wühlmäuse *(Microtus)*, Lemminge (*Lemmus* und *Dicrostonyx*), Ziesel *(Spermophilus)*, Pfeifhasen *(Ochotona)*, Schneehasen *(Lepus timidus)* und Spitzmäuse *(Sorex)* bilden die Masse der Kleinsäuger. Wölfe *(Canis lupus)*, Polarfüchse *(Vulpes alopex)*, Braunbären *(Ursus arctos richardsoni)*, Eisbären *(Ursus maritimus)* und Järve *(Gulo gulo)* vertreten die Raubtiere. Sehr vielgestaltig ist die Vogelwelt, darunter Rauhfußhühner, Gänse, Enten, Seetaucher, Schnepfen, Strand- und Wasserläufer.

Küstennahe Gewässer weisen den größten Tierreichtum auf. Neben unzähligen Fischarten sind dies u. a. Mollusken und Stachelhäuter, aber auch Robben und Wale. Die Bewohner des hohen Norden entwickelten speziell für die Seesäugerjagd ausgeklügelte Waffensysteme.

Südlich der Waldgrenze, in der schwer zugänglichen Taiga, die ein Fortkommen oft nur entlang breiter Wasserläufe erlaubt, beginnt das Reich der Bäume. Rotfichten *(Picea rubra)* und Leistenkiefern *(Pinus banksiana)* bilden nicht selten Reinbestände, unter die sich weiter im Süden Tamaracklärchen *(Larix laricina)*, Amerikanische Zitterpappeln *(Populus tremuloides)* und Kanubirken *(Betula papyrifera)* mischen. Elche *(Alces alces)* und Karibus durchstreifen die Wälder. Sie und Wassergeflügel waren wichtige Eiweißlieferanten in prähistorischer Zeit. Pelztiere wie Amerikanischer Biber *(Castor canadensis)*, Mink *(Lutreola vison)*, Fichtenmarder *(Martes americana)*, Flußotter *(Lutra canadensis)*, Luchs *(Lynx lynx)*, Hermelin *(Mustela erminea)* und Schneeschuhhase *(Lepus americanus)* gewannen nach dem Kontakt mit Europäern ökonomische Bedeutung.

Der hohe Norden überrascht mit größerer Artenfülle als allgemein angenommen. Kälteadaptierte Formen stellen das Gros der Lebewesen. Dem Dauerfrostboden verdankt die Tundra wannenförmige Schlenken und ausgedehnte Moore, Heimstatt ungezählter Insekten und Lebensraum vieler Pflanzen, die Vögel, Kleinsäuger und Großwild ernähren. Am Ende dieser Nahrungskette stand der Mensch.

Jahr für Jahr wandern aber Millionen planktonischer Lebewesen ins Polarmeer. Sie profitierten dort von Mikroorganismen, die sich an der Meereisdecke angesiedelt haben. Schmilzt das Eis, gelangen sie ins Freiwasser. Größere Tiere, Zahn- und Bartenwale z. B. oder Robben schwelgen im Plankton bzw. erbeuten Fische, die das Geschwebe aufnehmen.

Leute aus dem Süden pflegen die Sommermonate für die angenehmste Zeit in Arktis und Subarktis zu halten. Für die ortsansässigen Jäger und Sammler jedoch waren gerade die wärmsten Abschnitte des Jahres mit Gefahren und Unbequemlichkeiten verbunden. Die Tundra steht dann weithin unter Wasser, und die Bewegungsmöglichkeiten sind eingeschränkt. Unvorhersehbare Sommerstürme lassen Bootsfahrten zum Wagnis werden. Moskitoschwärme plagen den Eindringling. In der Taiga versperren dichter Unterwuchs und verrottendes Holz den Weg, was die Fallenstellerei recht beschwerlich macht. Viele Inlandgruppen trachteten daher danach, im Sommer Lagerplätze in offenem Gelände zu finden. Dies war eine Zeit relativer Ruhe, die man für soziale Aktivitäten nutzte.

Die Altarktische Tradition: vor 8000 bis ca. 5000 v. Chr.

Um 8000 v. Chr. war Alaska noch eine Kulturprovinz Sibiriens. Hier siedelten Volksgruppen, die den Trägern der Djuchtai-Tradition jenseits der Beringstraße nahestanden. Ihre Gerätschaften werden einem Technokomplex zugerechnet, dessen Verbreitungsgebiet sich östlich der Lena in Nordostsibirien bis zu den eisfreien Teilen Alaskas und des Yukon Territory erstreckte, mit Ausläufern, die British Columbia erreichten. Nach 8000 v. Chr. wich die Djuchtai-Tradition der Sumnagin-Kultur, deren Angehörige Elchen und Rentieren nachstellten. Im Vergleich mit ihren Vorgängern verfügten die Sumnagin-Leute über ein etwas anders geartetes Werkzeuginventar (Dumond, 1987). Größere kulturelle Vielfalt herrschte derweil in Alaska. Die Forschung hat die unterschiedlichen Ausformungen unter dem Begriff «Altarktische Tradition» zusammengefaßt.

Hinter dieser Bezeichnung verbergen sich Anpassungen an eine Vielzahl lokaler Habitate (Dumond, 1987; West, 1981), ein Sammelsurium frühholozäner Kulturen, die im nordwestlichen Nordamerika etwa 3000 Jahre, örtlich auch länger, bestanden. Verschiedentlich wurden für die Altarktische Tradition auch andere Etikettierungen vorgeschlagen – Nordwestliche Mikroklingen-Tradition, Denali-Komplex oder Beringische Tradition –, doch konnten sie sich nicht durchsetzen.

Wie nicht anders zu erwarten, ist die Altarktische Tradition hauptsächlich durch Steinartefakte belegt: Mikroklingen, Keilkerne, einige blattspitzenähnliche Waffen, Schaber und Stichel. Kulturelles «Leitmotiv» sind die keilförmigen Kleinkerne, von denen man Mikroklingen abspaltete. Die oft winzigen Mikrolithen erreichen eine maximale Größe von 6,5 cm. Sie bleiben somit kleiner als vergleichbare Stücke der «klassischen» eurasischen Mikroklingenindustrien (Gravettien, Pavlovien).

Knochengeräte wurden bisher nicht aufgefunden, man nimmt aber an, daß die meisten Kleinklingen als Einsätze in Waffen aus Holz, Geweih oder Knochen fungierten. Zumindest deutet die Form vieler Mikrolithen auf diese Art der Verwendung hin. Altarktische Werkzeugmacher stellten auch beidflächig beschlagenes Gerät her. Nicht selten dienten solche Stücke als Rohlinge, die man weiter bearbeitete. Überhaupt fällt die unregelmäßige Verteilung bestimmter Artefakttypen auf. Oft wechselt der Bestand von Fundort zu Fundort, vielleicht ein Hinweis auf unterschiedliche Betätigungen.

Die Altarktische Tradition war über ganz Alaska verbreitet; auch im westlichen und südwestlichen Yukon Territory ist sie dokumentiert. Im Gebiet der Icy Strait, Südostalaska, erfolgte die Herstellung von Mikroklingen zwischen 6000 und 2000 v. Chr. Etwas weiter südlich datieren Keilkerne und Kleinabschläge 10000 Jahre zurück. Auf den Queen Charlotte-Inseln lebten um 5000 v. Chr. Menschen, die ihre Mikroklingen von roher behauenen Kernen gewannen (Fladmark, 1979). Dieser Typus zeigt wenig Ähnlichkeit mit den schön gearbeiteten Exemplaren des Nordens. Auch in Namu an der Küste British Columbias kamen recht derbe Stücke zutage; ihr Alter soll 8500 Jahre betragen. Noch um 400 u. Z. fertigten Indianer an der Georgia Strait Mikroklingen nach überlieferter Art.

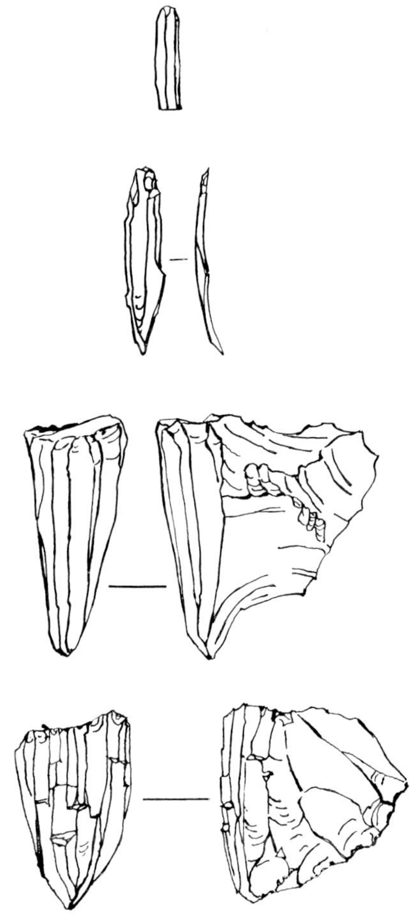

Altarktische Tradition. *(Obere Reihen)* Zwei Mikroklingen von Ugashik Narrows auf der Alaska-Halbinsel. *(Untere Reihen)* Zwei Kleinklingenkerne von Onion Portage in Alaska. Höhe des größten Kernes 4,3 cm.

Eine ganze Reihe früher Stätten Alaskas hat wohl als Ableger der Altarktischen Tradition zu gelten. Hierzu gehören die Gallagher Flint-Station in der nördlich-zentralen Brooks Range, Groundhog Bay im südöstlichen Alaska sowie die Fundstellen Kagati und Ugashik Narrows im Südwesten (Dumond, 1987). Auch das berühmte Anangula auf der gleichnamigen Insel nahe Umnak wird gewöhnlich zu diesem Kreis gezählt, sicher ist das aber nicht (s. unten).

Die Erstbesiedlung Anangulas erfolgte vor 8750 Jahren (Aigner & Del Bene, 1982). Der Ort bestand aus vielen kleinen Behausungen, in denen jeweils eine Familie gelebt haben dürfte. Um eine Unterkunft zu erstellen, hob man eine ovale Grube aus, die einen Treibholzrahmen aufnahm. Flechtwände und ein Dach aus Rasenziegeln vollendeten das Bauwerk. Eine Öffnung in der Abdeckung diente als Einstieg. Die Bewohner fertigten Klingengeräte verschiedenster

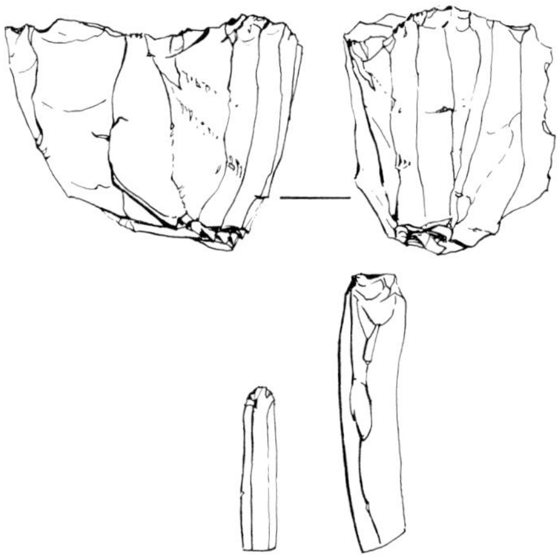

(Oben) Klingenkern (Höhe 3,7 cm) und zwei Mikroklingen von Anangula. (Unten) Aus Abschlägen wieder zusammengesetztes Kernstück.

Größe, aber nur verhältnismäßig wenige Mikrolithen des altarktischen Typs. Da sich keines der geborgenen Artefakte zur Seesäugerjagd, die, nach den Abfällen zu urteilen, neben Fischfang und Muschelernte betrieben worden ist, eignete, liegt die Vermutung nahe, daß entsprechendes Gerät aus vergänglichen Knochen oder Walroßelfenbein entstand.

Na-Dene und Eskimos/Aleüten

Der Physische Anthropologe Christy Turner (1984) hat versucht, sich anhand der spärlichen archäologischen Zeugnisse, zahnmorphologischer Untersuchungen und der Vorstellungen des Linguisten Joseph Greenberg ein Bild der Einwanderungsgeschichte in die Neue Welt zu machen. Turner glaubt, daß der Erstimmigration durch altindianische Verbände zwei weitere Siedlungswellen folgten. In der früheren sieht er Na-Dene-Sprecher, die zwischen 14000 und 12000 v. h. am Ostrand Beringias auftauchten, kurz vor dem Untergang der Landbrücke. Sie seien Waldjäger gewesen, die mit mikroklingenbewehrten Waffen Karibus erbeuteten. Diese Jäger hätten die Altarktische Tradition ins Leben gerufen. In der Folge wären sie südwärts und ostwärts ins Landesinnere vorgestoßen, wo sie zu Ahnen der historischen Athapasken und deren Verwandten an der Nordwestküste (Hade/Xaydegay = Haida, Tlingít und Daxuhyu = Eyak) wurden.

Eine spätere Einwandererwelle habe, so Turner, die Vorfahren der Unangan und Eskimos in die Neue Welt geführt, von Kamtschatka aus entlang dem Kontinentalschelf. Dies sei vor etwa 10000 Jahren geschehen (Turner, 1987).

Turners Thesen lösten in Fachkreisen scharfe Kontroversen aus (Dumond, 1987). Es mag zutreffen, daß die Varianten der Altarktischen Tradition überwiegend mit Vertretern einer Sprachgruppe verbunden sind, der auch die Vorfahren der Athapasken angehörten. Ob allerdings Paläo-Eskimo schon so früh in Amerika erschienen, ist zweifelhaft. Allgemein wird angenommen, daß sie erst viel später, als Träger der Arktischen Kleingeräte-Tradition (s. unten), einwanderten. Vielleicht siedelten ab 8000 v. Chr. aber Sprachverwandte der Eskimo/Unangan in Südalaska. Dabei dürfte es sich u. a. um Proto-Wakash gehandelt haben (Swadesh, 1962), die in den folgenden Jahrtausenden Teile der amerikanischen Nordwestküste in Besitz nahmen (vgl. Kapitel 10).

Viel wurde über den möglichen Zusammenhang von Na-Dene und Eskimo-Aleüten gerätselt, weil sie einige genetische Eigenarten teilen (vgl. Kapitel 4). Beruhen diese Ähnlichkeiten auf Genfluß im Überschneidungsgebiet ihrer Verbreitung, oder blicken beide auf gemeinsame asiatische Vorfahren zurück? Ein endgültiges Urteil ist hierüber noch nicht gefällt, doch neigt die Forschung heute überwiegend der erstgenannten Hypothese zu, trotz traditioneller Animosität von Inuit und Athapasken. Die mongoliden Merkmale (ausgesprägte Nasenlidfalte, flaches Gesicht, Blutgruppen A und B) wiederum, die gewöhnlich zur Unterscheidung von Eskimiden und Indianern herangezogenen werden, dürften auf genetischen «Input» zurückgehen, dem erstere vor ihrer Auswanderung in Sibirien ausgesetzt waren.

Litoral-maritime Anpassungen an der Pazifikküste – Ocean Bay und Kachemak: ?vor 4000 v. Chr. bis ca. 1200 u. Z.

Um 4000 v. Chr. hatte sich der Spiegel des Pazifik auf heutigem Niveau eingepegelt. Wie überall in Nordamerika erkennt man auch hier eine stärkere Spezialisierung auf marine Ressourcen, was aber vielleicht dem Umstand geschuldet ist, daß ältere Fundstätten dieses Anpassungstyps unter Wasser begraben wurden und daher für die Forschung verloren sind. Anangula z. B. belegt Fischfang und Seesäugerjagd zu einem wesentlich früheren Zeitpunkt (Dumond, 1987).

Entlang der Alëuten-Kette und in der Region um Kodiak Island herrscht ozeanisches Klima mit kühlen Sommern und relativ milden Wintern. Nur selten fällt die Temperatur auf Werte unter −6°C. An den nebelverhangenen Küsten und im Meer wimmelte es einst vor Leben. Seeotter *(Enhydra lutris)* kamen in großer Zahl vor, ebenso Riesenseelöwen *(Eumetopias jubata)*, Pelzrobben *(Callorhinus ursinus)* und mehrere Arten Seehunde *(Phoca)*. Regelmäßig tauchten Großwale wie Grauwal *(Eschrichtius robustus)* und Glattwal *(Balaena glacialis)* auf. Seevogelschwärme, hauptsächlich Kormorane, Gänse, Enten, Möwen, Lummen und Lunde, nisteten an steilen Felsklippen über der Brandung oder überwinterten im Gebiet. Seit Jahrtausenden konzentrierte sich menschliche Besiedlung am Küstensaum, von der Insel Unimag im Westen bis zum Prince William-Sund im Osten. Angesichts des verhältnismäßig gleichförmigen Lebensraumes ist man geneigt, auch ethnische Uniformität anzunehmen, doch zerfällt die rezente Bevölkerung in zwei Gruppen: Unangan und Südalaska-Eskimos, die sich selbst Súxpiaq oder (neuerdings) Alútiiq nennen.

An der Küste Südwestalaskas und vorgelagerten Inseln sind aus der Zeit nach 5000 v. Chr. mindestens zwei Kulturgruppen bekannt (Dumond, 1987). Zu ihnen gehört die auf Seesäugerjagd spezialisierte Ocean Bay-Tradition. Fundplätze kennt man von Kodiak Island und der oberen Alaska-Halbinsel. Die Träger der Ocean Bay I-Phase, der die Takli-«Erlen»-Stufe auf dem Festland entspricht, waren möglicherweise Proto-Wakash. Nach Ankunft eskimo-alëutischer Verbände um 2800 v. Chr. scheinen sie zur amerikanischen Nordwestküste abgewandert zu sein.

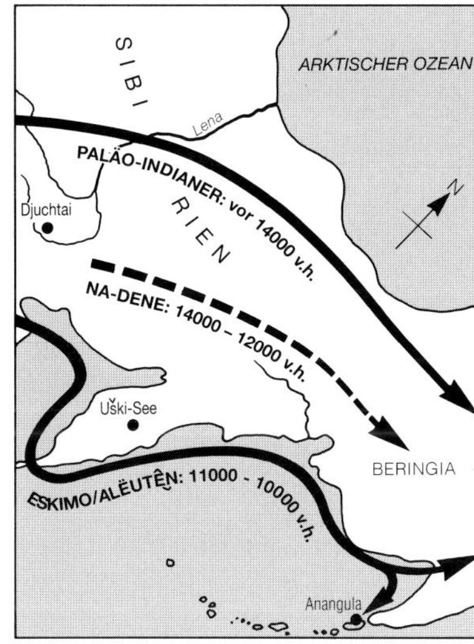

Christy Turners Modell endeiszeitlicher Einwandererschübe nach Nordamerika. Wegen allzu grober Vereinfachung findet es heute kaum noch Resonanz.

Zweisitzerkajak von der Insel Nunivak vor Alaska.

In Picktechnik ausgehöhlte, reliefierte Tranlampe vom Knik River auf Cooks Inlet in Alaska; Länge 32 cm.

Die Wirtschaft der Ocean Bay-Leute stützte sich auf Seesäugerfang, Lachsfischerei, Eiersammeln und Rentierjagd. Bei der Robbenjagd verwendete man Stoßspeere mit großen Steinklingen. Aus Hornstein und Basalt entstanden Abschlagsgeräte, u. a. gestielte Messer. Daneben existierten Artefakte aus geschliffenem Schiefer. Das Interesse an solchen Werkzeugen, die man zunächst grob beschlug, dann schliff und polierte, wuchs um 2500 v. Chr. schlagartig (Clark, D. W., 1974). Örtlich ersetzten sie althergebrachte Gerätschaften ganz. Manche Autoren sprechen daher von einer eigenständigen Kodiak-Tradition.

Der Variantenreichtum bei Knochen- und Schiefergeräten (darunter halbmondförmige *ulu*-Messer), der sich in der Kachemak-Tradition (ca. 1700 v. Chr. bis 1200 u. Z.) offenbart, wird in Zusammenhang mit Einflüssen aus dem Bereich der Beringstraße (Norton-Sphäre, vgl. Kapitel 9) gesehen. Die Anzahl der Siedlungen nahm zu, ebenso die Mächtigkeit der Abfallhaufen, was für höhere Bevölkerungsdichte spricht. Gebrauchsgegenstände schließen gekerbte Netzsenker und schwere, in Picktechnik hergestellte Steinlampen mit plastischen Verzierungen in Menschen- und Tiergestalt ein. Endokannibalistische Bestattungsriten, anläßlich derer man Tote zerstückelte und Leichenteile pietätvoll verzehrte, sowie Kopfjagd wurden vollzogen.

Nach 1200 u. Z. wirkten vor allem Thule-Elemente (Einführung der Töpferei) auf die Region. Aus einem Amalgam von Thule-, Kachemak- und Prince William-Sund-Komponenten entwickelte sich die Koniag-Kultur der rezenten Súxpiaq. Auf Einflüsse von der Nordwestküste geht wohl der Brauch zurück, Waffen mit dem aus Wurzelknollen des Eisenhutes *(Aconitum)* gewonnenen Aconitin zu vergiften.

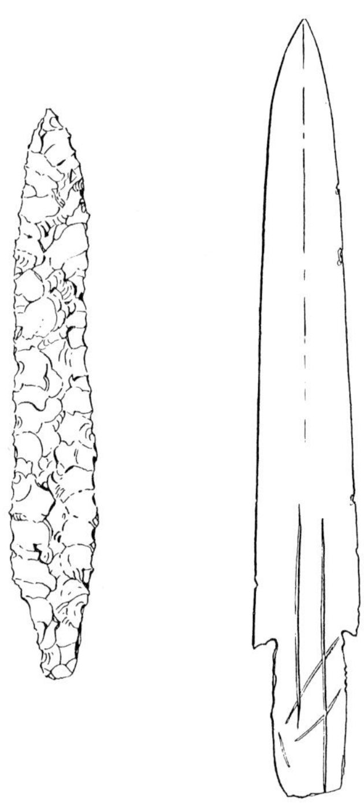

Ocean Bay-Tradition: *(Links)* Retuschierte Waffenspitze von Takli Island; Länge 15 cm. *(Rechts)* Geschliffene Lanzenspitze aus Schiefer von der Alaska-Halbinsel; Länge 21 cm.

Die Alëutische Tradition: ca. 2800 v. Chr. bis 1800 u. Z.

Anangula bezeugt die Anwesenheit von Menschen auf den Alëuten vor 8750 Jahren. Die Stätte spielt eine Schlüsselrolle in der Vorgeschichte der Inselgruppe. Drei rivalisierende Hypothesen versuchen, die Stellung Anangulas in diesem

Kontext zu bewerten (McCartney, 1984a). Bildete der Ort etwa, wie William Laughlin, einer seiner Erforscher, meint, die Keimzelle der rezenten Unangan-Kultur? Das implizierte ein 8000jähriges ethno-linguistisches Kontinuum. Andere Fachleute verfechten den Standpunkt, daß die noch zur europäischen Kontaktzeit angetroffene kulturelle Ausrichtung der Unangan durch Berührung der Anangula-Matrix mit Eskimos zustande kam. Die dritte Hypothese läßt die Anangula-Bevölkerung nachkommenlos aussterben. An ihre Stelle traten, so heißt es, vor mehr als 4500 Jahren die Vorfahren der modernen Unangan.

Die beiden erstgenannten Vorschläge postulieren kulturelle Kontinuität im Bereich der Alëuten, es finden sich aber keine archäologischen Dokumente, die das zweifelsfrei belegten. Nach gründlicher Untersuchung gelangen die Anwälte der dritten Hypothese zu dem Schluß, daß die Techniken der Steinbearbeitung, wie sie in Anangula gebräuchlich waren, stark von den alëutischen Industrien 3500 Jahre später abweichen. Die Befürworter sprechen daher von zwei ganz unterschiedlichen Kulturtraditionen, voneinander durch Jahrhunderte getrennt.

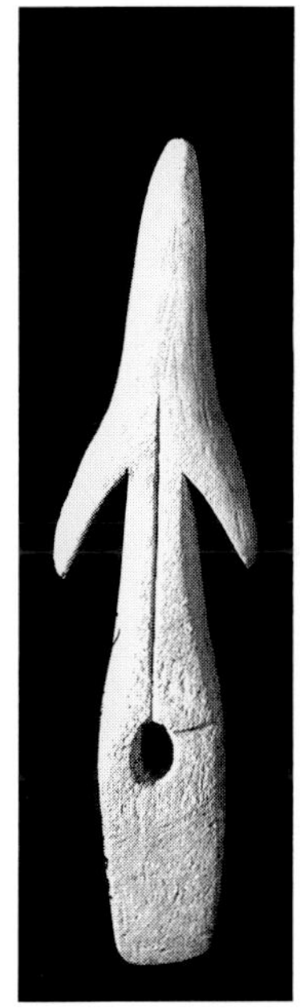

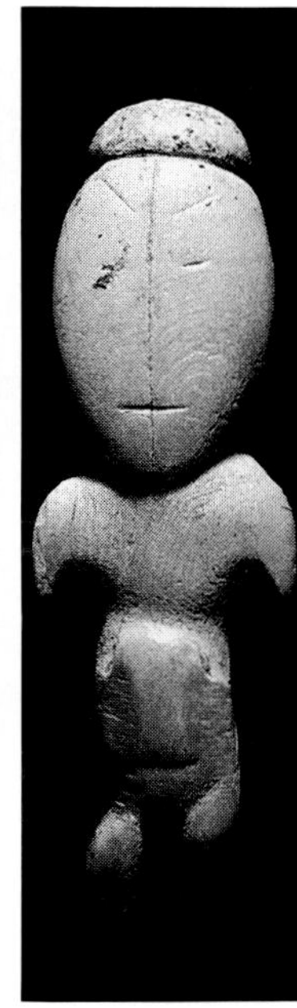

Alëutische Tradition: 10 cm langer Harpunenkopf und 6 cm hohe Elfenbeinfigurine von Umnak (westliche Fox-Inseln).

Werkzeuge und Waffen der Alëutischen Tradition ähneln den gestielten Projektilspitzen und Messern, die wir von Ocean Bay her kennen. Hergestellt wurden sie in Abschlagtechnik. Die Produktpalette umfaßt beidflächig getrimmte Spitzen, geheftete und ungeheftete Messer, Beile sowie *ulu*-Schneiden. Klingen und Kerne, wie sie in Anangula vorkommen, fehlen – ein starkes Argument gegen die Annahme kultureller Survivals. Hochentwickelt war dagegen die Kunst der Knochenbearbeitung; sie zeigt eskimoide Einschläge (McCartney, 1984a). Alan McCartney und andere Gelehrte glauben deshalb, daß Anangula als isolierter Rest der in Amerika marginalen Pazifisch-Maritimen Tradition mit Verbreitungsschwerpunkt zwischen Japan und Kamtschatka betrachtet werden muß, der mit den späteren Unangan nichts zu tun hat. Der Ursprung dieser Gruppe liegt im Dunkeln. Kamen ihre Vorfahren vor über 4500 Jahren aus Nordostasien, oder waren sie Teil einer früheren sibirischen Einwandererwelle (Proto-Wakash), die bis Alaska vorstieß und um den genannten Zeitabschnitt von eskimoiden Immigranten überfremdet wurde? Die definitive Antwort müssen wir vorläufig schuldig bleiben.

Die Menschen der Alëutischen Tradition, die in Sandy Beach Bay auf Umnak 4850–4350 Jahre zurückdatiert, widmeten sich der Seesäugerjagd, fingen aber auch Fische wie Pazifik-Kabeljau *(Gadus macrocephalus)* oder Pazifik-Heilbutt *(Hippoglossus stenolepis)* und sammelten Seeigel. Einige Siedlungen, Hot Springs bei Port Moller auf der Alaska-Halbinsel z. B., waren mit Unterbrechungen zwischen 2000 v. Chr. bis etwa 1000 u. Z. bewohnt. Die Behausungen hatten dort die Form eines Ovals oder wiesen rechteckige Abmessungen auf. Über der halbmetertiefen Hausgrube errichtete man das kuppelförmige Dach aus Treibholz und Grassoden. Der Einstieg erfolgte von oben über Tritthölzer.

In Chaluka auf Umnak wird der Siedlungsbeginn um 2000 v. Chr. angenommen. Hier stießen die Ausgräber auf halb-unterirdische Häuser mit einer Fütterung aus Steinplatten und Walknochen. Die Innenräume waren teilweise gepflastert und mit Kochgruben ausgestattet. Chalukas Einwohner stellten zahllose einseitig beschlagene Waffenspitzen her.

Etwa tausend Jahre nach Aufgabe der Siedlung um 1000 v. Chr. wurde Chaluka wieder in Besitz genommen. Die Lebensweise der Neuankömmlinge unter-

Historische Winterbehausung der Unangan. Mehrere verwandte Kernfamilien lebten hier in separaten Wohnabteilen, deren Größe nach der gesellschaftlichen Stellung des jeweiligen Familienoberhauptes bemessen wurde. Die auf der Rangskala am höchsten notierten Individuen logierten an der Ostseite des Gebäudes. Gekerbte Baumstämme erleichterten Ein- und Ausstieg, die über die Dachluke erfolgten.

schied sich kaum von der ihrer Vorgänger. Man fertigte Werkzeuge und Waffen in Abschlagtechnik, darunter klobige, beidflächig bearbeitete Stielmesser. Irgendwann zwischen 1000 und 1500 u.Z. erschienen abermals neue Bewohner. Sie benutzten Schiefergeräte. Selbst jetzt änderte sich die Lebensführung nicht, und die Menschen vertrauten im Alltag den bewährten Knochenharpunen, Speerspitzen, Grabsticheln und Ahlen. Gleich blieben ferner die Muster, mit denen man einige Objekte verzierte.

Auf marine Ressourcen spezialisierte Gemeinschaften florierten auch weiter westlich, auf Amchitka und den Rat Islands. Dort erbeuteten die Menschen große Mengen Seeotter und Riesenseelöwen, dazu wandernde Wale und Pelzrobben. Mit an Schnüren befestigten Wurfkugeln (Bolas) erlegte man Vögel, darunter Möwen, Enten und Alken aller Art. Gesammelt wurden Seeigel und Napfschnecken. Bei einem ausgegrabenen halb-unterirdischen Haus von annähernd rechteckigem Grundriß (5 m breit und 6 m lang) gelang die Datierung in die Zeit um 1500. Eine Vorratsbank und Schlafstätten umgaben den Mittelteil der Wohnung, wo sich die Herdstelle befand. Bereits um 600 v.Chr. lebten Seejäger auf den Near Islands, dem westlichsten Außenposten der Aleütischen Tradition.

Die kulturellen Äußerungen der Unangan erhielten sich bis nach Ankunft europäischer Seeleute. Ein Charakterzug war die beträchtliche stilistische Variation im Artefaktspektrum von Insel zu Insel. Bisher hat man solchen Abweichungen noch wenig Beachtung geschenkt (McCartney, 1984a).

Die Arktische Kleingeräte-Tradition: vor 2000 bis 800 v. Chr.

Wildbeutergruppen siedelten bereits geraume Zeit an der Südküste Alaskas bis zur Bristol Bay und am Ostrand der Beringstraße, als hier um 2000 v. Chr. (kalibr. 2830 v. Chr.) Neusiedler auftauchten – die Träger der Arktischen Kleingeräte-Tradition. Ihr lithischer Kulturbesitz bestand in der Tat aus kleinsten Objekten: oft winzige Klingen, zugespitzt an beiden Enden, die als Seiten- oder Kopfeinsätze in Pfeil- und Speerspitzen Verwendung fanden. Daneben fertigten die Werkzeugmacher dieser Tradition Schaber, Grabstichel und polierte Beilklingen. Leider wissen wir über Artefakte aus organischen Materialien so gut wie nichts.

Nach Ansicht einiger Autoren entsproß die Arktische Kleingeräte-Tradition altarktischen Wurzeln in Alaska. Wahrscheinlicher jedoch ist ihre Entstehung außerhalb der Neuen Welt. Aus zugerichteten Polyedern abgespaltene, beidseitig retuschierte Messer, Schaber und Stichel, die man als Prototypen der amerikanischen Formen ansehen kann, kamen in der sibirischen Bel'kačinsker Kultur zutage, deren Blütezeit am Aldan ins 3. Jahrtausend v. Chr. datiert. Die Arktische Kleingeräte-Tradition dürfte daher von Einwanderern getragen worden sein, die gegen 2000 v. Chr. nach Alaska einsickerten (Anderson, 1968; Dumond, 1971; 1987). Allgemein wird angenommen, daß es sich bei ihnen um die Vorfahren der Eskimos handelte.

Als wohl folgenreichste Neuerung führten die Immigranten Pfeil und Bogen in Nordamerika ein. Diese Waffe eignete sich vortrefflich zur Rentierjagd. Sie fand aber nicht nur in Arktis und Subarktis rasche Aufnahme, sondern auch im Innern des Kontinents. Avonlea-Verbände (vgl. Kapitel 7) machten den Bogen auf den Plains bekannt. In den Südwesten gelangte er um 200 u. Z., und im 1. Jahrtausend u. Z. war sein Siegeszug in ganz Nordamerika abgeschlossen.

Die Arktische Kleingeräte-Tradition in Alaska wird manchmal «Denbigh Flint-Komplex» genannt, in Anlehnung an ein in Schichtgrabung erschlossenes Jagdlager beim Iyatayet Creek nahe Kap Denbigh am Norton-Sund (Giddings, 1964). Man ist aber übereingekommen, den Begriff nur noch auf die Denbigh-Variante selbst anzuwenden. Die Station Iyatayet erbrachte hauptsächlich Mikroklingen und kleine Stichel – Werkzeuge zur Ornamentierung, die gelegentlich in Griffe aus Geweih oder Knochen eingefügt waren. Berühmt ist die Stätte wegen ihrer End- und Seitenschaber, die von ausgezeichneten handwerklichen Fähigkeiten zeugen.

Ähnliche Gerätschaften förderte man in der Brooks Range, und die Funde setzen sich im Süden, bis zur Alaska-Halbinsel, fort. Einige Örtlichkeiten sind wenig mehr als Ansammlungen herumliegender Steine, vielleicht Plätze, wo Zelte durch Beschweren sturmfest gemacht wurden. Auf der Halbinsel lagen Camps an lachsreichen Fließgewässern. Daneben dürften die Menschen an der Küste Robben gejagt haben. Da und dort gibt es Hinweise auf festere Behausungen, an der Kachemak Bay z. B., bei Onion Portage und am Brooks River, wo man die Überreste von 14 Turfhäusern entdeckte (Abb. S. 160). Am letztgenannten Ort hoben die Bewohner halbwegs quadratische Gruben von etwa 4 m Kantenlänge aus. Die Anlagen verfügten über einen geböschten Eingangstunnel und eine zentrale Herdstelle (Dumond, 1987).

Die Arktische Kleingeräte-Tradition des Westens weicht stark von den früheren altarktischen Kulturmanifestationen und dem Erscheinungsbild des Nördlichen Archaikums im Binnenland ab. Anscheinend zogen sich die meisten der vorher eingewanderten Siedler nach Eintreffen der Paläo-Eskimo ins Landesinnere zurück (Na-Dene), oder sie wurden von den Neuankömmlingen überlagert bzw. verdrängt (sibirische Restgruppen, Proto-Wakash).

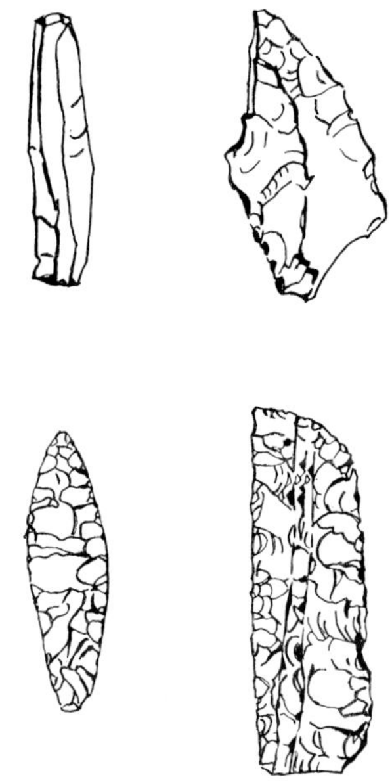

Artefakte der Arktischen Kleingeräte-Tradition aus dem oberen Naknek-Seengebiet in Südwest-Alaska: *(Obere Reihe)* Mikroklinge und Stichel. *(Untere Reihe)* Waffenspitze und Seitenklinge; Länge der Klinge 3,3 cm.

Inuit vom Coronation-Golf benutzen auf diesem Foto aus dem Jahr 1913 gestückte Bogenstäbe. Der Bogen ermöglichte zielgenaues Schießen im Bereich von 30–40 m; die maximale Reichweite der Pfeile betrug 120 m. Wie an der nach außen gekehrten Fellseite der Kleidung zu erkennen ist, entstand die Aufnahme im Sommer.

Arktische Kleingeräte-Tradition: Ausgegrabene, radiometrisch auf 1450 v. Chr. datierte Überreste eines halbunterirdischen Hauses am Brooks River in Südwest-Alaska. Um die zentrale Herdstelle liegen von der Glut gesprengte Gerölle. In den vier Löchern am Boden steckten einst die Pfähle eines Kochgestells.

Die Besiedlung der Ostarktis: ca. 2000 v. Chr.

Erstaunlicherweise erschien die Arktische Kleingeräte-Tradition etwa zur selben Zeit wie an den Gestaden der Beringsee auch an den Küsten des Arktischen Ozeans, auf Inseln des Kanadisch-Arktischen Archipels und in Grönland (Maxwell, 1985). Dieses Paradox kommt durch unsichere Radiokohlenstoffwerte zustande. Viele ^{14}C-Proben stammen nämlich von Fett und Knochen mariner Säugetiere oder von Treibholz, die im Verdacht stehen, irreführende Resultate zu liefern. Immerhin verlegen einige kalibrierte, also realzeitliche Daten, gewonnen aus Holzkohle von Landpflanzen, den Ostvorstoß in die Spanne zwischen 2830 und 2305 v. Chr. Um 2600 v. Chr. erreichten Paläo-Eskimo Baffin Island, 200 Jahre später Westgrönland (Qeqertasussuk). Was die Träger der Arktischen Kleingeräte-Tradition bewog, derart rasch und so tief in unbekanntes Gebiet vorzurücken, bleibt rätselhaft. Abgesehen vom Fehlen sicher datierter Stätten (Grönland bildet die Ausnahme), wirkt sich auch die Konfusion über Wechsel im Artefaktbestand, die bald nach der Ostausbreitung durchschlugen, erschwerend auf eine Interpretation der Vorgänge aus. Konventionell gruppiert man die frühen Erscheinungsformen der ostarktischen Kleingeräte-Tradition in zwei «Konfigurationen» oder Komplexe: Independence I und Prä-Dorset.

Independence I (2000 bis 1640 v. Chr.). Der namengebende Independence-Fjord gehört zu Pearyland, einer ausgedehnten Polarwüste im Norden Grönlands. Archäologen fanden in diesem Bereich Zeltringe aus Gesteinsbrocken und Herdstellen, vergesellschaftet mit verstreuten Werkzeugassemblagen. Die Artefakte, u. a. Grabstichel, die benutzt wurden, um Knochen und Geweih zu bearbeiten, ähneln sehr denen von Kap Denbigh, doch sind die grönländischen Geräte im allgemeinen größer und nicht so fein behauen (Maxwell, 1985). Knochennadeln bezeugen das Vorhandensein genähter Kleidung.

Der Däne Eigil Knuth (1967) hat 43 Niederlassungen mit 157 Unterkünften auf alten Strandterrassen, 10 bis 21 m über dem heutigen Meeresniveau, dokumentieren können. Die Besiedlung konzentrierte sich um den Jørgen Brønlund-Fjord, einen Seitenarm der Independence-Einbuchtung, und die Midsommer Søerne. Radiokohlenstoffmessungen ergaben ein Alter zwischen 2000 und 1640 v. Chr. Örtlich traf der Ausgräber auf bis zu 20 Zeltstellen beieinander, doch war dies die Ausnahme. Viel häufiger standen Zelte, wohl aus Moschusochsenhaut, isoliert. Schneeummantelt und mit Feuerstelle sowie (gelegentlich) einem gefliesten Durchschlupf versehen, trotzten sie den Unbilden des Winters.

Knuth glaubt, daß die Independence I-Bevölkerung saisonal zwischen Küste und Hinterland pendelte. Ihre Hauptbeute soll der Moschusochse gewesen sein. Man lauerte aber auch Eismeer-Ringelrobben *(Phoca hispida)* auf, fing Schneehasen, Polarfüchse und Schneehühner, jagte Seevögel und fischte Saiblinge. Die Menschen lebten in Verbänden, die, je nach Jahreszeit, verschieden groß waren. Bestimmt trafen sich verschwägerte Lokalgruppen während des Mittwinters. Moreau Maxwell (1985) gibt uns eine lebendige Beschreibung ihres Daseins in polarer Finsternis: «Wahrscheinlich verdöste man die bitterkalten Wintermonate aneinandergeschmiegt unter dicken Moschusochsenfellen und mit Brennstoff in Reichweite.» Als Brennmaterial dienten Treibholz, Weidenzweige, Moschusochsenknochen und der Dung dieser Tiere. Wenn ein Feuer entzündet wurde, dürfte beißender Qualm die Unterkunft erfüllt haben. Womöglich tat man dies deshalb nur beim Kochen und beim Auftauen von Eis zur Trinkwassergewinnung. Ausflüge nach draußen beschränkten sich Mitte der dunklen, kalten Jahreszeit auf ein Minimum.

Im Frühling und Sommer galt es, Wintervorräte anzulegen. Knuth stieß auf eine Behausung mit eindrucksvollem Proviantdepot nahebei: drei ausgewachsene Moschusochsen, zwei Kälber, mehrere Hasen, Füchse und Fische, genug, um den Mitgliedern einer Wohngemeinschaft über die härtesten Monate zu helfen.

Einige Independence I-Siedlungen lagen in weniger als 800 km Entfernung vom Nordpol, andere verteilten sich in südwestlicher Richtung von Pearyland bis Devon Island im Kanadisch-Arktischen Archipel. An der Ostküste Grönlands zogen sie sich bis Shannon Island auf ca. 75° nördlicher Breite. Ob Independence I und die mit ihm verknüpften Fundstätten allerdings einer eigenständigen Kultur angehören, ist, wie wir noch sehen werden, strittig.

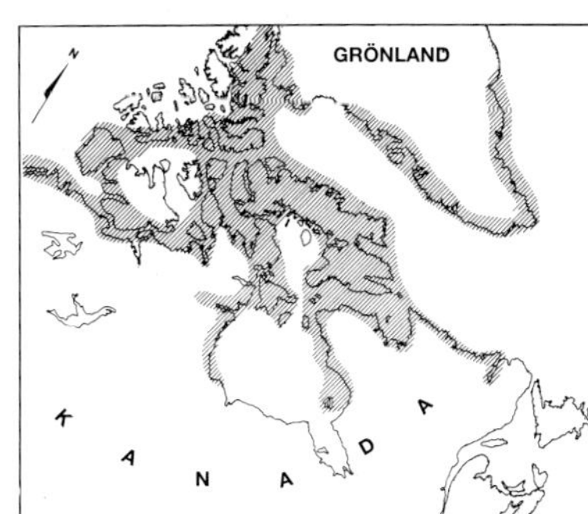

Mögliche Verbreitung der Arktischen Kleingeräte-Tradition in der Ostarktis.

Prä-Dorset (ca. 1800 bis 900–600 v. Chr.). Ein Kollege und Landsmann von Eigil Knuth, Jørgen Meldgaard, entdeckte auf der kanadischen Melville-Halbinsel Gerätschaften von etwas anderer Gestalt als die Stücke der Independence I-Konfiguration. Ähnliche Artefakte kamen an weiteren Stellen der Ostarktis zutage. Üblicherweise wird dieser Formenkreis der sogenannten Prä-Dorset-Kultur zugeschrieben.

Die Beziehungen zwischen Independence I und Prä-Dorset sind Gegenstand wissenschaftlicher Auseinandersetzung. Eine wichtige Rolle spielt dabei die Abfolge von Strandsiedlungen bei Port Refuge auf der Grinnell-Halbinsel von Devon Island. Dort zelteten vor ungefähr 4000 Jahren Robbenjäger, die Kleinklingen und anderes Gerät verwendeten, das an Material aus Pearyland erinnert. Etwa 300 Jahre später kampierten am selben Ort wieder Robbenjäger. Diese Leute führten Harpunen des Prä-Dorset-Typs.

Gestützt auf den Port Refuge-Befund sieht der Ausgräber, Robert McGhee (1979), die Möglichkeit von zwei frühen Einwanderungsschüben in die östliche Arktis. Auf Teilnehmer der ersten Wanderung gehe die Independence I-Kultur im Nordosten zurück, die zweite Welle, repräsentiert durch Prä-Dorset, sei – 300 Jahre danach – südlicher verlaufen. Moreau Maxwell (1985) glaubt, daß Independence I-Siedlungen auch im Süden existierten. An den wenigen Stellen jedoch, die sich als Zeltplätze eigneten, könne man dies aufgrund regelmäßiger späterer Nutzung nicht mehr klar erkennen. Maxwell plädiert für eine einzige Wanderung von Trägern der Arktischen Kleingeräte-Tradition, wobei er einräumt, daß die Teilnehmer irgendwann eigene Wege einschlugen. Im Lauf der Zeit hätten sich zwei Kulturkomplexe gebildet: Independence I in der Hocharktis und Prä-Dorset um das Foxe-Becken und an der Hudson Strait. Ein paar Jahrhunderte darauf, so Maxwell, wären von letztgenanntem «Epizentrum» aus Prä-Dorset-Gemeinschaften nach Norden, u. a. in die Gegend von Port Refuge, aufgebrochen.

Reste einer Prä-Dorset-Behausung an der Refuge Bay. Die kreisförmige Bodenmulde bezeichnet den Platz, an dem vor ca. 3500 Jahren ein Zelt oder eine Schneehütte stand. Die dichtere Vegetation innerhalb des Kreises konnte sich dank des durch Abfälle verursachten günstigen Nährstoffangebots entfalten.

Die wahren Verhältnisse bleiben ungeklärt. Neueste Untersuchungen im Bereich des zentralen Arktischen Archipels haben indessen auf einen Pendelverkehr zwischen Küsten- und Inlandstationen in Zusammenhang mit jahreszeitlicher Subsistenzplanung aufmerksam gemacht (Bielawski, 1988). Dieser Arbeit zufolge erklärt sich ein Gutteil der regionalen Abweichungen bei Artefakten und Behausungen aus den spezifischen Anforderungen saisonal ausgeübter Nahrungsbeschaffung. Es mag daher sein, daß auch die konventionell unterstellte kulturelle Eigenständigkeit von Prä-Dorset und Independence I auf Illusion beruht. Die weit verstreuten Gruppen der Arktischen Kleingeräte-Tradition waren anpassungsfähig genug, um Ressourcen verschiedener ökologischer Nischen – Eisrand, Litoral und Tundra – auszuschöpfen, was sich gewiß im Artefaktbestand niederschlug. Independence I, Saqqaq (s. unten) und Prä-Dorset bildeten demnach u. U. lediglich wirtschaftsökologische Varianten eines allgemeinen Kulturmusters.

In der Hocharktis endete das Gastspiel der Erstsiedler um 1600 v. Chr., vielleicht als Reaktion auf zunehmende Kälte, die dem holozänen Klimaoptimum (Altithermal) folgte. Weiter im Süden hielten sich Verbände bis 900 oder 600 v. Chr. (Maxwell, 1985).

Nirgendwo im Verbreitungsgebiet der Prä-Dorset-Jäger war eine Tierart so häufig, daß sie allein im Mittelpunkt ökonomischer Daseinsbewältigung gestanden hätte. Jahreszeitliche Wechsel und kleinklimatische Umschwünge jedoch steuerten Verteilung und Häufigkeit der Spezies. Infolgedessen mußte es zu örtlichen und saisonalen Anpassungen kommen.

Barrenground-Rentiere *(Rangifer tarandus groenlandicus)* unternahmen (wie auch heute noch) Wanderungen vom kanadischen Festland über Baffin Island zur Bylot-Insel; die Tiere überquerten dabei zugefrorene Meeresarme. Sporadisch kamen Moschusochsen vor. Walrosse *(Odobenus rosmarus)* und Bartrobben *(Erignathus barbatus)* tummelten sich in der See. Gelegentlich tauchten wandernde Sattelrobben *(Phoca groenlandica)* und Grönlandwale *(Balaena mysticetus)* in der Hudson Strait auf. Die Tundra ernährte Scharen nordischer Vögel, darunter Schneegänse *(Anser caerulescens)*, Ringelgänse *(Branta bernicla)*, Eiderenten *(Somateria mollissima)*, Eisenten *(Clangula hyemalis)*, Brillenenten *(Melanitta perspicillata)* und die mittlerweile ausgestorbenen Labradorenten *(Camptorhynchus labradorius)*.

Besonders reich mit Ressourcen jeglicher Art war die Melville-Halbinsel gesegnet. Wie sich wandelnde Umwelteinflüsse auf die hier lebenden Menschen auswirkten, kann am Beispiel der Siedlung Igloolik nachvollzogen werden. Dem fallenden Meeresspiegel folgend, verlegten die Bewohner ihre Behausungen von Strandterrasse zu Strandterrasse. 58 m Niveauunterschied wurden so überbrückt. Das Ressourcenangebot fluktuierte, oft mit katastrophalem Ende für die abhängige Bevölkerung. Manche suchten sich zu retten, indem sie fortzogen, darauf hoffend, anderswo bessere Bedingungen anzutreffen. Zwischen benachbarten und weiter entfernten Ansiedlungen bestanden offenbar Kontakte. Nur so ist zu erklären, daß neue Kunststile und technologische Verbesserungen allenthalben beinahe schlagartig auftraten.

Subsistenz. Robben, insbesondere die Eismeer-Ringelrobbe, standen bei den Prä-Dorset-Jägern hoch im Kurs. Jungtieren stellte man in ihren Schneehöhlen nach, den Erwachsenen, wenn sie sich sonnten oder – im Winter – an ihren Atemlöchern. Die Eislochjagd erforderte große Geduld und scharfe Beobachtungsgabe. Stundenlang galt es, an der entsprechenden Stelle auszuharren, ehe eine Robbe auftauchte, um Luft zu schöpfen. Ein rascher Harpunenstoß überraschte die Beute. Die Spitze der Waffe löste sich vom Schaft und blieb im Körper des Tieres stecken. Dann mußte blitzschnell gehandelt werden. Mit dem meißelförmigen Ende des Harpunenschaftes erweiterte der Jäger geschwind das Loch und zog die Robbe dann, oft nach zähem Ringen, an Land. Wenn mehrere Männer vor einer Reihe Atemlöcher Posten bezogen, lohnte reiche Beute den Aufwand. Die Stoßharpunen, die man benutzte, bewährten sich auch bei der Pirsch auf dösende Walrosse und Hundsrobben am Rand der Treibeisfelder. Im Lauf der Zeit wurde das Design der Harpunen immer anspruchsvoller. Es bildet ein willkommenes typologisches Instrument, um Ansiedlungen grob zu datieren (Maxwell, 1985).

Robbenjagd am Eisloch.

Moschusochsen, Rentiere, Eisbären und Niederwild erlegte man mit Speeren oder Pfeil und Bogen. Möglicherweise fertigten die Männer gestückte Bogenstäbe aus Treibholz-, Geweih- und Hornsegmenten, die man mittels einer Sehnenwicklung verstärkte. Da die Reichweite solcher Waffen nur gering eingeschätzt wird – sie dürfte ca. 20 m betragen haben –, mußte sich der Jäger seiner Beute pirschend nähern. Hunde, deren Knochen man bei Ausgrabungen barg, taugten

Killinirmiut (Copper Eskimo) sperren ein Flüßchen, um Fische zu stechen. Solche Fangmethoden kannten bereits Prä-Dorset-Gruppen.

höchstens zur Bärenjagd, wenn sie das Opfer ablenkten. Ansonsten waren sie wohl Spielkameraden der Kinder, dienten als Unratbeseitiger oder als lebende Fleischkonserven in Notzeiten. Schlitten zogen sie zu diesem Zeitpunkt noch nicht.

Arktische Saiblinge *(Salvelinus alpinus* agg.*)* stellten eine wichtige Nahrungsquelle dar. Um dieser anadromen (aus dem Meer ins Süßwasser aufsteigenden) Art habhaft zu werden, errichtete man Fischzäune und Dämme. Dergestalt in die Enge getrieben, boten die Tiere ein leichtes Ziel. Die Fischspeere, die zum Stechen benutzt wurden, hatten widerhakenbesetzte Mehrfachspitzen, was die Treffsicherheit erhöhte und verhinderte, daß der zappelnde Fang entglitt. Maxwell (1985: 90ff.) gibt eine Übersicht weiterer Werkzeuge und Waffen der Prä-Dorset-Bevölkerung.

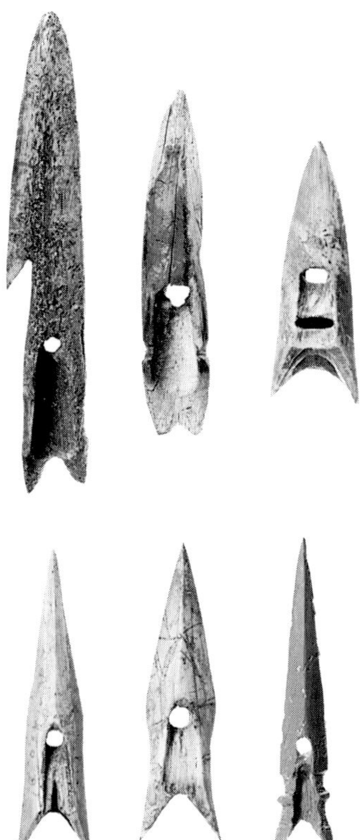

Prä-Dorset- und Dorset-Harpunenköpfe. Stilwandel vermittelt grobe chronologische Anhaltspunkte. Die Spitze oben links datiert um 1700 v. Chr., das Exemplar rechts unten um 1000 u. Z.

Bevölkerungsverteilung. Vor dem späten 14. Jh. v. Chr. lebten westlich der Hudson Bay kaum Menschen. Als dann aber Klimaveränderungen die Baumgrenze um etwa 320 km nach Süden versetzten, folgten Prä-Dorset-Jäger der sich ausweitenden Tundra. Diese Gruppen begleiteten Rentiere auf ihren Zügen, doch fischten sie auch und lauerten an der Küste Robben auf. Zwischen 1200 und 900 v. Chr. hatten sie sich dem Athabasca-See genähert (Wright, 1972) und durchstreiften das mittlere Keewatin.

An der Nordküste Labradors fiel die Ankunft von Paläo-Eskimos (Saqqaq?) mit dem Rückzug der Träger des Maritimen Archaikums (s. unten) nach Süden zusammen. Tuck (1978) hat die chronologische Abfolge der Verdrängung untersucht; das zeitliche Nord-Süd-Gefälle führt von ca. 1900 v. Chr. an der Saglek Bay Nordlabradors über 1800 v. Chr. am Hamilton Inlet zu 1280 bei Port aux Choix an der Westküste Neufundlands. Nach der Landnahme hielten sich die Neuankömmlinge eine Weile, dann aber brachen viele Populationen zusammen. Zu Beginn des 1. Jahrtausends v. Chr. war die alteskimoische Bevölkerung östlich der Hudson Bay so gut wie erloschen. Dies hing vielleicht, wie Maxwell (1985) vermutet, mit dem Nordvorstoß von Algonkin-Verbänden zusammen.

Der Saqqaq-Komplex (1930 bis ca. 800 v. Chr.). Eine Variante der Arktischen Kleingeräte-Tradition existierte über 1000 Jahre lang in ganz West- und Südostgrönland. Dieser Saqqaq-Komplex ist am besten durch den Fundort Qeqertasussuk an der südlichen Disko Bugt bekannt. Bei Qeqertasussuk, das zwischen 1930 und 1200 v. Chr. bewohnt war, wurde vor allem Meeressäugerjagd (Sattelrobbe, Ringelrobbe) betrieben. Weiter im Landesinneren verfolgte man auch Rentiere, wie der Fundplatz Itinnera belegt. Vogelfang scheint ebenfalls eine wichtige Rolle gespielt zu haben.

Ob Saqqaq nur eine wirtschaftsökologische Spielart der Independence I-Kultur darstellt, von Emigranten aus Pearyland ins Leben gerufen wurde oder auf Menschen zurückgeht, die bei der Erstbesiedlung Grönlands südwärts ausscherten, bleibt vorläufig ungewiß. Die Mehrzahl der Fachleute favorisiert allerdings die letztgenannte Möglichkeit. Profil gewinnt Saqqaq durch sein eigenständiges, wenngleich mit Independence I verwandtes Artefaktspektrum, das besonders viele, sorgfältig geschliffene und polierte Werkzeuge aufweist. An der Disko Bugt bestanden etwa 80% aller Steingeräte aus Kieselschiefer.

Archaische Kulturtraditionen der Subarktis: ca. 5000 v. Chr. bis zur europäischen Kontaktzeit

Vor 15 000 Jahren bedeckte der Laurentische Gletscherschild weite Teile des subarktischen Nordamerika. Mit zunehmender Erwärmung zogen sich die Eismassen allmählich zurück, doch verlief der Abschmelzungsprozeß keineswegs einheitlich. Um 8000 v. Chr. war die Gegend südöstlich vom Great Bear Lake eisfrei geworden, das mittlere Keewatin rund 2000 Jahre später. Die Großen Seen bildeten sich nach 7500 v. Chr., die Küsten Labradors traten nach 6500 v. Chr. hervor. Letzte Binnenvergletscherungen verschwanden vor 4500 Jahren in den Monts Otish von Québec (Wendland, 1978).

Die menschliche Besiedlung jenes Raumes erfolgte als zentripetale Ausbreitung entlang der Radien des zurückweichenden Eises (Harp, 1978). Tundra machte sich breit, doch verschob auch sie sich nordwärts, und im Süden wuchsen Bäume. Auf der Suche nach Wild stellte sich der Mensch ein. Während des frühen und mittleren Holozäns schwappten drei Einwandererwellen in die Subarktis: von Nordwesten, aus Gebieten südwestlich der Hudson Bay und von Südosten entlang dem St. Lawrence bis Labrador (vgl. Kapitel 16).

Nördliches Archaikum (vor 4000 v. Chr. bis Moderne). Mit Ausbreitung der Taiga, die nunmehr die baumlose Tundra von den gemäßigten Breiten schied, wurden im Norden neue kulturelle Anpassungsformen nötig. Das Nördliche Archaikum, als dessen Träger wohl Athapasken zu gelten haben, präsentiert sich daher ganz anders als sein Vorläufer, die Altarktische Tradition. Archaische Fundstätten konnte man nördlich bis zur Küste des Arktischen Ozeans nachweisen. Am Kuparuk-Pingo z. B. datieren sie etwa 6000 Jahre zurück (Lobdell, 1986). Die hier lebenden Menschen jagten Karibus und Wasservögel. Der Palisades-Komplex von Onion Portage, gleichfalls rund 6000 Jahre alt, enthielt Assemblagen seitengekerbter, oft asymmetrischer Projektilspitzen, einseitig beschlagener Messer und

(Oben) Inuit-Jäger der Coppermine-Region in den kanadischen Northwest Territories mit Rentierkadavern, 1949. Auch den Subarktikern lieferte das Ren Fleisch und viele Dinge des alltäglichen Bedarfs.

(Unten) Nördliches Archaikum: Palisades-Waffenspitze von Onion Portage, Alaska; Länge 4,8 cm.

Endschaber (Anderson, 1968). In Tuktu (Campbell & Cordell, 1975) tauchten seitengekerbte, eckengekerbte und lanzettförmige Bewehrungen auf, ergänzt durch Seitenschaber, Endschaber und Messer; Mikroklingen und Keilkerne kamen ebenfalls vor. Im Lauf der Zeit verkleinerten sich die Spitzen, und es erschienen gestielte Formen. Lagerplätze, die man dem Nördlichen Archaikum zuschreibt, reichten von jenseits der Brooks Range bis zur Küste Südwestalaskas und zum Yukon (von der heutigen Stadt Circle an stromabwärts); darüberhinaus kennt die Forschung Niederlassungen aus dem Yukon Territory und den südwestlichen North West Territories, wohin athapaskische Gruppen bereits um 3000 v. Chr. (Noble, 1971) vorgedrungen sein könnten.

Nach 2000 v. Chr. verlegten die Angehörigen des Nördlichen Archaikums ihre Jagdgründe weiter nach Süden. Ausschlaggebend dürfte ein Kälteeinbruch gewesen sein, der den Vorstoß von Proto-Eskimos begünstigte. Lange Zeit verlieren wir die Archaiker des Nordens nun aus den Augen, denn der archäologische Befund ist mager. Erst zu Beginn der Taltheilei Shale-Tradition zwischen 500 und 200 v. Chr. (Noble, 1981) geraten sie wieder ins Blickfeld. Ausgehend vom Great Slave Lake besetzten deren Träger Gebiete bis zum Lake Athabasca und östlich bis Keewatin. Aus ihnen gingen die historischen Déné (Chipewyan/Yellowknife) hervor. Nach Alaska kamen Athapasken erst wieder gegen 500 u. Z. In Klo-kut

z. B., das an einer regelmäßig von Rentieren frequentierten Furt des Porcupine River liegt, wurde eine lückenlose Sequenz ergraben (Campbell & Cordell, 1975), die die Anwesenheit von Nordarchaikern bis in historische Zeit, als der Platz von Dinjiju (West-Kutchin) bewohnt war, belegt.

Schild-Archaikum (ca. 5000 v. Chr. bis zur europäischen Kontaktzeit). Paläoindianische Gruppen, die Agate Basin-Waffenspitzen (vgl. Kapitel 6) verwendeten, lebten ausgangs der Eiszeit am Südwestrand des Laurentischen Gletscherdoms. Als das Eis schmolz und die Bewaldung zunahm, wandelte sich ihre Kultur. James Wright (1972; vgl. auch Kapitel 16) hat diese Anpassung Schild-Archaikum genannt. Bezugnehmend auf die offensichtliche kulturelle Kontinuität im Bereich des Kanadischen Schildes nimmt Wright an, daß seine Träger Algonkin gewesen sind.

Um 4000 v. Chr. besiedelten kulturell und wahrscheinlich auch sprachlich miteinander verwandte Jägertrupps die beiden Hörner des «unfruchtbaren Halbmondes», wie der Kanadische Schild scherzhaft bezeichnet wurde: östlich der Hudson Bay das westliche Québec, und westlich der riesigen Meereseinbuchtung den Raum vom südöstlichen McKenzie und südlichen Keewatin bis Manitoba. Schildarchaische Verbände streiften entlang der Waldgrenze umher und verfolgten Rentiere auf ihren Zügen in die Tundra, wo sie ihre Kälber setzten. Bis in historische Zeit bestritt man den Lebensunterhalt hauptsächlich durch Rentierjagd. Auch Fischfang trug zur Lösung der Ernährungsprobleme bei. Ohne das Vorkommen von Karibus und Fischen hätte man die Region nicht dauerhaft kolonisieren können. Elche, Biber und Wasservögel trugen lediglich zur Abrundung des Speiseplans bei. Die Nahrungsquellen waren eng an Seen- und Flußsysteme gebunden, die mithin die bequemsten Reise- und Verbindungswege darstellten, im Sommer befahren von Birkenrindekanus, im Winter auf Rahmenschneeschuhen begangen.

Die Werkzeugausrüstung der schildarchaischen Jäger war bemerkenswert einheitlich. Man benutzte in Abschlagtechnik gewonnene, lanzettförmige Waffenspitzen, beidflächig retuschierte Doppelmesser, Beile und verschiedene Schaber. Hier, wie überall in Nordamerika, bilden Projektilköpfe typologische Wegweiser. So machen die ursprünglich verwendeten lanzettförmigen Typen allmählich seitengekerbten und gestielten Varianten Platz. Damit einher ging eine Verkleinerung der Spitzen.

Die Klimaverschlechterung ab 1500 v. Chr., die, wie erwähnt, Prä-Dorset-Gemeinschaften weit nach Süden führte, leitete zwischen 1500 und 1000 v. Chr. den Rückzug schildarchaischer Verbände ein. Einige verschwanden in der Taiga südwestlich der Hudson Bay, wo ihr Auftreten durch die sogenannte Laurel-Tradition und deren Nachfolger archäologisch bezeugt ist (Wright, 1972). Sie bildeten mutmaßlich den Entwicklungskern der Zentral- und Süd-Algonkin. Einige Mitglieder dieser Familie aber scherten ostwärts aus und gelangten nach Labrador. Dort überschnitt sich die Ankunft der späteren Iyiyuc (Eastmain-Cree), Ilnuc (Montagnais) und Innut (Naskapi) mit dem Zurückweichen der Taiga.

Keewatin-Lanzettspitze, Schild-Archaikum der Barrengrounds.

Maritimes Archaikum (? 7000 v. Chr. bis zur europäischen Kontaktzeit). Angepaßt an die öko-klimatischen Umwälzungen, die das nordöstliche Nordamerika bei

Anbruch des Holozäns erfaßten, verbreiteten sich von Nova Scotia aus über Neufundland und Ost-Labrador Bevölkerungsgruppen, deren Wirtschaft im wesentlichen auf die Ausbeutung mariner Ressourcen gegründet war. Vermutlich gehörten sie der ost-nordamerikanischen Sprachfamilie an, aus der Irokesen, Sioux und Caddo hervorgehen sollten. Gut bekannt ist das Maritime Archaikum von Port aux Choix auf Neufundland (vgl. auch Kapitel 16). Dort florierte zwischen dem 3. und 2. Jahrtausend v. Chr. eine Gemeinschaft von Seejägern (Harp & Hughes, 1968; Tuck, 1970). Gelegentlich unternahmen diese Menschen Exkursionen ins Landesinnere, wo sie Rentiere erbeuteten. Etwa 100 Grabhügel erbrachten fein gearbeitete knöcherne Waffenspitzen mit Widerhaken sowie Kippspitzenharpunen und Vorschäfte aus dem gleichen Material. Viele der Verstorbenen, die man mit rotem Ocker bedeckt hatte, trugen Lederkleidung mit Konchylienbesatz. An ihrer Seite lagen Dolche aus Geweih, Knochen und Elfenbein. In dem warmen Zeitabschnitt ab 4000 v. Chr. erreichte das Maritime Archaikum seine Blüte. Als Paläo-Eskimos entlang der Labradorküste südwärts vorstießen, vertrieben sie die Vorbewohner. Einige mögen sich auf Neufundland bis zum Kontakt mit Europäern gehalten haben, doch läßt sich das mangels linguistischer Zeugnisse schwer beweisen. Damals verkehrten die Algonkin sprechenden Elnu (Micmac) auf der Insel, und es könnte sein, daß ihnen der in Überlieferungen genannte Name «Beothuk» zukommt.

9. NORTON, DORSET UND THULE

Irgendwann zwischen 600 und 500 v. Chr. entwickelte sich die östliche Variante der Arktischen Kleingeräte-Tradition zur Dorset-Kultur mit ihrem reichen künstlerischen Schaffen. Die westliche Variante wich zwischen 1500 und 1000 v. Chr. einer Vielzahl lokaler Kulturmanifestationen.

Die Norton-Interaktionssphäre: ca. 1000 v. Chr. bis 800 u. Z.

Während in der Subarktis archaische Kulturmuster bis zum Eintreffen der Europäer überlebten, revolutionierten neue Wirtschaftsformen verbunden mit technischen Innovationen das Dasein der Westarktiker. Diese Neuerungen erschienen zunächst an der Beringstraße und setzten sich nach 1000 u. Z. in der Ostarktis fort.

Ab 1500 v. Chr. begann die Arktische Kleingeräte-Tradition entlang der Tschuktschen- und der Bering-See zu verschwinden. Einige Fachleute glauben, daß es in der Folge zu einem mehrere Jahrhunderte dauernden kulturellen Hiatus kam, andere erkennen Anzeichen des kontinuierlichen Übergangs zu einer stärker maritim ausgerichteten Tradition. Ausgehend von der Walakpa-Stufe (1000 bis 700 v. Chr.) über die Choris-Stufe (700 bis 500 v. Chr.) zur Norton-Stufe (500 v. Chr. bis 800 u. Z.) verläuft eine Entwicklungsreihe, die mit zeitgenössischen Kulturausprägungen – dem Kleingeräte-Isolat Avingak vom Anaktuvuk-Paß in der südlichen Brooks Range (in etwa zeitgleich mit Choris) und der stark von Asien aus beeinflußten Ipiutak-Kultur (1 bis 800 u. Z.) – in Verbindung stand. Den gesamten Komplex faßt man neuerdings wegen des weitreichenden kulturellen Austauschs in einer Interaktionssphäre zusammen (Dumond, 1982; Shaw & Holmes, 1982), die nach der Norton-Bucht, wo man die ersten Funde machte (Giddings, 1960), benannt wurde. Die Menschen besaßen Alltagsutensilien, deren Form an Stücke der Arktischen Kleingeräte-Tradition erinnert. Neuerungen umfaßten u. a. Tranlampen und Tongefäße.

Ursprünge. Am besten bekannt ist das Norton-Spektrum auf der Ostseite der Beringstraße, doch gibt es auch in Sibirien vergleichbare Fundstätten (Ackerman, 1982). Mit Schnurabdrücken verzierte Keramik, wie sie sich vereinzelt im Norton-Gebiet findet, war in Nordostasien weit verbreitet. Zeitgenössische sibirische Steinwerkzeuge, etwa asymmetrische Messer, zeigen große Ähnlichkeit mit Geräten des Norton-Typs.

Näher zur Beringstraße hin, am Anadyr, blühte im 2. Jahrtausend v. Chr. eine seeorientierte Kultur, die an Norton anklingt. Robbenfang, Fischerei und Rentierjagd bildeten ihre wirtschaftliche Grundlage. Auf der Čukotskij-Halbinsel kamen von Norton-Ware kaum zu unterscheidende Tongefäße zutage. Weiter im Süden, entlang der Küste des Ochotskischen Meeres, siedelten gegen Ende des 1. Jahrtausends v. Chr. Seejäger, deren kulturelle Physiognomie manche Übereinstimmung mit Ipiutak aufweist. «Zählt man die Fakten zusammen», schreibt Don Dumond (1987), «muß man zugeben, daß damals zwischen Kulturen Ostsibiriens und denen Alaskas größte Ähnlichkeit bestand.» Verantwortlich mögen rege Handelskontakte über das offene Meer gewesen sein. Ob auch ein Bevölkerungsaustausch stattfand, bleibt ungewiß.

Der kulturelle Wandel am Rand der Beringsee fiel mit einer wärmeren Klimaperiode zusammen. Gegen 700 v. Chr. jedoch verschlechterte sich die Witterung abermals. Ein Kältezyklus, der rund 500 Jahre währte, war Anlaß. Norton-Gruppen rückten während dieser Zeit nach Süden vor. Um Christi Geburt setzten sie über die Alaska Halbinsel. Nun jagten und fischten Angehörige der Norton-Familie auch in pazifischen Gewässern, z. B. von Takli, einer küstennahen Insel, aus. Die Ureinwohner, Träger der Ocean Bay-Tradition (vgl. Kapitel 8), wurden assimiliert.

Subsistenz. Alles deutet darauf hin, daß sich die Wirtschaft der Norton-Leute auf Landtierjagd und Seesäugerfang stützte. Ringelrobben, Walrosse, Bartrobben und Rentiere standen in der Beliebtheitsskala ganz oben. Es folgten Eisbären, Wölfe, Polarfüchse und Ziesel, denen man wohl ihrer Pelze wegen nachstellte. Einige Norton-Gruppen siedelten nahe fischreichen Flußdelten am Arktischen Ozean und, weiter im Süden, an den Ufern der Lachsströme. Den Robbenfang betrieb man mit Kippspitzenharpunen, die von mehreren Fundstellen an der Beringstraße nachgewiesen sind. Einige dieser Geräte waren groß genug, um damit Wale zu jagen.

Siedlungen. Viele Niederlassungen der Norton-Jäger sind fast das ganze Jahr über bewohnt gewesen. Die Safty Sound-Siedlung bei Kap Nome verfügte über mehr als 400 Behausungen, Unalakleet am Norton-Sund über beinahe 200. Natürlich

NORTON-TRADITION UND IPIUTAK-KULTUR

Walakpa/Choris-Stadien (ca. 1000 bis 500 v. Chr.). Verbreitet um Point Barrow (Walakpa) und auf der Choris-Halbinsel Nordwestalaskas. Ausgewiesen durch fasergemagerte Keramik mit linearen Schnurprägemustern, geschulterte und gestielte Waffenspitzen sowie große, ovale Winterhäuser. Beträchtliche örtliche Variation, was für weitgehende Isolation der Gemeinschaften spricht (Dumond, 1987).

Norton-Stadium (ca. 500 v. Chr. bis 800 u. Z.). Wahrscheinlich aus Choris hervorgegangen. Umfaßt mehrere Lokalkulturen im Bereich der Beringstraße, von der Alaska-Halbinsel bis zum Firth River im nordwestlichen Kanada. Fortgeschrittenere Töpferei: neben Schnurprägedekors kamen gestempelte Karomuster vor. Typisch sind steinerne Tranlampen, krude Steinplastiken, asymmetrische Messer und Waffenspitzen aus Schiefer. Man bezog rechteckige, halb-unterirdische Behausungen mit geböschten Eingängen (Dumond, 1987; Giddings, 1964).

Ipiutak-Kultur (ca. 1 bis 800 u. Z.). Norton-Ableger um Kap Krustenstern, Point Hope und Point Barrow von besonders eigenwilligem kulturellem Zuschnitt. Keramik, Tranlampen und Artefakte aus geschliffenem Schiefer unbekannt. Hochentwickelte Harpunentechnologie. Jagd auf Seesäuger wurde im Sommer und im Winter betrieben. Starke Tendenz zu Seßhaftigkeit. Qualitativ hochstehendes Kunstschaffen, das asiatische Einflüsse erkennen läßt (Larsen & Rainey, 1948).

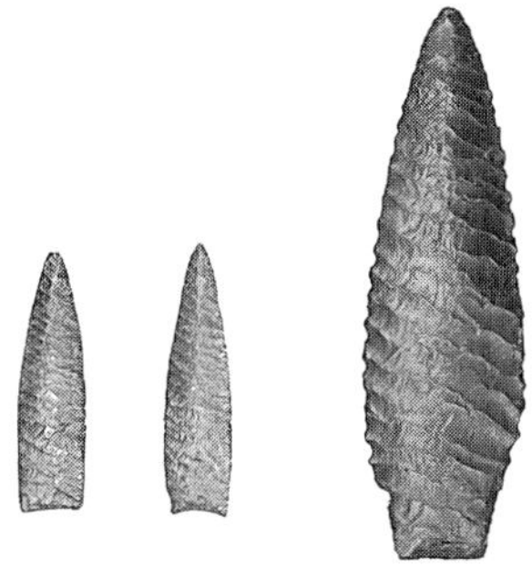

(Links) Choris-Stufe: Mit schnurumwickeltem Schlegel verzierte Keramikscherbe von Iyatayet, Kap Denbigh; Höhe 14 cm. *(Mitte)* Auswahl von Choris-Waffenspitzen aus einem Hortfund bei Kap Krusenstern; Länge des rechten Stücks 17,5 cm. *(Rechts)* Ipiutak-Elfenbeinschnitzerei aus der Zeit um 500 u. Z., vermutlich einen Seetaucherschädel darstellend; Länge 26 cm.

wurden nicht alle Unterkünfte gleichzeitig genutzt, aber die Bebauungsdichte spricht für lang anhaltende Residenz. An beiden Orten lebten Menschen in viereckigen Häusern, die man über Gruben von 50 cm Tiefe errichtet hatte. Stützbalken trugen ein Sodendach. Kurze, geböschte Eingänge, die gewissermaßen als Kältefallen fungierten, führten nach draußen. Im Sommer suchte die Bevölkerung temporäre Jagd- und Fischereilager auf. Zu welch künstlerischer Leistung und komplexer sozialer Organisation Gruppen der Norton-Interaktionsphäre am Ende ihrer Entwicklung aufstiegen, verdeutlicht der Fundort Ipiutak. Verschiedene Hausgrößen verraten, daß es in dieser Gemeinschaft erhebliche Rangabstufungen und Unterschiede im sozialen Ansehen gab. Etwa die Hälfte der Behausungen wies eine Seitenlänge von 3,50 bis 4,50 m auf, die übrigen waren kleiner oder größer. Einige der größten Gebäude dürften als Versammlungshäuser gedient haben, wo religiöse Zeremonien stattfanden und Bootsbesatzungen ihre Gefährte ausbesserten. Anzeichen sozialer Stratifizierung ergeben sich aber vor allem aus Grabfunden. Manche Gräber enthielten eindrucksvolle Segmentmasken aus Walroßelfenbein und prächtigen Schädelschmuck, darunter künstliche Augäpfel mit Gagat-Intarsien als Pupillenimitate. Andere Bestattungen lokalisierte man dagegen in Abfallhaufen!

Elfenbein-Segmentmaske aus einem Ipiutak-Grab bei Point Hope. Ursprünglich gehörten zu dem Stück wohl beschnitzte Holzintarsien.

Die Thule-Tradition: ca. 70 v. Chr. bis Moderne

Um 70 v. Chr. entwickelte sich an der nordostsibirischen Küste und auf Inseln in der Beringsee ein Kulturmuster, das ganz im Zeichen einer Anpassung an die Küstenregion stand. Wie die Ipiutak-Leute waren diese Seejäger künstlerisch hochbegabt. Waffen und Werkzeuge aus ihrer Hand sollten das Leben an den arktischen Küsten einschneidend verändern.

Alt-Beringmeer-Stadium (ca. 70 v. Chr. bis 800 u. Z.). Frühe Manifestationen des einleitend beschriebenen Kulturtyps, der mit zahlreichen Innovationen, darunter Kippspitzenharpunen zu differenziertem Gebrauch und Geräte aus poliertem Schiefer, aufwartete, traten an der nordostsibirischen Küste, auf St. Lawrence Island sowie den vorgelagerten Punuk- und Diomedes-Inseln in Erscheinung (Collins, 1937; Rudenko, 1961; Dikov, 1979). Man hat sie im Alt-Beringmeer-Stadium der Thule-Tradition zusammengefaßt.

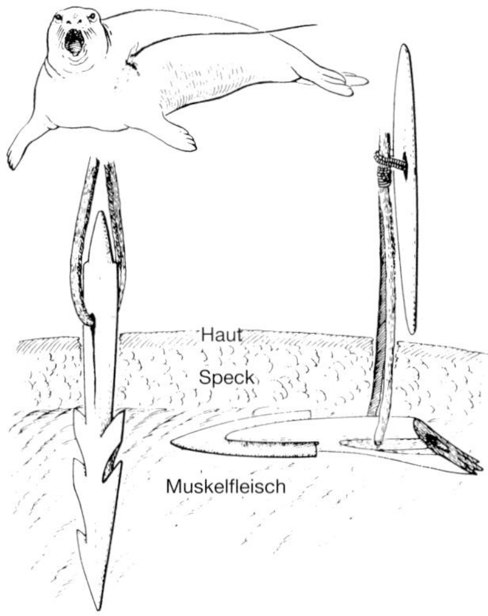

Funktionsweise verschiedener Harpunentypen. Stoßharpunen (links) werden dank ihrer Widerhaken im Fleisch der Beute festgehalten. Dagegen stellt sich der vom Vorschaft gelöste Kopf einer Knebelharpune in der Wunde quer. Die Kippspitzenform war vor allem zum Fang kräftiger Seesäuger – Walrosse und Kleinwale – geeignet.

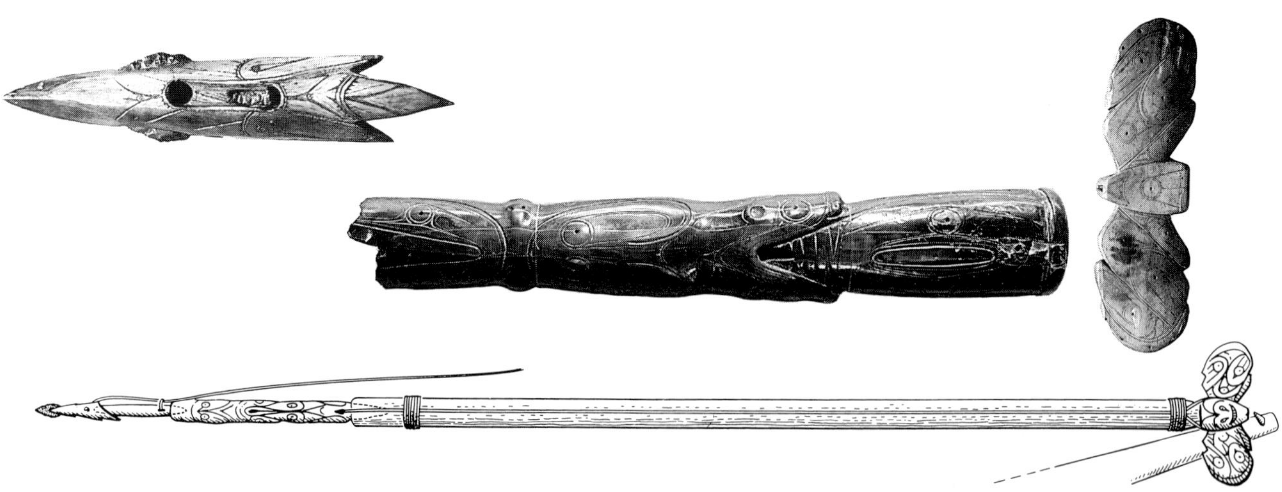

Bestandteile einer Kippspitzenharpune des Alt-Beringmeer-Stadiums: Das Gewicht von Projektilkopf (links), Vorschaft und Zwischenfutter (Mitte) wurde durch einen geflügelten, am Ende des Griffes angebrachten Stabilisator (rechts) ausbalanciert.

Das Steingeräteinventar umfaßte neben lanzettförmigen Schneiden und Bogenmessern *(ulu)* aus poliertem Schiefer Beilklingen aus Basalt. Grobe, kiesgemagerte Keramik war bekannt. Knochen, Walroß- und Narwalelfenbein sowie Geweihstangen bildeten wichtige Rohmaterialien, aus denen z.B. Harpunenköpfe, Vogelpfeile, Fischspeere, Schneebrillen, Speckschaber, Nadeln, Ahlen und Angelhaken entstanden; Schneeschaufeln fertigte man aus Walroß-Schulterblättern. Kajaks und Umiaks (geräumige Walfang- und Transportboote) sind im Westen erstmals bezeugt. Daß der Gebrauch von Booten in der Arktis aber längere Tradition hat, beweisen Kajakteile vom westgrönländischen Fundort Qeqertasussuk, der auf ca. 1900 Jahre v. Chr. datiert wurde (vgl. Kapitel 8). Schleifen aus Walbarten setzte man zu Lande ein. Elfenbeinstöpsel und -spangen verschlossen aufblasbare Robbenbälge, die, an der Harpunenleine befestigt, verhinderten, daß die Beute abtauchte. Mehrere solcher Schwimmer erschöpften selbst Wale und Walrosse rasch. Harpunen wurden jetzt mit Wurfbrettern geschleudert, wodurch sich Durchschlagskraft und Reichweite des Geschosses beträchtlich erhöhten.

Es ist ein Glücksfall für den Archäologen, daß Alt-Beringmeer-Künstler auch Harpunenköpfe in ihr gestalterisches Schaffen einbezogen, denn die Form dieser Jagdgeräte blieb jahrhundertelang nahezu unverändert. Dank der kurvilinearen Ornamente aber, die für den Alt-Beringmeer-Stil typisch sind, können Harpunen des fraglichen Zeitraums sicher von späteren Waffen unterschieden werden. Auf Okvik, einer der Punuk-Inseln, waren andere Muster gebräuchlich (Rainey, 1941). Früher glaubte man, der Alt-Beringmeer-Stil habe sich aus dem von Okvik entwickelt, heute neigt die Forschung eher der Ansicht zu, daß beide künstlerischen Ausdrucksformen nebeneinander existierten.

Jenseits der Beringstraße, in Uelen und Ekven, stießen russische Wissenschaftler auf reich ausgestattete Gräber. Einige waren teilweise mit Walknochen ausgelegt und hatten manchmal einen Holzboden. Möglicherweise handelt es sich dabei um die Grabstätten bedeutender Männer, vielleicht von Bootsführern. Solche Persönlichkeiten verfügten, wie wir von historischen Eskimos wissen, über das

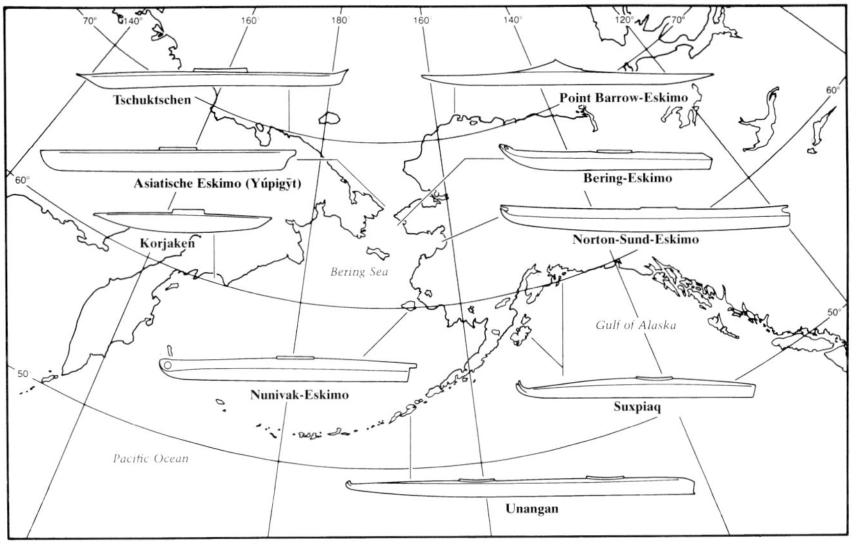

Kajakjagd: *(Oben, links)* Regionale Variation historischer Kajaktypen. *(Oben)* Heilbuttfang vom Kajak aus; Gemälde von H. Elliott, 1872. *(Links)* Aufblasbare Schwimmer verhinderten das Abtauchen der Beute. Auf dem 1865 entstandenen Foto posiert ein Jäger mit gestreckten Belugas *(Delphinapterus leucas)*.

nötige Ansehen und die Mittel, um Fangboote für die Waljagd zu bauen, auszurüsten und zu unterhalten. Der Bootsführer stand an der Spitze seiner Crew, etwa ein halbes Dutzend Männer, die er, samt ihren Familien, versorgen mußte. Auf der Alt-Beringmeer-Stufe nahm diese Variante sozialer Strukturierung wohl Gestalt an (Dumond, 1987; Larsen, 1968).

Punuk und Birnirk. Harpunenformen und Dekors erleichtern das Auseinanderhalten zweier Stadien der Thule-Tradition, die dem Nährboden der Alt-Beringmeer-Basis entwuchsen.

Gegen 800 u. Z. ging die Alt-Beringmeer-Phase in das Punuk-Stadium über. Im wesentlichen blieb der alte Artefaktbestand erhalten, lediglich die Jagdwaffentechnik erfuhr Verbesserungen. Punuk-Kunst suchte nach ähnlichen Ausdrucks-

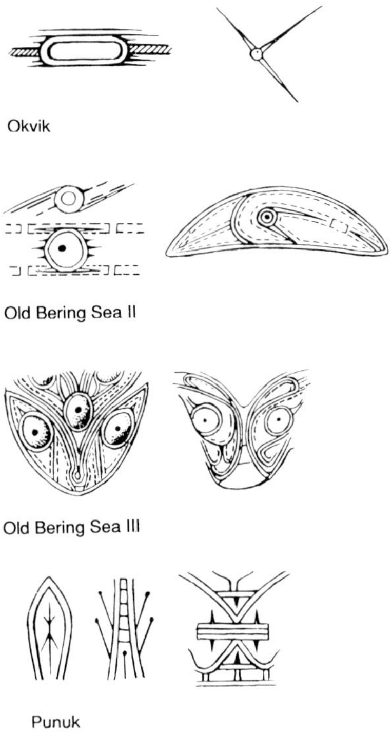

Alt-Beringmeer-Ornamentik. Um 500 v. Chr. datiert der geometrische Okvik-Stil. Plastischer und dekorativer wirken die Schmuckformen von Alt-Beringmeer II und III; gegenständliche Muster – wie der abgebildete Hornlundkopf – und kurvilineare Dessins bestimmen den künstlerischen Aspekt. Nach 800 u. Z. ersetzten die einfacheren Ornamente des Punuk-Stils frühere Ausdrucksformen.

formen, wie sie Okvik hervorbrachte, wirkt aber geometrischer und nicht mehr so verspielt.

Im Vergleich mit früheren Dörfern waren Punuk-Siedlungen größer. Die Behausungen näherten sich allmählich dem Typ an, den Reisende im 19. Jh. auf St. Lawrence Island kennenlernten: Auf quadratischem oder rechteckigem Grundriß ruhten Verstrebungen aus Treibholz und Walkiefern. Walknochensparren hielten das Grasdach. Die Innenräume hatten Holzfußböden; Schlafplattformen befanden sich entlang der Wände.

Waljagd spielte im Leben der Punuk-Bevölkerung eine wichtige Rolle. Man näherte sich den Tieren in Umiaks, wenn sie im Frühling und Herbst schmale Eispassagen durchschwammen. Strenge Disziplin, hierarchische Befehlsstrukturen und Kooperation waren nötig, um die Leviathane zur Strecke zu bringen. Im 19. Jh. genossen Walbootkapitäne großes Ansehen. Nicht selten konkurrierten diese Männer untereinander um Macht und Einfluß. Dies dürfte zu Punuk-Zeiten kaum anders gewesen sein. Imponierauftritten könnten Rüstungen aus Knochenleisten und Geweihspänen gedient haben, aber denkbar wäre auch, daß die Panzer im Krieg getragen wurden. Zeitgleich mit solcher Schutzkleidung verbreitete sich nämlich von Asien her ein hocheffizienter neuer Bogentypus mit Schulterkrümmung.

Die Birnirk-Variante der Thule-Tradition gilt als früher Ableger des Alt-Beringmeer-Stadiums. Gegen 500 u. Z. tritt sie als eigenständige Entwicklung hervor. Um diesen Zeitpunkt vermuten Linguisten die Abzweigung der Inuit-Dialektgemeinschaft von den westeskimoischen Gruppen. Da die hauptsächlich auf Birnirk zurückgehende Thule-Kultur sicher von Ost-Eskimos getragen wurde, dürfte die neue kulturelle Spielart tatsächlich bei dieser Trennung Pate gestanden haben. Jedenfalls gewann sie rasch an Raum: in Alaska von Kap Nome an nordwärts, jenseits der Beringstraße in nordwestlicher Richtung bis fast zur Kolyma-Mündung. Obwohl die Birnirk-Leute die gleichen Jagdwaffen wie ihre Verwandten führten, fehlen deren reiche Schnitzereien und die Verzierungen auf Gegenständen des alltäglichen Gebrauchs. Allenfalls Kreise und Spiralen fanden als Dekor der spitzbödigen Tonkochtöpfe Anklang. Dafür kennt man die ersten Schlitten des Typs, den später Hundegespanne zogen. Weil aber bislang keine Geschirre aufgefunden wurden, ist anzunehmen, daß sich Menschen «ins Zeug» legen mußten. Soweit wir wissen, lebte die Birnirk-Bevölkerung von Seesäugerjagd und Fischfang. Einige Wohnstätten, die Siedlungen bei Barrow und Point Hope z. B., überschauten das Meer an Stellen, wo reichlich Wale vorkamen.

Die Thule-Expansion im Westen: 900 bis 1100 u. Z.

Der Übergang zur Thule-Kultur wurde um 900 u. Z. vollzogen, als Birnirk-Gruppen tief ins Siedlungsgebiet der Norton-Leute vorstießen. Auslöser dürfte wachsender Bevölkerungsdruck in Asien verbunden mit kriegerischen Auseinandersetzungen gewesen sein. Doch nicht überall ging die Verbreitung des neuen Kulturmusters auf Einwanderer zurück. Diffusion ist dafür sicher in gleichem Maß verantwortlich zu machen. Wie der Prozeß im einzelnen auch verlief, es verschmolzen allenthalben Errungenschaften der Immigranten mit Altherge-

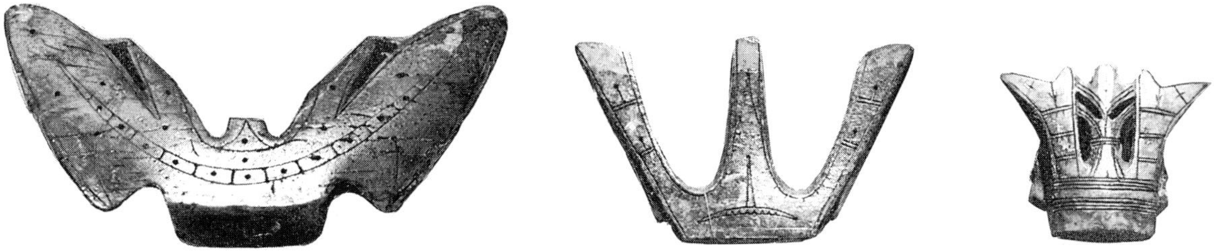

Flügelstabilisatoren aus verschiedenen Entwicklungsphasen des Punuk-Stadiums von St. Lawrence Island: Schmetterlingsförmiges Harpunengewicht der ersten Phase (links); Spannweite 16 cm. Dreizack der mittleren Phase (Mitte); Spannweite 10 cm. Krönchen der Spätphase (rechts); Breite 7 cm.

brachtem. Vom Norton-Sund hatte die Thule-Kultur gegen 1000 u. Z. nach Nunivak ausgegriffen, ein Jahrhundert später auf das Naknek-Seegebiet der Alaska-Halbinsel. Im Süden jedoch brach sich Thule-Einfluß nur zögernd Bahn. Kiesgemagerte Keramik, Gerätschaften aus geschliffenem Schiefer und gewisse architektonische Details wurden zwar übernommen, ansonsten aber hielt man eisern an Bewährtem fest (Dumond, 1987).

Kontakt und Austausch verschiedener Bevölkerungsteile scheinen auch die linguistische Angleichung, insbesondere im Westen Alaskas, begünstigt zu haben. Um 900 u. Z. jedenfalls war die Ausbildung der osteskimoischen Muttersprache abgeschlossen. Mit den Inuit i. w. S. verbreitete sie sich in der Folge über die Ostarktis, wo sie die Mundart(en) der Paläo-Eskimos verdrängte. Ehe wir diesen historischen Faden wieder aufnehmen, sollen zunächst die Ereignisse beleuchtet werden, die vor Ankunft der Thule-Kultur im Osten abliefen.

Dorset: 550 v. Chr. bis 1530 u. Z.

Gegen 550 v. Chr. hatte sich die ostarktische Prä-Dorset-Kultur zur Dorset-Tradition gewandelt. Dieser Entwicklungsprozeß fiel mit einem kälteren Witterungsabschnitt zusammen (Dumond, 1985). Dieser Laune der Natur verdankt die Forschung ein, gemessen an den Vorgängern, abgerundeteres Bild der Lebensumstände, die den Alltag der Dorset-Bevölkerung zeichneten, da Dauerfrost auch Gegenstände aus organischem Material konservierte.

Eskimos waren und sind große Geschichtenerzähler. Wenn die dunkle Jahreszeit anbrach, versammelten sie sich ums Feuer und lauschten den alten Legenden. Immer wieder tauchten darin Riesen mit enormer Körperkraft auf – ein sagenhaftes Volk längst vergangener Tage, das man «Tunnit» nannte. Wahrscheinlich beziehen sich die Überlieferungen auf Dorset-Jäger, Leute ohne Hundeschlitten und Bögen, die mit ihren Stoßspeeren das Wild dicht anpirschen mußten.

Nur an wenigen Stellen ist der Übergang von Prä-Dorset nach Dorset archäologisch dokumentiert. Einer dieser Fundplätze ist Killilugak auf Baffin Island. Dort wurden in einer 2600 Jahre alten Kulturschicht Artefakte beider Traditionen geborgen (Maxwell, 1973). Aus Nordlabrador kennt man Stationen, wo sich der Wandel um 850 v. Chr. vollzog. Hier mündete die an den Saqqaq-Komplex erinnernde Vorkultur in das sogenannte Groswater-Dorset, eine auf die Nordostküste der Halbinsel beschränkte Variante (Fitzhugh, 1980).

600 bis 1000 Jahre nach Aufgabe Nordgrönlands und des Kanadisch-Arktischen Archipels durch Independence I-Gruppen besiedelten Menschen, deren

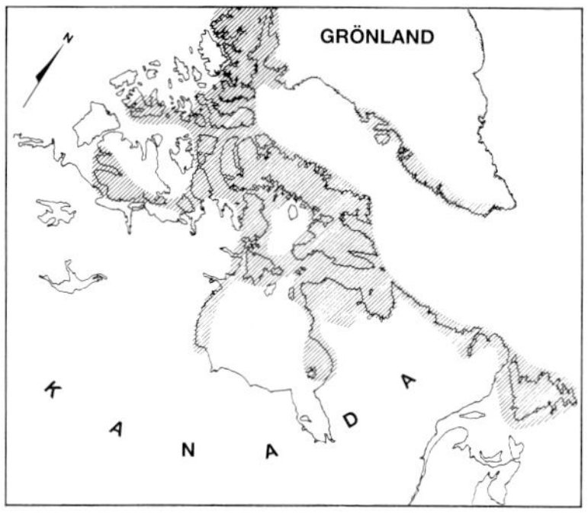

Mögliche Verbreitung der Dorset-Tradition

Gerätschaften an Groswater-Dorset-Artefakte anklingen (Knuth, 1967; McGhee, 1981), die Gegend erneut – wiederum während eines wärmeren Intervalls. Diese Verbände (Independence II) besetzten die gleichen Küstenstreifen wie ihre Vorgänger, doch lagen Unterkünfte auf niedrigeren Schwellen des Strandprofils.

An Versuchen, den Übergang von Prä-Dorset nach Dorset zu erklären, ist kein Mangel. War dafür ein neuer Siedlungsschub verantwortlich – Immigranten, die in die Fußstapfen der vor etwa 3000 Jahren angeblich aussterbenden Prä-Dorset-Leute traten (McGhee, 1981)? Oder erfolgte er als Anpassung an Veränderungen des Bestandsbildes beim Ren (Fitzhugh, 1976)? Für Moreau Maxwell hat sich der Wandel wie folgt abgespielt: Seiner Ansicht nach pirschte die Prä-Dorset-Bevölkerung hauptsächlich auf Rentiere, während ihre Erben in erster Linie Robbenfang betrieben. Maxwell war aufgefallen, daß Pfeil und Bogen, deren besondere Eignung für die Karibujagd unbestritten ist, im Lauf der Intergraduationsphase verschwanden. Vielleicht, so spekuliert der Autor, führten Überjagung oder Seuchen zu einem Zusammenbruch der Renbestände. Möglicherweise stellten die arktischen Hirsche angesichts des Kälteeinbruchs auch ihr Wanderverhalten um. Die Jäger jedenfalls hätten sich nach anderer Beute umsehen müssen und verfielen auf Robbenfang in Küstennähe. In Anpassung an die veränderten öko-klimatischen Verhältnisse entwickelten sie neue Überlebensstrategien: die Dorset-Tradition war geboren (Maxwell, 1985).

Maxwell und andere haben das neue Kulturmuster anhand typischer Elemente definiert. Dazu gehören rechteckige, halbunterirdische Behausungen, das gehäufte Auftreten dreieckiger Waffenspitzen für die Robbenjagd, das Erscheinen von Geräten aus geschliffenem Kieselschiefer, besondere Harpunenköpfe und ein reiches, symbolisch verschlüsseltes Kunstschaffen mit magisch-religiösen Untertönen.

(Unten, links) Dorset-Artefakte. Im Uhrzeigersinn: zwei Harpunenköpfe; knöcherne Lanzenspitze; Mikroklingenmesser mit Knochen- und Holzgriff; Grabstichel mit ähnlicher Heftung; drei Waffenspitzen; gezackte Fischspeerspitze aus Elfenbein; Knochennadel; Gehhilfe *(ice creeper)* aus Elfenbein, die ein Ausgleiten auf Eis verhindern sollte. *(Unten, rechts)* Ruine einer Dorset-Behausung im Westen von Victoria Island, datiert auf ca. 500 u. Z.

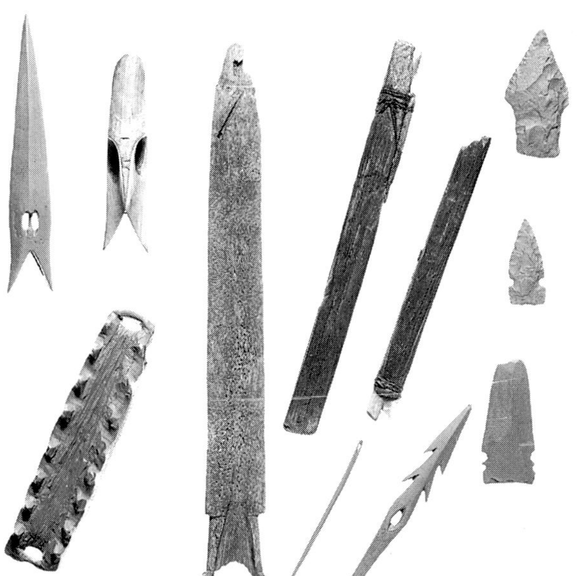

Überleben in Eis und Schnee. Da die Dorset-Bevölkerung nicht auf Hundeschlitten zurückgreifen konnte, mußte sie gut zu Fuß sein und der eigenen Körperkraft vertrauen. Weder Pfeil und Bogen noch Wurfbretter standen ihr zu Gebote, lediglich einfache Speere und Harpunen. Es gab kein Walfanggerät und keine aufblasbaren Schwimmer für die Jagd vom Kajak aus. Selbst Bohrer fehlten; Löcher wurden ausgestemmt. Kleine Tranlämpchen erhellten die stickigen, bis zu 45 m langen Winterhäuser. Unter diesen Umständen sind Durchsetzungsvermögen und Ausdauer der Menschen nur zu bewundern. Und ein Wunder ist ihr Anpassungserfolg gewiß.

Wie alle ostarktischen Völker waren auch die Dorset-Leute in der Hauptsache Jäger. Zweifellos ernährten sie sich daneben von Beeren und anderen Pflanzen je nach Saison (Maxwell, 1985). Rentiere, Moschusochsen, Schneehasen und weiteres Niederwild wurden verfolgt, auch Schneehühner *(Lagopus mutus),* für die man wohl Schlingen legte. Robben waren ein wichtiger Bestandteil der Ernährung, aber die Jäger scheuten sich auch nicht, wehrhafte Tiere – Walrosse, Narwale *(Monodon monoceros)* und Eisbären – anzugreifen, wenn es Gelegenheit dazu gab. Dies geschah nicht ohne Gefahr für Leib und Leben, denn man mußte sich dem Opfer auf kürzeste Distanz nähern, ehe mit dem Speer ein tödlicher Streich geführt werden konnte.

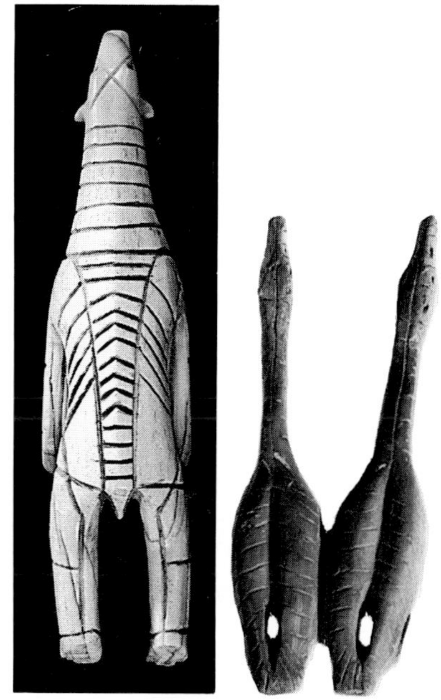

Dorset-Kunst. *(Links)* Im Röntgenstil dargestellter Eisbär aus Walroßelfenbein; Länge 15,2 cm. *(Rechts)* Elfenbeinernes Schwanenpaar; Länge 6 cm.

Ein Gutteil des Jagderfolges hing von der Harpunenkonstruktion ab. Thule-Jäger benutzten Knebelharpunen, eine Kippspitzenform, bei der sich der vom Vorschaft gelöste Kopf in der Wunde querstellte, wenn das Ziel getroffen wurde; lediglich Spitze und Fangleine blieben mit der Beute verbunden. Dorset-Harpunen dagegen sind Stoßwaffen gewesen: Ihr Vorschaft war fest montiert, und der Projetkilkopf, durch die im Schaft eingeklemmte Verbindungsschnur in Position gehalten, kam nach Eindringen ins Fleisch der Beute frei. Bei der Jagd auf Robben und Großfische diente das Griffstück als Schwimmer.

Rentiere wurden möglicherweise gemeinschaftlich zur Strecke gebracht. Jäger trieben die Hirsche entweder durch gesetzte Steinreihen oder in flaches Wasser, wo man sie speerte, vielleicht auch vom Boot aus erlegte. Saiblinge wurden auf dem Weg vom Meer zu den Laichgründen gefangen. Dorset-Fischspeere besaßen Widerhaken aus Elfenbein. Es gehörte sicher einige Geschicklichkeit dazu, mit solchem Gerät, das keine Mehrfachspitzen aufwies, rasch über kiesigen Grund schwimmende Ziele zu treffen.

Dorset-Kunst. Das Kunstschaffen der Dorset-Bevölkerung hat in Fachkreisen gewisse Berühmtheit erlangt, insbesondere wegen seiner lebensnahen Portraitdarstellungen (Taylor & Swinton, 1967). Schnitzer und Graveure bearbeiteten Geweih, Knochen, Elfenbein, Speckstein (Steatit) und Holz. Am häufigsten wurden menschliche Wesen und Eisbären abgebildet, in naturalistischer Wiedergabe oder stilistischer Ausführung. Die Akribie, die man an Detailtreue wendete, ist verblüffend: erschreckend realistische Eisbärenköpfe, winzige Robbenplastiken, an denen man sogar die Tasthaare der Schnauzenpartie erkennt, und vieles andere.

In Button Point auf Bylot Island förderten Archäologen eindrucksvolle Masken zutage, darunter ein Exemplar mit angedeuteter Tatauierung. Eine andere war mit verzapften Applikationen, Kopfhaar und Schnurrbart darstellend, versehen. Es fanden sich Miniaturlarven, nicht größer als 6 cm, mit x-förmigen Kerben, und Puppen, deren Glieder abgenommen werden konnten. Zoomorphe Amulette, an Riemen befestigt oder an die Kleidung genäht, kamen häufig vor. Eine Besonderheit sind Gebißimitate aus Elfenbein, die vielleicht Schamanen bei Séancen im Mund trugen.

Obwohl viele der scheinbar spirituellen Kontexten zuzuordnenden Kunstwerke nicht abstrakt, sondern gegenständlich sind, bleibt ihr Bedeutungsgehalt – und damit der eigentliche Bildsinn – dem heutigen Betrachter verschlossen. Weder ist er in die Symbolsprache der Dorset-Religion eingeweiht, noch offenbart sich ihre Aussage im Analogievergleich mit der Vorstellungswelt rezenter Eskimos. Beide Gruppierungen trafen zwar noch aufeinander, doch mehr sporadisch, und der Kontakt hinterließ keine tiefere Wirkung.

Die Entwicklung der Dorset-Tradition

Üblicherweise wird die Dorset-Tradition in ein frühes, ein mittleres und ein Endstadium unterteilt. Maxwell (1985) stellt in seiner Arbeit Fundstätten und Artefakte der jeweiligen Stufen vor. Wahrscheinlich lagen die Anfänge nördlich des Foxe-Beckens, wo eine entsprechend große Vorbevölkerung existierte. Die Kommunikation zwischen den weit verstreuten Gemeinschaften funktionierte so gut, daß sich die Verbreitung neuer Ideen und Techniken fast gleichzeitig vollzog (Maxwell, 1985).

Hölzerne Gliederpuppe der Dorset-Kultur von Button Point auf Bylot Island.

Während der Gesamtdauer seines Bestehens blieb das ökonomische Grundmuster Dorsets erhalten, wenngleich mit Modifizierungen angelegentlich kleinklimatischer Umschwünge. Im Mittelstadium der Entwicklung wurde es so kalt, daß man wahrscheinlich Bereiche der Hocharktis und Nordlabradors räumte. Da und dort mag es die Bevölkerung vorgezogen haben, geschützte Stellen aufzusuchen oder großzügigere Behausungen zu bauen.

Gegen 100 u. Z. änderte sich die Siedlungsverteilung. Viele der beliebten Stützpunkte um das Foxe-Becken wurden verlassen, und die Bevölkerungsgruppen entlang der südlichen Hudson Bay-Küste, auf Southampton und Victoria Island schmolzen zusammen. Im materiellen Besitz der Überlebenden sind nur geringfügige Korrekturen auszumachen: neue Nadelformen kamen in Gebrauch, Steatitlampen erhielten ein ovales Design und Schiefergeräte wurden weniger häufig verwendet.

Auf Neufundland und entlang der Ostküste Labradors dagegen stieg die Bevölkerungsziffer an, wohl infolge Zuzugs aus dem Norden (Fitzhugh, 1980; Tuck, 1984). Viele Niederlassungen des Mittel-Dorset hatten dorfähnlichen Charakter, einige, wie Port aux Choix auf Neufundland, waren fast das ganze Jahr über bewohnt (Harp, 1976). Von Port aux Choix aus jagte man Sattelrobben, wenn diese auf dem Meereis ihre Jungen zur Welt brachten. In den Abfallhaufen eines Familienhauses stießen Archäologen auf 25 000 Knochenbruchstücke, 98 % von der Sattelrobbe. Bis zu 35 Personen lebten damals in Port aux Choix. Sie verwendeten Dorset-Werkzeuge mit lokalem Einschlag. Die Siedlung fiel um 600 u. Z. wüst, als wärmere Witterung einsetzte.

In dieser Warmwetterphase erholte sich die Dorset-Bevölkerung von dem Rückschlag, der sie nach 100 u. Z. getroffen hatte. Verlorengegangenes Terrain wurde rekolonisiert. Das Kunstschaffen erreichte seinen Höhepunkt. Scheinbar gab es derzeit Orte, an denen mächtige Schamanen residierten. Einer dieser Plätze dürfte Button Point auf Bylot Island gewesen sein, denn von hier kennt man besonders viele Kultgegenstände. «Man kann sich leicht ausmalen, wie in nächtlicher Zeremonie, unter Trommelschlägen und rhythmischem Gesang, die Einheit alles Lebendigen beschworen wurde», schreibt Moreau Maxwell (1985).

Auch in die Hocharktis kehrten Dorset-Verbände zurück (McGhee, 1976). Jagd und Fischfang führten sie in die entlegensten Winkel des Kanadisch-Arktischen Archipels. Doch die Tage dieser Menschen waren gezählt. Ein neues Zeitalter dämmerte herauf, und die Spuren der arktischen Urbevölkerung verwehte der Wind.

End-Dorset. Um 1000 u. Z. erreichte die Dorset-Tradition ihren Kulminationspunkt. Bereits ein Jahrhundert später war wenig davon übriggeblieben, außer in abseits gelegenen Refugien Grönlands und Labradors. Nach konventioneller Deutung überlagerten Thule-Eskimos die Ureinwohner, assimilierten Teile und drängten die übrigen in Randzonen ab, wo sie schließlich, von aller Welt vergessen, ausstarben.

Was geschah tatsächlich? Archäologische Hinweise auf anhaltenden Kontakt zwischen den Trägern beider Traditionen gibt es nicht. Die Neuankömmlinge borgten von den Alteingesessenen lediglich Schlittenkufen aus Elfenbein sowie Schneemesser und damit das Iglu. Ferner lernten sie die Kunst der Eisen- und Steatitverarbeitung. Maxwell (1985) glaubt, daß dem Niedergang Dorsets ökonomische Ursachen zugrunde lagen. Dorset-Jäger verfolgten Wild zu Fuß. Dabei entfernten sie sich selten weit von ihren Behausungen und erbeuteten Arten, die am häufigsten auftraten oder deren man am leichtesten habhaft wurde. Dank des Hundeschlittens und der verschiedenen Bootstypen standen Thule-Jägern demgegenüber größere Räume offen. Mehr Spezies, darunter Wale, gelangten in Reichweite. Höhere Mobilität erlaubte ferner den gezielten Zugriff auf Arten, die gerade Junge setzten oder auf ihren Wanderungen Meereispassagen bzw. Engstellen zu Lande überwinden mußten. Der Vergleich vom Wettlauf zwischen Hase und Igel liegt nahe. Wo auch immer Dorset-Gruppen erschienen, die quickeren Thule-Leute waren ihnen zuvorgekommen. Im Ressourcenwettstreit unterlegen, verlor die Urbevölkerung ständig an Boden.

Ungeachtet der sich kontinuierlich zu ihrem Nachteil verändernden Lage, lebten erzkonservative Dorset-Verbände noch zwei oder drei Jahrhunderte an der Seite ihrer neuen Nachbarn (Harp, 1976). Es besteht sogar die Möglichkeit, daß einige bis ins 20. Jh. durchhielten, so die mysteriösen «Sagdlirmiut» von Southampton Island, die sich gegenüber der Außenwelt völlig abschotteten und mit Europäern erst spät in Berührung kamen; sie wurden 1902–3 von einer Seuche dahingerafft. Therkel Mathiassen (1927) hörte, daß sie sich einer fremden Sprache bedient hätten, ausgezeichnete Specksteinschnitzer gewesen wären und für den Handel mit Europäern kein Interesse aufbrachten. Ausgrabungen am Standort ihrer Behausungen vermochten das Geheimnis der «Sagdlirmiut» nicht zu lüften, denn neben Dorset-Artefakten kamen auch Thule-Gerätschaften ans Licht (Collins, 1956; Taylor, 1960).

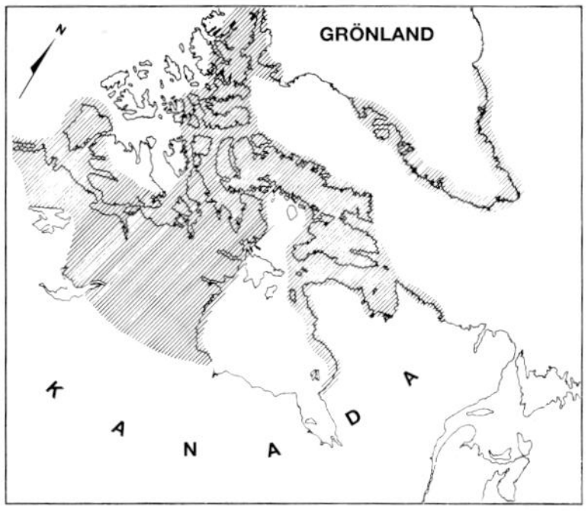

Mögliche Verbreitung der Thule-Kultur in der Ostarktis.

Der Thule-Vorstoß in die Ostarktis: ca. 1000 u. Z.

Irgendwann zu Beginn des 2. Jahrtausends u. Z. wanderten Träger der Thule-Kultur, die Osteskimoisch sprachen, in der Ostarktis ein. Im 12. Jh. waren sie bis Grönland vorgedrungen und hatten den Kanadisch-Arktischen Archipel besetzt.

Wie wir sahen, waren in die Thule-Tradition Elemente der Norton-Sphäre eingeblendet, insbesondere bei Technologie und Wirtschaft. Wie ihre Vorgänger jagte die Thule-Bevölkerung Rentiere und fischte, doch im Unterschied zu Norton-Gruppen konzentrierten sie sich weitaus stärker auf die Jagd von Seesäugern, insbesondere auf Wale.

Dänische Wissenschaftler beschrieben zwischen 1921 und 1924 erstmals die Thule-Kultur. Ein interdisziplinär aus Ethnologen, Archäologen, Geologen und Biologen zusammengesetztes Forscherteam war nach Grönland und Kanada aufgebrochen, um der Arktis ihre Geheimnisse zu entreißen. Die Pionierarbeit, die die Dänen leisteten, schlug sich in einem zehnbändigen Sammelwerk (Birket-Smith, 1929; Mathiassen, 1927; Rasmussen, 1931; u. a.) nieder, das alle folgenden Untersuchungen befruchten sollte. Therkel Mathiassen identifizierte 100 Kulturmerkmale Thules, darunter hochentwickelte Gerätschaften für die Jagd zu Lande, zu Wasser und auf dem Eis. Nach Mathiassens Ansicht stützte sich die Überlegenheit der Thule-Jäger auf drei Kernelemente – Hundeschlitten, Kajak und Umiak. Sie verhalfen den Neusiedlern zu größerer Beweglichkeit, förderten weitreichende Handelsbeziehungen und ermöglichten den Transport schwerer Lasten.

Wanderungstheorien. Viele Gelehrte haben die Rolle hervorgehoben, die das Birnirk-Stadium im Formationsprozeß der Thule-Kultur spielte (Collins, 1940, McGhee, 1970). Robert McGhee vertritt den Standpunkt, daß die Ostwanderung um 1000 u. Z. einsetzte. Warum aber fand sie überhaupt statt? Im Birnirk-Gebiet gab es offenbar keinen hinreichend starken Bevölkerungsdruck, der eines Ventils bedurft hätte. Eher seien, so McGhee, geänderte öko-klimatische Verhältnisse für den Exodus verantwortlich gewesen. Er konnte zeigen, daß der Ostvorstoß mit einer Warmwetterperiode zwischen 900 und 1200 u. Z., die allgemein als «Mittelalterliche Warmzeit» oder Neo-Atlantikum bezeichnet wird, zusammenfiel. Die Südgrenze des Packeisgürtels verlagerte sich damals weit nach Norden, ein Umstand, der auch skandinavische Seeleute zu ausgedehnten Erkundungsfahrten in unbekannte Gewässer verleitete (vgl. Kapitel 1).

Kundig führt McGhee aus, wie gestiegene Temperaturen den Schwund des Packeises in der Beaufort-See und zwischen den Inseln weiter östlich verursachten. Walen der verschiedensten Arten hätten sich dadurch beträchtlich erweiterte Nahrungsgründe erschlossen.

Grau- und Glattwale pflegen im Frühsommer an der Küste Alaskas nach Osten zu ziehen, im Herbst wählen sie die entgegengesetzte Route. Sie halten sich dabei an eisfreie Wasserrinnen unter Land. Jahrhundertelang bewachten prähistorische Jäger solche Durchlässe und machten reiche Beute. Einige Thule-Gruppen hätten, schreibt McGhee (1970), nicht weit vom Eisrand – der Scheide zwischen permanent gefrorenem und periodisch auftauendem Meereis – gelebt. Von hier aus bejagten sie Wale. Als das Packeis nach Norden zurückwich, folgten ihm die Giganten der Ozeane, und Beutemachen auf überlieferte Weise war nunmehr schwer durchführbar. Gleichzeitig aber brach die Eisdecke im Kanadisch-Arktischen Archipel, wo Grönlandwale übersommerten, auf. Diesem glücklichen Umstand verdankte man, so McGhee, die Möglichkeit zu ganzjähriger Freiwasserjagd von Inselstützpunkten aus und mußte sich nicht mit saisonalen Fangzeiten begnügen.

Waljagd auf offener See erforderte neue Strategien (McCartney, 1980; 1984b). Vom Eisrand oder Landmarken aus wurde das Wasser abgesucht. War eine Walschule ausgemacht, galt es, die Verfolgung aufzunehmen. Dabei bewährten sich vor allem die wendigen Kajaks. Hatte man ein Tier erbeutet, mußte es in Küstennähe geschleppt und an Land gezogen werden. Die Freiwasserjagd geriet zum Siegel der östlichen Thule-Variante. Nach Einzelfängen beurteilt, dürfte sie weniger produktiv gewesen sein als saisonale Beutezüge, doch soll die verlängerte Jagdzeit diesen Nachteil mehr als doppelt aufgewogen haben.

Siedlungen der Ost-Thule-Gruppen waren weiter gestreut und kleiner als die im Westen. Letzteres mag daran gelegen haben, daß im Osten weniger Großboote mit kopfstarker Mannschaft eingesetzt wurden. Flottillen von Einmannkajaks sind bei der Verfolgung von Walen auf hoher See zweckmäßiger gewesen (McCartney & Savelle, 1985). Der Umiak diente überwiegend als Schlepp- und Transportvehikel, wenngleich er das «Mutterschiff» einer Flotte bildete, von dem aus man Wale auch harpunierte.

Der östlichen Variante der Thule-Kultur fehlte im Vergleich zur westlichen Keramik. Diese wurde durch Steatitgefäße ersetzt. Im Katalog kultureller Neuerungen erschienen des weiteren Schneemesser und, besonders wichtig, das Hundegespann. Die Tiere gingen in einem Sielengeschirr aus ledernen Zugsträngen und Knochen- oder Elfenbeinführungen. Der leichte Leiterschlitten besaß schmale, den harschigen Schneeverhältnissen angemessene Kufen.

Hundegespann und Kufenschlitten gelten nach Mathiassen (1927) als Innovation der Thule-Kultur. Älter aber sind möglicherweise Holzgeschirr- und Kufenfunde von der Insel Žochova in der Ostsibirischen See, deren Datierung allerdings noch umstritten ist.

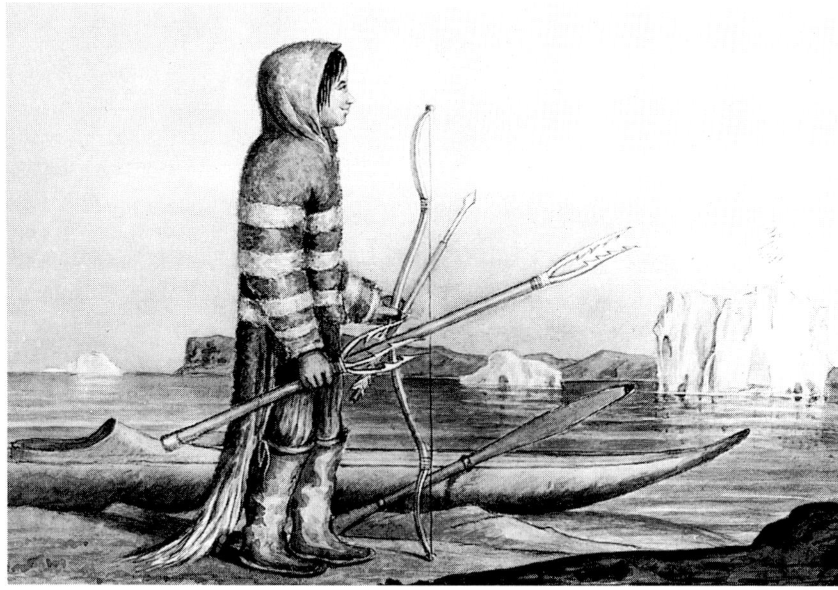

Thule-Jäger mit Kajak, Bogen und Fischspeeren.

Die Geschwindigkeit, mit der sich die Thule-Bevölkerung über den hohen Norden ausbreitete, ist erstaunlich. Folgt man McGhee, gab es dafür weitere zwingende Gründe. Wie der Autor darlegt, dürfte das zurückweichende Packeis bessere Lebensbedingungen für Walrosse und Bartrobben geschaffen haben, nicht aber für die Ringelrobbe, die küstennahe Eisfelder bevorzugt und dort, in Schneehöhlen, auch ihre Jungen wirft. Dorset-Jäger stellten dieser Art besonders intensiv nach. Mit dem Rückgang der Bestände war ihnen die Lebensgrundlage entzogen, und Thule-Gruppen konnten unbedrängt in verwaistes Gebiet einsickern (McGhee, 1970).

Robert McGhees Thesen vom Ostvorstoß der Thule-Kultur finden nicht jedermanns Beifall. Dennis Stanford (1976), der in Walakpa, westlich von Point Barrow, grub, dokumentierte vor Ort die Entwicklungssequenz einer sich Schritt für Schritt dem Meer zuwendenden Kultur, beginnend bei Birnirk und um 1400 u. Z. mit einer Spät-Thule-Siedlung endend. In Walakpa fanden sich kaum Hinweise auf Waljagd. Eismeer-Seehunde *(Phoca largha)* und vor allem Ringelrobben standen bei den Bewohnern im Mittelpunkt ökonomischen Interesses. Bei Knochen aus den obersten Fundschichten fielen Stanford Anomalien und Mißbildungen auf – ein möglicher Fingerzeig, daß es für die Robben zunehmend schwieriger wurde, ausreichend Nahrung zu finden. Der Autor vertritt daher die Ansicht, die Suche nach neuen Robbenfanggründen habe die Expansion Thules ausgelöst.

Einige Fachleute glauben, daß neben Birnirk auch Punuk an der Wiege der Thule-Kultur stand. Thule-Harpunen von den Inseln Cornwallis und Ellesmere in der Hocharktis weisen bemerkenswerte Übereinstimmungen mit Punuk-Stücken auf (Collins, 1952; Schledermann & McCullogh, 1980; Yamamura, 1979). Um 800 u. Z. befand sich Punuk in voller Entfaltung, und die Wal- und Walroßjäger dieser Kultur könnten sehr wohl eine der Triebfedern der Thule-Migration gewesen sein. Vielleicht begaben sich Punuk-Verbände, durch Fraktionskämpfe oder Überbevölkerung dazu genötigt, auf Wanderschaft und rissen Birnirk-Gruppen mit.

Gewöhnlich wird dieser Vorstoß bei 1000 u. Z. angenommen, ganz sicher ist das aber nicht. Da Radiokohlenstoffwerte aufgrund ihrer Standardabweichungen unzuverlässig sind (Schell, 1983), stützen sich manche Forscher auf die Seriation von Harpunentypen (Maxwell, 1985). Analysiert man die Verbreitung von fünf frühen Formen, ergibt sich eine potentielle Wanderroute, die südlicher als die von McGhee vorgeschlagene verläuft. Sie folgt der Küste Nordalaskas bis zum Amundsen-Golf und der Victoria Strait. Hier knickt sie nach Nordosten zur Barrow Strait und zum Lancaster-Sund hin ab. Schließlich wendet sie sich nordwärts und führt entlang der Ostküste von Ellesmere Island nach Nordwest-Grönland.

Man könnte vermuten, daß die am weitesten östlich gelegenen Fundorte mit Punuk-Einschlag – Nugdlit (Nuulliit) auf Grönland, Ruin Island, Skraeling Island u. a. vor der Küste Ellesmeres (Schledermann & McCullogh, 1980) – auf eine frühe Siedlerwelle zurückgehen. Hausformen, Harpunenköpfe und die Dekors verschiedener Gebrauchsgegenstände verraten angeblich enge Verwandtschaft mit der westlichen Thule-Variante. Erstaunlicherweise aber kamen hier Ausrüstungsstücke skandinavischer Seeleute zutage – Kleidungsfetzen und fragmentarisch erhaltene Metallwerkzeuge. Leider ist die Datierung dieser Stationen, die Holtved (1954) zusammenfassend als Nugdlit/Ruin Island-Phase beschrieb, widersprüchlich. Angaben reichen von 900 bis 1400 u. Z. Es bieten sich mehrere Interpretationen an. Erstens, Punuk-Waljäger erreichten Nordwestgrönland bereits gegen 900, doch paßt dazu nicht die Existenz skandinavischer Artefakte. Zweitens, Träger der Thule-Kultur tauchten in der Ostarktis überhaupt erst um 1200 u. Z. auf. Drittens, die Kolonisierung des Südostens fand zu Beginn des 11. Jahrhunderts statt und die Besiedlung Grönlands durch Menschen mit starker Kulturaffinität zu Punuk später, eventuell im 12. Jh. Nach Abwägung aller Fakten spricht manches für die dritte Hypothese (Maxwell, 1985).

Fassen wir zusammen: Weite Teile der östlichen Arktis wurden offenbar von Menschen besiedelt, die von Birnirk-Gemeinschaften bei Barrow abstammten. Entlang der «Harpunenroute» (s. oben) stießen sie, mutmaßlich im 11. Jh., ostwärts vor. Milde Witterung, verhängnisvoll für die Dorset-Vorbevölkerung, begünstigte ihre Einwanderung. Ihnen folgten später andere Verbände, deren Technologie und ökonomische Ausrichtung von der Punuk-Kultur inspiriert waren. Einige Punuk-Gruppen hatten, um den Bevölkerungsdruck in ihrer Heimat zu lindern, alte Wohngebiete aufgegeben. Sie mögen in der Barrow-Gegend mit Birnirk-Leuten zusammengetroffen sein und breiteten sich dann entlang dem zurückweichenden Packeis aus. So gelangten sie, wie Maxwell (1985) spekuliert, in die Hocharktis und schließlich, im 12. Jh., nach Grönland.

Klassisches Thule: 1100 bis 1400 u. Z.

Im 12. und 13. Jh. stabilisierte sich die Thule-Bevölkerung der Hocharktis und auf dem kanadischen Festland. Ausgangs des 13. Jhs. lebten Thule-Gruppen an der Hudson Strait, südlich der Hudson Bay, an den Küsten des Foxe-Beckens sowie zwischen Mackenzie-Delta und der Melville-Halbinsel.

Alan McCartney (1977) schlug für Gemeinschaften, die feste Winterhäuser aus Steinen, Walknochen und Rasenziegeln errichteten und deren Technologie auf Wal- und Robbenfang zugeschnitten war, die Kennung «Klassisches Thule» vor. Diese Adresse hat sich inzwischen eingebürgert (Maxwell, 1985). Einige der Dauerbehausungen wiesen eindrucksvolle Abmessungen auf und wurden immer wieder bezogen, andere dienten nur kurzzeitig als Unterschlupf. Vier bis sechs Häuser, in denen zusammen 20–25 Personen Platz fanden, scheinen die Norm gewesen zu sein (McCartney, 1979; Maxwell, 1979). Örtlich pendelte man im Winter zwischen solchen Basislagern und Schneehütten (Iglus) auf dem Meereis. Übers Frühjahr und im Herbst streiften Trupps durch das Hinterland und krochen dann in fellbespannten Stangenzelten unter. Rundzelte auf einem Fundament aus Steinen und Rasensoden, sogenannte *Qarmats,* bewohnten die Jäger im Spätherbst und Frühwinter, wenn sie wieder an der Küste eintrafen.

Zwischen den Lokalgruppen gab es offenbar rege Kontakte. Der darauf gegründete Nachrichtenfluß, angereichert mit Gerüchten über die Fettlebe in der Ostarktis, mag weitere Immigranten aus Alaska angelockt haben. Exotische Werkstoffe, darunter Eisen und Kupfer, gingen von Hand zu Hand.

Die arktischen Völker beiderseits der Beringstraße kannten Eisen lange vor der Berührung mit Europäern. Okvik- und Alt-Beringmeer-Gruppen benutzten es in geringen Mengen zur Herstellung von Schnitzmessern und Grabsticheln (Collins, 1937). Gegenstände aus Eisen hat man auch in Punuk- und Birnirk-Fundstätten geborgen. Das meiste Importmetall stammte wohl aus dem Amur-Gebiet in Asien, wo Eisen bereits im 1. Jahrtausend v. Chr. gefördert und verarbeitet wurde. Allerdings erreichte der Handel damit erst ab 1000 u. Z. die Ostarktis.

Neben tellurischem Eisen und Meteoriteisen befand sich in voreuropäischer Zeit auch Kupfer in Gebrauch. Es stammte von Victoria Island und vom Coronation-Golf. Schon Dorset-Gemeinschaften verwendeten Eisen eines Meteoritenschauers, der einst bei Kap York an der Melville Bay herniederging. Auch ihre Nachfolger schöpften aus dieser Quelle. In Thule-Niederlassungen des 13. und 14. Jhs. taucht Eisen aus der Hand skandinavischer Wikinger auf (McCartney & Mack, 1973; McGhee, 1984). Als Isländer auf Grönland siedelten, befand sich der Metallhandel auf seinem Höhepunkt. Die Thule-Leute verarbeiteten Eisen zu

(Unten) Gravuren auf dem elfenbeinernen Bogenstab eines Rennspindelbohrers von der Arctic Bay überliefern Alltagsszenen: bewaffnete Konfrontation (oben), Kajakflotte (Mitte), Zeltlager mit zum Trocknen aufgespannten Bärenfellen (unten).
(Unten, rechts) Harpunenköpfe und (rechts) Großfischhaken der Thule-Kultur.

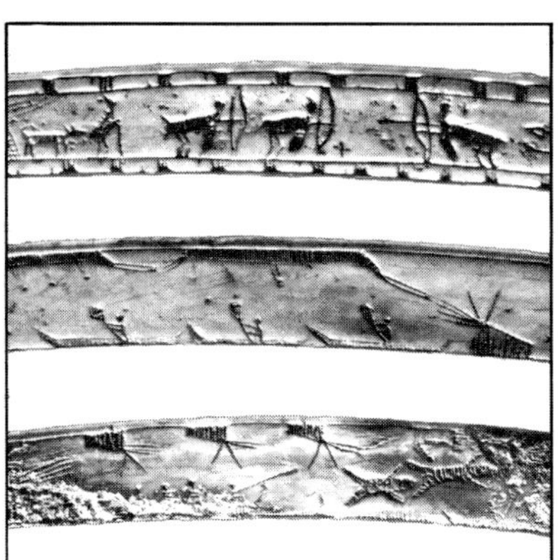

Thule-Artefaktkaleidoskop. Im Uhrzeigersinn: Dechselschaft aus Rengeweih, Axt-Zwischenfutter aus Walknochen mit geschliffener Steinklinge, Flensmesser mit Schieferklinge, Frauenmesser *(ulu)* mit Eisenklinge, beim Iglubau verwendetes Schneemesser aus Walknochen, Knochenschaber zum Säubern von Häuten, Elfenbein-Grabstichel mit winziger Eisenspitze, Drillbohrer mit zugeschliffenem Steinkopf.

Projektilspitzen und Schneiden. McCartney meint, daß es weiter verbreitet war als nach archäologischem Befund zu vermuten ist, und daß die Thule-Walknochenschnitzereien nur dank eiserner Werkzeuge hätten hergestellt werden können. Diese «epi-metallurgische» Tradition (McCartney, 1988) beruhte auf dem Erwerb handelsüblichen Reinmetalls, das durch Kalthämmern in die gewünschte Form gebracht wurde. Die fertigen Gerätschaften erfreuten sich großer Beliebtheit, denn sie waren haltbarer und härter als die Schiefer-Prototypen.

Gemessen an der geradezu fantastischen Erfindungsgabe, die Thule-Handwerker an den Tag legten, bleiben ihre Leistungen auf künstlerischem Gebiet hinter den Erwartungen zurück. Auf Gebrauchsgegenständen, Kämmen z. B., erscheinen gelegentlich Gravuren, oft y-förmige Zeichen und gerade Linien. Mitunter bildeten Graveure Menschen und Tiere ab, auch Jagdszenen. Frauendarstellungen, erkennbar an dem charakteristischen Haarknoten, wurden als dreidimensionale Torsi aus Holz und Elfenbein gearbeitet. Miniaturschnitzereien in Gestalt von Vögeln, insbesondere Seetauchern *(Gavia),* können als Amulette gedeutet werden oder als Elemente der Schamanentracht. Vögel hatten nach Vorstellung vieler arktischer Völker die Funktion von Hilfsgeistern. Sie begleiteten ihre «Meister» auf Jenseitsreisen, tauchten mit ihnen in die Unterwelt hinab oder entführten sie in himmlische Ferne. Dort nahm der Schamane, Botschafter und Grenzgänger zwischen den Sphären, Kontakt mit übernatürlichen Mächten auf, erbat Beistand bei der Lösung von Alltagsproblemen, suchte Rat oder erfragte Krankheitsursachen (Holtved, 1967).

Subsistenz. Thule-Jäger stellten dem reviertreuen Grönlandwal nach. Ob sie dies aber so ausgiebig taten, wie lange angenommen, wird neuerdings bezweifelt (s. unten). Eine lohnende Beute waren die friedvollen Geschöpfe jedoch allemal.

Bemanntes Walboot (Umiak), Kap Prince of Wales, 1927.

Dank seiner dicken Speckschicht versinkt ein Grönlandwal auch nach dem Tod nicht, was bei der Kajakjagd von Vorteil war. Selbst ein kleiner Wal erbrachte rund 15 000 kg Fleisch, Blubber und Haut, die bei heutigen Eskimos als Delikatesse gilt. Der Speck diente zerlassen als Füllung für die Tranlampen. Rippenknochen und Kiefer stellten wertvolle Baumaterialien dar (Savelle & McCartney, 1988).

Walfänger benutzten Knebelharpunen mit Eisen- oder Schieferbewehrung an langen Vorschäften und Griffstücken aus Holz. Aufblasbare Robbenbälge wurden an der Harpunenleine befestigt. Verfolgte man ein Tier in Kajaks, kamen mehrere Werfer zum Zuge. Doch gelang oft erst der Besatzung eines Umiak, wenn die Beute bereits Anzeichen der Erschöpfung erkennen ließ, der entscheidende Angriff. Das Großboot näherte sich dem Wal von hinten. Tauchte der Riese zum Luftholen auf, landete der Harpunier im Bug seinen Wurf. Ein Hintermann setzte eilends weitere Schwimmer aus. War der Wal endlich überwältigt, zog man ihn, Schwanz voran, in seichtes Wasser oder zum heimatlichen Strand, wo es ans Schlachten ging.

Zweifellos bildete Walfang in einigen Gebieten eine wirtschaftliche Größe. Es fragt sich aber, ob er wirklich die überragende Bedeutung erlangte, die ihm von manchen Autoren nachgesagt wird. Freeman (1979) und Stolz (1992) haben darauf aufmerksam gemacht, daß der archäologische Befund nicht eindeutig ist. Angetriebene Kadaver, die man gewiß verwertete, verfälschen die Erfolgsstatistik. Außerdem treten Walharpunen im Fundgut sehr selten auf, und der hohe Fell- und Häutebedarf, etwa für Kleidung und Bootsbespannungen, spricht für intensive Robbenjagd. Schließlich wäre es selbstmörderisch gewesen, alle Wirtschaftskraft im Walfang zu bündeln. Abseits der Bartenwalvorkommen standen sowieso andere Arten, insbesondere das klassische Jagdwild der Arktis – Rentier, Walroß, Ringelrobbe – im Brennpunkt ökonomischer Aktivitäten. Ergänzt wurde die Kost allenthalben durch gesammelte Beeren, Tang, Muscheln und Vogeleier. Zugwege von Rentieren oder Wurfplätze der Ringelrobbe – relativ verläßliche Größen bei der Subsistenzplanung – bestimmten nicht selten die Siedlungswahl. Man erbeutete Robben vom Kajak aus, lauerte ihnen an Atemlöchern auf oder pirschte sie auf dem Eis, geschickt die Bewegungen der Tiere nachahmend, an. Rentiere trieben die Männer in flaches Wasser, stellten sie beim Überqueren einer Furt oder jagten sie in zusammenlaufende Reihen aus gesetzten Steinen. Vögel erlegte man mit dem Bogen, mehrstrahligen Speeren und Wurfkugeln; auch Köder in Gestalt von Speckstücken, in denen sich ein Haken verbarg, waren gebräuchlich. Einen Überblick über Subsistenztechniken und den materiellen Besitz der Thule-Jäger vermitteln die Arbeiten von Maxwell (1985) und Mathiassen (1927).

Nachklassisches Thule: 1400 u. Z. bis zum Kontakt mit Europäern

Südlich der Parry Strait, an der Küste Nordlabradors und um Baffin Island kamen Großwale und einige Robben seltener vor. Entsprechend gering fiel hier die Siedlungsdichte aus, und die Menschen bestritten ihren Lebensunterhalt ähnlich wie in der Westarktis. In zwei Wellen, im 13. und 15. Jh., trugen Vorfahren der historischen Iivit (Ammassalimmiut), die östlichsten Mitglieder der Thule-Familie, ihre Kultur via Pearyland zum Ammassalik-Fjord Ost-Grönlands. Etwa zur gleichen Zeit stießen Inuit entlang der Küsten Labradors bis zum Hamilton Inlet vor.

Diese Neulandgewinnung mag auf gestiegenen Bevölkerungsdruck in den Thule-Kerngebieten zurückgehen. Eine wichtigere Rolle dürfte aber die Witterung gespielt haben. Von 1400 bis 1600 kühlte es, in Intervallen, deutlich ab. Während der «Kleinen Eiszeit» nach 1600 eroberten Gletscher auf Grönland und Baffin Island verlorenes Terrain wieder, und im Sommer waren die Meere in einen dicken Packeispanzer gehüllt. Damals brüteten nordische Papageitaucher *(Fratercula arctica)* auf Helgoland, und Walrosse erschienen an der Küste Schottlands. In der Arktis wurde Wal- und Robbenfang wegen der fast geschlossenen Eisdecke schwieriger. Der archäologische Befund verdeutlicht dies (Schledermann, 1979).

Es müssen harte Zeiten für die Menschen gewesen sein. Am Ruggles Outlet im Innern von Ellesmere Island hatte ein Jäger etliche Polarfüchse und einen

Ostarktis: Frauen im Umiak begleiten eine Kajakflotte.

Moschusochsen erlegt. Darauf starb er. Seine Witwe begrub den Mann unter Steinen, außerhalb ihrer einsam gelegenen Behausung. Alleingelassen verspeiste die Frau drei Schlittenhunde. Sie überlebte den Winter nicht. Moreau Maxwell (1960) fand ihre Gebeine auf einer Schlafplattform im Innern der Unterkunft.

Die Umweltbedingungen waren nach 1600 so abweisend geworden, daß Thule-Gruppen weite Bereiche der Hocharktis räumten. Weiter im Süden waren Ringelrobben, Rentiere und Fische Hauptnahrungsmittel, freilich mit stärkerer regionaler Variation als früher. Es erschienen damals wohl die Netsilingmiut, Iglulingmiut, Killinirmiut und all jene Inuit-Gemeinschaften, mit denen die europäischen Entdecker nach 1600 zusammentrafen.

Der Kontakt mit Europäern: ab 1000 u. Z.

Wikinger, die sich um 1000 u. Z. in Grönland niederließen (vgl. Kapitel 1), waren die ersten Europäer, mit denen Thule-Gruppen Kontakt aufnahmen. Die im Westen der Insel beheimateten Inusuit lieferten den Neuankömmlingen Pelze, Walroßelfenbein und Gerfalken *(Falco rusticolus),* Güter, die gegen Eisengerät, Kupfer und Kleidungsstücke eingetauscht wurden. Hernach verbreiteten sich Waren skandinavischer Herkunft rasch über weite Teile der Ostarktis (McCartney & Mack, 1973; McGhee, 1978; 1981; Maxwell, 1985).

Derlei Verbindungen rissen ab, als die Wikinger um 1480 ihre Gehöfte auf Grönland verließen. Es sollte ein Jahrhundert vergehen, in abgelegenen Regionen noch viel längere Zeit, ehe wieder ein weißer Mann seinen Fuß auf Eskimogebiet setzte. Martin Frobisher, dem englischen Seefahrer, war es vorbehalten, diesen Schritt zu tun. Drei Reisen unternahm er in der Hoffnung, die geheimnisumwitterte Nordwestpassage nach Asien zu entdecken. Nachdem er allmählich die Aussichtslosigkeit seines Vorhabens einsehen mußte, glaubte Frobisher, wenigstens Gold auf Baffin Island gefunden zu haben, doch das messinggelbe Metall in seinen Händen entpuppte sich als wertloser Pyrit. Im Kielwasser Frobishers segelten John Davis, Hendrick Hudson und andere Kapitäne. Sieht man von dem um 1770 begonnenen Missionswerk der Herrenhuter Brüdergemeinde an der Labradorküste ab, blieben die östlichen Eskimos von den Einflüssen euro-amerikanischer Zivilisation jedoch lange verschont.

Wesentliche Veränderungen der angestammten jägerischen Lebensweise setzten dann allerdings – regional verschieden – früh im 20. Jh. ein. Das Interesse der Hudson's Bay Company an Fuchsfellen führte zur Einrichtung von Handelsposten in der kanadischen Arktis. Von den Händlern dazu ermuntert, gingen viele Gemeinschaften dazu über, Pelztieren nachzustellen. Neue Jagdwaffen (Gewehre) und Jagdmethoden zogen soziale Deformierungen (Individualisierung, Trend zu Kleingruppen, Bedeutungsverlust überlieferter Verteilungsregeln) nach sich, unterwarfen die Ureinwohner dem Diktat des Weltmarktes (Preisschwankungen, Modewechsel) und machten sie von den Produkten der Weißen abhängig. Missionare drängten traditionelle Glaubensvorstellungen zurück. In einigen Bereichen der Hocharktis erhielt sich das seit alters bewährte Wildbeutertum bis in die 50er Jahre. Als aber im Zuge internationaler Spannungen dort militärische Anlagen entstanden und weitverzweigte Öl-Pipelines gelegt wurden, endete auch ihr Inseldasein.

FÜNFTER TEIL

DER WESTEN

«Am Anfang war die Erde viereckig und flach. Unter ihrer Oberfläche lagen vier Etagen. Auf der untersten wohnten Menschen, Vögel und Vierfüßer. Dunkelheit umgab sie, denn es schienen weder Sonne noch Mond. Finster war es und überfüllt, aber niemand wußte, wie man herauskommen sollte. Da durchstachen zwei Knaben die Decke der untersten Etage, und es entstand eine Öffnung . . .»

Aus dem Ursprungsmythos der Mets'ha (Keres)

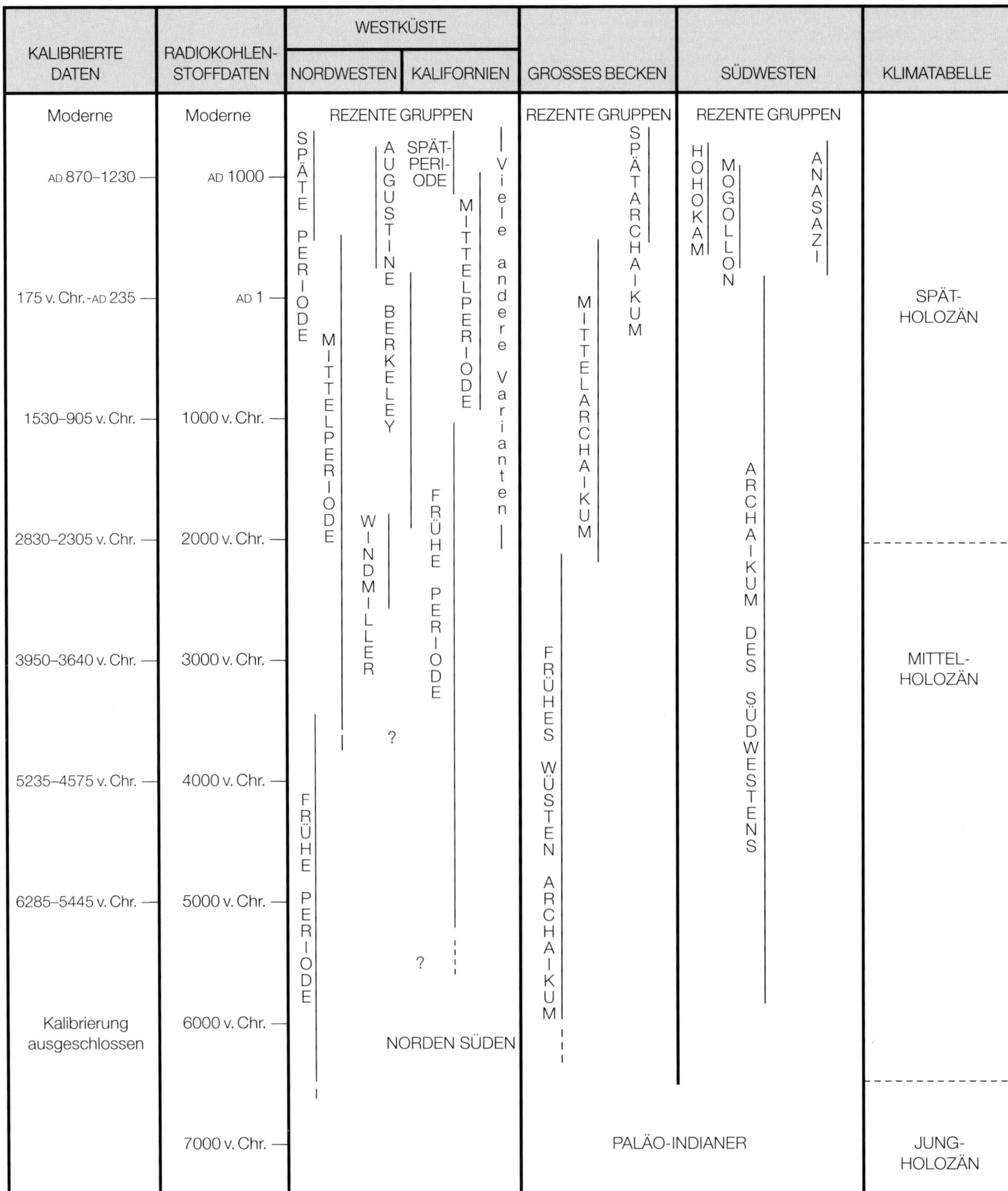
KALIBRIERTE DATEN
RADIOKOHLENSTOFFDATEN
WESTKÜSTE
NORDWESTEN
KALIFORNIEN
GROSSES BECKEN
SÜDWESTEN
KLIMATABELLE
Moderne
Moderne
AD 870–1230
AD 1000
175 v. Chr.-AD 235
AD 1
1530–905 v. Chr.
1000 v. Chr.
2830–2305 v. Chr.
2000 v. Chr.
3950–3640 v. Chr.
3000 v. Chr.
5235–4575 v. Chr.
4000 v. Chr.
6285–5445 v. Chr.
5000 v. Chr.
Kalibrierung ausgeschlossen
6000 v. Chr.
7000 v. Chr.
REZENTE GRUPPEN
REZENTE GRUPPEN
REZENTE GRUPPEN
SPÄTE PERIODE
MITTELPERIODE
FRÜHE PERIODE
WINDMILLER
AUGUSTINE
BERKELEY
SPÄTPERIODE
MITTELPERIODE
FRÜHE PERIODE
Viele andere Varianten
NORDEN SÜDEN
SPÄTARCHAIKUM
MITTELARCHAIKUM
FRÜHES WÜSTENARCHAIKUM
HOHOKAM
MOGOLLON
ANASAZI
ARCHAIKUM DES SÜDWESTENS
PALÄO-INDIANER
SPÄT-HOLOZÄN
MITTEL-HOLOZÄN
JUNG-HOLOZÄN

10. FRÜHE WILDBEUTER – KULTUREN AN DER WESTKÜSTE

Spanische und englische Seeleute, die zwischen dem 16. und 18. Jh. vor der Westküste Amerikas Anker warfen, sahen sich in einen Lebensraum versetzt, der vom Meer mit verschwenderischer Fülle ausgestattet war. Hier trafen die europäischen Entdecker auf eine Vielzahl einheimischer Volksgruppen – nicht einfache Jäger und Sammler, sondern straff organisierte Gemeinschaften in großen Dörfern unter mächtigen Anführern. Fischfang auf hoher See und die Jagd auf Meeressäuger blühten seit dem 5. Jahrtausend v. Chr. entlang der gesamten Westküste, besonders aber im Nordwesten und in Südkalifornien. Die Bewohner jener Landstriche fanden zu Daseinsformen, die das Wildbeutertum in unerreichter Weise perfektionierten – ein faszinierendes Arbeitsfeld für Kulturwissenschaftler.

Vielfalt der Lebensräume

Im frühen und mittleren Holozän nahm die landschaftliche Physiognomie der amerikanischen Nordwestküste ihre heutige Gestalt an. Von der Mündung des Copper River in Alaska bis zum Klamath River Nordkaliforniens breiteten sich Nadelwälder aus, in denen Küstendouglasie *(Pseudotsuga menziesii),* Westliche Hemlocktanne *(Tsuga heterophylla),* Sitkafichte *(Picea sitchensis),* Nootka-Scheinzypresse *(Chamaecyparis nootkatensis)* und Riesenlebensbaum *(Thuja plicata)* vorherrschten. Großwale und Delphine tummelten sich im Pazifik, ebenso Riesenseelöwen, Seehunde *(Phoca vitulina)* und Seeotter. Schmackhafte Fische, darunter Silber-Stint *(Hypomesus pretiosus),* Olachon *(Thaleichthys pacificus),* Weißstör *(Accipenser transmontanus),* Pazifik-Hering *(Clupea harengus pallasi)* und der über 360 kg schwere Pazifik-Heilbutt *(Hippoglossus stenolepis),* gingen an die Angel oder ins Netz. Nicht weniger als fünf Lachsarten zogen auf ihren Laichwanderungen vom Meer in die Flüsse. Muscheln, Wasservögel und Schwarzwedelhirsche bildeten allenthalben wichtige Nahrungsquellen. Gelegentlich stiegen Jäger ins Gebirge, um auf Schneeschafe *(Ovis nivicola stonei)* und Schneegemsen *(Oreamnos americanus)* zu pirschen. Letzere Art verfolgte man hauptsächlich ihrer feinen Wolle wegen, die man zu Umhängen und anderen Kleidungsstücken verarbeitete.

Als die Weißen kamen, siedelten die Nordwestküstenindianer an Flußufern und auf dem Festland vorgelagerten Inseln, insbesondere nördlich des Columbia River, wo das Meer die Anwohner reich mit seinen Gaben beschenkte. Das feuchte, ozeanische Klima ließ üppige Wälder gedeihen, die eine Fülle von Rohstoffen lieferten. Holz, namentlich das leicht spaltbare Kernholz des Riesenlebensbaums, fand an der Nordwestküste beim Hausbau Verwendung. Mit Äxten, Beilen, Meißeln und Stechbeiteln, die Klingen aus Nephrit, Schneckenschale, Biberzahn oder Geweihknochen hatten, wurden Wandbretter, Bodenplanken, Dachsparren,

Archäologische Fundorte im Fernen Westen.

Das Haida-Dorf Skidegate im 19. Jh. Vor den Plankenhäusern stehen Wappen- und Gedenkpfähle. Am Strand liegen Boote.

Der Schweizer Dokumentarmaler Johann Wäber (John Webber) begleitete James Cook auf dessen 3. Weltreise. Aus seiner Hand stammt die Innenansicht eines Hauses am Nootka-Sund, den man 1778 erreichte. Im Raumhintergrund fallen anthropomorphe Stützpfosten auf, an der Decke zum Räuchern aufgefädelte Stinte und Heringe. Rechts ist einer der Bretterverschläge zu sehen, die Wohnnischen von Kernfamilien abgrenzten.

Eckpfosten sowie Stützbalken geschlagen, dann zugerichtet und verzapft. Einbäume mit angesetzten, kunstvoll beschnitzten und bemalten Bug- und Hecksteven entstanden aus dem gleichen Material, des weiteren Truhen aus über Wasserdampf gebogenen Brettern und die berühmten Wappenpfähle, Grabmonumente und Willkomm-Figuren, die am Strand Besucher grüßten. Gerade bei den in der populären Literatur «Totempfähle» genannten Erinnerungspfosten, Bestattungspfählen und säulenartigen Dachträgern zeigt sich das kunsthandwerkliche Geschick der Küstenbevölkerung. Meist stellten die Schnitzereien heraldische Em-

Mit heraldischen Emblemen geschmückter Dachträger, Haida.

Reich beschnitzte und angemalte Truhe *(bent box)*, Haida.

bleme dar, die auf soziale Herkunft und Rang des Eigners hinwiesen, andere bildeten Schutzgeister ab oder nahmen auf Heldentaten und mythische Begebenheiten Bezug. Kleinere Gedenkpfähle, Miniaturen und Masken fertigte man aus dem dichten, fein gemaserten Holz der Nootka-Scheinzypresse. Aus Rindenbast und geschälten Fichtenwurzeln flochten die Menschen Matten, Körbe, Umhänge und wasserdichte Hüte. Dieses grandiose Kunstschaffen blickte bei Ankunft der Europäer im 18. Jh. bereits auf einen langen Entwicklungsweg zurück.

Südlich des Klamath River verlaufen zwischen Oregon und Zentralkalifornien verschachtelte Küstengebirge. Aus dem Herzen der Mojave-Wüste im Osten Süd-Kaliforniens stoßen transversale Bergketten zum Pazifik vor. Ihre westlichsten Ausläufer werden durch den Santa Barbara-Kanal vom Hauptstrang getrennt. Weiter im Süden erhebt sich das felsige Rückgrat der Halbinsel Niederkalifornien; es erreicht im Norden das Los Angeles-Becken. Drei Viertel der Fläche des heutigen Bundesstaates Kalifornien nimmt ein breites Längstal ein. Die Flüsse Sacramento und San Joaquin entwässern das Gebiet, vereinigen sich im Angesicht der Coast Range, durchbrechen das Gebirge und münden in die San Francisco-Bucht. Im unteren Sacramento-Tal konzentrierte sich der größte Teil der prähistorischen Bevölkerung. Auch die Auen am Unterlauf des San Joaquin waren Siedlungsschwerpunkt.

Weite Teile der Region erfreuen sich relativ milder Witterung. In Nordwestkalifornien fällt der meiste Niederschlag, die Südküste wird immerhin noch mit einem Jahresmittel von 38 cm versorgt, der Osten jedoch bleibt weitgehend trocken. Warme, winterfeuchte und sommertrockene Verhältnisse herrschen im mittleren und südlichen Kalifornien. Abhängig vom Relief, der Meereshöhe und dem Luftzustrom trifft man auf Lokalklimate, die sich auf die Zusammensetzung der Vegetationsdecke auswirken.

Allein aus Kalifornien wurden über 30 Pflanzengesellschaften beschrieben. Am Fuß von Sierra Nevada, San Bernardino Mts., San Gabriel Mts. und Küstengebirge waren früher aufgelockerte Eichenwälder verbreitet. Steile, felsige Abschnitte zwischen dem Eichenwald und der Koniferenzone höherer Lagen oder trockene Küstenstriche bedeckte Chaparral, eine Macchie (immergrüne Gebüschformation) mit kleinwüchsigen Eichen, Erdbeerbäumen, Kreuzdorngewächsen, Johanniskräutern, Hülsenfrüchtlern und Wacholder. Der verfilzte Chaparral gestattete keine menschliche Besiedlung, bot aber Refugien für das Jagdwild und füllte die Körbe der Sammlerinnen mit Beeren oder anderen eßbaren Pflanzen.

Von Monterey bis ins südliche Oregon gediehen, etwa 700 m über Meereshöhe aufsteigend, mächtige Küsten-Mammutbäume *(Sequoia sempervirens).* Am Boden dieser feuchten, kühl-schattigen Waldungen mit dichtem Unterwuchs fühlten sich Salamander und Molche wohl und krochen 15 cm lange Bananenschnecken *(Ariolimax columbianus)* umher. Der große Fischermarder *(Martes pennanti)* und der Puma *(Puma concolor)* lauerten auf Taschenratten *(Thomomys),* Baumstachler *(Erethizon dorsatum)* und Streifenhörnchen *(Tamias);* Schwarzbären *(Euarctos americanus)* begnügten sich mit Aas, Pilzen und Früchten.

Das Nahrungsangebot

Die Küstenvölker und ihre Nachbarn im Hinterland betrieben Fischfang, Jagd und Sammelwirtschaft. Dabei schöpften sie aus einem Reservoir höchst unterschiedlicher Nahrungsquellen. Nur eine Handvoll spät-prähistorischer Gemeinschaften am unteren Colorado River betrieb Feldbau (vgl. Kapitel 13).

Eicheln (Zeichnung oben) leisteten in Kalifornien den wichtigsten Ernährungsbeitrag. Die bitterstoffreichen Früchte machten allerdings aufwendige Entgiftungsprozeduren nötig: *(Unten)* Eine Xwe(Hupa)-Frau laugt Eichelmehl im Sandbett mit Wasser aus. In ihrer Hand hält sie einen dicht geknüpften, verpichten Schöpfer. Hinter ihr steht ein Tragegeflecht, zu ihren Füßen ein Kochkorb.

Vorgeschichtliche Jäger pirschten äsende Hirsche an oder überrumpelten sie aus dem Hinterhalt. Ihre Waffe war anfangs der Speer, nach 500 u. Z. kamen Pfeil und Bogen dazu. Im kalifornischen Längstal grasten Gabelbockherden, in den lichten Eichenwäldern Zwergwapitis *(Cervus elaphus nannodes).* Niederwild, darunter Kojoten *(Canis latrans)* und Eselshasen *(Lepus californicus),* wurden stark verfolgt, desgleichen Nager aller Arten.

Ernährungsgrundlage waren vielerorts Eicheln. Da die stärkehaltigen Nußfrüchte der meisten Eichenarten infolge hoher Gerbsäurebindung ungenießbar sind, mußten sie in aufwendiger Prozedur entgiftet werden. Mörser, in denen man die Eicheln zunächst zerstampfte, tauchen zwischen 4000 und 3000 v. Chr. erstmals auf. Das so gewonnene Mehl laugten Frauen dann in Sandmulden unter Wasserzugabe aus. Nach dem Trocknen speicherte man die Masse in luftdurchlässigen Vorratskörben. Aus Eichelmehl backten die Kalifornier Fladenbrot, kochten daraus Brei oder verfeinerten damit Suppen. Selbst an der amerikanischen Nordwestküste, wo Fische im Überfluß vorkamen, ergänzten, neben der Kamaszwiebel *(Camassia quamash),* eingehandelte Eicheln in nicht unbeträchtlichem Maß die Alltagskost. Die Kalifornier unterschieden eine ganze Reihe Eichenarten, bevorzugten jedoch nur bestimmte Spezies. Oft unternahm man Sammelzüge zu entlegenen Standorten, Haine mit weniger interessanten Arten in unmittelbarer Nähe der Ansiedlungen ignorierend (Baumhoff, 1978).

Daneben nutzte die Bevölkerung auch zahlreiche weitere Pflanzen, wie zum Beispiel die Kalifornische Roßkastanie *(Aesculus californica),* denen in Jahren geringerer Eichelmast große Bedeutung zukamen. Die Früchte der Roßkastanie sind – wie die der Eichen – bitter, mußten also vor Verzehr behandelt werden. Da Tiere sie nicht fraßen, verschlossen Kastanien in Mangelzeiten Versorgungsengpässe. Entlang der südkalifornischen Küste gedieh früher Chia *(Salvia columbariae)* in ungeheuren Mengen. Weil trotzdem die Samenernte in der Regel eher dürftig ausfiel, galt es, Zusatzkost einzubringen. So sammelten die Menschen Grassamen, Früchte aus dem Chaparral oder Knollen wie die der Eposwurzel oder Yampa *(Perideridia)*. Roh genossen schmeckt Yampa nußig, gekocht erinnert sie an eine Karotte.

Um die Ausbeute von Jagd und Sammelwirtschaft zu steigern, legten Küsten- und Binnenvölker Brände. Das Wachstum samentragender Gräser wurde so gefördert, und es entstanden freie Äsungsflächen für das Wild (Lewis, 1973). Insbesondere die Ureinwohner Kaliforniens veränderten auf diese Weise das Landschaftsbild enorm (Timbrook & Johnson, 1982). Andererseits hielten die Kalifornier Schneisen in der Vegetation frei, um zu verhindern, daß natürliche Feuersbrünste auf die wertvollen Eichenhaine übergriffen. Anhand von Experimenten konnte nachgewiesen werden, daß kontrollierter Feuergebrauch in Chaparralgebieten die Naturverjüngung der Gehölze beschleunigt, Gräser und Kräuter sich vermehren und – als Folge – die Zahl der Hirsche zunimmt. In einem Areal, das vom Feuer verschont blieb, betrug die Sommerdichte des Hirschbestandes 30 Tiere auf 259 ha, dort wo geflämmt wurde, stieg sie auf 131 (Biswell, 1967).

Der Pazifik und die ihm zustrebenden Flüsse boten reichlich Nahrung. Schwärme von Meeresfischen sowie alljährliche Lachszüge garantierten ein relativ sorgenfreies Dasein und luden zu Seßhaftigkeit ein. Das Quintett der Pazifiklachse, zu dem sich noch die Regenbogenforelle *(Oncorhynchus mykiss)* gesellt, laicht vom Spätsommer bis Herbst in den Kies sauberer Seen und Bäche, oft tief im Landesinnern. Die anadromen Fische, besonderer Wertschätzung erfreuten sich Coho oder Silberlachs *(Oncorhynchus kisutch)* und Königslachs *(O. tshawytscha)*, kamen einst an der gesamten Nordwestküste vor, suchten aber auch die Flüsse Klamath, Smith und Eel in Nordkalifornien sowie den Sacramento River im Süden auf. In den Seegraswiesen und Tangbetten vor der Südküste hielten sich – vor allem zur Laichzeit – unzählige marine Fischarten auf. Pelamiden *(Euthynnus pelamis)*, Bonitos *(Sarda chiliensis)*, Blauflossenthune *(Thunnus thynnus)*, Weißthune *(Thunnus alalunga)*, Gelbschwänze *(Seriola lalandei)* und Plattfische wurden zumeist unter Land vom Boot aus erbeutet. Zur Paarungszeit versammelten sich an Kaliforniens Stränden Herden großer Meeressäuger – Nördliche Elefantenrobben *(Mirounga angustirostris)*, Kalifornische Seelöwen *(Zalophus californianus)* und Kalifornische Seebären *(Arctocephalus townsendi)*. Man erschlug diese Tiere an den Wurfplätzen. Seehunde und Seeotter kamen ebenfalls vor.

Vielerorts an der Westküste türmen sich mächtige Schillhaufen. Die bleichen Schalen der Weichtiere bilden so dichte Packungen, daß nur kümmerliche Vegetation auf den Halden Fuß fassen kann. Meerohren *(Haliotis)*, Kammuscheln *(Chlamys)*, Stachelaustern *(Spondylus)* und Miesmuscheln *(Mytilus)* wurden dort, wo sie überreich vorkamen, aufgelesen. Im Norden füllten auch Pazifische Plattmuscheln *(Macoma nasuta)* die Sammelkörbe, im Süden Pismomuscheln *(Tivela stultorum)*.

Die im Hinterland dicht bewaldete, von Fjorden gegliederte Gezeitenküste des Nordwestens erwies sich als ideal für Seesäugerfang und Fischerei. An Kalifor-

Lachsfang mit Schöpfnetz am Klamath River (Kalifornien), vor 1898.

niens Gestaden, nördlich von San Francisco und südlich von Point Conception z. B., überwiegen flache Strände mit versteckten Buchten und Landzungen – Anziehungspunkte der Meeresfauna und Schutz für die, die davon lebten. Andernorts, etwa an der zentralkalifornischen «Big Sur», fallen steile Klippen zur See ab. Sogar hier stößt man auf Unmengen Schillhaufen. Überall dort, wo leichter Zugang zum Meer möglich war, konzentrierte sich die menschliche Besiedlung. Besonders gern ließ man sich an Stellen nieder, die, wie am Santa Barbara-Kanal, durch eine Inselbarriere von der Wucht der Brandung abgeschirmt wurden. Delta- und Auenlandschaften bildeten gleichfalls beliebte Aufenthaltsorte.

Dank des außerordentlich vielgestaltigen Milieus bot sich den prähistorischen Bevölkerungen im Fernen Westen ein abwechslungsreiches Ressourcenmosaik von regional unterschiedlicher Reichhaltigkeit. Das Verteilungsmuster dieser Nahrungsquellen und die Zugriffsmöglichkeiten bestimmten Bevölkerungsdichte, Siedlungsumfang, Subsistenzstrategien und die Art der Interaktion zwischen Lokalgruppen. Auf Dauer gesehen schmiedete ökologische Vielfalt das bunte Erscheinungsbild von Gesellschaften, die ein komplex verwobenes Handelsnetz miteinander verband. Gruppen auf Vancouver Island hielten Kontakte zum Festland aufrecht, und von dort liefen Handelsketten bis zur Sierra Nevada im Süden. Ein weiterer Strang verknüpfte die südkalifornischen Inseln mit dem nordamerikanischen Südwesten. Eicheln, Salz, Trockenfisch, Muschelschalen, Kleidungsstücke, Körbe und sogar Hunde wanderten von Gemeinschaft zu Gemeinschaft. Obsidianhandel vor allem hielt das Triebwerk dieses Systems in

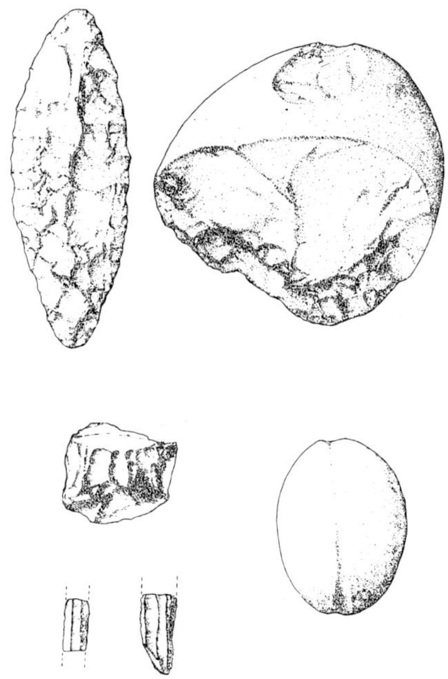

Steinwerkzeuge aus Namu. Im Uhrzeigersinn: bifazial beschlagene Waffenspitze, Chopper, gerillter Bolastein oder Netzsenker, Mikroklingen, Kleinkern. Länge der Waffenspitze 9,3 cm.

Gang, später waren es Olivenschnecken, die als Wertmesser und Zahlungsmittel fungierten. Als es ausgangs der prähistorischen Periode regional zu Versorgungskarenzen kam, wirkte die Weitergabe von Nahrungsgütern als stabilisierendes Element (Ericson, 1977; Chagnon, 1970).

Die Besiedlung der Westküste: vor 9000 bis ca. 5000 v. Chr.

Die Spuren der Einsiedler an der amerikanischen Westküste sind im vorgeschichtlichen Nebel nur schwer zu erkennen. Mögliche frühe Lagerplätze auf dem Kontinentalschelf hat das Meer verschluckt. Der älteste Hinweis auf menschliches Wirken kommt aus Manis in Washington, wo Jäger um 10 000 v. Chr. ein Wollhaarmastodon *(Mammut americanum)* ausweideten. Vereinzelt trifft man auf paläo-indianische Kehlspitzen aus der Zeit bis 8500 v. Chr. Die holozäne Landnahme im Bereich der Nordwestküste zeichnet sich erst in Umrissen ab. Scheinbar waren aus Alaska südwärts vorstoßende Gruppen und Verbände, die aus dem nördlichen intermontanen Raum nach Westen drangen, beteiligt (Borden, 1975; Dumond, 1978; Fladmark, 1975).

Zwischen 8000 und 6000 v. Chr. verbreiteten sich von Norden her Seejäger, die Mikroklingen benutzten, entlang der Küste. Sie erreichten um 5000 v. Chr. das südwestliche Washington. Wahrscheinlich sprachen sie Na-Dene-Mundarten (Carlson, 1983). Diese Völkerschaften trafen mit Menschen aus dem Landesinneren zusammen, die Geräte aus Flußkieseln (Geröllen) und beidflächig abgeschlagene Blattspitzen vom Cascades-Typ besaßen. Derlei Artefakte sind aus Oregon, Washington und British Columbia bezeugt, insbesondere von der Strait of Georgia, der Juan de Fuca-Straße und vom Puget-Sund; dort datieren sie zwischen 7000 und 2000 v. Chr. Bei Namu in British Columbia stieß man auf 8500 Jahre alte Geröllgeräte und Blattspitzen in Vergesellschaftung mit Mikroklingen. Als Hersteller kommen Proto-Salish in Frage, Algonkin-Verwandte, die hier (und andernorts) mit Na-Dene-Trupps Berührung hatten. Selten wurden an der Nordwestküste bisher gestielte Waffenspitzen geborgen. Im Hinterland, wo die Forschung ihnen ein Höchstalter zwischen 10 800 (Five Mile Rapids) und 8600 Jahren zumißt, erscheinen sie häufiger. Da man im Gebiet der historischen Télxam (Chinook) und anderer Nordpenuti die meisten Stielspitzen-Assemblagen aufdeckte, ist wohl der Schluß erlaubt, daß deren Ahnen die Tradition an der Nordwestküste verbreiteten. Nur die Cmsyan (Tsimshian) und ihre Verwandten (Kitxsan, Nišga'a) konnten sich im Norden, eingeschnürt von anderen Sprachgruppen, behaupten. Als späte Zuwanderer hat man vermutlich die Vorfahren der Kwákwakewak (Kwakiutl), Nucaanutl (Nootka) und der übrigen Wakash-Sprecher anzusehen. Geschliffene Schiefergeräte, die ihnen zugeschrieben werden, kamen erst ab 2500 v. Chr. in Mode. Diese Artefakte ähneln sehr Stücken der Ocean Bay-Tradition (vgl. Kapitel 8) aus dem Kodiak-Gebiet in Alaska, von wo die Proto-Wakash aufgebrochen sein mögen.

Im heutigen Oregon und Kalifornien illustrieren gelegentliche Kehlspitzenfunde die frühe Anwesenheit von Menschen. Es waren Großwildjäger, die auch pflanzliche Kost nicht verschmähten, doch spielte diese mehr eine Nebenrolle, wie das weitgehende Fehlen von Mahlsteinen verrät (Wallace, 1978). Nach 9000

v. Chr., als die Megafauna verschwand, gewann Wildpflanzennahrung stärkeres Gewicht. Die Veränderungen, die sich damals vollzogen, sind aber unzureichend dokumentiert. Das liegt vor allem daran, daß Gerätschaften, die man zum Einbringen pflanzlicher Kost braucht – Körbe, Ledertaschen, Grabstöcke –, aus vergänglichem Material bestanden und darum mit archäologischen Mitteln nicht nachgewiesen werden können. Lediglich Steinwerkzeuge wie Metates (Unterlieger) und Manos (Läufer, Handreibsteine) blieben erhalten. Sie tauchen nach 6000 v. Chr. immer häufiger im Fundgut auf. Zu diesem Zeitpunkt hatten sich Seejäger, Muschelsammler und Fischer an der kalifornischen Küste fest eingerichtet.

Stationen, die Sammlern als Stützpunkte dienten, wurden insbesondere aus Südkalifornien, dem Gebiet zwischen San Luis Obispo und der mexikanischen Grenze, beschrieben. Steinerne Waffenspitzen bezeugen jägerische Aktivitäten, den zahlreichen Mahlsteinen nach zu urteilen galt das wirtschaftliche Interesse aber in erster Linie Grassamen und anderen pflanzlichen Nahrungsmitteln. Der materielle Besitz dieser Menschen war wenig spektakulär, sieht man von den gewichtigen, napfförmigen Metates und schweren Läufern ab. Gegenüber früher hatte der Siedlungsumfang zugenommen. Hohe Abfallhaufen unterstreichen das. Wie an der Nordwestküste Amerikas muß die Entwicklung zu litoral-maritimer Adaption bis 5000 v. Chr. nahezu abgeschlossen gewesen sein.

Die Mittlere Entwicklungsperiode an der Nordwestküste: vor 3500 v. Chr. bis 400 u. Z.

Roy Carlson (1983) hat die prähistorischen Kulturen der amerikanischen Nordwestküste in drei Entwicklungsabschnitte gegliedert, die bruchlos ineinander übergehen. Wie erwähnt, ist die Frühe Periode durch das Erscheinen von vier verschiedenen Traditionen – Kehlspitzen, Mikroklingen, Geröllgeräte und Stielspitzen – charakterisiert (Carlson, 1990).

Zu Beginn der Mittelperiode, ab etwa 3500 v. Chr., weicht die kulturelle Vielfalt allerorten größerer Uniformität. Ausgenommen ist die Korbflechterei mit ihren zahllosen Lokalstilen (Croes, 1989). Über Gründe für die zunehmende Homogenität läßt sich nur spekulieren. Stabilere öko-klimatische Verhältnisse und die abgeschlossene maritime Anpassung dürften mitverantwortlich gewesen sein. Wesentlichen Anteil an der Nivellierung früher bestehender Unterschiede hatte gewiß das sich aufbauende Warenaustauschsystem, insbesondere der Fernhandel mit Obsidian (Croes, 1989). Dank Röntgenfluorenszenzspektrometrie, anhand derer die chemische Zusammensetzung von Obsidian analysiert und, abhängig davon, eine Herkunftsbestimmung vorgenommen werden kann, gelang der Nachweis, daß das Gesteinsglas überwiegend aus dem Osten Oregons stammte. Oregon-Obsidian erreichte den Puget-Sund, Vancouver Island, die Golfinseln und die Küste British Columbias. Mt. Edziza in Nordwest-British-Columbia versorgte, im Verein mit lokalen Schürfen, Gruppen am oberen Yukon in Alaska und die Küstenbevölkerung weiter im Süden mit Gesteinsglas.

Bereits um 3500 v. Chr. sind die Grundzüge einer allgemeinen Nordwestküstentradition zu erkennen, wie sie sich vollendet bei Ankunft der Europäer präsentierte. Am besten ist die Kultursequenz an der Vancouver Island gegenüberlie-

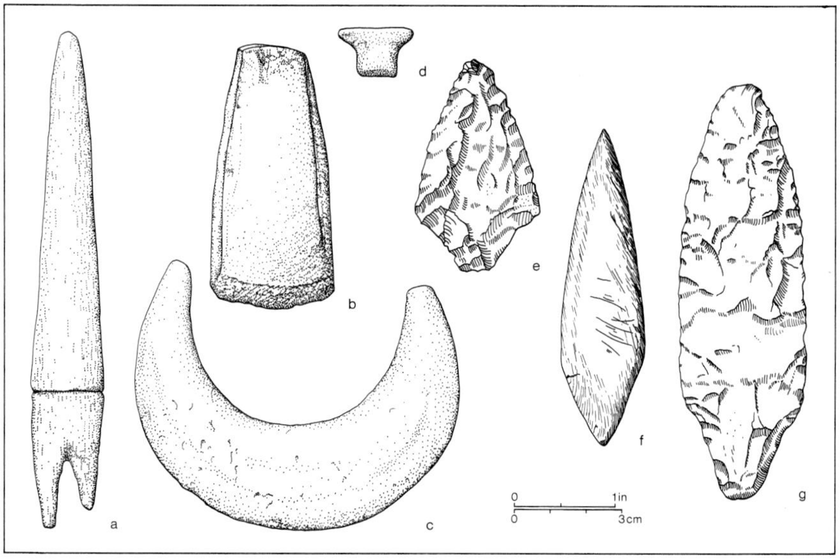

Artefakte der Mittelperiode: (a) Harpunenvorschaft, (b) Steinaxtklinge oder Handmeißel, (c) Muschelpektoral, (d) Lippenpflock, (e) retuschierte Waffenspitze, (f) geschliffene Waffenspitze aus Schiefer, (g) retuschiertes Steinmesser.

genden Festlandküste untersucht. Die Charles- oder Eayem-Phase (ca. 3500 bis 1200 v. Chr.) macht den Anfang. Ihre Träger waren Geröllgeräte herstellende Proto-Salish (Carlson, 1990). Gegen Ende des Kulturabschnitts tauchen erstmals geschliffene Schieferwerkzeuge, skulptierte Kunstwerke, Lippenschmuck und Masken auf; auch Belege für den in historischer Zeit an der Nordwestküste hochentwickelten Zeremonialismus sind bekannt (Carlson, 1987). Es folgt die Locarno Beach-Phase (1200 bis 400 v. Chr.), die sich durch einige Besonderheiten im Artefaktbestand auszeichnet, darunter mittelgroße Basaltabschläge, Mikroklingen aus Prismenquarz, eiförmige Werkzeuge aus Schiefer und Sandstein sowie Kleinabschläge aus kryptokristallinem und feinkörnigem Gestein. Mit der Marpole-Phase (400 v. Chr. bis 400 u. Z.) endet die Mittelperiode. Kippspitzenharpunen, wie sie vorher gebräuchlich waren, wurden zugunsten von widerhakenstarrenden Stabharpunen aus der Hand gelegt. Dies und die stärkere Hinwendung zu Schiefergeräten dürfte auf Wakash-Einfluß zurückgehen.

Während der Mittelperiode verlegten sich die Menschen mehr auf marine Ressourcen, namentlich Lachse und Heilbutt. Holzschnitzerei und das Kunstschaffen allgemein erlebten einen Aufschwung (Croes & Hackenberger, 1988). Fundamentale Elemente der historischen Nordwestküstenkultur nahmen Gestalt an – Streben nach höherem Ansehen und größerem Reichtum sowie das Abhalten von aufwendigen religiösen Feiern. Die künstlerischen Ausdrucksformen illustrieren das. Neben der vertikalen Verwandtschaftsordnung bildete sich eine horizontale Klassenhierarchie aus Adeligen und Gemeinen. Abstammungsgruppen lebten in Gemeinschaftshäusern, vertreten von ihrem Oberhaupt. «Hausvorstände» beanspruchten in historischer Zeit erhebliche Macht. Sie hüteten eifersüchtig ihre Privilegien und verwalteten Fischgründe, Jagd- und Sammelreviere.

Die ökonomische Lage erlaubte die Anhäufung von Überschüssen. Dieses Surplus wurde innerhalb der Gesellschaft laufend umverteilt. Es diente daneben dem Erwerb von lokal nicht vorhandenen Gütern. Haus- und Dorfvorsteher kontrollierten die Warenzirkulation. Als Sachgüter galten auch Sklaven, Kriegsgefangene, die außerhalb der Klassenordnung standen. Um ihren Reichtum zur Schau zu stellen, veranstalteten angesehene Männer Verschwendungsorgien, anläßlich derer man Nahrung wegschenkte, manchmal auch Sklaven tötete. Solche Geschenkverteilfeste, die nach einem Télxam-Wort als *Potlatch* bezeichnet werden, dienten ursprünglich der Linderung wirtschaftlicher Not. Schwelgte eine Gemeinschaft im Überfluß, während andere darbten, gebot die Etikette Hilfe. Im Norden, wo Hungersnöte selten waren, unterstrich ein Potlatch den Machtanspruch der Anführer oder die Hegemonie einer Abstammungsgruppe. Die hypertrophen Züge, die das Redistributionsritual in historischer Zeit annahm, hingen mit Bevölkerungsverminderung und dem Auftreten europäischer Massenprodukte zusammen.

Bei aller kultureller Homogenität, die die Mittelperiode auswies, gab es doch regionale Varianten. Besonders weit fortgeschritten in ihrer Entwicklung waren Gemeinschaften am unteren Frazer River und am Georgia-Golf, an der Westküste von Vancouver Island sowie entlang der Zentralküste British Columbias (Carlson, 1983; Croes, 1989).

Das Früh-Archaikum in Nordkalifornien: ca. 6000 v. Chr. bis 500 u. Z.

Archaische Bevölkerungsgruppen der Borax-Lake-Phase lebten im nordkalifornischen Bergland jahrtausendelang in relativer Abgeschiedenheit. Das zerklüftete Terrain hielt Außeneinflüsse weitgehend fern. Man jagte Niederwild und sammelte Nutzpflanzen, wenn diese reif waren. Hohe Mobilität war die Folge.

Die North Coast Ranges sind seit Menschengedenken Heimat der mysteriösen «Yuki» (Moratto, 1984). Scheinbar stammen sie ursprünglich aus dem Osten, denn ihre Sprachen zeigen Anklänge an Golf- und Sioux-Idiome. Erst nach 500 u. Z., während der Houx-Phase, kamen die «Yuki» in Kontakt mit verdrängten Hoka-Gruppen (vgl. Kapitel 11).

Die Frühe Periode in Südkalifornien: vor 6000 bis 1000 v. Chr.

Vorgeschichtliche Entwicklungen an der südkalifornischen Küste während des Altithermals lassen sich besonders gut rings um den Santa Barbara-Kanal nachvollziehen, wo Chester King (1984) eine Frühperiode unterscheidet, die ungefähr vor 8000 Jahren begann und bis etwa 1000 v. Chr. währte. Man hat diese Spanne in drei Phasen unterteilt: Ex, Ey und Ez (Glassow, Wilcoxon & Erlandson, 1987). Der Übergang von Ex zu Ey erfolgte um 4450 v. Chr., die Endphase dauerte von 2350 bis 1300 v. Chr. Modifizierungen der Chronologie sind allerdings zu erwarten.

Die Menschen der Frühen Periode lebten zu einer Zeit, in der sich der Pazifik auf heutigem Niveau einpegelte. Diesem Anstieg fielen wahrscheinlich nicht wenige Küstenstationen zum Opfer. Andere jedoch lagen erhöht in einigem Abstand vom Ozean. Auf den vorgelagerten Inseln baute man halb-unterirdische Grubenhäuser. Metates und Handreibsteine sind uns zahlreich überliefert. Die

Mano (Läufer) und Metate (Unterlieger); Topanga-Komplex (Südkalifornien). Länge des Läufers 9 cm.

Inselbewohner setzten ihre Toten in Gräbern bei, die sie mit rotem Ocker ausstreuten.

War man noch vor Jahren der Ansicht, Landpflanzen wären das Hauptnahrungsmittel gewesen, neigt die Forschung heute der Vermutung zu, daß der Anteil von Tangen, Seeigeln und vor allem Muscheln mindestens gleich hoch gewesen ist. Mörser und Pistille sind aus den Phasen Ey und Ez belegt. Sie dürften eine stärkere Berücksichtigung von Eicheln und anderen Nußfrüchten sowie hartspelziger Samen anzeigen.

Im Zeitlauf scheint Jagd zu Lande wie zu Wasser intensiver betrieben worden zu sein. Jagddruck brachte die Bestände der flugunfähigen Stummelente (*Chendytes lawi*) zum Erliegen. Hirsch- und Seesäugerknochen treten in Fundstätten der späteren Phasen gehäuft auf. Krude, schlagretuschierte Lanzettspitzen wurden im selben Entwicklungsschritt zugunsten seitengekerbter und gestielter Waffen aufgegeben (Harrison & Harrison, 1966). Zum Fischfang benutzte man verschiedene Hakentypen. Chester King (1981) glaubt, daß kleinere Haken und Netze dazu dienten, Flachwasserfische zu erbeuten, große, widerhakenstarrende Haken und Harpunen dagegen beim Fang von Freiwasserfischen, etwa Haien, oder Delphinen zum Einsatz kamen. Fische aus größerer Wassertiefe brachte man eher auf den Inseln ein; am Festland gingen den Menschen, die die Buchten abfischten, kleinere Arten ins Netz.

Das Siedlungsmuster orientierte sich an den Bedürfnissen saisonaler Jagd- und Sammeltätigkeit. Mit zunehmender Verlagerung des wirtschaftlichen Schwerpunkts zu marinen Ressourcen scheint man sich längere Zeit in Basislagern aufgehalten zu haben.

Im Dunkeln liegen die Anfänge der Küstentradition. Glassow weist darauf hin, daß die ersten sicher belegten Ansiedlungen um 7000 v. Chr. nördlich des Santa Barbara-Kanals zu finden sind, an der kühl-nebligen Felsküste bei Point Conception. Hier herrschten offenbar Bedingungen, die den Menschen noch von der Eiszeit her vertraut waren (Glassow, Wilcoxon & Erlandson, 1987).

Die Archaiker der südkalifornischen Küste stammten von Paläo-Indianern ab, deren Kulturmuster sie den Anforderungen der holozänen Umweltverhältnisse anpaßten. Mehrere Forscher führen aus, daß erste Manifestationen der Frühen Periode und der Beginn altithermaler Erwärmung zusammenfallen. Sammlergruppen, die an den nun austrocknenden Seen des Binnenlandes ansässig waren, mögen damals die Küstenbevölkerung verstärkt haben.

Geht man von der Anzahl aufgefundener Siedlungen aus – zugegeben, eine nicht ganz unproblematische Meßlatte –, verdichtete sich die Bevölkerung um 6000 v. Chr., schrumpfte dann aber wieder zwischen 5000 und 3500 v. Chr. Darauf folgte rasche Erholung, zeitgleich mit dem Aufkommen von Eichelmörsern sowie stärkerer Hinwendung zu Seesäugerjagd und Fischfang. Auch anderswo in Südkalifornien lassen sich ähnliche Abläufe erkennen (Glassow, Wilcoxon & Erlandson, 1987).

Man darf annehmen, daß Verfügbarkeit und Häufigkeit bestimmter Ressourcen, angelehnt an klimatische Veränderungen, neue Subsistenzstrategien zeitigten. Die Frühe Periode setzt zu einem Zeitpunkt ein, als Kiefern und Palmfarne, die die Vegetation im kühl-feuchten Frühholozän prägten, einer offeneren Pflanzendecke wichen. Dieser Übergang fand gegen 5800 v. Chr. statt. Ausgangs der

Das Nisenaan-Dorf Yupu bei Yuba City mit erdummantelten Behausungen und Eichelspeichern, 1882.

ältesten Subphasen von Ex breiteten sich auf Anhöhen lichte Eichenwälder aus. Damals lag der Meeresspiegel 15 m niedriger als heute. Auf der breiten Küstenplatte gediehen allerhand Gräser und Beifuß *(Artemisia)*. Ihre Samen eigneten sich zum Verzehr, und sie wurden eifrig gesammelt, wie Metate- und Mörserfunde beweisen.

Zwischen 5800 und 4000 v. Chr. beschnitten wärmere Ozeantemperaturen das Wachstum der Tangwiesen vor der Küste. In solchen Kelpbeständen halten sich viele Fischarten auf, Nahrung großer Meeressäuger. Als sich die Kelpwälder lichteten, verschwanden die Fische und mit ihnen die Beutegreifer. Eine wichtige Eiweißquelle der Menschen versiegte, und sie mußten dieser Entwicklung Tribut zollen. Umgekehrt nahm die Bevölkerungsdichte mit Abkühlung des Meeres ab 4000 v. Chr. langsam wieder zu. Bei ansteigender Population, die mit hohen «Kosten» ihre Energiebilanz ausgleichen mußte, lag die Notwendigkeit auf der Hand, neue Nahrungsgründe zu erschließen. Dies gelang durch Ausbeuten der Eichenbestände.

Eicheln und das aus ihnen gewonnene Mehl sind zur Vorratshaltung geeignet. So ließ sich das Kosten/Nutzen-Defizit, das bei der arbeitsintensiven Entgiftungsprozedur entstand, ausgleichen. Gehortete Überschüsse gewährleisteten die Versorgung von mehr Menschen und förderten den Trend zur Seßhaftigkeit. Bezeichnenderweise wurden Eicheln immer dann, wenn traditionelle Ressourcen abnahmen, verschwanden oder unberechenbarer wurden, zur Hauptnahrungsquelle. Von einer gesicherten Basis aus fiel der Zugriff auf geschätzte, aber nur mit Risiko oder hohem Energieaufwand einzubringende Nahrungsmittel, Großfische, Kleinwale oder Robben z. B., leichter.

Eichelernte, Seesäuger- und Fischfang sowie Muschelsammeln bildeten das wirtschaftliche Korsett einer Entwicklungsschiene, die bei einigen der fortgeschrittensten Wildbeutergesellschaften auf Erden endete. Im nächsten Kapitel wollen wir diese Gruppen näher beschreiben.

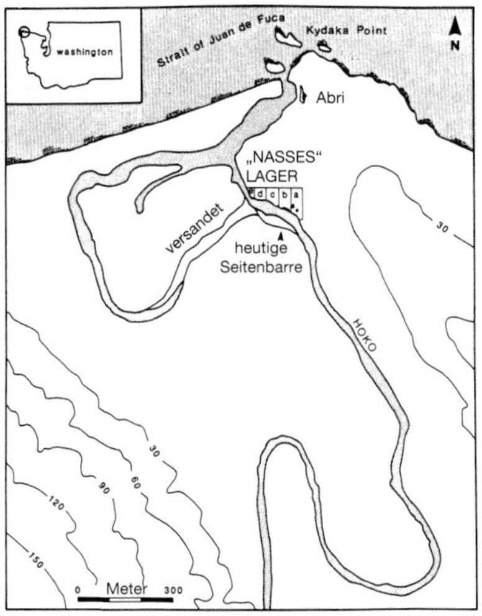
washington
Strait of Juan de Fuca
Kydaka Point
N
Abri
„NASSES“
LAGER
d c b a
versandet
heutige
Seitenbarre
HOKO
30
30
60
90
120
150
0
Meter
300

11. GESELLSCHAFTEN AN DER PAZIFIKKÜSTE IN SPÄTERER PRÄHISTORISCHER ZEIT

Kulturelle Komplexität im Nordwesten: ca. 1000 v. Chr. bis zur Moderne

Nach 400 u. Z. beginnt an der amerikanischen Nordwestküste die Späte Periode, Höhepunkt einer Entwicklung, die etwa 4000 Jahre zuvor ihren Anfang nahm. Ökonomisches Rückgrat waren Fischfang, Muschelernte, Land- und Seesäugerjagd. Diese Wirtschaftsformen bildeten die Bausteine für höhere kulturelle Entfaltung, ausgedrückt in Arbeitsteilung, künstlerischer Reife und einer bemerkenswert verfeinerten sozio-politischen Verfassung.

Die Gründe für den gesellschaftlichen Aufschwung sind Gegenstand mancher Debatte (Croes & Hackenberger, 1988; Fladmark, 1975). Viele Experten vertreten die Auffassung, es sei eine Kette kommunizierender Faktoren dafür verantwortlich zu machen: überreiches Nahrungsangebot, Bevölkerungszunahme und besser organisierte Ausbeutung lokaler Ressourcen. Die möglichst ergiebige Abschöpfung des natürlichen Reichtums der Region erforderte zentrale Planung und Leitung. Sozial hochrangige Personen waren berufen, den Besitz ihrer Abstammungsgruppe zu verwalten, Arbeitseinsätze zu koordinieren und die erwirtschafteten Produkte zu verteilen (Ames, 1981; Fladmark, 1975). Leider geben nur wenige stratigrafisch gestützte Fundstätten Auskunft über diesen bedeutsamen Entwicklungstrend. Organisches Material, gesucht wegen seines hohen Aussagewertes, ist ebenfalls rar. Am Hoko River auf der nordwestlichen Olympia-Halbinsel Washingtons konnten Archäologen beides studieren (Croes & Blinman, 1980; Croes & Hackenberger, 1988; Croes, 1988).

Der Hoko River-Komplex. Zwei Fundstellen faßt die Forschung unter der Bezeichnung Hoko River-Komplex zusammen. Eine liegt im Überschwemmungsbereich des Hoko und war teilweise mit Wasser vollgelaufen, die andere befindet sich unter einem Abri an der Flußmündung. Man hat das «nasse» Lager in die Spanne zwischen 820 und 260 v. Chr. verwiesen. Der Felsunterschlupf wurde zwischen 1030 und 1800 u. Z. begangen. Hoko I spiegelt eine «spezifischere Anpassung an den Küstenlebensraum» (Mitchell, 1971) als frühere Kulturen wider. Unter den zahlreichen hier geborgenen Artefakten sind über 400 Kabeljau- und Heilbutthaken, komplett mit Schwimmern und Vorfächern. Hieraus folgt die frühe Spezialisierung auf bestimmte Ressourcen. Nach Analyse der Gräten erbeuteten die Nutzer des «nassen» Lagers 52% Plattfische, 20% Dorsche und 16% Lachse, alle wahrscheinlich unter Land gefangen. Feuerspuren und die Überreste von Trockenständern werten die Ausgräber als Indizien, daß man den Fang räucherte (Croes, 1988).

Sehr verschieden von den mikrolithischen Gerätschaften, die in Hoko I ans Licht kamen, sind die Knochenwerkzeuge der Abri-Besucher. Im gesamten

(Gegenüber) Fundstätten am Hoko River in Washington. *(Oben, links)* Karte des Fundgebietes. *(Oben, rechts)* Heilbutthaken *in situ*. Beachte den knöchernen Bart, die hölzernen Verbundschenkel und das aus geschälten Fichtenwurzeln gezwirnte Vorfach zwischen Haken und Leine. *(Mitte, rechts)* Replik des oben gezeigten Hakens mit erbeutetem Plattfisch. *(Mitte, links)* Grabungsarbeiten unter dem Hoko-Abri. *(Unten)* Nachgebautes Qwidicca'atx-Kanu, das eingesetzt wurde, um Fischfangexperimente durchzuführen.

Ornithomorphe Haarknotennadel aus Walknochen vom Hoko-Abri.

Georgia-Golf-Gebiet wurden in der Späten Periode solche Knochenartefakte hergestellt. Die Lachsfischerei hatte erheblich zugenommen. 59% des in 800 Jahren angehäuften Fischabfalls stammen von Salmoniden, dahinter treten Dorsche (10%) und Heilbutte (5%) zurück. Wahrscheinlich diente die Balme während der Lachssaison als Stützpunkt. Auch Muscheln wurden in großen Mengen gesammelt.

Subsistenz und kulturelle Vervollkommnung. Dale Croes und Steven Hackenberger (1988) haben anhand des ausgezeichnet erhaltenen Hoko-Materials Modelle entworfen, die eine Beziehung zwischen Ressourcenangebot und Kulturfortschritt konstruieren. Die Autoren glauben, daß zwischen 3000 und 2000 v. Chr. kleine, weit verstreute Gemeinschaften an der Nordwestküste lebten. Zunächst sei der Bevölkerungszuwachs gering gewesen, dann aber erfolgten – bei rasantem Anstieg der Wachstumsziffer – Vorstöße in neue Jagdgründe. Die Gruppenstärke nahm, so Croes und Hackenberger, proportional zur Größe des genutzten Reviers zu. Viele der Pioniere stützten ihre Wirtschaft auf Saisonjagd und Bevorratung von im Sommer und Herbst angefallenen Produkten. Irgendwann zwischen 2000 und 1000 v. Chr. habe sich der Bevölkerungspegel stabilisiert. Fischgründe und Muschelbänke wurden intensiv ausgebeutet. Vielleicht, argumentieren die Forscher, verließ man sich in dieser Zeit weniger auf Vorratshaltung und schöpfte stattdessen Winterressourcen aus, etwa Muscheln – eventuell bis an einen kritischen Punkt.

Wenn jetzt die Bevölkerungskurve weiter anstieg – und dies war offenbar der Fall –, sahen sich die Menschen angesichts ausgeplünderter Muschelvorkommen gezwungen, neue Konservierungstechniken zu entwickeln, wollten sie nicht zu Geburtenkontrolle oder anderen, die Bevölkerungsdynamik dämpfenden Mitteln greifen. Im Frühling und Frühsommer fing man nun Plattfische, die durch Räuchern haltbar gemacht wurden. Den Nordwestküstenbewohnern kam dabei zugute, daß Seezungen, Flundern und Butte dicht unter Land vorkommen und leicht an die Angel gehen.

Croes und Hackenberger sehen in der Zunahme der Grundfischerei den ersten wesentlichen Anpassungsschritt in Richtung auf ökonomische Stabilität. Dann, zwischen 400 v. Chr. und 500 u. Z., gewann Vorratswirtschaft einen noch höheren Stellenwert. Anhaltender Bevölkerungsdruck und Schwankungen im Ressourcenangebot zeichneten dafür verantwortlich. Viele Gemeinschaften gingen dazu über, Nahrungsquellen, die sich im Sommer und Herbst auftaten, zu nutzen. Lachse erlangten im Vergleich zu früher größere Bedeutung. Die Siedlungswahl erfolgte nach strategischen Prinzipien an Stellen, wo man der anadromen Fische problemlos habhaft wurde. Marpole-Dörfer z. B. konzentrierten sich an Flußufern und Ästuarien, zu einer Zeit, als die Lachsfischerei ihren Höhepunkt erreichte.

Gegen Ende der vorgeschichtlichen Epoche erweiterten die Nordwestküstenindianer abermals ihren ökonomischen Spielraum. Hochseefischerei kam in Mode. In Hoko II und Ozette auf der Olympia-Halbinsel läßt sich dieser Trend an Haken, die für die Hand- und Trollanglerei tauglich sind, ablesen. Die gewachsene Zahl der Seesäugerknochen nach 1000 u. Z. gibt zur Vermutung Anlaß, daß auch diese Tiere nun stärker in die Subsistenzplanung eingebunden wurden.

Nach Meinung von Croes und Hackenberger besteht zwischen den Veränderungen im Artefaktrepertoire, wie er von vielen holozänen Fundstellen bezeugt ist, und gewandelten Subsistenzstrategien ein enger Zusammenhang. Die Autoren verwenden für die einzelnen Abschnitte die Begriffe Wirtschaftsstufe oder «Plateau». Am Anfang stand exponentielles Bevölkerungswachstum, das in territoriale Expansion und letztlich in Ressourcenverknappung mündete. Insbesondere die Übernutzung der Muschelbestände habe die Notwendigkeit bekräftigt, alternative Nahrungsquellen zu erschließen und die Vorratshaltung zu verbessern. Zwangsläufige Folge dieser Entwicklung sei kulturelle Komplexität gewesen.

Das Modell überzeugt, stützt sich aber auf wenige Grabungen mit guten Erhaltungsbedingungen. Andere Ansätze heben die Bedeutung des Lachsfanges hervor, der sorgfältiger Organisation und Bestandsregulierung bedurft hätte (Fladmark, 1975). Wie aber Croes und Hackenberger (1988) darlegen, reicht stärkere Hinwendung zu anadromen Arten oder Bodenfischen allein nicht aus, um das Entstehen zentraler Institutionen, die den Arbeitseinsatz koordinierten, zu begründen. Sie vertreten den Standpunkt, daß erst die Verminderung bestimmter Ressourcen in Kombination mit explosiver Bevölkerungsentwicklung das Aufkommen von Besitzrechten an fest umrissenen Revieren begünstigte. Diejenigen, die den Zugang zu solchen Jagd- und Sammelgründen kontrollierten, konnten – zum Nachteil der übrigen – Reichtum anhäufen. Sozial differenzierte Ressourcennutzung wiederum drängte zu gelenkter Bewirtschaftung und Verteilungsmechanismen. Da das Nahrungsangebot trotz Berechenbarkeit schwankte, mußte seine Ausbeutung nach Plan vorgenommen werden. Die politischen Strukturen der Nordwestküstenbewohner, verbriefte Besitzprivilegien und der rituelle Warenumschlag anläßlich von Geschenkverteilfesten waren, so die Schlußanalyse der Autoren, adaptive Mittel, um wirtschaftliche Härten zu lindern und Ressourcenschwankungen zu begegnen.

Eine weitere Variable hat in dieser komplizierten Gleichung ebenfalls Platz – das Individuum. Zum politischen Gemeinwesen der Nordwestküstenvölker gehörten hochrangige Persönlichkeiten. Solche «Big Men» (Johnson & Earle, 1987) verfügten über beachtliche unternehmerische und Führungsqualitäten. Die Autorität der Haushaltsvorstände, Dorfchefs und Klanoberhäupter beruhte auf ihrer Fähigkeit, sich der Loyalität von Gefolgsleuten zu versichern, indem sie Kontrolle über den Erwerb und die Verteilung von Ressourcen ausübten. Leider ist es so gut wie ausgeschlossen, den Aufstieg der politischen Elite archäologisch zu dokumentieren. Immerhin lieferte die Grabung Hoko I Hinweise auf ihre Existenz bereits um 800 v. Chr. Croes fand dort die Überreste konischer Flechthüte mit zwiebelförmiger Spitze. Ähnliche Kopfbedeckungen trugen bei den historischen Qwidicca'atx (Makah) Angehörige der Adelskaste. Daneben kamen flache Hüte zum Vorschein, Kennzeichen der Gemeinen. Der Ausgräber glaubt, daß sich soziale Rangunterschiede 2500 bis 3000 Jahre früher herausbildeten (Croes & Hackenberger, 1988).

Die Späte Periode – Brücke zu historischen Völkern: 500 u. Z. bis zur Moderne

Grenzziehungen zwischen der Mittleren und der Späten Periode an der Nordwestküste erscheinen willkürlich, denn vielerlei Anzeichen sprechen für kulturelle Kontinuität über lange Zeiträume. Völkerkundliche Abhandlungen und Berichte des 19. Jhs. schildern die enorme ethnische Vielfalt von Alaska bis Nordkalifornien. Eine zusammenfassende Darstellung bietet Band 7 (Northwest Coast) des Handbook of North American Indians (Wayne Suttles, 1990).

Einige Fundstätten legen Zeugnis von der großen Zeittiefe historischer Kulturen ab. Während der Marpole-Phase z. B., die gegen 400 u. Z. endete (Matson, 1989), waren soziale Rangunterschiede schon voll ausgebildet. Deutlich zeigen dies die in Einzelfällen reichen Grabbeigaben und Schädeldeformationen – Ausweis hoher Geburt bei den Küsten-Salish. Auch weiter im Norden, im Gebiet der heutigen Cmsyan (Tsimshian), belegen Grabfunde aus der Prince Rupert II-Phase (500 v. Chr. bis 500 u. Z.) soziales Gefälle. Bernsteinketten, *Dentalium*-Halsschmuck, Lippenscheiben, Seeotterzähne und zeremonielle Kupferobjekte («Coppers»), die in einigen Gräbern gefunden wurden, waren in späterer Zeit dem Adel vorbehalten. Wakash sprechende Gruppen florierten entlang der Juan de Fuca-Straße und an der Westküste von Vancouver Island. Korbwaren, die man am Hoko River barg, dokumentierten 3000jährige stilistische Kontinuität in der Region (Croes, 1989). In Yuquot auf Nootka Island läßt sich die maritime Anpassung der südlichen Wakash seit Anbruch der Moderne bis in die Mittelperiode zurückverfolgen (Dewhirst, 1980).

Abweichungen im Artefaktbestand von Subregion zu Subregion sind, sieht man von ökonomischen Sonderanpassungen ab, auch Ausdruck ethnischer Umverteilung (Mitchell, 1990). Vor 500 v. Chr. lebten an der Zentralküste zwei Völkerfamilien. Die Ahnen der heutigen Wakash siedelten im Westen von Vancouver Island, Salish-Sprecher östlich von ihnen. Um 500 v. Chr. lösten sich Wakash-Gruppen, die Vorfahren der späteren Kwákwakewak (Kwakiutl), Xa'isela und Enoqw (Heiltsuk), aus dem Verbund und zogen zum Festland. Salish- und Penuti-Gemeinschaften wurden aufgesogen oder verdrängt. Nur die Nuxalkmex (Bella Coola) konnten sich behaupten. Als Folge des gestiegenen Bevölkerungsdrucks an der Küste überschritten einige Salish das Gebirge und kolonisierten Teile Idahos bis West-Montana (Thompson, 1979).

Welche Gründe gab es für die Wakash-Expansion? Wahrscheinlich spielten auch hier ökonomische Motive eine Rolle. Ziel waren anfangs vielleicht die Lachsgründe des Nimpkish River oder die reichen Olachon-Vorkommen um die Knight und Kingcome Inlets (Mitchell, 1990). Entstehende Kriegerbünde, die straffe militärische Zucht auf ihre Fahnen schrieben, verliehen den Aggressoren wohl das entscheidende Übergewicht. Als europäische Feuerwaffen Einzug hielten, setzten sie ihren Vormarsch zum Schaden der Salish-Gruppen fort.

Ein Markenzeichen der Südwakash (Nucaanutl und Qwidicca'atx) war Waljagd. Das berühmte Ozette am Pazifik südlich von Kap Flattery gilt als bedeu-

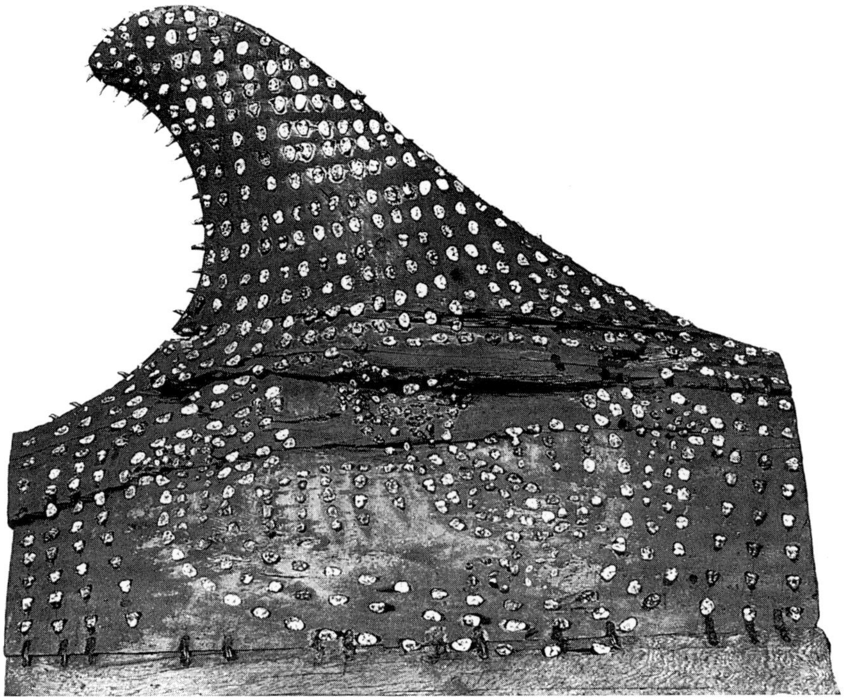

Ozette in Washington. Aus Scheinzypressenholz geschnitzte Walfinne. Mehr als 700 Seeotterzähne wurden eingelegt. Das Objekt stand möglicherweise in Zusammenhang mit den Walfang begleitenden Zeremonien. James Cook beschreibt ein ähnliches Stück, erhalten blieb nur das abgebildete Exemplar. Länge ca. 1 m.

tendstes Walfangzentrum der gesamten Westküste. Ozette lag hinter einer geschützten Bucht, ein idealer Platz, um Küstenfischerei und Robbenschlag zu betreiben aber auch um Jagd auf Buckelwale *(Megaptera novaeangliae),* Schwertwale *(Orcinus orca),* Pottwale *(Physeter catodon),* Grauwale *(Eschrichtius robustus)* und Finnwale *(Balaenoptera physalis)* zu machen. Eines Nachts im Frühjahr 1510 überrollte eine Mure das Dorf, zertrümmerte und begrub mindestens vier Plankenhäuser (Kirk, 1975). Was als Katastrophe für die Einwohner begann, erwies sich als Glücksfall für die Archäologie. Der Tonschlamm konservierte selbst fragile organische Objekte, darunter Bastkleidung, Leder und Netze. Aus den Funden fügt sich ein bemerkenswert vollständiges Bild der spät-prähistorischen Qwidicca'atx-Kultur. Hunderte Angelhaken, geeignet für den Fang von Dorschen und Plattfischen, wurden zutage gefördert, ferner Harpunenteile und Walfanggeräte. Im künstlerischen Nachlaß erschienen u.a. reich beschnitzte Truhen, Keulen und eine hölzerne Walfinne, die mit Seeotterzähnen geschmückt war. Die Motive der Ozette-Kunst wirken lebendig, menschliche und zoomorphe Darstellungen wechseln ab. Komplexe geometrische Muster tauchen ebenfalls auf, vor allem im Dekor von Korbwaren.

Weit im Norden, auf den Queen Charlotte Islands und auf den südlichen Inseln des Alexander-Archipels, leben die Hade und Xaydegay, in der Literatur meist zusammenfassend als Haida bezeichnet. In mancher Hinsicht wichen sie von den Anwohnern der südlichen Nordwestküste ab. Sie galten als die besten Bootsbauer und Holzschnitzer. Schnitzereien waren im Relief gehalten, und die Figuren ihrer Wappenpfähle wiesen – im Vergleich zu denen der Kwákwakewak z. B. – andere

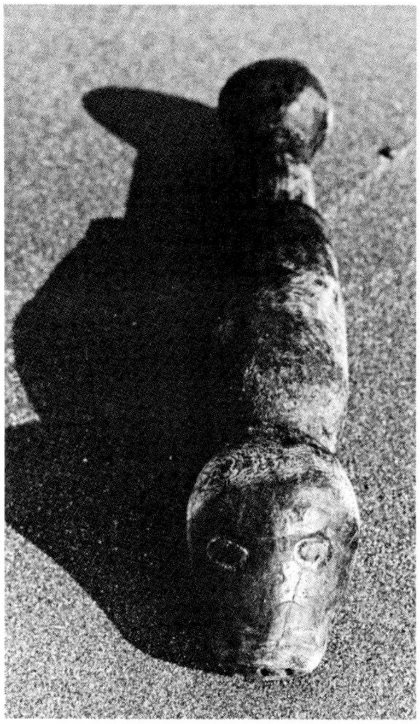

Proportionen auf. Die Haida hatten besonders unter den Epidemien zu leiden, die sich nach 1774 und 1778, als Juan Pérez Hernandez und James Cook die Inseln besuchten, verbreiteten (Fisher, 1977). Ihre traditionsreichen Ansiedlungen, etwa das mächtige Skedans und das prächtige Ninstints, zerfielen. Nach Ankunft der Europäer verblich hier, wie auch andernorts an der Nordwestküste, jahrtausendealtes Brauchtum, das auf der Welt seinesgleichen sucht. Wie um späte Abbitte zu leisten, wurde 1981 die Wüstung Ninstints von der UNESCO auf die Liste der besonders schützenswerten Kulturgüter der Menschheit gesetzt.

Kaliforniens Küste: Manigfaltigkeit und Spezialisierung der Kulturen

Als spanische Seefahrer im 16. Jh. vor der südkalifornischen Küste ankerten, trafen sie hier und im Hinterland auf ein buntes Bevölkerungsgemisch. Noch 1769, zu Beginn der eigentlichen Kolonisierung, lebten ca. 300 000 Indianer in den Grenzen des heutigen Bundesstaates California, mehr als in anderen Gebieten vergleichbarer Größe. Abhängig von den örtlich vorherrschenden öko-klimatischen Bedingungen schwankte die Bevölkerungsdichte jedoch erheblich (Cook, 1976).

Zwischen 3000 und 2000 v. Chr. entsprachen die klimatischen Verhältnisse weitgehend den gegenwärtigen. In Anpassung an ihre jeweiligen Lebensräume hatten die spät-prähistorischen Kulturen Kaliforniens ökonomische Spezialisierungen entwickelt. Entlang der gesamten Küste waren im wesentlichen die gleichen Gerätetypen in Gebrauch. Allerorts stand Korbflechterei in Blüte: Topfartige, mit Kiefernharz abgedichtete Körbe dienten zum Kochen; in flachen Korbpfannen röstete man Grassamen; große kegel- oder glockenförmige Behälter fanden als Vorrats- und Transportgefäße Verwendung. Eicheln bildeten die Ernährungsgrundlage, an der Küste wie im Binnenland. Um die San Francisco-Bucht lieferten ergiebige Muschelbänke reiche Ernte. Weiter im Süden jagten die Menschen verstärkt Seesäuger und gingen der Flachwasser- und Hochseefischerei nach. Intensive Nutzung von Eichenhainen und Ausbeutung mariner Ressourcen schufen das wirtschaftliche Fundament, auf dem sich Technologie, Kunst und Sozialorganisation entfalten konnten. Insbesondere beiderseits des Santa Barbara-Kanals, um die San Francisco-Bucht und an den Unterläufen von Sacramento und San Joaquin kam es zu Kulturausprägungen, wie sie unter Wildbeutern rar sind.

Durch kontrolliertes Niederbrennen der Vegetation sorgten die Kalifornier für höhere Wildbestände. Da und dort wurden Wildpflanzen künstlich vermehrt, indem man gezielt Samen oder Setzlinge ausbrachte. Klanstrukturen, politische Allianzen und Kultgemeinschaften regelten Fernhandel und den Güteraustausch zwischen den einzelnen Stämmen. Robert Heizer, ein Pionier der kalifornischen Archäologie, bemerkte 1964, daß «häufige und gesicherte Nahrungsquellen» Seßhaftigkeit ermöglichten und regional der Bevölkerungsverdichtung Vorschub leisteten. Dank der optimalen wirtschaftlichen Einnischung entwickelten sich Gesellschaften, die, obwohl ihre Mitglieder keine Bauern waren, ein erstaunliches Maß an sozialer Verzweigung erreichten.

(Gegenüber) Von der Grabungsmannschaft der Washington State University in Ozette geborgene Ethnografika. *(Oben, rechts)* Holzpaneele mit Gravuren von Fischadler *(Pandion haliaëtus)* und Wolf. *(Unten, links)* Beschnitzte Walknochenkeule. *(Unten, rechts)* Anthropomorphe Fischölschale aus Holz. *(Oben, links)* Robbenschlägerkeule.

Nordkalifornien

Will man die Abläufe der kalifornischen Vorgeschichte verstehen, muß auch sprachhistorisch vorgegangen werden. Das ist keineswegs einfach, denn über das Land breitet sich ein außerordentlich kompliziert gewirkter Sprachenteppich. 20% der in präkolumbischer Zeit annähernd 500 nordamerikanischen Mundarten entfallen auf diesen südwestlichen Randbereich. Ca. 90 Einzelsprachen, die ihrerseits in eine Fülle von Dialekten und lokalen Spielarten ausufern, hat man gezählt (Moratto, 1984).

Kulturgeschichtliche Ereignisse anhand oder mit Hilfe linguistischer Ansätze sezieren zu wollen, ist ein riskantes Unterfangen. Zum einen befindet sich die Erforschung altamerikanischer Idiome noch im Fluß, zum anderen muß bei der Gleichsetzung von Sprach- und Kulturgruppen mit Bedacht vorgegangen werden, da formal ähnliche archäologische Fazies unter Umständen von ganz verschiedenen linguistischen Einheiten getragen sein können. Dennoch sind einige allgemeine Aussagen möglich.

Die Forschung geht gegenwärtig davon aus, daß die Angehörigen des Hoka-Sprachstammes, dem man unter anderen die Árar (Karok), Cimalíko, Yaana/Yaaxi, Phóma (Nord-Pomo), Ya (Zentral-Pomo), Mfo (Südost-Pomo), Hcamay (Süd-Pomo) und Kašaya zurechnet, als erste in Kalifornien siedelten. Ihre Mundarten unterscheiden sich beträchtlich – Ausdruck großer Zeittiefe –, und die Sprecher verteilen sich auf Randzonen, wohin sie von später angekommenen Gruppen abgedrängt wurden. Vor 4000 v. Chr. dürfte fast ganz Kalifornien von Hoka-Verbänden besetzt gewesen sein. Uto-Azteken, die Vorfahren der heutigen Kumivit (Gabrieleño), Taqtam (Serrano) und Ívitem (Cahuilla), sprengten, aus der Sonora-Wüste kommend, zwischen 3500 und 3000 v. Chr. den Hoka-Block im Süden. Gegen 2000 v. Chr. gelangten Penuti vom Columbia-Plateau nach Kalifornien. Diese Einwanderung wird mit dem Berkeley Pattern (s. unten) verbunden. Andere Penuti, deren Heimat wohl das Große Becken war, folgten ab 1000 u. Z. Zwischen den alteingesessenen Hoka und den Neuankömmlingen entspann sich reger Austausch, ausgedrückt im sprachlichen Befund, aber auch in kulturellen Äußerungen. Weitgehend unbeeinflußt blieben die in der North Coast Range isolierten Vorfahren der Óntilka, Onacatis und anderer «Yuki», deren Idiome man bis vor kurzem nicht einordnen konnte, die aber nach neuerer Auffassung (Greenberg, 1987) der Golf-Gruppe (Maskogi u. a.) nahestehen.

Mit dem Zuzug weiterer Gruppierungen wird das Sprachenmosaik noch verwirrender. Der interessierte Leser sei an Morattos Zusammenfassung (1984) verwiesen. Unsere Karten (S.213) illustrieren ethno-linguistische Umschichtungen der Zeiträume von 2000 v. Chr. bis zum Jahr 1 u. Z. und von 1000 bis 1769 u. Z.

Die Archäologie Nord- und Zentralkaliforniens stützt sich hauptsächlich auf Grabungen in den weit verteilten Schillhaufen sowie im Bereich der Ansiedlungen um die San Francisco Bay und am Sacramento-Delta. Obwohl die Nordküste tektonisch zerrissen und gekammert ist, stand sie auswärtigen Einflüssen, namentlich in späterer Zeit, offen. So wurden die Pelikwa (Yurok) stark von ihren Nordwestküstennachbarn in Oregon und Washington geprägt, während südlicher lebende Verbände Kontakte mit Gemeinschaften des kalifornischen Hinterlandes pflegten.

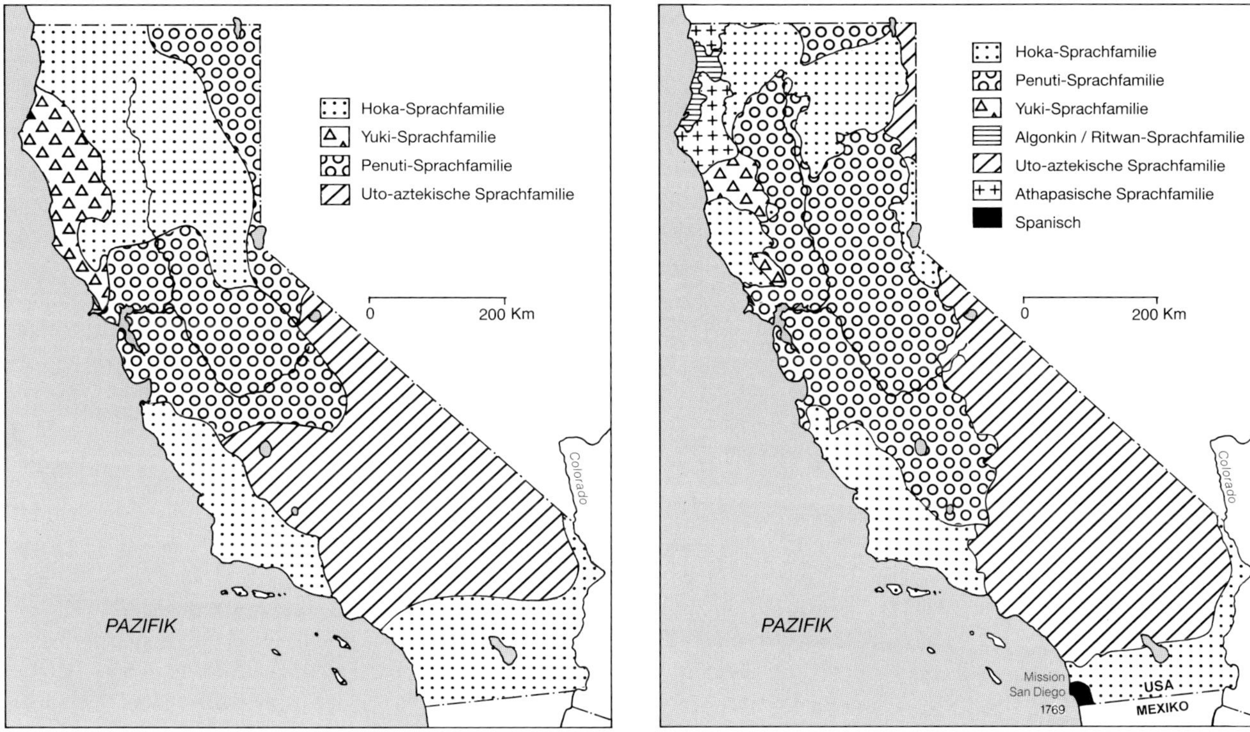

Sprachgruppenverteilung in Kalifornien: zwischen 2000 v. Chr. und der Zeitenwende *(links)*; zwischen 1000 und 1769 u. Z. *(rechts)*.

Trotzdem zeigte nahezu jedes Dorf, dem ein Gemeindeoberhaupt vorstand, eigenes Profil. «Tribelets» nannte Alfred Kroeber diese Sozietäten – Abstammungsgruppen mit fest umrissenen Territorien. Häuptlingssitz und Kultzentrum bildeten den religiös-politischen Mittelpunkt, umgeben von satellitenartig angeordneten Weilern. Daneben gab es temporär genutzte Jagd- und Sammellager.

Michael Moratto und andere Archäologen sprechen, wenn sie die Wirtschaftsweisen der alten Kalifornier beschreiben, von «Kundschaftern» *(searchers)*, die unregelmäßig verbreitete Nahrungsquellen aufspürten, und «Betreibern» *(pursuers)*, denen es gelungen war, verläßliche Ressourcen auszubeuten. Je nach Jahreszeit konnte eine Lokalgruppe von «Kundschaftern» zu «Betreibern» werden. Gewöhnlich kamen, etwa wenn man im Herbst Lachse fing, die Tiere alsdann säuberte, räucherte und zur Aufbewahrung herrichtete, versprengte Scharen an bestimmten Treffpunkten zusammen. Auch anläßlich von Hasenjagden oder zum Fang von Massenfischen (Stinte, Sardellen) arbeiteten verschiedene Grüppchen Hand in Hand.

Gunther Pattern (? 500 u. Z. bis zur Moderne). Die Erstbeschreibung dieses Kulturmusters im Bereich der Humboldt Bay sowie an den Unterläufen der Flüsse Eel und Mad erfolgte nach Grabungen auf Gunther Island in der Humboldt-Bucht. Von dort stammende Artefakte lassen auf Einflüsse von der amerikanischen Nordwestküste schließen (Heizer & Elsasser, 1964). Hergestellt wurden sie von den Vorfahren der historischen Pelikwa und Sulátelek (Wiyot). Eigenartiger-

Gunther-Flügelspitze. Länge ca. 3 cm.

weise zeigen deren Idiome («Ritwan») große Ähnlichkeit mit Algonkin-Mundarten im fernen Nordosten des Kontinents. Wahrscheinlich lösten sich die Proto-Ritwan von Nordwestküsten-Salish, ehe dieser Sprachblock verfremdende Wakash-Elemente aufnahm. Gunther-Fundstellen, die charakteristische Projektilspitzen mit lang ausgezogenen Ecken enthalten, liegen gewöhnlich an Flüssen, etwa am Klamath oder am Trinity, und an Lagunen. Die Bewohner der Siedlungen erwarteten Lachszüge und schöpften marine Ressourcen aus. Dann und wann stiegen sie in die Vorgebirge auf, wo sie jagten und Eicheln sammelten. Obsidian aus ungefähr 400 km entfernten Aufschlüssen war in Gebrauch. Er gelangte über Fernhandelsverbindungen hierher. Bei den historischen Pelikwa galten voluminöse Obsidianklingen als Prestigeobjekte, ebenso «Skalps» vom Helmspecht *(Hylatomus pileatus)* und weiße Hirschhäute. Diese Vorlieben teilten sie mit ihren athapaskischen Nachbarn, den Xeš (Tolowa), Xwe (Hupa) und anderen, deren Vorfahren erst um 900 u. Z. in Nordkalifornien einwanderten (Krauss & Golla, 1981).

Augustine Pattern (ca. 200 u. Z. bis zur Moderne). Weiter im Süden, am Eel und Russian River, weichen die Berge zurück. Anadrome Fischarten verloren an wirtschaftlicher Bedeutung. Während der Sommermonate schwärmten Sammlertrupps auf der Suche nach pflanzlicher Kost aus. Im Jahreslauf wurden auch andere Ressourcen genutzt, etwa Robben, wenn diese ihre Jungen warfen, Meeresfische und, vor allem im Winter, Mollusken. Vor etwa 800 Jahren breitete sich das Augustine Pattern (s. unten) aus. Frederickson (1973) nimmt an, daß Penuti sprechende Win-Völker aus dem Sacramento-Tal für die entsprechenden Stimuli sorgten.

Zentralkalifornien und San Francisco Bay

Hauptsächlich aus Grabfunden macht sich die Wissenschaft ein Bild von der Kulturabfolge in Zentralkalifornien. Bemerkenswert ist die unter Wildbeutern seltene Tendenz zu Seßhaftigkeit und komplexer Sozialorganisation. Wir unterteilen das «Fortgeschrittene Archaikum» *(Developmental Archaic)* der Region hier in drei grob gestufte Horizonte *(«Patterns»)*, die im unübersichtlichen Dickicht der Lokalkulturen größere Klarheit schaffen sollen.

Windmiller Pattern (ca. 3000 bis 1000 v. Chr.). Um 3000 v. Chr. endet in Zentralkalifornien das Früharchaikum. Damals florierte am Unterlauf des Sacramento die Kultur der Windmiller-Leute, die wahrscheinlich zur Hoka-Urbevölkerung gehörten (Fiedel, 1987). Ihre Wirtschaft beruhte auf Jagd, dem mit Speeren, Schleppangeln und Netzen betriebenen Fischfang und Eichelernte. Neben Stationen am Rand von Salzwassermarschen stießen Archäologen auch auf Hügellager und Stützpunkte weit im Hinterland.

In den mit rotem Ocker ausgestreuten Gräbern kamen reiche Beigaben, die auf soziale Unterschiede schließen lassen, zum Vorschein. Unter anderen fanden sich aus Konchylienschalen gestanzte Perlen, Schminkpaletten, anläßlich von Zeremonien verwendete Rauchrohre und sogenannte «Zaubersteine» *(charmstones)*. Diese spindelförmigen oder phallomorphen Steine meldeten, wie man aus dem

Vergleich mit historischen Gegenstücken folgert, territoriale Besitzrechte an oder waren Amulette, die schädliche Einflüsse fernhalten sollten.

Berkeley Pattern (ca. 2000 v. Chr. bis 500 u. Z.). Mit dem Berkeley Pattern verbindet man den Zuzug von Penuti-Gruppen, die nun Keile in die Hoka-Front treiben. Dabei dürfte es sich um die Vorfahren der Ama (Costano), Maidö (Maidu), Máa (Konkow), Nisenaan, Yokhots und Maii (Hügel-Yokuts) gehandelt haben. Zunächst siedelten sie im Umland der Buchten von San Francisco und Monterey. Gegen Ende der Cosumnes-Phase (1000 v. Chr. bis 500 u. Z.) jedoch sonderten sich einige Verbände ab und rückten ins Landesinnere vor.

Cosumnes-Fundstätten erbrachten neben steinernen Waffenspitzen Bruchstücke von Fischspeeren, Mörser und Stößel. Die Anzahl der Reibeschalen und Pistille hatte, verglichen mit dem Beginn des Horizontes, stark zugenommen. Eichelnahrung gewann demzufolge an Bedeutung. Viele Tote aus Cosumnes-Bestattungen wiesen schwere Verletzungen auf – Indiz dafür, daß die Hoka ihre Heimat nicht kampflos den Penuti-Eindringlingen überließen. Einige Grablegungen geben aufgrund des reichen Schmucks (Olivenschnecken, Muschelperlen, Kojotenzähne, Bärenklauen) zu erkennen, daß gesellschaftliche Rangunterschiede existierten (King, 1976). Um die üppig ausgestatteten Gräber, die sich inmitten der Totenäcker konzentrierten, stieß man auf die Gebeine einfacher Leute.

Nach Tom King (1970) lagen frühe Niederlassungen des Berkeley-Komplexes an ökonomischen Brennpunkten, oft im Grenzbereich von Salzwassermarschen und Fließgewässern. Die Einwohner hatten demnach Zugriff auf küstengebundene Nahrungsvorkommen und solche, die eher im Binnenland auftraten. Versorgungsengpässe waren hier selten. Als der Bevölkerungsdruck in diesen Gunsträumen zunahm, sahen sich immer mehr Menschen genötigt, ins Hinterland auszuweichen. Aus der typischen Satellitenstruktur um ein Mutterdorf scherten allmählich Verwandtschaftsverbände aus, die nun ihrerseits Pioniersiedlungen gründeten.

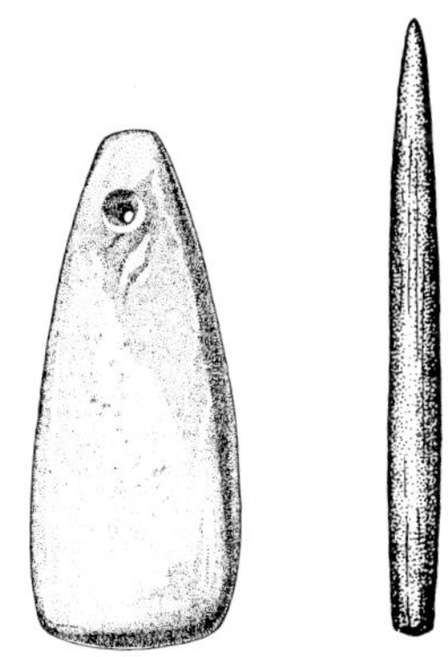

Artefakte des Windmiller Pattern. *(Oben)* Geschulterte Waffenspitze. *(Links)* Anhänger aus geschliffenem Schiefer. *(Rechts)* «Zauberstein» aus violettem Amphibolit (Glaukophanschiefer).

Augustine Pattern (ca. 300 z. Z. bis Moderne). Zwischen 300 und 500 u. Z. erscheint im zentralen Kalifornien das Augustine Pattern. Patwin aus dem Sacramento-Tal stießen bis zur San Francisco Bay vor; mit ihnen gelangten Pfeil und Bogen in das Zentralgebiet (Frederickson, 1973).

Eine wahre Flut von Mörsern ab 800 u. Z. bringt Stuart Fiedel (1987) zu der Überlegung, ob nicht erschöpfte Wildbestände, dezimiert durch das neue Waffensystem, die Bevölkerung dazu zwangen, Eicheln noch stärker in ihre Subsistenzplanung einzubeziehen. Das habe zu weitreichenden sozialen Konsequenzen geführt: Reiche Eichelmast förderte Seßhaftigkeit und ermutigte zum Abstecken territorialer Grenzen. Deutlich werde dieser Trend bei der Anlage regelrechter Nekropolen, was, so Fiedel, die enge Verbundenheit der Revierinhaber mit ihrer Scholle zum Ausdruck bringe. Aus der Verwurzelung mit Grund und Boden, die isolierend gewirkt hätte, erkläre sich auch die enorme sprachliche Zersplitterung der Penuti-Völker.

Grablegungen erfolgten in Form von Brandbestattungen. *Haliotis*-Perlen und Schmucksachen aus Magnetit und Speckstein begleiteten Verstorbene auf der

Jenseitsreise. In den Auengebieten, wo entsprechendes Felsgestein fehlte, erhitzte man Tonklumpen, um Wasser zum Sieden zu bringen. Gekocht wurde ja, wie wir uns erinnern, in Korbgefäßen. Deren Fertigung belegen Flechtwerkfragmente und Knochenahlen.

Im Zuge der Invasion weiterer Penuti-Gruppen – den Vorgängern der heutigen Kóca (See-Miwok), Míwök und Míwko – aus dem Großen Becken kam es ab 1000 u. Z. zu einer regelrechten Bevölkerungsexplosion. Dürre und die Ausbreitung der Num-Verbände (vgl. Kapitel 12) mögen die Einwanderung ausgelöst haben.

Wie wahrscheinlich auch früher schon, wurden in protohistorischer Zeit Gemeinschaftsrituale abgehalten. Sie waren dazu bestimmt, Knaben in den Kreis der Erwachsenen aufzunehmen, Tote zu beerdigen oder Segen für das Dorf zu erbitten. Bünde richteten die Feiern aus (Heizer, 1978). Ähnlich wie an der amerikanischen Nordwestküste häuften angesehene Personen Reichtum in Gestalt von Muschelgeld an. Es diente im Warenumschlag der verschiedenen Stämme als Wertmesser und war nur Häuptlingen, die den Handel kontrollierten, vorbehalten. Ihren Höhepunkt erreichte die kulturelle Entfaltung bei Eintreffen der Europäer. Spanischem Missionseifer und eingeschleppten Infektionskrankheiten aber hielten die Dorfindianer Kaliforniens auf Dauer nicht stand. Wer nicht ins Landesinnere fliehen konnte, bezahlte mit dem Leben oder gab zumindest seine angestammte Identität preis.

Südkalifornische Küste

«Die Eingeborenen sind von guter Erscheinung und sanfter Gemütsart . . . Was ihre Regierung betrifft, so ist sie die von Hauptleuten, denen ganze Dörfer unterstehen . . . Sie haben Friedhöfe, zu denen sie ihre Toten bringen. Der Gott, den sie verehren, und dem sie ihre Saaten, Früchte und Besitztümer opfern, ist die Sonne . . . Ihre Häuser, wie Halbkugeln anzusehen, sind ordentlich gebaut; jedes beherbergt vier oder fünf Familien . . . (Fages, 1972 [1775]).

Als die Anwohner des Santa Barbara-Kanals und anderer Regionen Südkaliforniens mit Europäern in Berührung kamen, hatten sie sich in ihrem Küstenlebensraum optimal eingerichtet und eine hochentwickelte Jäger/Sammler-Kultur geschaffen. Fernhandelsketten belieferten selbst weit entfernte Gebiete, etwa den amerikanischen Südwesten, mit Konchylien, Speckstein und einer Reihe weiterer Exotika. Wie an der San Francisco-Bucht dauerte die litoral-maritime Anpassung der Menschen recht lange. Sie erfolgte im Wechselspiel mit dem vorhandenen Nahrungsangebot und starker Bevölkerungszunahme.

Wie so oft in der Archäologie sind es gerade die unscheinbaren Dinge, die bei nährerem Hinsehen mit hohem Aussagewert überraschen. Als besonders sensible Indikatoren kultureller Wandlungen in Kalifornien haben sich Konchylienperlen und andere Schmuckstücke aus dem gleichen Material erwiesen. Anhand der Größe, der Gestalt und dem Durchmesser/Dicke-Verhältnis ist ihre Klassifizierung möglich (King, C., 1978). Glücklicherweise existieren ausführliche Beschreibungen dieser Objekte aus der Kontaktzeit, woraus sich brauchbare Anknüpfungspunkte für chronologische Untersuchungen ergeben.

Gemessen an ihrer Funktion hat man zwei Typen von Konchylienperlen zu unterscheiden. Einige dienten gewissermaßen als Zeichengeld, die von jedermann zu Tausch und Handel benutzt wurden. Andere sind Statusausweis gewesen, vorbehalten allein denen, die kraft ihrer gesellschaftlichen Stellung zum Erwerb berechtigt waren. Aus historischen Vergleichen wissen wir, daß analog zwei Wertkategorien vorlagen, oft Ausdruck unterschiedlicher Herstellungsbedingungen. Die kleinen Olivenschnecken der Art *Olivella biplicata* z. B. konnten relativ leicht zu Perlen verarbeitet werden. Historische Ughuigh (Chumash) trugen sie aufgefädelt am Körper oder bewahrten die Schnüre zu Hunderten in Taschen auf. Kammuschelscheiben fanden als symbolische Geldform weithin an der kalifornischen Küste Verwendung, die Ughuigh jedoch betrachteten sie als Rangabzeichen.

Hoch oben an der Pazifikküste war Muschelgeld weniger gebräuchlich. Außerdem verwendete man Perlen aus Kahnfüßerschalen *(Dentalium)*, die bequemer gefertigt werden konnten. Chester King stellt die Hypothese auf, daß in Gebieten mit häufigen Schwankungen im Ressourcenspiegel politische Steuermechanismen Nahrungsverknappung regulierten. Im Gegensatz dazu lebten die Ughuigh in einer Region, wo das Nahrungsangebot ungleichmäßig gestreut war. Kam es hier zu begrenzten Versorgungsengpässen, standen Geldmittel zur Verfügung, die den Ankauf fehlender Güter erlaubten. Die Völker Zentralkaliforniens verließen sich auf beides – Zahlungsverkehr und politische Steuerung –, um gegen ökonomische Unwägbarkeiten gewappnet zu sein (Chagnon, 1970).

King (1971; 1984) hat die verschiedenen Perlenformen aus datierten Gräbern beiderseits des Santa Barbara-Kanals als Parameter für eine Kulturabfolge benutzt (vgl. Tabelle). Er unterscheidet drei Perioden, gegliedert in Phasen und Sub-Phasen. In der frühen Periode, die wir in Kapitel 10 kennenlernten, wurde der Grundstein für die maritime Kulturausprägung gelegt.

Mittlere Periode (ca. 1000 v. Chr. bis 1100 u. Z.). Der Trend zur Bewirtschaftung mariner Ressourcen nimmt in dieser Periode zu. Konchylien verlieren ihre Schmuckfunktion und werden zum Ausweis gesellschaftlicher Stellung, zu Zahlungsmitteln oder gehorteten Symbolen wirtschaftlichen Wohlergehens. In Abfallhaufen erscheinen die Knochen von Robben, Schweinswalen *(Phocoena)*, Tümmlern *(Tursiops truncatus)*, Grauwalen, Schwertfischen *(Xiphias gladius)* und Haien sowie ungeheure Mengen Muschelschalen. Das Vorkommen von Schwertfischen und Haien, deren Lebensraum die Hochsee ist, macht die Annahme wahrscheinlich, daß man in Plankenbooten das Meer befuhr.

Späte Periode (1100 bis 1804 u. Z.). Um diese Zeit war Muschelgeld in Südkalifornien weit verbreitet. Beiderseits des Santa Barbara-Kanals lebten die Hoka sprechenden «Chumash», deren Eigenbezeichnung Ughuigh oder – abhängig vom Dialekt – Oxoix lautete. Die Ughuigh schöpften nicht nur aus dem Reichtum des Meeres, sondern nutzten auch Nahrungsangebote im Binnenland. Einige Verbände suchten die Eichenhaine der Vorgebirge auf, andere verweilten das ganze Jahr in küstenfernen Siedlungen, wo man jagte, die Laichzüge der Lachse und Forellen erwartete oder Wildpflanzenkost sammelte. Unzählige Korbmörser,

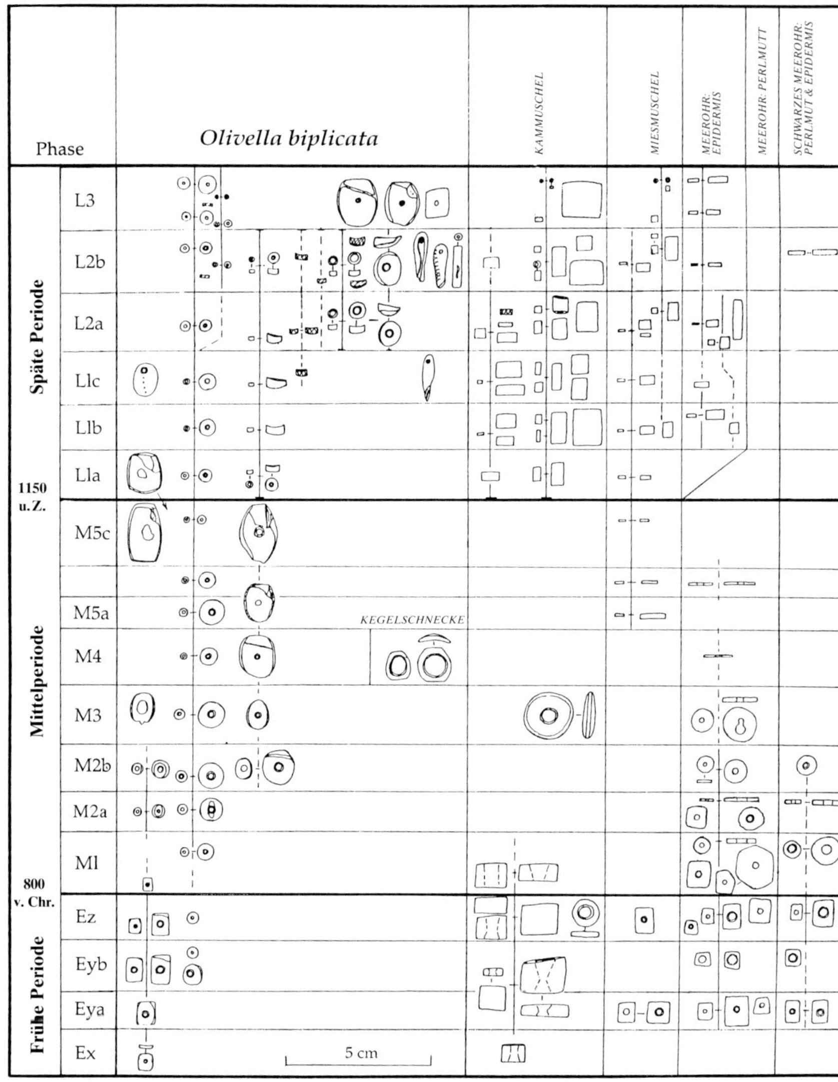

Südkalifornische Konchylienperlen in ihrer zeitlichen Abfolge (nach Chester King, 1984).

Reibschalen mit aufgesetzter Flechtwandung, bezeugen den hohen Stellenwert der Eichelnahrung.

Offensichtlich bestand zwischen Binnen- und Küstengemeinschaften reger Warenaustausch, denn in Dörfern der Inland-Ughuigh tauchten Seesäugerknochen und Gräten mariner Fische auf. Enge Verwandtschaftsbande, Wirtschaftsbeziehungen zwischen gleichrangigen Personengruppen und Fernhandelsnetze dürften den Güterverkehr zwischen Litoral und Hinterland über Jahrhunderte bestimmt haben. Wie aber Michael Glassow (1979) mahnt, sind noch viele ökologische und archäologische Daten nötig, um schlüssig zu definieren, wie der Austausch vor sich ging. Als weitere Informationsquelle gilt es, Heiratsvorschriften, wie sie sich aus spanischen Missionsaufzeichnungen ergeben, auszuwerten.

Ughuigh-Kultur

Dank der hingebungsvollen Forschungsarbeit des Ethnologen John Harrington wissen wir eine Menge über die historischen Ughuigh (Harrington, 1942; Hudson, T. et al., 1979). Eine Kurzbeschreibung ihrer Lebensweise soll uns die Kulturäußerungen spät-vorgeschichtlicher Bevölkerungen an der südkalifornischen Küste näherbringen (Zusammenfassungen bei Landberg, 1965; Hudson, T. & Blackburn, 1983).

Spanische Chroniken des 18. und frühen 19. Jhs. schildern uns die Ughuigh (Chumash) als fähige Seeleute und Fischer, die in ihren Plankenbooten beachtliche Entfernungen zurücklegten. Den Bewohnern des Festlandes attestierte man «guten Körperbau, ohne Ansätze von Korpulenz». Frauen und Männer gingen fast unbekleidet. Letztere legten nur bei kühler Witterung Überwürfe aus Hirschhäuten, Pelikanfedern oder Seeotterfell an. Die Frauen trugen knielange, zweiteilige Schurze aus Hirschleder. Viel Zeit wurde auf Körperbemalung verwendet; jede Gemeinschaft schmückte sich mit eigenen Mustern. In den Ohren prangte Muschelputz, am Hals blitzten Ketten aus Konchylienperlen.

Die Menschen hausten in schilfgedeckten, kuppelförmigen Hütten, vier bis sieben Meter im Durchmesser und bereit, maximal drei Kernfamilien aufzunehmen. Man schlief auf Plattformen, die entlang der Wände aufgereiht waren. Mattenvorhänge wahrten die Intimsphäre. Jedes Dorf verfügte über eine oder zwei erdummantelte, abgesenkte Schwitzhütten mit gestampfter Tanzfläche. Nahebei lag der palisadengesicherte Begräbnisplatz; bemalte Pfähle markierten einzelne Gräber. Hauptsiedlungen boten bis zu 1000 Einwohnern Obdach. Hier fanden bedeutende Zeremonien statt, und es wurde von dort politische Macht über kleinere Niederlassungen ausgeübt (Hudson & Blackburn, 1983).

Jedem Ughuigh-Dorf stand ein Häuptling *(wot)* vor, der sein Amt erbte. Die Anführer gingen im Krieg voran und traten als Patrone religiöser Feste auf. Anläßlich der Wintersonnenwende versammelten sich Menschen aus allen Himmelsrichtungen in den Hauptsiedlungen, um dem Tagesgestirn ihre Reverenz zu erweisen. Zwischen einigen Dörfern und «Provinzen» herrschte dauernder Kriegszustand; am häufigsten stritt man über Grenzverläufe und die Nutzungsrechte an bestimmten Nahrungsvorkommen. Sozialem Unfrieden, hervorgerufen etwa durch Zaubereiverdächtigungen, Auseinandersetzungen um Frauen oder Fernbleiben von Festen, suchten die Häuptlinge schlichtend und strafend zu begegnen.

Eine große Auswahl verschiedenster Nahrungsquellen stand den Ughuigh offen. Genutzt wurden sie in saisonalem Rhythmus. Das ganze Jahr über, besonders aber im Spätsommer, stellten die Bewohner des Festlandes dem Schwarzwedelhirsch nach. Jagd und Trapperhandwerk erstreckten sich auf fast jedes größere Lebewesen. Kelp *(Macrocystis pyrifera)* und andere Braunalgen, deren «Stämme» oft 20 m und länger werden, trocknete man vor dem Verzehr. In den Gezeitentümpeln suchten Frauen nach Krebsen und Seeigeln, an den Felswänden der oberen Gezeitenzone nach Gänse-Seepocken. «Man könnte über sie sagen, daß ihnen der Tag zu einem einzigen Schmaus gerät», wunderte sich ein spanischer Missionar über den umfangreichen Speisezettel der Indianer.

Diorama eines Ughuigh-Dorfes im Santa Barbara Museum of Natural History. Die Frau im Vordergrund laugt Eichelmehl aus, eine andere zerstampft Sammelgut im Korbmörser. Beachte die Bienenkorbhütten, die Kindertrage sowie die verschiedenen Arbeitsutensilien (Korbschalen, *Haliotis*-Scheffel, Tongefäße, Metate).

Die alljährliche Eichelernte stand im Mittelpunkt des Subsistenzreigens. Daneben aß man u. a. Walnüsse, Marah-Kürbisse *(Marah macrocarpus),* zermahlene Kerne der Catalina-Kirsche *(Prunus lyonii),* Samen der Santa Cruz-Kiefer *(Pinus remorata)* und des Mohns *Eschscholtzia racemosa.* Viele dieser Pflanzen haben ein enges Verbreitungsgebiet und standen deshalb nicht allen Gruppen zur Verfügung. Während der Regenzeit von November bis März griffen die Menschen auf Trockenfleisch, eingelagertes Eichelmehl und Räucherfisch zurück; außerdem sammelte man Mollusken, namentlich Meerohren *(Haliotis).* Wenn das Frühjahr nahte, schwärmten Sammlertrupps aus, gierig nach frischem Grün. Je wärmer es wurde, desto erfolgreicher gestaltete sich der Fischfang. Selten nur verirrten sich Ughuigh-Fischer in die Gewässer jenseits der küstennahen Tangwälder, wartete doch gerade in den Kelpbeständen fette Beute auf sie.

Wie an der amerikanischen Nordwestküste und in anderen Teilen Kaliforniens fanden die Ughuigh zu kultureller Vielfalt, ohne Felder bestellt zu haben. In ihrem Fall war ein hydrologisches Phänomen dafür verantwortlich, das als «Auftrieb» bezeichnet wird: Im Zusammenwirken von küstenparallelen Winden und der Coriolis-Kraft entstehen ablandige Ozeanströmungen, die das Emporquellen von Tiefenwasser begünstigen. Dieses Auftriebswasser ist kälter und salzärmer als die sonnenerwärmte Meeresoberfläche, aber reicher an Nährstoffen (Phosphat). Einzellige Algen, das Fotoplankton, gedeihen in diesem Milieu prächtig. Im Frühjahr nehmen Milliarden laichender Sardellen *(Engraulis mordax, Anchoa compressa, A. delicatissima)* das Geschwebe auf. Meerpelikane *(Pelecanus occidentalis),* Robben, Blauflossen- und Weißthune wiederum profitieren von den Kleinfischen, ihrerseits verfolgt von Haien. Jeden Sommer landeten die Ughuigh tonnenweise Großfische an (Landberg, 1965).

Dicht unter Land gedeihen an der Südküste Kalifornien ausgedehnte Kelpwälder. 125 Fischarten, darunter die schmackhaften Grünlinge *(Hexagrammos),* Brandungsbarsche *(Brachyistius)* und Felsenbarsche *(Sebastes),* kommen dort vor. Nicht von ungefähr finden sich die meisten archäologischen Stätten nahe bei Tangbetten. Die Fischschwärme zogen Pelzrobben und Seelöwen an. Man erschlug diese Tiere an den Wurfplätzen, wo «Strandmeister» (alte Bullen) über ihren Harem aus Weibchen und Jungen wachten. Gelegentlich strandeten Wale an der Küste – Anlaß manchen Festessens. Acht Arten der riesigen Meeressäuger passierten die Engstelle zwischen den Kalifornischen Kanalinseln und dem Kontinent.

Das reiche Angebot gestattete hohe Siedlungsdichte. Frühe spanische Berichte bleiben vage, nach wissenschaftlicher Schätzung aber lebten etwa 15 000 Ughuigh in der Gegend des heutigen Santa Barbara und von Ventura. Auf den Inseln, 20 bis 130 km vom Festland entfernt, siedelten ca. 3000 Menschen.

Von Travis Hudson und Peter Haworth rekonstruiertes Plankenboot *(tomol).* Solche Wasserfahrzeuge wurden von Ughuigh- und Kumivit-Gruppen zu Fischfang, Seesäugerjagd und Transportzwecken genutzt.

(Rechts) Ughuigh-Korbwaren.

(Unten) Felsbilder der Ughuigh bei San Emigdio.

Zu den wichtigsten Errungenschaften der Ughuigh-Kultur zählen die 7,5 m langen Plankenboote, in denen vier bis sechs Personen Platz hatten. Die Besatzung führte Paddel mit löffelförmigen Blättern (Hudson et al., 1978). Jede Planke wurde sorgfältig zugerichtet, in einem Bett aus Natur-Asphalt und Kiefernharz fixiert und mittels Fiberbindungen am Nachbarbrett befestigt. Auch in der Herstellung von Körben, filigranen Angelhaken, Holzplastiken und Steinmörsern bewiesen die Ughuigh ihr handwerkliches Geschick. Religiöse Amtsträger bemalten Höhlen- und Abriwände. Erhaltene Petroglyphen gehören zu den spektakulärsten Ausprägungen dieser Kunst nördlich Mexikos (Grant, 1965). Vor dem Betrachter liegt ein Bilderbuch der Mythologie, dessen Sinngehalt sich dem Uneingeweihten freilich verschließt. Konzentrische und zahnradähnliche Piktogramme wurden als Himmelserscheinungen gedeutet. Vielleicht dienten einige der ausgemalten Kavernen als Sonnenwend-Beobachtungsstationen (Hudson & Underhay, 1978; Hudson et al., 1979).

Die Ughuigh unterhielten Handelskontakte mit anderen Küstenbewohnern und Gruppen tief im Hinterland. Ihre Nachbarn, die uto-aztekischen Kumivit (Gabrieleño), deren ehemaliges Siedlungsgebiet unter den urbanen Wucherungen von Los Angeles verschwindet, kannten Steatitvorkommen auf Catalina Island. Aus dem weichen Gestein fertigten sie *comales* (Untersätze zum Fladenbrotbacken) und Töpfe, die weithin vertrieben wurden. Weiter im Süden streiften die Hoka sprechenden Ipai und Tipai (Diegueño) umher. Sie pendelten zwischen Küste und wüstenhaftem Landesinnern, wo sie je nach Saison fischten, Eicheln sammelten, Muscheln auflasen oder jagten. Auch sie fügten sich in die südkalifornische Handelskette ein.

Der wohl bemerkenswerteste Zug an Gruppen wie den Ughuigh ist die gesellschaftliche Gliederung in Häuptlingskaste, niedere Amtsinhaber, religiöse Funktionäre und Gemeine. Die wohlgekleideten Angehörigen der Elite wohnten in geräumigen Häusern, die ihre Untertanen errichteten. Auch erfolgreiche Händler, Bootsbauer, Korbflechter und andere Handwerker genossen Ansehen, doch allein Häuptlinge sonnten sich auf der obersten Stufe der sozialen Pyramide. Ihrer herausgehobenen Stellung verdankten sie das Privileg, mehrere Frauen heiraten zu dürfen, was oft geschah, um politische Bündnisse mit Nachbargruppen zu besiegeln.

Die kulturelle Entwicklung an der südkalifornischen Küste erinnert in mancherlei Hinsicht an Verhältnisse bei Feldbau treibenden Gemeinschaften. Doch bis zur Ankunft der Spanier im 16. Jh. blieben die Kalifornier Jäger und Sammler. Es gibt Anzeichen dafür, daß sie über die Vorzüge der Landwirtschaft Bescheid wußten, doch beschenkte sie die Natur so reichlich, daß der Aufwand, der mit Aussaat, Feldpflege und Ernte verbunden war, nicht lohnte.

(Rechts) Archäologische Fundstätten im südlichen intermontanen Raum.
(Unten) Blick von der Greenwater Range im kalifornischen Inyo County auf den Südwestteil des Großen Beckens. Deutlich tritt die Horst- und Senkenstruktur der Landschaft hervor. Die im Hintergrund sichtbaren Funeral Mountains, paläozoische Blöcke, sind stark gefaltet.

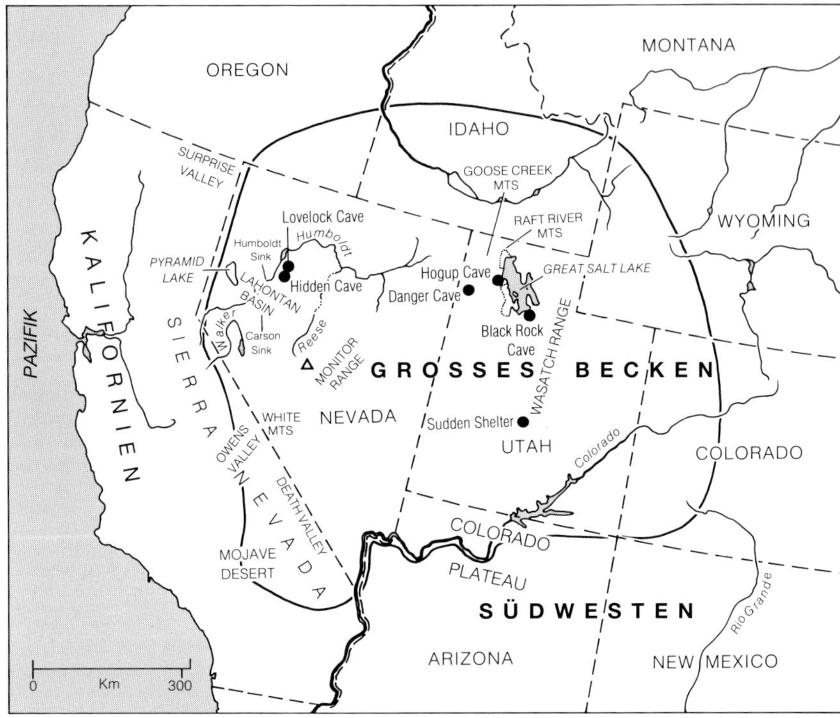

12. DER SÜDLICHE INTERMONTANE RAUM

In den 50er und 60er Jahren des letzten Jahrhunderts bahnten sich die Trecks amerikanischer Siedler ihren Weg nach Westen. Nachdem sie die Bergfestungen der Rockies überwunden hatten und auch die Wasatch-Berge Utahs hinter ihnen lagen, betraten sie die Trockenlandschaft des Großen Beckens. Hier trafen sie auf kleine Wandergruppen der Nömmö (Mono), Nuummö (Nördliche Paiute), Numö (Shoshone), Nuwö (Ute/Südliche Paiute) und Wašišiw (Washoe), die zu Fuß die endlosen Weiten ihrer Heimat durchstreiften. Sie lebten von der Jagd auf Kleintiere und vom Sammeln wild wachsender Pflanzen. Dramatische Kontraste prägten und prägen die Szenerie – gänzlich verschieden von den Great Plains im Osten: Langgestreckte Gebirgszüge wechseln mit schroffen, oft bizarr erodierten Canyons und markanten Plateaus. In manchen der abflußlosen Senken stauen sich liebliche Seen (D'Azevado, 1986). Mobilität, Flexibilität und intime Kenntnis des Milieus bildeten das Geheimnis menschlichen Überlebens in der Wildnis des südlichen intermontanen Raums, vor 150 Jahren nicht anders als vor 11 000 Jahren.

Ökosystem und Subsistenz

Das Große Becken erstreckt sich über rund 1 036 000 km² zwischen den Rocky Mountains im Osten und der Sierra Nevada. Eingeschlossen sind der heutige US-Bundesstaat Nevada sowie Teile von Kalifornien, Oregon, Utah und Idaho. Das topografische Relief bestimmt Klima, Vegetation, Tierwelt und menschliche Besiedlung. Je höher man aufsteigt, desto kühler und feuchter wird es. Die geringsten Niederschläge empfängt die Südwestecke des Beckens. Entsprechend arm präsentiert sich die Flora. Sieht man von den Hochlagen der Berge ab, wo prächtige Nadelwälder wachsen und saftige alpine Matten grünen, herrschen auch andernorts halb- bis vollaride Bedingungen, gemildert freilich durch gelegentliche Regenfälle. Tritt dieser Fall ein, erwacht die Wüste. Bunte Blumen sprießen und von überall ertönt munteres Vogelgezwitscher. Die pflanzliche Biomasse kann sich dann versechsfachen (Hutchings & Stewart, 1953). Sowohl die vorgeschichtlichen Beckenbewohner wie auch ihre Nachfahren waren bemüht, möglichst viele unterschiedliche Versorgungsmöglichkeiten zu nutzen. Spezialisierung hätte katastrophale Folgen gehabt (Jennings, 1978b). Abhängig vom Nahrungsangebot, seiner Verfügbarkeit und den Subsistenzstrategien gestalteten sich Gruppenstärke, Gruppenbindung und Tendenz zur Seßhaftigkeit unterschiedlich (Madsen, 1982).

Tektonische Störungen im Jungtertiär haben zu der charakteristischen Horst- und Senkenstruktur des Gebietes geführt. Die meisten der zwischen die meridional streichenden Horstgebirge eingestreuten, etwa 150 kleinen Senken entwässern nicht extern, was z. T. durch die Landschaftsmorphologie, aber auch durch die geringen Niederschläge bedingt ist. Während der Wisconsin-Vereisung füllten sich die Becken mit kaltem Schmelzwasser. Galeriewälder begleiteten die sie speisenden Flüsse (Mehringer, 1986). Parkartige Koniferenwaldungen breiteten sich da aus, wo heute Trockensteppe den Aspekt bestimmt. Kamele, Wildpferde und Mammuts grasten auf den Ebenen. Zwischen 10 500 und 8600 v. Chr. wurde es allmählich wärmer. Die Seen schrumpften, viele Flüsse trockneten aus, und die Wälder zogen sich nach Norden oder ins Gebirge zurück. Auch danach kam es noch zu Klimairritationen, die aber nicht mehr das Ausmaß des frühholozänen Umschwungs erreichten.

Zunehmende Trockenheit zeichnete das Antlitz des Großen Beckens im Mittelholozän, einer Zeit rasch aufeinander folgender Witterungsepisoden. Die Temperaturkurve überschritt nach 4000 v. Chr. ihren Kulminationspunkt, wüstenartige Verhältnisse aber bestimmten auch später noch das Ökosystem. Das heißt nicht, daß die Witterungsbedingungen an Stabilität gewannen, kam es doch lokal begrenzt noch des öfteren zu kleinklimatischen Wechselbädern. Es präsentierte sich das Milieu im südlichen intermontanen Raum über die Jahrtausende in immer wieder abgewandelter Gestalt, dynamischen Korrekturen unterworfen und so die hier siedelnden Menschen zwingend, sich neue Anpassungsstrategien zuzulegen. Allenthalben traf die Urbevölkerung auf unterschiedlich verteilte Ressourcen. Dicht neben hochproduktiven Landstrichen lagen Zonen, die mit Nahrungsmitteln geizten. Stete Verschiebungen von Bevölkerungsgruppen waren die Folge und, daraus resultierend, weitgehende kulturelle Uniformität trotz wahrscheinlich heterogener ethnischer Tektonik. Dennoch gab es bemerkenswerte Unterschiede im Zuschnitt des kulturellen Grundmusters. Einige Verbände lebten inmitten biotischer Gunsträume, in Seerandgebieten z. B., wo Nahrung in Hülle und Fülle zur Verfügung stand. Diese Gruppen neigten zu stärkerer Ortsbindung in mehrere Monate lang bewohnten Siedlungen. Demgegenüber sahen sich andere Gemeinschaften zu hoher Mobilität gezwungen. Figuren auf einem ökologischen Schachbrett gleich, strebten sie dahin und dorthin, vorwärtsgetrieben von den Launen der Natur, die den Reifezyklus der Wildpflanzen diktierte.

David Madsen (1982) hat ein Siedlungsmodell vorgeschlagen, das von dem diffus gestreuten Nahrungsangebot ausgeht. Seiner Auffassung nach ließen sich die Menschen zuerst an Stellen nieder, wo Ressourcenkonzentrationen hohe Produktivität versprachen, an Seerändern etwa oder im Überschwemmungsbereich von Flüssen. Solche Habitate luden zu dauerhafter Ansiedlung ein. Als aber progressives Bevölkerungswachstum das ökologisch verträgliche Maß sprengte, erfolgten Vorstöße in weniger produktive Lebensräume.

Wie dendrologische Befunde an über 2000 Jahre altem Holz verdeutlichen, modellierten Seespiegelabsenkungen, Verlagerungen der montanen Waldgrenze, Dünentrift, seismische und vulkanische Aktivitäten spürbar die natürliche Umwelt der Menschen. Wildbestände wurden in Mitleidenschaft gezogen, Handelsverbindungen zerschnitten und die Pflanzendecke vernichtet oder umgestaltet. Viele der meist lokal begrenzt auftretenden Milieufaktoren erforderten hochgradig flexible und auf Beweglichkeit zielende Anpassungsschritte.

Wo auch immer prähistorische Gemeinschaften lebten, stand ihnen ein breit gefächertes Ressourcenspektrum zu Gebote. Verteilung und Abundanz freilich variierten von Region zu Region. Auch im zeitlichen Rahmen veränderte sich das Nahrungsangebot. Das Verbreitungsgebiet der Nußkiefer *(Pinus edulis)* z.B. erfuhr im Holozän kräftige Korrekturen, was nicht ohne Auswirkungen auf die von den Samen dieses Baumes abhängigen Menschen blieb.

Grabungen in den Raft River-Bergen des nordwestlichen Utah und in den Goose Creek Mountains von Nevada haben komplexe Siedlungsmuster offengelegt. Man bezog Höhlen, nutzte aber auch Freilandstationen (Wylie, 1971–72 *fide* Harper, 1986). 82% der untersuchten Stätten lagen auf Höhenniveaus zwischen 1524 und 2133 m ü. NN. Beifußsteppen, Wacholder/Kiefernbestände und Wüsten-Strauchgesellschaften auf Hang-Schuttfächern prägten das Vegetationsbild. Wie es scheint, mieden die Menschen die heißesten Landstriche, wo der Siedlungsanteil lediglich 11 Prozentpunkte erreicht. Nur 7% beträgt er in den weithin unzugänglichen Hochlagen oberhalb 2133 m. Es dürfte sich dabei um Jagdlager gehandelt haben, die man unterhielt, um auf Dickhornschafe zu pirschen.

In den Vorbergen, jenem Bereich also, dem man bei der Siedlungswahl den Vorzug gab, kamen nicht nur Hirsche und anderes Jagdwild vor, sondern auch die Pflanzenarten, die die Beckenbewohner besonders schätzten (Jennings, 1978b). Samen der Nuß- und der Wüstenkiefer *(Pinus cembroides)* standen auf der Beliebtheitsskala ganz oben, vor allem in den zentralen Teilen der Region. Im Frühherbst schlug man die noch grünen Zapfen mit Stangen von den Zweigen, brachte sie in Tragekörben zu Verarbeitungsstationen und röstete sie in Gruben, bis sie aufsprangen. Nun häufelte man die Zapfen und drosch mit Stöcken die Samen aus. Exemplare, die dem Feuer widerstanden hatten, wurden mit Hammersteinen traktiert. In fächerförmigen Korbschalen mußten die Samen an der Sonne dörren, später entfernte man die harte Außenhaut, wobei flache Mahlsteine Verwendung fanden, und zerrieb sie schließlich auf steinernen Metates zu Mehl. Die Menschen genossen das Kiefernnußmehl – mit heißem oder kaltem Wasser versetzt – als Brei.

Da nur in Mastjahren, in drei- bis siebenjährigem Turnus, reiche Ernten zu erwarten waren, lagerte man Tausende Zapfen in Vorratsgruben unter Steinhaufen, in mit Gras oder Rindenstücken ausgekleideten Gruben oder Lederbehältern ein. So behandelt hielten sie sich vier, manchmal auch fünf Jahre frisch (Steward, 1943). Einzelne Familien beanspruchten Nutzungsrechte an bestimmten Kiefernhainen. An den südlichen, westlichen und östlichen Rändern des Beckens sammelten die Gruppen Eicheln, doch traten diese in ihrer Bedeutung hinter Kiefernzapfen zurück. Honigmezquite *(Prosopis glandulosa = juliiflora)* und Schraubenbohne *(P. pubescens)* sind xerophile (Trockenheit liebende) Gewächse der nordamerikanischen Wüsten. Frische Schoten pflückte man im Frühjahr und verzehrte sie als «Snack». Angetrocknete Hülsen wurden im Spätsommer oder Herbst geerntet und in hohlen Baumstümpfen zu feinem Pulver zerstampft. In spitzbödigen Körben getrocknet, verklumpte Mezquitemehl zu haltbaren Kegeln, die man ebenfalls in Vorratsgruben lagerte. Neben Kiefernsamen bildete es die Hauptnahrung der Beckenbewohner.

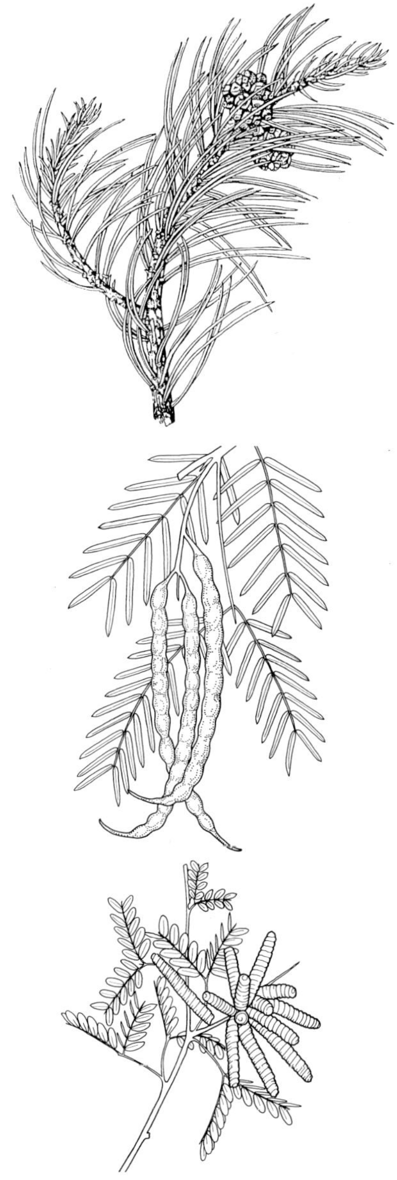

Grundnahrungsmittel der Beckenbewohner. *(Oben)* Nußkiefer. *(Mitte)* Fruchtende Honigmezquite. *(Unten)* Reife Schoten der Schraubenbohne.

Utah-Agaven *(Agave utahensis)* sind in den Trockenräumen des inneren amerikanischen Westens beheimatet. Vor der Blüte wurden im Frühjahr die fleischigen

Hopísinom-Mann aus dem Südwesten handhabt einen Wühlstock, um 1915. Ähnliche Werkzeuge waren seit Jahrtausenden auch im Großen Becken gebräuchlich.

Blätter geschnitten. 24 Stunden mußten sie im Erdofen garen. Die süßen, dunklen Stücke formte man alsdann zu Kuchen. Sie dienten zum Würzen von Fleischgerichten und Gemüseeintöpfen.

Zur Ausrüstung der Sammlertrupps gehörten in der Regel Handwalzen (Läufer), wasserdicht verpichte Kochkörbe, Sammelkörbe, Wühl- oder Grabstöcke, lange Stangen zum Herunterschlagen von Kiefernzapfen, Holzzangen zum Pflücken von Kaktusfrüchten und Hornsicheln, später auch geflochtene Samenklatschen, zum Abstreifen von Wildgrassamen. Metates lagen an häufig aufgesuchten Plätzen bereit, als Reibfläche genügte aber auch ein geeigneter Felsblock im Sammelareal. Wertvolle Dienste leisteten beim Ausgraben von Wüstenbiskuit *(Lomatium)*, Yampa *(Perideridia)* oder Kamaszwiebeln *(Camassia)* hölzerne Wühlstöcke. Wo es sie gab, pflückte man Beeren. Bei der Ernte trugen Frauen eigens dafür vorgesehene Sammelkörbe vor der Brust. Zumeist wurden Beeren getrocknet und zum späteren Verzehr eingelagert. Nicht wenige Pflanzen brachte man auch wegen ihrer pharmakotherapeutischen Eigenschaften ein.

In den Niederungen, abseits der Vorberge, zogen Auen, Sümpfe und Seen die Menschen magnetisch an. Hier war die biotische Vielfalt am größten. Manchen Monat verbrachte man am Wasser, mit Ausnahme des Sommers vielleicht, wenn Stechmücken zur Plage wurden. Wo Wasser glitzerte, stellte sich auch das Wild ein. In der Wüste und im Bergland muß es schwierig gewesen sein, die scheuen Dickhornschafe, Gabelböcke oder Schwarzwedelhirsche zu überwältigen. Einfacher gestaltete sich da die Treibjagd auf Hasen, bei der man kleine Taleinschnitte mit Netzen absperrte. Wenn Großtiere aber zur Tränke zogen, boten sie von versteckten Ansitz aus ein leichtes Ziel. Besonders Sumpfgebiete quollen vor Leben förmlich über. Wer im Frühjahr die Süßwassermarschen des Großen Beckens besucht, wird von «Wolken lärmender Vögel» empfangen, «die sich alle erdenkliche Mühe geben, den Eindringling einzuschüchtern und von den Nistplätzen zu vertreiben» (Harper, 1986). In der Humboldt/Carson-Senke Nevadas brüten seit Jahrtausenden ungezählte Arten. Kein Wunder also, daß man einige der bedeutensten archäologischen Fundstätten nicht weit von solchen Sümpfen entdeckte.

Das Marschland war ein Dorado für Vogeljäger. Es fanden sich dort nicht nur Brutvögel ein, sondern auch rastende Langstreckenzieher aus dem hohen Norden. Mit an Stangen befestigten Netzen schöpften die Fänger aus dem Vollen. Einige Arten, insbesondere Singvögel, wurden in schlauchartige, sich zum Ende hin verjüngende Netzreusen gescheucht. Bei der Entenjagd griff man auf naturgetreue Attrappen zurück, die einfallenden Schoofen Sicherheit vorgaukelten. Experten näherten sich ihrer Beute schwimmend, auf dem Kopf einen festgezurrten Entenbalg oder ein Schilfbüschel. Geriet ein argloser Vogel in Reichweite, schnappte ihn der Jäger blitzschnell am Bein.

Nicht nur Vögel, auch viele andere Tiere hausten in den Marschen, Auwäldern und an Seen. Bisam *(Ondatra zibethicus)* und Biber bauten dort ihre Burgen. Der Flußotter lauerte auf Fische, Frösche und Krebse. In den Randzonen der Feuchtgebiete sammelten die Menschen Grassamen, Wildgemüse und allerlei Wurzelwerk. Aus Tule-Binsen *(Scirpus acutus)* stellte man Flechtmatten her, Weiden *(Salix)*, Hundstod *(Apocynum)*, Seidenpflanze *(Asclepias)* und Beifuß *(Artemisia)* lieferten Rohmaterialien für Schnüre und Körbe.

Bergwälder und alpine Matten wurden zur Sommerjagd auf Dickhornschafe, Murmeltiere, Baumstachler, Bären und Rothörnchen *(Tamiasciurus hudsonicus)* aufgesucht. Eifrig sammelte man dann auch Johannisbeeren *(Ribes)* und Wilderdbeeren *(Fragaria)*.

Fischfang lohnte nur an größeren Gewässern. Am Snake und am Truckee z. B. errichteten Männer Plattformen über dem Wasser. Sie arbeiteten dort mit Schöpfnetzen oder speerten die Beute. Forellen, Wüsten-Weißfische und Orfen gingen in feinmaschige Kiemennetze oder Korbreusen. Andernorts bewährten sich Fischwehre aus Strauchwerk. Bei Niedrigwasserständen genügten einfache Schöpfkörbe, um den schuppigen Fang an Land zu befördern.

Angesichts dieser ökologischen Vielfalt sind verallgemeinernde Aussagen über Nahrungsgewohnheiten kaum möglich. Die Fluß- und Seenbewohner am Pyramid Lake und am Walker River in Nevada dürften 50% ihrer Kost aus aquatischen Quellen gedeckt haben, 20% bescherte ihnen die Jagd, den Rest machten pflanzliche Produkte aus. Demgegenüber bestritten die Owens Valley-Leute am Fluß der Sierra Nevada ihren Lebensunterhalt zu mehr als 50% mit dem Einbringen von Pflanzen, Samen und Beeren. Fleischkonsum trat hier in den Hintergrund, und Fische waren mit nur 10% in der Ernährungsstatistik vertreten. Da Pflanzen fast überall die Kost dominierten, hätte eigentlich chronischer Protein- und Fettmangel herrschen müssen. Fette dienen im Körper als Energiespender, Eiweiße zum Aufbau und Ersatz von Zellen sowie zur Bildung von Enzymen und

Hormonen. Kohlenhydratreiche Nahrung, wie sie das Gros der Beckenbewohner zu sich nahm, glich das Fettdefizit in etwa aus, denn auch Kohlenhydrate stellen energetische Kraftquellen dar. Daß man ausgerechnet Kiefernsamen massenweise zur Ernährung heranzog, ist gewiß kein Zufall, sind sie doch – neben dem hohen Stärkegehalt – reich an pflanzlichen Fetten und Proteinen.

Bei der breiten Ressourcenstreuung, die noch dazu zwischen Überfluß und Mangel oszillierte, nimmt es nicht Wunder, daß die Indianer Teile ihres Lebensraumes «managten», um deren Produktivität zu erhöhen und wertvolle Nahrungsquellen zu bewahren. Viele Gruppen brannten die ursprüngliche Vegetation nieder und förderten so das Wachstum ihnen genehmer Arten. Gleichzeitig schuf das Flämmen bessere Äsungsbedingungen für das Wild. Aus ethnografischen Untersuchungen wissen wir, daß historische Gemeinschaften Wildpflanzensamen sogar gezielt ausbrachten (Steward, 1941).

Bis zum Kontakt mit Europäern im 17. Jh. blieben die meisten Beckenbewohner Jäger und Sammler, die ihre Lebensform, die mehr als 10 000 Jahre lang, seit Beginn des Früh-Archaikums, nur geringfügigen Modifizierungen ausgesetzt war, beibehielten. Selbst dort, wo Bodenbau Fuß fassen konnte, spielte extraktiver Zusatzerwerb eine wichtige Rolle. Wie jedoch David Madsen (1982) und andere Autoren hervorheben, wäre es falsch, die historischen Num-Gruppen und Wašišiw (Washoe) zu «Kulturfossilien» zu stempeln. Ihre Anpassungen bezeugen vielmehr die hochgradig flexible, opportunistische Interaktion von Mensch und Umwelt – einer dynamischem Fluß unterworfenen ökologischen Einnischung.

Entwicklungstheorien

Früher ging die Forschung davon aus, daß dem Großen Becken – verglichen mit seinen Nachbargebieten Kalifornien und dem amerikanischen Südwesten – lediglich randständige Bedeutung zukommt (Condie & Fowler, 1986; Fowler & Jennings, 1982). Ausgehend von der Überlegung, es hätten sich einzelne Kulturelemente von Epizentren höherer Entwicklung aus zur Peripherie hin verbreitet, wurde das Becken in die Pecos-Klassifizierung (vgl. Kapitel 2) einbezogen. Das Auftreten gewisser Merkmale, die man auch im Südwesten fand, schien diese Arbeit zu untermauern.

Mit fortschreitender Verfeinerung der Radiokohlenstoffdatierung kam dann heraus, daß nicht wenige Traditionen des Südwestens in viel früheren Kulturen, die sich auch auf den südlichen intermontanen Raum erstreckten, wurzeln. Dem Becken wurde der Rang eines eigenständigen Kulturareals verliehen. Jesse Jennings, der Ausgrabungen in Utahs Danger Cave geleitet hatte, machte sich daran, die Vorgeschichte der Region neu zu interpretieren. Dazu bediente er sich Stewards kulturökologischer Theorie, die davon ausgeht, daß Umweltfaktoren Siedlungsdichte, Subsistenzstrategien und den soziopolitischen Überbau beliebiger Volksgruppen bestimmen. Jennings kam zu dem Ergebnis, es müsse eine «Wüstenkultur» *(Desert Culture)* gegeben haben, einen jahrtausendelang ungebrochenen Entwicklungsstrang, dessen letztes Glied die historischen Num-Gruppen bildeten. Deren Erforschung, so Jennings, gestatte Einblick und Rückschlüsse auf frühere Stadien kultureller Entfaltung.

(Gegenüber) Danger Cave in Utah. Ansicht der Fundstelle und stratigrafisches Profil mit radiometrisch datierten Schichten.

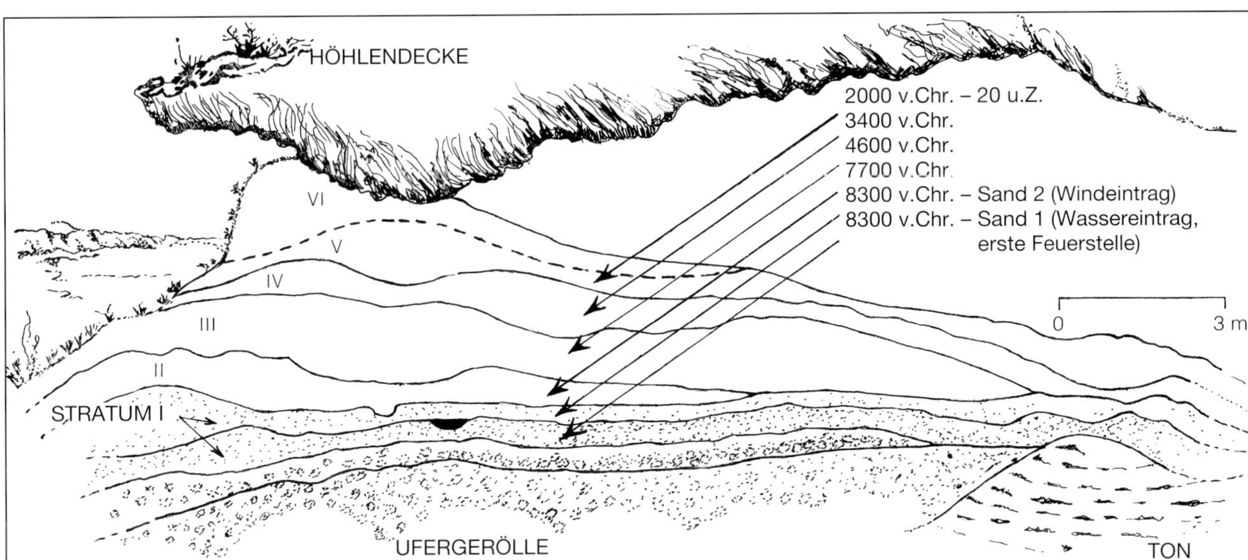
HÖHLENDECKE
2000 v.Chr. – 20 u.Z.
3400 v.Chr.
4600 v.Chr.
7700 v.Chr.
8300 v.Chr. – Sand 2 (Windeintrag)
8300 v.Chr. – Sand 1 (Wassereintrag, erste Feuerstelle)
VI
V
IV
III
II
STRATUM I
0
3 m
UFERGERÖLLE
TON

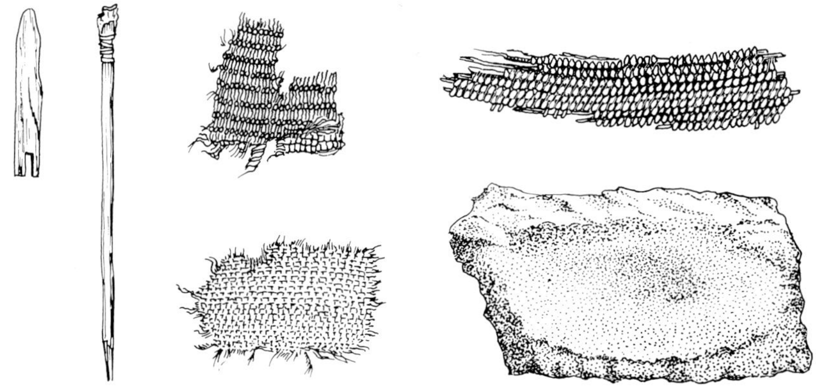

Artefaktspektrum. Im Uhrzeigersinn: Spielstäbe; Länge maximal 27 cm, hölzerner Messergriff, Wurfpfeilschaft mit geborstener Spitze, Flechtmattenfragment, Korbfragment, Plattenmetate, Kleidungsfetzen.

Bald geriet dieses Sukzessionsschema unter schweren Beschuß. Man kritisierte, die Danger Cave-Sequenz weise allzu große Lücken auf, und Jennings habe lokalen Spielarten zu wenig Beachtung geschenkt (Baumhoff & Heizer, 1965). Viele Skeptiker bezweifelten außerdem die Annahme, daß sich Klimaänderungen weiträumig und gleichmäßig über lange Zeitläufe vollzogen (Fowler & Jennings, 1982). Jennings selbst rückte in der Folge von seinem Konzept ab und überschrieb die Jäger/Sammler-Anpassung im Becken nun mit dem Begriff Wüsten-Archaikum – Teil einer in ganz Nordamerika verbreiteten archaischen Kulturstufe.

Lange beherrschten deskriptive kulturhistorische Forschungsansätze die Szene. In den letzten Jahren wurden sie von kulturökologischen Deutungsmustern und Verfahrensformen abgelöst (O'Connell et al., 1982). Die Wissenschaft wandte sich von Einzelfundstätten ab und faßte weiter gesteckte kulturelle Zusammenhänge ins Auge. Der Blick auf Lokalitäten wie Danger und Hogup Cave in Utah oder Lovelock Cave in Nevada bestätigt zwar lange Siedlungstradition, bleibt aber im archäologischen Befund Momentaufnahme, die lediglich den Zwischenstop einer Jagd- und Sammelschar auf ihrer jährlichen Runde festhält. Es ist daher notwendig, den Gesichtskreis zu erweitern und die kulturelle Vernetzung innerhalb größerer Räume zu studieren. Fruchtbare Ergebnisse zeitigte dieser Ansatz im Reese River Valley, Nevada (Thomas & Bettinger, 1976), im Monitor Valley (Thomas, 1983) und im Surprise Valley (O'Connell, 1975) von Kalifornien. Neuartige Simulationsmodelle und Techniken der Fundaufsammlung bereicherten die Forschungsarbeit und erbrachten Resultate, die in den Gunsträumen des Beckens Entwicklungsfortschritte von kleinen, familienzentrierten Wildbeutertrupps zu individuenstärkeren, halb-seßhaften Gemeinschaften mit komplexer Sozialstruktur erkennen lassen (Madsen, 1982).

James O'Connell und andere (1982) haben darauf hingewiesen, daß die kulturökologische Verfahrensweise unbestritten ein nützliches Instrument darstellt, aber nicht in der Lage ist zu erklären, warum die Mensch/Umwelt-Interaktion in der angenommenen Form ablief. Offen bliebe auch die Frage, weshalb es zur Umwandlung kultureller Systeme kam.

Einen neuen, besseren Weg zeige, so O'Connell und seine Kollegen, die Evolutionsökologie auf. Sie beruht auf der Prämisse, daß organismische Verhaltens-

Hogup Cave, Utah. *(Oben)* Grabungsarbeiten. *(Links)* Steinritzungen. Die Bedeutung der Zeichen ist unbekannt.

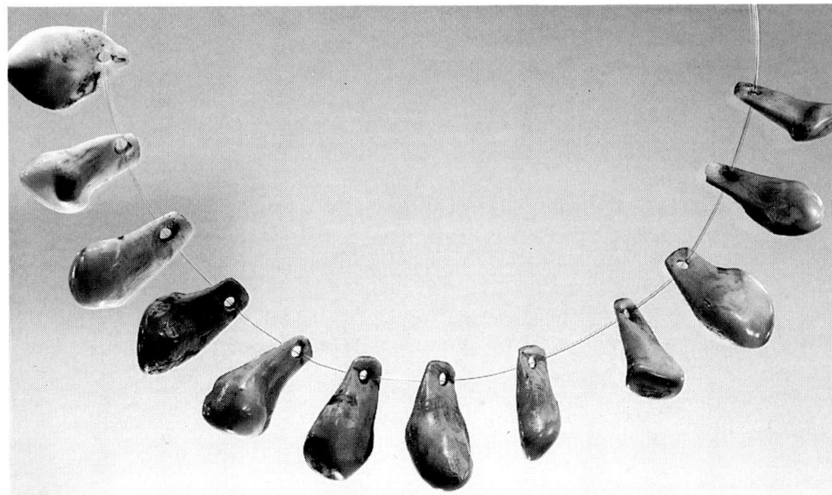

Hogup Cave, Utah. *(Oben)* Anthropomorphe Figurinen: Kinderspielzeug oder Weihegaben. *(Oben, rechts)* Halskette aus Rothirschgrandeln.

abweichungen von der Natur selektiv gesteuert werden. Jeder Organismus trachtet danach, sich optimale Reproduktionsvoraussetzungen zu schaffen. Das Verhalten ist ganz hierauf ausgerichtet, folgt also feststehenden Regeln und wird dadurch vorhersehbar. Die Theorie vom «Optimal Foraging» (vgl. Kapitel 5) bietet ein gutes Beispiel. Ihrzufolge streben menschliche Gemeinschaften nach Einregelung der Energiebilanz zwischen aufgewendeter Arbeitsleistung und erzieltem Nutzen. Mit dem Verschwinden der eiszeitlichen Megafauna gegen 6500 v. Chr. stellte man sich im Großen Becken auf Pflanzennahrung um. Die Kosten/Nutzen-Rechnung mußte aufgehen, weil die Ressourcen-Rangordnung ihr Gewicht verlagerte: Es war weniger zeitraubend und anstrengend, Wildpflanzen zu sammeln als den wenigen verbliebenen Großtieren nachzustellen, selbst wenn diese auf der Konsumskala höher rangierten. Das trockene Becken mit seinen exzellenten Erhaltungsbedingungen für organisches Material könnte zum Prüffeld evolutionsökologischer Überlegungen werden. Noch steht die Forschung am Anfang, aber tendenzielle Aussagen über kulturelle Kontinua und innovative Variationen des Grundmusters zeichnen sich bereits ab.

Der nachstehende entwicklungsgeschichtliche Abriß bindet die erwähnten neuen Forschungsansätze in den breiten kulturhistorischen Rahmen ein, der in generationenlanger, penibler Feldarbeit gezimmert wurde. Wie auch andernorts in Nordamerika ankert dieser Rahmen in Artefakttypologien, insbesondere der Seriation von Waffenspitzen (Thomas, 1981). Wir dürfen dabei nicht vergessen, daß hier gleichartige Anpassungsformen historischer und vorgeschichtlicher Beckenbewohner die Sicht auf frühere ethno-linguistische Vielfalt verstellen. Waffenspitzen-Typologie, kulturelle Vergleiche mit Nachbarregionen, die Auswertung siedlungsgeografischer und sprachwissenschaftlicher Daten helfen aber, das Vexierbild aufzuhellen oder wenigstens eine Richtung für künftige Forschungen anzugeben (vgl. auch Kapitel 13). Demnach mögen im Südwesten des Beckens ursprünglich Hoka-Sprecher gesiedelt haben. Mit ihnen sind wohl die blattartigen, gedrängtstieligen, eckengekerbten oder fischförmigen Projektilköpfe der Lake Mojave-Kultur (? 7000–5500 v. Chr.) und des Pinto/Gatecliff/Amar-

TYPOLOGIE AUSGEWÄHLTER WAFFENSPITZEN AUS DEM WESTLICHEN GROSSEN BECKEN

Erhebliche geografische Variabilität kennzeichnet die Waffenspitzenpalette des Großen Beckens. Über zeitliche und kulturelle Zuweisungen wird noch diskutiert. Aus der Mode gekommen ist die bis in die 70er Jahre gebräuchliche «Berkeley-Typologie» (Hester, 1973; Heizer & Hester, 1978). Das unten dargestellte Schema stützt sich im wesentlichen auf die Untersuchungen David Hurst Thomas' im Monitor Valley Nevadas, berücksichtigt aber auch andere neuere Arbeiten (vgl. Handbook of North American Indians, Bd. 11).
Eckengekerbte Waffenspitzen:
Pinto/Gatecliff/Amargosa-Serien (ca. 6500 v. Chr. bis 500 u. Z.). Mittelgroße bis große, fischförmige oder gedrängtstielige Stücke mit gerader, zugespitzter, gespaltener oder konvexer Basis.
Elko-Serien (ca. 4000 v. Chr. bis 1050 u. Z.). Große Projektilköpfe mit konkaver, gerader oder leicht gebuchteter Basis.
Rosegate-Serien (ca. 1500 v. Chr. bis 1300 u. Z.). Mutmaßlich aus dem basisecken-gekerbten Elko-Typ *(S. 234, Mitte, links)* hervorgegangene Wurfpfeil- und Pfeilspitzen, die sich phasisch in Rose Spring *(S. 234, unten, links)* und East Gate *(S. 234, unten, rechts)* gliedern lassen; der Übergang erfolgte um 700 u. Z. Bei den Formen der Spätphase ist der Stiel leicht verlängert.
Seitengekerbte Waffenspitzen:
Desert-Serien (500 u. Z. bis Moderne). Kleine, dreieckige Pfeilspitzen mit hoch angesetzter Seitenkerbung.
Ungeschulterte Waffenspitzen:
Humboldt-Serien (ca. 4000 v. Chr. bis 700 u. Z.). Ungekerbte, lanzettförmige Projektilköpfe mit konkaver Basis; Größe variabel. Als eine der ältesten Formen gilt der zwischen 3400 und 3200 v. Chr. datierende Triple T-Typ *(S. 235, Mitte, links)* vom Gatecliff-Abri.
Cottonwood-Serien (ca. 1000 u. Z. bis Moderne). Kleine, blattförmige oder dreieckige Pfeilspitzen mit gebuchteter oder gerader Basis. Martís-Assemblagen (1000 v. Chr. bis 500 u. Z.) aus Ostkalifornien enthalten Prototypen der Desert- und Cottonwood-Serien. Beide sind mit der Num-Radiation zu verbinden. Um 1300 u. Z. hatten sie sich im gesamten Beckengebiet ausgebreitet.

gosa-Kontinuums (6500 v. Chr.–500 u. Z.) zu verbinden. Penuti benutzten wahrscheinlich Waffen der Elko- und Rosegate-Serien. Ungekerbte, gedrängtstielige oder rautenartige Gypsum-Spitzen kamen von Südosten in das südliche Becken. Vorfahren der Kiowa/Tano-Völker führten sie von 2000 v. Chr. bis 800 u. Z. Die ungeschulterten Humboldt-Typen (ca. 4000 v. Chr.–700 u. Z.) lagen eventuell in der Hand Zuñi sprechender Gemeinschaften. Waffen der Desert- und Cottonwood-Serien muß man wohl den spät eingewanderten Num-Gruppen zuordnen; sie gehen auf Martís-Assemblagen (1000 v. Chr.–500 u. Z.) vom Ostrand der Sierra Nevada zurück. Noch verschwimmen die Konturen einzelner Blöcke, und Zuweisungen können beim derzeitigen Forschungsstand nur auf spekulativer Basis vorgebracht werden, doch erklären sie ein Gutteil der regionalen Unterschiede im Kulturgepräge. Als Zugeständnis an Übersichtlichkeit und Stringenz der Darstellung unterscheiden wir im folgenden vier Perioden allgemeiner Kulturentwicklung. Wir stützen uns dabei auf Jennings (1986). Der an regionaler Beschreibung interessierte Leser sei an die Arbeiten von Madsen (1982) und O'Connell (1982) verwiesen.

Desert

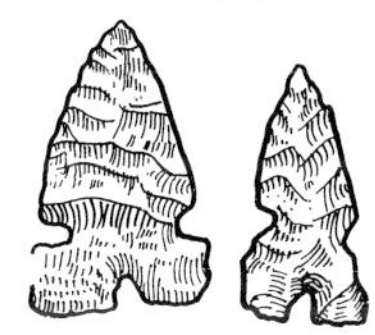

Humbold

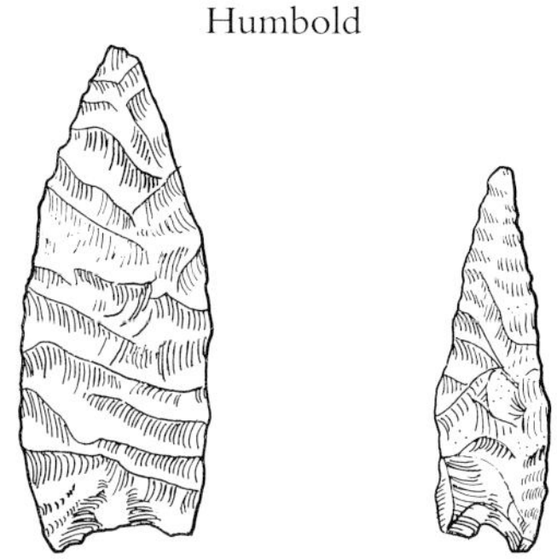

Cottonwood

Paläo-indianische Zeit: vor 10 000 bis 7000 v. Chr.

Fort Rock Cave und Wilson Butte Cave am Nordrand des Großen Beckens gehören einem exklusiven Kreis von Fundstätten an, die die Anwesenheit von Menschen in Amerika vor der Clovis-Kultur belegen sollen (vgl. Kapitel 4). Noch aber ist hierüber kein endgültiges Urteil gefällt. Mit der Präsenz von Clovis-Jägern im Zeitraum zwischen 9500 und 9000 v. Chr. bewegen wir uns wieder auf sicherem Terrain. Die Siedlungsdichte muß, legt man die spärlichen Funde zugrunde, sehr gering gewesen sein, und sie blieb es in den folgenden zwei Jahrtausenden. An Seen und Flußufern, Orten, zu denen es auch das Wild zog, lagerten die frühen Siedler. Fossilfunden nach zu urteilen lebten hier u. a. Wildpferde, Kamele, Riesenfaultiere, Mammuts und Löwen. Wie überall starben diese Arten gegen 8000 v. Chr. aus (Grayson, 1982).

Das frühe Wüsten-Archaikum im östlichen und nördlichen Becken: ca. 7500 bis 2000 v. Chr.

Mit Beginn des Früharchaikums um 7500 v. Chr. änderten die Menschen ihre Lebensgewohnheiten. Zunehmender Austrocknung, dem Aussterben der Megafauna und Bestandsschwankungen bei bestimmten Arten begegneten sie durch Verbreiterung der Subsistenzbasis. Neben Jagd trat verstärkt die Nutzung von Wildpflanzen. Diesen Anpassungsschritt dokumentieren die nun im archäologischen Fundgut häufig vertretenen Mahlsteine sowie andere Utensilien, die der Verarbeitung und Zubereitung pflanzlicher Kost dienten. Als es immer wärmer wurde und viele Feuchtgebiete austrockneten, gingen die Beckenbewohner zu halb-seßhafter Lebensweise über. Sie bezogen Winterlager, wo sie Vorratshaltung betrieben. Die meisten Bodenfunde aus früharchaischer Zeit stammen aus Höhlenstationen am Rand des Großen Salzsees in Utah (Aikens, 1982; Madsen, 1982). Vielleicht zeichnen solche Lager ein schiefes Bild der realen Siedlungsverhältnisse, doch haben großräumige Untersuchungen bestätigt, daß sich Niederlassungen damals an Seeufern häuften (Aikens & Madsen, 1986). Dank ihres trockenen Mikroklimas bot die überwiegende Zahl der Höhlen ausgezeichnete Erhaltungsbedingungen selbst organischen Materials. Drei davon – Danger Cave bei Wendover an der Grenze Utahs zu Nevada (Jennings, 1957), Hogup Cave, knapp 121 km nordwestlich von Salt Lake City (Aikens, 1970), und Sudden Shelter im zentralen Utah (Jennings et al., 1980) – sind zu Recht als Schaufenster in die Welt der Früharchaiker bezeichnet worden.

Die «Auslage» – Überreste menschlicher Besiedlung – kam erst zum Vorschein, nachdem man dicke Schichten abgebröckelter Deckentrümmer, Flugsand und Fledermauskot abgeräumt hatte. Örtlich weisen die Ablagerungen eine Mächtigkeit von 4,2 m auf. Zu den anthropogenen Hinterlassenschaften, die sich darin verbargen, zählen nicht nur Steinwerkzeuge und Speisereste, sondern auch Gegenstände aus Leder, Fell, Federn, Horn, Binsen, Holz, Rinde und Sehnen. Koprolithen (versteinerte Fäkalien) geben Auskunft über die Nahrungsgewohnheiten der Bewohner. Diese hatten die Angewohnheit, den Höhlenboden mit Gras, Zweigen und Binsen auszukleiden. Die Schichtenfolge solcher Beläge verrät uns, daß Menschen immer wieder die Kavernen begingen – mit Unterbrechungen zwar, aber kontinuierlich über Jahrtausende.

Dank des reichen, in Danger und Hogup Cave sowie unter dem Sudden Shelter geborgenen Fundgutes lassen sich die späte paläo-indianische und die archaische Siedlungsphase des östlichen Beckens in drei Perioden gliedern.

Bonneville-Periode (9000 bis 7500 v. Chr.). Pate bei der Benennung der hier zu besprechenden Zeitspanne stand ein riesiger pleistozäner See – heute eine trockengefallene Senke, die weite Teile des östlichen Great Basin einnimmt. Die um 9000 v. Chr. Danger Cave besuchenden Wildbeutertrupps hinterließen auf dem sandigen Höhlenboden ihre Spuren: Feuerstellen, Steinabschläge und Mahlsteine (Jennings, 1957).

Ob Bonneville-Leute schon hier lebten, als noch Clovis-Jäger die Gegend durchstreiften, ist nicht ganz geklärt. Es finden sich nämlich neben gestielten Waffenspitzen auch Projektilköpfe mit charakteristischer Clovis-Kehlung. Aikens und Madsen (1986) machen darauf aufmerksam, daß die Bonneville-Periode in einen chronologischen Abschnitt von erheblicher klimatischer Unruhe fällt. Damals, so die Meinung der Autoren, mag sich der Wandel von paläo-indianischer Großwildjagd zum Wüstensammlertum archaischer Prägung vollzogen haben.

Wendover-Periode (7500 bis 4000 v. Chr.). Diese Entwicklungsphase erhielt ihren Namen nach der Stadt Wendover an der Grenze von Utah zu Nevada. Wendover-Gruppen siedelten auf unterschiedlichen Höhenstufen und erschlossen eine Vielzahl von Habitaten wirtschaftlicher Nutzung. Alles deutet auf hohe Mobilität hin. Vertraute Lagerplätze wurden im Jahreslauf abwechselnd aufgesucht. Man jagte und sammelte in saisonalem Rhythmus, abhängig von Vorkommen und Abundanz oder Reifegrad der jeweiligen Spezies.

In großen Mengen konsumierten die Menschen Pflanzen. Die untersten Straten von Danger und Hogup Cave erbrachten entsprechende Belege. Salzkraut *(Allenrolfea occidentalis)*, eine Meldenverwandte, die am Saum von Salzpfannen und ausgetrockneten Seebetten gedeiht, stand besonders hoch im Kurs. Queller *(Salicornia)*, Rohrkolben *(Typha)*, Salzgras *(Distichlis)*, Stachelbirnenkaktus *(Opuntia engelmannii)* und weitere standorttypische Vertreter der Flora bereicherten die Kost. Zum Sammeln verwendete man in Doppelfaden- und Spiralwulsttechnik gefertigte Körbe aus Weidenzweigen, Seggen und Binsen. Samen wurden zunächst in heißer Asche gedörrt, dann geworfelt. Wenn das Getreide gemahlen war, backten Frauen daraus Küchlein oder bereiteten Brei zu (Aikens & Madsen, 1986).

Schwarzwedelhirsch, Gabelbock, Dickhornschaf und Bison bejagten die Archaiker, die Hogup Cave frequentierten, mit großer Leidenschaft. In den Höhlenablagerungen kamen die Überreste von 32 Kleinsäuger- und 34 Vogelarten zutage; die meisten davon fanden sicher kulinarisches Interesse. Speerwerfer, steinbewehrte Speere mit Vorschäften und Holzlanzen leisteten bei der Großwildjagd gute Dienste. Netzfragmenten nach zu schließen, gingen die Niederwildjäger der Wendover-Periode offenbar bereits genauso vor wie historische Beckenbewohner: Man drückte Hasen aus ihren Sassen und scheuchte sie in aufgespannte Netze. Schlingen, in denen sich wohl Kaninchen, Zahnwachteln und Beifußhühner fingen, sind ebenfalls in Gebrauch gewesen.

Die Jäger verarbeiteten ihre Beute mit gehefteten Steinmessern und Schabern. Nicht nur das Fleisch wurde verwertet, sondern ebenso Nebenprodukte, aus denen Ledertaschen, knöcherne Ahlen und Nadeln entstanden. Man trug einfache Kleidung: Ponchos aus Hasenfell und Binsencapes. Flechtsandalen schützten die Füße (Jennings et al., 1980).

Black Rock-Periode (4000 v. Chr. bis 500 u. Z.). Nach 4000 v. Chr. nahm die Siedlungsdichte zu. Bislang unbewohntes Gebiet, insbesondere die submontane Zone, wurde kolonisiert. Derweil schritt die Austrocknung des Beckens fort. Seen schrumpften und mit ihnen die hochproduktiven limnischen Lebensräume. Dies zwang die Archaiker zu noch größerer Beweglichkeit und zur Erschließung der höher gelegenen Kiefern/Wacholderwälder. Auch die Jagd gewann an Bedeutung. Familienverbände unternahmen nun ausgedehnte Streifzüge, die sie zu weit von ihren Seerandstützpunkten entfernten Plätzen führten (Madsen, 1982).

Während der Black Rock-Periode, die ihren Namen einer Höhle am Fuß der Oquirrh-Berge südlich des Großen Salzsees verdankt, traten lokal die charakteristischen Elko- und Gypsum-Spitzen auf. Ergiebige Niederschläge ließen nach 2000 v. Chr. die Seen wieder anschwellen. Sogar Randsümpfe standen jetzt unter Wasser, und wertvolle Vogelniststätten gingen verloren. Die Menschen, die in Hogup Cave verkehrten, mußten ihre Subsistenzgewohnheiten umstellen. Wasser- und Sumpfvögel hatten um 1000 v. Chr. die Gegend verlassen; nach ihren Knochen sucht man in den Ablagerungen dieser Zeit vergebens. Nur selten statteten die Archaiker Hogup Cave noch Besuche ab. Kotuntersuchungen ergaben, daß sie Wildpflanzen einbrachten und Hasen jagten, aber mit rückläufiger Tendenz (Harper & Adler, 1970; Aikens & Madsen, 1986; Mehringer, 1977).

Ökonomische Einbußen mußten auch die Bewohner anderer Gebiete hinnehmen, doch wurden nicht alle Gruppen gleich hart getroffen. Abgesehen von geringfügigen Modifizierungen, die lokale Klimaveränderungen widerspiegeln, erfuhr die wüstenarchaische Lebensweise keine nennenswerten Korrekturen. Mit der Einführung von Pfeil und Bogen um 700 u. Z. wandte man sich stärker der Jagd zu.

Nach 400 u. Z. hielten in den Black Rock-Fundstätten Tongefäße und Mais Einzug, Kulturgüter, die man von seßhaften, Feldbau treibenden Bevölkerungs-

gruppen des nordamerikanischen Südwestens übernahm. Grundsätzlich jedoch änderte sich an der Daseinsgestaltung so gut wie nichts. Samen der Nußkiefer fanden nun freilich stärkere Berücksichtigung (Madsen, 1985). Um 800 u. Z. griff dann die Fremont-Kultur (s. unten) vom Colorado-Plateau nach Norden aus (Marvitt, 1986). Mais wurde jetzt in größerem Umfang gepflanzt, und manche Gruppen ließen sich in ganzjährig bewohnten Dörfern nieder.

Das Wüsten-Archaikum im westlichen Becken: ? 7000 v. Chr. bis zur europäischen Landnahme

Im Westen des Großen Beckens begegnen uns vom Osten her vertraute Entwicklungstrends (Thomas, 1982; Elston, 1982; 1986). Die früh- und mittelholozäne Erwärmung führte auch hier zur Austrocknung von Feuchtgebieten. Zwischen 3100 und 2200 v. Chr. erreichte der Temperaturanstieg seinen Höhepunkt.

Früharchaikum (? 7000 bis 2000 v. Chr.). In den zentralen und westlichen Bereichen des Beckens ist das Früharchaikum nur unzureichend dokumentiert. Mit der noch vom paläo-indianischen Jägertum *(San Dieguito)* inspirierten Lake Mojave-Kultur (? 7000–5500 v. Chr.) und ihrer Pinto-Schwester (6500–1900 v. Chr.) setzt es aber scheinbar später ein als im Osten. Gatecliff-Waffenspitzen lösen um 3300 v. Chr. ihre Vorgänger, die Pinto Basin-Typen, ab.

Aus dem Lahontan-Becken kennt die Forschung mittlerweile einige Stätten, die Aufschluß über den spät-früharchaischen Lebenswandel geben. Nach 3000 v. Chr. nahm hier die Populationsdichte zu, und ab 2580 v. Chr. erhielt die berühmte Lovelock-Höhle über der Humboldt-Senke regelmäßig Besuch von Jäger- und Sammlertrupps (Heizer & Napton, 1970).

Lovelock Cave in Nevada. *(Unten, links)* Ansicht der Fundstelle. *(Unten, rechts)* Verpackte Entenattrappen nach ihrer Bergung 1924.

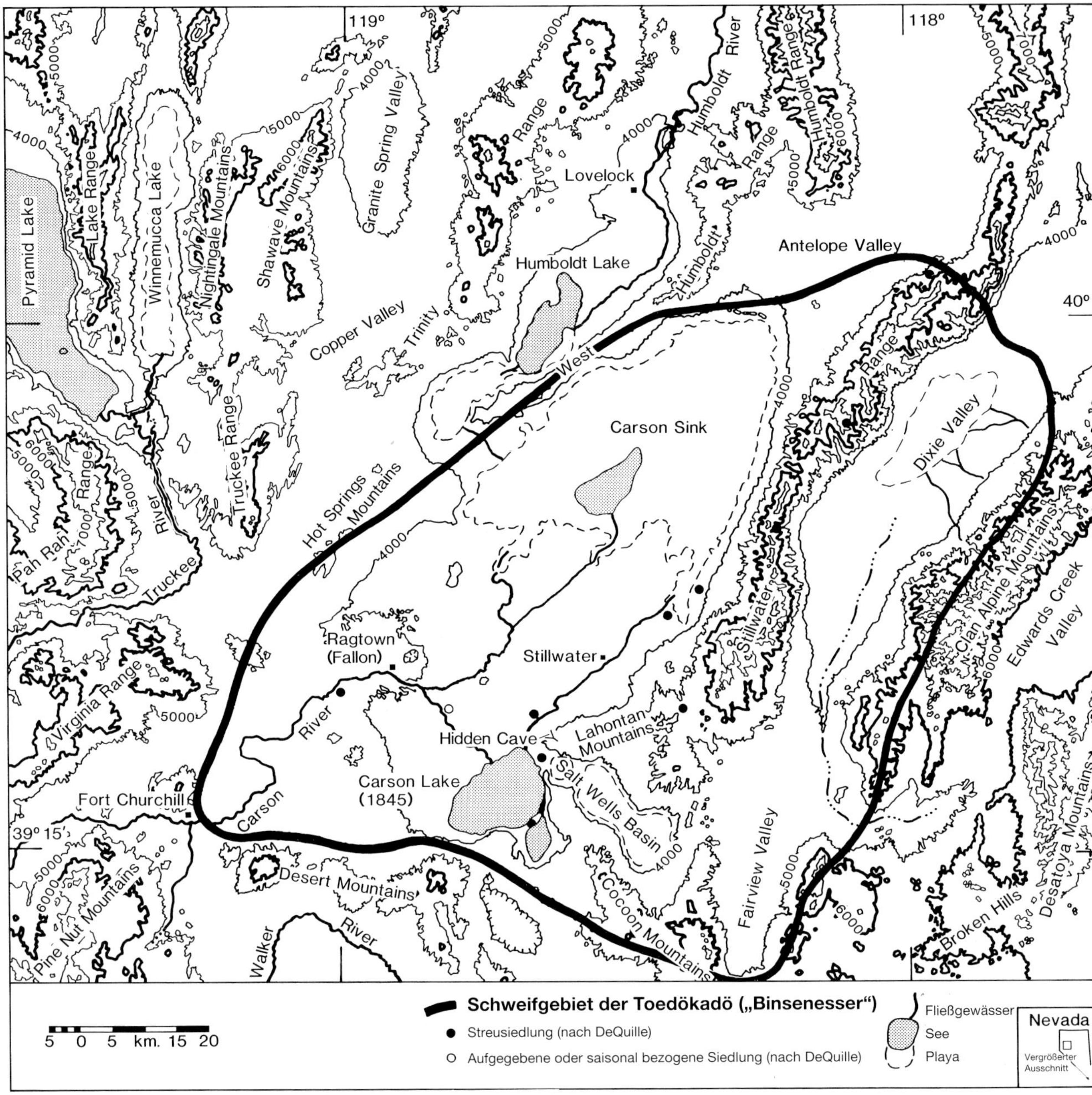

Übersichtskarte der Carson-Senke mit Lagevermerk der Lovelock und Hidden Caves. Die fette Linie bezeichnet das Schweifgebiet der historischen Toedökadö (s. S. 242).

Lovelock und andere Großkavernen dienten hauptsächlich als Vorratslager oder Begräbnisplatz. Zwischen den Höhlen, Basislagern am Rande von Seen oder Sümpfen und verstreuten Saisoncamps herrschte reger Pendelverkehr. Viele dieser Örtlichkeiten kann man nur anhand gehäuft auftretender Steinwerkzeuge identifizieren. Bei Cocanour jedoch stießen Archäologen auf zwei kreisförmige

Hausgruben von 2,4 und 3,4 m Durchmesser. In ihrer Umgebung lagen Waffenspitzen, Schaber, Metates und Handwalzen. Fische, Vögel, Rohrkolben und Kiefernnüsse dienten als Nahrung (Thomas, 1970). Konchylienschmuck und Obsidian aus Kalifornien bzw. West-Nevada bezeugen ausgedehnte Handelskontakte.

Mittelarchaikum (ca. 2000 v. Chr. bis 500 u. Z.). Im Mittelarchaikum wurde das Klima zunehmend kühler und feuchter. Flachseen und Randsümpfe bildeten sich an Stellen, die vorher trocken lagen. Allmählich stieg die Bevölkerungskurve. Der Handel mit Nachbarregionen blühte.

Im zentralen Becken verfolgten Jäger Wüsten-Dickhornschafe *(Ovis canadensis nelsoni)* und Gabelböcke, am Osthang der Sierra Nevada ergänzte man die Jagd auf Hirsche, Kalifornische Dickhornschafe *(O. c. californianus)* und Niederwild durch pflanzliche Kost. Besser sind wir über die Subsistenzgewohnheiten der Leute im Lahontan-Becken unterrichtet. Mancherorts existierten dort dorfähnliche Ansiedlungen, von denen aus man Sümpfe und Seeränder nach Eßbarem absuchte. Fische jeder Größe, von Wüstenkärpflingen *(Cyprinodon)* bis zur Lahontan-Forelle *(Oncorhynchus clarki henshawi)*, erbeuteten die Einheimischen mit Netzen, Reusen und knöchernen Angelhaken. Naturgetreue Entenattrappen aus Binsen und eingesteckten Feder täuschten arglose Vögel. Überreste von Nashornpelikanen *(Pelecanus erythrorhynchus)*, Reihern, Enten, Gänsen und Rallen zeugen vom hohen Stellenwert des Vogelfanges, ebenso Netze, die bei der Jagd auf Wassergeflügel zum Einsatz kamen.

Koprolithen verraten eine Menge über die Nahrungszusammensetzung. Die Menschen, die in Lovelock Cave verkehrten, bezogen über 90% ihrer Kost aus der nahegelegenen Humboldt/Carson-Senke. Es konnten Samen von Tule-Binse, Strandgerste *(Elymus canadensis)* und Sumpfhirse *(Panicum)* nachgewiesen werden. Besonders schätzte man den Tui *(Gila bicolor)*, einen Fisch ruhiger Gewässerrandzonen, aber auch Enten und Sumpfhühner *(Porzana)* galten als Leckerbissen. Vielfältiges und reiches Vorkommen der Nahrungsmittel gestatteten stationäre Ansiedlung über längere Zeiträume.

Der archäologische Befund, wie er uns von Stätten wie Lovelock überliefert ist, hat Forscher zu unterschiedlichen Siedlungshypothesen veranlaßt. Eine Schule geht davon aus, daß der natürliche Reichtum an Sümpfen und Seeufern zu Seßhaftigkeit einlud, und man sich kaum weit vom Wohnort entfernte (Heizer & Napton, 1970). Die Befürworter der «limnosedentären» Anpassung stützen ihre Argumente auf die Auswertung der erwähnten Kotsteine, die in der Tat einen hohen Prozentsatz an lacustriner Kost wahrscheinlich machen (vgl. auch Madsen & Lindsay, 1977). Demgegenüber sehen Kritiker in den Besuchern von Lovelock Cave und anderer Stätten «limnomobile» Verbände, die nur für die Dauer weniger Wochen «vorbeigeschaut» hätten, ansonsten aber auf Wanderschaft gewesen wären. Man dürfe, so mahnen die Anhänger des letztgenannten Modells, singuläre Befunde nicht überbewerten. Der immense Aufwand, der mit dem Erwerb, der Verarbeitung und Bevorratung limnischer Ressourcen verbunden sei, habe sich überdies nur kurzfristig rentiert und könne mit der vorteilhaften Kosten/Nutzen-Rechnung, die bei reicher Kiefernzapfenernte zustandekomme, nicht konkurrieren.

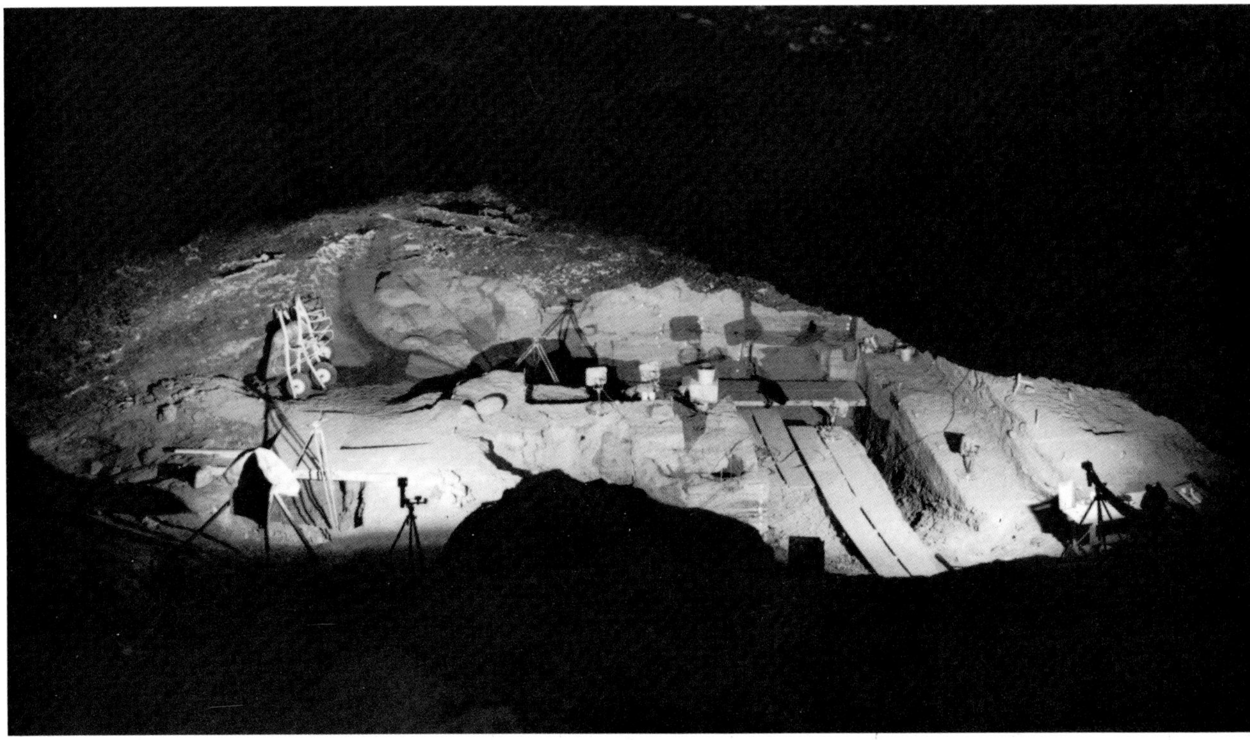

Grabungskampagne in Hidden Cave (Nevada), 1979.

David Hurst Thomas (1985) hat dank seiner Nachgrabungen in Hidden Cave, südlich der Carson-Senke, dem Expertenstreit eine neue Wendung gegeben. Da er sich nicht auf den archäologischen Befund allein verlassen wollte, rekonstruierte Thomas die paläo-ökologischen Verhältnisse und durchforstete ethnografische Quellen nach Anhaltspunkten für mögliche Nutzungsmodi. Der Wissenschaftler fand heraus, daß die historischen Toedökadö, eine Lokalgruppe der Nuummö, von Basislagern aus operierten, daneben aber auch ausgedehnte Wanderungen unternahmen und dabei jede sich bietende Gelegenheit zum Nahrungserwerb ergriffen. Zu diesem Vorgehen wurden sie von den pflanzlichen Reifezyklen, der zu den jeweiligen Vorkommen zurückzulegenden Strecke und der Ressourcenhäufigkeit genötigt. Den Winter verbrachten die Toedökadö in dorfähnlichen Ansiedlungen unweit von Marschen oder in nahen Hügeln, wo sie von gespeicherten Vorräten zehrten, wenn der Sumpf mit frischer Kost geizte. Im Frühling und Sommer schwärmten sie in Familienstärke aus und suchten an ihnen bekannten Plätzen nach Nahrung. Im Herbst versammelte man sich wieder zur gemeinschaftlichen Zapfenernte. Thomas' Grabungen in Hidden Cave bestätigten dieses Muster. Die Höhle diente augenscheinlich als zeitweilige Anlaufstelle und Depot, das Gerätschaften und Nahrungsmittelreserven aufnahm. Einige der hier «gebunkerten» Konsumgüter waren scheinbar als Reiseproviant vorgesehen. Während in Lovelock Werkzeuge zu Tage gefördert wurden, die sich zur Verarbeitung erbeuteter Vögel oder Fische eigneten, fahndete Thomas in Hidden Cave hiernach vergebens. Der Autor zog daraus den Schluß, daß prähistorische Siedler Lovelock als Winter-Standquartier wählten, die südlicher gelegene Station dagegen lediglich in der ersten Jahreshälfte aufsuchten.

Ausgehend von solchen Überlegungen muß man wohl beide eingangs skizzierten Siedlungshypothesen als zu extrem verwerfen. Eher ist anzunehmen, daß Hidden Cave und viele ähnliche Stätten, in denen Menschen über Jahrhunderte Unterschlupf fanden, verschiedene Funktionen verbanden. Es mag Zeiten gegeben haben, in denen die Höhlen als Vorratslager dienten, dann als Ruheplatz für die Toten und Generationen früher oder später nichts weiter boten als Schutz vor der sengenden Sonne. Die Archaiker, die dort ein- und ausgingen, nutzten ihre Umwelt nach festem, von der Natur vorgezeichneten Plan, sie waren aber auch flexibel genug, hiervon abzuweichen, wenn es die Bedingungen erforderten. Der Unterhalt dauernd bewohnter Siedlungen verbot sich angesichts solcher Gepflogenheiten, wahrscheinlich aber sind längere, mehrmonatige Pausen am selben Fleck, vorzugsweise wohl im Winterhalbjahr.

Spätarchaikum (500 u. Z. bis nach Eintreffen der Europäer). Um Christi Geburt wurde es im westlichen Becken wärmer und trockener, ein Trend, der etwa 500 Jahre anhielt. Danach verbreitete sich der Bogen in der Region. Pfeilspitzen der Desert-Serien (500 u. Z. – Moderne) verdrängten das früher gebräuchliche Arsenal. Nach 1000 u. Z. traten Waffen der Cottonwood-Serien hinzu. Zusammen mit Projektilköpfen dieser Designs kam braune Töpferware in Mode. Benutzt wurde wohl beides von den Vorfahren der historischen Num-Gruppen.

Glaubte man noch bis vor kurzem, Uto-Azteken, zu denen auch die Num (Shoshone-Völker) zählen, hätten seit dem Früharchaikum im Großen Becken gesiedelt, neigt die Forschung heute der Ansicht zu, daß es sich bei ihnen um spät angekommene Neubürger handelt. Die Sprachen der Num-Gruppe verteilen sich über einen riesigen geografischen Raum und sind trotzdem sehr eng miteinander verwandt, was als Indiz für ihre rezente Differenzierung gewertet werden muß. Lamb (1958) zufolge stammten die Vorfahren der Num aus der ostkalifornischen Wüste, von wo sie vor ca. 1500 Jahren ostwärts ausschwärmten. Zwischen 1300 und 1500 u. Z. hatten sie die Ureinwohner des Beckens verdrängt. Mit den Nömöne (Comanche) gelangte eine Gemeinschaft sogar auf die Plains. Begünstigt wurde die Num-Radiation zweifellos von einem verheerenden Dürrezyklus ab 1130 u. Z., dem sie kraft ihrer Herkunft aus einem der heißesten und trockensten Landstriche Nordamerikas eher gewachsen waren als die Altsiedler.

Bettinger und Baumhoff (1982) äußerten die Vermutung, daß die Subsistenzstrategien der Num-Gruppen von denen ihrer Vorgänger abwichen. Sammeltätigkeit besaß bei ihnen einen noch größeren Stellenwert. Das Geschlechterverhältnis könnte demnach zugunsten der Frauen verschoben gewesen sein, was seinen Niederschlag in höherer Geburtenziffer fand.

Das Spätarchaikum im westlichen Becken ist ein Zeitalter der Neuerungen. Auch die Anlage semi-permanenter Höhensiedlungen gehört dazu. In Alta Toquima auf der Hochfläche des Mt. Jefferson kamen die Überreste eines Dorfes zum Vorschein, dessen Häuser und Vorratsspeicher Steinfundamente aufwiesen. Wie Thomas (1982) vermutet, wohnten hier Familienverbände mehrere Monate lang. In den White Mountains von Ostkalifornien stießen Archäologen auf ähn-

Das Hochlager Alta Toquima wird erforscht.

liche Niederlassungen. Der Trend zu halb-seßhafter Ansiedlung wird auch andernorts deutlich. Im Grass Valley, Nevada, fielen Kiefernzapfen so reichlich an, daß es sich die lokale Bevölkerung leisten konnte, viele Wochen am selben Ort zu verbringen. Weiter westlich, im Owens Valley, zog man aus den Vorbergen der Sierra Nevada in die Tallagen. Wildpflanzenbestände wurden dort künstlich bewässert. Wieder erforderte diese Anpassungsstrategie lange Verweildauer an einem Platz.

Trotz aller regionalen Vielfalt, gegründet auf ökologische Einnischung, veränderten die Kulturen des Wüsten-Archaikums über Jahrtausende kaum ihr allgemeines Erscheinungsbild. Wechselten die äußeren Verhältnisse, griffen die Menschen auf altbewährte Rezepte zurück. Wenn Seen austrockneten, verlagerte man seinen Aktionsradius auf höher gelegenes Terrain. Nahmen umgekehrt

Regenfälle zu, was die Entstehung neuer Feuchtgebiete förderte, kamen die Gruppen zurück. Immer wieder wurden Wanderrouten verlegt und auf das fluktuierende Ressourcenangebot ausgerichtet.

Nie war das Große Becken ein Lebensraum, den öko-klimatische Stabilität auszeichnete. Wie Robert Elston (1986) resümmiert, begegneten seine Einwohner «dem Wandel mit Wandel», mit sparsamen technologischen Verbesserungen und adaptiver Ressourcennutzung. Hätte die euro-amerikanische Landnahme jenes fein gesponnene Band zwischen Mensch und Umwelt nicht zerrissen, würde es fortbestehen – bis zum heutigen Tag.

Die Fremont-Kultur(en) – Gartenbau im Großen Becken: 400 bis 1300 u. Z.

Etwa vier Jahrhunderte nach Christi Geburt gerieten Wildbeutertrupps in Ost-Nevada, West-Colorado, Süd-Idaho und Utah unter den Einfluß der Anasazi-Tradition des nordamerikanischen Südwestens (Marwitt, 1986). Die beteiligten Gruppen nahmen eine mehr oder weniger seßhafte Lebensweise an. 900 Jahre später erlosch diese bemerkenswerte Kulturanpassung, nach einem Flüßchen in Süd-Utah «Fremont» genannt, ebenso plötzlich wie sie aufgetreten war. Bis zum Eintreffen europäischer Kolonisten gehörte der trockene Südabschnitt des intermontanen Raumes wieder archaischen Jägern und Sammlern.

Anfänge. Der Archäologe Noel Morss (1931) war der erste, der auf die Besonderheiten des Fremont-Komplexes hinwies. Er und andere Forscher erkannten eine Reihe kultureller Eigenarten, die auch im Südwesten der heutigen USA vorkamen, darunter Maisanbau, Grubenhäuser, Lehmziegelarchitektur und Keramik. Wie Morss vermutete, pflegten ortsansässige Wildbeuter intensive Kontakte nach Süden. Im Lauf der Zeit fanden sie Geschmack an der exotischen Lebensart ihrer Nachbarn. Auch Vorstöße von Südwest-Indianern nach Norden mochte Morss nicht ausschließen. In der Folge entzündeten sich an dem Fremont-Paradox engagierte wissenschaftliche Dispute. Ging Fremont tatsächlich aus wüstenarchaischen Wurzeln, die sich mit Anasazi/Mogollon-Ranken vermählten, hervor (Jennings, 1957), oder strickten Zuwanderer aus dem Südwesten aktiv an dem Kulturmuster mit (Wormington, 1955)? Kamen die Fremont-Leute am Ende gar aus den Plains, wohin sie angesichts der von Westen her vorrückenden Num auch wieder verschwanden (Aikens, 1967)? Wahrscheinlich steckt in jeder dieser Hypothesen ein Körnchen Wahrheit, auch wenn die definitive Klärung noch aussteht (vgl. die Diskussion bei Madsen, 1980).

Es ist nicht einfach, die Entwicklung Fremonts bis zu den Anfängen zurückzuverfolgen, denn die Ableger der Tradition erscheinen regional zu verschiedenen Zeiten. Melvin Aikens (1970) konnte in Hogup Cave den bruchlosen Übergang vom Archaikum zu Fremont dokumentieren. Die Menschen dort ergänzten nach 400 u. Z. ihr kulturelles Programm einfach durch Mais – wobei unklar bleibt, ob sie ihn selbst anbauten oder Kolben im Handel mit anderen Stämmen erwarben –, Keramik und wenige andere Sachgüter. Ihre traditionellen Lebensgewohnheiten aber behielten sie bei. Anderswo datiert der Komplex erst ab 800 oder 900 u. Z. Niemandem ist es bisher gelungen, diese Zeitstellung nach unten zu korrigieren.

Fremont: Tonfigurinen von der Fundstelle Old Woman. Höhe der größten Plastik ca. 11,5 cm.

Dies mag damit zusammenhängen, daß Südwest-Elemente anfangs nur selektiv aufgenommen wurden und unterschiedliche ethnische Gruppen als regionale Träger auftraten. In den südwestlichen Teilen des östlichen Beckens dürften damals noch Hoka-Sprecher gelebt haben, im Norden und im Osten vielleicht Proto-Apache, die von Avonlea-Verbänden der Plains abstammten. David Madsen (1979) glaubt, daß im Gesamtverbreitungsgebiet Fremonts zwei oder drei ethno-linguistische Gruppierungen heimisch waren, die zwar einige, eventuell über Handelsketten erworbene Artefakte (tönerne Tabakspfeifen, Ledermokkasins u.ä.) teilten, ansonsten aber wenig miteinander zu tun hatten. Hieb- und stichfeste Beweise gibt es für diese Auffassung nicht, doch liefert sie einen brauchbaren Erklärungsansatz für die diffuse Chronologie und den regionalen Variantenreichtum.

Regionale Unterschiede. Der Fremont-Komplex zeichnet sich durch so viele örtliche Spielarten aus, daß Bedenken geäußert wurden, sie alle unter ein gemeinsames kulturelles Dach zu stellen (Marwitt, 1986). Oberirdische Stein- und Lehmziegelbauwerke etwa, wie sie für den nordamerikanischen Südwesten typisch sind, waren nur auf dem nördlichen Colorado-Plateau verbreitet, dem Teilgebiet

(Links) Fremont-Keramiken. Von links nach rechts: Caldwell Village, Evans Mound, Snake Rock und abermals Evans Mound. Höhe des größten Gefäßes ca. 27 cm.
(Mitte, links) Fremont-Schüssel aus dem Grantsville Mound («Ivie Creek Schwarz-auf-Weiß»); Durchmesser 26 cm.
(Mitte, rechts) Pfeife aus dem Evans Mound, Rauchrohr aus dem Nephi Mound.

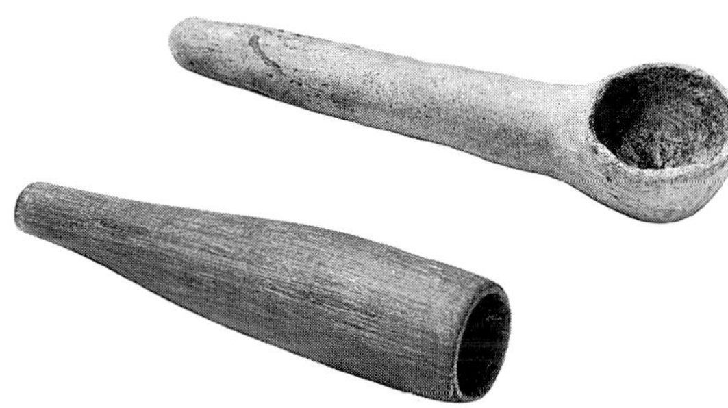

(Links) Fremont-Mokkasins aus Hogup Cave (links) und Promontory Cave (rechts).

Fremont-Felsbildkunst. Göttergestalten und Irdische geben sich an der «Great Gallery» des Horseshoe Canyon, Barrier Creek (Utah), ein Stelldichein.

also, das dem Südwesten am nächsten liegt. Die nördlichen und westlichen Fremont-Gruppen dagegen ähnelten mehr archaischen Steppensammlern und den Bisonjägern der Plains. Auch der Maisanbau fand im Süden stärkere Resonanz als im Norden. John Marwitt (1970; 1986) unterscheidet fünf geografische Varianten, die sich durch ein eigenständiges Artefaktspektrum, eigene Subsistenzstrategien und Siedlungsmuster ausweisen (vgl. Tabelle). Jedes Teilgebiet verfügte über Beziehungen zu Nachbarregionen, entfaltete in Einklang mit dem jeweils vorherrschenden Milieu jedoch unverwechselbares Gepräge. Gemeingut aller Kulturspielarten waren anthropomorphe Tonfigurinen, die wohl im Kult Verwendung fanden, und ein besonderer Malduktus bei der Ausführung von Felsbildern. Dahinter stand möglicherweise ein verbindender religiöser Gedanke, der von Glaubensvorstellungen weiter im Süden inspiriert sein mochte.

Ausklang. Mitte des 14. Jhs. hatten die meisten Fremont-Gruppen Colorado-Plateau und Großes Becken geräumt. Ursache war die verheerende Dürre, die den globalen Temperaturrückgang Mitte des 2. nachchristlichen Jahrtausends begleitete. Maisanbau kam unter solchen Bedingungen nicht mehr in Frage.

Die Verdrängung einheimischer Bevölkerungsteile durch Neusiedler spielte gleichfalls eine Rolle. Wie wir uns erinnern, sickerten nach 500 u. Z. Num-Verbände in das Große Becken ein. Sie und die Fremont-Leute verband nichts. Von Hogup Cave wissen wir, daß die Num ortsansässige Fremont-Gruppen verdrängten. Auch an anderen Fundstellen finden sich dafür Belege. Mag es am Anfang noch ein Nebeneinander von Einheimischen und Invasoren gegeben haben, so verschwand die Fremont-Bevölkerung schließlich spurlos. Was aus ihr wurde,

REGIONALE VARIANTEN DES FREMONT-KOMPLEXES

Alle Varianten sind durch voneinander abweichende Keramiktypen, Waffenspitzen und Siedlungsmuster ausgewiesen (nach Marwitt, 1986).
Auf das Große Becken selbst beschränkte Spielarten (gelegentlich unter der Bezeichnung «Sevier» [Madsen & Lindsay, 1977] subsummiert):
Parowan-Fremont (vor 900 bis 1250 u. Z.). Maispflanzer und Wildbeuter im südwestlichen Utah. Starker Anasazi-Einfluß. Viele große Grubenhausdörfer.
Sevier-Fremont (ca. 870 bis 1250 u. Z.). Im zentral-westlichen Utah und östlichen Nevada. Kleinere Gemeinschaften als Parowan. Siedlungen saisonal bewohnt, oft an perennierenden Gewässern. Maisanbau und Wildpflanzenernte.
Great Salt Lake-Fremont (400 bis 1350 u. Z.). Jagd und Sammelwirtschaft dominieren über Gartenbau. Wenige Dauersiedlungen. Die typischen seitengekerbten Waffenspitzen, Keramikerzeugnisse und Knochengeräte der Variante treten rings um den Großen Salzsee in Utah auf, finden sich aber auch am Fuß der Rocky Mountains und im südlich-zentralen Idaho.
Marginale Spielarten:
Uinta Basin-Fremont (650 bis 950 u. Z.). Im rauhen Uinta-Becken Nordost-Utahs verbreitet. Grubenhausweiler. Wegen der kurzen Vegetationsperiode Gartenbau hinter Jagd und Sammelwirtschaft zurücktretend.
San Raphael-Fremont (700 bis 1250 u. Z.). Kleine Dörfer auf dem Wasatch-Plateau Ost-Utahs und im äußersten Westen Colorados. Maisanbau von großer Bedeutung.

geht aus dem archäologischen Kontext nicht hervor. Wir vermuten, daß das Hoka-Element seinen Verbreitungsschwerpunkt an den Colorado verlagerte, wo sein Auftritt nach 1400 u. Z. Phase III der Patayan-Tradition (vgl. Kapitel 13) einleitete. Fluß-Yuma, die Vorfahren der historischen Hamakháav (Mojave) und Kwacáan (Quechan), jagten damals die alteingesessenen Nord-Pai («Cahonina») in die Berge, und Piipáas (Maricopa) bedrängten die Pima am Gila River. Die Athapasken dürften von den Num nach Süden vertrieben worden sein. Dort tauchten ihre Pioniertrupps gegen 1450 u. Z. auf. Apache und Uto-Azteken bewahrten ihre Feindschaft bis nach Eintreffen der Europäer.

Als Weiße das Große Becken betraten, pflegte nur eine Handvoll Gruppen noch den Maisanbau, darunter einige Südwest-Nuwö (Fowler, 1982) und die Fluß-Yuma. Einige Gemeinschaften im Owens Valley bedienten sich künstlicher Bewässerung, um das Wachstum bestimmter Wildpflanzen zu fördern (Lawton et al., 1976). Insgesamt aber überwog wieder archaisches Jäger- und Sammlertum. Das Fremont-Intermezzo war vergessen. Anfangs bremste das wüstenhafte Ambiente noch die euro-amerikanische Landnahme. Zu den letzten Völkern, die in Nordamerika vor der weißen Übermacht kapitulierten, gehörten die Nuummö (Nördliche Paiute), deren Heimat sich vom «Tal des Todes» in Kalifornien über Nevada bis Nordwest-Utah erstreckte. Viele kleinere Ethnien des Beckens unterlagen im Konkurrenzkampf mit den Neusiedlern. Andere jedoch stellten sich den Herausforderungen der angebrochenen Ära. Mit radikal gewandelter Materialkultur und Wirtschaft, aber überraschend vielen intakten Bausteinen traditioneller Sozialverfassung und Religion schritten sie ins 20. Jahrhundert.

Fundstätten und Haupttraditionen des Südwestens.

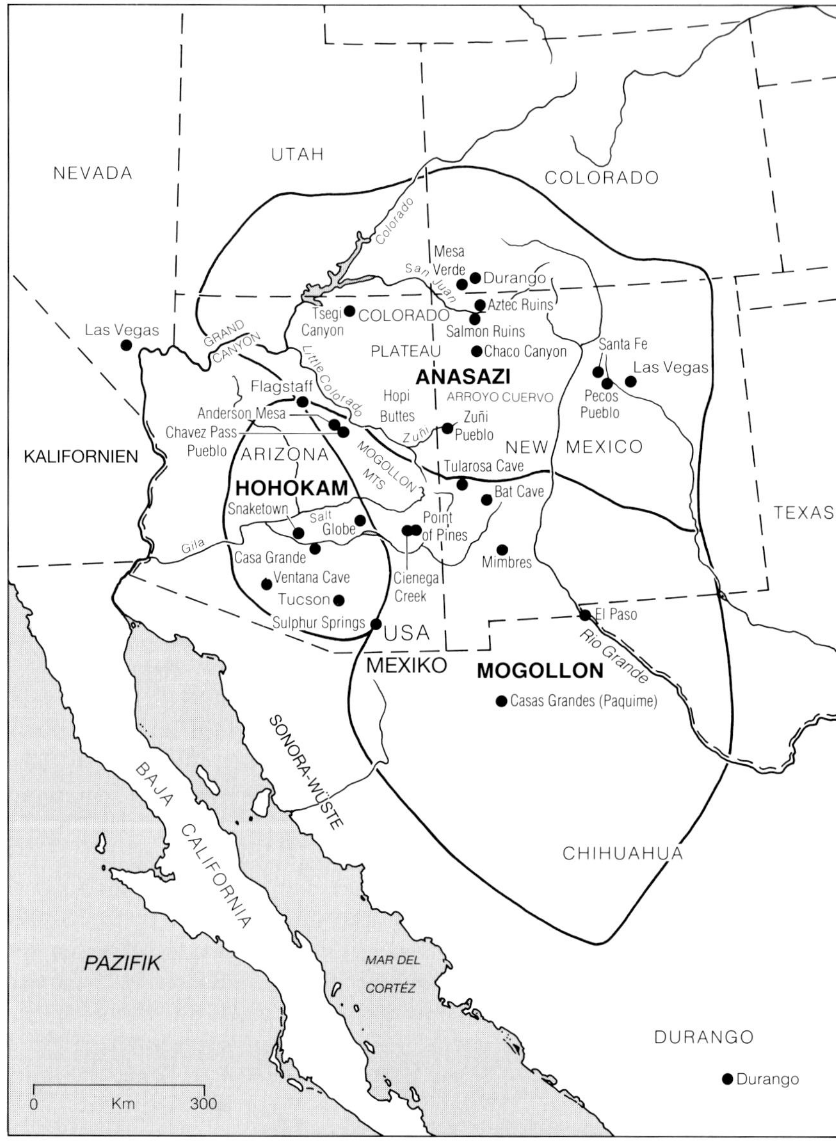

13. DAS ARCHAIKUM IM SÜDWESTEN

Der nordamerikanische «Südwesten» wird als Kulturareal aufgefaßt, dessen Grenzen sich von Las Vegas in Nevada bis Las Vegas in New Mexico und von Durango im gleichnamigen mexikanischen Bundesstaat bis Durango in Colorado erstrecken (Cordell, 1984; Hunter-Anderson, 1987; Martin & Plog, 1973). Was den Südwesten hauptsächlich von seinen Nachbargebieten – Großes Becken, Kalifornien, Plains – unterscheidet, ist Bodenbau. Die hier lebenden Völker pflanzten Mais, Bohnen und Kürbisse. Dabei entwickelten sie ausgeklügelte Methoden, um den Widrigkeiten des Milieus (eklatante Temperaturunterschiede, chronischer Wassermangel) ein Schnippchen zu schlagen. Außerdem taten sie sich als Baumeister hervor. Die wohl beeindruckendsten architektonischen Leistungen nördlich der mesoamerikanischen Hochkulturgebiete gehen auf ihr Konto – oft mehrstöckige Lehmziegel- oder Steingebäude, in Höhlungen steiler Klippen geschmiegt oder auf markanten Geländepunkten thronend.

Ausgehend vom kulturellen Befund läßt sich das Gebiet auf zweierlei Weise definieren (Cordell, 1984):

- Durch Feldbau und die dazu nötigen Gerätschaften, eine Reihe charakteristischer Keramikformen und Baustile.
- Durch das *Fehlen* strenger gesellschaftlicher Stratifizierung, urbaner Zentren, schriftlicher Zeugnisse und von Monumentalbauten, wie wir sie etwa aus Teotihuacán oder Tikál in Mesoamerika kennen.

Nicht daß die Südwest-Völker von ihren Nachbarn isoliert gewesen wären. Handelsverbindungen, dauerhaft und weit gespannt, sorgten für Kontakte mit Bevölkerungsgruppen am Golf von Kalifornien, in Mexiko, im Großen Becken und auf den Plains. Zumindest ihre Anbaupflanzen stammten aus Mesoamerika, vielleicht auch die Töpferei und gewisse Irrigationstechniken, obwohl das in Fachkreisen umstritten ist. Angesichts der harschen Umweltverhältnisse, wo Risiko ständiger Lebensbegleiter war und lang anhaltende Dürren wie aus heiterem Himmel auftraten, ergab sich allzeit die Notwendigkeit nach adaptiver Veränderung. Flexibilität zeichnete daher die Kulturen des Südwestens in hohem Maß aus. Anfangs, als die Menschen noch nicht in Dauersiedlungen wohnten, schwankten sie zwischen Mobilität und, wenn es die äußeren Bedingungen zuließen, stärkerer Ortsbindung. Aber auch später noch, unter dem Einfluß weiträumig verknüpfter Wirtschafts- und Sozialverbände, blieben Korrekturen der bestehenden Ordnung nicht aus. Das launische Klima spielte Zünglein an der Waage. Siedlungszentren wurden aufgegeben, und man kehrte zu dezentraler Residenz mit autonomen Dorfgemeinschaften zurück.

Blick auf die Plaza von Zuñi Pueblo.

Das ethnische Mosaik

Frau der Tóhono Ó'odham (Papago). San Xavier-Reservation, Arizona.

Ungeachtet des seit Jahrhunderten anhaltenden Kontaktes zu Weißen, leben die Nachkommen prähistorischer Bevölkerungsgruppen noch immer im angestammten Wohngebiet. Ihre Sprachen, Glaubensvorstellungen und ihr Wertesystem haben sie sich überwiegend bewahrt. Die Forschung unterscheidet vier Kulturtraditionen, deren Entstehung wir in diesem und in den folgenden zwei Kapiteln verfolgen wollen:

1. Die zur Hoka-Familie zählenden Yuma-Völker (Hamakháav, Piipáas, Kwacáan und Nord-Pai) des Colorado-Tals und der angrenzenden Hochländer. Diese Gruppen praktizierten, soweit sie am Fluß ansässig waren, Überschwemmungsfeldbau. Die fruchtbare Schlammfracht des Colorado, jedes Frühjahr mit den Schmelzwasserfluten abgelagert, garantierte zufriedenstellende Ernten. Nichtsdestoweniger besaßen auch Jagd und Sammeltätigkeit ökonomisches Gewicht. Vor allem die Kwacáan (Quechan, Yuma i. e. S.) hatten sich als furchtlose Kämpfer und weitgereiste Händler einen Namen gemacht. Bis nach Arizona und zur Pazifikküste reichten ihre merkantilen Verbindungen.

2. Ó'odham (Pima/Papago), Ó'ob (Süd-Pima), Ódami (Nord-Tepehuan), Rarámuri (Tarahumara), Yorémẽ (Yaqui/Mayo) und andere Uto-Azteken im südlichen Arizona und Nord-Mexiko. Unwirtliche Wüstenstriche, zerklüftete Bergländer, aber auch liebliche Flußtäler sind Heimat dieser Gemeinschaften. Bevorzugt siedeln sie in *rancherías,* Weilern aus zerstreuten Einzelgehöften, in denen Klein- oder erweiterte Kernfamilien Obdach finden.

3. Die bäuerlichen Pueblo-Indianer Arizonas und New Mexicos. Linguistisch heterogen verbindet alle Vertreter ein gemeinsames kulturelles Band. Auf und an den Flanken der Tafelberge am Südrand der Black Mesa in Arizona leben die uto-azte-

kischen Hopísinom, die in der Literatur meist unter dem Kürzel «Hopi» erscheinen. Die A'šiwi (Zuñi), sprachlich isoliert (Beziehungen zu den Golf-Idiomen und mexikanischen Mundarten werden überprüft), bewohnen derzeit nur ein einziges Dorf; sechs Niederlassungen nahe dem Zuñi-River in New Mexico nannten sie noch im 16. Jh. ihr eigen. Östlich der A'šiwi, am oberen Rio Grande, treffen wir auf die Ansiedlungen der Mets'ha (Keres), Himiš (Jemez/Towa), Tíwan (Süd-Tiwa), Téweš (Tewa), Tóynema (Taos) und weiterer Tano-Gruppen. Ihre Sprachzugehörigkeit konnte erst in den letzten Jahren aufgehellt werden. So sieht man die Mets'ha neuerdings als entfernte Vettern der Uto-Azteken an (Davis, 1979). Die Tewa/Tiwa-Völker sowie die ihnen nahestehenden Himiš und die K'iñago (Kiowa) der Plains dagegen scheinen einen eigenständigen Sprachstamm zu bilden, der zwischen Hoka/Otomangue und Uto-Aztekisch vermittelt.

Die Bezeichnung «Pueblo» leitet sich von dem spanischen Wort für Dorf ab. Pueblo-Indianer neigen zu sozialer Siedlungsweise in kompakten, aneinandergebauten Wohnblocks, die manchmal mehrere Etagen aufweisen. Die Behausungen werden aus Steinen oder Lehmziegeln *(Adobes)* errichtet. Raumfluchten dienen als kombinierte Wohn- und Speichereinheiten. Alle Pueblos verfügen über unterirdische Ritualkammern, die sogenannten *Kivas.*

Glaubensvorstellungen und Sozialstruktur der einzelnen Pueblo-Gruppen weichen voneinander ab. Hopísinom und A'šiwi definieren ihr individuelles Verwandtschaftsverhältnis ausschließlich über die mütterliche Linie. Exogame Matriklane bestimmen die Politik und regeln Heiratspartnerschaften. Hausgemeinschaft und Matriklan decken sich weitgehend. In den Rio Grande-Pueblos haben Klane ihre die Verwandtschaft determinierende Stellung verloren. Sie fungieren hier im wesentlichen als Kultbruderschaften, die in nicht-exogame «Stammeshälften» *(Moieties)* organisiert sind. Die Tano leben in bilateralen Großfamilien mit ambilokaler Wohnsitzregelung. Jungvermählte können demnach die Zugehörigkeit zum Haushalt des ihnen genehmen Elternpaares in freier Wahl entscheiden.

4. Nndé (Mescalero), Indé (Chiricahua), Dinée (Navajo) und andere Südathapasken, deren Ursprung im Plainsgebiet liegt (vgl. Kapitel 7). Über das Große Becken, aus dem Num-Einwanderer sie vertrieben, sickerten die «Apache» ab 1450 u. Z. im Südwesten ein.

Umwelt

Weite Teile des Südwestens liegen in einer Zone, die Basin und Range-Provinz genannt wird. Hier treten typischerweise isolierte, langgestreckte Bergzüge auf, die fast parallel verlaufen. Eingestreut sind Beckenlandschaften mit meist flachen Talböden. Eine Sonderstellung nimmt das Colorado-Plateau an den vier zusammenstoßenden Ecken *(Four Corners)* der US-Bundesstaaten Utah, Colorado, Arizona und New Mexico ein. Geologen sprechen von einer Rundscholle, die an eine umgestülpte Schüssel erinnert. Tafelberge (Mesas), natürlich freipräpariertes Grundgestein, und einzelne Basaltkegel überragen das Plateau; örtlich erreichen sie fast 4000 m Höhe. Grandiose Schluchten haben sich, gegraben von urzeitlichen Strömen, in den Fels geprägt. Andernorts bestimmen nicht mehr die scharf

Tse Biyi, wie die Dinée (Navajo) das Monument Valley nennen, von Hunts Mesa aus gesehen. Breite Mulden, Sattelgebirge (Antikline), Bergtafeln (Mesas) und Plateaus sind typisch für das Gebiet am Gehrungspunkt der US-Bundesstaaten Arizona, New Mexico, Colorado und Utah.

eingesägten Canyons das Landschaftsbild, sondern breite Mulden und schmale Sattelgebirge, aus denen bizarre, windgeformte Mauern und Pfeiler aufragen. Wie von Malerhand hingezaubert wirken die leuchtenden Farbtöne der Painted Desert – graue und blaue Tone, roter Sandstein, dunkle Konglomerate. Im Osten stößt das Colorado-Plateau auf Ausläufer der Rocky Mountains, die Wasserscheide dieses Teilbereichs.

Klimatisch gehört der Südwesten zum nordamerikanischen Wüstengürtel. Den Hochplateaus bringen Winterstürme vom Pazifik zwischen Dezember und März Schnee und Nieselregen. Mehr Niederschlag fällt im Juli und August, wenn sich Gewitterfronten aus dem Golfgebiet über den Bergen austoben. Tiefere Lagen empfangen nur wenig Regen, kaum über 20 cm im Jahresmittel, so daß hier echte Wüstenbedingungen vorherrschen.

Die Bauern auf dem Colorado-Plateau versorgten sich aus Quelltöpfen und Quellhorizonten an tektonischen Diskordanzen zwischen hangendem Sandstein und wasserundurchlässigen Schichten. Zur Feldbewässerung leiteten die westlichen Pueblo-Gruppen nach Regenfällen das kostbare Naß über schmale Rinnen zu Tal. Im Versickerungsfächer bestellten sie ihre Parzellen. Dieses Verfahren bezeichnet man als Regen- oder Sturzwasserfeldbau. Am Rio Grande hingegen war reichlich Wasser vorhanden. Wenn der Fluß über seine Ufer trat, nach der Schneeschmelze oder wolkenbruchartigen Güssen, lagerte er fruchtbaren Schlamm ab. Doch wo die Natur gab, konnte sie auch zerstören. Verheerende

Schichtfluten rissen mitunter mühsam angelegte Gärten und Feldhütten mit sich fort.

Nur oberhalb 2400 m wachsen im Südwesten hohe, waldbildende Bäume, darunter Bergfichte *(Picea engelmannii),* Stechfichte *(P. pungens),* Silbertanne *(Abies concolor),* Douglasie *(Pseudotsuga taxifolia)* und Gelbkiefer *(Pinus ponderosa).* In den wärmeren und trockeneren Bereichen finden diverse Eichen- und Wacholderarten oder Kiefern-Reinbestände ihr Auskommen. Schüttere Beifußsteppen mit der Leitart *Artemisia tridentata* bedecken weithin die Hochebenen. Dort, wo in tieferen Lagen vollaride Verhältnisse angetroffen werden, breitet die Wüsten-Strauch-Gemeinschaft mit Palmlilien *(Yucca),* Agaven *(Agave),* Kreosotsträuchern *(Larrea),* Feigenkakteen *(Opuntia)* und Mezquite *(Prosopis)* ihr Pflanzenkleid aus. Dazwischen, am Fuß der erodierten Plateauböschungen, gedeihen vornehmlich Gräser.

Viele Pflanzen lieferten den Indianern Werkstoffe oder eigneten sich zum Verzehr. Blätter und Herzen der Mezcalagave *(Agave parryi)* z. B. wurden gedämpft und entweder sofort genossen oder als Laibe eingelagert. Sotol *(Dasylirion wheeleri),* Spanisches Bajonett *(Yucca baccata)* und Stachelbirnenkaktus *(Opuntia engelmannii)* trugen schmackhafte Früchte, der Faßkaktus (*Ferocactus wislizenii)* labte Wüstenwanderer mit gespeichertem Wasser. Blätter von Trompillo *(Solanum elaeagnifolium)* und Wildrhabarber *(Rumex mexicanus),* um nur zwei der vielen Heilpflanzen zu nennen, fanden in der einheimischen Medizin Verwendung. Wacholder- und Heidelbeeren schätzte man als Speisewürze und leckere Vitaminspender. Die Samen von Quelite *(Amaranthus blitoides)* und Nußkiefer *(Pinus edulis)* standen, gemahlen und mit Maismehl versetzt, ebenfalls auf dem kulinarischen Fahrplan.

Schuttkegelfläche (Bajada) mit Strauchwüstenvegetation, darunter Saguarokaktus *(Carnegiea gigantea)* und Weihwasserstrauch *(Encelia farinosa),* im Maricopa County Arizonas.

In Anpassung an das extreme Wüstenklima entwickelten viele Wildpflanzen besondere Überlebensstrategien. Mezquitesamen z. B. keimen nur, wenn sie zuvor den Verdauungstrakt eines Schwarzwedelhirsches durchlaufen haben. Andere Arten verbringen Trockenperioden scheintot im Boden und zehren von den in Wurzeln und Knollen gespeicherten Nahrungsvorräten. Erst nach Regenfällen bilden diese Ephemeren oberirdische Teile aus. Angesichts solcher «Tricks» fiel es den Indianern nicht leicht, Erträge zu prognostizieren oder erntewürdige Standorte auszumachen. Die Menschen waren deshalb, insbesondere vor Einführung des Bodenbaus, zu ausgedehnten Streifzügen gezwungen. Auch die Jagd war mit Unbequemlichkeiten verbunden. Wegen der brütenden Hitze, kommen viele Tiere nämlich nur nachts zum Vorschein. In den höheren Lagen mit Waldbestand gab es früher Braunbären, Wölfe und Rothirsche *(Cervus elaphus merriami),* in den Talauen Jaguare *(Panthera onca),* Ozelote *(Leopardus pardalis)* und Biber. Noch heute sind regional Schwarzwedelhirsche, Gabelböcke, Dickhornschafe und die schweineähnlichen Halsbandpekaris *(Tayassu tajacu)* verbreitet. Vorgeschichtliche Jäger verschmähten aber auch Eselshasen, Baumwollschwanzkaninchen, Präriehunde *(Cynomys)* oder Känguruhratten *(Dipodomys)* nicht. Vögel, vor allem Greife, verfolgte man wegen ihrer Federn, die kultischen Zwecken dienten, ein paar Arten auch mit Blick auf Kochtopf und Bratspieß. Einige Gruppen hielten domestizierte Truthühner *(Meleagris gallopavo).* Hunde bevölkerten in großen Rudeln jedes Dorf.

In den vergangenen ca. 2000 Jahren ist Maisanbau ökonomischer Haltepunkt der meisten Südwest-Völker gewesen. Höhenlage, Sommertemperatur, Feuchtigkeitsversorgung, Oberflächenverdunstung und Länge der frostfreien Zeit drückten der Landwirtschaft ihren Stempel auf. Da im Südwesten aride Verhältnisse vorherrschen, verzögert sich die Wachstumsentwicklung von Nutzpflan-

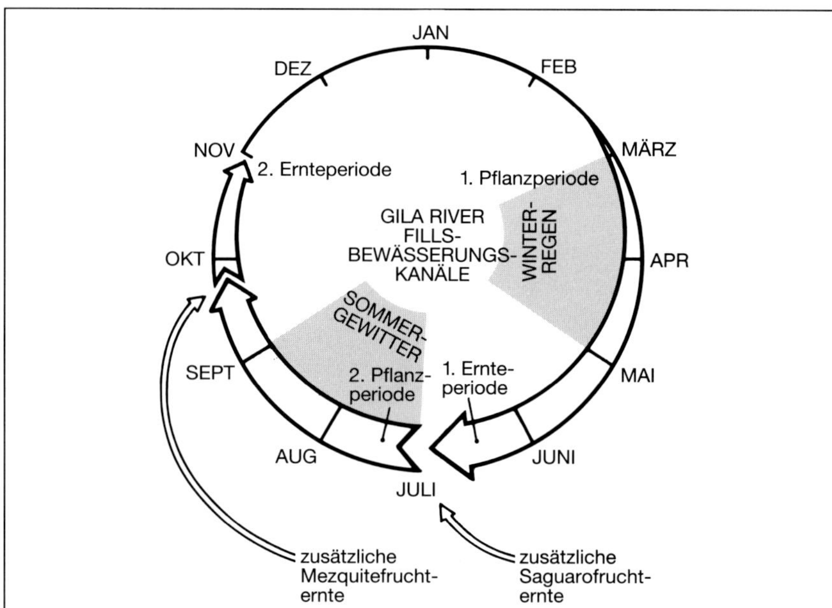

Erfolgreiche Landwirtschaft im Südwesten hängt vom sorgsamen Umgang mit den Wasserressourcen ab. Das Diagramm zeigt, wie die Ákimel Ó'odham (Pima), Nachfahren der Hohókam, Pflanz- und Erntezyklus auf das Niederschlagsaufkommen zuschnitten. Die unterschiedliche Dicke der Pfeile verweist auf saisonale Schwankungen im Volumen der zur Verfügung stehenden Nahrungsmittel.

zen, und Mais braucht länger bis zur Reife. Im Süden können die Sommertemperaturen auf über 40 °C klettern. Vorausgesetzt, die Kulturen werden ausreichend bewässert, kommt Mais hier dennoch gut voran. Weiter im Norden und mit zunehmender Höhe sinken die Temperaturwerte. Die Vegetationsperiode ist sehr kurz und von einem Jahr zum nächsten erheblichen Schwankungen unterworfen. Ortsfaktoren geben gewöhnlich den Ausschlag, ob die Pflanzen gedeihen oder nicht. Ganz unterschiedliche Erträge stellen sich nach Lage einer Parzelle ein, abhängig etwa von der Besonnung, die in schattigen Schluchten bedacht sein will. Erfolgreicher Landbau hing im Südwesten stets von maßvollem Umgang mit den Wasservorkommen und überlegter Standortwahl ab.

Ein Rahmen entsteht

In Kapitel 2 haben wir einen Blick in die archäologische Werkstatt geworfen und gesehen, welche Fortschritte die Bodenforschung im Verlauf ihrer jungen Geschichte machte. Einer, der der Archäologie in Nordamerika den Weg zur seriösen Wissenschaft ebnete, war Alfred Kidder. Seine ambitionierten Grabungen in der Wüstung Pecos sind Meilensteine dahin. Als Kidder 1915 die Arbeit aufnahm, geschah dies in der ausgesprochenen Erwartung, aus unterschiedlichen regionalen Entwicklungsfolgen ein einheitliches Sukzessionsschema kultureller Entfaltung im Südwesten zusammenzusetzen. Pecos bildete dafür den idealen Hintergrund, verfügte es doch über die älteste derzeit belegte Siedlungssequenz aller Rio Grande-Pueblos. 1838 aufgegeben, war der Ort schon vor Eintreffen der Spanier im Jahr 1540 bewohnt (Kidder, 1924; 1931). Die «Pecos-Klassifizierung», Resultat der Pecos-Konferenz und unzähliger Fachkonsultationen, krönte Kidders Werk. Das hier entworfene Modell steckte einen passablen entwicklungsgeschichtlichen Rahmen ab, der, obschon modifiziert, bis heute relative Gültigkeit behielt (Kidder, 1927).

Maß der Pecos-Klassifizierung bildeten Bautypologie, Keramikstile, Werkzeuge und, in geringerem Umfang, Skelettmerkmale. Die Dendrochronologie steckte damals noch in den Kinderschuhen, Kidders Kulturstufenfolge war also noch nicht exakt chronologisch unterfüttert. Acht Stadien wurden unterschieden:

- Basketmaker I definierte die Vor-Landbau-Stufe. Sie wird gegenwärtig dem Archaikum zugerechnet.
- Basketmaker II (Basketmaker) bezeichnete den Entwicklungsabschnitt, in dem sich die prähistorische Bevölkerung agrikulturellen Praktiken zuwandte.
- Basketmaker III (Post-Basketmaker, Modifizierte Basketmaker) charakterisierte den Beginn der Töpferei. Die Menschen lebten in Grubenhäusern oder Behausungen aus Schichtsteinmauerwerk.
- Fünf Pueblo-Stadien gliederten den Aufstieg der Dorfindianerkultur bis in historische Zeit. Aneinandergereihte oberirdische Wohnbauten herrschten vor; die Grubenhausarchitektur wurde in Form von Ritualkammern integriert.

Wie sich herausstellen sollte, ist dieses Tableau in Wirklichkeit viel komplexer. Ohne nennenswerte Abstriche ist es eigentlich nur für den Norden des Areals brauchbar. Um die einst hier blühenden Kulturen unter einem Dach zu versammeln, schlug Kidder die Kennung *Anasazi* vor. In der Sprache der Dinée (Navajo) bedeutet das Wort «Feinde aus alter Zeit», doch wird es meist – unzutreffend – mit «die Alten» oder «Ahnen» übersetzt. Stärker regional bezogene Untersuchungen der letzten Jahrzehnte haben am Gebäude der Pecos-Klassifizierung weitere Renovierungen nötig gemacht. Ihr starrer Stufenleitercharakter und ihre ungebrochene Einlinigkeit verstellen die Sicht auf die realen, wirr verästelten Verhältnisse. Hinzu kommt, daß die Stockwerke des Gebäudes über Gebühr auf Keramikstilseriation gegründet wurden, fußend auf der Vermutung, dorfspezifische Töpferware sei nur selten über den Herstellungsort hinausgelangt. Dies scheint nach Lage der Dinge aber nicht zuzutreffen (Shepherd, 1965; Plog, 1980).

Feinmaschigere Raster bestimmen heutzutage unser Bild von der Vorgeschichte des Südwestens. Die paläo-indianische Periode der Zeit vor 7500 v. Chr. bildet gewissermaßen den Kopfbahnhof diverser kultureller Streckenführungen. Es folgt das Archaikum des Südwestens, das örtlich bis etwa 500 u. Z. währt. Danach ufert die Entwicklung in unterschiedliche Konfigurationen aus. Sie wiederum können zu vier ähnlichen Traditionen gebündelt werden, die in chronologische Phasen zerfließen. Wir stellen diese Traditionen im einzelnen hier kurz vor:

Anasazi (1 u. Z. bis Gegenwart). Die Anasazi-Tradition mit ihrem Basketmaker/Pueblo-Kontinuum war und ist im Norden des Kulturareals verbreitet. Sie hinterließ außergewöhnliche Baudenkmäler und kunsthandwerkliche Spitzenerzeugnisse. Im Entwicklungsverlauf bildeten sich mehrere kulturelle Sonderausprägungen, die die ethnische und landschaftliche Vielfalt der Region widerspiegeln. Einige Ausdrucksformen sind untergegangen, andere, getragen von den Vorfahren rezenter Völker, wurden, wenngleich neuen Anforderungen gebeugt, fortgeschrieben und bestehen noch immer. Vergleichenden linguistischen, siedlungsgeografischen und archäologischen Studien verdanken wir eine Blaupause der ethnisch-kulturellen Situation in späterer prähistorischer Zeit (Davis, 1979; Ford, Schroeder & Peckham, 1972; Irwin-Williams, 1967). Demnach standen wahrscheinlich Hopi an der Wiege der Kayenta-Variante, Tewa hoben möglicherweise das Mesa Verde-Anasazi aus der Taufe, Towa die Largo/Gallina-Kultur, Tiwa den östlichen Rio Grande-Komplex, Keres die Acoma/Laguna-Spielart und Zuñi die Little Colorado-Kultur. Rätselhaft erscheint nach wie vor die völkische Trägerschaft des «Chaco-Phänomens» (vgl. Kapitel 15). Vielleicht war diese in vieler Hinsicht abweichende Zivilisation multiethnisch (Zuñi/Tewa?) geprägt. Ab 1200 u. Z. zwang eine verheerende Dürreperiode, Vorbote der «Kleinen Eiszeit», viele Gemeinschaften zum Verlassen des nördlichen Colorado-Plateaus. Am oberen Rio Grande und am Little Colorado, wo es noch Wasser gab, ballte sich nun die Bevölkerung. Danach nahm das Siedlungsmosaik, wie wir es aus der Gegenwart kennen, Gestalt an.

Hohókam (ca. 300 bis ca. 1500 u. Z.). «Hohókam» ist ein Wort aus der Sprache der Ákimel Ó'odham (Pima) und bedeutet «diejenigen, die verschwunden sind». Früher glaubte man, daß die Tradition auf Einwanderer aus Mexiko zurückgehe, doch spricht vieles für kontinuierliche Entfaltung an Ort und Stelle, wenn auch befruchtet von Ideen und Anschauungen, die sich im Zuge intensiver Handelskontakte nach Mesoamerika Bahn brachen. Von der Anasazi-Tradition unter-

Cliff Palace, Mesa Verde, in Teilansicht. Einen Gesamteindruck der Stätte – Musterbeispiel der Anasazi-Baukunst – vermittelt das Bild auf Seite 300.

scheidet sich Hohókam durch die Evolution vom Grubenhaus zu umwallten Gebäudekomplexen, durch von Tempelaltären gekrönte Erdhügel, kultische Ballspielplätze, Brandbestattungen sowie ein ausgeklügeltes Kanalbewässerungssystem. Keramik wurde in Treibtechnik unter Zuhilfenahme eines innen angesetzten Widerlagers, meist ein glatter Stein, und eines Schlegels zum Bearbeiten der Außenwände hergestellt.

Zur Hochblüte reifte Hohókam nach 900 u. Z. Ganz Mittel- und Südarizona wurden nun erfaßt, die Kernzone jedoch lag am Zusammenfluß von Gila und Salt River (vgl. Kapitel 15). Ab 1450 führten gekappte Handelsbeziehungen mit Mexiko, Dürre und Zwistigkeiten mit eingewanderten Piipáas (Sinagua, Maricopa) zum Niedergang des Fluß-Hohókam der Proto-Pima und zur Angleichung an das einfachere Kulturmuster der am Rande des Gilabeckens lebenden Proto-Papago.

Mogollon (ca. 250 v. Chr. bis 1150 u. Z.). Der Verbreitungsschwerpunkt der Mogollon-Tradition lag in Ostzentral-Arizona und im westlichen Teil Zentral-New Mexicos; ein Südkeil erreichte Chihuahua in Nordmexiko. Ihren Namen erhielt sie von den Mogollon-Bergen Arizonas, bei deren Taufe ein spanischer Kolonialgouverneur Pate stand. Mogollon knüpft wahrscheinlich an die archaischen Wurzeln der sogenannten «Südöstlichen Tradition» (s. unten) an. Markenzeichen ist ihre formvollendete Keramik (Rot-auf-Braun, Rot-auf-Weiß, Schwarz-auf-Weiß). Tönerne Grabbeigaben wurden in späterer Zeit rituell «getötet», durchlöchert, damit der Geist des dergestalt befreiten Gegenstandes die Seele «seines» Toten wiederfinden konnte. Ursprünglich bewohnten die Menschen Grubenhäuser. Erst unter Anasazi-Einfluß bezogen sie oberirdische Bauten mit aufgemauerten Räumen. Die Anasazi waren es auch, die die kulturelle Eigenständigkeit Mogollons nach 1100 u.Z. beendeten. Ethnische Zuweisungen sind schwierig, weil Mogollon-Gruppen keine historischen Nachkommen hinterließen. Am plausibelsten erscheint die These ihrer Herleitung von Kiowa/Tano verwandten Bevölkerungen Nordostmexikos.

Patayan (? 500 u.Z. bis Moderne). Der Name Patayan geht auf eine Bezeichnung der Quechan-Sprache zurück und bedeutet «altes Volk». Zusammen mit seinen Ablegern Cahonina und Sinagua wird Patayan in der Literatur auch als Hakataya-Tradition apostrophiert. Die am unteren Colorado südlich des heutigen Boulder-Damms beheimatete Kultur wurde am Anfang wohl von den Vorfahren der rezenten Nord-Pai (Havasúwe Epace = Havasupai, Pa'e = Walapai und Pace = Yavapai) getragen. Gegen 1450 vertrieben aus dem Großen Becken emigrierte Fluß-Yuma (vgl. Kapitel 12) die Ureinwohner in östlich angrenzende Randbereiche des Colorado-Plateaus und nahmen deren Platz ein. Von den Hohókam hatte die Patayan-Bevölkerung um 875 Keramik und Bodenbau übernommen, entwickelte jedoch scheinbar selbständig den für ihre Tradition so typischen Überschwemmungsfeldbau. Es werden mehrere Stadien kultureller Entfaltung unterschieden (Details bei Cordell, 1984).

Zeit der Paläo-Indianer: vor 9500 bis 7500 v. Chr.

Im Südwesten ist die paläo-indianische Kulturfolge von Clovis nach Folsom gut belegt (vgl. Kapitel 6). Mehrere Mammut- und Bisonwaidplätze wurden entdeckt, zudem die aufschlußreichen Lager im Blackwater Draw (Wendorf & Hester, 1975; Haynes, 1975). Die Bevölkerungsdichte war gering, und die Jagd- und Sammelscharen verteilten sich über ausgedehnte Räume. Ausgangs der paläo-indianischen Periode hatten Subsistenzstrategien an Diversität gewonnen. Im Osten spielte nach wie vor Bisonjagd die Hauptrolle, während die Träger der San Dieguito-Kultur wohl ausgiebig lacustrine Ressourcen ausschöpften. San Dieguito-Artefakte kamen mehrheitlich an heute trocken gefallenen endpleistozänen/frühholozänen Seen zutage. Andernorts sprach man bereits mit Sicherheit Wildpflanzenkost zu. In den ältesten, auf ca. 9300 v. Chr. datierten Straten von Ventana Cave bei Sells, Arizona, fand sich nämlich ein scheibenförmiger Läufer (Mano) unter groben, ungekehlten Lanzettspitzen des Clovis-Typs.

Archaikum: ca. 7500 v. Chr. bis (örtlich) 500 u. Z.

Als es im Verlauf des Mittelholozäns wärmer wurde, und sich im Südwesten Schritt für Schritt das heutige Vegetationsmuster einstellte, begann auch die nachhaltige ökonomische Umgestaltung: Niederwildjagd und vor allem Sammelwirtschaft machten weiter Boden gut. Wie uns Pollenanalysen und Untersuchungen an Buschrattennestern verraten, verschob sich die für das Endpleistozän typische Wald/Strauchwüstenvegetation mit Wacholder, Einblattesche *(Fraxinus anomala)*, Kleinblättrigem Bergmahagoni *(Cercocarpus intricatus)*, Spanischem Bajonett und Bärgras *(Nolina microcarpa)* zu xerophilen Pflanzengesellschaften. Der Übergang dürfte gegen 6000 v. Chr. abgeschlossen gewesen sein (Van Devender & Spaulding, 1979). Nach 2500 v. Chr. kam es gelegentlich zu Phasen höherer Niederschlagsaktivität, ablesbar an der Zunahme von Feuchtgebieten und Waldvorstößen. Ob dies aber allgemeine Erscheinungen waren, die die Bezeichnung Regenperiode (Pluvial) verdienen, bleibt ungewiß.

Noch hat das Archaikum des Südwestens recht schwammige Konturen, denn der archäologische Befund ist mager und widersprüchlich. Abgesehen von einigen Gunsträumen verteilte sich die Bevölkerung weit über das Trockengebiet, zu hoher Mobilität angesichts der schlechten Versorgungslage gedrängt. Die meisten Lager der Archaiker wurden nur jeweils wenige Tage oder Wochen im Jahr bezogen. Da die Menschen aber zuweilen in Höhlen Unterschlupf suchten, wissen wir dank der an solchen Stationen ausgezeichneten Erhaltungsbedingungen doch einigermaßen gut über Teilaspekte ihres Daseins Bescheid. Unter anderem stießen Ausgräber hier auf Korbwaren, Flechtsandalen und Pelzdecken. Es fehlen jedoch noch viele Mosaiksteine, und auch die Frage, warum und wie Lokalgruppen sich in späterer Zeit dem Feldbau zuwandten, bleibt vorläufig weitgehend der Spekulation überlassen. Mit dem Erwerb der Landwirtschaft jedenfalls lösten einige Südwest-Völker quasi die «Eintrittskarte» ins Formativum, ein Entwicklungssprung, der sie an die Schwelle urbaner Zivilisation beförderte (Cordell, 1984; Wills, 1989).

Graduelle Sukzession

Forschungsgeschichtlich gibt es Parallelen bei der Eingrenzung des Südwest-Archaikums und der Definition des gleichen Phänomens im Großen Becken. Wie wir in Kapitel 12 sahen, hat die Formel von der «Wüstenkultur» lange Jahre wissenschaftliche Sichtweisen kanalisiert, letztlich aber auch Untersuchungen angestoßen, die ihr Augenmerk stärker auf Klimawandel und darauf bezogene bevölkerungsbiologische Reflexe richteten. Als Konsequenz solcher Studien wurde das ursprüngliche Konzept schließlich verworfen und durch differenziertere Einschätzungen ersetzt. Der Terminus «Cochise-Kultur» war in der Südwest-Archäologie zunächst mit ähnlichen Generalisierungen befrachtet, ehe er, von theoretischem Ballast befreit, im Sinne einer phasisch gegliederten Regionaltradition neu bewertet wurde (Berry & Berry, 1986; Sayles & Antevs, 1941; Sayles, 1983). Außerdem erhielt «Cochise» Gesellschaft in Gestalt weiterer chronologisch gestufter archaischer Traditionen mit lokalen Unterschieden.

Dieser Befund verlangte nach Ordnung. Da Linearität die Vorstellungen der meisten Forscher beherrscht, wurden Modelle gradueller Sukzession ausgearbeitet. Demnach entfaltete sich das Südwest-Archaikum über einen Zeitraum von etwa 8000 Jahren in Anpassung an die wüstenartigen Umweltverhältnisse und örtliche ökologische Nischen kontinuierlich. Seine Erscheinungsformen betrachtete man als Glieder eines im Westen weiter verbreiteten Horizontes (Wüsten-Archaikum), den man durch «spezialisierte, erfolgreiche Daseinsbewältigung in Auseinandersetzung mit den Härten und der offenkundigen Kargheit des wüstenhaften Lebensraums» (Jennings, 1964) gekennzeichnet sah.

Zweifellos zieht sich ein kontinuierlicher Entwicklungsstrang durch das Südwest-Archaikum, man muß den Anhängern gradueller Sukzession jedoch ankreiden, daß sie gesamtklimatischen Veränderungen und ethno-historischen Überblendungen zu wenig Beachtung schenken. Neue, multidisziplinär ausgerichtete Forschungen, die nicht nur den archäologischen Befund berücksichtigen, sondern auch Klima- und Umweltfaktoren in Rechnung stellen, haben auf die Vielschichtigkeit und Multidimensionalität archaischer Kulturverfassungen im Südwesten und anderswo aufmerksam gemacht. Die damals lebenden Menschen griffen zwar auf dieselben *allgemeinen* technologischen Traditionen zurück, im Detail aber offenbart sich *lokal begrenzte und oft kurzlebige Variation* (Berry & Berry, 1986). Noch befinden sich solche Untersuchungen am Anfang (Waters, 1986), sie versprechen jedoch für die Zukunft ein wesentlich komplexeres und somit realistischeres Bild der archaischen Verhältnisse. Da das Sukzessionsmodell allerdings noch immer der einschlägigen Literatur zugrundeliegt und seine Eignung für kurzgefaßte Übersichten wie die unsere unbestritten ist, wollen wir zunächst die geläufige Sicht referieren.

Die Picosa-Sphäre

Cynthia Irwin-Williams (1967; 1968; 1979) fährt bei der Beschreibung des Südwest-Archaikums zweigleisig. Eine «integrative» Schiene sucht und sammelt Merkmale, die mehreren Lokalkulturen eigen sind. Manos und Metates z. B. fanden sich in jeder Fundstätte der Region. Sie bezeugen die Verarbeitung und Zubereitung pflanzlicher Nahrungsmittel auf breiter geografischer Basis. Die meisten der materiellen Charakteristiken des Südwest-Archaikums fallen in diese allgemeine Kategorie.

In einem zweiten Schritt gelangt Irwin-Williams zu regionalen Besonderheiten. Projektilspitzen z. B. oder ortstypische Keramik sind solche «isolativen» Elemente, die dazu dienen, eine Lokalkultur von der nächsten zu unterscheiden. Aus der Bündelung örtlicher Besonderheiten folgt eine regionale kulturhistorische Sequenz. Im Südwesten stellen sich derlei Reihenbildungen aber ernsthafte Hindernisse in den Weg. Zum einen gibt es relativ wenige, tatsächlich gut zu unterscheidende Artefaktgruppen, zum anderen nur eine Handvoll sicher datierter Stätten. Außerdem streitet man über die Funktion mancher Gerätschaften.

Ungeachtet solcher theoretischer und methodologischer Schwierigkeiten zimmerte Frau Irwin-Williams einen eindrucksvollen entwicklungsgeschichtlichen Rahmen für das Südwest-Archaikum, dem sie vier interagierende Traditionen unterordnet: Cochise, Oshara, Pinto und die Südöstliche Tradition. Üblicherweise werden prähistorische Kulturen nach Örtlichkeiten benannt, Irwin-Williams jedoch erfand die akronyme Bezeichnung «Picosa» aus *Pi* für Pinto, *co* für Cochise und *sa* für San José.

– Die *Pinto-Tradition* (6500 v. Chr. bis 500 u. Z.), mitunter auch als Pinto/Amargosa-Kontinuum bezeichnet, ist die westlichste Picosa-Manifestation. Sie erstreckte sich von Ostkalifornien bis tief ins südliche Arizona und zum Südrand des Großen Beckens. Nach 500 u. Z. gewinnt sie Anschluß an Patayan bzw. Hakataya. Die kennzeichnenden fischförmigen Pinto Basin-Geschoßspitzen und die darauf folgenden gedrängtstieligen, eckengekerbten Formen der Gatecliff-Serien (vgl. S. 234/235) werden der Pinto-Tradition zugeschrieben. Als ihre Träger haben Hoka-Sprecher zu gelten.

– Die *Oshara-Tradition* (5500 v. Chr. bis 1 u. Z.) war im San-Juan-Becken und am Oberlauf des Rio Grande am Gehrungspunkt der *Four Corners* verbreitet. Irwin-Williams setzt die Anfänge Osharas auf ca. 5000 v. Chr. fest und unterscheidet nach dem Grabungsbefund von Arroyo Cuervo im nördlich-zentralen New Mexico sechs Siedlungsphasen, die durch charakteristische Projektilspitzen und andere, weniger gut gekennzeichnete Artefakte definiert sind: Jay, Bajada, San José, Armijo, En Medio und Trujillo. Nach Ansicht einiger Forscher waren Keres sprechende Gemeinschaften die Träger. Mit zunehmender Ausbreitung gerieten auch andere Volksgruppen in den Sog der Oshara-Tradition, die um die Zeitenwende den Basketmaker/Pueblo-Stadien von Anasazi weicht.

– Noch ziemlich verschwommen präsentieren sich die Umrisse der *Südöstlichen Tradition* (? 2500 bis 250 v. Chr.), die sich vielleicht auf Einwanderer aus Mexiko stützte. Mit ihnen kamen Gypsum-Waffenspitzen in den Südwesten und in den Süden des Großen Beckens. Irwin-Williams (1979) sieht in der Südöstlichen Tradition die Vorgängerin Mogollons und hält ihre Träger für Kiowa/Tano-Sprecher.

– Lange, mutmaßlich von 7300 bis 300 v. Chr., hielt sich die *Cochise-Tradition*. Ihren Anfang nahm sie im Cochise County des südöstlichen Arizona und in direkt angrenzenden Gebieten New Mexicos und Mexikos (Haury, 1950), wo man ihr die Sulphur Springs-Phase (angeblich 7300 bis 6000 v. Chr.) zuweist. An der Datierung bestehen allerdings erhebliche Zweifel (Berry & Berry, 1986). Die nachfolgenden Phasen, Chiricahua und San Pedro, sind besser bekannt.

Im Chiricahua-Cochise vollzog sich die Metamorphose vom flachen Plattenmetate zum eingetieften Trogmetate. In den Höhlen der Region legten die Cochise-Leute Spaltzweigfigurinen, Weihegaben an die Geistmächte aus zersplissenen Weidenruten, nieder. Man hat der Chiricahua-Phase ein Alter zwischen 3500 und 1500 Jahren v. Chr. zugemessen, aber auch diese Zeitstellung ist umstritten (Whalen, 1975; Berry & Berry, 1986).

Auf Chiricahua folgt nach konventioneller Lesart San Pedro, ausgewiesen durch große Projektilspitzen mit Seiten- oder Eckenkerbung und stumpfer oder konvexer Basis. Die Bevölkerungsdichte hatte stark zugenommen. Man nutzte größere Areale und bewohnte, zumindest über einen längeren Zeitraum, stationäre Siedlungen. Einige San Pedro-Stätten erbrachten den Nachweis für etwa

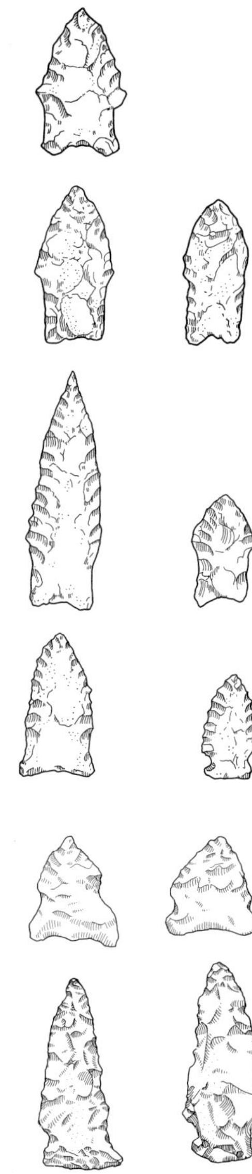

Waffenspitzen des Südwest-Archaikums. 1. Reihe: Pinto Basin; 2. Reihe: Bajada; 3. Reihe: San José; 4. Reihe: Armijo; 5. Reihe: Chiricahua-Cochise; 6. Reihe: San Pedro-Cochise. Länge der Pinto Basin-Spitze 3,7 cm.

Grabungsbefund eines ovalen Grubenhauses der San Pedro-Phase.

halbmetertief ausgeschachtete Grubenhäuser. Neben Sammelwirtschaft und Jagd wurde Bodenbau praktiziert.

Fußend auf dem Befund einiger weniger Siedlungsplätze, darunter Bat Cave und Tularosa Cave oder Cienega Creek, vertreten manche Wissenschaftler die Auffassung, aus dem San Pedro-Cochise sei die Mogollon-Tradition entstanden (Martin, 1979). Auch Emil Haury, der Cienega Creek ausgrub, trat als Anwalt dieser These in Erscheinung. Andere Autoren widersprechen dem heftig und wollen Mogollon von der Südöstlichen Tradition (s. oben) ableiten.

Die ungeklärte chronologische Sequenz der Cochise-Phasen weckt tatsächlich Skepsis an der üblicherweise angenommenen Abfolge und an der Einheit des Gesamtkomplexes. Nach neuerlicher stratigrafischer Überprüfung kommen Berry und Berry (1986) zu dem Ergebnis, daß mindestens zwei verschiedene, sich zeitlich überlappende Kulturtraditionen nebeneinander existierten. Wahrscheinlich, so die vernünftigste Erklärung, verlief im fraglichen Gebiet einst die instabile Grenze zwischen Cochise (im Westen) und der Südöstlichen Tradition, wodurch wechselseitige Beeinflussung möglich wurde.

Als ethnische Träger der Cochise-Tradition, wie auch immer sie einmal definiert werden wird, muß man wohl die Vorfahren der Uto-Azteken ansehen (Hale & Harris, 1979). Womöglich lag hier, im Osten der sonorischen Wüste, auch ihre Urheimat (Lamb, 1958). Von dort mögen sie sich radialstrahlig nach Süden (Mexiko) und Westen (Kalifornien) ausgebreitet haben.

Ein Klimawandel/Migrations-Modell

«Am angemessensten erscheint mir eine Neubewertung des Kulturpanoramas im Südwesten . . . als vielschichtige Durchdringungszone, in die Menschen und Institutionen von außerhalb gelangten . . .» Mit diesen Worten beschrieb der Geograf Carl Sauer (1954) die proto- und prähistorischen Pueblo-Kulturen. Claudia und Michael Berry (1986) griffen Sauers Bemerkung auf und münzten sie auf das Südwest-Archaikum um. Beide sind überzeugt, daß das verworrene Puzzle archaischer Siedlungsverteilung nicht nur vor dem Hintergrund lokaler Genese interpretiert werden kann. Dies treffe insbesondere auf den Südwesten zu, dessen vielfältige Waffenspitzen, die man gewöhnlich als Parameter zur Untergliederung kultureller Stadien hernimmt, auch in Nachbargebieten vorkämen.

Das Forscherehepaar zog 288 Radiokohlenstoffproben von 119 Fundstätten im Südwesten und führte damit den Nachweis, daß sowohl auf dem Colorado-Plateau als auch in der Basin und Range-Provinz erhebliche chronologische Lücken in der Siedlungsfolge klaffen. Solche «Sprünge» sollte es nicht geben, wenn graduelle Sukzession für die Entwicklung verantwortlich zeichnete. Datenballungen im Probenspiegel der Berrys zwingen zu der Vermutung «eruptiver» Kulturschübe. Wenn diese Hochs und Tiefs reale Abläufe reflektieren, muß die archaische Vorgeschichte des Südwestens wesentlich facettenreicher gewesen sein, als bisher angenommen. Die Forscher glauben im übrigen nicht, daß die gewöhnlich akzeptierte Gleichung Trockenklima = niedrige Bevölkerungsdichte, Feuchtklima = höhere Bevölkerungsdichte in solch plumper Vereinfachung sticht.

Ausgehend von der neuen, diskontinuierlichen Periodisierung des Archaikums erarbeitete das Ehepaar ein Klimawandel/Migrationsmodell, das Erkenntnisse holozäner Klimaforschung, soweit sie vorliegen, einbezieht. Das Modell zerfällt in drei Abschnitte mit vorläufig noch unscharfer Abgrenzung:

1. Periode (8000 bis 3000 v. Chr.). Da Radiokohlenstoffdatierungen aus dieser Zeitspanne Mangelware sind, können bislang keine definitiven Schlüsse hinsichtlich möglicher Bevölkerungsverschiebungen aus dokumentierten Klimairritationen gezogen werden. Auf dem Colorado-Plateau scheinen Menschen nur temporär ansässig gewesen zu sein. Wahrscheinlich konzentrierte sich die Besiedlung in Gunsträumen mit ausreichendem Ressourcenangebot, aber selbst dort bestimmen Schwankungen das Bild. Die unterschiedlichsten Waffenspitzen, u. a. Pinto als älteste Form, Elko und Humboldt, tauchten im Großen Becken und auf dem Plateau auf (vgl. Kapitel 12). Dies spricht nach Ansicht der Berrys für stetes Hin und Her verschiedener ethnischer Gruppierungen, gesteuert von den Launen der Natur und der Ressourcenstreuung.

2. Periode (3000 bis 1000 v. Chr.). Mit Einsetzen eines länger anhaltenden Niederschlagszyklus verdichtete sich die Bevölkerung auf dem Plateau und dessen Randbereichen. Kulturelle Klimax war die Folge. Neue Projektilformen erschienen, darunter die Gypsum-Spitze um 2500 v. Chr. Waffen dieses Typs verbreiteten sich zeitweise bis Ventana Cave in Arizona und zur texanischen Trans-Pecos-Region. Sie gelten als materielles Leitmotiv einer Tradition, die starke Ähnlichkeit mit Kulturmanifestationen des mexikanischen Tehuacán-Tals sowie dem Frontera-Komplex in Coahuila und Chihuahua aufweist. Nach Meinung der Berrys bürgerten Immigranten aus Mexiko diese Südöstliche Tradition im Norden ein. Zur selben Zeit nämlich, als sich die Bedingungen im nordamerikanischen Südwesten verbesserten, verschlechterten sie sich im mexikanischen Hochland.

3. Periode (1000 v. Chr. bis 500 u. Z.). Nach 1000 v. Chr. wurde es im Südwesten, unterbrochen freilich von regenreicheren Intervallen, immer trockener. Im Verlauf dieser zunehmenden Desertifikation faßte Bodenbau in der Region Fuß. Ein weiterer Kulturschub ist um 500 u. Z. festzustellen. Damals erfolgten Schritte zu vollständiger Seßhaftigkeit und intensiver Nutzpflanzenkultivierung.

Das Berry-Modell gründet gegenüber dem Sukzessionsschema auf einem breiteren theoretischen Unterbau. Es geht von der Voraussetzung aus, daß einige Gebiete produktiver gewesen sind als andere. Im Großen Becken z. B. beruhte erfolgreiche Anpassung auf der Ausbeutung lacustriner Ressourcen, wenn sich die Verhältnisse ringsum kurzzeitig verschlechterten, und auf der Nutzung colliner oder montaner Nahrungsquellen, wenn Dürrephasen länger andauerten. Auf dem Colorado-Plateau und in angrenzenden Teilen der Basin und Range-Provinz schieden solche Ausweichmöglichkeiten aus, und daher wohl waren weite Bereiche des Kulturareals zwischen 8000 und 3000 v. Chr. nur dünn besiedelt.

Verschiebungen der einzelnen Bevölkerungsgruppen spielten ebenfalls eine Rolle. Sie waren gewissermaßen räumliche Verlängerungen saisonaler Wanderzyklen von Wildbeutern. Solche Vorstöße und Rückzüge sind sicher nicht aus expansionistischem Interesse ausgeführt worden, sondern beugten sich der Notwendigkeit zu optimaler Ressourcenausbeute. Kultureller Konservatismus zeichnete die Archaiker aus, denn Milieu und Nahrungsangebot erforderten, selbst angesichts häufiger klimatischer Schwankungen, keine besondere Spezialisierung, die gravierende technologische Innovationen erzwungen hätte. Daher könne man auch, so die Berrys, prähistorische Bevölkerungsverlagerungen anhand ethnotypischer, über lange Zeiträume nur geringfügig modifizierter Artefakte, etwa Waffenspitzen, nachweisen.

Zweifellos wird das Berry-Modell in Zukunft Revisionen erfahren und auch die Möglichkeit regionaler gradueller Sukzession einbauen müssen, doch konfrontieren uns die vorgebrachten Überlegungen mit vielen Anregungen, die die Welt der Südwest-Archaiker in neuem, regenbogenfarbenem Licht erscheinen lassen.

14. DIE WURZELN VON LANDWIRTSCHAFT UND DÖRFLICHEM ZUSAMMENLEBEN

Dem unbefangenen Betrachter stellt sich die zielgerichtete Vermehrung von Wildpflanzen bis hin zu ihrer Domestizierung als revolutionäre Neuerung dar. Doch wie schon der große englische Anthropologe Edward Tylor 1883 bemerkte, «erweckt Landwirtschaft nicht den Eindruck einer besonders schwierigen oder ausgefallenen Erfindung, denn selbst der roheste Wilde, vertraut mit den Lebensumständen der von ihm gesammelten Nutzpflanzen, dürfte wissen, daß an bestimmten Plätzen ausgebrachte Samen oder Wurzeln weiterwachsen und Frucht tragen werden». Sicher können wir die Kenntnis solcher Zusammenhänge bei archaischen Bevölkerungsgruppen voraussetzen, auch wenn die Menschen noch keine Neigung zu landwirtschaftlichen Experimenten verspürten.

Um selektive Nutzwirkung zu erzielen, impliziert Anbau vorsätzliche Eingriffe in den Biozyklus von Pflanzen. Die Domestizierung wild wachsender Spezies war nicht die Entdeckung eines genialen Individuums, sondern entwickelte sich durch Versuche und Irrtümer beim Einbringen und Verbrauchen bevorzugter Wildarten (Harlan, de Wet & Stemler, 1976), und sie setzte sich in diesem Sinne in der mehr oder weniger bewußten Auswahl von Saatgut und Setzlingen fort.

Sammelwirtschaft und unbeabsichtigte Ressourcenhege. Über Jahrtausende sammelten Paläo-Indianer und Archaiker im jahreszeitlichen Rhythmus Wildpflanzen. Sie ernteten Nüsse, brachten Grassamen ein oder gruben nach Wurzeln und Knollen. Schon dadurch mögen sich Formen zufälliger Ressourcenhege entwickelt haben. Unbeabsichtigte Verschleppung von Samen oder das Eintreten von Körnern in den Boden könnten für einige extraktiv genutzte Pflanzen von Vorteil gewesen sein. Andere Spezies, etwa solche mit hohem Bedarf an terrestrisch gebundenem Stickstoff oder Pionier- und Ruderalpflanzen, «entdeckten» in der vom Menschen durch Fäkalien, Brände und Rodungen veränderten Umwelt neue Nischen und wurden zu Kulturfolgern. Die Bevorzugung großfrüchtiger Varietäten gegenüber weniger ergiebigen Sorten einer Art förderte unter Umständen genetische Auslese. Eventuell gehen verdickte Stengel und Vergrößerung der weiblichen Blütenstände bei der Ausdauernden Teosinte *(Zea [= Euchlaena] diploperennis),* mögliche Stammutter des Kulturmais, auf entsprechende Selektion zurück.

Kultivierung. Nach Richard Ford (1985) ist der Domestizierung die «Kultivierung» von Wildpflanzen vorgeschaltet. In diesem Stadium hat der Mensch bereits in den Lebensrhythmus der Pflanzen eingegriffen, etwa durch Verbesserung der Wachstumsbedingungen (Niederhalten von Konkurrenz, Auflockern des Bodens, künstliche Bewässerung) oder gezieltes Ausbringen an ihm genehmen Standorten. Im Verlauf der Kultivierung verlieren die gehegten Arten zunehmend die Fähigkeit, sich selbständig zu vermehren. Sie sind auf umfassende Pflege durch den Menschen angewiesen.

Jäten, Zurückschneiden und andere pflegerische Praktiken kennt man auf der ganzen Erde. Sie dienen dazu, den Wettbewerb mit unerwünschten Arten zu unterbinden. Normalerweise fallen Erträge dann höher aus. Mit archäologischen Mitteln sind Pflegemaßnahmen natürlich nicht nachzuweisen, aber es gibt keinen Grund, der ausschließen würde, daß auch Archaiker bereits so verfuhren.

Auflockern des Bodens mit Grabstöcken oder einfachen Hacken fördert die Keimung, sorgt für gleichmäßige Durchfeuchtung und Belüftung des Erdreichs. Viele Wildbeuter benutzten Wühlstöcke, um nach Knollen zu graben. Beschränkt man sich dabei zunächst auf die Entnahme von Ablegern (Seitensprossen), werden manche Pflanzen zum Neuaustrieb angeregt. Auch diese Praxis ist selbstverständlich archäologisch nicht zu dokumentieren.

Mit der Translozierung, also dem Versetzen bestimmter Arten, gewinnen manipulative Eingriffe neue Qualität. Gewöhnlich dienen solche Maßnahmen der Auslichtung allzu dichter Bestände. Werden Pflanzen jedoch in ein für sie fremdes Milieu umgesetzt, bedürfen sie fortan gewissenhafter Aufsicht. Nur wer sich um seine Schützlinge intensiv kümmert, entdeckt Veränderungen an ihnen. Da und dort mag den Menschen aufgefallen sein, daß Mutanten entstanden, die man, unterstellt, sie nahmen eine vorteilhafte Richtung, förderte, vielleicht auch zu Kreuzungsexperimenten mit verwandten Spezies heranzog. Historische Volksgruppen, die sonst dem Bodenbau wenig Beachtung schenkten, translozierten gelegentlich Stauden oder Sträucher, von denen sie wußten, daß Heilwirkung von ihnen ausging, oder weil sie sie für zeremonielle Zwecke benötigten.

Eine Sonderform der Translozierung ist die Aussaat. Das Ausbringen von Pflanzensamen folgt unterschiedlichen Mustern. Ohne Plan vorgenommen, bot die aufgegangene Saat wenig mehr als sporadische Zusatzkost. Im Zeitlauf entwickelten sich jedoch immer kompliziertere Vorgehensweisen. Gelagertes Saatgut wurde gezielt ausgebaut, entweder auf vorbereiteten Parzellen oder in ökologischen Grenzbereichen, die alternativer Nutzung verschlossen waren. Möglicherweise entdeckte man dabei, daß einige Pflanzen in bestimmten Habitaten besser gediehen als anderswo, oder daß sie sich genetisch wandelten. Bei gleichzeitiger Aussaat genoß man den Vorteil kalkulierbarer Ernten.

Die Kultivierung von Wildpflanzen, insbesondere wenn sie im Stadium genetischer Veränderung begriffen sind, gewährleistet noch keine Ertragsstabilität. Aller Wahrscheinlichkeit nach erfolgten erste landbauliche Versuche daher mit Blick auf ein saisonales Nahrungspolster, das die übliche Kost anfangs nur ergänzte.

Domestizierung. Mit dem Verzicht auf sofortige Nutzung zugunsten späterer Aussaat und Ernte sowie genetischer Zuchtwahl, die hauptsächlich der Veredelung von Kultigenen zwecks Steigerung oder Stabilisierung der Erträge diente, begann das letzte Stadium pflanzlicher Nahrungsmittelerzeugung. Ohne menschliche Hilfe können solche Züchtungsprodukte in der Regel nicht überleben. Mehr Fläche wurde nötig, um ihren Bedürfnissen zu genügen und die gestiegene Nachfrage zu befriedigen. Die Tatsache, daß ihre Produktivität angeregt werden kann, wenn man ein Stück Land von der ursprünglichen Vegetation befreit und

«Waffelgärten» vor Zuñi Pueblo, New Mexico. Die Gitterstruktur bewahrt den Boden vor allzu rascher Austrocknung durch den Wüstenwind.

Bedingungen schafft, die ihnen besonders behagen, ist vielleicht das Wesensmerkmal domestizierter Pflanzen. Ford nennt dieses wirtschaftliche Vorgehen «Feldbau», betrieben auf Parzellen, wo nur wenige, sorgfältig ausgewählte und einander ergänzende Arten wachsen, z. B. Mais, Bohnen und Kürbisse.

Die Anfänge des Bodenbaus aus theoretischer Sicht

Seit alters hat die Entstehung des Bodenbaus Forscher aller Herren Länder zu theoretischer Auseinandersetzung und Spekulation ermuntert. Die moderne Theoriebildung fußt auf dem fruchtbringenden Werk des großen englischen Prähistorikers Vere Gordon Childe (1956). Childe, der sich überwiegend mit Europa und dem Nahen Osten beschäftigte, sah zwei Scheidepunkte im Weg zivilisatorischer Entfaltung – die mit Einführung der Landwirtschaft verbundene neolithische und die urbane Revolution. Jede dieser Entwicklungen sollte das menschliche Schicksal in dramatischer Weise wenden.

Wir wissen, daß Bodenbau und Viehzucht unabhängig voneinander in vielen Teilen der Erde beinahe gleichzeitig auftraten – innerhalb einer Spanne, die gerade drei- bis viertausend Jahre umfaßt. Der Übergang zum Feldbau, dies zeigt sich immer deutlicher, vollzog sich aber keinesfalls schlagartig, sondern schrittweise, und er war Ausdruck einer Verkettung kommunizierender Faktoren (Struever, 1986; Flannery, 1973b). Neuere Erklärungsansätze weisen Bevölkerungsdruck und ökologischer Überbeanspruchung Schlüsselrollen zu (Stark, 1986). Kultivierung oder Domestizierung von Wildpflanzen werden dabei als «Software» betrachtet, die, versetzt in einen bestimmten ökologischen und kulturellen Kontext, mit anderen Modulen konzertiert (Redman, 1978).

Die ersten Bauernkulturen blühten im «Fruchtbaren Halbmond» des Nahen Ostens, einer Region, die sich von Palästina über Ostanatolien (Nevali Çori) zum Zweistromland erstreckte. Im Industal, am Huang He und in Mesoamerika setzte die Entwicklung mit leichter Verzögerung ein. In all diesen Anbaugebieten herrschte damals warm-gemäßigtes oder subtropisches Klima. Anders in Nordamerika. Dort kommt es zu prononcierten Sommer- und Winterextremen, die den indianischen Bauern sowohl im Südwesten als auch im Osten schwer zu schaffen machten (Ford, 1985). Im Östlichen Waldland versinkt die Vegetation während der kalten Jahreszeit in einen Dornröschenschlaf. Nur wenige Sammelpflanzen standen dann zur Verfügung. Witterungsbedingt schwankten auch Nußertrag oder Wildgrassamenernte beträchtlich, so daß kaum verbindliche Subsistenzprognosen möglich waren. Im Südwesten wirkten unregelmäßige Niederschläge, außergewöhnliche Sommerhitze und strenger Frost auf die Pflanzendecke ein.

Archaische Jäger/Sammlergruppen, namentlich im Südwesten, begegneten Versorgungsengpässen durch ständige Wanderbereitschaft. Ihre Ortskenntnis und Vertrautheit mit den Ansprüchen bevorzugter Nahrungspflanzen führten sie, selbst wenn enorme Strecken zurückzulegen waren, ans Ziel. Gelegentlich verlegten sie sich auf weniger geschätzte Kost oder nutzten Ressourcen, bei deren Verarbeitung hohe energetische Kosten entstanden. Schließlich nahmen sie die Option wahr, klimatische Unwägbarkeiten durch Wildpflanzenkultivierung – verbunden mit Vorratshaltung – zu dämpfen, was im Östlichen Waldland, lange bevor der Mais dort seinen Siegeszug antrat, auch geschah.

Szenarien für den Südwesten

Domestizierte Maispflanzen, Bohnen und Kürbisse wurden in Mesoamerika zwischen 4800 und 2300 v. Chr. angebaut, Jahrhunderte früher als im Norden. Richard McNeishs klassische Ausgrabungen im Tehuacán-Tal, Puebla, und in der Sierra de Tamaulipas haben Belege für den gleitenden Übergang vom Wildbeutertum über sporadische Kultivierung von Sammelpflanzen bis zur vollbäuerlichen Lebensweise erbracht (McNeish, 1970).

Richard Ford (1981; 1985) rechnet die ersten Anbaupflanzen im Südwesten – Gartenbohne *(Phaseolus vulgaris)*, Gartenkürbis *(Cucurbita pepo)* und Mais *(Zea mays)* – dem sogenannten «Obersonorischen Feldbaukomplex» zu. Vor ihrer Ankunft im Norden erschienen Gartenbohne und Kürbis bereits während der Ocampo-Phase (5000–3000 v. Chr.) im nordostmexikanischen Tamaulipas, Mais später, in der La Parra-Phase (3000–2200 v. Chr.). Wie sich die Einbürgerung vollzog, ist unklar. Vielleicht empfingen Wildbeutergruppen Saatgut als Geschenk, oder Einwanderer brachten es aus dem Süden mit. Auch über Handelsketten könnten die Kulturpflanzen verbreitet worden sein. Ein Riesenvorteil zeichnete sie aus: Auch wenn sie anfangs wenig produktiv waren, so bildeten sie doch eine feste Größe bei der Subsistenzplanung. Wer Nutzpflanzen anbaute, konnte dies an einem ihm genehmen Platz tun, und er genoß, wenn er Überschüsse einlagerte, den Vorzug ganzjähriger Verfügbarkeit. Bevölkerungszusammenbrüche und fluktuierendes Ressourcenangebot verloren angesichts solcher Pluspunkte allmählich ihre Schrecken (Wills, 1989).

Bezeichnenderweise wurde der Südwesten just zu der Zeit, als das Kulturpflanzenterzett Einzug hielt, von einer Dürreperiode heimgesucht, die um 1000 v. Chr. einsetzte. Weithin dürfte Nahrungsmangel geherrscht haben. Berechenbare Ressourcen, wie sie die domestizierten Pflanzen darstellten, mußten in dieser Notlage willkommen sein.

Linda Cordell (1984) glaubt, daß im Südwesten eine «Situation regionalen Ungleichgewichts» zwischen örtlichen Bevölkerungsgruppen und dem lokalen Subsistenzmittelangebot eingetreten war. Derlei Konstellationen können auf Milieufaktoren oder sprunghaft angewachsene Populationen zurückgehen. Nach Ansicht von Frau Cordell ist das Klimaargument allein zu schwach, um die von ihr apostrophierte Disharmonie zu erklären. Sie schiebt daher zunehmender Bevölkerungsverdichtung die Hauptverantwortung zu.

Darüber, wie Populationsballungen zu ökologischer Degradation und in der Folge zur Übernahme der Landwirtschaft als stabilisierendem Element führten, gibt es unterschiedliche Meinungen. Michael Glassow (1980) vertritt den Standpunkt, daß Überbevölkerung in den Anbaugebieten Nordmexikos die Abwanderung einzelner Gruppen erzwang. Diese Emigranten hätten den Siedlungsdruck im Südwesten merklich erhöht. Auch aus Kalifornien seien Verbände ostwärts vorgerückt.

Andere Autoren richten ihren Blick auf die Plains. Als Folge der immer intensiver betriebenen Bisonjagd im Spätarchaikum wurden am Südwestrand der Ebenen große, saisonale Jagdlager aufgeschlagen (Frison, 1978). Ressourcenverknappung habe daraufhin, so die Befürworter, einige Wildbeutertrupps genötigt, mittels Pflanzenkultivierung die mangelhafte Ernährungslage auszugleichen.

Nun kann man einwenden, daß Jäger und Sammler solche Schritte nur dann erwogen, wenn ihre Lebensart unangetastet blieb, und nicht, um Bauern zu werden. Nach einer These hing die Akzeptanz der Kultigene auch von den sich regional unterschiedlich entwickelnden Umweltverhältnissen ab. Während im Tiefland und in den Wüstengebieten die verschlechterten Witterungsbedingungen periodische Versorgungsengpässe zeitigten, ein Novum für die Bewohner, waren ihre Hochlandnachbarn seit langem mit jahreszeitlich bedingten Fluktuationen im Ressourcenangebot vertraut. Wills (1989) vermutet, daß Tieflandgruppen deshalb eher Bereitschaft zeigten, Kulturpflanzen in ihren Subsistenzkatalog aufzunehmen und Vorräte anzulegen. Im Hochland dagegen bestand hierzu kein unmittelbarer Zwang. Die Menschen dort pendelten zwischen dem nach Norden zurückweichenden Wacholder/Kiefern-Waldland und trockenen Vegetationszonen. Dennoch bot Pflanzenkultivierung auch ihnen Vorteile. Ihre Ernährung wurde variabler, und Fernwanderungen konnten eingeschränkt werden. Sollten Wills' Überlegungen zutreffen, dürfte sich eines Tages herausstellen, daß Kultigene im Tiefland etwas früher auftauchten als in den höheren Lagen.

Die im Verlauf des Archaikums spürbare Tendenz zu Seßhaftigkeit und stärkerer Hinwendung zu pflanzlicher Kost könnte, bei gleichfalls gesteigerter Speicherkapazität, ebenso auf die Nahrungsgewohnheiten eingewirkt haben. Vielleicht fanden die betreffenden Gemeinschaften zu einer übers Jahr ausgewogeneren Ernährung, ein Trend, der unter Umständen das Bevölkerungswachstum anregte (Binford, 1968; Binford & Chasko, 1976).

Was auch immer den Stein letztlich ins Rollen brachte, die Anfänge des Feldbaus im Südwesten scheinen mit einem Ungleichgewicht zwischen Siedlungsdichte und Ressourcenangebot verknüpft. Dank ihrer materiellen Ausrüstung (darunter Mano und Metate), zugeschnitten auf die Verarbeitung pflanzlicher Kost, waren Archaiker für den Bodenbau präpariert. Hätten sie sich nur aufgrund einer opportunistischen Laune und nicht aus ökonomischer Bedrängnis dafür entschieden, wäre dies kraft ihrer «Prä-Adaption» wesentlich früher möglich gewesen, kurz nachdem bäuerliche Kulturen in Mexiko die Szene betraten. Doch erst im zweiten oder ersten Jahrtausend v. Chr. eroberte das Feldpflanzendreigestirn, allen voran der Mais, den Südwesten.

Maisanbau

Mais, der manchmal auch als «Indianerkorn» bezeichnet wird, lernten die Europäer im 15. Jh. auf den Antillen kennen. Die dort beheimateten Taino nannten dieses Süßgras *mahíz,* ein Name, der sich bis heute behauptet hat. Ursprünglich war das Getreide von Nordargentinien bis Südostkanada verbreitet (Galinat, 1985; Mangelsdorf, 1974). Während er im bäuerlichen Südamerika überwiegend Festtagsspeise blieb – Kartoffel, Quinoa oder Maniok lagen in der ökonomischen Wertigkeit hier in Front –, erlangte Mais in Mesoamerika und im nordamerikanischen Südwesten als Subsistenznahrungsmittel große Bedeutung. Über die Jahrtausende züchteten indianische Bauern Hunderte von Kultivaren, Varietäten mit verschiedenster Umwelttauglichkeit. Irgendwo in Mesoamerika lag das Domestikationszentrum. Die Abstammung ist noch nicht endgültig geklärt. Als «Vorfahren» kommen Teosinte *(Zea mexicana)* und Ausdauernde Teosinte *(Zea diploperennis)* in Frage (Beadle, 1980; Mangelsdorf, 1986). Möglicherweise ist die Entwicklungsspanne vom Wildgras zum Stamm-Mais nur kurz gewesen; sie dauerte eventuell gerade ein Jahrhundert. Längere Zeit nahm die Züchtung ertragreicher Kultivare in Anspruch (Galinat, 1985). Richard McNeish (1974) hat den Domestikationsfortschritt im Tehuacán-Tal dokumentieren können. Seine Grabungen in der Coxcatlán-Höhle und weiteren Fundstätten der Umgebung lassen uns ahnen, wie aus winzigen Griffeln immer größere und produktivere Kolben entstanden, die eine wachsende Zahl bäuerlicher Gemeinschaften ernährten.

Mais ist ein anspruchsvolles Getreide, das viel Pflege fordert. Da es arm an den essentiellen Aminosäuren Lysin und Tryptophan ist, gilt «Indianerkorn» als ernährungsphysiologisch nicht besonders wertvoll. Außerdem liegt das Nicotinsäureamid (Vitamin B-Gruppe) in nicht resorbierbarer Form vor. Bei einseitigem Maiskonsum besteht daher die Gefahr der Vitaminmangelerkrankung Pellagra. Diesem Umstand suchten die indianischen Bauern durch Supplementärpflanzung von Bohnen und Kürbissen Rechnung zu tragen. Da die mei-

sten Südwest-Archaiker noch mindestens ein Jahrtausend nach Einführung des Mais ihre mobile Lebensweise beibehielten, liegt der Verdacht nahe, daß das Getreide zunächst die übliche Kost lediglich ergänzte. Zum Anbau eigneten sich klimabegünstigte Nischen, wo man die Pflanzungen länger unbeaufsichtigt lassen und derweil anderen Aktivitäten nachgehen konnte.

Zea mays stammt aus den Tropen und reagiert demzufolge auf Frost empfindlich. Im rauheren Norden war sein Anbau deshalb stets mit Risiken behaftet. Auf dem Colorado-Plateau erschien zuerst die Chapalote-Varietät, ein robuster, wenig ertragreicher Puffmais mit kleinen Kolben. Wann genau das aber geschah, ist unter Experten umstritten. Eine Fraktion glaubt, gestützt auf Funde aus dem San Juan-Becken im nördlichen New Mexico, die Einbürgerung habe kurz nach 2000 v. Chr. stattgefunden (Upham et al., 1987). Wills (1989) dagegen gibt dem ältesten, sicher belegten Maisvorkommen in den Mogollon-Bergen (Bat Cave) aufgrund neuester kalibrierter Radiokohlenstoffdatierungen ein Höchstalter von nur 3000 Jahren. Maispollen vom Cienega Creek wurden auf etwa 500 v. Chr. datiert, Körner aus der O Block-Höhle im Pine Lawn Valley Arizonas auf zwischen 850 und 650 v. Chr. Auch Kürbiskerne kamen an den genannten Orten zum Vorschein (Cordell, 1984; Ford, 1985; Upham et al., 1987). Im Rahmen dieser Neubewertung muß man wohl davon ausgehen, daß der Mais spätestens um 1000 v. Chr. in den Südwesten gelangte.

Doch nicht der Chapalote-Mais verbreitete sich danach über die gesamte Region, sondern eine trockenheitsresistente Sorte, Maíz de Ocho, dessen Körner in acht Reihen am Kolben stehen. Wahrscheinlich stammt auch er aus Mexiko, gelangte offenbar aber erheblich früher in den Südwesten als noch vor wenigen

(Oben, links) 5000 Jahre selektiver Veredelung waren nötig, um aus winzigen Griffeln stattliche Maiskolben zu züchten. Das Exemplar rechts datiert um 1500 u. Z. *(Oben, rechts)* Hopisinom-Frau beim Maiskörnen.

Ständiges Bodenlockern und Jäten sind Voraussetzung, soll sich die Maispflanze optimal entfalten.

Jahren angenommen. Steadman Upham und Richard McNeish stießen nämlich bei Ausgrabungen unter den Abris von Roller Skate und Tornillo im südlichen New Mexico auf primitiven Kulturmais, darunter auch achtzeilige Kolben, die man auf 1225±250 Jahre v. Chr. bzw. 1029±130 Jahre v. Chr. datierte. Obsidian-Hydrationsschichtmessungen bestätigten diese Werte (Upham et al., 1987). Möglicherweise hielt Maisanbau also tatsächlich im Tiefland eher Einzug als auf dem Colorado-Plateau. Es gilt aber der Hinweis, daß weitere Überprüfung nötig sein wird (Wills, 1989).

Maíz de Ocho verdankte seine Entstehung genetischer Zuchtwahl, die ihr Augenmerk auf einen stabileren Stengel, größere Kolben und Körner richtete. Zudem blüht Maíz de Ocho früher, bei der kurzen Vegetationsperiode, die der Vollreife nur wenig Zeit läßt, sicher ein Selektionsvorteil.

Achtreihiger Mais ist um 700 u. Z. im westlichen Colorado nachgewiesen. Von dort verbreitete er sich rasch nach Osten. Bereits vorher war ein kleinkolbiger, zwölf- bis vierzehnzeiliger Hornmais («Northern American pop») über die südlichen Plains in den Südosten gelangt. Maíz de Ocho jedoch setzte sich in den Anbaugebieten östlich des Mississippi schnell durch. Als Europäer die Neue Welt betraten, gedieh achtreihiger Mais, den man auch als «Neuengland-Hornmais» bezeichnet, allenthalben von Süddakota bis zum Atlantik. Im Norden erreichte er die Gaspé-Halbinsel in Québec.

Die Bauern im Südwesten experimentierten viele Jahrhunderte lang mit den ihnen zur Verfügung stehenden Maissorten. Zu den schwierigsten Problemen, die sie lösen mußten, gehörten Anpassung an verschiedene Höhenstufen und ausreichende Wasserversorgung. Durch entsprechende Selektion erhielten sie im Lauf der Zeit höhenadaptierte Kultivate mit verlängerten Kolben und unterschiedlicher Wurzelbildung, deren Samen ohne Schaden recht tief in die Erde gebracht werden konnten, wo sie von Restfeuchte zehrten. Ihre gewonnene Erfahrung im Feldbau stellten die indianischen Landwirte durch vorteilhafte Bodenwahl unter Beweis. Gut durchfeuchtete Parzellen an Nord- und Osthängen, die nur indirektes Sonnenlicht empfingen, wurden ausgesucht. Andernorts bevorzugte man Überschwemmungsgebiete und die Mündung von Regenrinnen, wo die Natur dosierte Wassergaben spendete. Ausgeklügelte Irrigationssysteme krönten den landwirtschaftlichen Aufschwung. Trotzdem gab es Risiken, zu deren Minimierung man sich bestimmte Strategien ausdachte. Gärten lagen in gehörigem Abstand zueinander, um bei Überschwemmungen Ausweichflächen zur Verfügung zu haben, der Ausbreitung von Pflanzenkrankheiten vorzubeugen und Wildverbiß zu kontrollieren. Indem man Feldgrundstücke an geeignete Orte – schattige Canyons z. B. – verlegte, gelang es, die in dem trocken-heißen Milieu eigentlich erforderliche Wachstumsphase von 130–140 Tagen auf 120 Tage zu senken. Durch solche Maßnahmen und Techniken gewann im Südwesten allmählich eine Wirtschaftsform Kontur, die in hervorragender Weise an das herrschende Wüstenklima angepaßt war.

Kürbisse tauchten in der Region nach 1000 v. Chr. auf. Sie gehörten alle derselben Varietät an. Erst nach 900 u. Z. züchtete man daraus neue Kultivare. Der Gartenkürbis war eine vielseitig verwendbare Pflanze. Er lieferte erfrischendes Fruchtmark und Kerne, die zu Mehl zermahlen wurden.

Um 500 v. Chr. erreichte die Gartenbohne den Südwesten. Bohnen enthalten das lebenswichtige Lysin, das das Knochenwachstum fördert und die Zellteilung anregt. Sie stellen daher, wie wir schon erwähnten, eine wichtige Ergänzung zum Mais dar (Kaplan, 1965). Außerdem sind Bohnen Stickstofftauscher, d. h. sie nehmen Stickstoff nicht nur auf, sondern geben auch signifikante Mengen an das Erdreich ab, wo diese von nitrophilen Pflanzen wie dem Mais verbraucht werden. Indem sie also Mais und Bohnen nebeneinander zogen, sicherten sich die Bauern des Südwestens langanhaltende Bodenfruchtbarkeit (Castetter & Bell, 1942).

Verglichen mit den Verhältnissen im Östlichen Waldland (s. dort, Kapitel 18) waren im Südwesten die Faktoren, die die Akzeptanz domestizierter Pflanzen bestimmten, ganz andere. Östlich des Mississippi übernahmen mehr oder weniger seßhafte Volksgruppen den Bodenbau. Ihre westlichen Antipoden jedoch lebten, als Feldpflanzen bei ihnen Einzug hielten, in kleinen, hochmobilen und weit verstreuten Sozialverbänden. Einschneidende Veränderungen im Siedlungsmuster und in der Wirtschaftsführung wurden nötig (Wills, 1989). Das Vorkommen von Mais, Bohnen und Kürbissen allein genügte nicht, um die Wende herbeizuführen. Entscheidungen mußten gefällt werden. Auf dieser Ebene sind wohl die Anstrengungen von Wildbeutern im Flachland erfolgt, saisonaler Ressourcenverknappung zielgerichtet durch Anbau und Vorratshaltung zu begegnen (Wills, 1989). Später, spinnt Wills den Faden weiter, gelangten Mais und die übrigen Kulturpflanzen auch ins Hochland. Die Intention allerdings, mit der das geschah,

In Horsten gepflanzte Bohnen, Hotevila Pueblo (Arizona), um 1919.

war keineswegs kongruent. Nicht so sehr ökonomische Zwänge diktierten die Handlungsanweisung, sondern die Chance zu Stabilisierung und Multiplizierung des Nahrungsmittelangebots. Demnach ist die Vorstellung, der Bodenbau habe sich sofort und flächendeckend über den Südwesten ausgebreitet, eine grobe Vereinfachung wesentlich komplizierterer Vorgänge.

Der Niedersonorische Feldbaukomplex

Ford (1981) teilt die ersten, höhentoleranten Anbaupflanzen im Südwesten seinem «Obersonorischen Feldbaukomplex» zu. Etwas später, zwischen 300 und 500 u.Z., schwappte eine zweite Welle von Kultigenen über die Grenze des mesoamerikanischen Hochkulturgebietes nach Norden. Dazu gehörten Teparybohne *(Phaseolus acutifolius)*, Mondbohne *(Phaseolus lunatus)*, Moschuskürbis *(Cucurbita moschata)*, Riesenkürbis *(Cucurbita maxima)* und Baumwolle *(Gossypium hirsutum)*. Diese Pflanzen, von Ford dem «Niedersonorischen Feldbaukomplex» zugewiesen, sind an vollaride Verhältnisse angepaßt, bedürfen aber der künstlichen Bewässerung. Offenbar kamen sie zuerst ins Gebiet der Hohókam-Tradition, wo, während der sogenannten Pionier-Phase, mit dem Bau von Irrigationskanälen begonnen wurde. Auch in der Folge blieben sie auf den heißen Süden der Region und Höhenlagen unter 1400 m beschränkt.

Auswirkungen des ökonomischen Umbruchs

Kurzfristig ergaben sich nach der Einbürgerung von Mais im Lebensbild der Südwest-Völker kaum Veränderungen. Frühe Kultivare waren nicht sehr produktiv. Ihre Nährwertgutschrift hinkte weit hinter der von Kiefernsamen oder Walnüssen her. Also sammelten die Archaiker nebenbei noch eifrig Wildpflanzen. Zugute kam ihnen, daß die robusten unveredelten Maissorten ohne großen Aufwand betreut werden konnten. Doch mit der Zeit verschoben sich die Gewichte. Wie wir sahen, unterliegt besonders die Kiefernmast enormen zyklischen Schwankungen – angesichts verschlechterter Witterungsbedingungen zweifellos ein Manko. Die Kulturpflanzen hingegen zeichnete mehr Zuverlässigkeit aus. Sie bestanden den Eignungstest für eine Vielzahl gegensätzlicher Habitate, und sie waren trockenheitsresistent!

Indianische Bauern pflegten ihre Felder mit Hingabe. In historischer Zeit wurden die Pflanzen in Horsten von ca. 2 m Abstand gesetzt. Mit einem Grabstock stach man Vertiefungen aus, in die maximal 20 Maiskörner wanderten. Darüber häufelte der Gartenbesitzer Erde. Die Keimlinge schützte er vor dem austrocknenden Wüstenwind mit waffelförmigen Erdgittern, Steinmäuerchen oder dicken Lesesteinen. Durch das Pflanzen in Horsten, eine noch heute geübte Praxis, wird dem Boden weniger Feuchtigkeit entzogen, und der Aufwuchs kommt sich nicht ins Gehege. Düngung war in voreuropäischer Zeit unbekannt.

Es leuchtet ein, daß Feldpflege, künstliche Bewässerung sowie die gegen gefräßiges Wild oder Vögel zu ergreifenden Schutzmaßnahmen hohen Zeit- und Energieaufwand erforderten – starke Anreize für Seßhaftigkeit. Als sich die Archaiker des Südwestens in der Nähe ihrer Maisfelder niederließen, unternahmen sie immer noch Exkursionen zu ergiebigen Wildpflanzenbeständen. Doch mit zunehmender Klimaverschlechterung ab 1000 v. Chr. verstärkte sich der Trend zur Landwirtschaft, und bäuerliche Gemeinschaften schossen dort, wo günstige Voraussetzungen bestanden, wie Pilze aus dem Boden.

Nicht jedes dieser Experimente glückte. Manche Gruppen kehrten zur althergebrachten Lebensweise als Jäger und Sammler zurück. Wie uns die weit über 2000jährige Geschichte des Bodenbaus im Südwesten lehrt, oszillierte der landwirtschaftliche Gürtel, dehnte sich aus und verengte sich. Überall dort aber, wo Feldbau feste Wurzeln geschlagen hatte, blühte reges Kulturleben auf, gespeist vom bemerkenswerten handwerklichen Geschick und der Erfindungsgabe indianischer Völker – Eigenschaften, die bis zum heutigen Tag fortbestehen.

Die ersten Dörfer im Südwesten: 300 v. Chr. bis 900 u. Z.

Während der zwölf Jahrhunderte zwischen 300 v. Chr. und 900 u. Z. erfolgten allenthalben im Südwesten Schritte zur Ansiedlung in festen Dörfern. Anderswo, etwa in den Auen des Mittleren Westens, wurden die Menschen früher seßhaft, lange bevor Feldbau dort Fuß faßte. Im Südwesten jedoch war die Übernahme der Landwirtschaft Voraussetzung für die Aufgabe der schweifenden Lebensweise.

Hopísinom-Frau aus dem Dorf Oraibi beim Töpfern. Sie bedient sich der Spiralwulst-Aufbautechnik, wobei Tonschlangen spiralig aufeinandergezogen werden, bis die gewünschte Form erreicht ist. Schließlich verstreicht man die «Würste» dergestalt, daß eine zusammenhängende Gefäßwand entsteht.

Unter «Dörfern» verstehen Europäer gewöhnlich recht große Ansiedlungen, die in eine Kulturlandschaft aus blühenden Feldern und Wiesen eingebettet sind. Im vorgeschichtlichen Nordamerika indessen sahen die ersten Niederlassungen ganz anders aus. Hinsichtlich ihrer Lage, Ausdehnung und Anzahl der Behausungen unterschieden sie sich erheblich voneinander. Ausschlaggebend für diese Vielfalt waren Milieufaktoren, insbesondere das Ressourcenangebot und die Rahmenbedingungen des Bodenbaus. Nirgends verließ man sich nur auf landwirtschaftliche Produkte. Wildpflanzenkost stand überall, in wechselnden Anteilen, auf dem Ernährungsfahrplan.

Die Bewohner der ersten Bauerndörfer stützten sich auf technische Errungenschaften, die bereits von den Archaikern entwickelt worden waren. Vormals benutzte man kleine Handwalzen und napf- oder plattenförmige Metates zur Verarbeitung der anfallenden Körner. Später kamen wuchtigere Trogmetates in Mode, wahrscheinlich, um Mais mahlen zu können. Der lithische Kulturbesitz (u. a. Messer, Schaber und Beile) veränderte sich kaum, sieht man von der Einführung kleiner seitengekerbter oder gestielter Pfeilspitzen ab. Michael Glassow (1972) glaubt, daß zwischen dem Erscheinen von Pfeil und Bogen und der gewachsenen Bedeutung des Landbaus ein ursächlicher Zusammenhang bestand. Die Jagd gestaltete sich effizienter, da mehr Beutetiere in Reichweite gerieten, und der durch vorherrschende Pflanzenkost hervorgerufene Eiweißmangel fand so einen Ausgleich.

Etwa um 200 u. Z. verbreitete sich die Kunst der Keramikherstellung. Es ist gewiß kein Zufall, daß dies zu einem Zeitpunkt geschah, als Landwirtschaft und seßhafte Siedlungsweise den Durchbruch schafften. Mobile Jäger und Sammler hatten für Tongefäße keine Verwendung: Diese waren zu schwer und gingen leicht entzwei. Bauern jedoch leisteten keramische Erzeugnisse gute Dienste. Leicht zu fertigen, eigneten sie sich zur Vorratshaltung und zum Kochen über offenem Feuer.

Im Norden und in den Bergen lebten die ersten Bauern in Grubenhäusern, meist runden oder ovalen halb-unterirdischen Schachtbauten. Robin Farwell (1981) zufolge zeichneten sich solche Behausungen durch günstige Wärmedämmung aus. Seine Berechnungen ergaben, daß weniger Arbeitseinsatz und weniger Brennstoff nötig waren, um Grubenhäuser im Winter zu beheizen als die späteren oberirdischen Pueblos – ein Vorteil in den rauhen Hochlagen des Südwestens.

Anfangs wiesen Grubenhäuser einen D-förmigen, ovalen oder kreisrunden, nachher einen rechteckigen, oft sogar quadratischen Grundriß auf. Eine Herdstelle und in den Wänden oder im Boden eingelassene Vorratsspeicher gehörten zur Ausstattung. Wandungen bestanden aus um die etwa halbmetertiefe Grube gerammten Pfählen und Bindwerk mit Lehmbewurf *(Jacal)*. Das Kuppel- oder Flachdach ruhte auf starken Holzträgern, örtlich auch auf einem Zentralpfosten mit einem Außenkranz aus kleineren Stämmen. Der tunnelartige Eingang war in winterkalten Landstrichen häufig gegen Südosten ausgerichtet. Im Anasazigebiet wurden die Lehmstakungen im Lauf der Zeit durch Adobemauerwerk ersetzt. Ferner verbreitete sich dort eine stärkere Raumgliederung mit Küche und Wohnbereich. Über eine Dachöffnung entwich der Rauch. Ab 600 u. Z. nahm man einschneidende konstruktive Veränderungen vor. Die erweiterten Dachluken dienten fortan als Ein- und Ausstieg, der frühere Eingangstunnel verkümmerte zum Belüftungsschacht.

Die Grubenwohnungen des niedersonorischen Tieflandes wichen ziemlich von dem sonst üblichen Typ ab. Bei ihnen handelte es sich um richtige Häuser, die in einer nur rund 20 cm tiefen Grube standen. Dach und Wände wurden aus Knüppeln, Binsen, Buschwerk und Schlamm errichtet. Kleine Herdstellen lagen direkt im Eingangsbereich.

Im Norden veränderte sich das Siedlungsmuster beträchtlich. Weiler mit nur zwei bis drei Grubenhäusern kamen vor, daneben aber auch stattliche Dorfanlagen, die über bis zu 50 Behausungen verfügten. Ein starrer Siedlungsplan existierte scheinbar nicht. Im Hohókam-Gebiet erschließen sich der Forschung lose Siedlungsballungen über weit größere Areale.

Einige Gebäude scheinen Sonderfunktionen wahrgenommen zu haben. Die Rede ist von Großbauten mit ungewöhnlichen architektonischen Elementen.

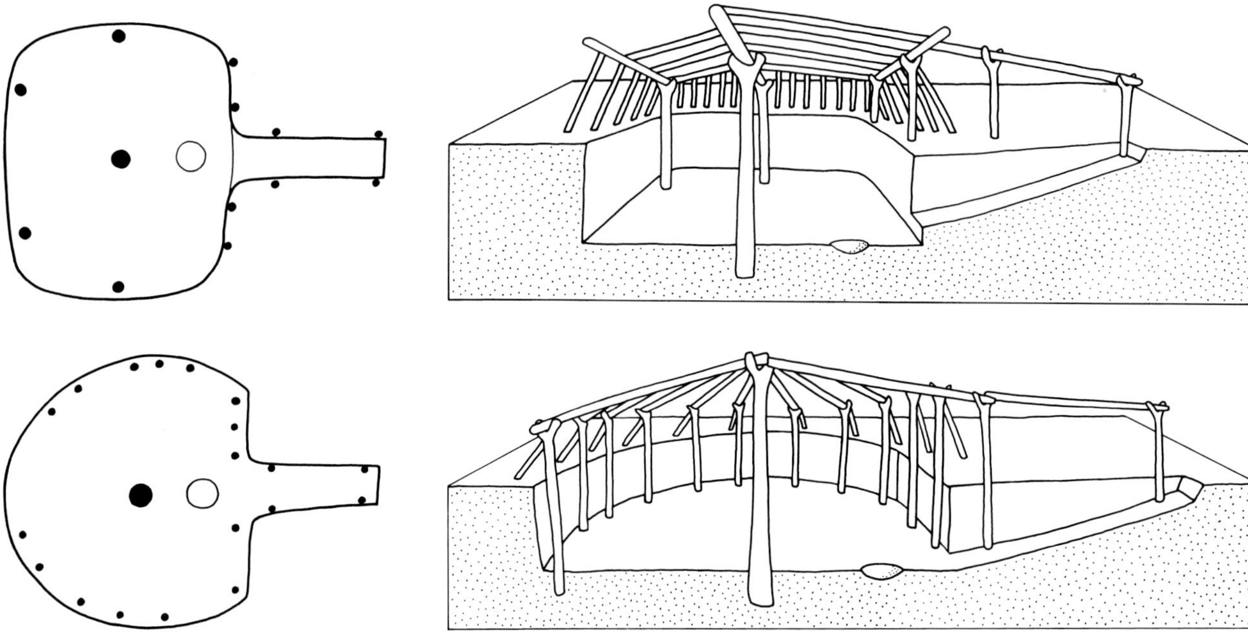

Mogollon-Grubenhausarchitektur nach dem Befund von Harris in New Mexico. *(Oben)* Grund- und Aufrisse einer (früheren) runden sowie einer (späteren) eckigen Behausung. *(Rechts)* Siedlungsplan.

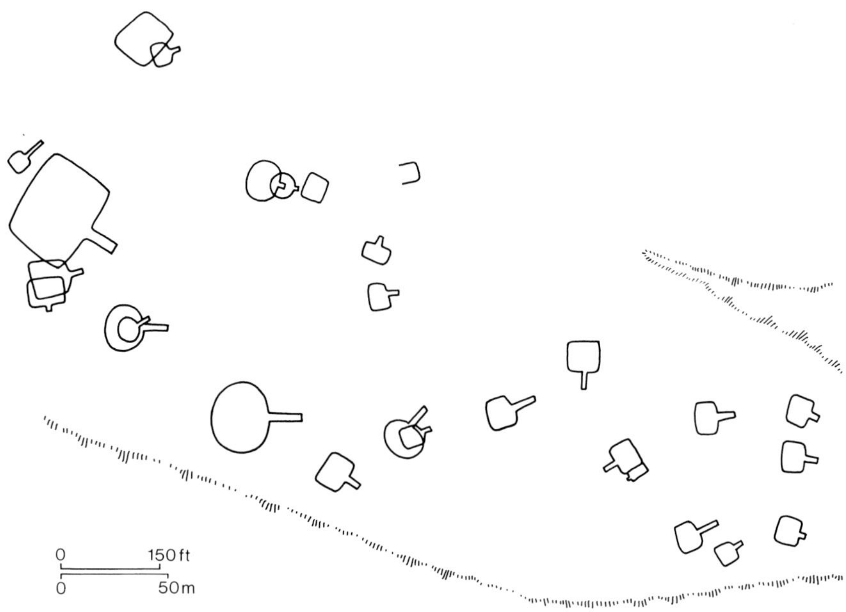

Ein kreisrundes Grubenhaus der Fundstätte Galaz im Mimbres-Tal von New Mexico z. B. wies einen Durchmesser von 7 m auf; es beanspruchte über doppelt so viel Fläche als die Nachbargebäude. Steven Le Blanc (1983) hält das Bauwerk für eine Kiva, denn es zeichnete sich durch mehrere Adobepilaster nahe der Ein-

Diorama eines Mogollon-Grubenhausdorfes der Pine Lawn-Phase im Chicagoer Museum für Naturgeschichte.

gangsrampe aus, eine Anordnung, der man bei späteren Mogollon-Ritualkammern wiederbegegnet. In den Fußboden eingelassene flache Steine wurden als Sitze religiöser Amtsträger gedeutet.

Es fällt auf, daß sich dörfliche Ansiedlungen nicht nur hinsichtlich ihres Umfangs unterschieden, sondern auch in bezug auf die Verteilung von Handelswaren, die Abmessungen einzelner Gebäude und ihre Speicherkapazität. Solche Abweichungen sind fraglos Wegweiser zum Verständnis früher sozialer und politischer Verhältnisse. Waren die Dorfgemeinschaften autonome Einheiten oder sind sie durch Allianzen, politische Einflußsphären u. ä. miteinander verbunden gewesen? Großangelegte Untersuchungen der letzten Jahre haben hier mehr Klarheit gebracht. Offenbar gab es zwar einige Siedlungszentren, überwiegend jedoch beherrschten Weiler, die sogenannten *rancherías,* den Aspekt. Ob diese Streusiedlungen aber völlige Autarkie auszeichnete, ist zweifelhaft. Jeder, der in den Hochlagen des Südwestens Bodenbau treibt, sieht sich zu Kontakten mit den Tieflandbewohnern gedrängt. Einige Autoren sprechen in diesem Zusammenhang von «makrozonaler Komplementarität». Selbst mormonische Pioniere, die sich in historischer Zeit in der Region niedergelassen hatten, standen im Austausch mit ihren entfernten Nachbarn (Lightfoot, 1981; Plog, 1983).

Luxusgüter aus der Fremde. In Mimbres-Fundstätten geborgene Kupferschellen aus Mexiko. Darunter eine aus Kalifornien importierte Muschelschale, bei der Hohókam-Kunsthandwerker Verzierungen einätzten und mit türkisfarbenen und roten Pigmenten hervorhoben.

Die Annahme, daß die ersten indianischen Bauerngemeinschaften autonome und vollautarke Sozietäten darstellten, scheint mit den ökologischen Realitäten unvereinbar. Am besten trifft die Verhältnisse eine Formel, die Shimada (1982) für Alt-Peru aufgestellt hat. Er bezeichnet die dortigen relativ selbständigen, über Austauschsysteme aber lose miteinander verknüpften Siedlungsinseln als «horizontale Archipele».

Auch das Dogma, solche Gruppierungen müßten per se egalitär strukturiert gewesen sein, geht an der Wirklichkeit vorbei. Jeder Austausch von Rohstoffen und Fertigprodukten, insbesondere Luxusgütern, zeitigt gewisse Formen sozialer Differenzierung oder ist Ausdruck derselben. Selbst moderne Pueblo-Indianer sind weniger egalitär als gemeinhin vermutet, und ihre teils durch kolonialspanische Überblendung verstärkte politische Ämterhierarchie ankert in traditionellen Verantwortlichkeiten (Upham, 1982).

Handelsbeziehungen spielten möglicherweise eine Hauptrolle bei der Organisierung des dörflichen Zusammenlebens. Manche Rohmaterialien wie Obsidian oder Hornstein wurden über weite Strecken transferiert, mitunter über viele Hundert Kilometer (Green, 1982). Gebrauchsgüter, etwa Tongefäße oder Salz, gingen von Hand zu Hand. Jadeit (Chalchihuitl), Kupferschellen und marine Konchylien erreichten den Südwesten aus Mexiko oder Kalifornien. Die Fäden des Warenumschlags liefen scheinbar bei den Führern größerer Kommunen zusammen (Upham, 1982). Polvadera Peak-Obsidian z. B. tauchte nur in den Fundstätten Arizonas auf, die als regionale Zentren Bedeutung erlangten. Plog (1983) verweist darauf, daß Kivas eventuell als Güterdepots dienten.

Nach dem, was wir von historischen Handelsbeziehungen wissen, vollzogen sich entsprechende Transaktionen keineswegs zufällig. Tauschakte hatten vordergründig wohl symbolischen Charakter und untermauerten eine formale Bindung, die auf dem gegenseitigen Verhältnis von Geben und Nehmen zwischen inner- und außergemeinschaftlichen Partnern beruhte. Handel sorgte für die Nivellierung bestehender Ressourcenungleichgewichte, leistete aber auch der Monopolbildung Vorschub, die einige Gruppen gegenüber anderen bevorteilte und deren örtliche Vorherrschaft begründete.

In späterer Zeit trafen sich die Bewohner niedersonorischer Dörfer zu jahrmarktähnlichen Veranstaltungen, die primär der Weitergabe von Waren und Geschenken dienten. Dabei wurde auch Getreide an Bedürftige verteilt, und es entstanden dauerhafte Handelsfreundschaften. Fernhandel folgte bevorzugten Achsen und Wegenetzen, die durch Petroglyphen gekennzeichnet waren. Einer dieser uralten Pfade ging vom Pazifik nahe Los Angeles aus, führte durch die Mojave-Wüste zum heutigen Needles, bog zum Unterlauf des Colorado ab, schwenkte dann ins Tal des Gila River und erreichte schließlich die Pueblos auf dem Colorado-Plateau. Eine andere Route verlief am Ostrand der westlichen Sierra Madre über Casas Grandes zum Chaco Canyon. Die Plains, das Große Becken, Sonora, Chihuahua, der Südwesten und Kalifornien standen so in ständigem Kontakt. In der Regel wanderten Güter von Ort zu Ort, doch reisten auf den Fernhandelswegen auch professionelle Kaufleute, wie vereinzelte Funde ihrer noch prall gefüllten Taschen verraten. Der soziale Aspekt des Warenverkehrs verknüpfte Dutzende, ja Hunderte Kilometer voneinander entfernte Dörfer. Ökonomische Engpässe konnten durch Handel beseitigt, Bündnisse angebahnt und Mißhelligkeiten der einzelnen Stämme untereinander gedämpft werden, wenn auch oft nur vorübergehend.

Wissenschaftliche Grabungen der letzten Jahre, insbesondere in Zusammenhang mit dem «Cultural Ressource Management-Programm», haben frühere Vorstellungen von prähistorischer Sozialverfassung tiefgreifend gewandelt. Dabei kam heraus, daß vor 1100 u. Z. die meisten Siedlungen über eine Wohn- und Speicherfläche verfügten, die drei Raumeinheiten nicht überstieg. Nach 1100 erhöhte sich die Zahl dieser Einheiten auf etwa zehn. In beiden Zeitabschnitten wurde die Hälfte der Räumlichkeiten zur Bevorratung von Nahrungsmitteln genutzt. Zwischen 10 und 15 Personen lebten in einem Weiler. Sie wirtschafteten für den Eigenbedarf, waren aber nicht voneinander isoliert, sondern gehörten zu einem interagierenden «Archipel», der sich um eine Gemeinschaftskiva oder eine Zentralsiedlung gebildet hatte. Wechselseitige Beziehungen zwischen den «Inseln» sorgten bei begrenzter Ressourcenverknappung für wirtschaftlichen Ausgleich.

Örtlich jedoch war dieses Grundmuster zugunsten schärfer strukturierter «Allianzen» (Upham, 1982) verschoben, die sich durch folgende Merkmale auswiesen:

- eine oder mehrere Hauptsiedlungen beziehungsweise eine Ballungszone;
- grundsätzlich einheitliche Architektur;
- verhältnismäßig geringe stilistische Variation bei Keramikprodukten;
- Tendenz zu handwerklicher Spezialisierung;
- organisierter Handelsverkehr;
- moderates Ranggebahren oder Ansätze zu gesellschaftlicher Stratifizierung.

Fred Plog (1983) entwirft für das Colorado-Plateau ein Bild tausender kleiner, relativ autonomer Bauerngemeinschaften, die so gut wie unverändert die Zeiten überdauerten. Gelegentlich aber hätten sich «Allianzen» gebildet, die viele der Weiler in ein weiter gespanntes wirtschaftliches und soziales Netz einbanden. Im archäologischen Kontext seien sie am vergleichsweise homogenen Baubefund und der weitgehend einheitlichen Töpferware zu erkennen. Die Gesellschaftsstruktur nahm, so Plog, komplexere Züge an, erreichte jedoch nirgends jenes hierarchische Gefälle, wie es für die Hochkulturen Mesoamerikas typisch war. «Allianzen» kamen und gingen, doch wo immer sie aufblühten, begleitete signifikantes Bevölkerungswachstum ihren Aufstieg.

Das von Plog beschworene Bild, das die Bedeutung regionaler Niederschlagsschwankungen mit daraus resultierenden Nahrungsengpässen für Entfaltung und Niedergang komplexer Gesellschaftsformationen im Südwesten betont, steht anderen Hypothesen, die deren Reife in ökologische Gunsträume verlegen, entgegen. Einen Schwachpunkt weist Plogs Theorie auf. Sie erklärt nicht, wie «Allianzen» ihr Strukturprofil gewannen. Saßen Männer mit unternehmerischen Fähigkeiten oder einflußreiche Klanoberhäupter an den Schalthebeln der Macht, oder steuerten andere, unbekannte Mechanismen das formelle Zusammenwachsen zerstreuter Verbände? Wir wissen es nicht. Doch wie auch immer die treibenden Kräfte aussahen, sie führten die Völker des Südwestens in den letzten Jahrhunderten vor Kolumbus zu faszinierender Kulturblüte.

15. AUFSTIEG UND BLÜTE DER PUEBLO-KULTUREN

Wenn es in der Vorgeschichte des Südwestens ein Leitmotiv gibt, dann ist es kontinuierlicher Kulturwandel – der evolutive Fortschritt vom Archaikum zum Formativum. Wir wollen nun einige der Entwicklungen, die nach Einführung des Bodenbaus und dem Beginn seßhafter Lebensweise wirksam wurden, näher betrachten.

Bis etwa 700 u. Z. bewohnten die Menschen in weiten Teilen des Südwestens Grubenhäuser. In den folgenden drei Jahrhunderten kamen auf dem Colorado-Plateau oberirdische Bauten in Mode, die immer mehr die Gestalt von «Reihenhäusern» – wabenartig aneinandergefügten Gebäudezeilen – annahmen. Mancherorts, so in Mesa Verde, Colorado, vollzog sich der Wandel gleitend. Dort waren die ersten Freiluftbauten Speicher, die man hinter den Grubenwohnungen errichtet hatte. Später zog man in feste Häuser. Die alten Hausgruben wurden zu Kivas umfunktioniert. Andernorts ging dieser Prozeß sprunghafter vonstatten. Da der Übergang selbst in enger begrenzten Arealen ohne zeitliche Abstimmung erfolgte, scheiden allgemeine Beweggründe, klimatische Veränderungen etwa, aus (Cordell, 1984). Das starke Bevölkerungswachstum jedoch, angestoßen von zunehmender Abhängigkeit Feldbauprodukten gegenüber und eingeschränkter Mobilität, führte zu neuen Praktiken der Nahrungsmittelaufbereitung und -lagerung. Große Getreidemengen fielen an, nicht nur Überschüsse, sondern auch Saatgut für die kommende Pflanzperiode. Die Zubereitung der Speisen dauerte länger. Weil all dies in den engen Grubenhäusern mit Unbequemlichkeiten verbunden war, aufgrund baulicher Zwänge hier auch räumliche Erweiterung keine Abhilfe versprach, machten sich die Bauern daran, oberirdische Gebäude zu erstellen, die vielfältiger Nutzung offenstanden. Solche Einhäuser bewährten sich wegen ihrer mangelhaften Isolierung in den winterkalten Gebieten des Südwestens nicht. L- oder U-förmig angeordnete Raumfluchten, später gar mehrstöckige Hauskomplexe, die wie aneinandergeschmiegte Körper die Wärme hielten, im Sommer dagegen Kühle spendeten, lösten dort das Problem. Im architektonischen Wandel spiegelt sich auch gesellschaftliche Neuorientierung: Das soziale Gefüge wurde enger verflochten und der Gemeinschaftsgeist gestärkt. Den Dorfmittelpunkt bildete ein Versammlungsplatz, wo öffentliche Zeremonien stattfanden – Gemeinschaftsrituale, die gleichfalls die Gruppenbindung festigten.

Wir müssen uns aber vor allzu starker Vergröberung hüten. Wahrscheinlich verlief die kulturelle Transformation von Basketmaker zu Pueblo weder so schematisch wie geschildert noch so unausweichlich. Fred Plog (1974) schließt aus dem Befund am oberen Little Colorado auf kräftige Bevölkerungszuwächse um 500 u. Z. Die Grubenhausdörfer jener Zeit nahmen mehr Menschen auf als früher. Bald darauf wurden die Großsiedlungen jedoch aufgegeben und man zer-

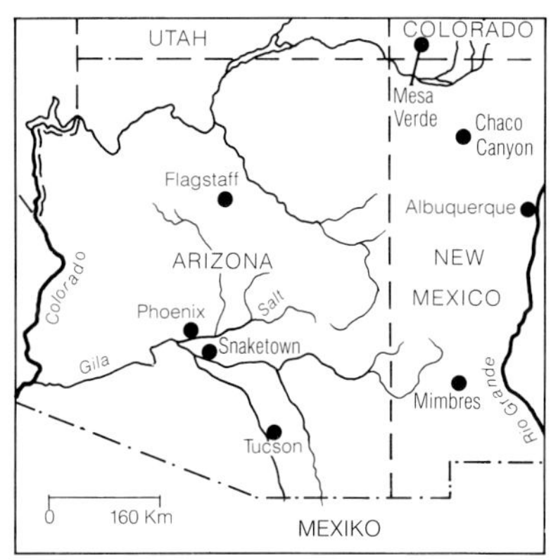

In Kapitel 15 erwähnte Fundorte.

Blick in einen Pueblo-Haushalt: Hopísinom-Frauen malen Mais, 1895. Der Schritt von Grubenwohnungen zu oberirdischen Gebäuden verschaffte den Anasazi mehr Raumfreiheit.

streute sich in Weilern. Klimafaktoren scheiden als Ursache dieser Regruppierung aus. Plog vermutet daher gesellschaftliche Triebkräfte. Seiner Überzeugung nach hatte der Umfang der Dörfer eine kritische Größe überschritten, weswegen aufkeimende sozio-ökonomische Spannungen mit den damals schwach strukturierten sozialen und politischen Instrumentarien nicht mehr zu bewältigen waren. Die ursprüngliche Bevölkerungskonzentration dürfte von steigender Handelsaktivität, der Notwendigkeit zu wechselseitiger (auch materieller) Solidarität und der moralischen Verpflichtung zum Gütertausch begleitet gewesen sein. Mit der Atomisierung der Bevölkerung zerbrach jener auf Gemeinschaftlichkeit zielende Kanon. Die Menschen intensivierten den Bodenbau, was, wie Plog glaubt, eher als die vordem praktizierte extraktiv-agrikulturelle Mischwirtschaft zur Versorgung kleiner seßhafter Gruppen geeignet war. Ob dies zutrifft, sei dahingestellt, die Studie zeigt aber, wie verschlungen die Wege ins Formativum verliefen.

Zwischen 750 und 900 u. Z. entwickelte sich das dörfliche Zusammenleben, insbesondere auf dem Colorado-Plateau, dynamisch. Zentralsiedlungen existierten neben winzigen *rancherías.* Sozialgefüge und politische Organisation kondensierten zu vielfältigen Formen. Die meisten Wissenschaftler betrachten den Kulturfortschritt der letzten 1200 Jahre als lineare Stufenfolge, die bei den ersten bäuerlichen Gemeinschaften ihren Anfang nahm und mit den modernen Pueblo-Indianern ausklingt. Die Frage allerdings, ob während dieser Spanne dieselben Glaubensvorstellungen wirkten und Sozialstrukturen nur geringfügig modifiziert überliefert wurden, steht noch in der Diskussion.

Viel ist z. B. über die Herkunft maternaler Gesellschaftsorganisation bei den westlichen Pueblo-Gruppen spekuliert worden. Einige Forscher verließen sich dabei auf indianische Wanderungslegenden und Klan-Mythen. Julian H. Steward (1955) näherte sich dem Problem von wirtschaftsökologischer Seite. Ausgangspunkt seiner Betrachtung war die Feststellung, daß die späteren Bauerndörfer im Einzugsbereich des San Juan River kleine Gebäudekomplexe umfaßten, die recht nahe beieinander lagen. Dies, so der Ethnologe, müsse man als Anzeichen einer Lebensführung werten, die in erheblichem Maß dem Feldbau zuneigte. Wären die Menschen Jäger und Sammler gewesen, hätten sich zwischen den Ansiedlungen ausgedehnte Schweifgebiete erstreckt. Gestützt auf den Befund sei zu vermuten, daß Klanverbände, die ihre Abstammung von einem gemeinsamen (mythischen) Ahnen herleiteten, in der Nähe ihres Grundbesitzes siedelten. Als der Bevölkerungsdruck zunahm, spann Steward den Faden weiter, trennten sich einzelne Linien *(Lineages)* – Blutsverwandte mit noch überschaubarer Genealogie – von der Mutterkolonie und gründeten Dependencen in deren unmittelbarer Nachbarschaft. Bei den frühen Pueblo-Indianern dürfte die Betreuung der Pflanzen, in logischer Fortschreibung der geschlechterspezifischen Arbeitsteilung bei Wildbeutern, die den weiblichen Gruppenmitgliedern das Einbringen pflanzlicher Kost zuwies, Frauensache gewesen sein. Steward glaubte, daß hieraus Besitzansprüche auf Felder und die darauf wachsenden Früchte abgeleitet wurden. Dies mußte erbrechtliche Konsequenzen haben: Eine Frau vererbte der Tochter (den Töchtern) ihr Eigentum, einschließlich der landwirtschaftlichen Nutzflächen. So entstanden «Matri-Linien», die den Focus einer Residenzgruppe bildeten. Die angeheirateten Männer entstammten anderen Linien und hatten am Wohnort ihrer Frau weder Entscheidungsbefugnisse noch Erbrechte, wohl aber in ihrem Verwandtschaftsverband. Mit den Linien, die man als Fissionen eines Ursprungsklans betrachtete, fühlten sich die weiblichen Angehörigen einer Residenzgruppe samt ihren männlichen Kognaten (Brüder, Söhne) aufs innigste verbunden. Als die ehedem räumlich getrennten Sprengel in größeren Dörfern zusammenkamen, verschmolzen verwandte Matri-Linien zu Matri-Klanen mit eigener sozialer und zeremonieller Identität. Fünf oder sechs Raumeinheiten dienten dem jeweiligen Klan als Wohn- und Speicherfläche. Hinzu gesellte sich eine Klan-Kiva. Solche Komplexe gaben einen Bezugsrahmen aktiver Solidarität ab und wurden von deutlich ausgeprägtem Gemeinschaftsgefühl getragen. Bei den A'šiwi und Hopísinom hat dieses Sozialsystem selbst heute noch Bestand. Nicht so im Osten. Hier nahm nach 1300 u. Z. durch Zuzug aus dem Norden die Bevölkerung stark zu. Klane verloren am Rio Grande ihre alten politischen und zeremoniellen Funktionen, weil die gewandelten demografischen Verhältnisse nach neuen organisatorischen Lösungen verlangten. Kultbünde, die teilweise auf den ursprünglichen Klanstrukturen gründeten, schlüpften dort in die Rolle der politisch-spirituellen Vormacht.

Stewards Modell, dem andere Forscher weitere Details hinzufügten, dürfte im großen und ganzen zutreffen, allerdings erklärt es, fußend auf dem Erkennnisstand der 50er Jahre, Siedlungskonkretionen nur unzureichend. Steward hielt es für möglich, daß strategische Erwägungen, Maßnahmen für den Verteidigungsfall, dafür verantwortlich zeichneten. Heute wissen wir, daß neben den Großdörfern viele kleine Weiler existierten. Wahrscheinlicher ist, daß gewachsener Bevölkerungsdruck als Resultat höherer landwirtschaftlicher Erträge für das Zusammenrücken der Menschen in einigen Gebieten verantwortlich gewesen

Pueblo Bonito im Chaco Canyon, nachempfunden von einem Künstler des 19. Jhs.

ist. Wohlstand durch Handel, die Monopolisierung bestimmter Rohstoffe zum Beispiel, könnten natürlich auch den Trend zur Siedlungsballung stabilisiert haben.

Das Chaco-Phänomen: 900 bis 1150 u. Z.

Chaco Canyon im nordwestlichen New Mexico ist ein Ort herber Kontraste, eingebettet in eine reizvoll-karge Landschaft. Die imposanten Klippen der Schlucht glühen im Sonnenlicht goldgelb. Weichere Töne tupfen Wüstensand, Beifußhorste und vereinzelte Pappeln. Wenn das Tagesgestirn verlischt, sinken schwere Schatten über das Gestein – eine grandiose Inszenierung, vor deren Vorhang sich die Ruinen einstiger Anasazibauten, in vollendeter Mimikry gegen den Fels geschmiegt, zu ducken scheinen. Vor tausend Jahren hätten hier flackernde Feuer, Hundegebell und der Widerhall menschlicher Stimmen den abendlichen Besucher empfangen. Doch heute grüßen nur noch stumme Mauern den Wüstenwanderer, eins geworden mit dem urweltlichen Panorama.

Anfänge. Die archäologischen Denkmäler des Chaco Canyon illustrieren stetes Bevölkerungswachstum und zunehmende kulturelle Komplexität – Entwicklungen, die dort um 900 u. Z. einsetzten und zweieinhalb Jahrhunderte Früchte trugen. Während dieser Zeit expandierte die Chaco-Kultur über fast 65 000 km² Fläche im San Juan-Becken und dessen Saumbergen. Möglicherweise reichte die Einflußsphäre der Großpueblos im Canyon sogar noch wesentlich weiter (Lekson et al., 1988), eine Perspektive, die die Forschung auch künftig noch beschäftigen wird. Die Menschen der Chaco-Region erbauten stadtähnliche Gebäudekomplexe, unterhielten ein ausgedehntes Wegenetz und Irrigationssysteme. Ein Kranz von Weilern umgab den Kernbereich. Unzählige Luxusgüter tauchten im

Canyongebiet auf, darunter Jade, Arakangas *(Ara macao)* aus den Tropenwäldern Südmexikos und Kupferschellen. So verschieden ist die Kultur von anderen Ausformungen der Anasazi-Tradition, daß man ihr das Etikett «Chaco-Phänomen» aufgeklebt hat.

Viele fesselnde Fragen sind mit diesem Paradox verknüpft. Wie konnte z. B. eine prähistorische Kultur quasi aus dem Nichts zu Hochblüte ansetzen und hernach ebenso rasch untergehen? Wie waren die integrativen Kräfte beschaffen, die eine derart verblüffende Reichweite entfalteten? Das Chaco-Gebiet liegt mitten in der Wüste, geplagt von langen Wintern, kurzer Vegetationsperiode und Trockenheit. Wie gelang es den Anasazi, in einem Grenzlebensraum, wo man bestenfalls einige abgelegene Weiler vermuten durfte, das Fundament einer Zivilisation zu begründen, die die Tür zum urbanen Gemeinwesen bereits einen Spalt aufgestoßen hatte? Weitere Rätsel geben die ungewöhnlich vielen zerbrochenen Tongefäße auf und die kilometerlangen, breiten Straßen durch wüstenhaftes Terrain, wo die Funktion solcher Infrastrukturen nicht recht einleuchten will.

In der etwa 82 km^2 umfassenden Kernzone wurden nicht nur dreizehn Großpueblos entdeckt, sondern insgesamt um 2400 archäologische Fundstellen – von Scherbenhaufen bis zu Steinbauten (Hayes et al., 1981). Sie bilden das Korsett kulturhistorischer Beschreibung des Chaco-Phänomens. Paläo-indianische und archaische Wildbeuter begingen den Canyon als erste. Nach 500 v. Chr. kultivierten halbseßhafte Jäger und Sammler dort Mais und Kürbisse. Um 490 u. Z. forcierten ergiebigere Niederschläge und die Züchtung ortsangepaßter Maissorten den Trend zur Festansiedlung. Grubenhausdörfer wie Shabik'eshchee entstan-

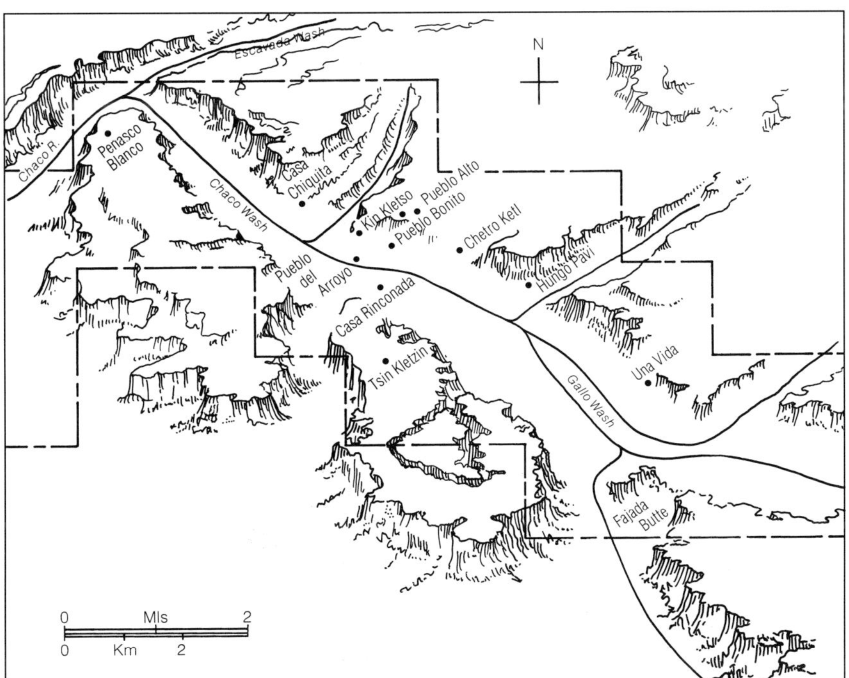

Hauptfundorte im Chaco Canyon, New Mexico. Die durchbrochene Linie verdeutlicht die Ausdehnung des heutigen Chaco Canyon National Monument.

Polychrom bemalte Anasazi-Vase aus Pueblo Bonito, ca. 1200 u. Z. Höhe 20 cm.

den. Jedes Gebäude war mit Erde ummantelt und verfügte über einen gemauerten Vorratsspeicher. Shabik'eshchee, die größte Niederlassung im Canyon, konnte 18 Häuser vorweisen, die aber nicht alle gleichzeitig bewohnt wurden.

Als zwischen 700 und 900 u. Z. Erdwohnungen aus der Mode kamen, und die Anasazi-Bevölkerung in oberirdische Steinbauten umzog, nahm die Populationsdichte leicht zu. Die neuen Wohnstätten ähnelten anfangs langgestreckten Speichern, denen sie auch nachempfunden waren. Meist wiesen deren Eingänge nach Südosten, damit die Menschen die Wärme der Wintersonne genießen konnten. Bogenförmig angeordnet, wahrte jedes Bauwerk Abstand zu den runden Grubenbehausungen im Zentrum, die man zu Kivas, den Brennpunkten zeremonieller Aktivitäten, umwidmete. Noch immer lebten verhältnismäßig wenig Menschen, vielleicht 1000 bis 1500 Personen, im Canyon.

Blüte. Wie die Auswertung dendrologischer Befunde verrät, gestaltete sich das Klima im 10. Jh. u. Z. wechselhaft. Sommerniederschläge gingen stark zurück, und Feldbau wurde zu einer riskanten Beschäftigung mit ungewissem Ausgang. Ausgerechnet in dieser Zeit erfolgte der Aufstieg von drei Großpueblos – Una Vida, Penasco Blanco und Pueblo Bonito – nahe den Zusammenflüssen periodisch wasserführender Regenrinnen. Ihre teils mehrstöckigen Baukomplexe

(Rechts und *gegenüber)* Pueblo Bonito im Grundriß und als Ruine, fotografiert zu Beginn des 20. Jhs. In den Wohnbezirk der Siedlung gelangte man über an die Schutzmauer gelehnte Leitern. Die Räume im Innern dienten als Kivas und Vorratslager.

umstanden in Halbkreisen Versammlungsplätze *(Plazas)* mit Kivas. James Judge, der Leiter des Chaco Research Center im Chaco Canyon-Nationalpark, glaubt, daß alle drei Pueblos hauptsächlich als Speichereinrichtungen dienten, als Depots, die nicht nur Getreide aufnahmen, sondern auch extraktiv gewonnene Pflanzennahrung und Wildbret. Möglicherweise statteten verschiedene umliegende Dörfer diese «Pools» aus. Denkbar wäre, daß sie angelegt wurden, um bei Versorgungsengpässen, die sich angesichts der prekären klimatischen Verhältnisse gewiß einstellten, rasch Hilfe bringen zu können.

Etwa zeitgleich mit dieser Entwicklung erwarben die Bewohner des Canyons das Monopol der Türkisverarbeitung. Sie selbst hatten keinen Zugang zu Türkisminen, aber eventuell kontrollierten sie Schürfe bei Santa Fé, ca. 160 km weiter östlich, und anderswo. Viele der kleineren Chaco-Dörfer betrieben Werkstätten, und Archäologen bargen in der gesamten Region mehr als 60000 Türkisfragmente und Zierat in allen Stadien der Fertigung. Daneben stellten Kunsthandwerker andere Sakral- und Schmuckgegenstände her, etwa zylindrische

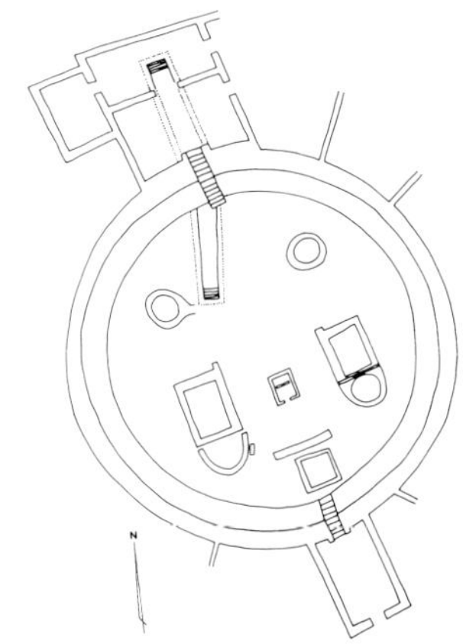

(Oben) Grundriß der Großkiva von Casa Rinconada im Chaco Canyon. Zu erkennen sind der unterirdische Einlaß, die aufgemauerte Feuerstelle, der Deflektor, die rechteckigen Stampftrommeln, die runden «Schuhe» für die vier Dachträger und die nördliche Vorkammer.

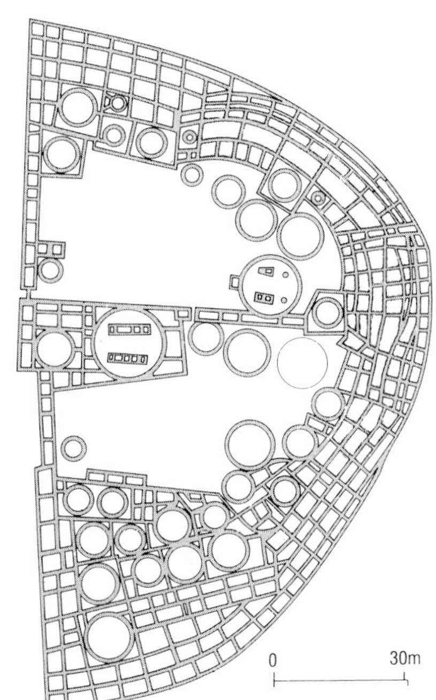

Tonvasen, Räuchergefäße, bemalte Holzschalen, hölzerne Figurinen sowie Intarsiendekors aus Selenit (Marienglas, Gipsspat), Glimmer und Türkis auf Holz-, Korb- und Muschelobjekten. Handel mit Türkisschmuck und weiteren kunstgewerblichen Produkten spielte, dies dürfte feststehen, die Hauptrolle beim Zustandekommen kultureller Vielfältigkeit.

Um 1050 u.Z. befand sich Chaco auf dem Höhepunkt seiner Entfaltung. Mehrere Gemeinschaften waren durch gegenseitige ökonomische Verpflichtungen einander verbunden. Dendrologischen Befunden nach zu urteilen, sorgten ergiebigere Niederschläge in den nächsten 80 Jahren für gute landwirtschaftliche Bedingungen. Zwischen 1075 und 1115 u.Z. wurde im Canyon mehr gebaut als je zuvor. Kurzfristig stieg die Bevölkerungszahl von etwa 2000 auf 5600 Personen.

Auffällig ist die sorgsame Planung der Baukomplexe. Ihre Errichtung erforderte erfahrene, angeleitete Arbeitskräfte. Um die 200, in einzelnen Fällen 800 Räumlichkeiten, türmten sich in den Großpueblos bis zu vier Stockwerken. Hochdecken bestimmten den Raumeindruck. In Schalmauerwerk aus behauenen Bruchsteinen, die man mitunter musterhaft anordnete, und Füllmaterial wurden Wände aufgezogen. Sie wiesen außen eine völlig gleichmäßige Oberfläche auf. Das Dach stützten starke Kiefernstämme, die später wegen des grassierenden Holzmangels von weit her beschafft werden mußten. Darüber verlegte man im rechten Winkel Leisten aus Weidenzweigen und Wacholderrindeschwarten. Eine dicke, festgestampfte Lehmschicht bedeckte das Ganze und bildete den Fußboden des nächsten Geschosses.

Großkivas waren in allen Hauptorten vertreten. Die Gemeinschaftskiva von Casa Rinconada weist einen Durchmesser von 19,2 m auf; andere Ritualkammern nähern sich diesem Wert an. Enorm hoch ist die investierte Arbeitsleistung beim Bau der Anlagen zu veranschlagen, mußte doch manchmal fast 3,5 m abgeteuft werden. Teilnehmer an Kultfeiern betraten die Kivas über Leitern oder treppenartige Durchlässe, oft durch eine Vorkammer oberhalb der Stufen. An allgemein verbreiteten Elementen der Sakralarchitektur sind die aufgemauerte zentrale Feuerstelle, der sie vor Zugluft schützende Feuerschirm (Deflektor), Deckenträger (Pilaster), eine umlaufende Sitzbank (Banquette), paarige Resonanzgruben («Fußtrommeln») und Wandnischen für Opfergaben zu nennen. Nie fehlte ein *sipapu,* das Symbol für die Pforte zur Unterwelt, der die Urahnen der Pueblo-Indianer in mythischer Vorzeit entstiegen sein sollen.

Bisher sind aus dem Canyon kaum Gräber bekannt geworden. Die Ausnahme bildet Pueblo Bonito, eine Siedlung, die mit 800 Räumen aufwartete, aber nur von knapp über 200 Personen permanent bewohnt war. Doch selbst hier stieß man auf wenig mehr als 50 Bestattungen (Hayes, 1981). Vielleicht verbot der heilige Charakter der Anlagen Beerdigungen oder beschränkte sie auf Ausnahmefälle.

Mit allerlei Merkwürdigkeiten und Ungereimtheiten hat Pueblo Alto, eine Stätte, deren Ruinen über Bonito auf dem Plateaurand thronen, die Aufmerksamkeit der Archäologen auf sich gezogen (Lekson et al., 1988). Sie wurde zwischen 1020 und 1060 u.Z. erbaut. Von den 85 Räumen Pueblo Altos waren lediglich fünf bewohnt. Die übrigen scheinen politischen oder zeremoniellen Zwecken gedient zu haben, oder sie dienten als Vorratslager, namentlich die kleineren, durch Türen miteinander verbundenen Kammern, die sich nicht zum Dorfplatz hin öffneten, sondern zur vorbeiführenden Straße. Nur von dort aus erfolgte der Zugang. Man gewinnt den Eindruck, als sei den Bewohnern der Zugriff auf die Lagereinrichtungen verwehrt gewesen. In den Abfallhaufen der Siedlung kamen über 150000 Tonscherben zutage, eine astronomische Bruchrate angesichts der geringen Einwohnerzahl des Pueblos. Der Ton, aus dem die Gefäße gefertigt wurden, stammte aus der Gegend um Chuska, 72,5 km weiter westlich. Ungewöhnlich viele Tierknochen und große Mengen Washington Pass-Hornstein wurden ebenfalls aufgefunden. Der Müll ist schichtweise abgelagert, als wenn er anläßlich periodischer Zusammenkünfte deponiert worden wäre.

Satelliten. Um 1115 u.Z. standen mindestens 70 Gemeinschaften, die sich über ein Areal von 64750 km² verteilten, in engem sozialen und ökonomischen Kontakt. Die Fäden dieses Beziehungsnetzes liefen im Chaco Canyon zusammen. Außerhalb der Kernzone bestimmte kulturelle Vielgestaltigkeit das Bild, doch waren die Filialen der Chaco-Zivilisation durch eine Reihe von Gemeinsamkeiten, vor allem hinsichtlich ihrer Architektur, an die Hauptsiedlungen gekettet. Für direkte Anbindung sorgte das ausgedehnte Wegesystem, begleitet von Signalanlagen aus Stein, die man an markanten Geländepunkten postiert hatte.

Salmon Ruin bei Bloomfield in New Mexico gibt Aufschluß darüber, wie die Einschaltung vormals unabhängiger Flecken in das Chaco-Orchester vonstatten ging. Der Bauplan für das 290 Raumeinheiten umfassende Pueblo mit seiner Großkiva und einem Observatorium lag bereits vor, ehe die Arbeiten tatsächlich in Angriff genommen wurden. Salmon entstand in drei Bauphasen zwischen 1088 und 1106 u.Z. (Irwin-Williams, 1980). Die Verteilung von einheimischer und von Chaco-Keramik läßt vermuten, daß Siedler aus dem Canyon von Anfang an am Aufbau beteiligt waren. Da ihre keramischen Erzeugnisse gehäuft im Bereich des turmartigen Observatoriums und der direkt angeschlossenen Ritualkammern auftauchten, stand hinter der Chaco-Expansion vielleicht ein missionarischer Gedanke, der strukturierend und disziplinierend wirkte.

Einige der Kolonien verschafften der Mutterkultur Zugang zu Rohstoffen, andere mögen als Resultat interner Fraktionierung und nachfolgender Fission gebildet worden sein. Oft war es die Natur, die die Kulisse für architektonische Geniestreiche bot. Manche Bauten wuchsen scheinbar aus Steilwänden heraus, weitere krönten Felssporne und wieder andere, Miniaturgebirge aus Menschenhand, überragten die Wüstenebene. «Fast scheint es, als sei die natürliche Umwelt mit mythischen Charakteren bevölkert, und bei Anlage der Siedlungen hätten Kosmologie und sakrale Geografie maßgebliche Rollen gespielt, im Gleichgewicht gehalten von gewissen ökonomischen Erwägungen» (Marshall & Doyel, 1981). Derlei Extravaganzen bestärken Marshall und Doyel in ihrer Ansicht, daß die Großpueblos im Canyon hauptsächlich religiöse Funktionen wahrnahmen.

Bemerkenswert gerade ist die Trassenführung der Wege, die Trabanten und Metropolen miteinander verbanden. Hindernissen weichen sie in scharfem Knick aus oder überwinden sie mit ausgehauenen Trepplingen im Fels. Mitunter sind die Straßen bis zu 1,5 m in das Grundgestein oder den Wüstenboden gegraben, vielfach auch geschottert. Andernorts hatte man lediglich störende Vegetation und Geröll entfernt; seitlich angeordnete Felsbrocken gaben an solchen Stel-

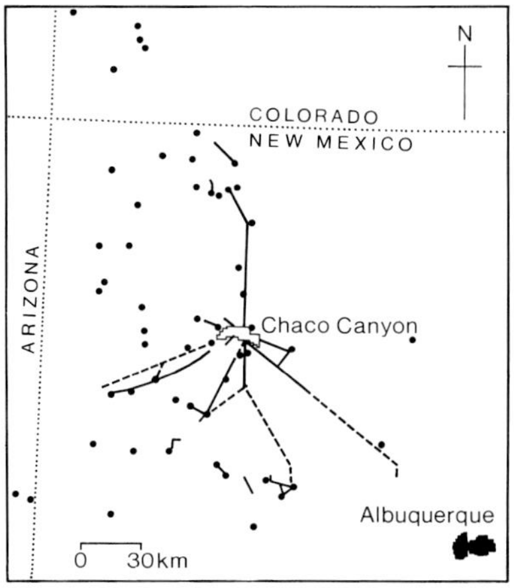

Das Chaco-Wegenetz. *(Oben)* Wegespeichen verbanden die Metropolen des Canyons mit ihren Trabanten (schwarze Punkte). Die gestrichelt dargestellten Abschnitte kennt man bisher nur von der Luftaufklärung. *(Rechts)* Trepplinge im Fels, darunter die abgebildete Jackson Stairway, überbrückten schwierige Passagen.

len die Richtung an. Manchmal erreichten Hauptstraßen eine Breite von 9 m, Nebenwege bringen es immerhin noch auf stolze 4 m. Einige Trassen verliefen zum über 80 km entfernten Aztec, andere stießen bis an den Zuñi River vor; insgesamt durchmaßen sie eine Strecke von 402 Kilometern. Aber wahrscheinlich griff das System noch weiter aus, womöglich bis zu den San Juan-Bergen im Norden, den Mogollons im Süden und von den Türkisminen bei Santa Fé zum Little Colorado im Westen. Somit kann das Chaco-Phänomen nicht länger als regionale Erscheinung, die auf das San Juan-Becken beschränkt war, betrachtet werden (Lekson et al., 1988).

Ein umfangreiches Arbeitskräftepotential muß bei straßenbaulichen Maßnahmen zum Einsatz gekommen sein. Doch woher stammten die Arbeiter und womit wurde ihr Engagement belohnt? Wozu dienten die Straßen überhaupt? Sind es symbolische Manifestationen zwischengemeinschaftlicher Solidarität und Verbundenheit gewesen oder Prozessionswege, die Pilger zu den Wallfahrtsorten im Chaco Canyon leiteten, wie James Judge annimmt? Da weder Zugtiere noch Räderkarren zur Verfügung standen, ist die Alltagsfunktion der Straßen nicht einsichtig, auch nicht in der Interpretation als Zugstrecke von Handelskarawanen. Selbst wenn hier häufiger Gütertransfers abgewickelt wurden, woran in Fachkreisen niemand zu rühren wagt, muß man doch fragen, warum die Transportbahnen dann eine solch enorme Breite aufwiesen.

Handel, dies dürfte feststehen, brachte das kulturelle System des Chaco-Phänomens in Schwung und zementierte den Wohlstand der Träger. Mit Institutionalisierung des Warenverkehrs erschienen, so darf man wohl vermuten, an den ökonomischen Flanken religiöse Austriebe – Redistributionsrituale vielleicht, anläßlich derer Menschen von nah und fern herbeiströmten. Gwinn Vivian (1989) vertritt die Meinung, daß das Chaco-Netzwerk nicht auf Grundlage politisch-sozialer Hierarchien funktionierte, sondern im Sinne eines prinzipiell egalitär ausgelegten Wirtschaftsunternehmens, das den ökologischen Besonderheiten des San Juan-Beckens Rechnung trug und an dessen kulturelle Wurzeln anknüpfte. Tatsächlich finden sich keinerlei Anzeichen für die Existenz einer reichen Elite, der die Leitung von «Chaco Enterprises» oblag. Es gab nicht eine Schaltzentrale, wie man nach dem Vorbild stratifizierter Gesellschaften annehmen müßte, sondern mehrere Zentren. Ebenso fehlte eine deutlich hervorgehobene Häuptlingsresidenz, und auch die wenigen Bestattungen von Pueblo Bonito nähren nicht gerade den Verdacht stärkerer Hierarchienbildung. Vielleicht tagten im Canyon von Zeit zu Zeit die Spitzen einer politischen Liga, vergleichbar dem Obersten Rat der rezenten A'šiwi. Eine solche, möglicherweise sogar multi-ethnisch zusammengesetzte Konföderation dürfte den realen Verhältnissen am ehesten entsprochen haben. Als integrative Elemente kommen handelsstrategische Überlegungen und ein einigendes religiöses Band in Frage. Völlig ausgeschlossen wird heute das Wirken mesoamerikanischer Kaufleute *(pochteca),* die nach früherer Ansicht (Lister & Lister, 1981) den kulturellen Aufschwung inszenierten.

Niedergang. Nach 1130 zerstörte eine 50 Jahre anhaltende Dürreperiode das eingespielte sozio-ökonomische und religiöse Netzwerk. An Baumringen läßt sich ablesen, daß Trockenzyklus auf Trockenzyklus folgte. Anbau wurde immer schwieriger, und angelegte Nahrungsvorräte versiegten allmählich. Außerdem war das Chaco-Phänomen an der Grenze ökologischer Belastbarkeit angelangt. Die Bevölkerungskurve schnitt den Umweltwiderstand. Über 200000 Bäume hatte man zum Bau der Pueblos gefällt, was nicht ohne Auswirkungen auf das Ökosystem bleiben konnte. Der Grundwasserspiegel sank ab, Erosion und Wüstenbildung setzten ein, das Wild verlor Deckungs- und Äsungsflächen. Gewissermaßen sägten die Chaco-Leute selbst an dem Ast mit, der sie am Leben hielt. In beklemmender Weise erinnert dieser Schildbürgerstreich an Vorgänge in unserer Natur verbrauchenden Industriezivilisation. Er sollte daher Mahnung und Warnung an alle sein, die glauben, Umweltzerstörung könne ungestraft bleiben.

Was wurde aus den Trägern der Chaco-Kultur? Einige wanderten wahrscheinlich zum Zuñi River ab, andere zerstreuten sich in der Region, nahmen vielleicht sogar wieder die schweifende Lebensweise ihrer archaischen Vorfahren auf. Selbst im Canyon trotzte noch eine Handvoll Dörfer den Widrigkeiten des Milieus. Sie und ein paar frühere Satelliten, Aztec und Salmon z. B., gerieten nun unter den Einfluß Mesa Verdes, ablesbar etwa an der veränderten Kivaarchitektur und der Übernahme entsprechender Keramik. Ob dies mit dem Zuzug neuer Kolonisten (Vivian & Mathews, 1965) oder mit Stimulusdiffusion (Toll et al., 1980) zusammenhing, wird kontrovers diskutiert. Mesa Verda war seinerzeit das einzige im

Norden noch bestehende Siedlungsagglomerat (s. unten); der Transfer bestimmter Kulturelemente ist daher keine große Überraschung.

Obschon einzigartig, stand das Chaco-Phänomen im Südwesten beileibe nicht allein. Auch in anderen Gebieten, die von abweichenden äußeren Bedingungen gezeichnet wurden, blühten komplexe Gesellschaften auf.

Die Hohókam und der Aufstieg von Snaketown: ca. 400 bis 1500 u. Z.

Wie wir in Kapitel 13 sahen, formierte sich die Hohókam-Tradition am Zusammenfluß von Gila und Salt. Der Gila River entspringt in den San Francisco Mountains von New Mexico, windet sich dann durch an Mezquite-Sträuchern, Kreosot *(Larrea divaricata)* sowie Kakteen reiche Halbwüste und mündet schließlich in den Colorado. Die Vorfahren der historischen Ó'odham (Pima/Papago) entwickelten hier ein ausgeklügeltes Kanalbewässerungssystem. Es erstreckte sich in seinen vielen Verzweigungen weit über 200 Kilometer. Hauptkanäle waren bis zu 10 m breit und etwa 3 m tief. Gesicherte Wasserversorgung und ertragreicher Bodenbau, der zwei Ernten im Jahr erlaubte, führten die Anrainer nach 900 u. Z. auf den Zenit kultureller Entfaltung.

Ein grundlegendes Problem der Hohókam-Forschung stellt noch immer die Datierung der Funde dar. Der Dendrochronologie bietet das Milieu nur wenig Material, und die ^{14}C-Methode liefert wegen ihrer hohen Fehlerquote nur ungenaue Resultate. Ferner standen zur Datierung oft allein Importwaren aus Nachbargebieten zur Verfügung. So vermutete man noch bis vor kurzem, die späteren Ausläufer der Hohókam-Tradition knüpften an Wurzeln an, die bis 300 v. Chr. zurückreichten (Haury, 1976). Neuere Untersuchungen jedoch plädieren für eine komprimierte Chronologie (Rice, 1987). Demnach gewann die Kultur erst gegen 400 u. Z. Kontur, vielleicht auch, mit Auftreten des «Niedersonorischen Feldbaukomplexes», 100 Jahre vorher.

Snaketown oder Skoaquik (= Platz der Schlangen), auf der obersten Uferterrasse über dem Gila River gelegen, spielte bereits während der Pionier-Periode (ca. 400 bis 750 u. Z.) die Rolle eines kulturellen Zentrums. Von dort aus breitete sich die Hohókam-Tradition, den Läufen von Gila und Salt folgend, aus. Die ausgedehnten Hügelfelder der Siedlung erregten die Aufmerksamkeit von Archäologen seit dem späten 19. Jh. Emil Haury (1976) führte die umfangreichsten Grabungen durch. Dabei untersuchte er 167 Häuser, die er aus hunderten auswählte, genauer.

Anfangs wohnte man in geräumigen, runden Grubenhäusern. Großfamilien logierten hier. Im Lauf der Zeit wichen die Erdwohnungen kleineren oberirdischen Bauwerken mit seitlichem Eingangtunnel. Solche Gebäude beherbergten wohl Kleinfamilien. Reine Lehmziegelhäuser, durch Holzträger verstärkt, kamen in der Klassischen Periode (1150 bis ca. 1500 u. Z.) auf. Den Dorfplatz von Skoaquik umgab ein innerer Wohnbereich, auf den mehrere Tumuli und zwei Ballspielfelder folgten. Ein weiterer Kranz aus Wohnkomplexen schloß die Siedlung nach außen ab.

Viele der Erdhügel Snaketowns waren Abfallhaufen, die unschätzbare Informationen über das Leben der Hohókam vermitteln. Während der Klassischen

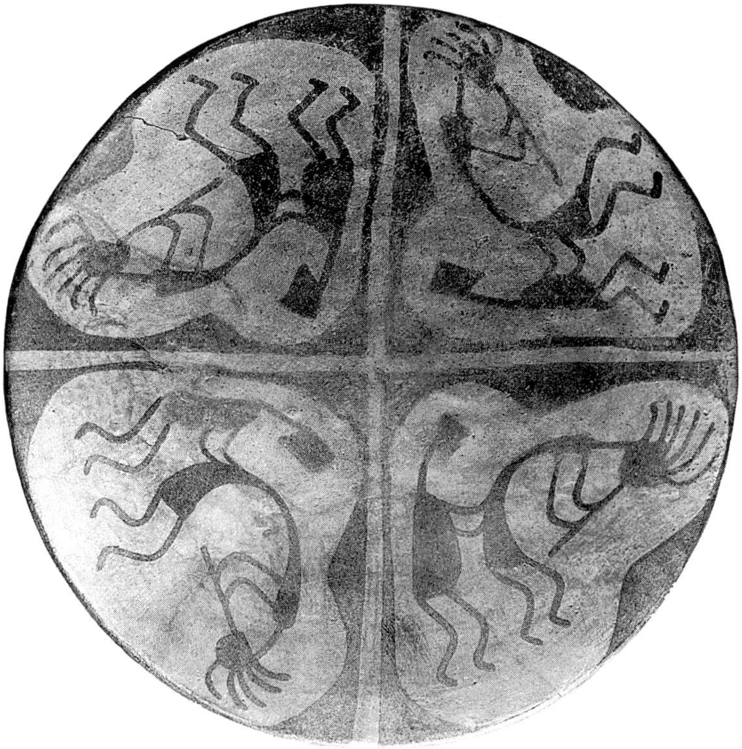

Das Hohókam-Zentrum Skoaquik (Snaketown), Arizona. *(Links)* Keramikschale mit flötenspielenden Kokopelli-Figuren, einem beliebten Topos im Südwesten; Durchmesser ca. 27 cm. *(Unten)* Einer der Ballspielplätze Snaketowns.

Periode versah man einige Tumuli mit Kalksandkappen *(Caliche)*, terrassierte und planierte die Hügel. Gekrönt wurden sie wahrscheinlich von Tempelchen aus vergänglichem Material, so wie es auch in Teilen Mesoamerikas üblich gewesen ist.

Gleichfalls nach Mesoamerika weist die Existenz von Ballspielplätzen. Offenbar wurde das kultische Ballspiel an der mexikanischen Golfküste erfunden, im 11. Jh. v. Chr. Es bezieht sich auf eine Mythe, nach der die Sonne einst in die Nacht zu stürzen drohte und von einem Gott gerade noch aufgefangen werden konnte. Weil das Gestirn aber so heiß war, schleuderte er es einem anderen Gott zu, der es weiter zum nächsten warf. Viele Völker Altmexikos erklärten sich so den scheinbaren Sonnenlauf. Gewissermaßen um der Sonne zu demonstrieren, was sie zu tun habe, spielte man den Vorgang auf Erden nach. Zwei Teams nahmen Aufstellung und versuchten, eine Hartgummikugel – Sinnbild des Tagesgestirns – durch Zielringe zu bugsieren. Berührte der Ball den Boden, wurden Strafpunkte verteilt. Ob bei den Hohókam nach den gleichen Regeln gespielt worden ist, entzieht sich unserer Kenntnis. Immerhin fand man auch in Snaketown einen Kautschukball. Das größere der dortigen Spielovale maß 52×65 m und war halbmetertief in den Wüstenboden gegraben.

Wie die Stätten im Chaco Canyon ist auch Skoaquik Teil einer Siedlungshierarchie gewesen, die mehrere Großdörfer und Weiler miteinander verband. Als integrative Elemente hat man wohl einen einheitlichen religiösen Kanon, einen ungewöhnlich hohen Grad gesellschaftlicher Organisation, der sich aus Anlage und Instandhaltung des Bewässerungsnetzes ergab, und Handel anzusehen. Professionelle Kaufleute beförderten auf gekennzeichneten Pfaden Waren aller Art kreuz und quer durch das ganze Land. Besonders weiter Verbreitung erfreuten sich Schmuck und «Esoterika» aus Konchylien, darunter *Strombus*-Trompeten, schwere Halsgehänge, Perlen sowie Zierat mit geätzten (Kaktussaft) und gemalten Dekors. Pyritspiegel, Kupferschellen und Großpapageien kamen aus Mexiko in den Norden. Eventuell entstand dieser ausgedehnte Warentransfer aus Tauschtransaktionen von Dorf zu Dorf.

Hausgötter oder Ahnenbilder aus Ton, die auch in den ausgeprägten Totenzeremonien ihren Platz hatten, beherrschten die Ritualistik (Schwabe, 1989). Sie überlebten die mehrfache Renovierung der religiösen Bühne. Am Ende der Konsolidierungsperiode (950 bis 1150 u. Z.) z. B. erfuhr die bisher durch Feuerbestattung gekennzeichnete Begräbniszeremonie wesentliche Veränderungen, die Zahl der Ballspielplätze in der Gesamtregion ging zurück, und Gemeinschaftsveranstaltungen, die sich auf oder um die befestigten Tempelhügel konzentrierten, wurden populär.

Farbreibschale in Gestalt einer Krötenechse *(Phrynosoma)* aus Snaketown; Länge 12 cm.

Emil Haury und andere Wissenschaftler glaubten früher, daß die Zunahme mesoamerikanischer Kulturelemente, darunter Ballspielplätze und Tempelhügel, zwischen 750 und 950 u. Z. auf die Einflußnahme einer mexikanischen Eroberergruppe hindeute; diese Periode wird daher noch immer als «Koloniale» bezeichnet (treffender indessen wäre Expansionsperiode). Möglicherweise traten in der Gegend tatsächlich fremde Missionare und Kaufleute auf, insgesamt betrachtet präsentiert sich die Hohókam-Tradition aber als indigene Entwicklung aus Cochise-Wurzeln, die, nicht zuletzt auch wegen des intensiven Handelsverkehrs mit dem Süden, an Komplexität gewann (Fish & Fish, 1977; Wilcox, 1985).

Das auf Handel gegründete und durch religiöse Kraft zusammengehaltene Hohókam-Netzwerk erstreckte sich in der Expansionsperiode von Gila Bend im Westen bis Point of Pines im Osten und von Tucson im Süden bis in die Nähe von Flagstaff. In diesem Areal lebten unterschiedliche Volksgruppen, von denen nur die Ákimel Ó'odham (Pima), mutmaßliche Nachfahren der Fluß-Hohókam, und die Tóhono Ó'odham (Papago) den Sprung in die Gegenwart schafften.

Ab 1100 u.Z. wurden zunehmend Anasazi-Elemente in das Hohókam-Grundmuster eingeblendet. Besonders deutlich zeigt sich dies in Casa Grande (nicht zu verwechseln mit Casas Grandes, s. unten), Los Muertos und Wupatki mit ihren umwallten, mehrgeschossigen Stein- und Lehmziegelbauten. Ende des 15. Jhs. brach die Kultur der Fluß-Hohókam zusammen. Mögliche Gründe für den Niedergang haben wir in Kapitel 13 genannt.

Mesa Verde und Mimbres

Bei weitem nicht alle Bereiche des Südwestens gerieten in den integrativen Sog der Hohókam- und Chaco-Netzwerke. Allenthalben waren zwischen 900 und 1150 u.Z. komplexe bäuerliche Gemeinschaften aufgeblüht, meist von eher bescheidenem Zuschnitt, einige aber auch mit beachtlicher Ausdehnung. Sie blieben auf ihre engere Entstehungszone beschränkt und scharten kein weitmaschiges Satellitengeflecht um sich.

Mesa Verde (500 bis 1300 u.Z.). Die Mesa Verde-Variante der Anasazi-Tradition nahm einst Gebiete nördlich und nordwestlich des San Juan-Beckens ein (Noble, D., 1985; Rohn, 1977). Dort ist es feuchter als weithin im Südwesten; die Vegetation gedeiht üppiger. In den Wacholder/Kiefernwäldern sprudeln Quellen, und Wasser sickert vielerorts aus dem Fels. Bereits um 950 u.Z. unterschieden sich die benachbarten Kulturen von Chaco und Mesa Verde erheblich. Augenfällig werden solche Abweichungen bei Kivaarchitektur, Bestattungsbräuchen und Keramik. Auf der Mesa diente Sandstein, der zu fast gleich großen Quadern behauen und in Lehmmörtel verlegt wurde, als wichtigster Baustoff. Im Chaco Canyon dagegen brachte man flache Steinplatten dergestalt in Paßform, daß sich Mörtelbindung vielfach erübrigte.

Vor 575 u.Z. lebten in der Region verhältnismäßig wenige Menschen, aber sicher mehr als im Chaco-Gebiet. Basketmaker bestellten um 600 hier ihre Felder. Die Dörfer der damaligen Zeit umfaßten 6 bis 10 Grubenhäuser, jedes einzelne geräumig genug, um eine Großfamilie aufzunehmen. Zwischen 750 und 1150 entstanden oberirdische Häuserzeilen in Kompaktbauweise, anfangs noch vergesellschaftet mit Grubenwohnungen. Doch schon im 9. Jh. ist das Pueblomuster voll ausgebildet: mehrere Raumsuiten, zusammengesetzt aus Wohn- und Speichereinheiten, sind blockweise angeordnet und umgeben halbkreisförmig einen unbebauten Platz.

Gegen 1100 u.Z. konzentrierte sich die Bevölkerung der nördlichen San Juan-Region, insgesamt vielleicht 30000 Personen, im Montezuma Valley und in den Bergen weiter östlich. Davon siedelten nur etwa 2500 im Bereich von Mesa Verde. Vorhandene Wasservorkommen wußten diese Menschen vorteilhaft zu

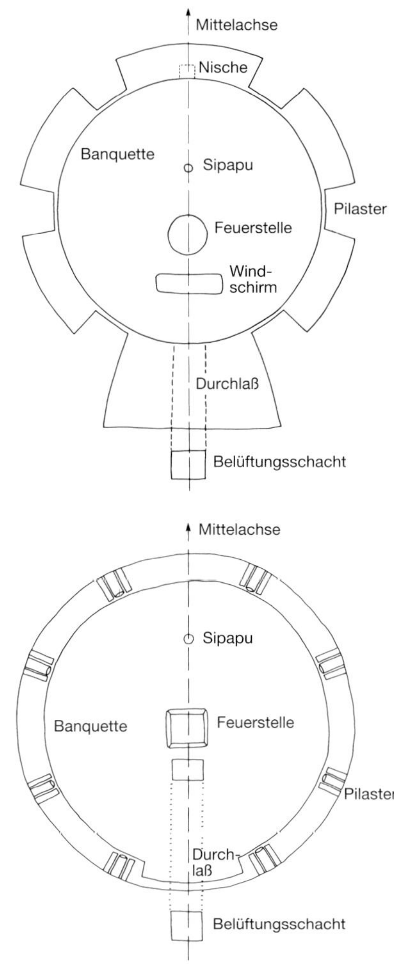

Unterschiedliche Kiva-Architektur. *(Oben)* Schlüssellochartiger Grundriß der Mesa Verde-Kivas, hervorgerufen durch den Treppeneinstieg auf der Südseite. Für die Dachträger waren Nischen in der umlaufenden Sitzbank ausgespart. Dagegen fußten die Pilaster der Chaco-Kivas *(Abbildung darunter)* i. d. R. auf der Banquette; als Zugang diente hier ein Tunnel.

nutzen. Ein künstliches Reservoir auf der Chapin Mesa z. B. bediente 36 kleinere Niederlassungen (Mummy II) mit zusammengerechnet 200 bis 400 Einwohnern (Rohn, 1971). Es bestand aus einer ummauerten, 27 m breiten Naturzisterne. Mehrere Auffangkanäle, die in einen 800 m langen Zulauf mündeten, leiteten Wasser dorthin.

Zwischen 1200 und 1300 verlagerte die Besiedlung ihren Schwerpunkt vom Mummy Lake zu den Cliff und Fewkes Canyons (Rohn, 1977). Im Fewkes Canyon entstanden mindestens 33 Baukomplexe für 600 bis 800 Einwohner. Vielleicht um sich zu schützen, hatten die Menschen ihre Heimstätten auf Felssimsen und unter Abris errichtet. Manche Pueblos wiesen befestigungsartige Werke auf: Mauern verwehrten den Zugang zum Dorf, Türme sicherten die Siedlungen, und neben Einlässen befanden sich Schießscharten. Für kriegerische Auseinandersetzungen aber fehlen bisher eindeutige archäologische Anhaltspunkte. Cliff Palace, die größte Niederlassung, verfügte über 220 Raumeinheiten und 23 Kivas. Nur wenige, abschüssige Pfade führten aus der Schlucht zu den Feldern auf der Gebirgstafel.

Im Tal des Montezuma Creek lagen acht Pueblos, die wesentlich mehr Menschen Platz boten als die Siedlungen der Cliff/Fewkes-Canyons. Eines dieser Dörfer, Yellow Jacket, durfte sich rühmen, 1800 Räume zu besitzen; vielleicht 2500 Personen fanden dort ihr Auskommen. All jene Ortschaften bildeten Glieder einer Siedlungskette, die von Nordwest nach Südost verlief. Auch aus Südost-Utah kennt man kommunale Ballungen.

In welchem sozialen Zusammenhang die einzelnen Gesellschaften standen, ist wenig bekannt. Cliff Palace mag im Mesa Verde-Gebiet eine gewisse Führungsrolle gespielt haben. Einige Gebäudekomplexe, Fire Temple und Sun Temple z. B., dienten religiösen Zwecken. Fire Temple hat als modifizierte Großkiva zu gelten. Das Bauwerk lag zu Füßen einer Klippe und war mit Vorkammern, paarigen Resonatoren, einer Banquette und einem Platz für das kultische Feuer ausgestattet (Cassidy, 1965). Sun Temple dagegen erinnert in manchem an die Sakralarchitektur von Chaco Canyon. Der Komplex hatte D-Form. Massive Steinmauern umschlossen zwei kivaähnliche Kammern, die durch unterirdische Belüftungsschächte des Chaco-Typs versorgt wurden (Rohn, 1971; Cordell, 1984).

Viele Stätten der Region sind erforscht worden, ehe moderne Grabungsmethoden im Südwesten Einzug hielten. So bleiben Aussagen über soziale Strukturen und kommunale Verbindungen vage. Immerhin brachten Arthus Rohns Kampagnen im Mug House, einer Klippensiedlung aus dem 13. Jh. mit 94 Räumen, einige wertvolle Einsichten. Rohn konnte zeigen, daß die ersten Einwohner von Mug House eine einzige Raumzeile errichteten. Auf dem vorgelagerten Dorfplatz befanden sich die Kiva und ein Abfallhaufen. Später wuchs die Gemeinde auf vier Baukomplexe an, zwei an Ort und Stelle, zwei weitere in unmittelbarer Nachbarschaft. Gegen Ende der Siedlungsperiode fusionierten alle vier Einheiten, waren aber zu zwei und zwei durch eine Mauer getrennt (Rohn, 1977). Einige kleinere Niederlassungen der Umgebung dürften, so Rohn, ebenfalls zur Mug House-Gemeinschaft gehört haben. Anzeichen für eine ausgeprägte Siedlungshierarchie konnte der Achäologe nicht entdecken.

Mesa Verde-Pueblos wurden durch Kavernen und Felsüberhänge, wo die Bewohner Zuflucht suchten, an ihrer räumlichen Entfaltung gehindert. Dennoch

(Gegenüber) Cliff Palace, Mesa Verde (Colorado).

Karte des Mesa Verde-Gebietes.

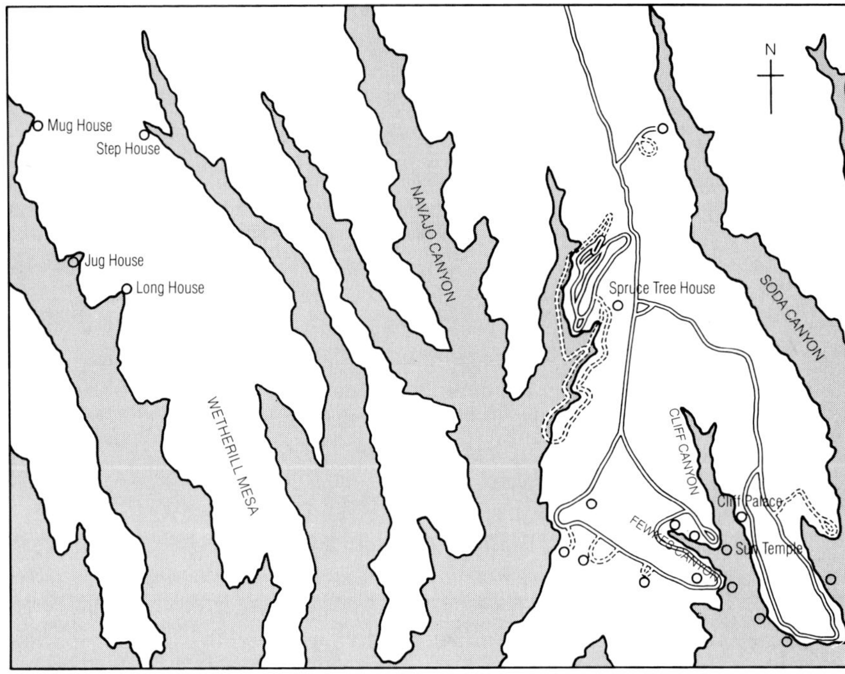

erreichten nicht wenige respektable Größe. Entsprechend der Anzahl vorhandener Kivas, müssen verschiedene Kultgruppen reges Zeremonialleben gepflegt haben. Kollektive Arbeitseinsätze zur Instandhaltung von Zisternen, anläßlich von Baumaßnahmen und anderer kommunaler Erfordernisse standen wohl auf der Tagesordnung. Alles in allem organisierten sich die Gemeinschaften selbst. Nie fanden sie zu einem Interaktionsmuster, wie wir es im Chaco Canyon oder bei den Hohókam kennenlernten.

Um 1300 u. Z. hatten die meisten Bewohner Mesa Verde und der nördlichen Kayenta-Region, wo ähnliche Klippensiedlungen (Betatakin, Kiet Siel u. a.) existierten, den Rücken gekehrt und waren nach Süden und Südosten abgezogen. Auf mögliche Gründe für diesen Exodus werden wir noch zu sprechen kommen. Rasch richteten sich die Pueblo-Indianer in ihrer neuen Heimat ein. Auch dort erbauten sie Großdörfer mit bis zu 2500 Einwohnern.

Frank Cushing und andere frühe Ethnografen haben uns lebendige Schilderungen des reichen Zeremonialschatzes der historischen Pueblo-Völker hinterlassen. Dieser Zeremonialismus kann nur unter dem Aspekt der Equilibrierung notwendiger Existenzsicherung einerseits und der Benevolenz transzendentaler Kräfte andererseits verstanden werden, denn «zur Existenz bedarf es nicht nur der gemeinsamen äußersten physischen Anstrengung der Menschen ..., sondern auch des Beistandes übernatürlicher Mächte» (Lindig, 1976). Die Sicherung des heiligen Bundes zwischen Individuum, Natur und Überirdischen stand und steht demzufolge im Mittelpunkt des religiösen Geschehens. Auf universalen Harmonieausgleich bedachte Rituale kümmerten sich um das Wohl des Einzelnen und das der gesamten Gemeinschaft. Geheimgesellschaften sorgten für den organisatorischen Rahmen zeremonieller Veranstaltungen; Priester achteten auf die Einhaltung des tradierten rituellen Kanons mit seiner komplizierten Liturgie (Ortiz, 1969; Parsons, 1939).

Manche Zeremonien richteten sich nach einem astronomischen Kalendarium (Williamson, 1981). Wie die Sonnenpriester der A'šiwi den Lauf der Gestirne verfolgten, hat uns Cushing überliefert. Ein Priester «näherte sich gemessenen Schrittes dem viereckigen, offenen Turm und nahm dann auf einem uralten Steinsitz Platz, vor sich eine Stele mit dem Antlitz der Sonne, der Heiligen Hand, dem Morgenstern und dem zunehmenden Mond. Dort erwartete er unter Gebeten und rituellem Sang den Sonnenaufgang.» Irrtümer beim Führen des Solarkalenders konnten weitgehend ausgeschlossen werden, «denn zahlreich sind die Häuser in Zuñi mit Markierungen und gegenüber passende Fenster oder Pfortluken, durch die das Licht der aufgehenden Sonne fällt, jeden Tag, bis auf zwei unter den 365» (Cushing, 1882–83). Ähnliche Kalender, nach denen man u. a. Aussaat und Ernte bestimmt, sind noch heute bei den Hopi und anderen Pueblo-Indianern in Gebrauch (McCluskey, 1977).

Zweifellos dienten astronomische Berechnungen auch in prähistorischer Zeit als Hilfsmittel, um wirtschaftliche und zeremonielle Aktivitäten zu synchronisieren. Hovenweep-Pueblo in Colorado wurde Ende des 12. Jhs. von einer Anasazi-Gruppe, die mit den Mesa Verde-Leuten verwandt war, erbaut. Hier erhoben sich in bis zu drei Etagen runde, viereckige und D-förmige Türme. Einer davon, Hovenweep Castle, verfügte über einen Raum mit Einrichtungen zur Ermittlung der Solstitien. Das benachbarte Holly House ist mit himmelskundlichen Glyphen geschmückt. Auch im Chaco Canyon, an Örtlichkeiten wie Fajada Butte, Casa Rinconada und Pueblo Bonito, fanden sich Hinweise auf astronomische Studien (Williamson, 1981). Soweit bekannt, erstreckten sich die Beobachtungen auf solare Phänomene, die Monddeklinationen und Planetenphasen, insbesondere die Venuskonjunktion (Hudson & Underhay, 1978; Williamson, 1981; 1984).

Mimbres (1000 bis 1130 u. Z.). Die Mimbres-Kultur entwickelte sich um 1000 u. Z. aus Mogollon-Wurzeln. Ihren Namen verdankt sie einem Flüßchen im südwestlichen New Mexico. Berühmt sind ihre mit geometrischen oder figuralen Ornamenten verzierten Keramikerzeugnisse (Le Blanc, 1983). Diese Meisterstücke prähistorischen Kunstschaffens findet man gewöhnlich in Gräbern, wo sie die Gesichter der Verstorbenen bedecken. Vor der Grablege wurden sie rituell durchlöchert, um den Geist des Gegenstandes zu befreien. Durch die Begehrlichkeit von Sammlern in aller Welt angefacht, hat Grabräuberei in erschreckendem Maß zugenommen. Auf dem illegalen Kunstmarkt bietet man für Mimbres-Keramik horrende Summen – bis zu 60 000 Dollar pro Stück!

Die Mimbres-Leute lebten in einstöckigen, aneinanderstoßenden Behausungen aus Adobes und Flußgeröllen. Einzelne Gebäudekomplexe gruppierten sich lose um den zentralen Dorfplatz. An Fundstätten wie der NAN-Ranch oder Galaz kann nachvollzogen werden, wie man das Bauschema hauswirtschaftlichen Bedürfnissen entsprechend ummodelte: Stärkere Raumgliederung z. B. sorgte für striktere Trennung in Funktionsbereiche (Shafer, 1982). Sakralbauten orientierten sich am allgemeinen Mogollon-Muster. Die rechteckigen Gemeinschafts-

Mimbres-Grabkeramik. *(Oben, links)* Schale mit rätselhaften menschlichen Figuren, die vielleicht den Gegensatz Leben/Tod oder Mann/Frau zum Ausdruck bringen sollen. Nach dem Glauben der Mimbres-Bevölkerung entwich durch das Loch in der Mitte der Gefäßgeist. *(Oben, rechts)* Wächter der vier Himmelsrichtungen. Durchmesser der Schale ca. 30 cm.

kivas verfügten über Eingangsrampen und in den Boden eingelassene Opfergruben. Kleinere, quadratische Ritualkammern, die man mittels Leitern über eine Dachöffnung beging, dienten wohl einzelnen Kultbruderschaften als Versammlungsorte. Zeremonielle Aktivitäten blieben auf die engere Siedlungszone beschränkt und waren nicht in ein umspannendes sozio-religiöses Netz eingeflochten, wie wir es für die Hohókam oder das Chaco-Phänomen vermuten.

Dennoch sind auch die Mimbres-Leute keineswegs von der Außenwelt abgeschnitten gewesen. Einige Wissenschaftler halten es für möglich, daß ihre Ansiedlungen Chaco-Kaufleuten, die Handelskontakte nach Mexiko pflegten, gegen Gewinnbeteiligung, als Relaisstationen dienten. Wenn die Wirtschaft im Mimbres-Tal tatsächlich so eng mit dem Chaco-System verkoppelt war, würde dies den zeitgleichen Niedergang beider Kulturen erklären.

Die Aufgabe der Pueblos im San Juan-Becken

Als die ersten Europäer staunend vor den Ruinen längst zerfallener Pueblos standen, ob in Mesa Verde oder im Chaco Canyon, beschäftigte sie sicher auch die Frage, weshalb sich dort kein menschliches Leben mehr regte. Warum hatten die Bewohner ihre Häuser verlassen? Waren sie umgekommen oder fortgezogen? Flohen sie vor Feinden, oder erzwang eine andere, unbekannte Gefahr den Exodus?

Frühere Thesen bemühten Einfälle marodierender Apache und Nuwö (Ute). Wie wir aber heute wissen, erschienen athapaskische Stoßtrupps wohl nicht vor 1450 in der Region, und auch die Ostausbreitung der Num-Völker vollzog sich zu einer Zeit, als die meisten Siedlungen auf dem Colorado-Plateau bereits wüst lagen. Gegenwärtig weist die Forschung öko-klimatischen Ursachen die Hauptschuld am Niedergang der Pueblos im San Juan-Becken zu. Freilich gilt es, das Problem differenziert zu betrachten, denn ortsgebundene Faktoren, davon ist auszugehen, verstärkten den allgemeinen Trend.

Von ca. 900 bis 1130 u. Z., das verrät uns der dendrologische Befund, sorgten regelmäßige Niederschläge in weiten Teilen des Südwestens für relativ gute landwirtschaftliche Bedingungen. Danach wurde es zunehmend trockener. Ihren Höhepunkt erreichte die Dürre zwischen 1276 und 1299. Bezeichnenderweise suchten die Menschen im Norden ab 1200 Zuflucht in befestigten Klippensiedlungen. Nicht die Bedrohung durch fremde Eindringlinge scheint der Grund gewesen zu sein, sondern der immer schärfere und sicher auch aggressivere Wettbewerb einzelner Pueblos um schrumpfende Anbauflächen (Lipe, 1983; Martin & Plog, 1973). Kurz vor 1300 hatten sich die Bedingungen derart verschlechtert, daß kein anderer Ausweg mehr blieb als Abwanderung ins Rio Grande-Tal, wo der Fluß bessere Lebensbedingungen garantierte. Dort lebten vor Ankunft der Immigranten sprachlich heterogene Populationen in mehr oder weniger isolierten Grubenhausdörfern (Wendorf & Reed, 1955; Blevius & Joiner, 1977). Nach Osten zu, am Pecos River, gab es gar halbseßhafte Gruppen, die regelmäßig zur Bisonjagd auf die Plains zogen. Vielleicht stammen von ihnen die historischen K'iñago (Kiowa) ab. Mit dem Zuzug aus Nordwest erhöhte sich am Rio Grande die Bevölkerungsdichte, und neue Formen des Zusammenlebens mußten gefunden werden. Anders die Situation am Südrand des San Juan-Beckens. Auch hier, im Chaco Canyon und im Ausstrahlungsgebiet seiner kulturellen Aura, hatten die Menschen mit den gewandelten klimatischen Verhältnissen zu kämpfen. Es war jedoch die von ihnen selbstverschuldete ökologische Krise – der Kahlschlag der Wälder mit seinen Folgeschäden –, die den Kollaps herbeiführte. Das sozio-ökonomische Netz, das die Gemeinschaften des Chaco-Systems früher zusammenhielt, zerriß, und die Bevölkerung zerstreute sich.

Späte Prähistorische Zeit: 1300 u. Z. bis zum Kontakt mit Europäern

Nach Aufgabe des San Juan-Beckens regruppierten sich die Vorfahren der rezenten Pueblo-Völker in ihren historischen Siedlungsgebieten. Im Süden trat eine neue Handelsmacht auf, die vom Untergang des Chaco-Systems profitierte. Außerdem veränderte sich die ethnische Tektonik des Südwestens durch Infiltration athapaskischer Gruppen.

Die Apache. Aufgrund ihrer Zugehörigkeit zur athapaskischen Sprachfamilie, deren Hauptverbreitungsgebiet in Zentral-Alaska und der kanadischen Subarktis liegt, besteht kein Zweifel, daß die entfernten Ahnen der Apache im hohen Norden der Neuen Welt lebten. Irgendwann sind die Proto-Apache nach Süden gezogen, wo sie sich zunächst auf den Plains aufhielten (vgl. Kapitel 7). Einige blieben dort, wurden aber, nach einstiger Vorherrschaft, von den Nömöne (Comanche) so gut wie aufgerieben. Nur die Diidé (Kiowa-Apache) haben bis in die Gegenwart überlebt. Andere Südathapasken rückten am Rand der Rocky

Mountains in wärmere Gefilde vor, die Vorfahren der Dindí (Lipan) und Dindé (Jicarilla) östlich des Gebirges, die der Dinée (Navajo), Nndé (Mescalero), Indé (Chiricahua) und Ndée (Westliche Apache) im Großen Becken (Hoijer, 1971; Gunnerson, 1979; Wilcox, 1981). Offenbar hatte die Westgruppe Anteil an der Fremont-Kultur (vgl. Kapitel 12), denn einige ihrer Mitglieder brachten Feldbaukenntnisse in den Süden mit. Die Num-Radiation verdrängte sie aus dem Becken in den Südwesten, wo sich die Vorhut um 1450, vielleicht auch schon etwas früher, blicken ließ.

Der Name «Apache» beruht, wie so viele in der Literatur gebräuchliche Ethnonyme, auf einem Mißverständnis. Er geht auf die Eigenbezeichnung *Pace* der Hoka sprechenden Yavapai zurück, die sich ihren neuen Nachbarn in kultureller Hinsicht angeglichen hatten und von den ersten spanischen Expeditionen mit den Athapasken in einen Topf geworfen wurden. Erst ab 1626 unterschieden die Spanier zwischen nördlichen und südlichen «Querechos», weil sie feststellten, daß letztere, die man auch als «Apaches de Nabajó» ansprach, etwas Landwirtschaft betrieben. Wie wir heute wissen, waren diese «Nabajó» die Vorfahren der heutigen Ndée und Dinée.

Während die meisten Apache ihrer angestammten Lebensweise, die viele archaische Züge bewahrte, treu blieben, gestaltete sich der weitere Entwicklungsweg der Dinée (Navajo) abweichend. Die Genese jenes gegenwärtig mit über 165 000 Mitgliedern zahlenstärksten indianischen Volkes der USA begann nach der Pueblo-Revolte gegen die spanischen Unterdrücker 1680. 1696 befanden sich fast alle Pueblos wieder in spanischer Hand. Tausende Aufständische aber flohen zu den «Apaches de Nabajó» am oberen San Juan. Flüchtlinge und Ortsansässige verschmolzen. Zwar blieben Lokalgruppenstruktur und Sprache der Athapasken dominant, auf religiösem Gebiet aber gewannen die geistigen Vorstellungen der Pueblo-Indianer das Übergewicht. Man baute gemauerte Behausungen von defensivem Charakter *(Pueblitos)* und stellte bemalte Keramik («Gobernador Polychrome») her (Lindig, 1991). Unter dem Druck der gut bewaffneten Nuwö (Ute) verließen die Dinée um 1700 den oberen San Juan und wichen in südwestlicher Richtung aus. Viehherden, die sie nach dem Kontakt mit Spaniern und Pueblo-Indianern in ihren Besitz gebracht hatten, vergrößerten sich rasch und forderten fortan wieder stärkere Mobilität.

Casas Grandes. Im Basin und Range-Gebiet von Chihuahua, Nordmexiko, liegt das breite, fruchtbare Tal des Rio Casas Grandes, das im 14. Jh. Mittelpunkt eines etwa 77 000 km² ausgedehnten sozio-ökonomischen Netzwerkes war. Bereits im 12. Jh. wuchs an Ort und Stelle ein Siedlungskomplex, der als Paquimé oder Casas Grandes bekannt wurde (Di Peso et al., 1974). Die ansässige Mogollon-Bevölkerung schlug aus dem Niedergang des Handelsgiganten Chaco Canyon Kapital und übernahm in der Folge dessen merkantile Verbindungen nach Mexiko. Ob Mesoamerikaner selbst am Zustandekommen des neuen Handelsimperiums beteiligt gewesen sind, ist umstritten. Denkbar wäre, so die Meinung einiger Forscher, daß eine toltekische Streitmacht, die nach dem Fall von Tollán Xicocotitlán (Tula), ihrer Residenz im heutigen mexikanischen Bundesstaat Hidalgo, nordwärts zog und von Paquimé Besitz ergriff. Ein Kampftrupp Teochichimeca (Nhañú = Otomí) unter Führung des legendären Xolotl hatte Tula um 1050 u. Z.

Casas Grandes im mexikanischen Bundesstaat Chihuahua. *(Links)* Die Luftaufnahme zeigt rechts einen Ballspielplatz und weiter links freigelegte Raumfluchten. *(Oben)* Figurengefäß von Casas Grandes, einen rastenden Lastträger darstellend.

(schriftliche Quellen der Azteken nennen das Jahr 1168) im Handstreich genommen und die Stadt eingeäschert. Die Einwohner flohen in den Schutz der Mauern Colhuacáns, einer anderen toltekischen Niederlassung in Zentralmexiko und Sitz des Herrscherhauses Mixcóatl, oder zerstreuten sich in alle Winde. Sogar in Nicaragua, der südlichsten Station ihrer Odyssee, tauchten im 14. Jh. Tolteken auf. Die späte Blütezeit Paquimés, der eine unbestritten autochthone Entwicklungsphase vorausging, scheint allerdings der These von einer anfänglichen Machtübernahme durch Mesoamerikaner zu widersprechen (Dean & Ravesloot,

1989). Es müssen aber nicht unbedingt fremde Heerscharen gewesen sein, die sich Casas Grandes untertan machten. Vielleicht nutzten toltekische Fernhändler, die berühmten *pochteca,* die Chance, unabhängig von jeder Zentralmacht ein merkantiles Unternehmen aufzuziehen oder auszubauen.

Die ursprüngliche Anlage Paquimés setzte sich aus über 20 umwallten Siedlungseinheiten *(compounds)* zusammen, die an ein gemeinsames Wasserversorgungssystem angeschlossen waren. Man lebte in eingeschossigen Adobehäusern. In einem der *compounds* stießen Archäologen auf Volieren, in denen man einst Aras züchtete. Es wurden Überbleibsel von Nistmaterial, Eierschalenbruchstücke, Skeletteile und sogar Reste von Sitzästen für die Vögel gefunden. Di Peso und seine Koautoren glauben, daß Casas Grandes eine der Quellen gewesen ist, aus der Anasazi-Gruppen weiter im Norden Großpapageien und deren bunte Federn bezogen.

Im 14. Jh. wurde Paquimé umgebaut. Die jetzt aus Mergel errichteten 1600 Wohnquartiere türmten sich mehrere Etagen hoch; ca. 2240 Einwohner fanden nun hier Obdach. I-förmige Ballspielfelder, steinummantelte Tempelhügel, Kolonnaden, peristylartige Versammlungshallen, ein Marktplatz und ein Wasserspeicher, von dem unterirdische Leitungen ausgingen, sind nachgewiesen.

Bemerkenswert hochentwickelt war das Kunstschaffen. So stellte man Kupferschellen, Schmuck und Ritualäxte aus Metall im technisch anspruchsvollen Wachsausschmelzverfahren her. Bei diesem «Guß in verlorener Form» mußte – wie der Name besagt – für jeden Gießling eine neue Tonform angefertigt werden. Sollte ein massiver Gegenstand entstehen, modellierte man zunächst das Abbild des gewünschten Objektes aus Bienenwachs. Das Modell erhielt dann eine Tonhülle mit organischen Zusätzen, die sie vor dem Zerspringen bewahrten. Wachsstege, die der Produzent vorher am Modell befestigt hatte (und die es mit der Manteloberfläche verbanden), sorgten dafür, daß sich während des Brandes feine Kanäle öffneten, durch die alles Wachs abfließen konnte. In den Hohlraum wurde nun die Metallschmelze eingeleitet. Nach deren Auskühlung zerschlug man die Form, entnahm den Gießling und polierte ihn mit Steinen. Beim Hohlguß verfuhr der Hersteller ähnlich, nur umschloß sein Wachsmodell jetzt einen Formrohling, den sogenannten Gußkern, aus mit Holzkohle versetztem Ton. Später kratzte er den Gußkern durch vorsorglich angebrachte Öffnungen aus dem fertigen Gegenstand heraus. Diese im Norden sonst unbekannten Verfahren gingen zweifellos auf Anregungen aus dem mesoamerikanischen Hochkulturgebiet zurück. Auch bei der Fertigung von Konchylienschmuck bewiesen die Einwohner Casas Grandes' ihre Meisterschaft. Tonnenweise verarbeitete man die Schalen mariner Mollusken zu Trompeten, Perlen und Intarsien.

Auf dem Gipfel seiner Machtfülle bediente Paquimé die Schalthebel eines weitverzweigten Satellitengeflechts. Forts, Karawansereien, Straßen und Signaltürme sorgten für die nötige Kommunikation und gewährleisteten weitreichende Kontrolle. Anders als im Falle des Chaco-Phänomens kann hier tatsächlich von zentraler Herrschaftsausübung gesprochen werden. Wie Casas Grandes stürzte, bleibt vorläufig ungeklärt. Eventuell erhoben sich Einheimische gegen die Metropole und fegten die fremden Regenten von ihren Thronen. Ein Bevölkerungsrückgang jedenfalls läßt sich nicht feststellen. Auffällig aber ist der Umstand, daß keine öffentlichen Arbeiten mehr geleistet wurden und die urbane Infra-

struktur zerfiel. Einige Familien zogen in die Sakralbezirke, wo sie die Gebäude zu Wohnzwecken nutzten. Anfangs des 15. Jhs. fiel Paquimé wüst.

Entwicklungen im Pueblogebiet. Am oberen Rio Grande und in den sich westlich anschließenden Randzonen wurden nach dem Bevölkerungszuzug aus der Mesa Verde-Region viele neue Pueblos erbaut, einige von den Vorfahren rezenter Dorfgruppen. Hinsichtlich architektonischer Details unterschieden sich die einzelnen Niederlassungen erheblich. Die größten, etwa Pecos, in dem A. V. Kidder seine bahnbrechenden Grabungen durchführte, verfügten über zahlreiche Kivas. Im Vordergrund des religiösen Lebens standen nun die *Kachinas,* den Menschen wohlgesonnene Geister, die von für sie bereitgestellten Masken Besitz ergreifen konnten. Ihr Auftritt anläßlich bestimmter Zeremonien beschwor Regen und Bodenfruchtbarkeit. Felsbilder der Jornada-Region in Süd-New Mexico, die

Luftaufnahme von Pecos in New Mexico. Links erhebt sich die Ruine der spanischen Missionskirche aus dem 17. Jh. Die Siedlung selbst entstand um 1450. Mehrstöckige Blocks mit 660 Suiten (Wohn- und Speichereinheiten) und mindestens 22 Kivas umgaben die zentrale Plaza.

offenbar kostümierte Kachinatänzer darstellen, überzeugten Schaafsma und Schaafsma (1974) davon, daß der Maskenkult hier seinen Anfang nahm und nach 1300 u. Z. über den Rio Grande zu den westlichen Anasazi gelangte.

Im Zuñi-Gebiet nahm die Bevölkerung zwischen 1175 und 1275 kräftig zu, teils verstärkt durch Zuwanderer aus dem Chaco Canyon. Viele Menschen lebten in hochgelegenen Pueblos, dort, wo Sturzwasserfeldbau möglich war. Danach ließ man diese Dörfer auf und fand sich in mehrstöckigen Großsiedlungen, die bis zu 1000 Räume vorweisen konnten, zusammen. Raumblöcke umstanden zentrale Plätze, ein wallartiger Ortsbering schloß jede der Anlagen nach außen ab. Sechs oder sieben Großpueblos existierten noch 1540, als spanische Glücksritter hier nach den sagenhaften Städten von Cíbola suchten, die meisten aber wurden vorher aufgegeben.

Auch von anderen Stellen sind Siedlungsballungen in Großdörfern belegt, vom Tsegi Canyon z. B., von der Anderson Mesa mit dem für die Hopísinom bedeutsamen Chavez Pass-Pueblo, den Hopi Buttes sowie den Bergen Ost-Arizonas nahe dem Mogollon Rim und dem Einzugsbereich des oberen Gila. Es wäre aber falsch anzunehmen, daß sich bis zum Eintreffen der Europäer die Bevölkerung überall in solchen großen Kommunen konzentrierte. Daneben gab es immer noch, wie auch früher schon, inselartig gestreute Kleindörfer, die allerdings durch soziale, meist verwandtschaftliche Bande an größere Siedlungen in der Nachbarschaft gekettet waren.

SECHSTER TEIL

DAS ÖSTLICHE WALDLAND

«Draußen, in einiger Entfernung von der Hütte, lag eine Lichtung mit verdorrtem Gras. Die Frau trug dem Mann auf, mit zwei Stäben Feuer zu quirlen und es an den dürren Filz zu legen. Bald stoben Funken auf, und das Gras stand in Flammen. Dann sagte die Frau: ‹Wenn sich die Sonne senkt, mußt du mich am Haar packen und durch das Feld ziehen. Danach magst Du essen ...› Als der Abend kam, tat der Mann wie ihm geheißen. Die Frau verschwand, doch überall dort, wo er sie entlanggeschleift hatte, entsprangen große, anmutige Pflanzen. Daran hingen goldene Körner ... Es war Mais, der Wohltäter aller Menschen ...»

Algonkin-Legende

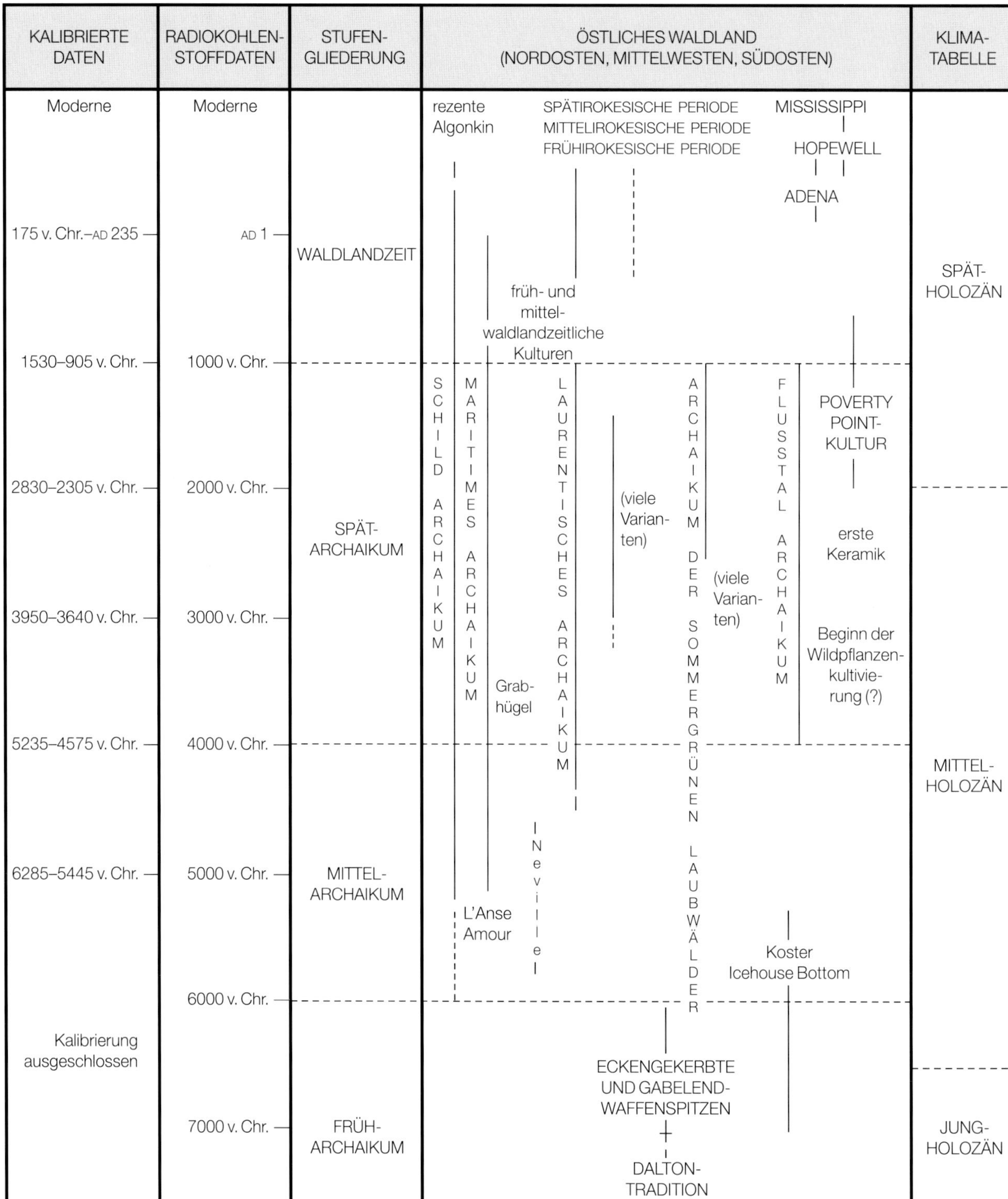
KALIBRIERTE DATEN
RADIOKOHLENSTOFFDATEN
STUFENGLIEDERUNG
ÖSTLICHES WALDLAND (NORDOSTEN, MITTELWESTEN, SÜDOSTEN)
KLIMATABELLE
Moderne
Moderne
175 v. Chr.–AD 235
AD 1
1530–905 v. Chr.
1000 v. Chr.
2830–2305 v. Chr.
2000 v. Chr.
3950–3640 v. Chr.
3000 v. Chr.
5235–4575 v. Chr.
4000 v. Chr.
6285–5445 v. Chr.
5000 v. Chr.
6000 v. Chr.
Kalibrierung ausgeschlossen
7000 v. Chr.
WALDLANDZEIT
SPÄT-ARCHAIKUM
MITTEL-ARCHAIKUM
FRÜH-ARCHAIKUM
rezente Algonkin
SPÄTIROKESISCHE PERIODE
MITTELIROKESISCHE PERIODE
FRÜHIROKESISCHE PERIODE
MISSISSIPPI
HOPEWELL
ADENA
früh- und mittel-waldlandzeitliche Kulturen
SCHILD ARCHAIKUM
MARITIMES ARCHAIKUM
LAURENTISCHES ARCHAIKUM
(viele Varianten)
ARCHAIKUM DER SOMMERGRÜNEN LAUBWÄLDER
(viele Varianten)
FLUSSTAL ARCHAIKUM
POVERTY POINT-KULTUR
erste Keramik
Beginn der Wildpflanzen-kultivierung (?)
Grab-hügel
Neville
L'Anse Amour
Koster
Icehouse Bottom
ECKENGEKERBTE UND GABELEND-WAFFENSPITZEN
DALTON-TRADITION
SPÄT-HOLOZÄN
MITTEL-HOLOZÄN
JUNG-HOLOZÄN

16. FRÜH- UND MITTELARCHAISCHE KULTUREN IM ÖSTLICHEN WALDLAND

Vor 8000 v. Chr., ehe die eiszeitliche Megafauna das Zeitliche segnete, durchzogen Wollhaarmastodonten *(Mammut americanum)*, Sprossenschaufelelche *(Cervalces scotti)*, Schafochsen *(Symbos cavifrons)* und anderes Großwild die östlichen Wälder. Paläo-indianische Wandergruppen hefteten sich an ihre Fersen und machten Beute, aber sie ernährten sich auch von Wildpflanzen je nach Saison. Mit dem raschen Aussterben der von ihnen bevorzugten Jagdtiere stellten die Menschen ihre Ernährungsgewohnheiten um. Niederwild und vor allem Weißwedelhirsche *(Odocoileus virginianus)* rückten stärker in den ökonomischen Blickpunkt, ebenso Nüsse, Beeren, Pilze, Kräuter, Vogeleier u. ä. Nach 1000 v. Chr. sollte dieser Anpassungstrend in kleinen Schritten zu einer mehr seßhaften Lebensweise führen, zum Ausbau der Handelsverbindungen und aufwendiger Fürsorge für die Toten. Gefiltert durch unterschiedliche Umweltbedingungen gelangte man zu regional verschiedenen Adaptionen (Meltzer & Smith, 1986; Neusius, 1986).

Jenes einleuchtende Szenar vom gleitenden Übergang zu differenzierten wirtschaftlichen Nutzungsstrategien beruht auf hypothetischen Überlegungen. Nur einige wenige Fundstätten sind so gut erhalten, daß sie Rückschlüsse auf die Ernährungsgewohnheiten der Menschen erlauben. Wo uns organisches Material überliefert ist, reicht es gerade für eine knappe Liste der Pflanzen und Tiere, die von den Früharchaikern an Ort und Stelle verspeist wurden. Wer aber solche Tabellen miteinander vergleicht, erhält doch einen recht passablen Eindruck von der Vielfalt konsumierter Arten – darunter reine Waldformen wie das Grauhörnchen *(Sciurus carolinensis)* oder Hickory *(Carya)* und Spezies der Lichtungen, etwa Weißwedelhirsch und bestimmte Pioniergräser (B. Smith, 1986). Es scheint festzustehen, daß nach 8000 v. Chr. Niederwild, Fische, Weichtiere und Pflanzenkost größere wirtschaftliche Bedeutung erlangten (Meltzer & Smith, 1986).

Alle Deutungsversuche vorgeschichtlicher Entwicklungen im Östlichen Waldland während des ausklingenden Früh- und des Mittelholozäns fußen auf diesem Wandel hin zu einer effizienteren Abschöpfung milieutypischer Ressourcen (Caldwell, 1958). Mitverantwortlich für komplexere Nutzungsmodi könnte durch Bevölkerungsverdichtung hervorgerufener ökologischer Streß (vgl. Kapitel 5) gewesen sein. Darüberhinaus dürfte es im Archaikum wesentlich mehr Arten als heute gegeben haben (Styles, 1981). Niemand glaubt, daß der Wechsel zu umfassenderer Ressourcenausbeute sprunghaft vonstatten ging oder daß neue Bevölkerungsgruppen von außerhalb in die Wälder eindrangen. Der materielle Besitz der Archaiker blieb jahrtausendelang unverändert, abgesehen von geringfügiger Modifizierung der weitverbreiteten Waffenspitzen.

JAMES BAY
ST. LAWRENCE-GOLF
QUEBEC
ONTARIO
NEW BRUNSWICK
NOVA SCOTIA
St Lawrence R.
Hathaway
MAINE
PENOBSCOT BAY
LAKE CHAMPLAIN
GROSSE SEEN
NEW YORK
VT.
N.H.
Neville
Boston
L. SUPERIOR
RICE LAKE
Point Peninsula
Bent
MASS.
Wapanucket
Mohawk
Maxon-Derby
L. ONTARIO
L. HURON
Nodwell
CONN.
R.I.
Guilford
MINNESOTA
Sackett
Lamoka Lake
Oconto
L. MICHIGAN
London
Plenge
Staten Island
WISCONSIN
MICHIGAN
L. ERIE
PENNSYLVANIA
NEW JERSEY
Reigh
Allegheny
MD.
DEL.
OHIO
Osceola
Cresap Mound
Grave Creek
ATLANTIK
Scioto
Marietta
Wabash
IOWA
ILLINOIS
Adena
Mound City
WEST VIRGINIA
VIRGINIA
INDIANA
Hopewell
NEBRASKA
St Albans
Robbins Mound
Serpent Mound
Kanawha
Illinois
Riverton
Koster
Ohio
KENTUCKY
NORTH CAROLINA
Cahokia
Evansville
Nebo Hill
Graham Cave
St Louis
Carrier Mills
Hardaway
Doerschuk
MORROW MT
Modoc
Great Salt Spring
Kinkaid
Indian Knoll
Rose Island
KANSAS
MISSOURI
Icehouse Bottom
Bacon Farm
Calloway Island
TENNESSEE
SOUTH CAROLINA
Rodgers Shelter
Phillips Spring
Eva
LeCroy
Tennessee
Coosa
Savannah
Sloan
Etowah
Roden
Tunacunhee
Brand
Wright
Lace
GEORGIA
OKLAHOMA
Spiro
ARKANSAS
ALABAMA
Moundville
Mississippi
Kolomoki
Tombigbee
McKeithen
Poverty Point
MISSISSIPPI
FLORIDA
Natchez
Crooks Mound
0 Km 300
TEXAS
LOUISIANA
Weeden Island
Palmer
Little Salt Spring
GOLF VON MEXIKO

Das Früharchaikum und seine Projektilspitzen

Nach 8000 v. Chr. wichen im Östlichen Waldland Waffenspitzen des Clovis-Typs neuen Formen, die sich zwanglos von älteren Vorbildern ableiten lassen (B. Smith, 1986; Steponaitis, 1986). Leider wissen wir nicht, wie sich dieser Wandel auf die Gesamtkultur auswirkte.

Die unglaubliche Vielfalt früharchaischer Projektilköpfe hat Wissenschaftler zu allen Zeiten fasziniert. «Wollte man alle Varianten, die sich dem Betrachter darbieten, festhalten, würde das in eine Flut von Beschreibungen ..., Geschicklichkeit und Eingebung des jeweiligen Herstellers, ihre Funktionen ... und die darauf bezogenen Veränderungen betreffend, ausufern», schrieb ein resignierender Sammler, Charles Jones, bereits 1873 in seinen *Antiquities of the Southern Indians.* Die Konfusion bestand bis in die 50er Jahre unseres Jahrhunderts, als Ausgrabungen in stratifizierten Fundstätten wie Hardaway, North Carolina, oder St. Albans, West-Virginia, erste chronologische Sequenzen ermöglichten. In den mächtigen Ablagerungen von St. Albans ortete man nicht weniger als 41 Kulturschichten. Jeweils ein bis zwei Straten enthielten ihre typischen Waffenspitzen.

Joffre Coe (1952; 1964) führte in den 50er Jahren mehrere Kampagnen im Gebirgsvorland von North Carolina durch. Dabei entdeckte er, daß sich im Bereich der Alluvialauen stratifizierte Stätten erhalten hatten. Doch nicht nur das. Es gelang sogar, Kurzzeitbesiedlung nachzuweisen, was bei den durcheinandergeratenen Oberflächenfunden auf den nahegelegenen Bergrücken und an den erodierten Hängen ausgeschlossen war. «Der übliche Waffenspitzen-Mischmasch», schrieb Coe, «blieb aus – es fanden sich allein Variationen eines spezifischen Themas [innerhalb einer Siedlungsschicht].» So setzte der Merkmalswandel bei den Projektilköpfen deutlich chronologische Zeichen und dies über Jahrhunderte, wenn nicht Jahrtausende menschlicher Anwesenheit.

Der Ausgräber wurde an vier Orten – Doerschuk, Gaston, Hardaway und Lowder's Ferry –, wo er fast 66 000 Steinfragmente untersuchen konnte, fündig. 1964 legte Coe, gestützt auf stratigrafische Beobachtungen und seine Objektdiagnose, eine Waffenspitzensequenz vor. Sie beginnt mit dem «Hardaway-Komplex», benannt nach einer Baufirma, die im Fundgebiet tätig war. Ähnlichkeiten der großen, dünnen Hardaway-Spitzen mit 7700 Jahre alten Dalton-Projektilköpfen aus Tennessee gaben einen groben zeitlichen Hinweis. Auf Hardaway folgten Palmer, Kirk, Stanly, Morrow Mountain und Guilford – eine lückenlose Serie, die sich aber genauer chronologischer Einregelung entzog.

Ein Jahrzehnt später vervollständigte der kanadische Archäologe James Tuck Coes Analyse. Ihm standen durch Radiokohlenstoffmessungen abgesicherte Informationen von vielen weiteren Stätten zur Verfügung. Nach Tuck (1974) zerfiel das Früharchaikum im Östlichen Waldland in drei Horizonte: Dalton (Hardaway), Big Sandy und Kirk. Wie der Kanadier und andere Forscher herausfanden, präsentierte sich das Wildbeutertum zwischen Labrador und den Carolina-Staaten bemerkenswert einheitlich, ein Bild, das nur von minimalen Artefaktmodifizierungen regionaler Tragweite getrübt wurde. Noch während Tuck an seiner Veröffentlichung arbeitete, erbrachten Jefferson Chapmans Grabungen in den Flußtälern Ost-Tennessees den Nachweis eines vierten

(Gegenüber) Archäologische Fundstätten im Östlichen Waldland.

Horizontes. Er zeichnete sich durch an den Basen gegabelte *(bifurcate)* Waffenspitzen aus.

In systematischer Ordnung können die Projektilköpfe des Frühwaldlandarchaikums also wie folgt gruppiert werden. Aus den Dalton-Waffen mit konkaver Basis entwickelten sich äußerst vielgestaltige seitengekerbte Spitzen. Danach traten eckengekerbte Typen, z. B. die Kirk-Variante, auf. Diese wiederum wurden von Gabelend-, später auch gestielten und gegabelten Formen abgelöst. Der Rest des Steingeräteinventars schloß nahtlos an bereits in paläo-indianischer Zeit gebräuchliche Werkzeuge an, lediglich bei den Schabern fallen abweichende Stücke auf.

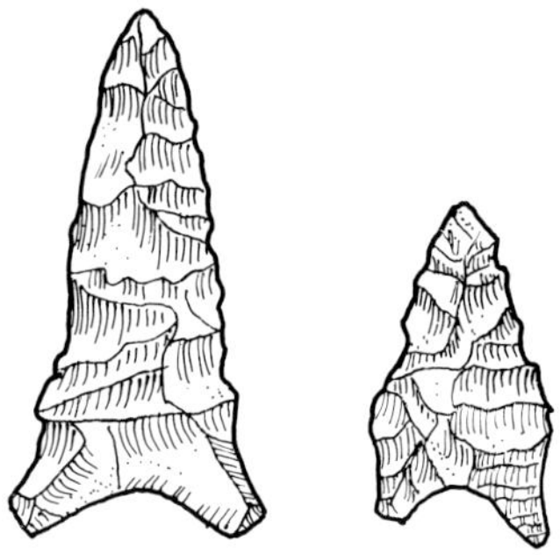

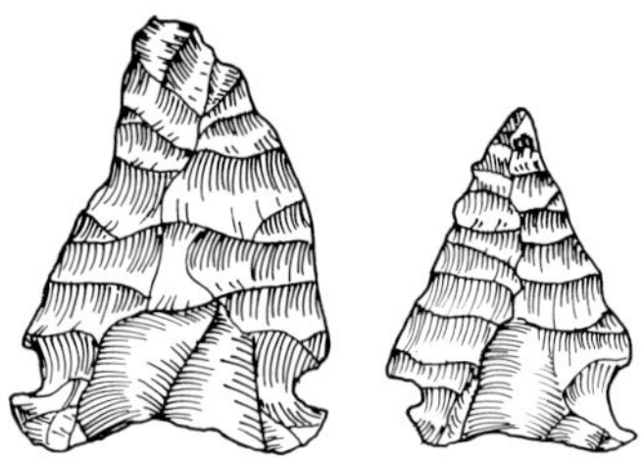

(Obere Reihe) Dalton-Waffenspitzen; Länge des linken Stücks 5 cm. *(Untere Reihe)* Hardaway-Spitzen; Länge des größeren Exemplars 5 cm.

Die Dalton-Tradition: ca. 8500 bis ? 7000 v. Chr.

Dalton-Spitzen erschienen in weiten Teilen des Südostens um etwa 8500 v. Chr. (Morse & Morse, 1983). Es handelt sich um unverkennbare Artefakte mit nach innen ausgebuchteter Basis und flügelartig ausgezogenen Ecken. Sie waren vielseitig verwendbar, nicht nur als Speerarmierungen, sondern auch als Sägen und Sägemesser. Der Archäologe James Mitchie konnte mit Nachbildungen Hirschknochen zerteilen. Gelegentlich unterzogen die Jäger ihre Spitzen einem Recyclingprozeß, indem sie zerbrochene Exemplare wieder und wieder schärften und so Messer, Meißel oder Kratzer erhielten. Bekannt sind Dalton-Projektilköpfe aus North Carolina (hier in der Hardaway-Form vorliegend), Illinois, Alabama und nördlich bis zu den Neuenglandstaaten. Die Hardaway-Variante ist triangulär, weist Seitenkerben auf und an den Ecken kleine «Ohren». Beide Typen waren bis etwa 7000 v. Chr. in Gebrauch, dann machten sie neuen Schöpfungen Platz.

Dieses Jahrtausend ausgangs des Frühholozäns begleiteten tiefgreifende öko-klimatische Veränderungen. Sommergrüne Laubwälder, in denen Eichen vorherrschten, breiteten sich auf Kosten der Fichten/Kiefernwälder, die mit dem Eis nordwärts zurückwichen, aus. Nüsse und andere pflanzliche Kost gestalteten den Nahrungsfahrplan abwechslungsreicher. Ausgrabungen im Tal des Little Tennessee und in Nordost-Arkansas verdanken wir einige Aufschlüsse über das Leben der Früharchaiker des Südostens – Anpassungen, die im großen und ganzen für das gesamte Gebiet, in dem Dalton-Waffenspitzen gefunden wurden, verbindlich sind.

Brand, Lace und Sloan. Dan Morse und seine Kollegen (Morse & Morse, 1983) haben drei wichtige Stätten ausgegraben, die verschiedene Lebensaspekte der Dalton-Bevölkerung widerspiegeln.

Lace liegt auf dem Grat einer Bodenwelle nahe dem L'Anguille River, im Zentrum mehrerer kleinerer Dalton-Stationen. Einst umgaben Moorlinsen und Flachseen den Platz, der sich in geradezu idealer Weise als Basislager eignete. Dafür sprechen auch die Abmessungen der Stätte – fast ein Hektar wurde genutzt – und die Mächtigkeit der Abfallhaufen, von denen einige 1 m Höhe erreichten.

Auch die Station Brand schaut von einer flachen Kuppe auf das Umland. Morse deckte hier fünf im Oval verstreute Artefaktansammlungen von jeweils etwa

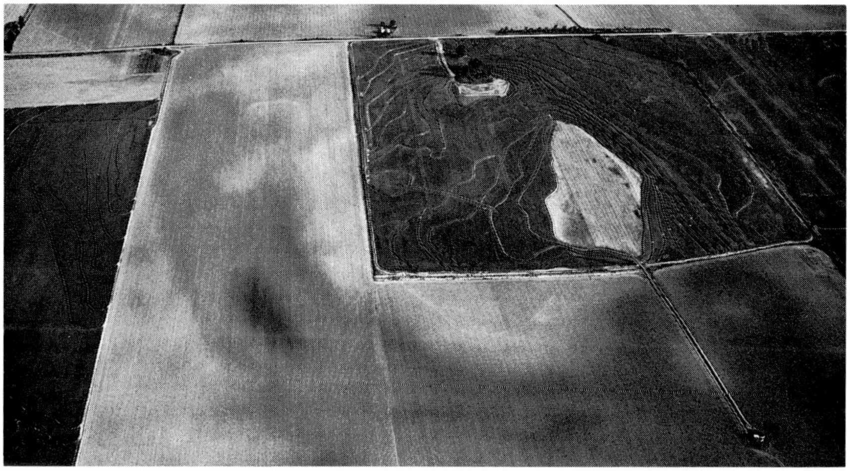

Luftaufnahme des Fundortes Lace in Arkansas *(oben);* Grabungsarbeiten im nahegelegenen Brand *(links).*

11,7 m² auf. Ungefähr 80 Geräte kamen an jeder dieser Stellen zum Vorschein, die meisten dazu geeignet, Tiere auszuweiden und zu zerlegen. Der Ausgräber meint, daß Jäger dort ihre Beute verarbeiteten. Die Multifunktionalität der geborgenen Artefakte verweist jedoch auf noch weitere ökonomische Aktivitäten (Schiffer, 1975).

Von Sloan nimmt man an, daß es sich um eine Begräbnisstätte handelte. 488 Dalton-Artefakte, darunter 144 Waffenspitzen, konnten im sandigen Gleithang des Cache River unweit des Mississippi-Deltas lokalisiert werden. Die Funde waren, im Abstand von 2 m, linear zur Streichrichtung der Sandablagerung angeordnet. Artefakthäufungen lassen vermuten, daß die Menschen, die hier verkehrten, einige der Gegenstände in Behältern aus vergänglichem Material niederlegten. In einem Fall scheinen vier ursprünglich an Vorschäften oder

Heftungen befestigte Projektilköpfe, eingepackt in ein Fell oder Lederstück, als Bündel geschnürt worden zu sein.

Einige der Sloan-Spitzen wurden aus Hornstein gefertigt, der von Lesegebieten bei St. Louis stammt, 321 km vom Fundort entfernt. Leider kamen nur wenige Knochenfragmente in der Düne zutage, doch ergaben Bodenproben abnorme Calciumanreicherungen, was die ehemalige Existenz von Skeletten wahrscheinlich macht. Morse schätzt, daß man zwischen 12 und 25 Gräber in dem Sandfeld anlegte. Falls seine Interpretation zutrifft, darf Sloan für sich in Anspruch nehmen, die älteste bekannte Nekropole in Amerika zu sein.

Icehouse Bottom und früharchaische Subsistenz

Nach 8000 v. Chr. verfrachteten Regen und Schmelzwasserströme vom einst vergletscherten Smoky Mountains-Massiv Erosionsschutt und Silt in das Tal des Little Tennessee. Dort lagerten sich die Sedimente als Sandbänke, Inseln und Füllungen von Schwemmlandniederungen, den sogenannten *Bottoms,* ab (Chapman, 1980, 1985). Bald darauf nahm die örtliche Wildbeuterbevölkerung dieses Neuland in Besitz. Überschwemmungen führten weitere Siltfracht heran; aufgelassene Ansiedlungen wurden darunter begraben. Rekolonisierung setzte ein, der abermals natürliche Zerstörung folgte. So entstand, gewissermaßen als archäologische Schichttorte, eine Chronik früharchaischer und späterer Besiedlung. An Örtlichkeiten wie Icehouse Bottom und Rose Island läßt sich diese Entwicklung besonders gut nachvollziehen (Chapman, 1973; 1975).

Chapman ist davon überzeugt, daß die Erstsiedler im Little Tennessee-Tal, kleine Jäger- und Sammlertrupps, bis zum oberen Tennessee und zur Ridge und Valley-Provinz Virginias vordrangen. Sie befanden sich ständig auf Wanderschaft und besuchten Basislager oder Ketten anderer Stützpunkte. Icehouse Bottom bot nicht nur naturräumliche Annehmlichkeiten und Zuflucht, es erschloß den Menschen auch diverse Nahrungsquellen. Hornsteinknollen gab es am Hangfuß zuhauf. Man brauchte sich nur zu bücken und sie aufzulesen. Zuhause wurden sie gespalten und zu Beilen, Waffenspitzen, Messern, Bohrern, Schnitzwerkzeugen und Fellschabern verarbeitet. Mehrere Familien teilten das Basislager, lebten aber in Einzelbehausungen aus Hirschhäuten, Rindenplacken oder Flechtmatten getrennt voreinander am Flußlauf. Jeder Haushalt verfügte über seine eigene Feuerstelle, einer mit Ton, der aus aus einer nahegelegenen Grube stammte, ausgekleideten Mulde. 29 solcher Herde bargen Korbfragmente und Überreste von Netzen, die sich in dem vom Feuer hartgebackenen Ton abzeichneten.

Obwohl die Erhaltungsbedingungen für organisches Material an der Fundstelle eher schlecht sind, glaubt Chapman schließen zu dürfen, daß sich an der Wirtschaftsform vom Früharchaikum bis in historische Zeit nur wenig änderte. Weißwedelhirsche, die häufigste große Säugerart der sommergrünen Laubwälder, bejagte man besonders intensiv. Als Beute kamen auch Schwarzbär *(Euarctos americanus)*, Rothirsch *(Cervus elaphus canadensis),* Graufuchs *(Urocyon cinereoargenteus),* Nordopossum *(Didelphis virginiana),* Waschbär *(Procyon lotor),* Appalachen-Baumwollschwanzkaninchen *(Sylvilagus transitionalis)* und verschiedene Hörnchen in Betracht. Außerdem stellten die Jäger Truthühnern, den heute ausgerotteten

Eine Grabungsmannschaft in Icehouse Bottom, Little Tennessee-Tal.

Wandertauben *(Ectopistes migratoria)* sowie Dosenschildkröten *(Terrapene)* nach. In den Flüssen fischte man unter anderen Weißsauger *(Catostomus commersoni)*, die zur Laichzeit in riesigen Schwärmen auftraten, Süßwasser-Umberfische *(Aplodinotus grunniens)* und Welse. Muscheln und Schnecken rundeten die Fleischkost ab.

Wildpflanzennahrung dürfte ebenso wichtig gewesen sein. Hickorynüsse z.B. bildeten wertvolle Fett- und Proteinquellen, ohne daß besondere Vorkehrungen getroffen werden mußten, um sie genießbar zu machen. Chapman (1985) zitiert den Botaniker William Bartram, der im 18. Jh. verschiedene Indianergruppen bei der Hickoryernte beobachtete. «Ich habe gesehen, daß eine Familie über hundert Scheffel dieser Nüsse einbrachte», schrieb Bartram. «Sie schlagen sie in Stücke und werfen sie alsdann in kochendes Wasser, das, nachdem es abgeseiht wurde, den öligsten Teil der Flüssigkeit enthält: Diese nennen sie bei einem Namen, der Hickorymilch bedeutet; sie ist süß und fett wie frischer Rahm und dient zuvörderst als Kücheningredienz, notabene bei Hominy und Maiskuchen.» Die Indianer schöpften das Öl ab, dann das Fruchtmark, das zerstampft, gedörrt und schließlich als Nahrungsreserve eingelagert wurde. Sollte das Trockenmark als Speise dienen, mußte es vor der Zubereitung in warmem Wasser quellen. Die Nußschalen verwendete man als Brennstoff. Archäologen stießen allenthalben auf ihre verkohlten Überreste.

Die Icehouse Bottom-Leute sammelten auch Eicheln, doch nicht in dem Ausmaß wie ihre Nachfolger. Eicheln haben weit geringeren Nährwert als Hickorynüsse, sie sind aber reich an Kohlenhydraten und bildeten darum eine passende Ergänzung. Da Eicheln Gerbstoffe enthalten, mußten diese vor dem Verzehr ausgelaugt werden (Petruso & Wickens, 1984). Historische Volksgruppen bedienten sich dazu einfacher Kniffe. Entweder gaben sie die Früchte in siedendes Wasser, oder sie seihten Eichelmehlsud durch einen Korb. Aus dem entgifteten, getrockneten Mehl formte man mit Wasser Teigstücke. Neben Hickorynüssen und Eicheln genossen die Menschen des Früharchaikums Walnüsse *(Juglans nigra, Juglans cinerea)*, Haselnüsse *(Corylus americana)*, Kastanien *(Castanea dentata)* und andere Nußfrüchte (Tallalay, Keller & Munson, 1984). Großer Beliebtheit erfreuten sich die honigsüßen Hülsen der Gleditschie *(Gleditsia triacanthos)*, Wildpflaumen *(Prunus americana)*, Brombeeren, Walderdbeeren und Johannisbeeren. Vielerlei Wurzeln und Knollen kochte man als Gemüse. Die meisten Wildpflanzen vertrugen Lagerung, vorausgesetzt, sie waren vorher durch Trocknen haltbar gemacht worden.

Der Schlüssel für erfolgreiche Wirtschaftsführung in den Talauen ergab sich aus einer Reihe von Umweltfaktoren (Chapman, 1985). Die Ressourcenvielfalt erforderte planvolles Vorgehen. In Mastjahren war der Waldboden im Herbst von einem Teppich reifer Früchte und Nüsse bedeckt. Diese wiederum lockten das Wild an, Bären etwa oder Hirsche. Wenn nach der Schneeschmelze die Auen unter Wasser standen, mußten die Menschen auf höher gelegenes Terrain ausweichen. Fiel der Wasserspiegel, kehrte man zurück und speerte Fische in den Resttümpeln. Solange die Bevölkerungszahl niedrig blieb, versorgte dieser Lebensraum seine Bewohner ausreichend mit Nahrung.

David Anderson und Glen Hanson (1988) haben ein Siedlungsmodell für das Savannah River-Becken entworfen. Es beruht auf der «Optimal Foraging-Theorie» und unterstellt, daß bei gleichmäßiger Ressourcenverteilung mit zerstreuter Siedlungsweise zu rechnen ist. Waren die verfügbaren Subsistenzmittel jedoch ungleichmäßig verbreitet, förderte dies, so die Autoren, stärkere Konkretion. Anderson und Hanson sehen die früharchaischen Wildbeutertrupps während des Winters Quartier in Basislagern auf der klimabegünstigten Küstenebene nehmen. Solche Lager wurden an Flußläufen aufgeschlagen, nahe bei Rohstoffquellen und mit Blick auf ein verläßliches Nahrungsspektrum, z. B. Einstände von Hirschen, die sich im Winter zu großen Rudeln zusammenzuschließen pflegen. Im Frühjahr, wenn sich die Rudel auflösten und frisches Grün die Wälder kleidete – zuerst an der Küste, später im Binnenland –, schwärmten die Menschen aus und verteilten sich auf mehrere Stützpunkte: Spiegelbild der breiten Ressourcenstreuung. Rohstoffvorkommen bildeten Anlaufstellen, die man notgedrungen immer wieder aufsuchen mußte. Wenn der Herbst nahte, wanderten die Leute flußabwärts und bezogen Basislager, vielleicht andere als im Vorjahr, um Pflanzen und Tieren dort eine Erholungspause zu gönnen. Anderson und Hanson glau-

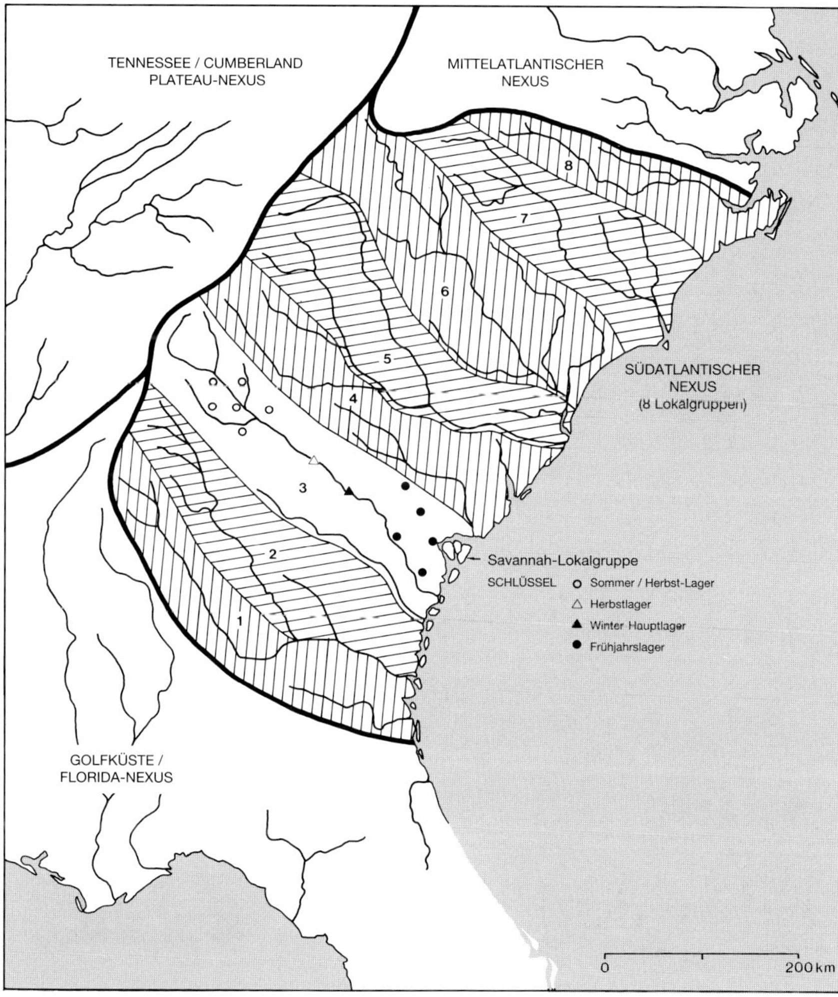

Siedlungsverteilung früh-archaischer Wildbeuter an der südlichen Atlantikabdachung. Hier lebte nach Ansicht von David Anderson und Glen Hanson (1988) ein Nexus, der zwischen 500 und 1500 Personen zählte. Diese lose Gruppierung zerfiel in acht Lokalgemeinschaften, von denen jede eines der zum Atlantik weisenden Flußtäler bewohnte. Je nach Jahreszeit zogen die Menschen in verschiedene Lager. Ringsum schweiften weitere Lokalgruppen, die zu anderen Nexen gehörten.

ben, daß anfänglich in jedem der von den Appalachen zum Atlantik führenden Flußtäler zwischen 50 und 150 Personen lebten. Die Gesamtzahl erhöhte sich im Lauf der Zeit infolge wachstumsbedingter Abspaltungen von den Gründergemeinschaften.

Um ein vitales Bevölkerungsgleichgewicht zu wahren, mußten mehrere Lokalgruppen benachbarter Flußtäler, vielleicht drei bis fünf, wie Anderson und Hanson vermuten, ständige Kontakte pflegen. Der Vertiefung von Beziehungen dienten wahrscheinlich Heiratsallianzen. Anläßlich saisonaler Treffen, womöglich in großen Herbstlagern, warb man um die Partner. Nach Ansicht der beiden Wissenschaftler umfaßte der südatlantische Nexus, ein loser Verbund exogamer Lokalgruppen, zwischen 500 und 1500 Mitglieder. Andere Nexen *(macrobands)* existierten nördlich, südlich und westlich des Verbreitungsgebietes dieser Koalition, teils durch natürliche Barrieren voneinander getrennt. Früharchaische An-

(Rechts) Archaischer Jäger schleudert einen Wurfspeer mit Hebelschleuder (Atlatl). Alltag der Icehouse Bottom-Leute vor 8500 Jahren aus Sicht eines Künstlers *(unten)*. Die Form der Hütten beruht auf Mutmaßungen.

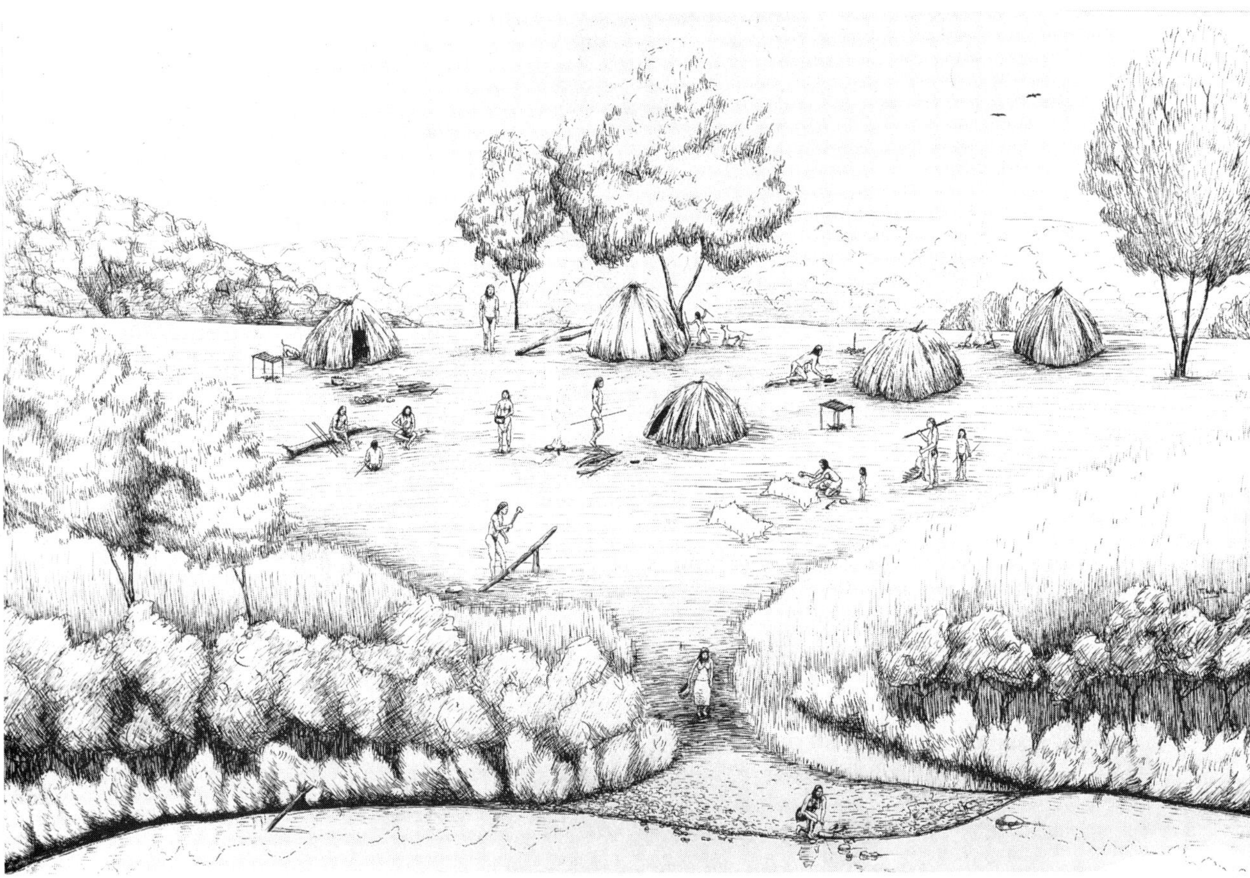

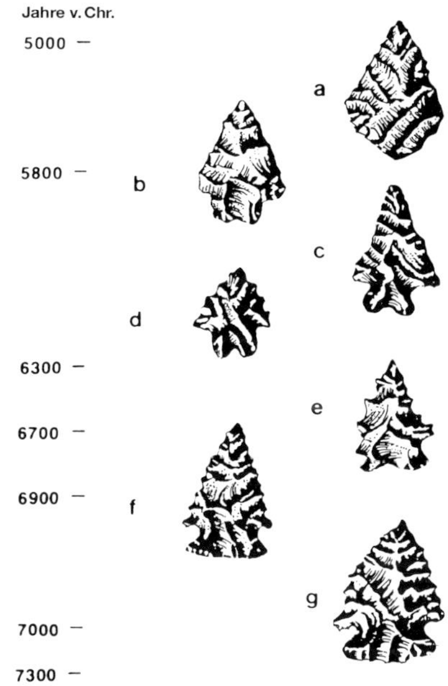

Schichtprofil und radiometrische Chronologie von Icehouse Bottom. Die in den einzelnen Straten aufgefundenen Waffenspitzentypen sind oben abgebildet: (a) Morrow Mountain I Gestielt; (b) Stanly Gestielt Agg.; (c) Kanawha Gestielt; (d) LeCroy Gabelend; (e) St. Albans Seitengekerbt; (f) Kirk Eckengekerbt; (g) Kirk Eckengekerbt.

passungen wurden demnach nicht nur von Umweltfaktoren konditioniert, sondern auch von biologischer Interaktion, Populationsdynamik und dem informellen Austausch zwischen Nachbargemeinschaften. (Ausführliche Beschreibung des Modells und die archäologische Verifizierung bei Anderson und Hanson, 1988).

Kulturtraditionen mit eckengekerbten und Gabelend-Spitzen: ca. 7000 bis 6000 v. Chr.

Der Wechsel von seitengekerbten zu eckengekerbten Projektilköpfen könnte von Veränderungen der Jagdwaffentechnologie ausgelöst worden sein, dem Auftreten leichterer, durch Speerwerfer fortkatapultierter Waffen, die die vorher üblichen Stoßspeere und Lanzen verdrängten (Chapman, 1985). Eckengekerbte Spitzen, darunter die bekannte Kirk-Form, waren um 7000 v. Chr. im Südosten und darüberhinaus weit verbreitet (Steponaitis, 1986; B. Smith, 1986).

Icehouse Bottom, Bacon Farm, Calloway Island und Rose Island im Tal des Little Tennessee führen uns eine Chronik früharchaischer Besiedlung des Südostens in dem Jahrtausend nach Ende der Dalton-Tradition vor. Die meisten Aufschlüsse darüber verdanken wir den Grabungen Jefferson Chapmans (Chapman, 1973; 1975; 1978; 1979), der außerdem an Ort und Stelle ein über 9000jähriges

Wohn- und Wirtschaftskontinuum dokumentieren konnte (Chapman, 1985). Speisereste erlauben die Schlußfolgerung, daß Icehouse Bottom und die übrigen Stätten Basislager gewesen sind, die im Sommer, Herbst und Frühwinter aufgesucht wurden. Über die Jahrhunderte änderte sich an diesem Rhythmus nichts.

Tatsächlich greifbare Veränderungen lassen sich allein an den Waffenspitzen/Messern ablesen. Am unteren Tennessee und andernorts nahmen nach 7000 v. Chr. Gabelendspitzen den Platz der eckengekerbten Typen ein (Chapman, 1975). Diese Projektilköpfe verfügten über charakteristische gegabelte Basen, vielleicht ein Mittel, um die Kanten zu entlasten, wenn man geheftete Gabelmesser zum Schneiden oder Schaben verwendete.

Die Fertigung gegabelter Spitzen hielt etwa 500 bis 700 Jahre an. Vereinzelt, doch in großem Variantenreichtum, benannt nach Stätten, wo diese Artefakte zuerst aufgefunden wurden, sind sie weithin anzutreffen (Snow, 1980; Steponaitis, 1986). Fundorte erstrecken sich von der Atlantikküste bis zu den Eichen/Kiefernwäldern des Südens. Auch im südlichen Michigan und bis nach Kanada hinein treten die Spitzen auf. Der Mississippi bildet die Westgrenze ihres Vorkommens. Chapman (1985) hat nachgewiesen, daß sich dieses Areal mit dem Verbreitungsgebiet der sommergrünen Laubwälder deckt.

Bettye Broyles (1971) unterscheidet nach dem Befund ihrer Grabung in St. Albans, West-Virginia, mehrere Gabelendspitzenformen. Chapman faßt diese in Gruppen zusammen. Seine Kampagne auf Rose Island versetzte ihn in die Lage, die einzelnen Gruppen nicht nur stratigrafischen Zusammenhängen zuzuordnen, sondern auch deren typologische Entwicklung nachzuzeichnen (Chapman, 1975).

Die Bedeutung der Projektilspitzensequenz

Chapmans und Tucks Waffenspitzenhorizonte werden durch eindrucksvolle Grabungen und einige Radiokohlenstoffdatierungen von verschiedenen Fundplätzen gestützt. Dennoch wäre es unangebracht, die aufgestellten Sequenzen als unverrückbare typologische Pfeiler zu betrachten, die verbindliche Auskünfte über den jeweiligen zeitlichen Rahmen geben könnten. Schließlich fehlen uns noch viele stratigrafische Mosaiksteine, und es bestehen zudem beträchtliche Datierungsanomalien, insbesondere bei den (späteren?) Gabelstielformen.

Brauchbar ist die typologische Abfolge im Hinblick auf die Verhältnisse im Südosten, und sie kann, mit Einschränkungen, auch für den Nordosten herangezogen werden, wo Stationen mit Artefakten aus der Zeit zwischen 8000 und 6000 v. Chr. selten sind (Snow, 1980). Im Nordosten lokalisierte man Dutzende isolierter Oberflächenfunde, die auf paläo-indianische Präsenz hindeuten. Diese Menschen benutzten Lanzettspitzen, einige vom Folsom-Typ, andere eher dem Plano-Formenkreis ähnlich. Letztere stammen aus Gebieten nördlich des Ohio und der Region um die Großen Seen, ebenso von der Plenge Site in New Jersey. Im Westen des Areals datieren die Lanzettspitzen mindestens 10 000 Jahre zurück. Gestielte, gesägte und eckengekerbte Kirk-Projektilköpfe des Nordostens, dürften zur selben Zeit wie ihre südöstlichen Gegenstücke entstanden sein. Ungeachtet solcher Übereinstimmungen haben wir in den Waffenspitzen keine archäologischen «Leitfossilien» vor uns, wohl aber Anhaltspunkte, wie sich kultureller Wandel über weite geografische Bereiche vollzog.

Allerdings ist zu berücksichtigen, daß Ähnlichkeiten von Projektilspitzen aus räumlich getrennten Gebieten nicht notwendigerweise gleiche ökologische Anpassungen spiegeln und auch nicht unbedingt die Heimat ethnischer oder sozialer Gruppierungen abstecken. Dean Snow (1980) hat auf die mögliche Weitergabe von Waffenspitzen im Rahmen reziproker Austauschsysteme hingewiesen, Angelpunkte im Leben mobiler Wildbeuterverbände und Garanten sozialer Kontakte.

Derlei Beziehungen machten sicher auch an Sprachgrenzen nicht halt, obwohl der Tausch dort wahrscheinlich anders ablief als unter verwandten Gruppen – vielleicht durch Hinterlegen von Geschenken an bestimmten Orten («stummer Tausch»). Zwischen 8000 und 6000 v. Chr. lebten die meisten Bewohner des Östlichen Waldlandes in Familienverbänden. Womöglich beanspruchten sie festliegende Territorien. Dies wird aus dem Umstand geschlossen, daß die Archaiker, anders als die Großwildjäger vor ihnen, ein breiteres Nahrungsmittelspektrum zu nutzen verstanden und demzufolge ihre Mobilität einschränken konnten. Außerdem kehrten sie wohl in saisonalem Rhythmus an immer die gleichen Standorte bevorzugter Pflanzen zurück, zumindest in Mastjahren. Am Rande der Gruppenterritorien traf man mit Nachbarn zusammen, insbesondere dann, wenn diese dieselbe Sprache beherrschten und man mit ihnen durch Heiratsbande liiert war. Jenseits des bekannten Gesichtskreises lag das Schweifgebiet fremder Gruppen, deren Idiome umso unverständlicher wurden, je weiter man sich vom heimatlichen Identifikations- und Identitätsraum entfernte.

Welche Sprachen haben die früharchaischen Völker des Ostens gesprochen? Früher glaubte man an eine Verbindung zwischen den Algonkin-Mundarten im Norden und den Golf-Idiomen im Süden (Haas, 1958). Diese These mußte jedoch im Lichte neuerer Erkenntnisse aufgegeben werden. Heute vermutet man, daß vor Eintreffen der Algonkin im Osten eine Proto-Sprache verbreitet war, aus der die späteren Iroquois-, Sioux-, Golf- und Caddo-Mundarten hervorgehen sollten. Einige wenige Sprachisolate, z. B. Yukhiti (Atakapa), Tunika und Yujiha (Yuchi), zeigen dagegen Verwandtschaft mit den Penuti-Mundarten weit im Westen und Süden (Maya). Wie lange die Trennung zurückliegt, ist bisher weder mit linguistischen noch mit archäologischen Mitteln einzugrenzen. Jedenfalls waren die sprachlichen Verhältnisse im Osten Nordamerikas wesentlich unkomplizierter als im Westen des Kontinentes, was die Verbreitung früharchaischer Waffenspitzen gewiß förderte.

Ein Problem, das sich immer wieder stellt, wenn unterschiedliche Typen einer Artefaktklasse vorliegen, ist die Möglichkeit spezifischer Anwendung. So mochte die eine Waffenspitzenform speziell für die Hirschjagd angefertigt worden sein, eine andere bei der Pirsch auf Truthühner wertvolle Dienste leisten, während man die dritte gegen großes Raubwild einsetzte und eine vierte gar als Messer gebrauchte. Jeder erwachsene Mann war fähig, diese Gegenstände herzustellen. Er konnte sie selbst verwenden oder damit Handel treiben. Da steinbewehrte Projektile in der Regel zweckgebunden gehandhabt wurden, ist damit zu rechnen, daß in einem Fundgebiet gleichzeitig mehrere Formen auftreten. Dies trifft in unserem Fall zu. Die unterschiedliche Funktion der Artefakte erklärt dann auch die unzusammenhängende Verbreitung bestimmter Typen.

Selbst wenn die meisten früharchaischen Waffenspitzen nun chronologischen Horizonten zugewiesen sind, so bleiben doch hinsichtlich ihrer genauen Funktion und ihres jeweiligen Nutzens noch manche Fragen offen, eine Aufgabe, deren Lösung man sich erst jetzt zuwendet.

Eingeschränkte Mobilität – Die Fundstelle Koster im Früh- und Mittelarchaikum: 6500 bis 3600 v. Chr.

Um 6000 v. Chr., zu Beginn des Mittelholozäns, war die zerstreut lebende Bevölkerung des Östlichen Waldlandes in noch stärkerem Maß zu Niederwildjagd, Fischfang und Wildfruchternte übergegangen (B. Smith, 1986). Trotz immer noch geringer Siedlungsdichte dürfte hier und da der kritische Punkt ökologischer Tragfähigkeit überschritten worden sein, weil man verstärkt die Ressourcen in unmittelbarer Nähe von Basislagern ausbeutete. Es gab keine andere Wahl als dorthin auszuweichen, wo mit den höchsten Artenkonzentrationen zu rechnen war – in die Auengebiete der Flußtäler. Auf der Atlantikabdachung bediente sich die mittelarchaische Bevölkerung ausschließlich lokaler Rohstoffe, als ob der Zuwachs an Menschen zur Einschränkung der schweifenden Lebensweise geführt hätte (Blanton & Sassaman, 1988). Befunde geben zu erkennen, daß an einigen begünstigten Stellen Aktionsradien mehr und mehr eingeengt wurden, und man immer öfter an einen Ort zurückkehrte. Dieser Trend zu dauerhafter Ansiedlung entwickelte sich im Mittelarchaikum rasant.

Die Fundstätte Koster im Tal des Illinois River belegt mit ihren vierzehn Siedlungsschichten eindrucksvoll die wirtschaftliche und ökologische Einnischung ihrer jeweiligen Bewohner von 7500 v. Chr. bis 1200 u. Z. (Phillips & Brown, 1983; Struever & Holton, 1979). Als erste ließen sich paläo-indianische Jäger in Koster blicken. Sie statteten der Station nur Stippvisiten ab. Früharchaische Siedler hinterließen ihre Spuren in Horizont 11, datiert auf 6500 v. Chr. Damals bestand hier ein Saisonlager. St. Albans-Waffenspitzen deuten auf Beziehungen zum gleichnamigen Fundort in West-Virginia hin, ebenfalls geborgene Kerbspitzen ähneln dagegen eher Stücken aus Graham Cave am Rand der Prärie-Halbinsel von Missouri. In Koster verkehrte regelmäßig eine Großfamilie, deren Gruppenstärke 25 Personen wohl nicht überstieg. Angelockt wurde sie vielleicht von den reich tragenden Nußbäumen des Tals. Pekannüsse *(Carya pecan)* und die Früchte anderer Hickoryarten erntete man zu Zehntausenden. Weißwedelhirsche und Niederwild standen auf dem Speiseplan, auch Fische und Süßwassermollusken. Zerbrochene Nußschalen, Mahl- und Handreibsteine lagen unweit der Herde. Horizont 11 erbrachte auch Bestattungen. Die sterblichen Überreste von vier Erwachsenen und drei Kindern hatte man in Hockstellung beerdigt. Einige der Gräber waren mit Holzscheiten und Kalksteinplatten bedeckt. Auch drei Hunde fanden dort ihre letzte Ruhe. (Wann der Wolf in Amerika domestiziert wurde, ist unbekannt. In der Alten Welt geschah dies um 11 000 v. Chr., und man darf annehmen, daß man die Wildart in der Westlichen Hemisphäre etwa zur selben Zeit in den Haustierstand überführte; 10 370 Jahre datiert ein Fund aus Jaguar Cave, Idaho, zurück.)

Das jahreszeitlich genutzte früharchaische Lager steht in denkbar krassem Gegensatz zu dem mittelarchaischen Dorf des 8. Horizonts. Computergestützte

Koster im Illinois-Tal. Archäologen studieren ein Schichtprofil mit vierzehn Begehungshorizonten, die den Zeitraum von ca. 7500 v. Chr. bis 1200 u. Z. überspannen.

Untersuchungen der archäologischen Befunde untergliedern diese Siedlungsschicht in wenigstens vier Subphasen, die 600 Jahre überspannen, von 5600 bis 5000 v. Chr. Das älteste Stratum gab substantielle Gebäudereste frei. 20 bis 25 cm starke Holzpfosten gründeten in einem Graben, der die Baulinie der 6–7,5 m langen Seitenwände vorgab. Zwischen die Pfosten flocht man Zweige und bewarf sie mit Lehm. Die Häuser erreichten eine Breite von 3,5–4,5 m. An den Stirnseiten waren sie offen, vielleicht mit Matten- oder Fellvorhängen versehen.

Sicher handelte es sich bei diesen Gebäuden um Dauerbehausungen, die, wenn nicht ganzjährig, so doch viele Monate lang bewohnt gewesen sind. Dem Wachstumsmuster der Fischschuppen, die man aus den Abfallhaufen der Stätte las, nach zu urteilen, lebten Menschen vom Spätfrühling bis zum Hochsommer in der Siedlung, sicher auch im Herbst, der zum Molluskensammeln und zur Hickorynußernte einlud. Im Winter dürften die Bewohner Hirsche gejagt und von eingelagerten Nußvorräten gezehrt haben. Was überrascht, ist die Tatsache,

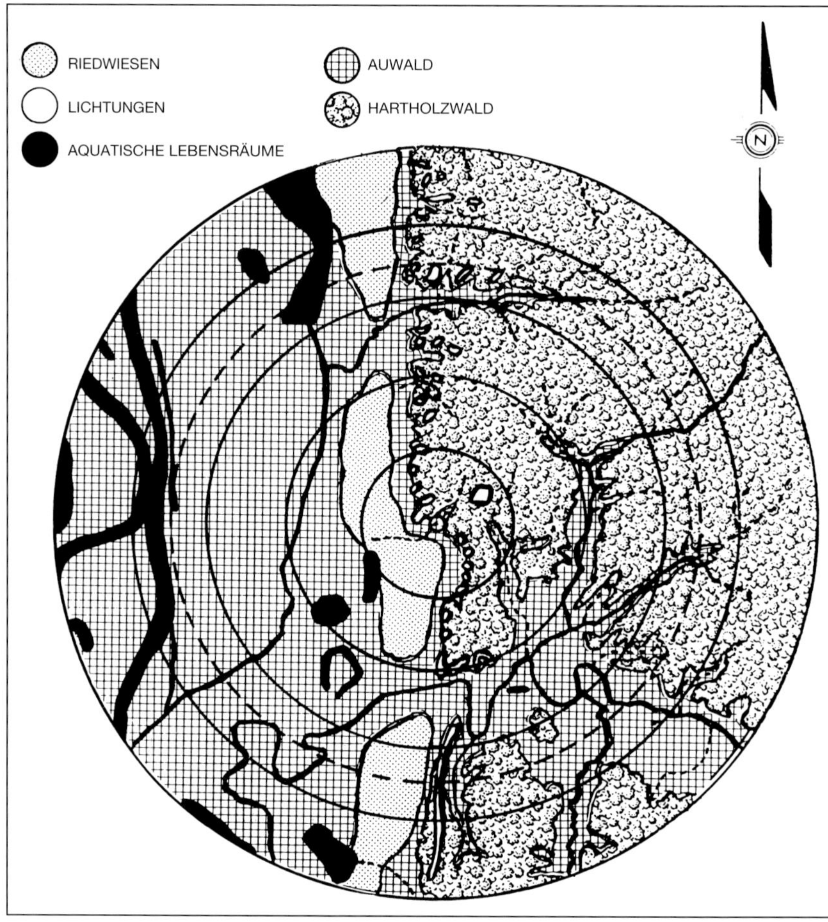

Ökologische Zonierung im 5 km-Radius um Koster. Die Lage der Siedlung ermöglichte die Nutzung ganz unterschiedlicher Habitate, vom sommergrünen Wald der höher gelegenen Bezirke bis zu Fließgewässern. Die breiten schwarzen Schlieren am linken Bildrand stellen den Illinois und seine Altarme dar.

daß man auf eine relativ schmale Ressourcenbasis baute, vor allem auf Hickorynüsse, Samen des schafgarbenartigen Sumpfkörbchens *(Iva annua),* Weichtiere und Fische. Eicheln, Walnüsse sowie viele andere Früchte und Pflanzenteile ignorierten sie scheinbar. Solange der Bevölkerungszuwachs gering blieb, konnten sich die Koster-Leute behaupten. Alle Nahrungsmittel standen ihnen innerhalb eines Radius von knapp 5 km zur Verfügung.

Ein ähnlicher Wandel vom opportunistischen Jäger/Sammlertum zu selektiverer Ressourcennutzung ist auch von anderen Fundorten des Mittelwestens belegt. 149 km südöstlich von Koster liegt nahe dem Mississippi im Randolph County, Illinois, der Modoc-Abri (Fowler, 1959; Styles et al., 1985). In den über 8 m mächtigen Abfallhaufen finden sich Zeugnisse der Siedlungsgeschichte, die von 8000 bis 2000 v. Chr. geschrieben wurde. Die ersten Besucher ergriffen jedes nur erdenkliche Nahrungsangebot. Fundgut aus früharchaischen Schichten der Zeit vor 5600 v. Chr. läßt nur wenig Begeisterung für aquatische Kost erkennen, danach allerdings fing und sammelte man häufig Fische, Flußkrebse *(Oreonectes limo-*

sus) oder Weichtiere, geradeso wie in Koster oder Rodgers Shelter in Missouri. Die Modoc-Leute erbeuteten Baumwollschwanzkaninchen, Bisame, Hörnchen und andere Kleinsäuger, kaum aber größere Tiere. Ähnliches wird auch vom Rodgers Shelter und der Graham Cave berichtet. An allen drei Stätten jedoch nahm die Jagd auf Weißwedelhirsche im Mittelarchaikum, vor 1600 v. Chr., stark zu (B. Smith, 1986).

Anfangs diente Modoc als Jagdlager. Während des Mittelarchaikums, im Zuge selektiverer Ressourcenausbeute, hielten sich die Menschen hier mehrere Monate im Jahr auf, als Fische und andere Wassertiere in den Mittelpunkt ökonomischen Interesses rückten. Später machten Jäger dort Station, wenn sie Hirschen in den Bergen oder Wassergeflügel in den Auen nachstellten.

Derlei Funktionswechsel dürften die sich im Mittelarchaikum abzeichnende eingeschränkte Mobilität widerspiegeln, eine Fessel, die ursächlich wohl auf klimatische Veränderungen zurückging. Im großen und ganzen aber folgten die Menschen altbewährten, auf Saisonalität beruhenden Subsistenzmustern, so jedenfalls muß man die Befunde von Koster, Modoc und Rose Island in Tennessee interpretieren – auch wenn wir bisher noch wenig über Winter-, Frühjahr- und Sommeraktivitäten wissen. Wollte man optimale Ausbeuten erzielen, erforderte Wirtschaften im jahreszeitlichen Rhythmus ein Mindestmaß an Planung. Dazu kam es bereits im Früharchaikum, lange bevor die Dauerbehausungen des 8. Horizonts von Koster bezogen wurden.

Anpassungen an Flußniederungen

Während des Mittelarchaikums erfolgte im Südosten eine Vielzahl lokaler Anpassungsschritte an die natürliche Umwelt und die von ihr vorgegebene Ressourcenstreuung (B. Smith, 1986; Steponaitis, 1986). Eine Ausnahme von dieser allgemeinen Regel darf aber nicht unerwähnt bleiben: der immer stärkere und beinahe überall vorgenommene Zugriff auf Arten aquatischer Lebensräume, die fortan einen beträchtlichen Teil des Nahrungsvolumens ausmachen sollten. Der Beweis ist schlagend. Hunderte verschiedener Weichtierspezies sind in den Schillhaufen entlang bestimmter Uferstrecken der Flüsse St. Johns, Savannah, Tennessee, Cumberland und Green vertreten (Milanich, 1973 a, b). Um 2500 v. Chr. hatte sich der Meeresspiegel etwa auf heutigem Niveau eingepegelt. Der Anstieg der Wassersäule senkte die Strömungsgeschwindigkeit der dem Ozean zustrebenden Fließgewässer. Dank des niedrigeren Abflußregimes boten sich Weichtieren und Bodenfischen bessere Lebenbedingungen. Sie nahmen an Zahl zu und wurden so zu einer Rechengröße bei der Subsistenzgestaltung. Die gewachsene Bedeutung aquatischer Kost spiegelt sich im Grabungsbefund einer Reihe archäologischer Stätten vom Norden Mississippis bis in den Süden von Illinois. Ein direkter Zusammenhang mit klimatischen Phänomenen, namentlich der hypsithermalen Erwärmung, scheint gegeben. Zwischen 4500 und 4000 v. Chr. hatten die Flußsysteme des Südostens im wesentlichen zu ihrem gegenwärtigen Verlauf gefunden. Sande wurden in den Niederungen abgelagert. Randsümpfe (Bayous) und Oxbow-Seen entstanden. Flachwasserhabitate, Sandbänke und Strömungsrinnen sorgten für Nahrung im Überfluß.

Es gibt Grund zu der Annahme, daß Verschiebungen im Artenspiegel höher gelegener Wälder, Folge des klimatischen Umbruchs, die Ernährungssituation der Menschen dort verschlechterten. Daher habe man sich verstärkt aquatischer Kost zugewandt und es sei, wie uns einige Autoren versichern, zu explosiven demografischen Entwicklungen gekommen. Allein, es gibt dafür keine direkten archäologischen Belege. Bruce Smith (1986) trifft wohl den Punkt, wenn er ausführt, daß die Nahrungssuche im Bereich der Altwässer, Randseen und Sandbänke «eine opportunistische Antwort auf das Erscheinen ortsgebundener, saisonal häufiger, verläßlicher und leicht zu beschaffender Nahrungsquellen» darstellte. Diese Ressourcen schufen eine solide wirtschaftliche Basis, die zu mehr Seßhaftigkeit ermunterte.

Auch die mittelarchaischen Bewohner von Icehouse Bottom bezogen aquatische Arten stärker in ihren Subsistenzplan ein. Zwar jagten sie und brachten Wildpflanzen nach Hause, aber sie gingen auch dem Fischfang nach. Jefferson Chapman (1985) fand zahlreiche wassergeglättete Geschiebe mit Kerben, um die eine Schnur geschlungen werden konnte. Die Gerölle mögen als Netzsenker oder Beschwersteine für Grundangeln gedient haben. John Adair, ein englischer Händler, der im 18. Jh. 40 Jahre unter südöstlichen Indianern verbrachte, schildert uns eine weitere Verwendungsmöglichkeit:

«Die Indianer fangen Fische in spitz zulaufenden Reusen aus Rohr und Hickoryspänen. Diese legen sie an einer Stromschnelle aus, wo man Steinreihen dergestalt arrangiert hat, daß sie sich inmitten des Strudels treffen. Finden sich Fische dort ein, werden sie vom Sog erfaßt und in die Falle gerissen. Oberhalb einer solche Stelle habe ich beobachtet, wie sie [die Fischer] eine Liane mit Steinen daran, um den Grund aufzurühren, über den Fluß führten; damit schwammen sie etwa eine Meile, ständig die Leine auf- und niederwippend, so daß die Fische voller Angst vor ihr her stoben und zuguterletzt in die Rohrtöpfe gerieten« (Zitat bei Williams, 1930).

Diese Methode garantierte so reiche Beute, daß noch im 19. Jh. weiße Siedler am Little Tennessee Steinfallen zum Fischfang benutzten.

Wie uns Pollenanalysen verraten, erhöhte sich um 4000 v. Chr. das Jahrestemperaturmittel leicht und Niederschläge gingen zurück. Der Spiegel von Strömen, Flüssen und Seen dürfte damals weithin gefallen sein, was sich negativ auf die Lebensbedingungen in den Niederungen ausgewirkt haben mochte. Chapman stellte fest, daß die Siedlungsdichte im Zeitraum zwischen 5000 und 3000 v. Chr. abnahm. Auf die Jagd aber war nach wie vor Verlaß. In den Straten IV und V der Fundstelle Eva im westlichen Tennessee, datiert auf 5200–3500 v. Chr., kamen reichlich Skelettreste vom Weißwedelhirsch (90% des gesamten Knochenmaterials), Schwarzbär, Waschbär, Opossum und Truthuhn zum Vorschein. Ihrer Beute rückten die Jäger mit Wurfspeeren zu Leibe. Auch pflanzliche Kost wurde eingebracht, wie man aus dem Vorhandensein von Steinambossen zum Zertrümmern harter Nußschalen geschlossen hat. Ähnliche Präferenzen sind von anderen Fundstellen des Mittleren Westens ebenfalls bezeugt (Lewis & Lewis, 1961).

Die Wurzeln der Seßhaftigkeit

Auch wenn noch eine Menge archäologischer Arbeit zu leisten ist, zeichnet sich doch bereits jetzt ab, daß einige mittelarchaische Gruppen in Dauersiedlungen, die vielleicht sogar ganzjährig bewohnt waren, ansässig wurden. Fundorte wie Koster oder Carrier Mills in Illinois illustrieren dies (B. Smith, 1986).

Die Existenz mächtiger Abfallhaufen in den Flußniederungen des Mittleren Westens und des Südostens wird verschiedentlich als Anzeichen für mehrmonatiges Wohnen an einem Fleck gewertet. Es mag sich dabei um die Deponien von in der Tat länger genutzten Basislagern gehandelt haben, die man auf den unteren Uferterrassen eines Flusses aufschlug. Da solche Standorte im Spätwinter und Vorfrühling überschwemmungsgefährdet waren, wurden sie dann wohl verlassen, und man zog in höher gelegenes Gelände. Im Lauf der Zeit, so die These, hatte also ein Wechsel vom ungebundenen Wanderleben früherer Tage zu «zentrierter Mobilität» stattgefunden, d. h. man kehrte nun in jährlichem Turnus an immer dieselbe Stelle zurück und blieb dort eine ganze Weile.

Der Übergang zu zentrierter Mobilität nach 4500 v. Chr. brach mit früheren Verhaltensweisen nicht radikal. Vielmehr drückte er sich in immer längerer Verweildauer in den Basislagern aus. Die Vorgänger dieser Leute zogen noch über weite Strecken am Fluß hin und her, wobei sie ihre Lager ständig verlegten. Das war der beste Weg, um gleichmäßig verteilte Ressourcen effizient auszubeuten. Als nach 4500 v. Chr. Randseen und Oxbows (Altwasserschleifen) entstanden, erhöhte sich an solchen Plätzen die Biomasse und lud zu ausgedehnten Aufenthalten ein. Die Akkumulierung besonders großer Abfallhaufen ist Beleg dafür.

Kriterien sedentärer Lebensweise

Der ärchäologische Nachweis einer Lebensform, die sich in mehr oder minder großen Schritten permanenter Ansiedlung in festen Dörfern näherte, ist keineswegs einfach. Man hat daher einen umfangreichen Kriterienkatalog erarbeitet, um entsprechende Entwicklungen identifizieren zu können. Zur Kennzeichnung herangezogen wurden u. a. eine breitere Artefaktpalette in der fraglichen Siedlungsschicht, das Angebot von Saisonnahrungsmitteln, dichtere Ansammlungen von Werkzeugen und Speiseresten, die Verwendung schwergewichtiger Geräteformen und das Vorhandensein von Vorratsgruben. Leider mangelt es dieser Checkliste an Eindeutigkeit bezüglich ihrer Überprüfbarkeit im Feld einerseits und der indikativen Relevanz einzelner Posten andererseits.

Zweifelsfreier sind da schon zwei weitere Anhaltspunkte – dauerhafte Gebäude wie die des 8. Horizonts von Koster, und Begräbnisstätten. Außer Koster können nur wenige Fundorte mit erhaltenen Baudetails fester Unterkünfte aufwarten. Dazu gehören sorgsam gestampfte Lehmfußböden am oberen Tombigbee in Mississippi. Diese Lehmböden entstanden vor 4300 v. Chr. und wurden offenbar regelmäßig von anfallendem Hausmüll gesäubert (B. Smith, 1986). Darüber erhoben sich Holzgerüste, die vielleicht mit Häuten, Rindenstücken oder Strauchwerk und Blättern abgedeckt waren. Leider ist nicht bekannt, ob die Menschen,

Black Earth bei Carrier Mills im südlichen Illinois: Grabung in den Abfallschichten von Areal A.

die dort logierten, dies über Wochen, Monate oder Jahre taten. Da es aber Anzeichen periodischer Überschwemmungen gibt, muß wohl von zeitweiliger Nutzung ausgegangen werden. Von Rose Island und Icehouse Bottom wissen wir, daß die Bewohner wieder und wieder an ihren Hauptsitz zurückkehrten.

Gemeinschaftsbestattungen gelten ebenfalls als Meßlatte möglicher Festansiedlung oder von Vorstufen auf dem Weg dorthin. Während des Früharchaikums wurden einige Verstorbene manchmal innerhalb der Lagerzone beigesetzt, wobei offen bleibt, ob das nach Aufgabe des Camps geschah und man je wieder diesen Platz aufsuchte. Mittelarchaische Volksgruppen pflegten ihre Toten in eigens angelegten Begräbnisstätten zu beerdigen. Hierzu hob man nebeneinander, ohne bestimmten Abstand, bis zu 40 flache Gruben aus. Mitunter befanden sich die Gräber auf Hügelkuppen oder Böschungskanten, von wo aus der Blick weit ins Land der Ahnen wanderte. Da und dort errichtete man über den Gruben kleine Erdhügel, um auf den Begräbnisplatz aufmerksam zu machen. Gewöhnlich wurden Beigaben gleichmäßig über das gesamte Areal verteilt und nicht bestimmten Individuen zugeordnet, vielleicht Ausdruck solidarischer Verbundenheit einer Verwandtschaftsgruppe. Einige Gaben jedoch fanden sich an der Seite von Kindern, so, als ob man die soziale Zugehörigkeit gerade dieser Nichtinitiierten besonders betonen wollte. Alles spricht für einen Gesellschaftsaufbau, in dem es keine sozialen Unterschiede gab; Statusstreben scheint kaum ausgeprägt gewesen zu sein, und Führerschaft bzw. Autorität hing nicht von materiellen Werten ab, vielmehr waren Alter, Erfahrung oder Fertigkeiten bei der Jagd ausschlaggebend.

Doch nicht alle mittelarchaischen Grablegungen folgten dem geschilderten Muster. Vor allem im Südosten stieß man auf Dutzende von Skeletten in Abfallhaufen; auch Wasserbestattungen kamen vor. Eva in Tennessee, wo zwischen 5000 und 3000 v. Chr. 118 Beisetzungen in Deponien vorgenommen wurden, und Little Salt Spring, eine Einsturzdoline in Florida (nach Vorstellung der Menschen vielleicht das Tor zur Jenseitswelt), sind zwei Beispiele (Lewis & Lewis, 1961).

Die Fundstätte Black Earth bei Carrier Mills im südlichen Illinois ist wegen ihrer mächtigen, nach 4000 v. Chr. aufgetürmten Abfallhalden, Vorrats- und Kochgruben bemerkenswert. Auch hier hat man Tote beerdigt. Da bisher nur ein Teil der Anlage ausgegraben wurde, schätzt Richard Jefferies (1987), daß im Lauf der Zeit vor Ort 400 bis 500 Grablegungen erfolgten.

Meist ruhten die Toten in Einzelgräbern, in manchen Gruben aber lagen bis zu vier Skelette. Nur 27% der Gräber von Carrier Mills enthielten Beigaben. Acht Individuen, hauptsächlich Männer, waren in mit Ton versiegelten Mulden beigesetzt worden. An der Seite eines 43 jährigen Mannes befanden sich ein Bündel Seeadlerklauen, Glieder der Tatzenknochen eines Schwarzbären, Waffenspitzen, ein winziges Rillenbeil und andere Objekte. Jefferies glaubt, daß der Mann zu Lebzeiten Schamane gewesen ist, geachtet wegen seiner Heilkünste und der Fähigkeit, mit den Ahnen zu kommunizieren.

Gemeinschaftliche Begräbnisstätten auf dem Land der Ahnen

Das plötzliche Aufkommen von Begräbnisplätzen und von Menschenhand errichteter Grabhügel in unmittelbarer Nachbarschaft ertragreicher Subsistenzgründe dürfte eine Zäsur im Leben der Archaiker dargestellt haben. Douglas Charles und Jane Buikstra (1983) untersuchten Grabstätten im mittleren Mississippital näher. Dabei arbeiteten sie mit ethnografischen Vergleichen, die ihnen zu einer theoretischen Grundannahme verhelfen sollten. Charles und Buikstra stellten fest, daß Verstorbene gewöhnlich dann gemeinschaftlich bestattet werden, wenn in der betreffenden Gesellschaft ein linearer Wirtschaftsgütertransfer von Generation zu Generation stattfindet. Nutzungsrechte an lebenswichtigen Ressourcen werden religiös legitimiert. Symbolischer Ausdruck und Bekräftigung solcher Rechtsansprüche ist die Ausweisung einer Nekropole für Mitglieder von durch Blutsbande oder angenommene gemeinsame mythische Abkunft verbundene Gruppen. Der «Friedhof» befindet sich auf dem Land, das die Gruppe beherrscht und das früher im Besitz der Ahnen war.

Wie gesagt, Charles und Buikstra stützten ihre Annahme auf Verhältnisse bei rezenten Naturvölkern, seßhaften Bauern, um genau zu sein. Sie verweisen darauf, daß paläo-indianische Wildbeuter und früharchaische Wanderscharen keine Friedhöfe kannten. Ihre mittelarchaischen Nachfahren aber besuchten ab 4000 v. Chr. regelmäßig feste Anlaufstellen (Basislager) oder wohnten sogar bereits in Dauerbehausungen. Ermöglicht wurde dies durch die Fülle der vorhandenen Nahrungsquellen in unmittelbarer Umgebung. An den Böschungskanten

Künstlerisch nachempfundenes Wildbeuterleben in Black Earth: Hickorynüsse lesende Frauen begrüßen Jäger, die einen Weißwedelhirsch und eine Schnappschildkröte *(Chelydra serpentina)* überwältigt haben. Im Hintergrund sieht man Männer beim Fischen; links pflückt eine Frau Stengel und Triebe der Wohlriechenden Seerose *(Nymphaea odorata)*.

des mittleren Mississippitales legte man nun kollektive Ruheplätze für die Toten an.

Körperschaftliches Verhalten, das Durchsetzen gemeinsamer Interessen, ist ein menschlicher Universalismus, der sich auch im Abstecken von Revieren, territorial gebundenen Identitäts- und Reproduktionsräumen, äußert. Die Interdependenz von Territorialität, Seßhaftigkeit und innergesellschaftlichem Ressourcentransfer bildet ein Scharnier mit der ökonomischen Realität – der Voraussetzung, daß Nahrungsquellen ortsgebunden, prognostizierbar, ausreichend häufig und abwechslungsreich sind. Reviertreue, symbolisch ausgedrückt in der Anlage gemeinschaftlicher Totenäcker unterstreicht den Anspruch auf diese Ressourcen. Derlei Verbindungen zwischen Reproduktionssphäre und kollektiver Beisetzung konnten unter anderen für die angelsächsische Zeit in England dokumentiert werden. Sie mögen in ähnlicher Form auch im Illinois-Tal bestanden haben.

Charles und Buikstra wiesen darauf hin, daß man im Mittleren Westen über 5000 Jahre lang, bis zur Übernahme des Maisanbaus, Bestattungsplätze auf Landmarken anlegte. Solche Gräberfelder setzten weithin sichtbare Zeichen territorialer Besitzrechte. Nekropolen, Grabhügel und andere Erdwerke wurden zum kulturellen Siegel des Östlichen Waldlandes. Gebietsweise erhielt sich der damit assoziierte Totenkult bis in die historische Epoche.

Nun wäre es falsch anzunehmen, daß mit dem Aufkommen der beschriebenen Bestattungsbräuche allenthalben auch dörfliche Siedlungen entstanden. An einigen Orten, in Black Earth z. B., mögen die Menschen tatsächlich zu vollseßhafter Lebensweise übergegangen sein. Hier und an ein paar anderen Stellen, wo ähnlich günstige Bedingungen herrschten, hatte man sich während des trockenwarmen Hypsithermals niedergelassen. In diesen Gunsträumen, feuchten Flußtälern, gab es jederzeit Wasser und eine Fülle verwertbarer Ressourcen. Anderswo pendelten mittelarchaische Bevölkerungen zwischen zwei Basislagern, eines in den Auen und ein weiteres auf höher gelegenem Gelände. Wichtige evolutive Prozesse waren unterwegs – die Ausbeutung aquatischer Nahrungsquellen und die Abgrenzung von Wohn- und Wirtschaftsrevieren, die man durch Anlage von Nekropolen, Heimstätten der Ahnen, markierte.

Der Nordosten: L'Anse Amour und Neville

Überall im Östlichen Waldland war das Mittelarchaikum von signifikanten, aber gemächlich ablaufenden Veränderungen des Wildbeuterlebens gekennzeichnet. Auch im Nordosten gingen die Menschen dazu über, ihre Ernährungsbasis durch Pflanzenkost und in Flüssen und im Meer vorkommende Tiere zu erweitern. Leider läßt sich der Trend hier nicht so gut verfolgen wie im Südosten, denn es fehlt an stratifizierten, gründlich untersuchten Fundplätzen. Grosso modo blicken wir in dem Raum zwischen Labrador und den Carolina-Staaten auf ein recht einheitliches Kulturbild mit nur geringen regionalen Abweichungen.

Angesichts der günstigen Klimaverhältnisse im Mittelholozän darf man wohl annehmen, daß die Küstenbevölkerung des Nordostens Seesäuger jagte und andere marine Ressourcen ausbeutete. Da der Spiegel des Atlantik zwischen 6000 und 3000 v. Chr. aber noch ungefähr 9 m unter dem heutigen Pegelstand lag, sind entsprechende Stützpunkte unter den Wassermassen des Ozeans begraben und entziehen sich deshalb archäologischer Erfassung. Doch es gibt Ausnahmen.

L'Anse Amour. Vom Druck der gewaltigen pleistozänen Gletscher befreit, hob sich in Labrador das Land. Diesem Umstand verdankt die Forschung einige erhaltene frühe Küstenstationen. In L'Anse Amour stieß James Tuck auf ein rund 8600 Jahre altes Kindergrab (McGhee & Tuck, 1977). Das Skelett befand sich in Bauchlage. An seiner Seite lagen ein Walroßstoßzahn, drei Quarzmesser, Graphitgerölle, ein Stößel aus Rengeweih, eine Vogelknochenflöte, die aus Geweihknochen gefertigte Spitze einer Knebelharpune, einige gestielte Knochenspitzen sowie sechs steinerne Projektilköpfe. Über der 90 cm ausgeschachteten Grube war ein 50 cm hoher Tumulus aufgeschüttet, die älteste Anlage dieser Art in Nordamerika. Der Ausstattung des Grabes nach zu urteilen, stellten die ortsansässigen Jäger Seesäugern und Rentieren nach, pendelten also wahrscheinlich zwischen Küste und Inland. Überraschung löste die Kippspitzenharpune aus, denn die Erfindung solcher Waffen wurde vorher den viel später eingewanderten Eskimos zugeschrieben.

Weiter im Süden ist die Nutzung litoraler Ressourcen durch etwa 6000 Jahre alte Schillhaufen belegt. Bei Dogan Point und Kettle Rock am unteren Hudson

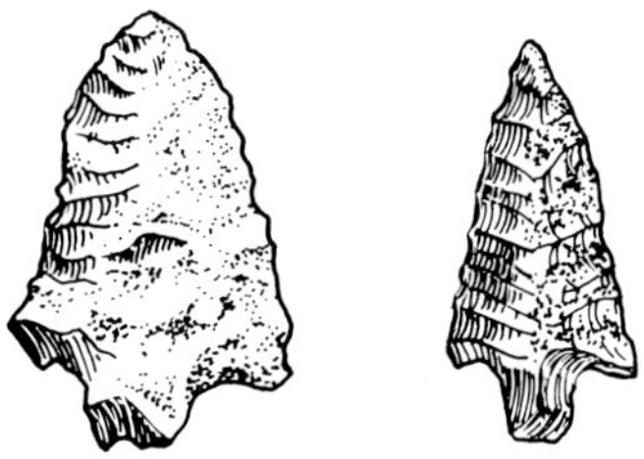

Mittelarchaische Neville-Spitzen aus Neu-England; Länge des linken Stücks 6 cm.

kamen Schalenansammlungen der Lamellenauster *(Crassostrea virginica)* zutage, die in die Zeit zwischen 4000 und 3500 v. Chr. datiert wurden. Die Austernschalen dieser Phase sind extrem groß, Exemplare aus jüngeren Straten kleiner. Man nimmt daher an, daß intensive Muschelernte erst nach 3500 v. Chr. einsetzte, als die Menschen wahllos Mollusken jeden Alters sammelten und nur noch wenige Tiere zur Vollreife gelangten (Snow, 1980).

Neville. Einige der Steinspitzen von L'Anse Amour ähneln denen von Neville, einer Fundstätte nahe dem Amoskeag-Wasserfall am Ostufer des Merrimack in New Hampshire (Dincauze, 1976). Prähistorische Volksgruppen besuchten diese Uferrandsiedlung über 8000 Jahre lang.

Zur Zeit der ersten Bewohner Nevilles erstreckten sich am Merrimack Mischwälder mit Kiefern und Eichen. Wahrscheinlich erschienen zur Laichzeit im Spätfrühling Atlantiklachse *(Salmo salar),* die leicht erbeutet werden konnten. Allerdings fand man in den Ablagerungen bisher keine Gräten, wohl aber ungewöhnlich hohe Quecksilberanreicherungen. Quecksilberorganische Verbindungen treten (nicht erst seit der fatalen Ozeanverseuchung unserer Tage) bei marinen Spezies häufig auf und dienen im vorliegenden Fall als Indikatoren intensiv betriebenen Fischfangs.

Dena Dincauze bezeichnet den ältesten Siedlungshorizont als Neville-Komplex. Damals, zwischen 5800 und 5000 v. Chr. stellten die Menschen beidflächig-symmetrisch beschlagene Stielspitzen her. Deren Verbreitungsgebiet reichte von Maine bis Connecticut, im Süden vielleicht sogar bis Staten Island im Staat New York. Mit den zeitgenössischen Stanly-Stielspitzen des Südostens teilen sie manche Gemeinsamkeit und dürften eine Variante dieses Typs darstellen. Außerdem fertigten die Neville-Leute Schaber, Locher, Messer und derbe Chopper. Zuerst verwendete man vor Ort anstehenden Quarz, später bräunlich-isabellfarbenen Rhyolith, ein kieselsäurereiches Vulkanitgestein aus der Umgebung des Winnepesaukee-Sees im östlichen New Hampshire. Dena Dincauze meint, aufgrund des Fehlens entsprechender Gerätschaften darauf schließen zu dürfen, daß Landjagd und Sammeln vegetabilischer Kost in Neville kaum Bedeutung hatten. Sie hält die Stätte für ein Basislager, das zur Lachsfangsaison bezogen wurde.

Einige Zeit vor 5000 v. Chr. erschienen andere Projektilspitzen. Der übrige materielle Besitz blieb im wesentlichen erhalten, abgesehen von den nun vielfältigeren Schabern, was für die Ausweitung hauswirtschaftlicher Aktivitäten spricht. Um 3900 v. Chr. verließen die Menschen, die nahe den Amoskeag-Fällen fischten, aus uns unbekannten Gründen die Region.

Neville zeigt, daß die Mittelarchaiker des Nordostens kulturell den Völkerschaften der südlichen Atlantikabdachung und auf dem Piedmont-Plateau nahestanden. Neville-Stielspitzen und Abschlagsgeräte sind mit älteren archaischen Werkzeugkomplexen des Südostens verwandt. Dena Dincauze glaubt daher an die Nordausbreitung dieser Kulturen anläßlich der Arealvergrößerung sommergrüner Laubwälder während des Früh- und Mittelholozäns.

Noch treten die Konturen des Mittelarchaikums im Nordosten erst schemenhaft hervor, so daß wir auf Spekulationen hinsichtlich der Beschaffenheit kultureller Systeme dieser Zeit angewiesen sind. Neville und andere Stätten mögen Basislager gewesen sein, die man aufsuchte, um anadrome Fischarten zu erbeuten.

Im Sommer und Herbst zogen die Menschen wahrscheinlich zu Seen und in Flußtäler, wo es neben Nüssen eine ganze Reihe schmackhafter Wildpflanzen gab. Den Winter verbrachte man wohl im Landesinnern. Hier bildete die Jagd auf Hirsche und anderes Getier den wirtschaftlichen Schwerpunkt. Auf die überall verfügbaren Mollusken griff die Bevölkerung in Mangelperioden zurück. Vieles deutet auf Adaption an lokale Habitate hin, auf zunehmende Territorialität und «zentrierte Mobilität», so wie in Teilen des Mittelwestens und des Südostens. Die Nutzung aquatischer Ressourcen scheint zugenommen zu haben. Das weitgehende Fehlen exotischer Rohstoffe, etwa von importiertem Hornstein, spricht für relative Abschottung und strikte Reviertreue. Erst später sollte diese Isolation mit der Entfaltung weitgespannter Handelskontakte aufgebrochen werden.

Das Mittelarchaikum im Östlichen Waldland überspannt eine auf den ersten Blick recht eintönige vorgeschichtliche Periode, aber es bereitete die Bühne für nachfolgende Kulturen, die es zu erstaunlicher Entwicklung und Reife brachten.

17. SPÄTARCHAISCHE KULTUREN IM ÖSTLICHEN WALDLAND

«Allzu leichtfertig neigt man dazu, archaische Volksgruppen, die in Raum und Zeit zu den verschiedensten Kulturausprägungen fanden, als homogene Blöcke hinzustellen – *idiots savants,* die nach Lust und Laune Artefaktstile änderten, ab und zu ein hübsches Werkzeug fertigten, auf schmalem Grat wirtschafteten und sich insgesamt als edle, unverdorbene Wilde präsentierten.» Howard Winters sarkastische Formulierung erschien 1968 in seiner Auseinandersetzung mit den stereotypen Vorstellungen mancher Kulturhistoriker vom Leben archaischer Bevölkerungsgruppen. Was wir heute über deren ausgefeilte Technologie, komplexe ökologische Anpassung, Fernhandelsverbindungen und ihren Totenkult wissen, straft in der Tat solch plumpe Vereinfachungen Lügen.

Das Problem der Bevölkerungsverdichtung

Zwischen 4000 und 1000 v. Chr. nahm die Zahl der Menschen im Östlichen Waldland zu, ein Faktor, der die kulturelle Entfaltung kräftig anschob. Diese progressive Bevölkerungsentwicklung fiel mit den letzten Jahrhunderten des hypsithermalen Klimaoptimums und dem endgültigen Verschwinden des Laurentischen Gletscherschildes zusammen (Delcourt & Delcourt, 1981; Steponaitis, 1986). Im Norden entstand neuer Lebensraum. Der Anstieg der Weltmeere und die allmähliche Erwärmung der Wassertemperaturen boten die Voraussetzung für das Vorkommen bestimmter Fisch- und Weichtierarten. Auch der hydrostatische Pegel der Großen Seen regelte sich auf höherem Niveau ein. Die Strömungsgeschwindigkeit der Zuflüsse wurde dadurch herabgesetzt, und es siedelten sich Lebewesen an, die ruhigeres Wasser lieben. Das gleiche Phänomen trat am Mississippi und dessen Seitenarmen auf. Entlang der nunmehr träge dahingleitenden Fließgewässer bildeten sich artenreiche Au- und Sumpfwälder. Brackwassermarschen bedeckten weite Teile der nördlichen Golfküste. Sommergrüne Laubwälder drangen nordwärts vor und verdrängten die Taiga. Eichen, Hickory-Arten, Zahn-Kastanien *(Castanea dentata),* Buchen *(Fagus grandifolia),* Butternüsse *(Juglans cinerea)* und Schwarze Walnüsse bereicherten den Speisezettel, ebenso die typischen Tiere des laubwerfenden Waldes, allen voran Weißwedelhirsch, Truthuhn und Kragenhuhn *(Bonasa umbellus).*

Bevölkerungsdruck und Ressourcen. Welche Gründe gab es für die Bevölkerungsexplosion nach 4000 v. Chr.? Sind die Ursachen bei den oben skizzierten ökologischen Veränderungen zu suchen, oder waren auch innergesellschaftliche Handlungszwänge dafür verantwortlich? Mehrere mögliche Alternativen müssen überprüft werden.

Mark Cohen schrieb 1977 eine längere Abhandlung mit dem Titel *The Food Crisis in Prehistory,* in der er die These aufstellte, daß Menschen, solange die Schwelle ökologischer Tragfähigkeit nicht überschritten wird, zu unbegrenztem Wachstum tendieren (Bevölkerungsdynamik als «unabhängige Variable»). Den dann einsetzenden Problemen, unter anderem Nahrungsverknappung, Konfrontationen mit Revieranliegern, versuche man mit innovativen Entwicklungen – Cohen dachte dabei an eine Ausweitung der Nutzungsstrategien auf bisher unbeachtete Arten oder an technologische Verbesserungen – zu begegnen.

Dieses Modell wurde von Demografen heftig angegriffen. Die Wissenschaftler führten aus, daß Bevölkerungszunahme von einem Ursachenpaket mit Rückkoppelungsschleifen abhängt. Ökologische Momente können von sozialen und politischen Faktoren überlagert, verstärkt oder überhaupt erst angestoßen werden (Blanton, 1983). Wenn Cohens Hypothese auf das Östliche Waldland zuträfe, hätte man in dem Zeitrahmen zwischen 8000 und 4000 v. Chr. ein additives Siedlungshoch registrieren müssen, begleitet ab 4000 v. Chr. von erwachendem Interesse an bestimmten Nahrungsmitteln und der Erfindung spektakulärer Werkzeuge. Wie wir aber sahen, verlief die kulturelle Genese anders. Aquatische Ressourcen z. B. beutete man bereits einige Jahrtausende vor dem demografischen Sprung aus, und das Geräteinventar, das nach 4000 v. Chr. in jedermanns Hand lag, ist ebenfalls lange davor entwickelt worden. Nicht allein ökogene Faktoren zeichneten, so darf man folgern, für die zunehmende Bevölkerungsverdichtung verantwortlich, sondern auch der technologische und ökonomische Fortschritt, das Siedlungsmuster sowie neue sozio-politische Gestaltungen.

Bevölkerungswachstum und Seßhaftigkeit. Wir erinnern uns, daß die Menschen im Verlauf des Mittelholozäns immer seßhafter wurden. Dies zog weitreichende Implikationen nach sich. Wer in Dauersiedlungen oder länger bewohnten Basislagern wohnt, kann mehr Wintervorräte speichern als Leute, die ständig umherwandern. Man erwirtschaftet Überschüsse, die eine größere Anzahl Esser ernähren und gesellschaftlicher Arbeitsteilung Vorschub leisten.

Ab etwa 2500 v. Chr. erfuhr die Vorratshaltung durch die Erfindung tönerner Behälter eine nachhaltige Verbesserung (B. Smith, 1986). Damals tauchten an den Küsten South Carolinas und Georgias die ersten keramischen Erzeugnisse auf (Stoltman, 1966). Es handelte sich dabei um einfache, fasergemagerte Gefäße, die hölzernen oder aus Pflanzenteilen geflochtenen Vorbildern nachempfunden waren. Gegen 1300 v. Chr. umfaßte das Verbreitungsgebiet von Töpferware auch das untere Mississippital, vielleicht in Begleitung des Handels mit Steatit, aus dem früher wasserdichte Behälter geschnitten wurden. Zunächst blieb die Kunst der Keramikherstellung eher unbedeutend, denn die Fertigungsmethoden hatten noch keinen befriedigenden Standard erreicht. Dann aber setzte sich die Erfindung rasch durch, eröffnete sie doch die Möglichkeit zu einer effektiveren Aufbewahrung von Nahrungsmitteln und Wasser. Tongefäße erlaubten überdies Kochen auf offenem Feuer, was nicht nur die Zubereitung der Speisen vereinfachte, sondern auch die Entgiftungsprozedur von z. B. Eicheln wesentlich erleichterte. Vorher kochte man in Erdöfen, in die heiße Steine kamen. Wasser wurde in Tierblasen gefüllt; im Feuer erhitzte Steine sorgten auch hier für die nötige Wärmezufuhr.

Tongefäße sind zerbrechlich und oft recht schwer – wir haben das in Kapitel 14 bereits erwähnt –, für Leute, die ständig umherziehen, eignen sie sich daher nicht. Bezeichnenderweise tritt die älteste Keramik der Neuen Welt, die um 4600 v. Chr. entstandene San Jacinto-Ware Nordkolumbiens, in Küstengebieten auf. Reiche marine Ressourcen erlaubten dort eingeschränkte Mobilität und sorgten für die nötige Muße beim Experimentieren mit neuen Technologien. Im übrigen ist Töpferei beileibe keine so revolutionäre Erfindung, wie sie manchem Diffusionisten, der verschlungene Ausbreitungswege von einem Ursprungsort über ganze Kontinente konstruiert, erscheint. Jeder Wildbeuter, der eine Feuerstelle unterhält, weiß, daß weiche Erde und Ton in den Flammen oder in heißer Asche gehärtet werden, wenn etwas davon unbeabsichtigt in die Glut gerät. Solange er aber öfter sein Lager wechselt, ist er gut beraten, leichteren Körben und Häuten den Vorzug vor Tongefäßen zu geben.

Allgegenwärtige ökonomische und soziale Entwicklungen begleiteten das Bevölkerungswachstum. Jeder Wirtschaftsraum war mit Nahrungsressourcen und Rohstoffen ausgestattet, aber es zeigte sich, daß immer etwas fehlte – vielleicht Feuerstein für die Waffenspitzenproduktion, Malfarben, Schmuckschnecken oder nicht splitterndes Gestein, um Äxte zum Ausschlagen von Einbäumen daraus zu machen. Solche Güter mußten dann von außerhalb beschafft werden, entweder, indem man eine Handelsreise unternahm oder Kontakte zu befreundeten Gruppen herstellte. Im Lauf der Zeit gewannen Handelsverbindungen immer mehr Gewicht. Sie erschlossen nicht nur Quellen begehrter Waren, sondern knüpften darüberhinaus wertvolle soziale Bande und diplomatische Fäden oder erhöhten das Prestige besonders gewiefter Akteure. Indirekt wirkte sich der Handelsverkehr auch auf die Bevölkerungsentwicklung aus, dann nämlich, wenn die Nachfrage nach ortstypischen Produkten stieg oder zurückging. Mehr Arbeitskräfte waren nötig, um gefragte Güter herbeizuschaffen oder anzufertigen. Damit diese Menschen genug zu essen hatten, galt es, die Subsistenzwirtschaft anzukurbeln. Ein gewisses Maß an Organisation wurde erforderlich, und es schälten sich abgehobene politische Instanzen und soziale Rangstufen heraus.

Der Bevölkerungszuwachs zu Beginn des Spätarchaikums läßt sich an erheblich größerer Siedlungsdichte ablesen. Höhere kulturelle Verzweigung kann nun nachgewiesen werden. Sie spiegelt sich in mindestens fünf regionalen Formationen, die als Anpassungen an unterschiedliche Naturräume aufzufassen sind. Alle Kulturgruppen wurzeln in den beschriebenen Entwicklungen des Mittelarchaikums.

Das Schild-Archaikum: ca. 5000 v. Chr. bis Moderne

Zwischen 5000 und 4000 v. Chr. machten sich die Nachkommen paläo-indianischer Jäger auf den Weg in die nunmehr eisfreien Gebiete nördlich der Großen Seen (Wright, 1972). Dort betraten sie die Wildnis des Kanadischen Schildes (vgl. Kapitel 8). Ihre Anpassung an die Seen, Flüsse und Taigawälder des Nordens wird als Schild-Archaikum bezeichnet. Vergleichsweise wenige Wildarten und noch weniger Pflanzenkost standen den Neusiedlern zur Verfügung. Sie lebten in Kleingruppen, oft an Gewässern in der Nähe von Rentierwanderwegen. Karibus und Fische bildeten die Hauptnahrung, gelegentlich bereichert durch das Fleisch von Bären, Elchen, Bibern, Bisams, Enten, Gänsen und Schwänen. Die Beeren verschiedener Heidekrautgewächse spielten saisonal eine wichtige Rolle.

Kontinuität und Konservatismus zeichneten die schildarchaische Tradition aus, die kaum Anregungen von außerhalb empfing. Im Artefaktbestand zeigt sich anfangs deutliche Affinität zur Agate Basin-Variante der Plano-Tradition. Später erschienen gekerbte, eckengestumpfte und gestielte Projektilköpfe sowie Breitspitzen. Allerorts waren robuste End- und Seitenschaber, Keile, Klingenmesser und unifazial beschlagene Klingen in Gebrauch. Sporadische Kontakte der Schildarchaiker zu den Trägern des Prärie- und des Laurentischen Archaikums sind durch importierte Werksteine nachgewiesen. Die Begräbnisstätte McCollum südlich vom Lake Nipigon läßt religiös-kultische Einschläge südlicher Kulturgruppen erkennen.

Folgt man Wright (1972), der umfangreiche archäologische, ethnohistorische und linguistische Vergleiche anstellte, dann waren die Schildarchaiker Proto-Algonkin. Es gibt keine ernsthaften Argumente, die gegen diese Zuweisung sprechen.

Die maritime Tradition des Nordostens: (?) 7000 v. Chr. bis zur europäischen Kontaktzeit

Drei sich an den Rändern überlappende spätarchaische Traditionen – die maritime, die laurentische und die der sommergrünen Laubwälder – nahmen einst die gemäßigten Teile des nordöstlichen Nordamerika ein. Die älteste identifizierbare Sprachgruppe des Raumes ist die ost-nordamerikanische, der man die irokesischen, Caddo-, Golf- und Sioux-Mundarten zurechnet. Hypothesen, die hier das Ursprungsgebiet der Algonkin-Familie sehen, sind nicht zu halten. Letztere scheint von Nordwesten her in der Region zugewandert zu sein.

Das Maritime Archaikum wurde früher mit den geheimnisvollen «Rotockerleuten» zusammengebracht. Diese «Red Paint People» tauchten 1912 in der archäologischen Literatur auf, kurz nachdem man in Maine reich mit Ocker ausgestreute Begräbnisstätten entdeckt hatte. Fünfzehn Jahre später veröffentlichte der Amateurarchäologe Walter Smith ein vielbeachtetes Buch mit dem Titel *The Lost Red Paint People of Maine.* Dort fantasierte er vom Untergang eines mächtigen Reiches vor der Ostküste durch eine Flutwelle. Einige Überlebende retteten sich, so Smith, an Land, wo sie zu Vorfahren der rezenten Indianer wurden. «Das wäre die schnellste und sauberste Bevölkerungsumschichtung der Weltgeschichte gewesen», amüsierte sich Dean Snow (1980). Professionelle Grabungen seit den 60er Jahren verbannten die «Rotockerleute» endgültig ins Land der Fabeln und Legenden. Die ihnen zugeschriebenen Grabstätten gehören der maritimen Tradition an.

James Tuck führte die Bezeichnung Maritimes Archaikum 1971 ein, nach einer Kampagne in Port aux Choix, einem Gräberfeld, das auf 2350 v. Chr. datiert wurde (McGhee & Tuck, 1975; Tuck, 1975; 1976). Vor Ort stieß man auf 99 Bestattungen. Die Gräber fanden Tuck und seine Mitarbeiter mit Kalksteinbrocken und einem Sand/Schillgemisch versiegelt. Männer und Frauen waren bei den Ver-

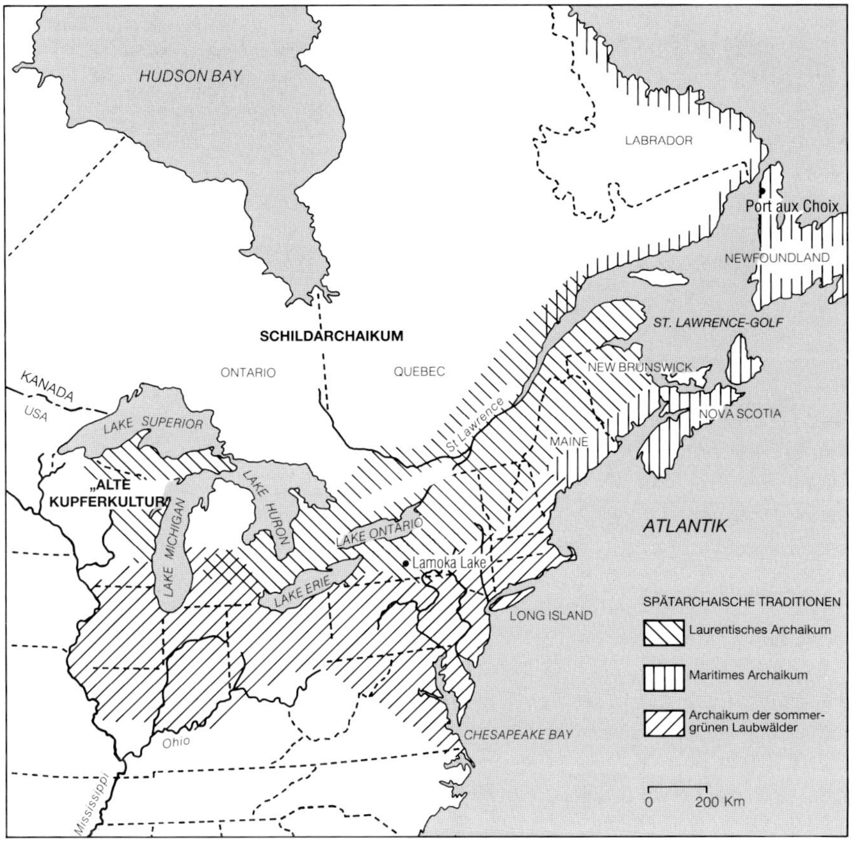

Spätarchaische Traditionen des Nordostens.

storbenen zu etwa gleichen Teilen vertreten. Auch viele Kinder und Neugeborene ruhten hier. Jeden Leichnam hatte man vor der Grablege mit rotem Ocker eingepudert. An Beigaben kamen schmale, bajonettähnliche Lanzenspitzen und Projektilköpfe aus geschliffenem Schiefer zutage, außerdem Walknochen- und Geweihharpunen sowie geheftete Knochendolche. Ähnliche Stücke, dazu Äxte, Beile und Keile, barg man in Maine. In Port aux Choix entdeckte Tuck zugeschliffene Biberschneidezähne, die, teils in Heftungen eingefügte, als Messer, Meißel, Ahlen, oder Anhänger dienten. Künstlerisches Schaffen ist durch auf Knochen gravierte Vogel- und Waldarstellungen belegt. Tuck glaubt, daß die Port aux Choix-Leute Karibu-Jäger waren, mit ihren Harpunen aber auch Meeressäugern nachstellten und Seevögel, darunter den heute ausgerotteten Riesenalk *(Pinguinus impennis)*, erbeuteten.

Dasselbe, dem Ozean zugewandte Kulturmuster tritt uns auch an anderen Plätzen in New Brunswick, Maine, den kanadischen Küstenprovinzen sowie den an den St. Lawrence-Golf grenzenden Teilen Québecs und Labradors entgegen. Man fing Flachwasserfische und Seehunde *(Phoca vitulina)*. Gestrandete Bartenwale, Grindwale *(Globicephala melaena)*, Schweinswale *(Phocoena phocoena)* und Tümmler *(Tursiops truncatus)* wurden ebenfalls nicht verschmäht. Daneben gibt es

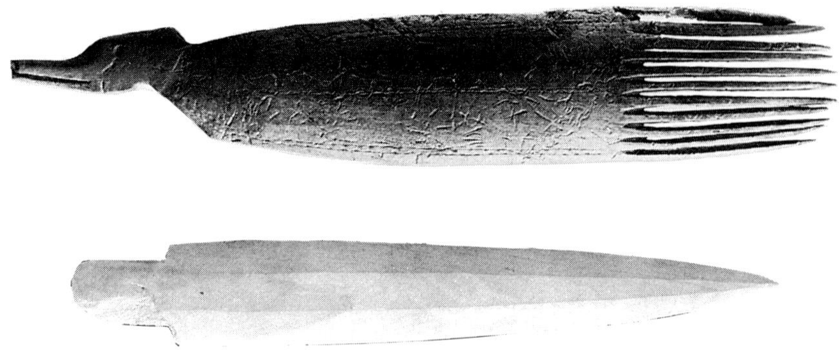

Port aux Choix, Neufundland. *(Oben)* Knochenkamm in Form einer Sägerente *(Mergus)*. *(Unten)* Bajonettdolch.

Anzeichen für Hochseefischerei. Schwertfische *(Xiphias gladius)*, deren Überreste man häufig fand, sind Bewohner der Freiwasserzone; sie stranden – anders als Wale – nie. Im Sommer erscheinen sie jedoch oft in Küstennähe, wo sie sich an der Wasseroberfläche sonnen. Man konnte dieser Großfische nur habhaft werden, wenn man in Einbäumen aufs Meer hinausfuhr und die Tiere harpunierte.

Im Küstenhinterland hat man Stationen von Rentierjägern ausfindig gemacht. Strategisch günstig lagen sie an Furten größerer und kleinerer Flüsse, insbesondere an den Unterläufen oder im Mündungsbereich von Seitenarmen. Zwischen 5000 und 2300 v. Chr. gediehen in der Region ausgedehnte Wälder mit Schimmelfichte *(Picea glauca)*, Östlicher Hemlocktanne *(Tsuga canadensis)*, Balsamtanne *(Abies balsamea)*, Tamaracklärche *(Larix laricina)* und Pechkiefer *(Pinus rigida)*. Dean Snow (1980) nimmt daher an, daß man das Taigawälder bevorzugende Karibu *(Rangifer tarandus caribou)* verfolgte. Beim Überqueren von Flüssen oder im Tiefschnee gestellt, hielten die schweren Lanzen unter den Tieren blutige Ernte. Da Karibus den Sommer in der Tundra verbringen, um dort zu kalben, lebte man dann wohl an der Küste, bezog in der Wandersaison aber an den erwähnten Plätzen Stellung. Einige Binnenstationen, darunter Hirundu und Hathaway im Penobscot-Tal dürften während der Lachszüge besucht worden sein.

Die Träger des Maritimen Archaikums fischten, jagten und sammelten also wahrscheinlich im jahreszeitlichen Rhythmus, der sie je nach der zu erwartenden Beute mal an diesen, mal an jenen Ort führte. Basislager befanden sich offenbar an der Küste. Wir können demnach von «zentrierter Mobilität» sprechen. Möglicherweise gestattete das verhältnismäßig leicht einzuschätzende Subsistenzaufkommen etwas personenstärkere Lokalgruppen als früher. Die Menschen waren geschickte See- und Landjäger, und sie ließen ihren Toten jede nur erdenkliche Fürsorge angedeihen. Anzeichen gesellschaftlicher Stratifizierung konnten nicht nachgewiesen werden.

Mit ziemlicher Sicherheit entwickelte sich die klassische Maritime Tradition nach 4000 v. Chr. aus mittelarchaischen Vorläufern (L'Anse Amour, Neville etc.). Wer ihre ethnischen Träger gewesen sind, ist nicht mehr zu ergründen, da es keine überlieferten Sprachdenkmäler gibt. Vermutlich gehörten sie zur ost-nordamerikanischen Gemeinschaft, wo ihnen vielleicht die Irokesen am nächsten standen. Teile der «Beothuk» von Neufundland könnten ihre Nachfahren gewesen sein (vgl. Kapitel 8).

Das Laurentische Spätarchaikum: ca. 3200 bis 1400 v. Chr.

Die Laurentische oder limno-boreale *(Lake Forest)* Tradition umfaßt ein Kontinuum spätarchaischer Kulturen des Waldgürtels um die Großen Seen und den St. Lawrence-Strom (Mason, 1981; Snow, 1980). Damals (wie heute) gediehen in diesen Wäldern hauptsächlich Stroben *(Pinus strobus)*, Rotkiefern *(Pinus resinosa)* und Zuckerahorne *(Acer saccharum)*. Die Menschen östlich des St. Lawrence hatten Zugang zu reichen Lachsgründen und den Seehundvorkommen in Ontariosee und Lake Champlain. Ihre Lebensweise mag der entsprochen haben, die wir bei der Vorstellung des Maritimen Archaikums kennenlernten. Grundsätzlich aber zeichnete die Laurentische Tradition Binnenorientierung aus. Hirsche und Niederwild, Hühnervögel, Fische, Mollusken sowie Wildpflanzen überwogen im Speiseplan. Außer in von der Natur besonders verwöhnten Zonen blieb die Siedlungsdichte gering. Kleingruppen streiften innerhalb fest umrissener Territorien umher, suchten aber regelmäßig Basislager auf.

Die kulturelle Vielgestaltigkeit der Laurentischen Tradition ist verblüffend. Selbst Spezialisten haben manchmal Mühe, sich in der verwickelten Terminologie zurechtzufinden. Außerdem stiftet die unklare Abgrenzung nach Westen und Süden Verwirrung.

Ursprünglich diente der Begriff «Laurentikum» *(Laurentian)* zur Kennzeichnung einer spätarchaischen Kultur, von der man annahm, sie sei auf beide Uferstreifen des St. Lawrence in Süd-Ontario, New York und Vermont beschränkt (Ritchie, 1969). Heute werden auch Fundplätze der Neuenglandstaaten, des Gebietes der oberen Großen Seen, Pennsylvanias und New Jerseys angeschlossen. Eine Fülle regionaler Varianten ist beschrieben worden, manche nur anhand sehr dürftiger Kriterien.

Ungeachtet aller regionalen Unterschiede gibt es Gemeinsamkeiten, allen voran die breiten, seitengekerbten Otter Creek-Waffenspitzen der Gegend um den Lake Champlain. Ähnliche Stücke kennt man aus dem Mittelwesten und Süden, darunter die Big Sandy-Projektilköpfe von Eva in Tennessee. Wahrscheinlich entwickelten sich Otter Creek-Spitzen aus einer im Östlichen Waldland weitverbreiteten mittelarchaischen Form. Ein weiteres Charakteristikum der Laurentischen Tradition sind die sogenannten «Bannersteine» – polierte, propellerartige Flugstabilisatoren für Wurfspeere. Daneben stellte man typische quergeschäftete Steinbeile, Hohlmeißel (Gutschen) und Netz- oder Grundangelsenker her.

Einige Artefakte – etwa Schaber, Flöten und Ahlen – trifft man in ähnlicher Formgebung im Gesamtgebiet an, andere – z. B. verschiedene Waffenspitzen, Geräte aus geschliffenem Schiefer oder Kupfergegenstände – sind ortsgebundener verbreitet. Schiefergeräte (Projektilköpfe, Klingenmesser und *ulu*-Schneiden) finden sich hauptsächlich im Osten. Sie dürften der Maritimen Tradition entlehnt sein. Mehr im Westen dagegen lag der Schwerpunkt der Kupferindustrie.

In New York, Vermont, Süd-Ontario und Süd-Québec wird die Laurentische Tradition in drei Regionalkulturen unterteilt, die sich in Raum und Zeit überlappen: Brewerton, Vosburg und Vergennes (Funk, 1988). Die Vergennes-Kultur erschien um 3200 v. Chr. in New York sowie angrenzenden Teilen Vermonts und Ontarios. Hier sind die kennzeichnenden Elemente des Laurentischen Spät-

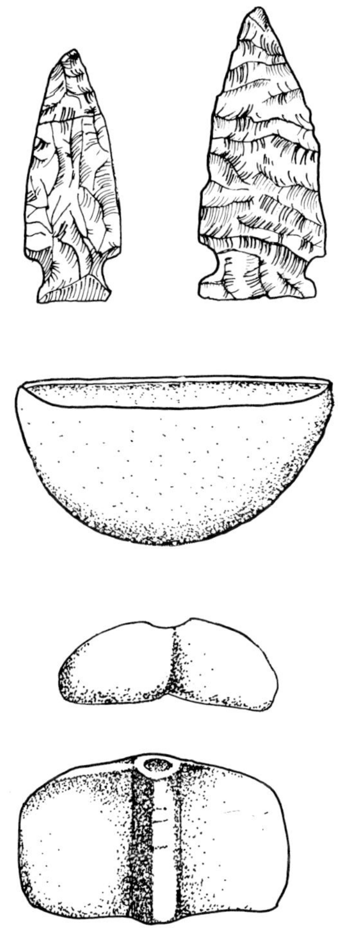

Artefakte des Laurentischen Archaikums aus New York. *(Von oben nach unten)* Zwei seitengekerbte Otter Creek-Spitzen; *ulu*-Messer mit Schieferschneide; zwei propellerartige «Bannersteine» mit Perforierungen zur Montage an Wurfspeerschäften.

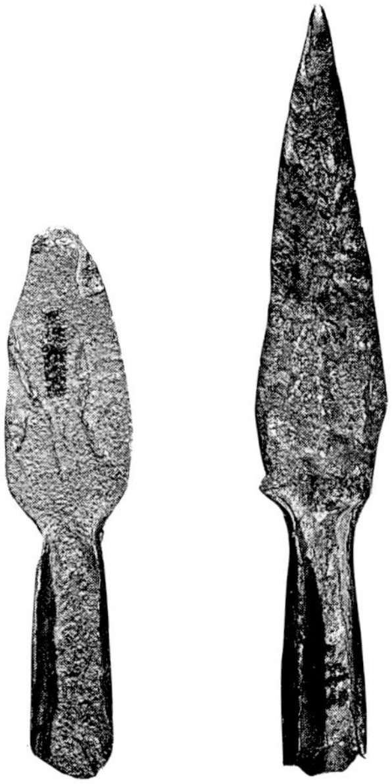

Getüllte Speerköpfe aus kalt gehämmertem Lake Superior-Kupfer; Fundort unbekannt.

archaikums, etwa Otter Creek-Spitzen, am deutlichsten ausgeprägt. Neuerdings gibt es Anzeichen für eine «formative» Phase, die einige Jahrhunderte früher einsetzte. Brewerton aus dem Staat New York und dem Ontarioseegebiet sowie Vosburg, das an den Ufern von Mohawk und Hudson entstand, dürften in etwa zeitgenössisch gewesen sein. Beiden Kulturen, unterschieden unter anderem durch unverwechselbare Waffenspitzen, fehlten typische Artefakte der Laurentischen Tradition. Einige Autoren wollen die letztgenannten Komplexe daher aus dem «Laurentikum» ausgliedern (Dragoo, 1976; s. aber Funk, 1988).

All jene Spielarten, und es wären noch andere zu nennen, sind Ausweis hoher Anpassungsfähigkeit, die auch fremde Derivate in das autochthone Kulturbild einflocht.

Zu den erstaunlichsten Facetten des Laurentischen Archaikums gehört die Kupferverarbeitung. Außerhalb der Hochkulturgebiete entwickelte nur eine Handvoll Volksgruppen der Neuen Welt (epi)metallurgische Techniken. Die Bewohner des Lake Superior-Beckens zählten dazu. Gediegenes Kupfer stand oberflächennah am Brulé River in Nordwest-Wisconsin an, ferner bei Calumet auf der Keweenaw-Halbinsel, auf der Isle Royale und am Nordufer des Oberen Sees (Mason, 1981). Das Kupfer wurde in voreuropäischer Zeit nicht verhüttet, sondern lediglich vorgewärmt und dann «kalt» gehämmert oder gepunzt. Trotz des relativ niedrigen Schmelzpunktes besaßen die Archaiker nicht die technischen Mittel, um das Metall durch Guß zu formen.

Niemand weiß genau, ab wann man die Kupferlagerstätten ausbeutete. Ihren Höhepunkt erreichte die Metallverarbeitung zwischen 3000 und 2500 v. Chr. (Mason, 1981), doch wurde noch bis in historische Zeit im Seengebiet Kupfer geschürft. Früher betrachtete die Forschung dieses Phänomen als zeitlich und räumlich abgrenzbaren Kulturkomplex, die «Alte Kupferkultur» *(Old Copper Culture)* um die Zentren Oconto, Osceola und Reigh in Wisconsin, heute jedoch neigt man eher dazu, die Kupferobjekte als Industrie aufzufassen, als Artefaktklasse innerhalb ortsverschiedener Assemblagen. Kupfer war einfach ein anderes Material, mit dem die Indianer bekannte Stein-, Knochen- und Holzgeräte imitierten, das aber auch zu kreativen Schöpfungen einlud (Lindig, 1979).

Der Formenschatz der Kupferobjekte, von denen man weit über 20000 fand, ist groß: Ahlen, getüllte und gestielte Lanzenspitzen, halbmondförmige *ulu*-Schneiden, widerhakenstarrende Harpunenköpfe, Spaten, Schaber, Angelhaken, Keschergriffe, Gutschen, Beile, Bohrer, Flugstabilisatoren für Wurfspeere, Perlen und Pektorale.

Lang und abwechslungsreich verlief die Geschichte der Kupferindustrie am Lake Superior. Zunächst war die Verbreitung der Metallartefakte auf das Seengebiet beschränkt. Mundpropaganda jedoch schuf schon bald einen Markt für das schimmernde Metall. Je weiter vom Ursprung sich die Gegenstände entfernten, desto größer ihr Prestigewert. Das meiste Kupfer zirkulierte im Umkreis von 563 km. Im Kerngebiet diente es alltäglichen Zwecken, der Bewehrung von Waffen etwa oder zu Beilklingen verarbeitet. Verstorbenen wurden Metallgüter ins Grab mitgegeben. Innerhalb und außerhalb des 563 km-Radius dürften Herstellung, Gebrauch und Weitergabe der Objekte gesellschaftliche Veränderungen angestoßen haben. Diesbezügliche Hinweise kommen aus dem ökonomischen Bereich (Monopolisierung, Hortungsmöglichkeit, Funktion als Wertmesser),

Susquehanna-Spitze; Länge 6,9 cm.

dem sozialen Kulturfeld (Hierarchienbildung durch Anhäufung von Kupferwaren, familienspezifische Vererbung handwerklicher Fertigkeiten) und dem religiösen Sektor (Priester als Käufer und Verwalter).

Das Spätarchaikum der sommergrünen Laubwälder: ca. 2700 bis 1200 v. Chr.

Eine Reihe wetteifernder Bezeichnungen – u. a. Küsten- und Piedmont-Archaikum oder Mastfruchtwald-Archaikum – wurde für diese, im Raum zwischen Merrimack, Ohio und Mississippi verbreitete Regionaltradition vorgeschlagen (Funk, 1988; Snow, 1980). Da sich im Gebiet sommergrüne Laubwälder mit hohem Eichenanteil erstrecken, sollte jener Umstand bei der Benennung ausschlaggebend sein.

Vor allem Waffenspitzen sind zur Unterscheidung des Laubwald-Archaikums von der Laurentischen Tradition herangezogen worden. Was aber viel eher ins Auge sticht, ist der adaptive Kontrast zwischen beiden Kulturkonfigurationen: An Fundplätzen im laubwerfenden Wald kamen erheblich mehr Stößel, Mörser und andere Gerätschaften zum Vorschein, die der Verarbeitung von wild wachsenden Pflanzen und deren Früchten dienten.

Im südlichen Neuengland faßt man zwei spätarchaische Kulturen unter dem Dach der Laubwald-Tradition zusammen (Dincauze, 1971; Ritchie, 1969). Die Narrow Point-Kultur, ausgewiesen durch ihre schmalen Projektilspitzen, stieß zwischen 2600 und 1800 v. Chr. vom südöstlichen New York aus in die südlichen Neuenglandstaaten vor. Vom östlichen Pennsylvania bis Süd-Maine erstreckte sich das Verbreitungsgebiet der besser bekannten Susquehanna-Tradition (vgl. Kapitel 21), die auch auf Teile des nunmehr untergegangenen Kontinentalschelfs übergriff. Örtlich ersetzte sie Narrow Point. Ihr Ende wird bei 1300 v. Chr. vermutet. Die Beziehungen der Kulturen untereinander sind noch wenig untersucht, insgesamt aber gibt es Anzeichen für einen hochentwickelten Totenkult mit Brandbestattungen und Gemeinschaftsgräbern.

Ebenfalls zum Spätarchaikum der sommergrünen Laubwälder gehört der Fundort Lamoka am gleichnamigen See. Er ist vor allem durch die Grabungen des New Yorker Archäologen William Ritchie 1932 bekannt geworden (Ritchie, 1969). Lamoka und verwandte Stätten liegen im Hügelland des westlich-zentralen New York, wo um 2500 v. Chr. kleine Jäger/Sammlergruppen an Zuflüssen des Ontario-Sees lebten. Lamoka selbst fungierte wohl als Basislager, das immer wieder aufgesucht wurde. 27 rechteckige Häuser, die jeweils eine Raumfläche von 4,9×4 m aufwiesen, beherbergten angeblich insgesamt 150–200 Personen; möglicherweise waren die Gebäude aber nicht alle gleichzeitig bewohnt. Über Gerüste aus in den Boden gerammten Holzpfosten deckte man vermutlich Rindenschwarten, Hirschhäute oder Flechtmatten. Ca. 15 m lange Eichelröstbetten, Herde, Speichergruben sowie die Überbleibsel von Trockengestellen für Fleisch und Fisch fanden sich in der Siedlung zuhauf.

Andere Niederlassungen der Umgebung waren kleiner und hatten mehr vorübergehenden Charakter, ein Siedlungsmuster, das für auf Lamoka zentrierte Mobilität spricht. Man erbeutete Hirsche, Waldmurmeltiere *(Marmota monax)*, Hörnchen, Kaninchen, Wildhühner und Wandertauben. Fischfang ist durch

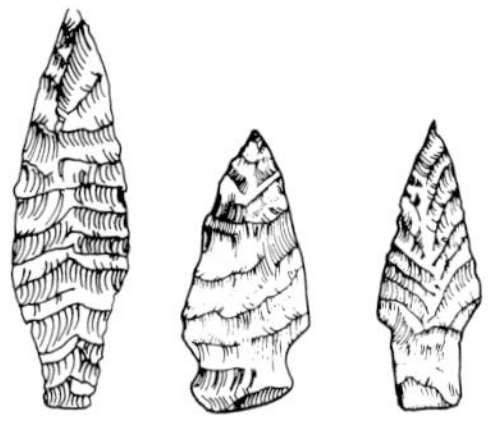

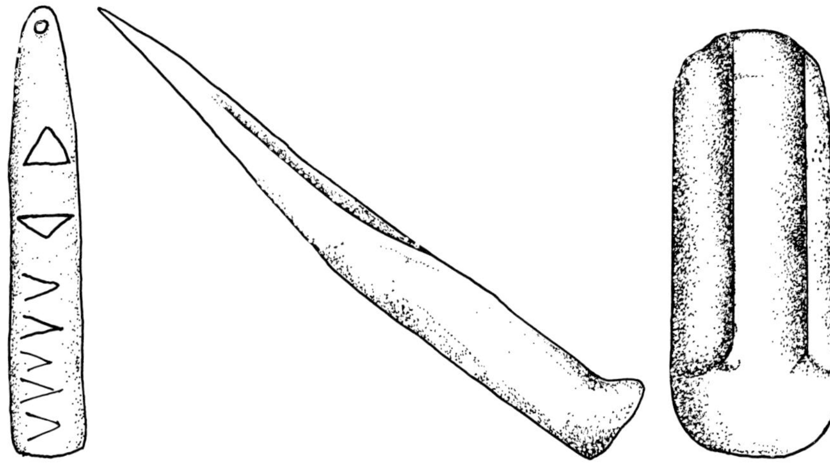

Lamoka-Artefakte. *(Oben)* Zwei gestielte und eine taillierte Waffenspitze. *(Von links nach rechts)* Geometrisch verzierter Geweihknochenanhänger; Knochendolch; facettierte Axtklinge. Länge der Axtklinge ca. 13,5 cm.

außergewöhnlich viele steinerne Netzsenker und knöcherne Zungennetznadeln belegt. Darüberhinaus ernteten die Lamoka-Leute u. a. Hickorynüsse und Eicheln.

Das Geräteinventar umfaßte eine Menge schwerer Werkzeuge zur Holzbearbeitung – Beile und die typischen facettierten Lamoka-Äxte, die man wohl zum Ausschlagen von Einbäumen verwendete. Ein breites Spektrum kleiner, steinerner Projektilspitzen mit schmalen Stegen wurde angefertigt. Ferner entstanden Knochengeräte, Stößel und Mörser. Zahlreiche polierte Anhänger aus Knochen und Schildplatt sind von den Lamoka-Stätten bekannt. Gewöhnlich hatte man sie perforiert und an den Kanten eingeschnitten. Einfache geometrische Motive zieren diese Schmuckstücke (Amulette?), die auch in Schillhaufen weiter südlich, in Kentucky, zum Vorschein kamen. Möglicherweise unterhielten die Lamoka-Leute Handelskontakte dorthin.

Wie die Träger des Maritimen Archaikums gingen auch die Lamoka-Wildbeuter mit ihren Toten überaus fürsorglich um. Diese wurden in gebeugter Haltung beigesetzt, allerdings nicht in Nekropolen, sondern in Abfallhaufen. Manchmal sind die Knochen der Verstorbenen gebündelt, als ob sie nach einer Erstbestattung gehoben, gereinigt und dann endgültig zur Ruhe gebettet worden wären. Dolichozephalie (Langschädeligkeit) zeichnete die Skelette aus; Männer wurden im Schnitt 168 cm groß, Frauen blieben etwas kleiner. Manchmal waren die Toten in den Gräbern mit Ocker bestäubt; Beigaben waren nur spärlich vertreten. Meist handelte es sich um persönliche Dinge, etwa Äxte.

Einige Lamoka-Gräber dokumentierten kriegerische Aktivitäten. So wurden die Skelette von zwei erwachsenen Männern aufgedeckt, denen Köpfe, Hände und Füße fehlten; Speerspitzen steckten im Rückgrat. Bei einem Halbwüchsigen war eine Spitze in den Brustkorb eingedrungen. Zertrümmerte und angekohlte Menschenknochen sprechen für Kannibalismus. Es mag sich dabei um «Wut-Kannibalismus» gehandelt haben, bei dem man Kriegsgefangene hinrichtete und Körperteile aus Verachtung für die feindliche Gruppe verzehrte.

Am höchsten scheint die Siedlungsdichte der Laubwald-Bewohner an der Küste gewesen zu sein. Um 2500 v. Chr. errichteten dort, wo heute die Boylston

Street in Boston verläuft, Fischer ein Wehr aus Holzstaketen (Conger et al., 1949). Küstengruppen verbrachten die Sommermonate vermutlich in Strandnähe. Im Winter suchten sie das Hinterland auf. Weichtiere leisteten wichtige Ernährungsbeiträge. Bereits um 3900 v. Chr. erntete man Austern im Ästuar des Hudson, in Neuengland bereicherten Quahogs *(Mercenaria mercenaria)* und Klaffmuscheln *(Mya arenaria)* die Kost.

Gewöhnlich waren die Camps der Laubwald-Archaiker klein. Einige, wie Bent am Mohawk, das zwei Hektar einnahm, dürften als Basislager gedient haben (Snow, 1980). Sechs pfostenverstärkte Behausungen, datiert auf 2300 v. Chr., standen einst im südöstlichen Massachusetts. Diese kreisrunden Häuser der Fundstelle Wapanucket 6 wiesen Durchmesser von 9 bis 14 m auf. Ein siebtes, größeres Bauwerk mag Schauplatz zeremonieller Aktivitäten gewesen sein. Die Gebäude verfügten über gewinkelte, apsid vorspringende Eingänge, die vielleicht als Kältefallen dienten. Eine Großfamilie residierte in jeder der Unterkünfte.

Die Tradition der sommergrünen Laubwälder zeichnete sich durch regionale Kulturvielfalt aus. Hinweise auf ausgedehnten Handelsverkehr gibt es hier nicht. (Die Endphase des Spätarchaikums im Nordosten behandeln wir in Kapitel 21, wo sie uns als Hintergrund zum Verständnis nachfolgender Entwicklungen dienen soll.)

Das Flußtal-Archaikum des Mittelwestens und Südostens: ca. 4000 bis 1000 v. Chr.

Lamoka und andere Fundorte aus dem Bereich der sommergrünen Laubwälder bezeugen Bevölkerungsverdichtungen in öko-klimatischen Gunsträumen. Dort standen den Menschen ausreichend, vielfältige und prognostizierbare Ressourcen zur Verfügung. Dies gilt auch für die größeren Flußtäler des Mittelwestens und Südostens. Das *Central Riverine Archaic* der Region ist die fortgeschrittenste Variante spätarchaischer Kulturausprägungen. An Mississippi, Cumberland, Ohio und Tennessee schüttete die Natur ihr ganzes Füllhorn aus. Wie wir im vorherigen Kapitel sahen, fand man bereits im Früh- und Mittelarchaikum zu halb- oder vollseßhafter Lebensweise, nicht zuletzt wegen des überreichen Nahrungsangebots (B. Smith, 1986; Steponaitis, 1986).

Koster (3900 bis 2800 v. Chr.). Die Archaiker, die zwischen 3900 und 2800 v. Chr. in Koster verkehrten, hielten sich das ganze Jahr über in der Siedlung auf (Phillips & Brown, 1983; Struever & Holton, 1979). Das Dorf des 6. Horizonts, der Helton-Phase zugerechnet, deckte zwei Hektar und gab zwischen 100 und 150 Personen Obdach. Stuart Struever und seine Kollegen stießen auf die Überreste von sechs Häusern, deren Fußböden 45 cm unter der Erdoberfläche lagen. Massive Holzpfosten sorgten für Stabilität. Bindwerk mit Lehmbewurf füllte die Räume zwischen den Trägern. Jedes Gebäude bot, bei einer Grundfläche von 12–15 m^2, ausreichend Raum für eine Kernfamilie.

Erhaltene Speiseabfälle enthüllten, verglichen mit denen früherer Bewohner Kosters, erstaunliche Abweichungen in den Konsumgewohnheiten. Hatte man noch im Mittelarchaikum Fische rasch strömender Gewässer erbeutet, so fingen

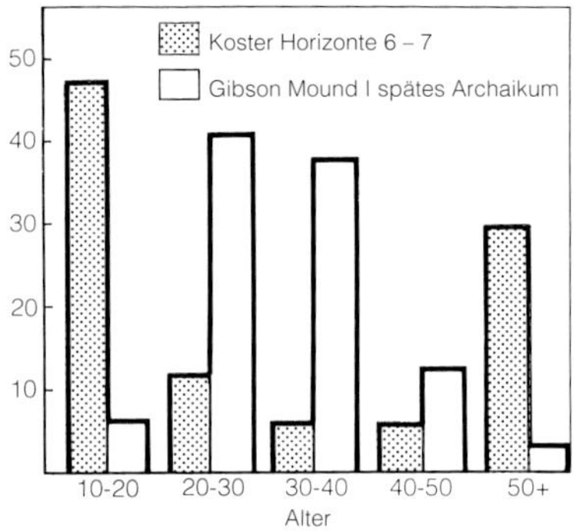

Histogramm einer Treppenfunktion zur Darstellung der Verteilung von Jung und Alt in Bestattungen der Koster-Horizonte 6–7 und des Gibson Mound. Es zeigt sich, daß der Anteil der Achtzehn- bis Vierzigjährigen in Gibson deutlich höher ausfällt.

die Siedler des 6. Horizonts nun Arten der neu entstandenen Altwasserseen und Randsümpfe. Dazu gehörten Schlammfische *(Amia calvus)*, Goldaugenbarsche *(Morone chrysops)*, Forellenbarsche *(Micropterus salmoides)*, Büffelfische *(Ictiobus bubalus)* und Katzenwelse *(Ictalurus)*. Die sich während des Sommers in den zu Tümpeln geschrumpften Seen zusammendrängenden Schuppenträger brauchte man nur mit Körben aus dem Wasser zu schöpfen. Vielleicht betrieben die Menschen auch, wie historische Indianer es taten, Giftfischerei, indem sie sich der betäubend wirkenden Inhaltsstoffe zermalener Hickorynußschalen bedienten. Ein Fischereibiologe aus Illinois hat berechnet, daß die Helton-Leute jedes Jahr zwischen 136 und 272 kg Fisch pro 40 Hektar geeigneter Lebensräume einbringen konnten. Dieselben Flachseen und Tümpel quollen vor Schnecken und Muscheln förmlich über – eine bedeutende Supplementärkost.

Wie ihre Vorgänger ernteten die Helton-Leute im Herbst Hickorynüsse, Eicheln, Wal- und Haselnüsse. Nun aber wurden auch Körnerfrüchte wie Sumpfkörbchen oder Amarant stärker in die Subsistenzplanung integriert. Dasselbe gilt für Zugvögel, die die Gewässer im Illinoistal zur Rast auf der Frühjahrs- und Herbstwanderung nutzten. Der Illinois grenzt an die Mississippi-Zugschneise, einen Flaschenhals, den Millionen Wasservögel auf ihrem Weg zu Winterquartieren und Brutplätzen passieren. Kraniche, Gänse, Enten, Schwäne, Strand- und Wasserläufer erbeutete man mit Bolas, Wurfspeeren oder Netzen, die man über das schlafende Geflügel warf. Ein anderer Jagdkniff bestand darin, die Vögel im Morgengrauen vom Kanu aus zu vorbereiteten Stell- oder Schlagnetzen zu treiben.

Es kann kein Zufall sein, daß spätarchaische Volksgruppen ihre Ernährungsbasis verbreiterten. Eingeschränkte Mobilität, Reviertreue und höhere Bevölkerungsziffern verlangten die stärkere Fächerung ökonomischer Aktivitäten und die Erwirtschaftung von Überschüssen.

Am Rand der 6. Fundschicht von Koster stieß man auf einen kleinen Friedhof mit acht Gräbern. Die meisten Toten waren alte Männer, arthritische Krüppel oder Personen, die schwere Unfälle erlitten hatten. Aber auch Heranwachsende befanden sich unter den Bestatteten. In den Gräbern lagen Mahlsteine, Waffenspitzen, Bohrer und andere Alltagswerkzeuge. Ein gleich alter Begräbnisplatz wurde unter dem Gibson Mound auf der anderen Flußseite entdeckt. Er brachte eine Überraschung. Weder Kranke noch Verstümmelte ruhten hier, sondern zu Lebzeiten gesunde Männer und Frauen zwischen 18 und 40 Jahren. Erlesene Grabbeigaben waren ihnen für die Jenseitsreise beigelegt. Stuart Struever vermutet, daß jene Individuen höheren Sozialstatus genossen als die unproduktiven Alten und Adoleszenten vom gegenüberliegenden Flußufer.

Koster wurde um 2800 v. Chr. aufgelassen, 800 Jahre später, während der Titterington-Phase, von Hirschjägern aus der St. Louis-Gegend aber erneut besiedelt. Diese Leute bestatteten hochrangige Personen mit prunkvollem Konchylienschmuck. Die Schalen der Weichtiere stammten aus der Golfregion.

Die Green River-Kultur (3000 bis 2000 v. Chr.). Weiter im Osten, bei Evansville in Indiana, erstreckte sich am Zusammenfluß des Green River mit dem Ohio fruchtbare Auenlandschaft, die spätarchaischen Jägern und Sammlern günstige Lebensbedingungen garantierte. Zwischen 3000 und 2000 v. Chr. war dieses Gebiet ein

Atlatlsegmente von Indian Knoll in Kentucky: Griffstück *(links)*, Verstärkungsteil des bruchanfälligen Mittelarms *(Mitte)* und Widerlager *(rechts)*.

Siedlungsschwerpunkt. Gewaltige Schillhaufen unterstreichen, daß die Bevölkerung länger an einem Ort verweilte. Der akkumulierte Muschel- und Schneckenabfall ist so eindrucksvoll, daß sogar der Terminus «Schillhaufen-Archaikum» geprägt wurde, um den betreffenden Kulturtyp zu charakterisieren (Winters, 1974; Webb, 1974). Indian Knoll im südwestlichen Kentucky gilt als die am besten untersuchte Fundstätte. Von William Webb während der Weltwirtschaftskrise ausgegraben, erwies sich Indian Knoll als archäologische Schatzgrube.

Trotz der zigtausend Konchylienschalen, die man in Indian Knoll, Chiggerville, Carlston Annis und anderen Green River-Siedlungen fand, dürften Weichtiere die Kost der hier ansässigen Menschen nur ergänzt haben. Subsistenzwirtschaftliche Akzente setzten Jagd und Fischfang. Am augenfälligsten freilich sind die Pflanzenabfälle. Darin dominieren die Schalen verschiedener Hickory-Arten. Kaum weniger wichtig waren Eicheln, deren Bedeutung im Spätarchaikum offenbar wuchs, wahrscheinlich wegen ihrer gegenüber Hickorynüssen festeren Konsistenz, die sich in höherem Nahrungsvolumen niederschlug. In einigen Green River-Dörfern konnten Kerne domestizierter Kürbisse nachgewiesen werden.

Nimmt man die Proportionen ihrer Skelette als Maß, dann ähnelten die Indian Knoll-Leute anderen Bevölkerungsgruppen des Mittelwestens. Die Lebenserwartung dieser Menschen war kurz. Sie betrug im Schnitt 18,6 Jahre. Demgegenüber «schafften» die Archaiker von Carrier Mills in Illinois durchschnittlich 32,8 Jahre – erreichten also ein höheres Lebensalter als weiße Amerikaner zu Beginn des 19. Jhs. (Jefferies, 1987). Überraschend viele Personen starben gewaltsam. Fast 11% der Skelette von Indian Knoll hatten Knochenfrakturen, und mindestens 23 Individuen waren durch Waffenspitzen verwundet ums Leben gekommen. Vielleicht fielen diese Menschen im Kampf um ihre Wirtschaftsoase, die inmitten weniger begünstigter Landstriche lag.

Der Grabungsbefund von Indian Knoll verdeutlicht, daß der Gesellschaftsaufbau der Green River-Leute auf (sich allerdings bereits verwerfenden) egalitären Streben ruhte. Die materielle Ausstattung der über 1000 Gräber war bemerkenswert einheitlich. Männer wurden mit ihren Äxten, Werkzeugen zur Holzbearbeitung, Angelhaken, Ahlen und Retuschierschlegeln beigesetzt, Frauen mit Perlenschmuck und Steinhämmern zum Zertrümmern harter Nußschalen. Eigentümlich ist die gelegentliche Verkehrung geschlechterspezifischer Beigaben. So kamen in einigen Frauen- und Kindergräbern Männerwaffen, etwa Atlatls (Speerwerfer), zum Vorschein. Nan Rothschild (1979) vermutete dahinter Anzeichen eines sich entwickelnden Ranggebahrens, das «höhere Geburt» durch Statussymbole kenntlich machte. Anderen Personen, Frauen und Männer, waren kultische Gegenstände (Tierschädel, Rasseln aus Schildkrötenpanzern, Knochenflöten) beigegeben.

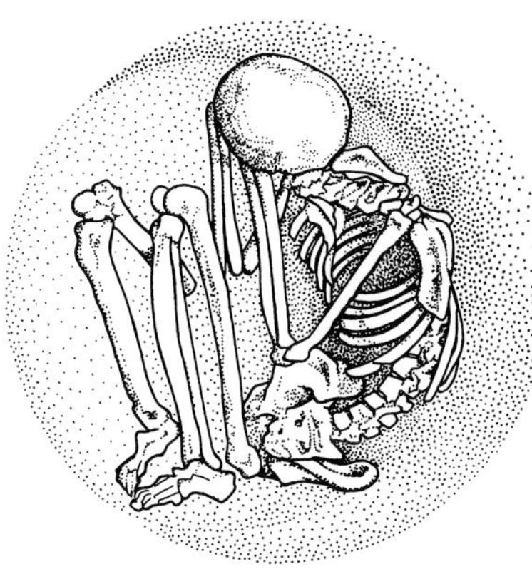

Embryonalkrümmung eines Skelettes, typisch für die Hockerbestattungen von Indian Knoll.

Etwa 4% der in den Gräbern geborgenen Objekte stammten aus weit entfernten Ursprungsgebieten. Dabei handelt es sich um Kupferschmuck vom Lake Superior, präsent bei fünf Bestattungen, sowie um Rand- und Olivenschnecken (*Marginella*- und *Olivella*-Arten) von der Golfküste oder vom Atlantik. Gewöhnlich fanden sich Gegenstände aus Gastropodenschalen – Pektorale, Trinkgefäße, Perlen – in Männergräbern, auf die reichste Ausstattung mit Schneckenzierat allerdings stieß man in der Ruhestätte einer jungen Frau aus offenbar vornehmer Familie. Auch an der Seite von Kindern lagen wertvolle Schmucksachen, laut Rothschild Ausweis verwandtschaftlicher Bindung an einflußreiche Persönlichkeiten. Ob der Zugang zu Luxusgütern durch das Wirken einer privilegierten Gruppe geebnet wurde oder in freiem Wettbewerb erfolgte, bleibt ungewiß.

Die Riverton-Kultur (1500 bis 1000 v. Chr.). Nicht nur am Green River etablierten sich angesichts ergiebiger Nahrungsgründe blühende Regionalkulturen. Dazu gehört die Riverton-Kultur am mittleren Wabash in Ost-Illinois. Sie erstreckte sich beiderseits des Flusses in einem Band von 64 km Länge. Im Abstand von etwa 16 km standen Basislager, kenntlich an ihren mächtigen Schillhaufen.

Howard Winters (1968) führte hier umfangreiche Grabungen durch. Den in den Deponien aufgefundenen Speiseresten, darunter die Knochen von Zugvögeln, nach zu schließen, suchte man die Stätten zu unterschiedlichen Jahreszeiten auf. Die Menschen jagten und sammelten in den Auen, aber auch in den Wäldern jenseits des Wabash. Riverton selbst wurden von Mitte-Mai bis in den späten September begangen. Dann zog man nach Swan Island, ein Herbstlager, das mit üppiger Waldfruchtmast lockte. Den Winter verbrachten die Riverton-Leute in der Station Robeson Hills, einem erhöht gelegenen Camp, wo sie sich vor allem der Jagd widmeten. Im zeitigen Frühjahr kehrte man nach Swan Island zurück.

In ihrem Artefaktbestand weicht die Riverton-Kultur von anderen Ausformungen des Flußtal-Archaikums (Indian Knoll oder Titterington z. B.) ab, so daß ihre Sonderung gerechtfertigt erscheint. Territorialität, eingeschränkte Mobilität, halb- oder vollseßhafte Lebensweise führten überall zur Ausbildung solcher Lokalkulturen, die nichtsdestoweniger aber rege Kontakte zu ihren Nachbarn pflegten.

«Gemeinsamer Markt» und Interaktion

Aufkeimendes Ranggebahren, wie es aus manchen Grabfunden des Spätarchaikums abgeleitet wird, markiert den vorläufigen Scheitelpunkt wirtschaftlicher und sozialer Trends, die um 4000 v. Chr. einsetzten (B. Smith, 1986). Nun lebten die Archaiker des Ostens in Verhältnissen, die sehr von der früheren Situation abwichen. Jede Gruppe verfügte über ihr eigenes Revier, dessen Grenzen man verteidigte. Diese Abschottung zeitigte größere regionale Vielfalt im materiellen Besitz und bei stilistischen Traditionen, insbesondere nach 2000 v. Chr. Neue Formen des Umgangs mit Nachbarn wurden nötig. Derlei Interaktionen konnten ganz unterschiedliche Gestalt annehmen: formalisierte Tauschbeziehungen, kollektive Jagden und Zeremonien oder politische Bündnisse. Gegründet waren sie wohl auf verwandtschaftliche Verpflichtungen, die solidarisches und rezipro-

kes (ökonomisches) Handeln nach sich zogen. Durch institutionelle Verfestigung solcher Systeme und den Ausbau sozialer Verwerfungen entstanden – unter Berufung auf individuelles und verwandtschaftliches Prestige oder besondere Leistung – komplexere gesellschaftliche Strukturen.

Der Prozeß dorthin vollzog sich keineswegs sprunghaft. Noch um 1000 v. Chr. zählten nur wenige Gruppen im Waldland mehr als ein paar hundert Seelen, und selbst diese waren grundsätzlich egalitär organisiert. Aber es gab weitgespannte Beziehungsgeflechte, ankernd in sozio-politischen Verpflichtungen und reziprokem Gütertausch.

Wie wir sahen, öffneten sich Fernhandelsverbindungen für Luxuswaren erstmals zwischen 5000 und 4000 v. Chr. im mittleren Süden. Während der folgenden 3000 Jahre sollte dieses Netz kräftig ausgebaut werden. Exotika aller Art wanderten von Lokalgruppe zu Lokalgruppe, manchmal über beträchtliche Entfernun-

Wertobjekte wurden über die Austauschsysteme des Östlichen Waldlandes weithin vertrieben. Hierzu gehörten u. a. marine Konchylien, etwa die Spiralschalen der Papierboote *(Argonauta)*, die dieser 1591 entstandene Kupferstich von Théodore de Bry in ihrer Funktion als Trinkpokale anläßlich einer Ratsversammlung der Tawasa (Timucua) Floridas zeigt. Der Gebrauchswert solcher Gegenstände ging im Fernhandel meist verloren. Stattdessen illuminierten sie Prestige und Ansehen der Käufer.

gen: gediegenes Kupfer und Hämatit vom Lake Superior, Konchylien von der Golfküste und vom Atlantik, Bleiglanz (Galenit) vom oberen Mississippi, Jaspis aus Ost-Pennsylvania, Chalcedone und Kieselschiefer aus Kanada, Silex (Feuer- und Hornstein) von verschiedenen Lagern im Mittelwesten und Osten (B. Smith, 1986). Die Koster-Leute bezogen vor 2000 v. Chr. u. a. Kupfer, Galenit, Meeresschnecken, Arkansas-Bauxit und Illinois-Fluorit (Struever & Holton, 1979).

All jene wertvollen Rohstoffe zirkulierten im Naturzustand oder in verarbeiteter Form. Wie uns die Verbreitung der Kupferobjekte aus dem westlichen Seengebiet lehrt, erhöhte sich der Prestigewert solcher Güter mit zunehmender Distanz vom Ursprungsort. Ähnliches traf auch auf die Schalen von Blitzschnecken *(Busycon)* und Riesenflügelschnecken *(Strombus gigas)* zu, aus denen man in Florida unter anderem Hämmer, Beilklingen und Hohlmeißel herstellte. Weiter im Binnenland rückten die aus dem Süden importierten Schnecken in soziale Zusammenhänge, wurden zu Luxus- und Prestigeobjekten. Doch sind die Feldlinien dieses Bedeutungswandels im einzelnen noch unverstanden (Goad, 1980).

Nach 5000 v. Chr. verwendeten die Menschen mehr Zeit auf die Verarbeitung sozial beachteter Gegenstände, darunter fein geschliffene «Bannersteine», Schmucksachen und Waffen aus poliertem Kieselschiefer, Steatitpektorale und -gefäße. Verzierte knöcherne Projektilköpfe gab es sowohl an der Atlantikküste und in den Flußniederungen des Mittelwestens. Einige Anzeichen sprechen dafür, daß die Verbreitung wertvoller Rohstoffe kontrolliert erfolgte. So fanden sich in einigen Grabstätten des Maritimen und Laurentischen Archaikums regelrechte Hornsteinhorte, als ob individuelle Anbieter durch Zurückhalten der Ware manipulative Marktpolitik betrieben hätten.

Gruppen, die im Schnittpunkt verschiedener Handelsrouten lebten, dürften von dieser Konstellation profitiert und sich zu Zwischenhändlern aufgeschwungen haben. Die Green River-Leute z. B. zogen möglicherweise aus dem Umstand Nutzen, daß in ihrem Gebiet Vertriebswege für Kupfer (aus Nordwest) und marine Konchylien (aus Südost) zusammenliefen.

Durch Vergleiche mit rezenten Naturvölkern wissen wir, daß merkantile Transaktionen unterschiedlich motiviert sein können: Der zeremonielle Tausch hat symbolischen Charakter; es fehlen der wirtschaftliche Tauschwert und der materielle Gebrauchswert weitergegebener Gegenstände. Gewöhnlich dient er zur Bekräftigung intra- und intergesellschaftlicher Bande. Beim ökonomischen Tausch wechseln gebrauchsorientierte Güter den Besitzer. Beide Formen beruhen auf Gleichsetzung (Reziprokation) der transferierten Waren. Dennoch lassen sich gelegentlich Asymmetrien (ungleiche Reziprozität) beobachten, etwa zwischen Generationen, Geschlechtern oder verschiedenen Verwandtschaftsgruppen. Gesellschaftliche Staffelung und die zunehmende Bedeutung sozialer Rangstufenleitern mögen im Wechselspiel mit derlei Phänomenen entstanden sein. Den immer aufwendigeren Bestattungsbräuchen im Waldland nach zu urteilen, entwickelten sich gentiles und individuelles Rangstreben in einem Kontext mit Vertrieb und Anhäufung exotischer Produkte. Um 1000 v. Chr. ist soziale Differenzierung durch die uneinheitliche Ausstattung flußtalarchaischer Gräber gut belegt.

Wie nun könnte sich die Entwicklung zu stärkerer gesellschaftlicher Schichtung und einer herausgehobenen Elite abgespielt haben? Natürlich läßt sich darüber nur spekulieren. Ein mögliches Szenar schaut so aus: Einige angesehene Individuen, vielleicht religiöse Funktionäre oder die Ältesten einer Abstammungsgruppe traten in den gerade seßhaft gewordenen Gemeinschaften als Moderatoren auf. Sie schlichteten Streitfälle und bauten Brücken zu den Nachbarn. Es waren diese Persönlichkeiten, die Gleichgestellten in anderen Verbänden Geschenke machten und dafür Äquivalente empfingen. So wurden sie zu Händlern, die Kontakte nach nah und fern unterhielten. Auch im innergesellschaftlichen Bereich kontrollierten sie den Warenfluß und sorgten für die Redistribution (Umverteilung) von Rohstoffen, Nahrungsmitteln oder Luxusgütern. Einige jener Schiedsleute, Diplomaten und Kaufmänner verschafften sich durch ihre Unternehmungen persönliche Vorteile. Klientelgruppen scharten sich um sie. Gestützt auf solche Patronagen erweiterten die Führer ihre Machtbefugnisse und zementierten ihre gesellschaftliche Stellung (B. Smith, 1986).

Die Poverty Point-Kultur: 1700 bis 700 v. Chr.

Nicht jeder Winkel des Östlichen Waldlandes wurde von den geschilderten Vorgängen in gleicher Weise betroffen. Viele Gruppen lebten so weiter, wie sie es schon seit Jahrtausenden getan hatten. Mancherorts kultivierte man Sonnenblumen, Sumpfkörbchen und andere einheimische Wildpflanzen in kleinen Gärten. Aber daraus erwuchs keine spezifische Feldbautradition. Erst später, während des 1. Jahrtausends u. Z., revolutionierten Mais und danach Bohnen die Subsistenzwirtschaft im Osten.

Die Poverty Point-Kultur am unteren Mississippi und angrenzender Teile der Golfküste stellt alles in den Schatten, was wir bisher über das Spätarchaikum erfuhren (Gibson, 1974; Walthall, 1980; Webb, 1977). Mehr als 100 Fundorte verteilen sich auf zehn Siedlungsschwerpunkte. Geografische Barrieren grenzten diese Ballungsräume, jeweils zentriert auf eine «Metropole», gegeneinander ab. Die ältesten Stätten wurden auf 1700 v. Chr. datiert und bilden die ersten Komponenten einer Kultursequenz, die 1000 Jahre überspannte.

Poverty Point selbst, der Hauptfundplatz, liegt in einer Schleife des Bayou Maçon. Der Standort eignete sich hervorragend für merkantile Zwecke, denn von hier aus konnten Handelsreisen unternommen werden, auf dem Mississippi, aber auch auf dem Yazoo, dem Arkansas, dem Ohio, dem Tennessee und dem Red River. In Poverty Point landeten Rohstoffe und Fertigwaren aus allen Himmelsrichtungen. Die Artefakte, die Archäologen dort bargen, bestanden allesamt aus exotischen Materialien – Argyllit (Alkalifeldspat), Kieselschiefer, Kupfer, Bleiglanz, Jaspis, Quarz und Steatit, um nur die wichtigsten zu nennen. Einige stammten aus Herkunftsgebieten in bis zu 1000 km Entfernung. Das war das Klima, das politische Eliten reifen ließ. Wir wissen, daß die Führer von Poverty Point Waren nicht nur aus- und einführten, sondern sie auch auf Regionalzentren ihres Herrschaftsbereiches verteilten.

Die Hauptsiedlung, zwischen 1200 und 700 v. Chr. errichtet, hebt sich von allen anderen Fundorten des ausgehenden Spätarchaikums schon durch ihre beeindruckende Größe ab. Sie deckte ungefähr 200 Hektar. Ihre auffälligste Konstruktion war eine oktogonale sechsreihige Erdwallanlage mit einem Radius von über

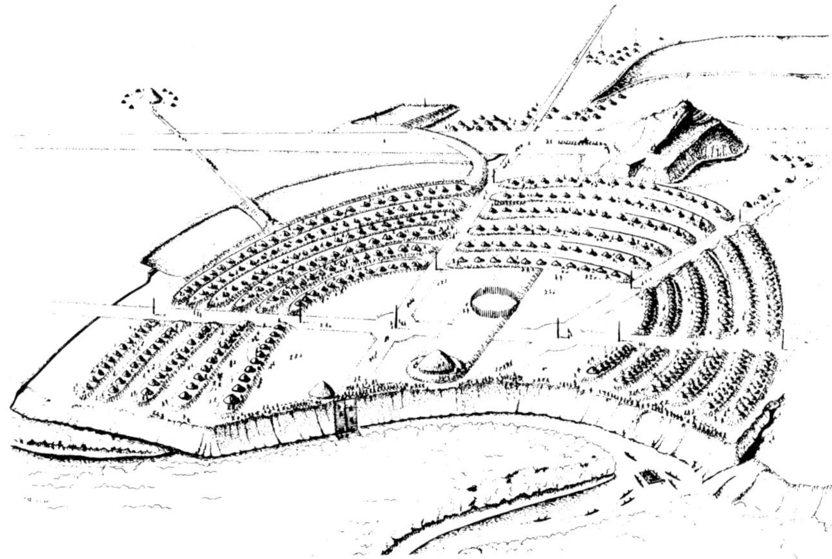

Poverty Point, Louisiana. Künstlerische Rekonstruktion der Anlage.

1300 m. Vom Zentrum wie Radspeichen ausstrahlende «Straßen» unterbrachen den Bering. Jeder Wall, der höchste maß knapp 3 m, lag – im Scheitel – 40 m vom nächsten entfernt. Wozu die Ringwälle dienten, ist ein Rätsel. Vielleicht handelte es sich um Verteidigungsbollwerke oder um die Gestaltung einer kosmologischen Parabel. Im Westen der Anlage befand sich ein 21 m hoher und – im Basisschnitt – 183 m langer Tumulus (Mound A), den eine Rampe mit der äußersten Ringterrasse verband. Wer dort oben stand, konnte durch Peilung über die Achsen von Poverty Point die Äquinoktialmarken ausmachen, also die beiden Punkte, an denen sich die Sonne zur Tagundnachtgleiche im Frühling und Herbst befindet und in denen Ekliptik und Himmelsäquator einander schneiden.

Einige Archäologen haben Poverty Point mit der zeitgenössischen olmekischen Zivilisation am südlichen Golf von Mexiko in Verbindung gebracht. Doch wird dieser These heute nur noch wenig Beachtung geschenkt. Geräte und Kunstwerke, darunter krude Tonstatuetten, tragen lokale Handschrift. Bis auf die grandiosen Erdwerke, die aber auch in Mesoamerika ihresgleichen suchen, weist Poverty Point große Ähnlichkeit mit anderen spätarchaischen Kulturen des Südostens auf. Wie die übrigen Flußtalbewohner der Region bestritt man seinen Lebensunterhalt durch Jagd, Fischfang und Sammelwirtschaft. Bodenbau, typisch für die mesoamerikanischen Zivilisationen, fehlte. Lediglich Flaschen- und Gartenkürbisse, frühe Importe aus Mexiko (vgl. Kapitel 18), wurden gezogen.

Über 2000 Jahre nach dem Untergang von Poverty Point trafen französische Reisende am unteren Mississippi auf die Nah'ci (Natchez), die ein eigenartiges Gesellschaftsmodell entwickelt hatten (vgl. auch Kapitel 20). Vier Sozialklassen überlappten zwei exogame Stammeshälften *(Moieties)*. J. L. Gibson (1980) untersuchte 19 000 Artefakte aus Poverty Point. Diese konnte er zwei Werkzeuggruppen zuordnen, die sich auf die Nord- und die Südhälfte der Siedlung verteilten. Gibson glaubt daraus ableiten zu dürfen, daß die Poverty Point-Gesellschaft eben-

Luftaufnahme des Fundgebietes nach Nordwesten.

falls dual organisiert war. Vielleicht folgten die prähistorischen Vorgänger der Nah'ci auch einem anderen, von diesen gepflegten Brauch: Angehörige der Adelsklassen mußten Gemeine ehelichen. Aber das ist pure Spekulation. Jedenfalls deutet die begrenzte Verbreitung bestimmter Prestigeobjekte – Figurenpfeifen, Perlen aus rotem Jaspis und zoomorphe Anhänger – auf die Existenz einer Elite hin.

Viele Fragen müssen vorerst unbeantwortet bleiben. Stellte auch der Siedlungskranz um Poverty Point Arbeitskräfte zur Ausführung kommunaler Bauvorhaben ab, oder legte allein die ortsansässige Bevölkerung Hand an? Wie wurden Güter verteilt, und wer waren die Führer, bei denen die Nervenstränge des Gesamtorganismus zusammenliefen? Wie versicherten sich die Machthaber der

Loyalität ihrer vielhundertköpfigen Klientel? Ausgrabungen im Zentrum und in dessen Satelliten sind gerade erst in Angriff genommen worden. Nach derzeitigem Kenntnisstand muß Poverty Point noch immer als Sonderfall betrachtet werden, als isoliertes Phänomen und weithin rätselhafte Arabeske im Rahmen spätarchaischer Anpassungsformen. Doch steht es auch als prophetisches Sinnbild für Kulturentwicklungen, die in den folgenden Jahrtausenden im Östlichen Waldland Platz griffen.

18. DAS FRÜH-FORMATIVUM UND DER ADENA-KOMPLEX

Nach 1000 v. Chr. befanden sich die Gesellschaften des Östlichen Waldlandes auf einem Weg, der sie in immer kleineren Etappen zu kultureller Hochblüte führen sollte. Die Adena-, Hopewell- und Mississippi-Traditionen, die in den verbleibenden zweieinhalb Jahrtausenden bis zur Ankunft der Europäer Gestalt annahmen, waren nicht Ergebnis militärischer Unterwerfung oder größerer Bevölkerungsumschichtungen, sondern setzten die Glanzlichter adaptiver Trends, deren Wurzeln im Archaikum der Region ankerten. Willey und Philipps (1958) haben diesen Entwicklungsabschnitt im Rahmen ihrer Gesamtamerika erfassenden Kulturstufenhierarchie als «Formativum» bezeichnet. Heute spricht man meist von der Waldlandzeit *(Woodland Period)*. Sie wird in drei chronologische Staffeln unterteilt: Früh-, Mittel- und Spät-Waldlandzeit.

Das Früh-Formativum ist im wesentlichen durch drei Merkmalskomplexe charakterisiert, die sich nahezu flächendeckend ausbreiteten: die Herstellung qualitativ hochwertiger Töpferware, Wildpflanzenkultivierung und die Anlage großer Grabhügel.

Tongefäße schaffen den Durchbruch

Wie wir in Kapitel 17 sahen, erschienen rohe Tongefäße erstmals um 2500 v. Chr. an der Küste Georgias (Stoltman, 1966). Über das Mississippital hatte sich fasergemagerte Keramik gegen 1300 v. Chr. ausgebreitet, vielleicht zusammen mit dem Vertrieb von Steatit. In ihrer Form erinnern zumindest einige Tonbehälter an Specksteinprototypen (Jenkins, 1982; Griffin, 1967).

Die älteste früh-waldlandzeitliche Töpferware, entstanden zwischen 1000 und 500 v. Chr. (möglicherweise auch ein paar Jahrhunderte zuvor), tritt vom östlichen Minnesota bis in die Neuenglandstaaten und vom Ohio bis zum St. Lawrence auf. Dabei handelt es sich um in Spiralwulsttechnik aufgebaute, splitt- und grusgemagerte Keramik mit dickem Scherben. Die Gefäße sind flach- bis spitzbödig und haben einen breiten Mund. Ihre Oberfläche wurde mit Holzschlegeln geglättet. Schnurwicklungen an den «Paddeln» sorgten für lebhafte Musterung. Auch die schnurgerauhte Ware des Nordostens ist von Steatitbehältern begleitet, so daß hier ebenfalls eine Entstehung in Anlehnung an die präkeramische Steingefäßindustrie in Frage kommt. Im Süden erschienen nach 1000 v. Chr. u. a. die stempeldekorierte, sandgemagerte Tchefuncte-Keramik sowie engobierte, also mit Tonschlickerüberzug versehene Formen.

Bruce Smith (1986) hat die Verbreitung keramischer Erzeugnisse im Östlichen Waldland, in Gesellschaft eines offenbar ausgedehnten Handels mit Flaschenkürbissen, als «Behälterrevolution» bezeichnet. Die Nutzanwendung tönerner Gefäße wuchs, so Smith, proportional zur zunehmenden Seßhaftwerdung der Bevölkerung. Verarbeitung und Zubereitung von Speisen wurden wesentlich erleichtert. Anhand von Experimenten konnte man nachweisen, daß durch den Einsatz getöpferter Behältnisse mehr Nußfruchtmark zu gewinnen war als auf herkömmliche Weise (Talalay, Keller & Munson, 1984). Braun (1983; 1989) vermutet, daß die dickwandigen Gefäße der Frühzeit hauptsächlich als Vorratsbehälter und Geschirr dienten, denn beim Erhitzen zersprangen sie noch sehr schnell. Erst mit fortschreitender Verfeinerung der Fertigungstechniken erhielt man Stücke, die auch zum Kochen taugten. Der gestiegene Bedarf an wasserdichten Behältern zu Beginn der Waldlandzeit dürfte in direktem Zusammenhang mit einer anderen Entwicklung zu sehen sein – der stärkeren Berücksichtigung wildwachsender Nutzpflanzen, ihrer Kultivierung und nachfolgenden Domestizierung.

Die Kultivierung einheimischer Wildpflanzen

Im Spät-Archaikum sprach die Bevölkerung des Östlichen Waldlandes in erheblichem Maß pflanzlicher Nahrung zu, für gewöhnlich nur einer Auswahl bestimmter Arten, die aber intensiv ausgebeutet wurden. Wenn jene Spezies geringeren Ertrag abwarfen, bedingt durch natürliche Ursachen oder Übernutzung, verlegte man sich auf ein breites Spektrum sekundärer Ressourcen (Keegan, 1987).

Solange ausreichend Land zur Verfügung stand, funktionierte diese Strategie. Nahrungsengpässe konnten durch räumliche Verlagerung oder Ausweitung des Wirtschaftsradius vermieden werden. Was aber geschah, wenn Bevölkerungswachstum, der Wettbewerb mit Nachbarn oder die mangelhafte biotische Ausstattung des Ökosystems räumliches Ausweichen unmöglich machte? In solchen Fällen waren auch weniger geschätzte Arten in die Subsistenzplanung einzubeziehen, man mußte höheren Energieaufwand bei der Verarbeitung – Stichwort Eichelentgiftung – in Kauf nehmen oder zur Kultivierung einheimischer Wildpflanzen übergehen.

Alle drei Lösungen wurden von spätarchaischen Gemeinschaften praktiziert. Richard Ford (1985) glaubt, daß der erste Schritt in Richtung Nahrungsproduktion darin bestand, Nußernten zu intensivieren. Da Nüsse selbst in kleineren Revieren reichlich anfielen, genügten sie trotz ihrer relativen Kalorienarmut und der hohen Energiekosten bei der Verarbeitung wirtschaftlichen Ansprüchen (Petruso & Wickens, 1984; Talalay, Keller & Munson, 1984).

Dieses Szenar kann man fortschreiben. Als die Bevölkerungsziffern emporschnellten, wurden die Räume eng, und alternative Sammelgebiete schrumpften. Es galt also, neue Erwerbsquellen zu erschließen. Einerseits durfte man auf überlieferte verwandtschaftliche Verpflichtungen zu gegenseitiger Hilfe in Mangelzeiten bauen oder konnte von glücklicheren Nachbarn Nahrungsmittel einhandeln. Die andere Möglichkeit war, durch Rodung kleiner Parzellen Platz für kultivierte Wildpflanzen zu schaffen.

Seit dem Spät-Archaikum ist der gezielte Ausbau einheimischer Hegepflanzen, zu denen sich mit Garten- und Flaschenkürbissen auch zwei ortsfremde Nützlinge gesellten, bezeugt. Erst sehr viel später, nach 700 u. Z., wurde die bewährte Praxis zugunsten eines Neophyten (Neubürgers) umgestoßen. Der Mais trat auf den Plan. Um seinen Bedürfnissen Rechnung zu tragen, war man gehalten, stärkere Eingriffe in die Natur vorzunehmen.

Inwieweit unbewußtes menschliches Handeln der Wildpflanzenkultivierung Vorschub leistete, ist noch nicht in allen Verästelungen zu durchschauen. Sicher aber gab es Zusammenhänge (Crites, 1987; B. Smith, 1987; Watson, 1988). Bereits archaische Gruppen veränderten die Umwelt. Sie fällten Bäume, legten Brände und schlugen an wechselnden Orten ihre Lager auf. Künstliche Lichtungen, Abfälle und Fäkalienansammlungen schufen für bestimmte Pflanzen neue Lebensräume. Nahrungsvorlieben erhöhten bei anderen Spezies den Selektionsdruck. So wirkte eine Reihe Auslesefaktoren insbesondere auf Pionier- und Ruderalpflanzen, die von der Anwesenheit des Menschen profitierten. Mutationen stellten sich ein, die, falls sie eine vorteilhafte Richtung nahmen, das ökonomische Potential und die Attraktivität der Gewächse als Nahrungsmittel erhöhten.

Irgendwann dürften die Waldlandbewohner kulturfolgende Pflanzen in «Nützlinge» und «Schädlinge» (Unkräuter) eingeteilt haben. Sie fingen an, die unerwünschten Arten auszumerzen. Dieser einfache Prozeß von Hege und Pflege markierte den Beginn engagiert betriebener Kultivierung. Auf die eingeleiteten Maßnahmen reagierten die Hegepflanzen nicht selten mit besserer Wüchsigkeit, Vergrößerung der Fruchtstände u. ä.

Der geschilderte Ablauf wird durch den archäologischen Befund gestützt (Ford, 1985; B. Smith, 1987). Allenthalben im Östlichen Waldland machte man sich noch im Spät-Archaikum daran, Wildpflanzenbestände zu hegen und zu kultivieren.

Kürbisse und Kalebassen. Gartenkürbisse *(Cucurbita pepo),* Ahnformen unserer Speisekürbisse und Courgettes (Zucchini), tauchten im östlichen Nordamerika bereits vor 2000 v. Chr. auf, lange vor den meisten autochthonen Domestikaten. Wahrscheinlich stammen sie aus Mexiko, es wurde aber auch die Vermutung geäußert, daß zumindest einige ost-nordamerikanische Varietäten auf eine einheimische Wildform, *Cucurbita texana,* zurückgehen (Heiser, 1985).

Gartenkürbisse hat man wohl hauptsächlich wegen ihrer Kerne, die zu Mehl gemahlen wurden, angebaut und nicht aus Geschmack an dem bitteren Fleisch oder Gefallen an der dünnen Schale, die für die Fertigung von Gefäßen ungeeignet war (B. Smith, 1987). Domestizierte Flaschenkürbisse oder Kalebassen *(Lagenaria siceraria)* dagegen schätzte man, weil ihre ausgehöhlten Früchte zu Behältern und Rasseln taugten. Die Urheimat der Flaschenkürbisse liegt in den altweltlichen Tropen. Wie kamen sie in die Neue Welt? Diffusionisten sehen sie im Gepäck afrikanischer Bauern, die mit Einbaumflotten übers Meer nach Brasilien gelangt sein sollen. Da man aber um 7000 v. Chr., als die ersten Kalebassen in Mexiko erschienen, in Westafrika noch keinen Feldbau betrieb, muß es eine andere Erklärung geben. Experimente haben gezeigt, daß Flaschenkürbissamen, geschützt durch die harte Fruchtschale, auch nach längerem Salzwasserbad ihre Keimfähigkeit behalten. Wahrscheinlich wurden afrikanische Kalebassen an der brasilianischen Küste angespült. Ein schwierigeres Problem stellt ihre weitere Verbreitung im neotropischen Waldgürtel dar. Es könnte sein, daß Vögel die Sa-

Flaschenkürbisranke (links) und Knospe mit geschlossener Blüte (rechts).

men aus verrottenden Hüllen pickten und sie unverdaut wieder ausschieden. Mit den Exkrementen bekam der Sämling zugleich eine gehörige Portion Dünger, die ihm einen guten Start verschaffte. Von vielen anderen Pflanzen weiß man, daß sie auf diese Weise ihr Areal erweitern. Im Östlichen Waldland Nordamerikas hielten Flaschenkürbisse vor 2300 v. Chr. Einzug, belegt durch einen Fund in Philipps Spring, Missouri.

Falls Gartenkürbisse und Kalebassen nicht auf einheimische (ausgestorbene) Stammformen zurückgehen oder durch Vögel und Meeresströmungen auch nach Nordamerika verschleppt bzw. verfrachtet wurden, müssen Menschen sie aus dem Süden importiert haben. Bereits 1948 lenkte Alex Kreiger, ein Veteran der Bodenforschung, die Aufmerksamkeit der Wissenschaft auf Theorien, nach denen Kürbisse und andere mexikanische Nutzpflanzen via Texas, durch den sogenannten «Gilmore-Korridor» (nach dem Botaniker, der die mögliche Übertragungsschneise in den 30er Jahren erstmals beschrieb), ins nördliche Amerika gelangten. Wie Dee Ann Story (1985) darlegt, waren archaische Verbände, die vor 2500 v. Chr. im Golfküstengebiet umherzogen, sehr mobil. Dank ihres Vermögens, weite Räume zu überbrücken, kommen sie sehr wohl als Verbreiter von Kultigenen, insbesondere von Pflanzen, die sich zu Behältern verarbeiten ließen, in Frage. Doch bleibt der Weg über Texas, namentlich die Guadalupe-Senke, wegen der fast vollständigen Fundleere ebenso hypothetisch wie eine Einbürgerungsroute über die Großen Antillen nach Florida.

Sonnenblumen und andere autochthone Domestikate. Eine Fülle einheimischer Pflanzen wurde bereits vor Anbruch der Waldlandzeit sorgsam gehegt und in ihrer Ausbreitung gefördert. Hierzu zählen u. a. Zuckerahorn und Wasserreis *(Zizania aquatica).* Ahornsaft gewann man an den Großen Seen wohl schon sehr lange; zu Sirup verkochen konnte man ihn aber erst nach Einführung von Tongefäßen. Wasserreis, wichtigstes Erntegut der historischen Omenomenew (Menominee) und benachbarter Seerandvölker, schätzten bereits die Träger der Riverton-Kultur. Beide Arten kamen so reichlich vor und waren von Natur aus derart ergiebig, daß sich Domestikation erübrigte. Anders liegen die Verhältnisse bei einer Reihe weiterer Spezies. Die wilde Sonnenblume *(Helianthus annuus),* beliebt als Färberpflanze und wegen ihrer ölhaltigen Kerne, stammt aus den Steppen des Westens. Lebensbedingungen im Waldland fand sie erst vor, als Rodungsinseln entstanden. Nach 1500 v. Chr. wurde sie durch Zucht veredelt. Ihre bodenständige Verwandte, die Topinambur *(H. tuberosus),* hat man wegen ihrer kartoffelähnlichen Knollen kultiviert.

Vielleicht die häufigste domestizierte Pflanze ist das Sumpfkörbchen *(Iva annua),* ein krautiger Korbblütler versumpfter Niederungen, gewesen. David und Nancy Asch haben dieses wenig bekannte Gewächs über Jahre untersucht (Asch & Asch, 1978; 1985). Samen erhielten sie aus dem Flot von Proben mittelwestlicher Fundstätten. Bereits vor 5800 Jahren stellte *Iva* in Koster 40% des Körnerfruchtaufkommens. Messungen der Achänen (nußartige Verwachsungen von Frucht- und Samenschalen bei Korbblütlern) lassen vermuten, daß damals noch Wildpflanzen geerntet wurden. Achänen der Zeit um 2000 v. Chr. aber zeigten bereits auf künstliche Zuchtwahl zurückzuführende Veränderungen. Die Domestikation des Sumpfkörbchens war also eingeleitet. Hauptsächlich in Kentucky schlüpfte *Iva* bald darauf in die Rolle der wichtigsten Anbaufrucht (Yarnell, 1978; B. Smith, 1987).

Eine typische Ruderalpflanze ist Berlandiers Gänsefuß *(Chenopodium berlandieri).* Seine Samen stehen in dichten Ähren, die einen Kolben bilden. Die Blätter der Art können wie Spinat zubereitet werden. Gänsefuß gehört zu einem Ensemble kleinwüchsiger, stärkehaltiger Samengewächse, die während der Waldlandzeit große subsistenzwirtschaftliche Bedeutung erlangten (Asch & Asch, 1985; B. Smith, 1984). Zu diesem Kreis zählen auch Fuchsschwänze *(Amaranthus),* der Aufrechte Knöterich *(Polygonum erectum),* Glanzgras *(Phalaris caroliniana)* und Zwerggerste *(Hordeum pusillum).* Im westlich-zentralen Illinois, wo er für Koster um 6500 v. Chr. bestätigt wurde, stand Gänsefuß hinter anderen Nahrungspflanzen zurück, die Titterington-Leute allerdings sprachen ihm kräftig zu und leiteten ab 2000 v. Chr. eventuell Domestikationsschritte ein (Asch & Asch, 1985). In Kentucky bewertete man die Art scheinbar höher. Gegen 1500 v. Chr. kletterte sie dort in der Beliebtheitsskala weit nach oben.

Knöterich kam in den Auen des oberen Mississippitales häufig vor, wurde aber vor der Mittel- und Spätwaldlandperiode eher selten konsumiert. Das Hauptverbreitungsgebiet von Glanzgras lag im Süden. Wirtschaftliche Bedeutung wuchs ihm insbesondere nach 2000 v. Chr. zu, als man begann, es gezielt – im Herbst oder Spätfrühling – auszubringen. Als kälteresistente Spezies konnte Glanzgras sich lokal auch im Norden durchsetzen. Im Frühsommer, zu einer Zeit, da kaum andere kultivierte Pflanzen zur Verfügung standen, erntete man die Körner der Zwerggerste. Wie man die Samen aus den Ähren löste, ist unbekannt.

In Smiling Dan, Illinois, einer Stätte des Mittelformativums, konnten Tabaksamen *(Nicotiana rustica)* nachgewiesen werden. Man schreibt ihnen ein Alter von 1750 Jahren zu. Bauerntabak war in Nordamerika ursprünglich nicht heimisch. Entweder gelangte er aus Mexiko in den Norden oder über den Antillenbogen. Die vielen Rauchrohre und Pfeifen, die vor 250 u. Z. im Osten auftauchten, sprechen nicht notwendigerweise für Tabakgenuß. Noch in historischer Zeit rauchte man *kinnikinnik,* ein Gemisch aus Blättern der Bärentraube *(Arcostaphylos),* des Sumachs *(Rhus)* und verschiedenen Baumrinden, das allerdings mit Tabak verschnitten wurde. Nach irokesischer Überlieferung entwuchs der Kürbis dem Nabel von Mutter Erde, die Bohne ihren Füßen und der Tabak dem Kopf. Daher beruhige Tabak das Gemüt und reinige die Gedanken. In zahlreichen Mythen über die Erschaffung der Welt ist Tabak ein beliebter Topos, was wir als Hinweis auf den kulturellen Stellenwert dieser Drogenpflanze verstehen dürfen.

Dank moderner Flotierungsverfahren sind Wissenschaftler heute imstande, jahrtausendealte Samen aus archäologischen Zusammenhängen zu bergen. Die Proben geben uns Aufschluß darüber, daß bis 500 v. Chr. mehrere Pflanzenarten im Östlichen Waldland domestiziert wurden. Dennoch führte diese Entwicklung nicht zu völliger Abhängigkeit von Agrarprodukten. Bis 700 u. Z. lieferte der «Schrebergartenbau» den Wildbeutern im Osten lediglich willkommene Zusatzkost. Erst nach dem Siegeszug des Mais sollte sich die Situation tiefgreifend wandeln (Watson, 1985).

Die Früh-Waldlandzeit – Grabhügel und der Adena-Komplex: vor 1000 v. Chr. bis 100 u. Z.

Grabhügelbau, verbunden mit ausgeprägtem Totenkult, ist das dritte Charakteristikum früh-waldlandzeitlicher Kulturen. Ab 1000 v. Chr. bezeugen dies am mittleren Mississippi und an den Unterläufen der in den Strom mündenden Flüsse Grabmonumente in wachsender Zahl. Die älteren Anlagen, noch recht flache Erdanschüttungen auf den oberen Uferterrassen oder Kuppen, dienten vermutlich, wie bereits erwähnt, als Reviermarken. Ähnlich gingen die westlich des Erie-Sees ansässigen Glacial Kame-Leute vor. Zwischen 1500 und 1000 v. Chr. beerdigten sie ihre Lieben auf den Wällen eiszeitlicher Endmoränen *(kames).*

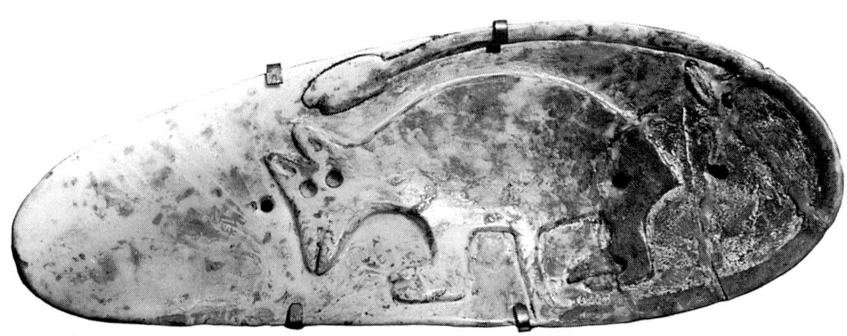

«Schuhsohlenpektoral» der Glacial Kame-Kultur mit im Relief gearbeitetem Schwarzbären.

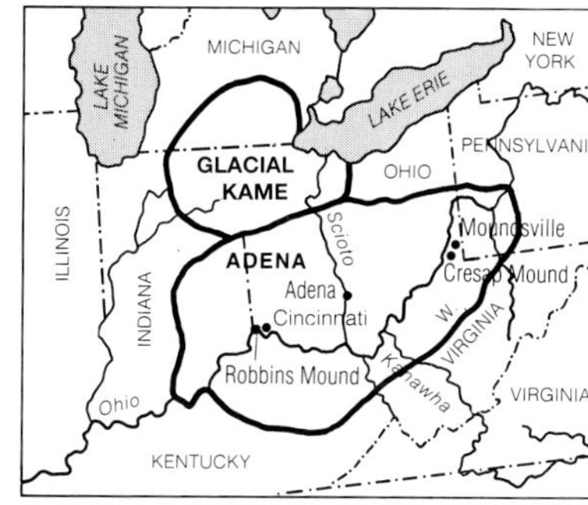

Verbreitungsgebiete der Adena- und Glacial Kame-Komplexe.

Bezüglich der Herkunft des Grabhügelbaus im Waldland kursieren unterschiedliche Meinungen. Einige Forscher wollen den Brauch aus Mesoamerika herleiten, übersehen dabei aber Anknüpfungspunkte an autochthone, seit Jahrtausenden geübte Bestattungspraktiken. Bereits einige Zeit vor 1500 v. Chr. hatten archaische Volksgruppen begonnen, ihre Toten mit ausgesuchter Fürsorge zu behandeln. In Labrador, Neufundland und Maine z. B. erinnerten schon um 3500 v. Chr. Hügelgräber an Verstorbene. Aus solchen Vorläufern entwickelten sich im Früh-Formativum eindrucksvolle Bestattungszeremonien, die über den gesamten Osten ausgriffen. Dieser Kultkomplex ist wohl auch in Zusammenhang mit regem Fernhandel zu sehen, durch den exotische Rohstoffe bezogen und zu exklusiven Grabbeigaben verarbeitet werden konnten. Ihren vorläufigen Höhepunkt fand die Entwicklung während der Adena-Zeit, von 500 v. Chr. bis 100 u. Z.

Bei Adena handelte es sich nicht um eine scharf umrissene Kultur, wie man früher annahm, sondern um den Ausdruck eines geistigen, auf besondere Fürsorge gegenüber Toten gegründeten Konzeptes (Muller, 1986), dessen Ausstrahlung vom Whitewater River in Indiana bis in die Gegend des heutigen Pittsburgh und von den Blaustengelgrasprärien um die Flüsse Licking, Big Sandy und Kanawha bis zu den Oberläufen von Scioto und Muskingum in Ohio wirkte (Griffin, 1978).

Die meisten Adena-Fundstätten sind Grabhügel. Insgesamt mag es im Kerngebiet an die 500 dieser Tumuli gegeben haben (Webb & Snow, 1945; Webb & Baby, 1957; Dragoo, 1963). Zwischen 500 v. Chr. und der Zeitenwende nahmen sich die Hügelgräber noch recht bescheiden aus (Dragoo, 1963). Einzelbeisetzungen in ovalen, mit Rinde ausgekleideten Gruben, die flache Erdanschüttungen deckten, waren die Regel. Mancherorts lagen die Toten auf einem für sie reservierten Platz inmitten der Siedlung. Brand- und Körpergräber kamen vor. Gelegentliche Bündelbestattungen lassen auf das Aussetzen der Leichname auf Bäumen oder Plattformen schließen. War das Fleisch verwest, klaubte man die Knochen zusammen und beerdigte sie endgültig. Denkbar wäre auch, daß im Winter Verstorbene erst im Frühjahr, anläßlich einer kommunalen Trauerfeier, zu Grabe getragen wurden.

Zu Beginn der Adena-Zeit bestreute man Leichen mit rotem oder gelbem Ocker, Graphit oder pulvrigem Pyrolusit (Weichmanganerz). Scheinbar bemalten Hinterbliebene die Verblichenen auch mit roter Farbe. Vielfach konnten nämlich abgeriebene Hämatitbrocken und Muschelpaletten geborgen werden.

Anfangs begleiteten Alltagsutensilien – Feuersteinklingen, Bohrer, Schaber, Steinäxte und einfache Knochengeräte (Kämme, Ahlen, Retuschierstäbe, Spatel) – Verstorbene auf der Jenseitsreise. Es scheint sich dabei um ihren persönlichen Besitz gehandelt zu haben. Den Toten waren ferner Schnüre mit Kupferperlen, Konchylien- oder Knochenschmuck angelegt worden. Einige trugen gebuchtete Pektorale aus Schiefer oder Kupfer. Zu den auffälligsten Grabbeigaben zählen Röhrenpfeifen.

Im ersten Jahrhundert nach Christi Geburt wandelten sich die Bestattungsmodalitäten. Robbins Mound in Kentucky, eine von vielen spät-adenazeitlichen Stätten, offenbart deutlich den Übergang von Einfachgräbern zu geräumigen Grabkammern und Totenhäusern. Vielleicht dienten die Häuser, vergleichbar ei-

Querschnitt und Aufsicht einer adenazeitlichen Bestattung im Wright Mound Kentuckys.

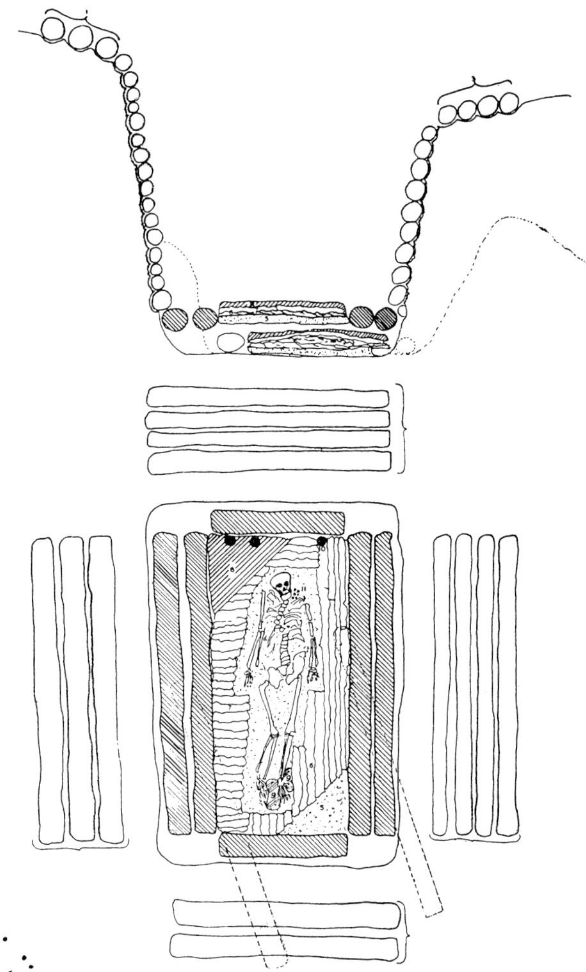

Blick in ein aufgeschnittenes Adena-Haus mit zentraler Feuerstelle. *(Links)* Grundriß desselben Gebäudes. Besonders gut ist die Anordnung der Pfostenlöcher zu erkennen.

ner Leichenhalle, dem Zurschaustellen Verstorbener. Auch überdachte Holzplattformen kamen vor. An manchen Knochen fanden sich Farbreste, die eine Zweitbestattung nach Aussetzen der Körper nahelegen. War der Katafalk oder das Beinhaus eingeäschert, türmte man Erde darüber. Großtumuli entstanden über längere Nutzungsperioden durch Anlage mehrerer Kammergräber. Die imposantesten treffen wir am mittleren Ohio. Dazu gehört der berühmte Grave Creek Mound bei Moundsville in West-Virginia. Er ragte 21 m in die Höhe und wies einen Durchmesser von 73 m auf. 72000 Tonnen Erde mußten zu seinem Bau herangeschafft werden.

Gegen Ende der Adena-Zeit errichtete man um die Hügelgräber runde oder pentagonale Erdwälle. Dort dürften sich die Mitglieder einer Verwandtschaftsgruppe zur Ausrichtung der Trauerfeierlichkeiten getroffen haben (Webb & Snow, 1945). Manchmal treten solche Sakralbezirke zu mehreren auf, vielleicht ein Fingerzeig auf bestehende Klanstrukturen.

Wie Schatzgräber schon im letzten Jahrhundert entdeckten, lagen in spätadenazeitlichen Hügeln, vornehmlich in den holzgefütterten Schächten, die scheinbar hochrangigen Personen vorbehalten waren, reiche Beigaben, u. a. auch gravierte menschliche Hirnschalen und ganze Schädel. Eines dieser Stücke aus dem Cresap Mound in West-Virginia wies vom ständigen Hervorholen und Herumzeigen Abnutzungsspuren auf. Mark Seeman (1988) vermutet in solchen Exponaten Kopfjagdtrophäen.

In den Gräbern einfacher Leute wurden noch immer Steinbeile und andere Dinge des alltäglichen Bedarfs niedergelegt, die Ruhestätten der Noblen aber zeichneten sich nun durch in technischer und künstlerischer Hinsicht höchst anspruchsvolle Gaben aus. Vor allem sind hier Tonsteinpfeifen mit applizierten oder herausgearbeiteten figuralen Dekors, aus durchsichtigem Muskovitglimmer geschnittene Abzeichen, feine Tongefäße mit eingeritzten Rhomben, halbmondförmige Armspangen sowie Diademe, Pektorale oder Fingerringe aus Kupfer zu nennen. Steinschnittstempel, sogenannte «Tabletts», zum Verzieren von Textilien oder nackter Haut waren mit schmucken Dessins versehen. Erwähnen muß man auch die eigenartigen «Vogelsteine», deren Funktion nicht genau bekannt ist. Eventuell sind diese Objekte, wie auch die im Süden üblichen «Bootsteine», prunkvolle Griffstücke von Speerschleudern gewesen.

Anthropomorphe Tabakspfeife aus dem Adena Mound, Ross County (Ohio); Höhe 20 cm.

Hundegestaltige (?) Figurenpfeife aus Newark, Ohio.

«Vogelsteine» wie dieses Stück aus Milwaukee dienten wohl als Atlatl-Griffe.

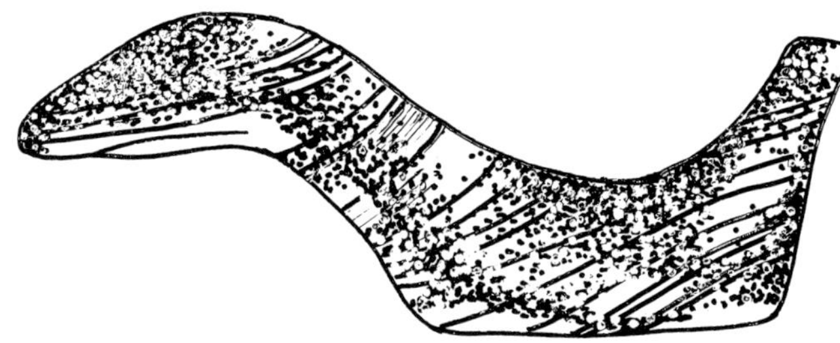

Archäologen stießen in manchen Gräbern der späteren Adena-Zeit auf ungewöhnliche Kostümteile, die vielleicht zur Priestertracht gehörten. Geweihnachbildungen aus Kupfer kamen zum Vorschein und Hirschkalotten mit echten Geweihstangen. Im Ayers Mound, Kentucky, barg man das Skelett eines Mannes, der den Oberkiefer eines Rotwolfes im Mund trug. Zu diesem Zweck waren der Person die oberen Schneidezähne ausgebrochen worden. William Webb und Raymond Baby (1957) haben eine eindrucksvolle Rekonstruktion der Maske mit den ursprünglich vorhandenen Fellpartien vorgelegt. Ähnliche Stücke zeigen Bilder des Malers George Catlin, der sie im 19. Jh. bei Präriestämmen antraf. Auch Puma- und Bärenmasken dürfte man bei Zeremonien vorgeführt haben.

Wie James Griffin (1978) darlegte, kann die Adresse «Adena» als Oberbegriff für ein Interaktionsnetz Dutzender zeitgenössischer Frühwaldlandkulturen gebraucht werden. Diese unterschieden sich durch spezifische Keramikformen und andere typische Artefakte voneinander, Details, die wir hier nicht erörtern müssen. Der interessierte Leser sei an Griffin (1967; 1978) und Muller (1986) verwiesen.

Dörfer der Frühwaldlandzeit waren klein und umfaßten kaum mehr als zehn Häuser (Muller, 1986); offenbar wurden sie nur temporär bewohnt. Bei den Gebäuden handelte es sich um Rundbauten von 6 bis 24 m Durchmesser. Maximal 40 Personen fanden in den größeren Obdach. Wenn Bestattungszeremonien anstanden, versammelten sich die Einwohner mehrerer Dörfer, wohl auch, wenn es galt, Grabhügel zu errichten. Selbst zwischen weit voneinander entfernten Gebieten gab es Kontakte. Ohio-Pfeifenstein vom Unterlauf des Scioto River etwa gelangte zum Huron-See und an den St. Lawrence. Umgekehrt wanderte Kupfer vom Lake Superior zum Ohio. Trotz des leichten Bevölkerungsanstiegs im Früh-Formativum lag die Siedlungsdichte generell eher niedrig; im Ohio-Tal z. B. kamen knapp 0,39 Personen auf einen Quadratkilometer. Innerhalb eng umschriebener Zonen aber ballte sich die Bevölkerung. Dort, in der Scioto-Niederung Ohios oder am Kanawha River in West-Virginia und um das heutige Cincinnati beispielsweise, registrierte die Forschung die meisten Grabhügel, möglicherweise Indiz für eine Konzentration auf Stammesgebiete.

Adena-Musterstempel («Tabletts»). Im Original etwa doppelt so groß.

Der Weg zu sozialer und wirtschaftlicher Stabilität

Wenn es neben den vorab genannten Merkmalen ein weiteres Charakteristikum gibt, das früh-waldlandzeitliche von spätarchaischen Traditionen unterscheidet, dann ist es die schrittweise Vertiefung inner- und zwischengesellschaftlicher Austauschsysteme. Dieses Netzwerk, das Archäologen über die Jahre fasziniert hat, erreichte vor allem im Mittel- und Spät-Formativum erstaunliche Dimensionen (Brose, 1979; Braun, 1986).

Mit allmählicher Bevölkerungsverdichtung im Waldland legten die Menschen immer größeren Wert auf wohlumgrenzte Wohn- und Wirtschaftsreviere. Artefaktensembles änderten von einem Gebiet zum nächsten stark ab, und man ist geneigt, sie als «stilistische Grenzmarken» (Brose, 1979) anzusehen. Aus ethnologischen Vergleichen wissen wir, daß solche Lokalkulturen eine Antwort auf den Ressourcenwettbewerb mehrerer Gruppen in ein und derselben öko-geografischen Zone sind. Durch Ausweisung abgesteckter Reviere verringert sich dort das Risiko unmäßiger Konfrontation (Barth, 1975). Gleichzeitig wird in der Geborgenheit eines territorial ausgewiesenen Identitätsraumes das Wir-Gefühl der Einwohner verfestigt und drängt nach ethnischer Sonderung. Die beträchtlichen Unterschiede bei bestimmten Artefaktklassen – etwa Waffenspitzen – im Östlichen Waldland nach 1000 v. Chr. dürften daher Entwicklungen zu mehr Revierverbundenheit, tieferer sprachlicher Zerklüftung und beschleunigter Ethnogenese illustrieren. Wahrscheinlich ging damit strengere Formalisierung des Warenaustausches einher. Auffällig ist, daß die Waffenspitzenradiation im Süden moderater ablief als im Norden, vermutlich deshalb, weil dort – dank der weniger ausgeprägten jahreszeitlichen Kontraste und der somit günstigeren ökonomischen Ausgangslage – kein so scharfer Ressourcenwettbewerb entbrannte.

Im Fortgang intertribaler Grenzziehung kam der Mitgliedschaft in einem Verwandtschaftsverbund größte Bedeutung zu, denn diesen gesellschaftlichen Triebkräften oblag es, Beschaffung und Verteilung von Nahrungsmitteln sowie anderer Ressourcen zu organisieren. Keineswegs zufällig wurden ausgerechnet während der Früh-Waldlandzeit die letzten Hürden zu Halb- oder Vollseßhaftigkeit genommen. Schließlich förderte das Verweilen an einem Ort den Gemeinschaftsgeist und schuf den Freiraum für spektakuläre Totenrituale, die ihrerseits den Gruppenzusammenhang weiter schmiedeten.

Wieder zeigt uns der Rückgriff auf das ethnologische Beispiel, daß die Fäden von auf Handel und Austausch gestützten ökonomischen Netzwerken – Lebensversicherungen insbesondere für jene Verbände, die in von der Natur nicht gerade verwöhnten Landstrichen ansässig waren – bei den Oberhäuptern diverser Abstammungs- und Verwandtschaftslinien zusammenliefen. Solchen Individuen wird in Stammeskulturen hoher Respekt zuteil, der sich unter Umständen in Statusprivilegien äußert. Im Östlichen Waldland beschworen Begräbnisfeiern nicht nur kommunale oder tribale Solidarität, sondern bezeichneten auch die Verdienste prominenter Persönlichkeiten. Es sind diese Verwandtschaftsgruppenführer gewesen, die kollektive Arbeitseinsätze, die Errichtung von Grabhügeln z. B., koordinierten und Teilnehmer mit Nahrung oder Rohstoffen belohnten. Prestigegüter im Diesseits – Glimmertafeln, Kupferschmuck und geschnitzte Pfeifen – begleiteten sie auch, als Ausweis ihrer hervorragenden Stellung, auf der Jenseitsreise.

Wie David Brose (1979) ausführt, gewährleistete dieser, von ihm in modellhafte Form gekleidete Ablauf zunehmende soziale und wirtschaftliche Stabilität, eine Zuspitzung, die sich mit Trends zu seßhafter Lebensweise und spezialisierter Ausbeutung lokaler Ressourcen (Kultivierung von Wildpflanzen) rückkoppelte.

Als Ergebnis der nunmehr gefestigten gesellschaftlichen und ökonomischen Verhältnisse stellte sich gleitendes Bevölkerungswachstum ein. Dieses wiederum war für neue Formen sozialer Integration – Hierarchienbildung und das Entstehen höherer sozio-politischer Instanzen – verantwortlich. Brose glaubt hierin das Produkt einer Entwicklungskurve zu erkennen: Kulturwandel setzte zunächst dort ein, wo der Umweltwiderstand überschritten wurde oder ökologische Streßfaktoren besonders nachhaltig wirkten. Krisenmanagement war gefragt. Bestimmte Verwandtschaftsgruppen besetzten gesellschaftliche Schlüsselpositionen und statteten ihre Führer mit größerer Machtbefugnis aus. Der Erwerb von Prestigegütern unterstrich ihren Status. Zeremonielle Aktivitäten, insbesondere Totenrituale, bekräftigten den sozialen Zusammenhalt. Nach der Zeitenwende bestiegen die Bevölkerungen der Mittelwaldlandperiode einen bereits fahrenden Zug. Aber sie überholten Lokomotive wie Waggons durch den weiteren Ausbau gesellschaftlicher und religiöser Institutionen.

19. MITTELWALDLANDZEIT UND HOPEWELL-KOMPLEX

Die Mittelwaldlandzeit (ca. 200 v. Chr. bis 400 u. Z.) knüpft an die im vorausgegangenen Kapitel geschilderten früh-formativen Entwicklungen an. Im Norden des Gebietes ist sie von der Hopewell-Tradition geprägt, deren Name sich von einer Farm im Ross County, Ohio, herleitet (Griffin, 1967). Derweil blühten im Südosten zahlreiche Lokalkulturen. Obwohl alle diese Menschen Jäger und Sammler waren, kultivierten sie in zunehmendem Maß Wildpflanzen.

Der Hopewell-Komplex – eine merkantile und zeremonielle Interaktionssphäre: ca. 100 v. Chr. bis 300–500 u. Z.

Verfeinerte Techniken der Steinbearbeitung, der Töpferei und Textilherstellung sind die herausragenden Merkmale der Hopewell-«Kultur». Sie verbreiteten sich im Gefolge eines ausgedehnten Fernhandels, der offenbar hauptsächlich zum Zwecke der Beschaffung exotischer Rohstoffe in Gang gesetzt und gehalten wurde. Diese Exotika wiederum dienten der Fertigung von Prestigeobjekten für Angehörige der Oberschicht, die solche handwerklichen Spitzenstücke in erster Linie als Grabbeigaben verwendete (Brose & Greber, 1979). Erdwerke der Hopewell-Zeit, vornehmlich in Ohio, erreichten gewaltige Abmessungen. In den Augen versponnener Privatgelehrter des 19. Jhs. waren dies die «Forts» und «Götterburgen» einer in grauer Vorzeit versunkenen Zivilisation (Silverberg, 1968).

Der Hopewell-Komplex nahm weite Teile des Mittelwestens ein, entfaltete aber in den Niederungen des Ohio und seiner Zuflüsse das größte Gepränge. Im Scioto-Tal nahe Chillicothe befand sich ein bedeutender Siedlungsschwerpunkt. Grabhügel und spektakuläre geometrische Erdwallanlagen deckten oft mehr als vier Hektar. Andere Zentren lagen bei Marietta und im südwestlichen Ohio (Griffin, 1967). Von diesen Brennpunkten gingen wesentliche religiöse, politische und wirtschaftliche Impulse aus, die weithin ausstrahlten. Allerdings wäre es falsch, den Hopewell-Komplex als «Kultur» im üblichen Wortsinn anzusehen. Vielmehr handelte es sich um den Satz einer kulturellen Partitur, einen pompösen funeralen Zeremonialismus, der seinen sinnfälligsten Ausdruck in der Errichtung überaus komplizierter Grabanlagen fand (Prufer, 1964).

Schmuck eines Hopewell-Mannes: Ohrspulen und Anhänger der Perlenkette bestehen aus Kupfer. Field Museum of Natural History, Chicago.

Ursprünge. Es gibt kaum Zweifel daran, daß die Ohio-Abteilung des Hopewell-Komplexes in der Adena-Tradition wurzelt. Olaf Prufer (1964) meinte, man müsse von Hopewell lediglich den hypertroph entwickelten Totenkult sowie den kunsthandwerklichen Putz abziehen und hätte dann eine Kultur vor sich, die mit Adena weitgehend identisch sei. Diese Einschätzung dürfte im wesentlichen zutreffen, denn Adena selbst ist Teil eines historischen Kontinuums, das bis in spätarchaische Zeiten reicht. Prufer glaubte aber auch, daß die explosive Entfaltung Hopewells aus dem Verschnitt dieser bodenständigen Tradition mit ortsfremden Elementen resultierte. Er stellte die Hypothese auf, äußere Anregungen, vielleicht im Sog einer Völkerwanderung transportiert, seien aus dem südlichen Indiana und dem Mittelwesten am Ohio eingebürgert worden.

Ungefähr zur selben Zeit, als der Hopewell-Zeremonialismus im Ohio-Tal Fuß faßte, erschien im südlichen Illinois eine ähnliche Konfiguration. Gewisse Kulturmanifestationen, etwa hopewelltypische Keramik, traten in Illinois offenbar ein wenig früher auf als am Ohio, so daß man tatsächlich an einen Ideentransfer von West nach Ost denken könnte. Möglicherweise geschah das im Zuge der Südostausbreitung der Südalgonkin, doch bleibt diese Spekulation vorläufig vage (s. auch Kapitel 21).

Wo auch immer der Ursprung des Hopewell-Zeremonialismus gewesen sein mag, es gilt festzuhalten, daß eine Vielzahl regionaler Varianten bestand. Dennoch zeigt sich im Fundgut ein örtliche Unterschiede überbrückender stilistischer Kanon, der wesentlich zum homogenen Eindruck des Komplexes beigetragen hat. Auffällig ist ferner die Vorliebe für ausgesuchte exotische Rohstoffe, darunter Kupfer, marine Konchylien, Obsidian, Seeschildkrötenpanzer, Hai- und Alligatorzähne, Barrakudakiefer sowie Meteoriteisen. Es entstanden unter anderem zimbelähnliche Kupferohrspulen, Kupferbrustplatten, oft exzentrisch geformte Ritualwaffen aus Obsidian, Pokale aus *Busycon*-Schalen und aus Glimmertafeln geschnittene Verwandtschaftsgruppen- oder Rangembleme. Unverzierte und figural gestaltete Plattformpfeifen befanden sich in Gebrauch, außerdem anthropomorphe Tonstatuetten und dekorierte Töpferware. Alle diese Gegenstände wurden über merkantile Kanäle verbreitet, die einem weitmaschigen Handelsnetz, der Hopewell-Interaktionssphäre, untergeordnet waren.

Bereits 1958 unterschied Joseph Caldwell im Östlichen Waldland eine Reihe formativer Regionalkulturen anhand ihrer typischen Keramikerzeugnisse und ihrer jeweiligen ökologischen Einnischung. Caldwell zog sie zur Illustrierung seiner Kernthese über den Kulturfortschritt im Osten heran. Die These besagt, daß archaische wie waldlandzeitliche Volksgruppen es verstanden, Waldprodukte immer effizienter auszubeuten und über ökonomische Spezialisierung zu den verschiedensten Anpassungsformen fanden (Caldwell, 1958). Die Hopewell-Elemente dieser Traditionen waren ortsgebunden, aber in abgestufter Intensität mit dem Interaktionsnetz verknüpft.

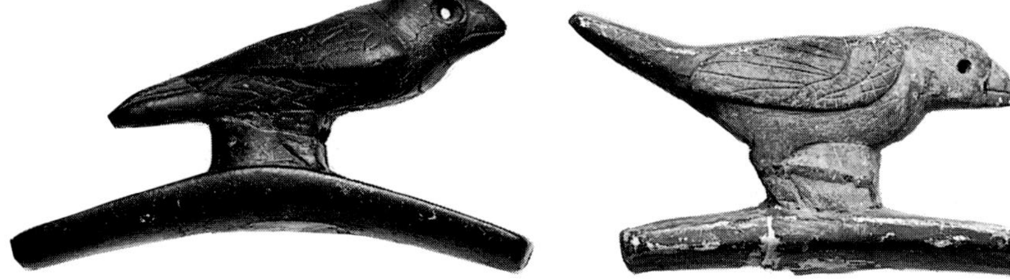

Hopewell-Artefakte. *(Oben, links)* Tonplastik eines religiösen Funktionärs mit Stirn-Haarknoten; Fundort unbekannt. *(Oben, rechts)* 38 cm langes Kupferemblem in Gestalt eines Kolkraben *(Corvus corax);* als Augenimitat dient eine Süßwasserperle. Fundort unbekannt. *(Mitte)* Greifvogelklauenemblem aus transparentem Muskovit; Länge 28 cm. Fundort unbekannt. *(Gegenüberliegende Seite und unten)* Vier ornithomorphe Plattformpfeifen; Höhe bis 6 cm. Fundorte unbekannt.

Die Hopewell-Interaktionssphäre. Verzeichnet sind die Herkunftsgebiete besonders begehrter Rohstoffe.

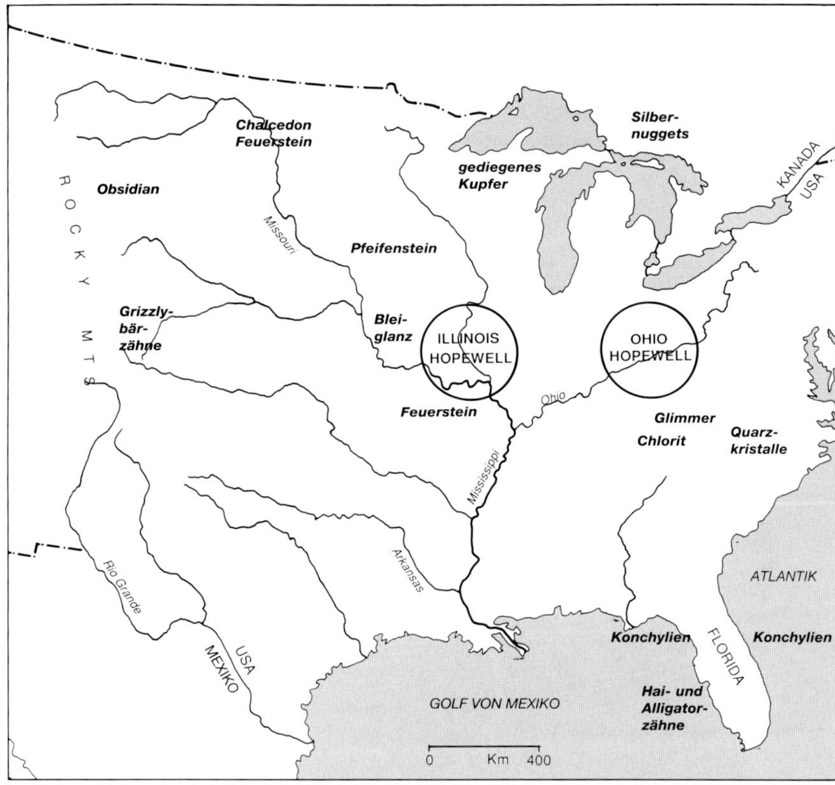

Das Hopewell-Handelsnetz

Der «Gemeinsame Markt» des Hopewell-Systems erstreckte sich, einschließlich randständiger Zonen, vom äußersten Südosten bis nach Kanada (Seeman, 1979 a). Innerhalb dieses Beziehungsgeflechts waren lokale Kulturen in recht unterschiedlichem Umfang an den Transaktionen beteiligt. Besonders ausgiebig wurde entlang der größeren Wasserwege Handel getrieben (Brose & Greber, 1979). Wenn man Begräbnisstätten in Ohio zum Maßstab macht, erreichte der Austausch von am Ort nicht vorhandenen Gütern zeitweise ungeheure Dimensionen (Griffin, 1967). Gediegenes Kupfer stammte aus der Gegend um den Lake Superior, ebenso Silber, nach dem auch bei Cobalt in Ohio geschürft wurde. Muskovit, Prismenquarze und Chlorit kamen aus den südlichen Appalachen. Kronen- und Fechterschnecken erwarb man an der Ostküste Floridas, die kleineren Rand- und Olivenschnecken an der Golfküste. Bleiglanzkristalle handelten Hopewell-Kaufleute im nordwestlichen Illinois oder in Missouri ein, Feuersteinknollen in Illinois oder Indiana. Wie uns die Neutronenaktivierungsanalyse – ein Verfahren zur Bestimmung der chemischen Zusammensetzung bestimmter Substanzen, das ihren Ursprungsnachweis ermöglicht – verrät, wurde Obsidian aus dem Gebiet des heutigen Yellowstone-Nationalparks in den Rocky Mountains beschafft, Chalcedon aus der Umgebung von Knife Fork in North Dakota und aus dem südlichen Manitoba.

Die bei weitem größte Menge Rohstoffe gelangte in den Besitz von Menschen, die in den bedeutenden Handels- und Handwerkerzentren ansässig waren. Dort wurden die angelieferten Materialien zu Schmuckstücken oder Sakralobjekten verarbeitet und dann weitervertrieben. Kupfergegenstände z. B. wanderten aus Ohio nach Tennessee und an den Golf von Mexiko oder von New York nach Iowa und Missouri. Die charakteristischen Plattformpfeifen aus Ohio-Tonstein findet man von New York bis Wisconsin und Hardin County in Illinois.

Kernzonen, die sich, was die Fundhäufigkeit von Hopewell-Artefakten anbelangt, durch außerordentlich hohe Frequenz ausweisen, sind die Niederungen von Mississippi und Illinois im Bundesstaat Illinois und die Auen von Scioto und Miami im südlichen Ohio (Braun, 1986). Beide Areale bildeten Mittelpunkte ausgedehnter interregionaler Austauschringe. Im Zeitlauf überlappten sie sich, verloren aber nie ihre angestammte Identität (Struever & Houart, 1972). Außerhalb der Kernbereiche gingen Handelsaktivitäten zurück, doch gab es ansehnliche Nebenschauplätze, Florida z. B. oder die sogenannte Copena-Kultur Alabamas (Seeman, 1979 a).

Mit Unterbrechungen florierten merkantile Verbindungen dieser Art seit etwa 4000 v. Chr. Doch waren sie ständigen Schwankungen unterworfen. Auf Expansion folgte Niedergang, und es änderten sich örtlich Zugriffsmodalitäten auf bestimmte Rohstoffe. Insgesamt betrachtet nahm über die Jahrhunderte das Ausmaß der Transaktionen zu. Parallel wuchs die Komplexität der gesellschaftlichen Kräfte, die den Warenkreislauf überwachten. Die Hopewell-«Kultur» kann daher auch als Reflex auf die gewandelten sozialen Verhältnisse, die kurz vor der Zeitenwende neuen Zuschnitt erhielten, angesehen werden.

Subsistenz und Reziprozität

Bestattungsbräuche und Funeralarchitektur des Hopewell-Komplexes sind derart spektakulär, daß frühere Wissenschaftler ihre Bemühungen fast ausschließlich darauf verwandten, Grabtumuli und weitere auffällige Monumente zu untersuchen. Die Erforschung anderer Lebensbereiche wurde dabei vernachlässigt. Deshalb wissen wir über Subsistenz, Siedlungsmuster und Alltag der Hopewell-Leute noch relativ wenig. Nach Yerkes (1988) siedelte man in Weilern, die meist nicht ganzjährig bewohnt waren. Dies trifft vor allem auf Ohio zu, während in Illinois scheinbar stattliche Dörfer in unmittelbarer Nähe von Großgräbern bezogen wurden (Asch et al., 1979). Wo ausreichend Informationen über das Siedlungsgebaren vorliegen, kommt zum Ausdruck, daß die Menschen dazu neigten, sich an – handelsstrategisch günstigen – Wasserwegen niederzulassen. Hier bestand scheinbar die zunehmende Tendenz zu seßhafter Siedlungsweise und stärkerer Bevölkerungskonzentration.

David Braun ist aufgefallen, daß im westlichen Illinois nicht nur die Haushaltsfläche, sondern auch das Volumen der Kochgefäße zugenommen hatte. An gleicher Stelle enthüllten Flotierungen große Mengen Samen kultivierter Wildpflanzen, was nach Meinung des Forschers für Intensivierung von Subsistenzaktivitäten spricht. Die dünneren Wandungen der Gebrauchskeramik ab 200 v. Chr. sind für Braun Indiz innovativer Veränderungen bei der Speisenzubereitung, die es gestatteten, Körnerfrüchte stärker als bisher zu Nahrungszwecken heranzuziehen. Angesichts der nunmehr festzustellenden Bevölkerungsverdichtung war dies sicher von Vorteil (Braun, 1985).

Mit dem Emporschnellen demografischer Werte, der Erweiterung des ökonomischen Rahmens und abnehmender Mobilität vollzog sich auch der Ausbau merkantiler Austauschsysteme. Was war die Triebfeder dieser Expansion? Wie in den vorausgegangenen Epochen bildete Reziprozität – soziale Verpflichtungen jenseits familiärer und kommunaler Bande, die der Weitergabe von Nahrungsmitteln im Verein mit anderen Gütern über große Entfernungen dienten und durch ihre Erträge Rücklagen für Mangelperioden erwirtschafteten – das Hauptelement (Ford, 1974; Brose, 1979). Im Mittelpunkt des Warenkarussells standen lokale Würdenträger, Individuen, die den Güterfluß ankurbelten, indem sie Kontakte zu Nachbargemeinschaften herstellten. Mancherorts, so am Scioto, scheint ein Bevölkerungszustrom in Ballungsgebiete stattgefunden zu haben, wo man ein günstiges Klima für koordinative Entscheidungsprozesse antraf. Dort beackerten ambitionierte Persönlichkeiten, in der ethnografischen Literatur häufig als «Big Men» bezeichnet, ein soziales Feld, das ihnen über gezielte Beschenkung Loyalitäten und Abhängigkeiten schaffen half.

Die Interdependenz von Handel, Reziprozität und Klientelbildung durch «Big Men» läßt sich bei einer Reihe rezenter Stammeskulturen beobachten. Die Erforschung solcher Zusammenhänge ist vor allem mit zwei Namen verbunden: Bronislaw Malinowski (1922), der den Kula-Ringtausch auf den Trobriand-Inseln östlich von Neuguinea studierte, und Marshall Sahlins, dessen Untersuchungsschwerpunkt ebenfalls in Melanesien lag. Wie Sahlins herausfand, sind einzelne Eilande und Inselgruppen durch ein formalisiertes, rituell flankiertes Austauschsystem, bei dem Wertobjekte zwischen Individuen, oft lebenslangen Partnern, kreisen, miteinander verknüpft. Anzahl der Tauschfreundschaften und Menge sowie Bedeutung der Güter tragen zur Steigerung des Ansehens eines Mannes bei. Prominente Verwandtschaftsgruppenführer mit unternehmerischer Begabung organisieren den Ring und können zu regelrechten «Tauscholympiaden» aufrufen. Diese «Broker» agieren als Erste unter Gleichen in weitgehend egalitär strukturierten, autonomen Gemeinschaften. Einem Bonmont Sahlins' zufolge sind sie gewissermaßen «der Rangierbahnhof für Waren, welche, dem Gebot der Reziprozität gehorchend, durch die eigene und andere ähnliche Gesellschaftsgruppen fließen» (Sahlins, 1972)

Bruce Smith (1986) vertritt die Ansicht, daß das «Big Men»-Modell auch auf die vorgeschichtliche Situation in den Flußtälern des östlichen Nordamerika paßt, wo ein Ozean «horizontaler Archipele», also relativ selbständige, über Austauschbeziehungen aber locker verkuppelte Siedlungsinseln, existierte. «Big Men» konnten dort Handelspartnerschaften mit Nachbarn anbahnen, was ihrem Prestige zugute kam. Die im Warenverkehr erzielten Gewinne wurden an Gefolgsleute weitergegeben. Später traten, so Smith, erfolgreiche Unternehmer in Wettstreit, miteinander um Reichtum und Ansehen konkurrierend. Da sie Rangabzeichen mit ins Grab nahmen, und Verwandte oder Anhänger sich bei der Ausrichtung von Trauerfeierlichkeiten zu übertrumpfen suchten, fand der Wettbewerb auch nach ihrem Tod noch seine Fortsetzung. Aber die Position der Funktionäre war gefährdet. Rivalität und Loyalitätsverfall bewirkten unter Umständen hohe gesellschaftliche Instabilität, noch verschärft durch den Umstand, daß das Amt nicht vererbbar war. Zwischengemeinschaftliche Scharniere, zu Lebzeiten von den «Big Men» geschmiert, verrosteten nach deren Tod, es sei denn, ein neuer Führer trat rasch in die Fußstapfen seines Vorgängers. Der archäologische Befund für den Hopewell-Komplex und zeitgenössische Kulturkonfigurationen im Südosten spiegelt die Kurzlebigkeit und den ewigen Wandel im Einzugsbereich jener Häuptlingstümer wider. Sichtbare Zeichen erfolgreicher Führerschaft überlebten nur in den reich ausgestatteten Grabanlagen.

Austausch und Artefaktstandardisierung

Die Hopewell-Interaktionssphäre überspannte ein solch großes Areal, daß viele Archäologen dem Glauben nachhingen, der dahinter arbeitende merkantile Motor sei von einem verhältnismäßig uniformen kulturellen Transmissionsriemen in Takt gehalten worden (Prufer, 1964; Struever & Houart, 1972). Ihre Argumente stützten sich auf die überregional bemerkenswerte stilistische Ähnlichkeit von beispielsweise Pfeifen, Tongefäßen und Ohrspulen.

Derlei Vermutungen griffen detaillierten Material- und Objektanalysen vor. Inzwischen ist klar, daß die meisten Artefaktstile und gewisse Rohstoffe nur innerhalb genau umschriebener Räume auftraten (Griffin, 1965; Griffin et al., 1970; Braun et al., 1982). Exotische Werkstoffe, so ein weiteres Ergebnis jüngerer Untersuchungen, nahmen zudem einen festliegenden, in den Worten Brauns (1986) «präferentiellen» Weg. Vielleicht wurden sie von reisenden Händlern der Hopewell-Kerngebiete erworben und zur Verarbeitung dorthin transportiert. Im Gegensatz dazu erwies sich der Austausch von Fertigprodukten als eher lokales Phänomen, das mutmaßlich den Gesetzen nachbarschaftlicher Reziprozität folgte.

Woher nehmen wir dann die Beweise für objektiv bestehende Artefaktstandardisierung? Es genügt nicht, zur Erklärung des Phänomens eine kleine Gruppe spezialisierter Handwerker anzunehmen noch die auf Vereinheitlichung bedachte Prägekraft individueller Autorität – der nähere Blick auf die Tauschsysteme verbietet solche Deutungen. Eher schon ist an kooperierende und interagierende Ringe eines Netzwerkes von Nachbargemeinschaften zu denken, die ursprünglich aus wirtschaftlicher Notwendigkeit zusammenfanden. Im Zeitlauf entwickelten diese Zirkel ihre eigene «Sprache», ein Set von Handelswaren mit (für den Eingeweihten) leicht zu entschlüsselnden Dessins und Stilhandschriften. Solche Signaturen dienten der Verständigung zwischen versprengten Volksgruppen, die eine ähnliche Weltsicht und Symbolidiomatik teilten.

Es ist nicht einfach, diese These zu verifizieren, aber wir verfügen über einige richtungweisende Anhaltspunkte. Dazu zählt die weit verbreitete Bestattungskeramik. Dabei handelt es sich um kleine, gedrungene Gefäße, die stark von der regional üblichen Gebrauchsware abweichen. Wo immer die Kultkeramik erscheint, weist sie sich durch verdickte Ränder und mit kurvilinearen, geometrischen oder ornithomorphen (Greifvögel, Löffler) Motiven geschmückte Ge-

Hopewell-Funeralkeramik mit stilisierten Rosenlöfflern *(Platalea ajaja)* aus Marksville. Höhe ca. 11,4 cm.

fäßkörper aus, durch die Strichelgitter und punktierte Bänder laufen. Entsprechende Erzeugnisse fand man am unteren Mississippi, am mittleren Missouri und am unteren Illinois. Dieselben Vogelmotive erkennen wir auch auf Kunstgegenständen aus Stein, Knochen, Kupfer und Konchylienschalen im westlichen Illinois und südlichen Ohio. David Braun (1986) hält die Ornamente für allgemein verstandene symbolische Metaphern, die zu mythisch-theologischen Sujets in Beziehung standen.

Wir neigen dazu, das Austauschsystem der Hopewell-Interaktionssphäre unter Fixierung auf exotische, prestigeträchtige Objekte und Materialien zu bewerten, tatsächlich aber gehorchten Mechanismen und Antriebe ganz unterschiedlichen Paßwörtern (Goad, 1979). Auf lokaler Ebene wurden auch so prosaische Dinge wie Nahrungsmittel und Rohstoffe für die Alltagsproduktion verhandelt – Transaktionen, die der Verknappung lebenswichtiger Güter vorbeugten oder im Notfall essentielle Bedürfnisse stillten.

Sharon Goad (1979) hat die Handelsrouten historischer Völkerschaften im Osten genau untersucht. Ihrer Überzeugung nach vollzogen sich merkantile Unternehmungen der Mittelwaldlandzeit auf ähnlichen Bahnen. Als Schubkräfte des Austauschs vermutet auch sie reziproke Verpflichtungen befreundeter Gruppen. Nach Goad gelangten Kupfer, Bleiglanz und andere Güter aus dem Mittelwesten oder dem Bereich der Großen Seen über Handelsdrehscheiben wie Wright und Roden in Alabama bzw. Tunacunnhee in Georgia in den Südosten. Doch diese Zentren leiteten nicht alle Waren weiter. Einige hielten sie zurück oder öffneten die Schleusen erst dann, wenn sie Nutzen daraus zogen.

Das Hopewell-Handelsnetz bildete, so darf man nach den vorliegenden Ergebnissen wohl annehmen, ein Mosaik regionaler Verteilerstränge, die örtliche Bedürfnisse befriedigten und lokalen Verpflichtungen nachkamen. Da und dort überschnitten sich die Vertriebswege und gewannen so Anschluß an das Gesamtsystem. Dieser Organismus verband Siedlungszentren und Umschlagplätze mit auswärtigen Gliedern, deren kulturelle Eigenständigkeit von einem relativ einheitlichen religiös-symbolischen Kanon, manifest in bestimmten Artefaktklassen, kaschiert und überfärbt wurde.

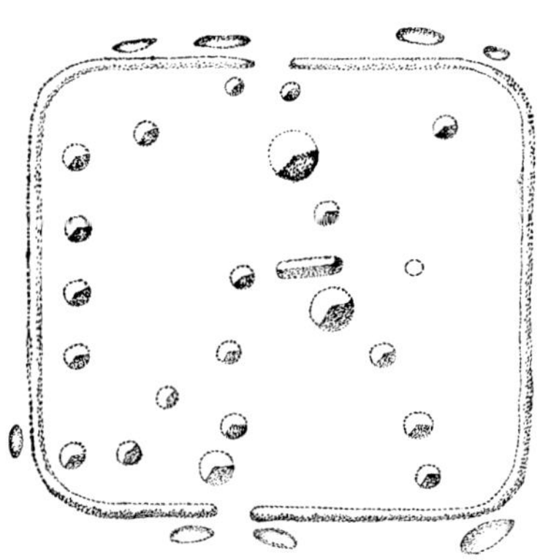

Der Mound City-Komplex in Ohio mit seinen 24 Erdwerken.

Bestattungsriten

Über die Bestattungsbräuche der Hopewell-Gruppen wissen wir mehr als über andere kulturelle Regungen der Mittelwaldlandzeit. Das liegt daran, daß die meisten Ausgräber ihr Hauptaugenmerk auf die spektakulären Erdhügel und die darin angelegten, üppig ausgestatteten Beisetzungsstätten richteten (Brose & Greber, 1979). Dennoch bleibt auch hier noch mancher Zusammenhang verborgen, denn viele Kampagnen erfolgten in den Kindertagen der nordamerikanischen Archäologie, als standardisierte wissenschaftliche Methoden noch unbekannt waren.

Die monumentalsten Grabhügel sind aus dem Ohio-Tal beschrieben worden. In Hopewell selbst, einer Nekropole nahe Chillicothe, verteilen sich innerhalb einer rechteckigen, 45 Hektar umschließenden Erdwallanlage 38 Tumuli. Ebenso eindrucksvoll ist Seip Mound, ein Grabhügel von 9 m Höhe, 76 m Länge und

Luftaufnahme des Great Serpent Mound, Ohio.

46 m Durchmesser. Üblicherweise wurden pro Hügel etwa 14 000 m³ Erde angehäuft. Rund 200 000 Arbeitsstunden waren nötig, um mit einfachstem Gerät – Steinwerkzeugen und Körben – solche Bauleistungen zu erbringen.

Wie ihre Adena-Vorgänger errichteten auch die Hopewell-Leute Grabstätten im Schutz sakraler Umfriedungen. Diese Wälle wiesen freilich entschieden imposantere Abmessungen auf. Bei Mound City in Ohio z. B. zählte man auf einer abgegrenzten Fläche von 5,2 Hektar 24 Hügel, und die Nekropole von Newark im gleichen Bundesstaat deckte 6,4 km²: ein Komplex kreisförmiger, rechteckiger und oktogonaler Kultbezirke, der durch ein Geflecht von Verbindungswegen erschlossen wurde.

Offen für Spekulationen ist der Symbolismus des Great Serpent Mound, eines Bilderhügels in Ohio, der nach neueren Untersuchungen in die Adena-Zeit datiert, aber am Anfang der Schöpfung plastischer Erdwallanlagen steht, die in der Mittelwaldlandperiode ihre weiteste Verbreitung erreichten. 382 m lang ringelt sich der Schlangenleib über den Kamm einer Anschüttung, die primär keine Bestattung barg. Der geöffnete Rachen des Reptils scheint ein ovales Objekt ver-

Querschnitt und Aufsicht eines Gemeinschaftsgrabes in Hopewells Mound WH6.

schlingen zu wollen. Sicher wurde hier ein mythisches Thema behandelt. Möglich wäre folgende Deutung: Das Ei, Sinnbild des Lebens in vielen Weltkulturen, wird von einer todbringenden Macht, der Schlange, bedroht. Wie dem auch sei, wir können uns glücklich schätzen, daß die «Große Schlange» noch existiert. Vor einem Jahrhundert plünderten Schatzsucher das Erdwerk, und Weidevieh zertrampelte den Hügel. Der Initiative des Harvard-Archäologen Frederick Putnam, der Damen der Bostoner Gesellschaft zur Gründung eines Rettungsfonds überreden konnte, verdanken wir jedoch die Sicherung des Denkmals (Fagan, 1977).

Schatzgräber und ernsthafte Forscher haben Hunderte von Hopewell-Erdwerken durchforstet. Dabei stieß man allein in den größeren Nekropolen des Ohio-Tals auf über 1150 Grablegungen. Über drei Viertel der Toten wurden eingeäschert. Körperbestattungen waren offenbar auf die gesellschaftliche Elite beschränkt. Sowohl Grüfte als auch Beinhäuser (Karner) kamen vor. Bei ersteren handelte es sich um geräumige Schächte mit schweren Holzdecken, die man nahe einer Siedlung, oft auf Landmarken, ins Erdreich trieb.

Beinhäuser, pfostengestützte Gebäude mit Weichdächern, dienten dem Schutz der Toten und gaben einen passenden Rahmen der Beisetzungsfeierlichkeiten ab. Die Leichname wurden hingebungsvoll versorgt, gesalbt, mit Farbpigmenten gepudert und geschmückt. Nachdem derlei Aktivitäten abgeschlossen waren und die vorgeschriebene Totenruhe sich dem Ende zuneigte, zündete man die Karner an. Anschließend errichteten die Trauernden darüber einen Erdhügel (Brown, 1979).

Hopewell-Würdenträger wurden in Kisten aus Baumstämmen beerdigt. Die Ausstattung dieser Gräber überbietet alles, was wir bisher über solche Gepflogenheiten im Östlichen Waldland hörten. Ein Jüngling und eine junge Frau, die in Hopewells Haupttumulus ruhten, trugen kupferne Ohrspulen, Kupferpektorale und Halsbänder aus Grizzlybärenkrallen. Tausende Süßwasserperlen und kupferverbrämte Holz- und Steinknöpfe bedeckten den Körper der Frau. Die Gesichter des Paares zierten Kupfernasen. In einem Seip Mound-Holzkistengrab lagen vier Erwachsene und zwei Kinder, auch sie beladen mit Süßwasserperlen, Kupfergerät und Preziosen aus Glimmer, Silber und Schildpatt. Einige Verstorbene scheinen zu Lebzeiten geachtete Kunsthandwerker gewesen zu sein. So türmten sich an der Seite eines in Hopewell eingeäscherten Mannes 3000 Glimmertafeln und 90 kg Bleiglanzkristalle. Ein «Kollege» aus einem anderen Grabhügel war offenkundig auf die Herstellung von Obsidiangegenständen spezialisiert. Hunderte Vulkanglasfragmente konnten aus seiner Ruhestätte gefördert werden.

Andernorts hinterlegten Trauernde Kupferäxte, Kupfer- und Glimmerschablonen in Gestalt von Vögeln, Fischen und menschlichen Körperteilen, Feuerstein- und Chloritdisken, polierte «Vogelsteine» sowie herrliche Figurenpfeifen. Darüber hinaus bargen Archäologen gravierte Menschenknochen, gemusterte Textilien und Tonfigurinen. Letztere verraten uns einiges über die Tracht der Hopewell-Bevölkerung. Frauen gingen mit nacktem Oberkörper und knielangem Wickelrock; Männer trugen Lendentücher. Haarbürsten zierten die Häupter mancher Krieger, andere ließen der wallenden Pracht freien Lauf. Haarknoten über der Stirn werden als Ausweis eines religiösen Amtes interpretiert.

Trotz vieler Anhaltspunkte sind die Begräbnispraktiken der Mittelwaldlandzeit aus dem archäologischen Befund allein nicht zu erschließen. Einige Wissen-

Schaubild aus dem Field Museum of Natural History in Chicago, das über Bestattungsbrauchtum und Grabhügelbau informiert. Unten verbrennen Priester zwei Leichname, während andere in einem Holzkistengrab beigesetzt werden. Altäre nehmen Opfergaben auf. Schließlich häuft man Erde über die geweihte Ruhestätte.

schaftler ziehen daher ethnografische Vergleiche heran. Funeralriten erfüllen weltweit im wesentlichen zwei Funktionen: Sie unterstreichen die Ablösung der Lebenden von den Toten und wollen die Verstorbenen ins Land der Ahnen geleiten. Das postmortale Schicksal nimmt jedoch meist nicht sofort nach dem Exitus seinen Lauf; die Trennung erfolgt eher allmählich und kann oft erst nach längerer Zeit als abgeschlossen gelten. Da der Tod nur als Übergangsphänomen gesehen wird, in der Anderswelt sich das Leben also genau wie auf Erden abspielt, versorgt man die Hingeschiedenen wie im Diesseits mit Wasser, Nahrung, Waffen und Rangabzeichen. Weitere Details erschließen sich im Blick auf das konkrete Beispiel. Beinhäuser etwa waren noch zur europäischen Kontaktzeit im Südosten Nordamerikas weitverbreitet. In ihnen bahrte man meist hochrangige Personen auf. Die Cahtaw (Choctaw) setzten ihre Toten auf überdachten Katafalken aus. Speisegaben sollten die Verblichenen stärken. War deren Fleisch nach einigen Monaten verwest, wurden Priester bestellt, die die Knochen säuberten und in eine Kiste betteten. Hierauf beging man den Leichenschmaus in kommunalem Rahmen und überführte die Gebeine feierlich in ein Ossuarium. Dort verblieben sie geraume Zeit. Regelmäßige Zeremonien riefen Erinnerungen an die Toten wach. Hatte sich das Beinhaus gefüllt, entnahm man die Knochen und beerdigte sie endgültig (Swanton, 1931).

Oberflächlich betrachtet ähnelte der Cahtaw-Totenkult der Hopewell-Praxis (Seeman, 1979a). In beiden Fällen stellte man die Verstorbenen zunächst zur Schau, entfleischte die Knochen, brachte die Leichenteile in Ossuarien oder Karnern unter und begrub sie schließlich unter Erdhügeln. Aber es sind auch Abweichungen festzustellen. Feuerbestattungen z. B. kamen bei den Hopewell-Leuten häufiger als bei den Cahtaw vor. Außerdem maß man in vorgeschichtlicher Zeit Fernhandelswaren eine erheblich größere Rolle bei der Grabausstattung zu, und man brannte die Beinhäuser nieder, nachdem sie an die Grenze ihrer Aufnahmekapazität gestoßen waren.

Die Annahme, daß Hopewell-Bevölkerung und historische Indianer identische Bestattungsbräuche pflegten, wäre ungeachtet aller Übereinstimmungen töricht. Mark Seeman (1979b) vertritt die Ansicht, Hopewell-Beinhäuser hätten vornehmlich als Umschlagplätze bestimmter Ressourcen gedient. Aus Wald und Gärten strömten, so der Autor, Nahrungsmittel als Opfergaben in die Karner, wo sie nach Gutdünken der Machthaber verteilt wurden. Totenfeiern boten hierzu gute Gelegenheit. Möglich auch, daß lokale Würdenträger solche Redistributionsrituale nutzten, um ihre politische und spirituelle Autorität aufzufrischen.

Waldlandzeitliche Anpassungen im Südosten: ca. 500 v. Chr. bis 450 u. Z.

Obwohl auch hier reger Handelsverkehr herrschte, entwickelten zeitgenössische Kulturen im Südosten des Waldlandes ein von Hopewell abweichendes Profil. Vor allem im Keramikspektrum spiegelt sich diese Vielfalt wider. Töpfer experimentierten mit neuen Dekors, Gefäßformen und Magerungsmitteln. Hatte man dem Ton früher hauptsächlich Pflanzenfasern beigemengt, um zu verhindern, daß Formlinge beim Brand rissen, arbeiteten die Produzenten nun auch mit Steinsplitt, Kalkspat und Sand. Der Seriation keramischer Erzeugnisse verdanken wir eine Kulturchronik des Südostens. Es soll aber nicht verschwiegen werden, daß dieses Bild, wegen einander manchmal schneidender Siedlungshorizonte, noch einige Schatten aufweist (Muller, 1986; B. Smith, 1986).

Küstenanpassungen. An dem langen Flachküstenstreifen zwischen North Carolina und dem St. Johns River Floridas lebten zahlreiche Wildbeutergruppen. Diese Menschen schlugen in der Nähe von Salzwassermarschen, Flußästuarien und Seen ihre Lager auf. Dort hinterließen sie mächtige Schillhaufen, so daß man meinen könnte, sie hätten sich vorwiegend von Muscheln und Schnecken ernährt. Tatsächlich schöpften die Küstenbewohner eine Vielzahl Ressourcen aus, darunter Weißwedelhirsche, Fische, Mollusken und eine Reihe verschiedenster Pflanzenarten (Byrd, 1976; Milanich & Fairbanks, 1980). Aller Wahrscheinlichkeit nach kultivierte man Flaschen- und Gartenkürbisse (B. Smith, 1986). Vereinzelte Hinweise deuten darauf hin, daß bereits um 200 u. Z. lokal Maisanbau betrieben wurde, freilich in noch sehr geringem Ausmaß (B. Smith, 1987).

Am Nordostrand des Golfs von Mexiko bewohnten die Träger der Deptford-Kultur kleine Küstendörfer, die in etwa 16 km Abstand voneinander lagen. Insgesamt zwischen fünf und zehn Familien boten solche Niederlassungen Raum. Den Winter scheinen die Deptford-Leute in 7 × 10 m großen, ovalen Häusern verbracht zu haben. Kleinere, offene Unterkünfte genügten ihnen in der heißen Jahreszeit (Milanich & Fairbanks, 1980). Daneben gab es zeitweilig genutzte Küsten- und Binnenstationen.

Das Leben in den Flußtälern. Viele Binnensiedlungen im Südosten konzentrierten sich auf die Ufer großer und kleiner Flüsse. Die meisten verfügten über eher bescheidene Abmessungen und waren lange, wenn nicht sogar ganzjährig bewohnt. Wie an der Küste bezog man auch im Landesinnern während des Winters festere Unterkünfte, häufig in unmittelbarer Nachbarschaft von Sommerbehausungen (Milanich, 1973 a, b).

Diese Inlandgruppen erinnern in manchem an ihre archaischen Vorgänger. Um 500 v. Chr. aber befand sich der Umbau ihrer Subsistenzgewohnheiten in vollem Gang. Damals intensivierten Populationen, die nördlich der paratropischen Wälder jagten und sammelten, die Schalenfruchternte. Insbesondere Eicheln, die früher nur selten auf dem Speiseplan standen, fanden jetzt stärkeren Zuspruch. Verbesserte Verarbeitungsverfahren, namentlich die Verwendung von Tongefäßen, die beim Auslaugen unangenehmer Gerbstoffe gute Dienste leisteten, mögen dafür verantwortlich gewesen sein. Die Entgiftungsprozedur selbst war seit langem im Schwange. Man hatte Eicheln vor Aufkommen einwandfreier irdener Geschirre in Steatitbehältern gekocht. Keramiken hingegen konnten mit weniger Aufwand hergestellt werden, und sie erwiesen sich bei pfleglichem Umgang als ebenso haltbar (Walthall, 1980; B. Smith, 1986).

Eine Reihe Inlandfundstätten dieser Zeit belegt die Fortentwicklung von Speichereinrichtungen. Viele Gemeinschaften nutzten nun tiefe, kreisförmige Vorratsgruben, um Nahrungsüberschüsse einzulagern. Womöglich waren jene Depots mit Flechtmatten oder Rinde ausgeschlagen. Das Lagergut wurde während der Wintermonate konsumiert, wenn man dauerhaftere Unterkünfte aufsuchte. Mit gesteigerter Speicherkapazität verstärkte sich der Trend zu permanenter Residenz, und man investierte mehr Arbeit in den Bau stabilerer Behausungen.

Wie schon im Archaikum erwarben die Flußtalbewohner Luxus- und Gebrauchsgüter im Austausch von Dorf zu Dorf. Die Hopewell-Interaktionssphäre reichte bis hierher, und einige Kulturen, die an dieses Handelsnetz angeschlossen waren, blühten noch, als weiter im Norden – in Illinois und Ohio – rascher Niedergang einsetzte. Hornstein, Kupfer, marine Konchylien, Glimmer und Steatit wurden hauptsächlich eingetauscht, auch etliche Fertigprodukte wie z. B. Röhrenpfeifen aus Nordost-Tennessee. Flüchtige Kontakte mit Bevölkerungsgruppen nördlich des Ohio sind daher wahrscheinlich. Dennoch gibt es keinerlei Anzeichen für einen ausgeprägten funeralen Zeremonialismus oder den Bau pompöser Grabhügel.

Mounds und «Big Men» im Südosten: 1 bis 450 u. Z.

In den viereinhalb Jahrhunderten nach der Zeitenwende kam leichte Bewegung in die Kulturen des Südostens. Totenrituale gewannen an Bedeutung, und es scheint, daß auch hier einflußreiche Persönlichkeiten auftraten, die sich über die

Masse des Volkes erhoben. Derlei Entwicklungen verwischten das allgemeine Kulturbild jedoch nur unwesentlich. Kontinuität, insbesondere was Siedlungsmuster und Subsistenz anbetrifft, bestimmte dort den Aspekt, der Erinnerungen an archaische oder früh-waldlandzeitliche Verhältnisse weckt.

Am nachhaltigsten wirkten sich die kulturellen Korrekturen auf die Betreuung Verstorbener aus. Nun wurden allenthalben flache, ovale oder runde Grabhügel angelegt. Auf den ersten Blick ähneln die Tumuli einander, doch enthüllten Anschnitte eine erstaunliche Vielfalt von Beisetzungsbräuchen. Einige Hügel enthielten bis zu zwei Dutzend Bestattungen, andere nur wenige Gräber.

Es genügt nicht, bei wissenschaftlichen Grabungen allein den Kernbereich eines Mounds zu untersuchen. Auch die Ränder und das ursprüngliche Bodenprofil muß der Forscher im Auge behalten, wenn er aussagekräftige Informationen über die vor Anschüttung des Hügels an Ort und Stelle geübten Praktiken gewinnen will. Leider wurden diese Richtlinien früher kaum beherzigt, so daß unsere Kenntnis entsprechender Aktivitäten recht lückenhaft ist. Viele Gemeinschaften, das wissen wir, exponierten ihre Toten in Beinhäusern. Waren die Karner gefüllt – möglicherweise auch nach Verstreichen einer befristeten Totenruhe –, traf sich die Trauergemeinde zu öffentlichen Zeremonien. Höchst unterschiedlich handhabte man die Grablege. Mitunter wurden die Leichname zusammengebogen, dann wieder in Strecklage beerdigt, nachdem man die Knochen säuberlich entfleischt hatte.

Crooks Mound im östlichen Louisiana gibt uns ein Exempel der verschiedensten Bestattungsarten. Einige Tote wurden in Normalhaltung beigesetzt, andere in Hockstellung oder als Knochenbündel. Auch Schädelbestattungen kamen vor (Brown, 1979). Einer Handvoll Individuen ließ man besondere Fürsorge angedeihen. Sie ruhten in eigens präparierten, stein- oder holzverschalten Gräbern bzw. auf Katafalken unter der Erde (B. Smith, 1986). Wieder andere Personen waren vom Rest der Totengemeinschaft abgesondert worden. Ihre sterblichen Überreste bargen Archäologen in abseits gelegenen Gruben oder gar Einbäumen. In den Gräbern der Persönlichkeiten, die solche Exklusivbehandlung erfuhren, häuften sich Prestigegüter, u. a. Panflöten, Ohrspulen und Pektorale aus Kupfer.

Der Stern Hopewells erlischt

Die einzigartige Hopewell-Interaktionssphäre hatte im Mittelwesten bis etwa 400 u. Z. Bestand. Danach zerriß das fein gesponnene Netz, und mit ihm fand der prunkvolle Bestattungszeremonialismus sein Ende. Der Niedergang vollzog sich offenbar flächendeckend, doch sind Einzelheiten bisher schlecht zu erkennen, zumal auch das chronologische Fundament noch nicht ausreichend gefestigt erscheint. Trotzdem wurde eine Vielzahl von Theorien ins Gespräch gebracht, die nach Begründungen für den Kollaps des Systems suchen.

Einer dieser Ansätze geht davon aus, daß ungezügeltes Bevölkerungswachstum über den Umweltwiderstand kulturelle Erosion auslöste. Verantwortlich dafür sei primär die Einführung des Bogens gewesen, der die traditionellen Wurfspeere und Speerwerfer verdrängte. Tatsächlich verschwinden Flugstabilisatoren für

Projektile und steinerne Atlatlgriffe aus dem archäologischen Befund. Sie wurden zwischen 400 und 600 u. Z. von Pfeilspitzen ersetzt (Muller, 1986). Der überlegenen «Feuerkraft» des Bogens verdankten die Waldbewohner, so die These, größere Mengen proteinreicher Nahrung, was die demografische Entwicklung ankurbelte. Allmählich jedoch habe das neue Waffensystem einen zu hohen Zoll von den Jagdtieren erhoben. Unausweichlich sei es zu Bevölkerungszusammenbrüchen gekommen. Angeblich verstärkte sich mit Erscheinen von Pfeil und Bogen zudem der Ressourcenwettstreit. Als Beweise werden Befestigungswerke in Ohio angeführt, die offenbar bei Scharmützeln niederbrannten (Prufer, 1964).

Auch Klimawandel ist als mögliche Ursache des Hopewell-Abschwungs genannt worden. Im Gefolge weltweiter Abkühlung um 400 u. Z. (Delcourt & Delcourt, 1981) hätten sammelwirtschaftliche Erträge abgenommen, was zur Erschütterung ökonomischer Grundfesten führte. Das Klimamodell würde auch erklären, warum in Teilen des Südostens Austauschsysteme weiter in Gang blieben, während sie im Norden kollabierten.

All jene Schablonen erscheinen bei näherer Betrachtung aber zu grob geschnitzt. Immer mehr Forscher messen deshalb kulturellen Langzeitprozessen größere Relevanz zu (Braun, 1986). Hier behaupten zwei einander ergänzende Theorien das Feld. Eine These gründet auf der Annahme, daß zunächst verstärkte Wildpflanzenkultivierung, erfolgreiche Handelsabschlüsse und Machtzuwachs des politischen Apparats Hand in Hand gingen. Da «Schrebergartenbau» aber immer mehr zum Schlager avancierte – er sorgte für Nivellierung des regional unterschiedlichen Ressourcenangebots –, entfielen die ökonomischen Anreize weiter gesteckter merkantiler Transaktionen, denn nun standen allerorts ausreichend Nahrungsmittel zur Verfügung. Jetzt bedurfte man auch talentierter Mittelsmänner nicht mehr, die das wirtschaftliche Schwungrad ihrer guten Außenkontakte betätigten.

Die zweite Hypothese variiert dieses Thema. Jede Form von Landbau ist – sieht man von manchen Küstenhabitaten ab – extraktiven Ökonomien überlegen, aber Landwirtschaft (die Hege von Wildpflanzen eingeschlossen) birgt, abhängig von Niederschlagsaufkommen und anderen Naturphänomenen, eine Reihe Risiken. Hungersnöte drohen und Nahrungsengpässe, insbesondere bei höherer Siedlungsdichte. Wer derlei Risikofaktoren ausschalten will, betreibt Vorratshaltung, legt Wert auf Polykultur (den Anbau möglichst vieler Nutzpflanzen) und sichert sich über reziproke Austauschsysteme mit Nachbarn ab. Unter Betonung hauswirtschaftlicher Komponenten und Aktivierung zwischengemeinschaftlicher Bande ersetzte diese Strategienpalette in der Mittelwaldlandperiode, erst recht nach Einbürgerung des Mais, schrittweise redistributive Abläufe, in deren Mittelpunkt lokale, auf Prestigegewinn und persönliches Profil bedachte Funktionäre gestanden hatten. Parallel zum Einflußverfall dieser Würdenträger büßten Totenkult und Fernhandelsverbindungen, die vorrangig zum Erwerb von Luxusgütern für die Elite installiert worden waren, an Bedeutung ein.

Es ist nicht einfach, archäologische Befunde mit dem vorgestellten Theorienpaket in Einklang zu bringen, hauptsächlich deswegen, weil Prozesse wie die hier skizzierten keine direkten Spuren hinterlassen. David Braun (1986; 1989) indessen deutet an, daß die weithin übliche Übernahme von Motiven der Hopewell-Funeralkeramik in das Dekorrepertoire irdener Haushaltsware nach 200 u. Z. Anhaltspunkt für eine Stärkung der unmittelbaren Wirtschaftssphäre – Haus und Garten – sein könnte. Gleichzeitig, fährt Braun fort, glichen sich die künstlerischen Ausdrucksformen benachbarter Gebiete weitgehend an, geradeso, als ob interkommunale Beziehungen einen neuen, dauerhafteren Anstrich erhalten hätten. Anders gesagt: Der Niedergang des Hopewell-Systems war kein Zusammenbruch im geläufigen Wortsinn, sondern gewissermaßen *cul-de-sac* einer sozio-kulturellen Einbahnstraße, deren Trassenführung sich bereits Jahrhunderte zuvor abzeichnete. Demnach ist der «Kollaps» gesellschaftliche und ökonomische Konsequenz der Interaktion vieler ähnlich strukturierter Lokalgemeinschaften gewesen, die sich über Tausende von Quadratkilometern über das Östliche Waldland verteilten.

Die Jahrhunderte zwischen 450 und 800 u. Z., als der Mais im Südosten seinen Siegeszug antrat, sind ebenfalls des öfteren als Periode kultureller Stagnation ausgerufen worden, und die hier lebenden Volksgruppen als «relativ unbewegliche Gartenbauer-Gesellschaften» (Belovich et al., 1982). In Wahrheit kam es in Auen und an Küsten, wie uns neuere Grabungen lehren, zu bemerkenswerten Entwicklungen. Anknüpfend an stete Bevölkerungszunahme, anhaltenden zwischengemeinschaftlichen Handel und fortgeschrittene Kultivierung einheimischer Wildpflanzen gipfelten solche Ansätze nach 700 u. Z. in einer Reihe faszinierender Flußtalkulturen des Südens und südlichen Mittelwestens. Dieser Mississippi-Tradition und ihren Vorläufern wollen wir uns im nächsten Kapitel zuwenden.

20. SPÄT-WALDLANDZEIT

Über 6000 Jahre kontinuierlicher kultureller Entfaltung im Mittelwesten und Südosten gipfelten nach 700 u. Z. in der Mississippi-Tradition, die mit ihren zivilisatorischen Errungenschaften nach dem archaischen Largo, dem Adagio Adenas und dem Allegro Hopewells das Furioso vorgeschichtlicher Gestaltungen im Waldland darstellt. Noch immer ist der Ursprung dieses komplexen Mosaiks kleinerer und größerer Häuptlingstümer, von denen einige noch Zeugen der europäischen Landnahme wurden, nicht restlos geklärt, sicher aber dürfte sein, daß seine Hauptwurzeln in den Humus nach-hopewellzeitlicher Kulturen des Südostens reichen (B. Smith, 1986; Steponaitis, 1986).

Die Weeden Island-Kultur und ihre Nachbarn

Die ersten, die im Südosten rechteckige, oben abgeflachte Erdhügel (Plattform-Mounds) – ein diagnostisches Merkmal der nachfolgenden Mississippi-Tradition – errichteten, waren die Träger der Troyville- und Coles Creek-Kulturen (450 bis 800 u. Z.) im unteren Mississippi-Tal und in Louisiana. Diese Hügel dienten vermutlich als Unterbauten für Karner, Häuptlingshäuser oder Tempel.

Von allen Kulturen, die ausgangs der Mittelwaldlandzeit im Südosten blühten, ist die Weeden Island-Variante die am besten bekannte. Typische Weeden-Keramik erscheint um 200 u. Z. Sie dürfte sich aus den früheren Santa Rosa- und Swift Creek-Traditionen der Apalachicola/Chattahoochee-Auen an der Grenze Alabamas zu Georgia entwickelt haben. Fundorte der Weeden-Ware liegen in einem Raum, der sich vom Tombigbee River in Alabama entlang der Golfküste bis ins westliche Florida erstreckt. Hier treffen wir ein Spektrum höchst unterschiedlicher Lebensräume an: Flachwasserwiesen, Zypressensümpfe, immergrüne paratropische Laubwälder und – auf Kalksteinrücken – Kiefern/Sägepalmen-Wälder. Der Tisch war dort mit den unterschiedlichsten Gaben der Natur reich gedeckt. Die Indianer jagten Hirsche, fingen Seekühe *(Trichechus manatus),* Alligatoren *(Alligator mississippiensis),* Aalmolche *(Amphiuma),* Weichschildkröten *(Trionyx)* und Fische, darunter die räuberischen Schnabel-Knochenhechte *(Lepisosteus osseus),* mit deren eisenharten Schuppen man sogar Pfeile armierte. Daneben bereicherte auch pflanzliche Kost den Speisezettel.

Weeden wird in zwei Phasen unterteilt. Periode I datiert von 200 bis 700 u. Z., Periode II überspannt die nächsten zweieinhalb Jahrhunderte. Nach 950 u. Z. bildeten sich *in situ* lokale Triebe der Mississippi-Tradition aus.

Weeden-Ableger hielten sich in Nord-Florida möglicherweise bis ins 15. Jh. Ihre östlichen Nachbarn waren die Tawasa (Timucua), Nachfahren der St. Johns-Kultur. Die Tawasa, die spanische und französische Abenteurer des 16. Jhs. noch in Florida antrafen, verständigten sich in einer Sprache, die von den übrigen Mundarten der Region stark abwich. Julian Granberry (in Crawford, 1979) hat vor ein paar Jahren herausgefunden, daß ihre engsten Verwandten die Chibcha sprechenden Wa-arao aus dem Orinoco-Delta Venezuelas sind. Hier bieten sich interessante Perspektiven hinsichtlich der frühen Siedlungsgeschichte des Antillenbogens und Floridas!

Als bedeutendste Fundstätte der Weeden Island-Kultur hat Kolomoki in Georgia zu gelten. Sie deckte 120 Hektar. Der größte Plattformhügel erreichte 17 m Höhe. Etwa 1000 Einwohner soll Kolomoki gezählt haben. William Sears (1956) führte dort vor Jahren Grabungen durch, deren Ergebnisse ihn dazu ermunterten, Parallelen zwischen Sozialorganisation und Zeremonialleben der Kolomoki-Leute und historischen Völkern des Südostens zu ziehen. Sears legte dar, daß in allen diesen Gesellschaften profane und sakrale Existenzbereiche durch einen scharfen Trennstrich geschieden waren. Auch die Weeden-Kultur hat zwei Gesichter, die zu den unterschiedlichsten Interpretationen einladen. Einerseits figuriert sie als facettenreicher, weitverbreiteter Gebrauchskeramikhorizont, andererseits als dichter Zeremonialkomplex, dessen Komponenten noch von hopewellzeitlichen Glaubensvorstellungen inspiriert sein dürften. McKeithen, eine Fundstätte im nördlichen Florida, bringt uns den geistigen Hintergrund näher.

McKeithen war ein Dorf, das hufeisenförmig drei Plattform-Mounds umschloß. Keiner der künstlichen Hügel ragte über zwei Meter in die Höhe. Die Anlage öffnete sich nach West-Nordwest. Grabungen ergaben, daß McKeithen zwischen 200 und 700 u. Z. bewohnt gewesen ist. Zur Zeit der größten Siedlungsdichte, von 350 bis 475 u. Z., errichtete man die Mounds. Gegen 475 wurden die auf den Plattformen stehenden Gebäude niedergebrannt; die Brandstellen versiegelte man. Danach hielten sich noch immer Menschen im Dorf auf, aber es verlor seine Bedeutung als lokales Zentrum.

McKeithens Erdwerke bilden die Eckpunkte eines gleichschenkligen Dreiecks, dessen Symmetrieachse auf den Sonnenaufgang während des Sommersolstitiums weist. Es konnten also astronomische Beobachtungen vorgenommen werden. Auf zwei Hügeln standen einst pfostenverstärkte Gebäude. Bei dem einen handelte es sich möglicherweise um einen Tempel mit Priesterwohnung, da der im Ort residierende religiöse Amtsträger später unter dem eingeäscherten Haus beigesetzt wurde. Dieser Mann war etwa Ende Dreißig, als er verstarb. In seiner Hüfte steckte eine Pfeilspitze, die den Tod aber nicht verschuldete. Scheinbar hatte man den Leichnam einige Tage ausgestellt. Der Tote befand sich in Strecklage. Tier- und Menschenknochen um seinen Schädel folgten einer Anordnung, die den Verdacht nährt, der Verstorbene habe einen beinernen Kopfschmuck getragen. Knapp einen Meter vom Haupt des Toten entfernt stießen die Ausgräber auf das Bruchstück eines Figurengefäßes, das sie als Truthahngeierkopf deuten.

Ein Beinhaus stand vermutlich auf dem zweiten Hügel. Die dritte Anschüttung krönte ein Schirm aus Kiefernstämmen, hinter dem eventuell die Knochen Verstorbener vor ihrer Überführung in den Karner gereinigt wurden. Demnach bildeten die drei Mounds Glieder einer funeralen Zwecken dienenden Anlage, über die zu Lebzeiten wahrscheinlich der in seiner Tempelresidenz beigesetzte Priester wachte. Dieser Mann dürfte auch das Wissen um die solaren Phänomene,

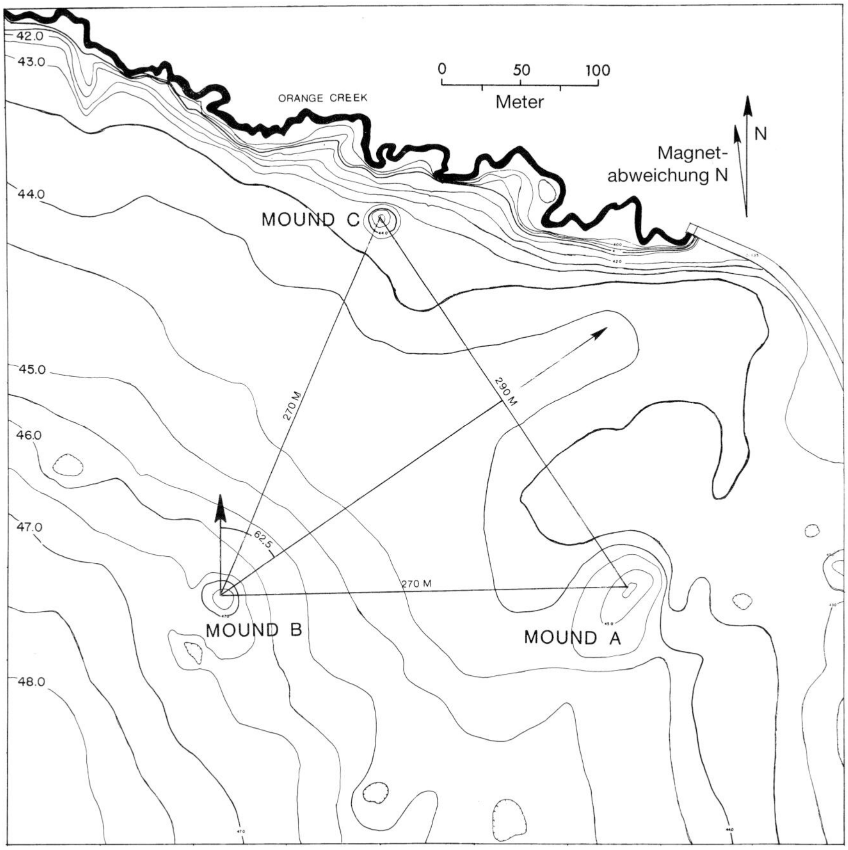

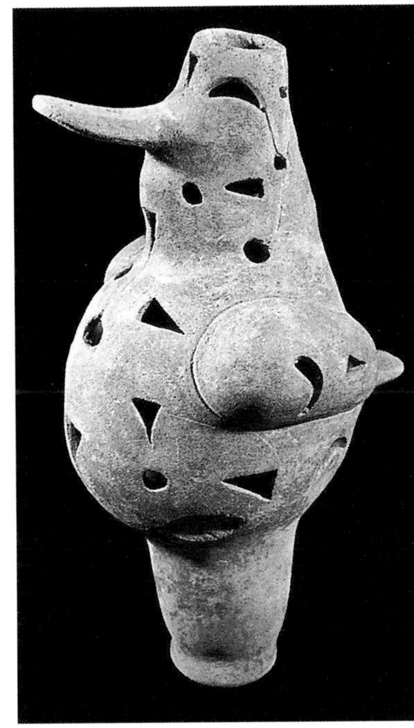

Weeden Island-Kultur. *(Oben, links)* Die drei Erdwerke der McKeithen-Gruppe bilden ein gleichschenkliges Dreieck. Von Mound B aus konnte die Sommersonnenwende beobachtet werden. *(Oben)* Durchbrochene Entenskulptur mit Standfuß aus Kolomokis Mound D; Höhe 34 cm.

Weeden Island-Gebrauchsware mit Hohlstempelmuster, Carter Mound 1.

sichtbar von einem der Hügel, gehütet haben. Nach seinem Ableben fanden die Funeralriten ein Ende. Man verbrannte die Gebäude und bedeckte die Plattformen mit sauberem Sand.

Plattform-Mounds, wie wir sie aus Kolomoki oder McKeithen kennen, sind auch andernorts in Florida, Georgia, Tennessee, Alabama und Mississippi zu finden. Die meisten datieren aus der Zeit zwischen 150 und 400 u. Z., einige wurden erst um 750 u. Z. vollendet, F. T. Schnell u. a. (1981) geben in ihrer Arbeit über das Zentrum Chemochechobee am Chattahoochee River einen Überblick allgemeiner baulicher Details und diskutieren die Funktion der Hügel. Gelegentliche Nebenbestattungen (Körpergräber, Leichenbündel, Schädel) lassen vermuten, daß Sklaven oder andere Abhängige hochrangigen Personen in den Tod folgten. Manchmal hinterlegten Trauernde wertvolle anthropomorphe, theriomorphe oder ornithomorphe Tongefäße. Typisch für diese Sakralkeramik sind durchbrochene Wandungen.

Brenda Sigler-Lavelle (in Milanich u. a., 1984) wagt die Aussage, daß ein religiöser Funktionär die Geschicke eines jeden Weeden Island-Dorfes lenkte. Solche «Grenzgänger zwischen den Sphären» pflegten Kontakte mit den Überirdischen, was ihnen einen besonderen Sozialstatus eintrug. Als echte «Big Men» konnten sie sich auf die Unterstützung ihrer Verwandtschaftsgruppe und Klientel verlassen. Für Mitglieder eines Abstammungsverbands war der gemeindeeigene Grabtumulus reserviert. Er dokumentierte die Zugehörigkeit zu einer bestimmten Gentilgemeinschaft sichtbar nach außen. Im interkommunalen Verkehr stiegen Dörfer wie McKeithen zu Schaltzentralen auf, solange jedenfalls, wie der jeweilige «Big Man» die Zügel der Macht straff hielt.

Anscheinend muß man die sozio-politische Organisation der Weeden Island-Kultur und ihrer Zeitgenossen irgendwo in der Mitte zwischen dem prinzipiell egalitären Gesellschaftsaufbau archaischer Wildbeuter und den Häuptlingsaristokratien der späteren Mississippi-Tradition ansiedeln. Von 700 bis 1000 u. Z., als Maiskultivierung zur tragenden ökonomischen Säule im Südosten avancierte und spektakuläre Erntedankfeste stattfanden, erlangten dörfliche Zentren und ihre politischen Spitzen noch mehr Bedeutung. In diesen Jahrhunderten formierte sich auf dem Fundament der bezeichneten geistlichen und weltlichen Institutionen die Mississippi-Tradition.

Zwischen 800 und 1000 u. Z. gingen immer mehr Volksgruppen im Südosten zu intensiver Landwirtschaft über. Im Mittelpunkt dieser Entwicklung stand der Mais. Vom Mississippi aus verbreitete sich das Getreide in dem genannten Zeitraum bis an den Fuß der Appalachen (Steponaitis, 1986). Rechteckige Häuser, die man in umlaufende Gräben gründete, und schillgemagerte Keramik – Erkennungsmarken der Mississippi-Tradition – erscheinen allenthalben in den Dörfern des Gebietes. Schillmagerung gilt als wichtiger Fortschritt, denn sie erlaubte die Herstellung größerer und haltbarerer Gefäße; außerdem erhöhte sich dadurch die Plastizität des Tons, so daß Töpfer nunmehr einen weiter gesteckten Spielraum bei der Formgebung nutzen konnten. Die rasche Akzeptanz der neuen Technik ist daher nicht überraschend.

Ohne Zweifel kommt dem Mais die Rolle eines Modulators kultureller Entfaltung zu. Wie wir in Kapitel 14 sahen, begann die Kultivierung von «Indianerkorn» im Südwesten Nordamerikas um das erste vorchristliche Jahrtausend. Die

Zahl der dort vertretenen Sorten war außerordentlich hoch (Ford, 1985; B. Smith, 1987). Eine kleinkolbige, zwölf- bis vierzehnzeilige Zuchtform hielt als erste Einzug im Südosten, wahrscheinlich zwischen 200 und 400 v. Chr. durch die texanische Einbürgerungspforte. Vor 1000 u. Z. dominierte dieser Hornmais den Anbau, danach wich er achtzeiligem Maíz de Ocho, der schnell weite Areale des Mittelwestens und des Östlichen Waldlandes eroberte. Flotierungen ergaben, daß das Getreide vor 800 u. Z. bestenfalls sporadisch ausgebracht und geerntet wurde. Beispielsweise machte um 620 u. Z. Mais bei den spät-waldlandzeitlichen Bewohnern Kosters in Illinois nur 1% des Nahrungsvolumens aus, gegen 830 u. Z. bereits 24% (Asch & Asch, 1984).

Die Gartenbohne gelangte um 1000 u. Z. in den Osten (Ford, 1985), konnte sich aber erst um 1200 entscheidend durchsetzen. Wie in Kapitel 14 geschildert, stellen die proteinreichen Hülsenfrüchte eine ideale Ergänzung zu Mais dar.

Ergiebige Mais- und Bohnenernten waren dank reichlicher Überschußproduktion Auslöser sowohl des demografischen Hochs als auch der innergesellschaftlichen Veränderungen im östlichen Nordamerika Ende der vorgeschichtlichen Epoche. Gestiegener Bevölkerungsdruck mag die Übernahme des Maisanbaus gefördert haben (Steponaitis, 1986). Wie Steponaitis (persönliche Mitteilung, 1989) jedoch einräumt, gab es in dünner besiedelten Flußtälern noch ausreichend Land, auf das man hätte ausweichen können. Fraglich ist allerdings, ob überall dort günstige Bedingungen für die Kultivierung der anspruchsvollen Maispflanzen herrschten. Jedenfalls sind im archäologischen Befund Hinweise auf stärkeren Ressourcenwettstreit, manifest in kriegerischen Aktionen, verborgen: Viele Siedlungen wurden nun mit Palisaden bewehrt, und es häufen sich die Anzeichen, daß nicht wenige Menschen eines gewaltsamen Todes starben. Die Last der demografischen Lawine zwang, so dürfen wir wohl annehmen, die Bevölkerung, ihre anfängliche Scheu vor dem höheren Arbeitsaufwand, der mit der Anlage gepflegter Felder einherging, zu überwinden. Dieser Schritt aber zahlte sich letztlich aus. Ursprünglich als Zusatzwirtschaft zur Vermeidung von Nahrungsengpässen eingeführt, wandelte der Feldbau die ökonomische Landschaft derart tiefgreifend, daß extraktive Subsistenzformen ihm gegenüber prompt ins Hintertreffen gerieten.

Merkmale der Mississippi-Tradition

Sieht man vom Überwiegen der Landwirtschaft im Nahrungserwerb, dem Aufkommen neuer Keramiktypen und Hausformen sowie dem Bau rechteckiger Plattformhügel, auf denen Tempel, Häuptlingshäuser oder andere wichtige Gebäude postiert wurden, ab, sind keine dramatischen Veränderungen im Leben der spät-waldlandzeitlichen Bevölkerung auszumachen. Einem Höhepunkt freilich steuerte, mit Ausnutzung vieler verschiedener Ressourcen, die jahrtausendealte ökologisch-ökonomische Anpassung an Flußtalhabitate zu.

Mit gewachsener Abhängigkeit von Feldbauprodukten sahen sich die Träger der Mississippi-Tradition dazu gedrängt, ihre Siedlungen in für Landwirtschaft besonders günstigen Zonen anzulegen. Dies geschah hauptsächlich im breiten Mississippi-Tal sowie an den Unterläufen der großen Seitenarme mit ihren

Schwemmlandauen, Altwasserschleifen und Randseen, wo fruchtbarer, leicht zu bearbeitender Boden anstand. Darüberhinaus sorgte die Nährstofffracht der Fließgewässer für blühendes Tier- und Pflanzenleben. Hier gelang den Siedlern der Aufbau einer vielschichtigen, gleichwohl flexiblen Mischökonomie, die die Nutzung von Fischen, rastenden Zugvögeln, Wild, Nüssen, Wildobst und Samenpflanzen einschloß. Auf geeigneten Böden beseitigten sie die störende Vegetation und legten Felder an. Dort zogen sie Mais, Bohnen, Kürbisse und Sonnenblumen. Regelmäßige Überschwemmungen düngten die Parzellen. Ohne Übertreibung dürfen wir von einem Dorado sprechen, das den Menschen der Spät-Waldlandzeit als Sprungbrett für ihre kulturellen Höhenflüge diente (Nassaney, 1987).

Bruce Smith (1978) verbindet den Begriff «Mississippi-Tradition» mit in den sommergrünen und halb-immergrünen Mischwäldern des Südostens ansässigen Bevölkerungsgruppen der Zeit zwischen 800 und 1500 u. Z. Nach seiner Definition verfügten diese über «eine geschichtete Sozialordnung und richteten sich in bestimmten, ökologisch umschriebenen Flußtalhabitaten ein». Smiths Typisierung hat den Vorteil, nicht allzu eng gefaßt zu sein. Sie bietet Platz für allerlei Spielarten. Und es sind tatsächlich bei gewissen gesellschaftlichen Ausformungen schroffe Gegensätze auszumachen. Man vergleiche nur das großstädtische Gefüge Cahokias, einer Metropole im American Bottom nahe St. Louis, mit der Sozialverfassung von vielen kleinen Häuptlingstümern. Außerdem gab es gravierende regionale Differenzen, sicher auch Ausdruck unterschiedlicher ethnischer Trägerschaft (Golf-Gruppen, Sioux, Caddo, Algonkin). Das folgende Kurzportrait der Mississippi-Tradition kann daher lediglich einen allgemeinen – bestenfalls ausschnittartigen – Eindruck der bestehenden Vielfalt vermitteln.

Subsistenz

Wir wissen nicht genau, welchen Stellenwert die Jagd im Leben der Mississippi-Bevölkerung einnahm. Neben den Überresten von Wasservögeln und Fischen erscheinen im Fundgut vor allem Knochen erlegter Truthühner, Waschbären und Weißwedelhirsche. Ob man aber den letztgenannten Arten gezielt nachstellte oder sie beim Plündern der Maisfelder erwischte, steht dahin.

Wildpflanzen bildeten auch in der Spät-Waldlandzeit einen Eckpfeiler der Ernährung, namentlich diverse Nußfrüchte, zu deren Ernte man im Herbst auszog. In Mastjahren trugen Eichen, Hickories, Buchen, Walnüsse und Haselnußsträucher so reichlich, daß weit mehr Menschen, als wirklich in den Flußniederungen lebten, hätten versorgt werden können. Die landwirtschaftlichen Erträge, so die Berechnung Mullers (1987), überstiegen gar das durchschnittliche Erntevolumen der USA im 19. Jh., das bei 1320 kg pro Hektar lag. Bei Kincaid im Black Bottom am unteren Ohio – dies als Anhaltspunkt – verfügten spät-waldlandzeitliche Bauern über 600 Hektar agrarischer Nutzfläche (Cole, 1951). Selbst mittelmäßige Erntejahre garantierten dort etwa 2000 Personen ein Auskommen, erheblich mehr als demografische Studien für wahrscheinlich halten (Lafferty, 1977).

Frau beim Maismahlen. Figurenpfeife aus dem Spiro Mound, Oklahoma; Höhe 25 cm.

Reiche Erträge in guten Landwirtschafts- und Sammeljahren gewährleisteten ein sorgenfreies Dasein, aber die Natur war nicht immer freigibig. Hochwasser im Frühling (manchmal bis in den Juni) stellte eine Bedrohung für die Felder dar. Oft wichen die Bauern daher auf gut drainierte Landrücken oder selten überschwemmte Uferböschungen aus. Dort freilich hatten sie mit anderen Widrigkeiten zu kämpfen: Pflanzenkrankheiten – die sich in zu dicht gedrängten Parzellen lauffeuerartig ausbreiten können –, Auslaugung der Böden durch ständige Beanspruchung, Ungeziefer und größere Ernteschädlinge.

Hunger war demnach ein bekannter, wenn auch vermutlich unregelmäßiger Gast in den Dörfern der Spät-Waldlandperiode. Da sie in Dauersiedlungen wohnten, konnten die Menschen nicht, so wie früher üblich, auf neues Terrain ausweichen, wenn sich örtliche Ressourcen erschöpft hatten. Wie man zum Beispiel an den sogenannten Harris'schen Linien des Knochengewebes, das man bei Graböffnungen untersuchte, ablesen kann, kam es da und dort scheinbar zu erheblichen streßartigen Belastungen, die wohl zum Gutteil mit wirtschaftlichen Schwierigkeiten zusammenhingen (Buikstra et. al. 1986).

Welche Maßnahmen mußten also ergriffen werden, um Hungersnöten vorzubeugen? Jeder Einzelhaushalt, die wichtigste produktive Einheit der Mississippi-Gesellschaft, dürfte über ein Mosaik mehrerer Felder und Gärten verfügt haben, die sich im Gelände verteilten. So gelang es, bis zu einem gewissen Grad, Krankheiten und Schädlingsbefall einzudämmen. Familien, die dennoch Ernteeinbußen trafen, konnten Verwandte um Hilfe bitten, wohl wissend, daß sie nach den Spielregeln der Reziprozität später zu äquivalenten Leistungen verpflichtet waren. Eine andere Möglichkeit erwuchs aus zentraler Lagerung von Wirtschaftsüberschüssen, die man bei Bedarf umschichtete (Muller, 1987). Kommunale Vorratsspeicher unter der Kontrolle eines Verwandtschaftsgruppenführers oder Häuptlings gab es noch in historischer Zeit. Der Botaniker William Bartram, der im 18. Jh. etliche Maskogi-Stämme besuchte, schreibt:

«Sie unterhalten einen großen Getreidespeicher in der Pflanzung, den man des Königs Krippe heißt, und dorthin bringt und lagert jede Familie ein bestimmtes Quantum, ganz nach Vermögen oder Neigung . . .» Dies, fährt Bartram fort, sei das «öffentliche Schatzhaus», zu dem «jedermann freien Zutritt hat, wenn die eigenen Speicher geleert sind. Es dienet also dem Überschuß, zu dem man in seiner Not Zuflucht nimmt, und das auch anderen Städten offen steht, wenn dort die Ernte verdirbt . . .» Der Häuptling, läßt uns der Botaniker wissen, spendete «Labsal und Wohltaten an die Bedürftigen» (Bartram, 1953).

Der Bericht schildert die Versorgungspraktiken eines Volkes, das bereits kulturelle Verwerfungen, hervorgerufen durch den Kontakt mit Europäern, erkennen ließ. Trotzdem glaubt Jon Muller (1987), daß hier vorgeschichtliche Konstellationen weiterwirkten. Elitenbildung in der Mississippi-Gesellschaft ist deshalb wohl auch, so Muller, als Aufgabenbesetzung zur Vermeidung oder Abschwächung landwirtschaftlicher Risiken zu sehen. Führer überwachten die Füllung der Speicher und ließen den Lagerbestand in Notzeiten verteilen. In kleinen, überschaubaren Rahmen genügten hierzu auch die traditionellen verwandtschaftlichen Beziehungskanäle, nicht aber, wenn Vorkehrungen von überlokaler oder gar interregionaler Tragweite getroffen werden mußten, denn diese Operationsebenen erforderten straffe Befehlsstrukturen und zentrale Koordinierung (Muller, 1987). Herzstücke jener auf Zusammenarbeit und Reziprozität beruhenden Verbindungen waren die uns jetzt vertrauten Tausch- und Fernhandelssysteme.

Gesellschaftlicher Aufbau

Auf dem transaktionalen Schachbrett der Mississippi-Tradition sind die unzähligen Familienhaushalte mit den «Bauern» des Königlichen Spiels zu vergleichen. Ein erheblicher Prozentsatz des Austauschverkehrs, sei es in reziproker Form oder auf Zuteilungsebene, fand auf ihrem gesellschaftlichen Niveau statt, gleichwohl war ihre Bewegungsfreiheit eingeschränkt, denn sie hingen an den Fäden höherer Entscheidungsinstanzen. Die gemeinschaftliche Segmentierung in viele Einzelglieder wurde nämlich von umfassenderen sozio-politischen Einheiten geklammert. Dabei handelte es sich um verwandtschaftliche Gruppierungen, deren Spitzen wohl einen Ältestenrat konstituierten. Daneben gab es lokale Oberhäupter, Big Men, die von einem Loyalitätsgeflecht, das sie aufgebaut hatten, im Sattel gehalten wurden. Wahrscheinlich kam es im Lauf der Zeit zur institutionellen Zementierung ihrer Führungsrolle: Man beurteilte politische Funktionäre nicht länger nur nach Verdienst und Leistung, sondern schrieb ihr Amt durch Erbfolgeregelung fest – aus Big Men waren Häuptlinge geworden.
Austauschsysteme verbanden Hunderte von Gemeinden, ob groß oder klein. Es zirkulierten lokale Produkte, aber auch Fernhandelswaren. Marine Konchylien z.B. gelangten selbst in die entlegensten Winkel der Region. Die Schalen der Weichtiere wurden zu Schmucksachen verarbeitet. Spezialisten, deren individuelle Handschrift erkennbar ist, verzierten die Objekte (Phillips & Brown, 1978).

Fachkräfte waren offenbar auch jene Personen, die Hornstein und Salz abbauten (Muller, 1987). Man nimmt an, daß Teilzeitarbeiter Hornstein in den Union County-Brüchen von Illinois förderten. Daraus entstanden zumeist Hacken, die sich vornehmlich am Nordrand des unteren Mississippi-Tals in Gebrauch befanden. Aus ernährungsphysiologischen Gründen erhielt Kochsalzgewinnung nach Verbreitung des Maisanbaus stärkeres Gewicht, denn die Pflanze ist, gemessen an vielen Wildkräutern, arm an natürlichen Mineralstoffen. Die wertvolle Würze konnte in der bevorzugten Kuchenform nur an wenigen Stellen aufbereitet werden. Antoine Le Page du Pratz, ein französischer Reisender des 18. Jh., schildert, wie Menschen von weit her kamen, um etwa an der Great Salt Spring nahe dem Saline River im südöstlichen Illinois ihren Bedarf zu decken (Le Page du Pratz, 1758). Es mag einige lokale Produktionsstätten gegeben haben, doch meistens holten wahrscheinlich Trupps erfahrener Männer aus entfernten Kommunen das «weiße Gold» an den Salzlagern ab.

So weit wir sehen können, bildeten der Tausch von Person zu Person sowie Beschenkung und ritualisierte Redistribution die wesentlichen Erscheinungsformen des Güterumschlags in der Mississippi-Gesellschaft. Fernhandelswaren wurden im «dörflichen Nahverkehr» weitergereicht. Eine Kaufmannsgilde existierte nicht. Ebensowenig dürfte es gänzlich von der Produktion entbundene Individuen gegeben haben. Die sozio-ökonomischen Rahmenbedingungen entsprachen in etwa denen früherer waldlandzeitlicher Kulturen, mit der einen Ausnahme vielleicht, daß Teilzeitspezialisierungen (Förderung bestimmter Rohstoffe, Kunsthandwerker) aufscheinen (Muller, 1987). Anders ausgedrückt: Jede Familie, jeder Haushalt war im landwirtschaftlichen Bereich tätig. Es fand sich kein

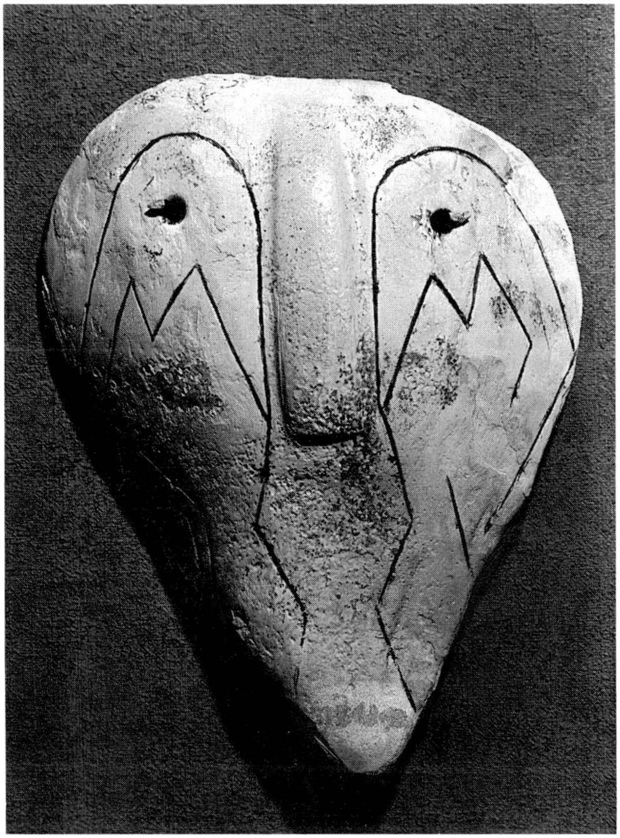

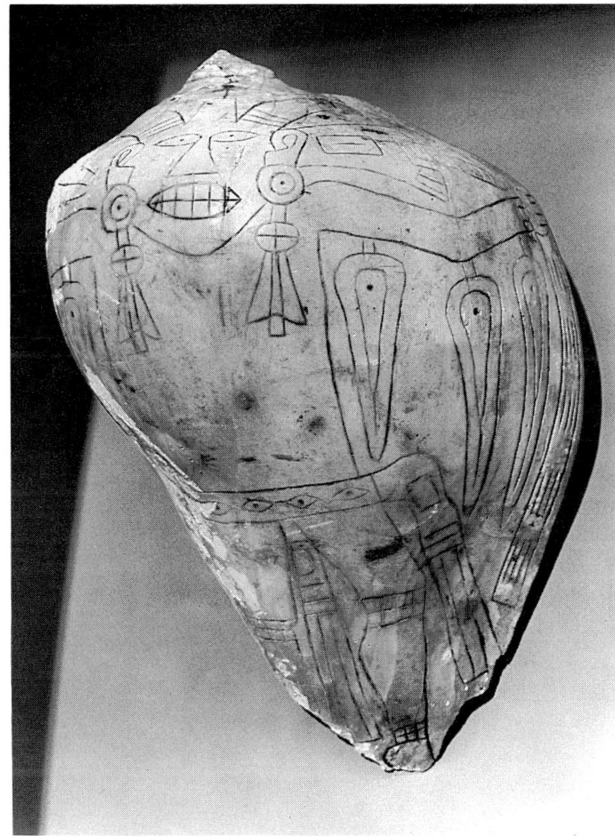

Konchylien erfreuten sich zur Mississippi-Zeit als Fernhandelsware großer Beliebtheit. *(Links) Strombus*-Schale aus Arkansas mit stilisiertem Gesicht. *(Rechts)* «Fliegender Schamane» auf *Strombus*-Schale, Oklahoma.

Platz für kastenartige Nischen, wie sie uns beispielsweise aus dem mesoamerikanischen Hochkulturgebiet überliefert sind.

Mississippi-Gemeinschaften zeichneten sich durch relative Autonomie aus. Entlang bewährter reziproker Feldlinien wurden Nahrungsmittel, Fertigwaren und Rohstoffe umgeschlagen. Historischen Berichten nach zu urteilen, spielten die Angehörigen der Oberschicht eine wichtige Rolle bei Einzug und Redistribution von Ernteüberschüssen. Dieses Surplus konnte beachtliche Dimensionen erreichen. Die spanischen Konquistadoren – wir erinnern uns an die Soto-Expedition (vgl. Kapitel 1) – verstanden es, aus jenem Umstand Kapital zu schlagen, versorgten sie sich doch bei ihren «Entradas» zumeist durch Plünderung der reichen Lagerbestände.

Als Bühne für Redistributionsrituale hat man sich beispielsweise die großen Agrarfeste vorzustellen, die im Südosten auch nach dem Kontakt mit Europäern noch begangen wurden. Die wohl wichtigste dieser Veranstaltungen war *posk't* (Busk), Neujahrsfeier und Erntedank, den man bei den Caci (Creek) zur Zeit der Maisreife, Ende Juli bis Anfang August, abstattete. Elemente des Busk-Festaktes finden wir als ikonografische Reportage auf prähistorischen Konchylienarbeiten wieder. Zu Beginn des *posk't* löschte man in allen Häusern die Herdfeuer, zerbrach das alte Tongeschirr und fegte Behausungen, Wege und Plätze. Auch die Menschen reinigten sich, indem sie fasteten und den Körper nach Einnahme eines Brechmittels entschlackten. Während der Feierlichkeiten galt es, Streit zu vermeiden. Kultische Schlagballspiele (Lacrosse) erfreuten die Zuschauer. Nach Ablauf der etwa einwöchigen Fastenperiode wurden die Feuer neu entfacht, man machte sich Geschenke und saß gemeinsam an einer oppulenten Tafel. Häuptlinge traten als Sponsoren der Gelage auf. Sie festigten hiermit ihre Autorität und zurrten die Bande zu Gefolgsleuten fester.

Ausnahmen von der Regel: Cahokia und Moundville

Die meisten Mississippi-Kommunen waren klein und unterstanden Führern, deren Befugnisse nicht weit trugen. Politische Gebilde, die vorrangig auf Allianzen und Vasallentreue gestützt sind, unterliegen naturgemäß ständigem Auf und Ab. Koalitionen werden geschmiedet und zerbrechen; Aufsteiger usurpieren die Macht. In den Häuptlingstümern der Mississippi-Tradition dürften solche Vorkommnisse gang und gäbe gewesen sein. Doch wir kennen Ausnahmen. Einige Zentren fanden zu überaus komplexen sozio-politischen Lösungen. Als die bekanntesten seien hier Cahokia bei St. Louis und Moundville in Alabama erwähnt. Die Organisations-

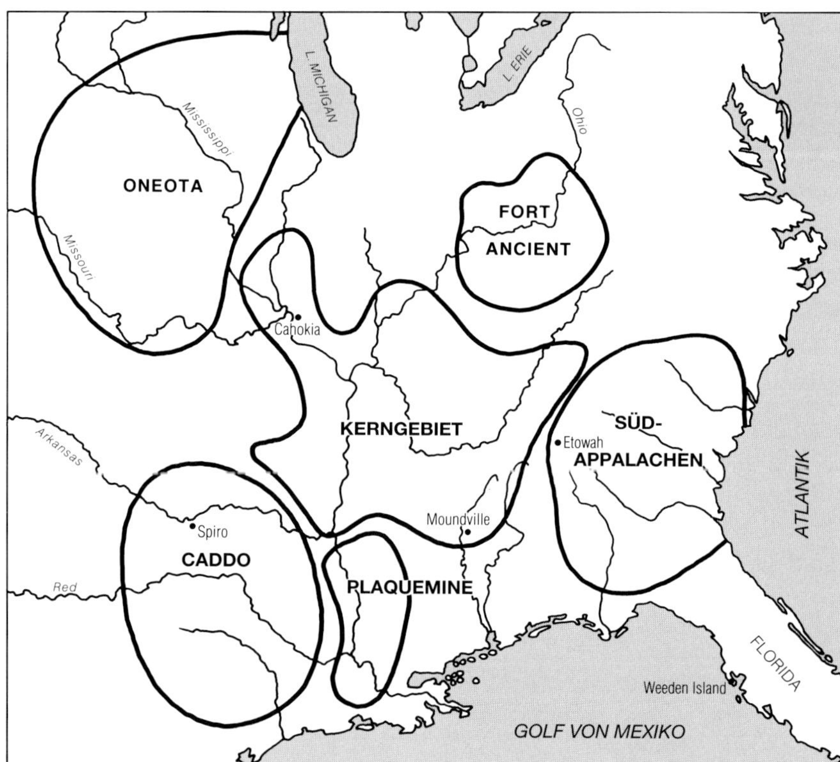

Mississippi-Kulturgruppen mit Hauptfundorten.

strukturen dieser Metropolen, Spiegel der am weitesten gereiften Kulturverfassung des vorgeschichtlichen Nordamerika, werfen eine Reihe interessanter Fragen auf, mit denen wir uns später ausführlicher beschäftigen werden. Vorab aber wollen wir beide Städte, denn um solche hat es sich wirklich gehandelt, näher betrachten.

Cahokia. Der American Bottom bildet eine etwas über 40 km lange und maximal 17,7 km breite Ausbuchtung der Mississippi-Niederung, die sich von Alton in südlicher Richtung bis Dupo erstreckt. Ihre Entstehung verdankt die Aue alten Mäandern von Mississippi, Missouri und Illinois. Nach dem Rückzug aus ihren Betten hinterließen die Ströme Altwasserarme, Sümpfe und Flachseen. Inmitten dieses außerordentlich reich mit den verschiedensten aquatischen und terrestrischen Ressourcen gesegneten Lebensraums blühte Cahokia, die größte menschliche Niederlassung nördlich Mexikos (Milner, 1990).

Bereits um 900 u.Z., während der Fairmount-Phase, ist Cahokia eine Stätte von beträchtlicher Ausdehnung gewesen. Anderthalb Jahrhunderte später, zu Zeiten der Sterling- und Moorehead-Phasen, erreichte sie ihr demografisches Hoch. Im 17. Jh., als Europäer in die Gegend des heutigen St. Louis vorstießen, lag die Metropole bereits lange wüst.

Im Zenit der Macht, zwischen 1050 und 1250 u.Z., wucherte Cahokia über 13 km^2 (Fowler, 1969; 1978). Etwa 800 Hektar dieser Fläche nahmen Wohngebäude, pfostengestützte Rechteckhäuser mit Lehmstakung und weich eingedeckten Walmdächern, ein. Nimmt man an, daß jeder Haushalt fünf oder sechs Personen umfaßte, ergibt sich eine Gesamtbevölkerung von ca. 30000. Die Behausungen hatten unterschiedliche Abmessungen, vielleicht Ausdruck des Sozialstatus ihrer Bewohner. Sie gruppierten sich zu Vierteln mit jeweils eigenen Mounds und Plätzen.

Über die Jahrhunderte entstanden mehr als 100 Mounds, Bauwerke von ganz verschiedenem Habitus, der mutmaßlich mit ihrer Funktion zusammenhing. Die meisten konzentrierten sich auf einem ost-westlich streichenden Landrücken. Kultplätze umgaben die Hügel. Der bei weitem größte, ein nach außen abgeriegelter, fast 90 Hektar überspannender Bezirk, gürtete Monk's Mound, die gewaltigste Sakralanlage Nordamerikas.

Monk's Mound türmte sich in vier Terrassen zu einer Höhe von 33 m. Er deckte 6,5 Hektar und maß am Grunde 316 × 241 m; 614478 m^3 Erde wurden verbaut. Dieser Gigant war mehr als doppelt so massig wie jeder andere Kunsthügel Cahokias. Er muß also die städtische Silhouette beherrscht haben. Einige größere Mounds flankierten den Tempelberg. Bei den meisten handelte es sich um Plattformhügel, gekrönt von wichtigen öffentlichen Gebäuden oder den Residenzen der Oberschicht. Am Südrand des zentralen Kultbezirks ragte ein Grabkegel auf, der Angehörigen der Elite vorbehalten blieb. Das sakrale Herzstück Cahokias umfriedete eine Holzpalisade. Tore gewährten Zugang zum Allerheiligsten, und Wachttürme sicherten die Anlage. Neben seiner offenkundigen Verteidigungsfunktion setzte der Festungswall wohl auch eine symbolische Schranke zwischen Oben und Unten – Adel und Gemeinen, Sakralem und Profanem (Fowler, 1978). Eine zweite, sehr viel längere Palisade schützte die gesamte Nordflanke der Stadt.

Keine Frage, Monk's Mound ist, egal, welche Maßstäbe man anlegt, ein imposantes Monument. Etwa 200 kontinuierliche Arbeitstage, so haben Forscher errechnet, wären nötig gewesen, wenn etwa 2000 Personen schufteten, um den Koloß aufzuschütten. Hinzu kamen zusätzliche Tage für das Herbeischaffen der Erde und die Planierungsarbeiten. Doch wurde das Titanenwerk sicher nicht in einem Zug, sondern in mehreren Etappen, über Jahrzehnte – vielleicht gar Jahrhunderte –, vollendet (Muller, 1987). Kalkulationen, ein kleineres Mississippi-Zentrum bei Kincaid am unteren Ohio betreffend, stützen, obwohl gleichfalls auf rein theoretischer Ebene angestellt, das Szenar für Cahokia. Am Ohio verbaute man rund 93 000 m³ Erde in mehreren Mounds. Die Arbeiten schleppten sich über fünf Jahrhunderte, von 900 bis 1400 u. Z. (Lafferty, 1977). Lafferty nimmt an, daß es zwei bis drei Stunden dauerte, um einen Kubikmeter Erdreich beizubringen und anzuhäufen. Ausgehend von einem fünfstündigen Arbeitstag pro Individuum, gelangt der Autor zu einer Gesamtsumme von 37 000 bis 55 800 Werktagen. Es brauchte also 74–112 Tage, wenn etwa 500 Leute ununterbrochen Hand angelegt hätten. Verteilt auf fünf Jahrhunderte genügten der gleichen Anzahl Menschen – theoretisch – 28 Viertageeinsätze, eventuell anläßlich von Festen, für die Gestaltung der Kunsthügellandschaft Kincaids.

Cahokia um 1100 u. Z. Monk's Mound beherrscht die Anlage; kleinere Erdwerke und Häuser gruppieren sich um die Götterburg. Auf der breiten Plaza wurde Markt gehalten, und es fanden dort religiöse Zeremonien statt. Den Sakralbezirk umgibt eine Holzpalisade. Am linken Bildrand erkennen wir das Pfostenrund eines Sonnenkalenders. Hier und da sind (teilweise mit Wasser vollgelaufene) Gruben zu sehen, wo man das Baumaterial für die Kunsthügel der Stadt förderte.

Cahokia. *(Links)* Monk's Mound, das größte vorgeschichtliche Bauwerk Nordamerikas aus der Luft. Der Hügel entstand zwischen 900 und 1200 u. Z. in mehreren Etappen. *(Unten)* Cahokias Sakralbezirk mit den Augen eines Künstlers gesehen. Über den zentralen Versammlungs- und Kultplatz geht der Blick zum Monk's Mound.

Moundville, Alabama. *(Rechts)* Lage der Stätte und benachbarter Mississippi-Zentren.
(Unten) Siedlungsstrukturwandel im Moundvillegebiet. Ihre beherrschende Stellung erlangte die Metropole während der Entwicklungsphasen II und III (1250–1500 u. Z.); nach 1500, in Phase IV, setzte rascher Niedergang ein.

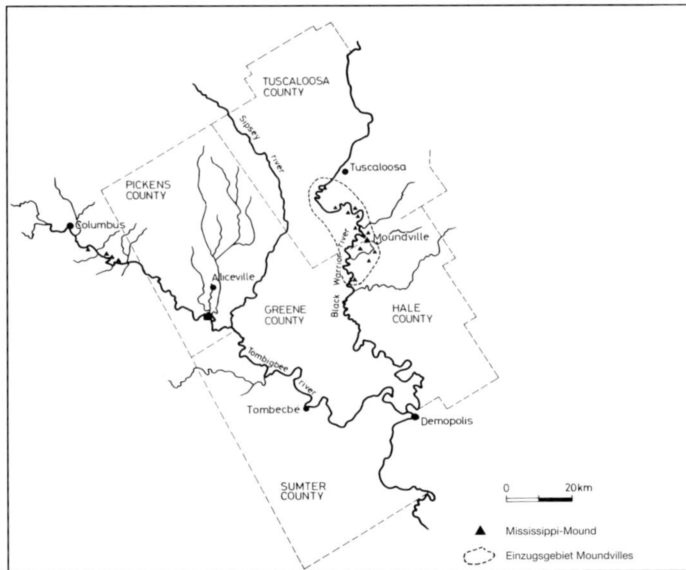

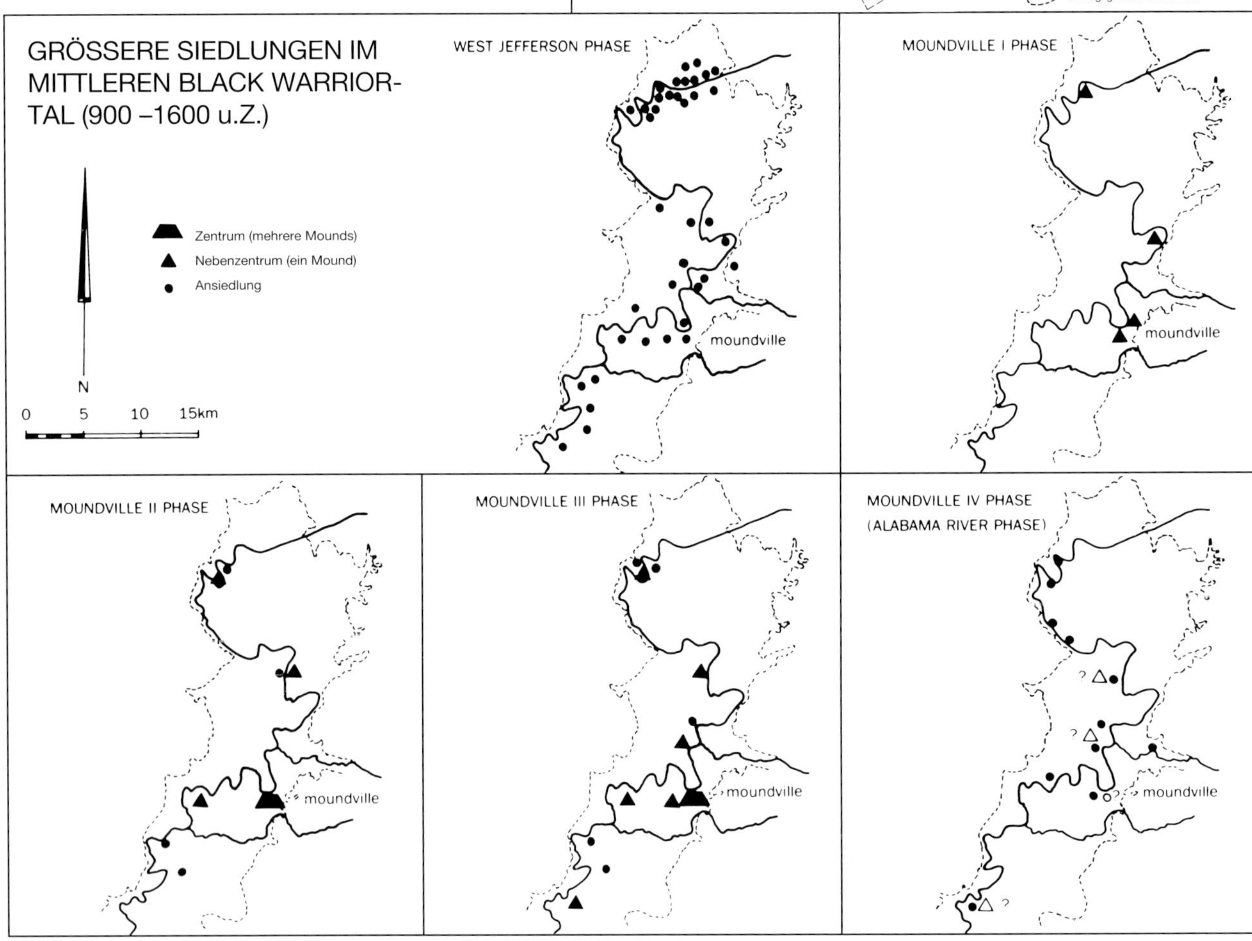

So schön solche Rechenexempel auch sind, in der Praxis gelten andere Gesetze. Eine Reihe unwägbarer Variablen konnte selbst die durchdachteste Planung aufhalten oder zunichte machen. Ebenso ist bei demografischen Kalkulationen Vorsicht geboten, denn häufig tappt die Forschung bezüglich der Frage, ob die nach Anzahl der Häuser geschätzte Siedlungsbevölkerung wirklich gleichzeitig am Ort lebte oder Gebäude zeitlich gestaffelt bezogen wurden, noch im Dunkeln. Als wahrscheinlich kann aber gelten, daß die Einwohner verschiedener Dörfer oder städtischer Viertel zu kollektiven Arbeitseinsätzen zusammenströmten, daß sie Gemeinschaftsrituale pflegten und Verpflichtungen zu gegenseitiger Hilfe in der Not eingingen.

Cahokia war von einem satellitenartigen Siedlungskranz umgeben. Vier größere Stätten, die mehr als fünf Hektar einnahmen und über einige Mounds verfügten, standen fünf kleineren mit nur jeweils einem Tempelhügel gegenüber. Daneben existierten ca. 40 Weiler und Einzelgehöfte (Fowler, 1978). Diese Hierarchie kann als Manifest einer überaus komplexen, auf eine Zentrale zugeschnittenen politischen Ordnung angesehen werden.

Im Bestattungsbrauchtum finden wir Belege für die herausragende Stellung einzelner Individuen, denen scheinbar sogar Verwandte, Gattinnen, Konkubinen und Diener ins Grab folgten. Melvin Fowler stieß in Cahokias Mound 72 auf die Skelette von über fünfzig jungen Frauen im Alter zwischen 18 und 24 Jahren. Bis zu ihrem Tod schienen sie gesund. Fowler vermutet daher, daß sie erwürgt wurden. Nahebei fand er die Gebeine von vier Männern. Man hatte sie enthauptet und ihnen die Hände abgetrennt. Das Totenbett des Mannes, dessen Heimgang wahrscheinlich für die Massenhinrichtung verantwortlich war, bestand aus 20 000 Konchylienperlen. Weitere Leichenteile, die von sechs offenkundig honorablen Personen – drei Frauen und drei Männer –, kamen an der Seite des Fürsten zutage. Reiche Grabbeigaben, darunter 800 Pfeilspitzen, Glimmer- und Kupfertafeln sowie 15 polierte Steindisken für das Geschicklichkeitsspiel «Chunkey», dokumentieren den illustren Rang, den diese Persönlichkeiten zu Lebzeiten innehatten.

Moundville. Cahokia war gewiß die größte Mississippi-Siedlung. Doch ihr Glanz verblaßte nach 1250, als andere Städte ins Rampenlicht rückten. Eine dieser Nebenbuhlerinnen ist Moundville am Black Warrior River im westlich-zentralen Alabama gewesen. Ihre Blütezeit datiert zwischen 1250 und 1500 u. Z. Am Ende dieser Spanne deckte Moundville 121,5 Hektar und konnte sich 20 großer Plattformhügel rühmen (Steponaitis, 1983). Alle Erdwerke umstanden einen rechteckigen Kultplatz von 32 Hektar. Auf einigen prunkten Repräsentationsbauten, Tempel und Residenzen, andere trugen einen Kalvarienschrein, wo man wohl die Schädel getöteter Feinde zur Schau stellte, eine Schwitzhütte und ein Beinhaus. Die letztgenannten Gebäude befanden sich am Südende des Kultbezirks, jenseits der Plaza. Mit 17 m Höhe rangierte Mound B an erster Stelle der Hügelheiligtümer. Prominente Bewohner der Stadt wurden im Angesicht der aufgehenden Sonne hinter den östlichen Mounds beerdigt. Gewöhnliche Sterbliche bettete man an der Nordseite der Siedlung zur letzten Ruhe (Peebles, 1978; 1979; Peebles & Kus, 1977). Wie in Cahokia verteilten sich einige Hundert Menschen, maximal vielleicht 3000 Seelen, auf verschiedene Viertel.

Hochblüte Moundvilles: 20 Erdwerke umstehen den zentralen Kultbezirk am Südufer des Black Warrior River.

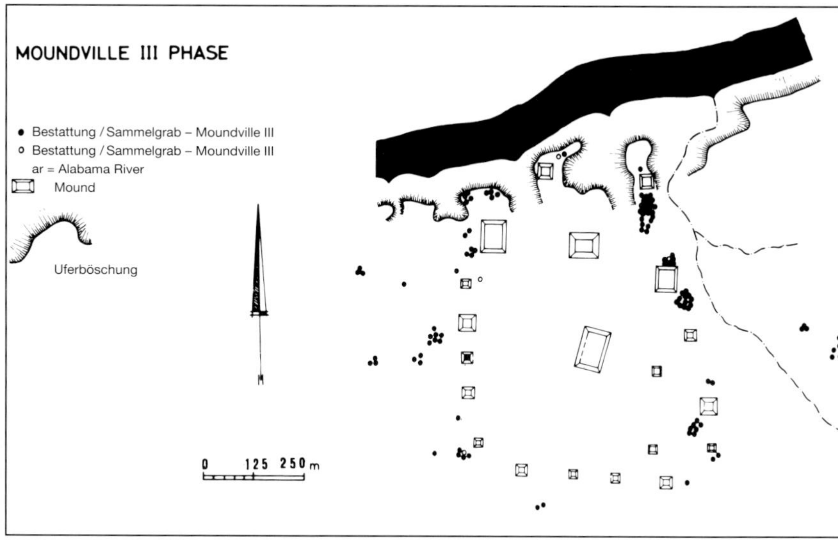

Moundvilles wechselhafte Geschichte beginnt mit der West Jefferson-Phase (900–1050 u. Z.), als die Einwohner der Black Warrior-Niederung noch in mehreren Dörfern verschiedenster Größe siedelten (Details bei Peebles, 1978 und Steponaitis, 1983). Moundville war eine dieser Gemeinschaften, die damals noch keine Kunsthügel errichteten. Man betrieb ein wenig Gartenbau, jagte und brachte Wildpflanzenkost ein. Bei den Dörfern handelte es sich um Dauerniederlassungen und Stützpunkte des jährlichen Subsistenzreigens (Welch, 1981).

Während der Moundville I-Phase (1050 bis 1250 u. Z.) verlagerte sich das ökonomische Schwergewicht zunehmend auf Maisanbau. Über 60% der flotierten Körnerfrüchte konnten diesem Getreide zugewiesen werden. Wildpflanzennahrung trat demgegenüber in den Hintergrund, Jagd und Fischfang aber behaupteten ihre früheren Wirtschaftsanteile. Die ersten Zeremonialzentren rückten in den Blickpunkt, meist um einen einzigen Pyramidenstumpf gebaut, der Schauplatz funeraler Aktivitäten war.

Die Moundville-Phasen II und III währten bis 1500 u. Z. Moundville selbst hatte sich zur regionalen Vormacht aufgeschwungen. Im Endabschnitt von Phase III erreichte die Stätte ihre größte Ausdehnung mit der oben genannten Zahl an Hügelheiligtümern. Weiler und Nebenzentren umgaben die Metropole. Diese Trabanten lagen in sogenannten Ökotonen, also Plätzen, wo mehrere Biotope, Uferböschungen, Galeriewälder und Auewiesen z. B., einander schneiden. Dort war Bodenbau mit extraktiven Praktiken am besten zu verbinden.

Graböffnungen ergaben, daß die auf der gesellschaftlichen Rangskala am höchsten notierten Individuen ausschließlich in Moundville bestattet worden sind, Angehörige der unteren Oberschicht auch in den Nebenzentren. Legt man Moundvilles Größe und repräsentative Ausstattung zugrunde, erhärtet sich der Verdacht, es sei hier zu einer zentralistischen Machtballung gekommen. Der Einfluß des politischen Kardinalpunktes trug 72 km, was heißen soll, daß innerhalb

Schieferpalette mit eingraviertem Hand-und-Auge-Motiv, das von verknoteten Klapperschlangen umgeben ist. Durchmesser 32 cm.

dieses Radius Tribute an die Zentrale abgeführt und Arbeitsverpflichtungen eingelöst werden mußten. Vincas Steponaitis (1978) vermutet, die Moundville nächstgelegenen Siedlungen hätten den Löwenanteil der Tributforderungen getragen, weil die Rahmenbedingungen der Transporte hier günstiger ausfielen. Er schätzt, daß Einzug und Taxierung von Abgaben auf regulärer Basis nur innerhalb einer Zone von maximal 14,5 km reibungslos zu bewerkstelligen waren.

Cahokia, Moundville, Etowah in Georgia (Larsen, 1971) und Spiro in Oklahoma (Brown, 1971) waren hochorganisierte gesellschaftliche Gebilde, regiert von Persönlichkeiten mit weitreichendem politischen und theologischen Einfluß. Steponaitis (1978) hat diese Gemeinwesen «komplexe Häuptlingstümer» genannt.

Komplexe Häuptlingstümer

Häuptlingstümer, wie wir sie für die Mehrzahl der Mississippi-Gemeinschaften annehmen müssen, sind Herrschaftsbereiche eines Oberhauptes über eine Reihe von Lokalgruppen. Bei vergleichbaren rezenten Stammesvölkern verwaltet der Häuptling das ganze Territorium nicht unmittelbar, da ihm hierzu der Stab fehlt. Er ist vielmehr auf die Mitarbeit örtlicher Instanzen (Big Men, Älteste der Verwandtschaftsverbände) angewiesen. Für diese stellt er eine moralisch-politische Integrationsfigur dar. Als solche empfängt er brauchtumsübliche Dienstleistungen, meist aber noch keine Tribute. Oft sind Inhaber der Häuptlingswürde Selbstversorger, die ihr Land mit eigener Hand bestellen müssen. Dennoch können sie es, etwa durch vorteilhafte Handelsabschlüsse oder größeren Grundbesitz, zu gewissem Reichtum bringen. Ihr Auftreten wird als vorbildhaft gesehen, und man erwartet von ihnen schiedsrichterliches Verhalten sowie Generosität.

Komplexe Häuptlingstümer (Stammesfürstentümer) hingegen zeichnen sich durch hierarchische Strukturen aus. Angehörige der Oberschicht beteiligen sich nicht länger an der Produktion. Sie zehren von Tributeinkünften, die ihnen zufließen. Ihren reziproken Verpflichtungen kommen sie nach, indem sie im Kult agieren. Hier übernehmen sie Aufgaben, die nur sie – kraft der ihnen zugeschriebenen Begabung zur «Bewältigung des Außergewöhnlichen» – lösen können.

In komplexen Häuptlingstümern übt das Oberhaupt Kontrolle über unter ihm rangierende Edelleute, seine Statthalter in Teilgebieten des Herrschaftsbereichs, aus. Führungsqualität beruht auf der Fähigkeit des Mannes seine Macht zu behaupten, den Tributfluß in Gang zu halten und seinen Stab auf dieses Ziel hin zu motivieren.

Seit langem ist über die Frage diskutiert worden, wieso es im Südosten lokal zur Ausbildung komplexer Häuptlingstümer kam. Der erste Schritt dorthin, so die einhellige Auffassung der Fachleute, erfolgte durch den Aufbau loyaler Bande zwischen einem Führer und einer Schar von Getreuen, später der Bevölkerungsmehrheit. Um Loyalität belohnen zu können, brauchten politische Karrieristen Geschenke. Sie wurden also Unternehmer und versuchten, aus Handel Gewinne zu ziehen, die sie weiterreichen konnten. Außerdem machten sie sich als Wirtschaftsmanager, die Lagerung und Verteilung von Ernteüberschüssen überwachten, unentbehrlich. Voraussetzung dieser Entwicklung war ein Faktorenpaket, an erster Stelle ökonomischer Wandel und starke Bevölkerungszunahme.

Schlachtenruhm als Schlüssel gesellschaftlichen Aufstiegs. Krieger enthauptet (oder skalpiert) Gefangenen. Motivpfeife aus dem Spiro Mound, Oklahoma. Höhe 25 cm.

Hölzerne Hirschmaske mit Muschelintarsien aus dem Spiro Mound, vielleicht Accessoir eines Schamanenkostüms. Höhe 29 cm.

Die Häuptlinge benutzten Objekte aus exotischer und daher sehr wertvollem Material als Rangabzeichen oder Ausweise ihrer besonderen Beziehungen zu den übernatürlichen Mächten, mit denen nur sie allein in Verbindung standen. Diese Form ideologischer Verwaltung verträgt sich allerdings schlecht mit den Unwägbarkeiten des Fernhandels. Daher galt es, Herrschaftsmonopole noch auf andere Weise zu verdeutlichen. Dies konnte kaum besser geschehen als durch Baudenkmäler, die man zum Ruhm der Überirdischen und – da man von den Geistmächten seine Legitimation bezog – sich selbst setzen ließ.

Es gibt keinerlei Anzeichen dafür, daß Mississippi-Häuptlinge ihre Untertanen in ein Abhängigkeitskorsett preßten, das auf Gewalt oder blinder Ausbeutung beruhte. Ihr Herrschaftsinstrument war Religion, ein *credo quia absurdum* durch «Schall und Rauch» (Earle, 1989). Gesellschaftliche Strukturen fanden himmlische Spiegelungen, und es wurden mythische Weltbilder propagiert, die ein nützliches Schema für normative Verhaltensregeln boten. Eindrucksvolle Zeremonien hielten die Bevölkerung in Atem, und die Präsenz der Überirdischen erhielt ihren sinnfälligen Ausdruck in den Erdhügelthronen, auf die der Stammesfürst die Götter herabrief, wenn man ihres Beistandes bedurfte.

Mississippi-Häuptlingstümer waren dennoch fragile Gebilde, Produkte der Ausbalancierung interdependenter Faktoren: Wirtschaft, Ideologie und Exekutive. Stete Wechselbäder zeichneten diese Herrschaftsform. Im Wandel örtlicher Bedingungen brachen Zentren zusammen, während andere von deren Niedergang profitierten. Letztlich liegt in jener auf Wettbewerb und Konkurrenz gegründeten Dynamik aber der eigentliche Schlüssel zum Verständnis höherer gesellschaftlicher Verzweigung.

Wie wir sahen, war die Mississippi-Tradition kein sozio-politischer Monolith, sondern baute auf Hunderten von Gemeinschaften, großen und kleinen, auf. Sie entwickelten eine Fülle lokaler Anpassungen an diverse natürliche Versorgungsbasen. Weitgespannte Handelsnetze und ähnliche religiöse Vorstellungen sorgten für eine gewisse Uniform, die sich in verbreiteten Kunststilen sowie einem allgemein veständlichen symbolischen Duktus äußerte. Die Herrschaftsformen mögen sich von Ort zu Ort unterschieden haben, aber selbst komplexe Häuptlingstümer wie Cahokia funktionierten zuallererst auf Grundlage verwandtschaftlicher Beziehungen und reziproker Verpflichtungen. Politische Führer erneuerten ihr Charisma in religiösen Inszenierungen, wohl wissend, daß ihr Status von einem Drahtseilakt zwischen sanfter Nötigung und ritueller Dienstleistung abhing.

Mesoamerikanische Einflüsse?

Für den, der mit den üblichen Ausdehnungen nordamerikanischer Vorgeschichtsstätten vertraut ist, wirkt Cahokia geradezu bombastisch. Sogar noch heute, umwuchert von den urbanen Metastasen St. Louis', sind die Überreste der großen Erdwerke ehrfurchtgebietend. Kein Wunder also, daß frühere Gelehrte über Verbindungen zwischen den Brennpunkten der Mississippi-Tradition und mexikanischen Zivilisationen nachdachten. Gewisse Übereinstimmungen architektonischer und ikonografischer Details bestärkten sie in ihrer Ansicht.

Ein mehr oder weniger gleichförmiges Layout bestimmte den äußeren Eindruck größerer Mississippi-Gemeinden. Ihre Bewohner errichteten Plattform-Mounds, die sie mit Tempeln und den Residenzen der Würdenträger krönten. Die Tempelhügel umstanden eine Plaza, den unbebauten Kult- und Versammlungsplatz. Einräumige, gras- oder maisstrohgedeckte Gebäude, die Behausungen des einfachen Volkes, ballten sich abseits des Allerheiligsten. Anwälte der Kontakttheorie verweisen auf ähnliche Anordnungen in Mesoamerika. Dortige Hochkulturen, von den Olmeken bis zu den Azteken, verfügten über ein außerordentlich verwickeltes Weltbild (geschichteter Kosmos, hierarchisch gedachtes Pantheon mit ihren Aspekt wandelnden Ressortgottheiten), von dem sie Handlungsanweisungen im Alltag ableiteten. Gab es zwischen dieser in Metaphern und Allegorien gekleideten Seinsordnung und den kulturellen Äußerungen der Mississippi-Tradition Berührungspunkte? Wurden solche Brücken, falls sie existierten, von Einwanderern, die auch den Mais im Südosten eingebürgert haben sollen, geschlagen? Antworten muß die ikonografische Analyse geben. Architektonische Vergleiche, die Konvergenzen nicht ausschließen können, sind dazu ungeeignet.

Gravierte Schneckenschale, Höhe 6 cm.

Begräbnisstätten und Zeremonialzentren der Mississippi-Tradition legen Zeugnis von reichem Kunstschaffen ab. Schier unerschöpflich scheint das Repertoire der Objekte und Formgebungen: feine schwarzpolierte Keramik, mit vollplastischen Darstellungen geschmückte Tabakspfeifen, Holz- und Steinskulpturen, Filigrangravuren auf Konchylien und Kupfer, monolithische Beile (Stiel und Klinge sind aus einem Stück gearbeitet) und gemusterte Textilien. Besonders eindrücklich wirken die Motive der Konchyliengravuren. Vorherrschend ist ein skizzenhafter Stil, dem es an Tiefe fehlt. Die sichere Linienführung hingegen beweist Ideenreichtum und technische Meisterschaft. Es dominieren Hand- und Augensymbole, Kreuze, Triskelionen (Wirbel), eigenartige Zepterkeulen und skurrile Haarpfeile *(bi-lobed arrows)*. Daneben erscheinen zoomorphe Darstellungen – hauptsächlich Vögel (Wanderfalke, Fischadler, Rosenlöffler, Elfenbeinspecht), Schlangen und Feliden (Jaguar, Ozelot) – mythische Mischwesen und Kultszenen (Phillips & Brown 1978).

Einige Themen und Dekors weisen, auch über größere Entfernungen, bemerkenswerte Uniformität auf (Brown, 1971). Dies hat zur Annahme eines einheitlichen Zeremonialkomplexes *(Southern Cult)* geführt, der sich im 13. Jh. über weite Bereiche des Südostens ausbreitete. Frühere Autoren erkannten hierin sogar das Werk missionierender Mexikaner. Elemente, die diese Behauptung zu stützen scheinen, sind unter anderem Kupfermasken eines langnasigen Gottes, Sprechblasenglyphen mit der Bedeutung «Rede» auf einigen Gravuren und Raubkatzenplastiken. Insgesamt betrachtet genügen aber solche äußerlich übereinstimmenden Merkmale nicht, um Kulturberührung zu beweisen. Nicht ein Gegenstand mexikanischer Herkunft konnte bisher geborgen werden, was verwundert, selbst wenn Kontakte nur indirekt, etwa über Handelsketten, zustande gekommen wären. Ferner fehlen kultische Ballspielplätze, wie wir sie bei den Hohókam oder in Paquimé (vgl. Kapitel 15) kennenlernten. Andere Details, die Abbildung anthropomorph-zoomorpher Mischwesen beispielweise oder die «fliegender Schamanen», lassen sich eher als Grammatik einer panindianischen Symbolsprache, wie sie in ganz Amerika häufig bei schriftlosen Agrargesellschaf-

ten mit totemistischem Hintergrund und Hang zu psychoaktiven Drogen auftritt, interpretieren denn als Nachweis engerer Beziehungen nach Mexiko.

Heute wird die mesoamerikanische Karte daher kaum noch ausgespielt, auch deshalb nicht, weil man zeigen konnte, daß Inhalte und Motive des «Südlichen Kultkomplex» fest in den autochthonen Traditionen des Östlichen Waldlandes, wo sie eindeutige Vorbilder haben, verankert sind. Nennen muß man hier in erster Linie das Vogelmotiv (Vögel als Begleiter der Totenseelen), die todbringende Schlange, das Fruchtbarkeit und Regen symbolisierende «tränende Auge», den Kreis (Sonne), den Wirbel (Tornado/Wind) und das Kreuz (die vier Richtungen).

Nun diskutieren einige Wissenschaftler sogar die Frage, ob das Southern Cult-Phänomen überhaupt in der früher angenommenen Form existierte. Tatsächlich verstellen einige stilistische Übereinstimmungen den Blick auf regional ausgeprägte Unterschiede. Jon Muller (1989) will daher den Begriff auf nur wenige gemeinsame Kulturelemente, die sich im 13. Jh. allgemeiner Verbreitung erfreuten, angewendet wissen. Hierzu zählt er u. a. die bizarren Haarpfeile, priesterliche Zeremonialstäbe mit dem Ringelmuster der hochgiftigen Harlekin-Korallenschlange *(Micrurus fulvius)*, Fransenschurze und als Schmuck oder Statusausweis getragene Waschbärschwänze. Übereinstimmungen und Abweichungen im künstlerischen Fundus des Südostens halten sich nach Mullers Dafürhalten die Waage. Angleichungen erklärt er aus dem ausgedehnten Handelsverkehr, der allmählich zur Herausbildung eines stilistischen Kanons geführt habe. Gänzlich ausblenden konnte aber auch diese Superstruktur den Duktus regionaler Zellen, in denen sich die Räder grundsätzlich kleinräumlich bezogener Austauschsysteme weiterdrehten, nicht (Knight, 1986).

Es darf bezweifelt werden, daß man im Südosten jemals einer «Staatsreligion», wie sie Prufer (1965) vorschwebte, anhing. Der «Südliche Kult-Komplex» jedenfalls entspricht dieser Vorgabe nicht. Eher bezeichnet er den vielschichtigen Bausatz religiöser Komponenten, der in jeweils etwas anderer Zusammensetzung dazu diente, die Autorität lokaler Häuptlinge zu festigen. Als sicher aber darf gelten, daß spät-waldlandzeitliche Glaubensvorstellungen nicht auf fremdem Ideengut beruhten, sondern Weiterentwicklungen bodenständiger Traditionen darstellten – aufs innigste verflochten mit den jahrtausendealten Mythen menschlicher Welterfahrung.

«Südlicher Kult-Komplex». Die Glaubensvorstellungen spät-prähistorischer Völker des Südostens waren eng an lokale sozio-politische Gegebenheiten gebunden. Religiöse Symbole erscheinen auf Keramiken, Stein-, Kupfer- und Konchylienobjekten. Ohne Kenntnis des mythologischen Hintergrundes verschließt sich uns die Aussage solcher Chiffren, doch interpretieren einige sicher das uralte Gesetz des «Stirb und Werde». Hierbei wird ein enger Zusammenhang von Tod und Fruchtbarkeit hergestellt.

(Gegenüber, unten rechts): Kopfjäger mit Zepterkeule, eine stilisierte Maispflanze darstellend. Beachte ferner den eigentümlichen Haarpfeil. Zu den häufigsten Fruchtbarkeitssymbolen gehören das «Tränende Auge» (*Gegenüber, oben links* und *rechts):* Figurengefäß und bossierte Kupferarbeit und der Specht (*gegenüber, unten links):* Konchylienscheibe, Duck River-Kultur, Sumner County in Tennessee; Durchmesser 8,5 cm.

Letzte Blüte

Als die ersten europäischen Händler und Forschungsreisenden an den Mississippi kamen, war Cahokias Stern längst untergegangen. Um 1250 u. Z. hatte die Metropole den Höhepunkt ihrer politischen und wirtschaftlichen Macht erreicht. Bauvorhaben wurden im 14. Jh. eingestellt. Gegen 1500 gab man die Stätte auf. Auch Moundvilles bessere Zeiten waren vorbei, es bewahrte aber seinen Rang als regionales Zentrum. Daneben hielten sich zahlreiche Häuptlingstümer bis zum europäischen Kontakt und darüberhinaus. Einige, darunter Natchez, sind dank archäologischer Untersuchungen recht gut bekannt (Hudson et al., 1985). Von Etowah in Georgia wissen wir, daß es vor dem 16. Jh. Angelpunkt einer örtlichen Siedlungshierarchie gewesen ist (Larsen, 1971). Weitere Zentren, Coosa

Der französische Forschungsreisende Antoine Le Page du Pratz wohnte 1720 der Beerdigung des Nah'ci-Häuptlings «Tatauierte Schlange» bei. Auf einer Bahre wurde der Tote zu seinem Tempel gebracht. Dort begrub man ihn zusammen mit Frauen und Dienern, die zuvor garottiert worden waren.

z. B., sind Gegenstand archäologischer und ethnohistorischer Rekonstruktionsbemühungen.

Natchez. Recht gut sind wir über das Häuptlingstum der Nah'ci am unteren Mississippi unterrichtet. Seine Wurzeln reichen in die vorgeschichtliche Plaquemine-Tradition, die gegen 1150 u. Z. aus einer Vermischung der einheimischen Coles Creek-Kultur mit Cahokia-Versatzstücken entstanden war (Fiedel, 1987). Noch im 17. Jh. errichteten die Nah'ci Erdhügel. Geschwächt von eingeschleppten Seuchen, zählten sie um 1700 nur noch 3500 Personen. Sie lebten in sechs Distrikten (früher neun), die Statthalter des Oberhäuptlings verwalteten. Dieser Würdenträger, die «Große Sonne», und sein jüngerer Bruder «Tatauierte Schlange», der Kriegsanführer, regierten im «Grande Village», wie französische Chronisten die politische Kapitale augenzwinkernd titulierten, da sie gerade neun Häuser und einen Tempelhügel vorweisen konnte. Die meisten Nah'ci bewohnten Weiler, die sich übers Land verteilten (Swanton, 1911).

Jeden Monat bezog der Hof Tributeinkünfte. Dies geschah in festlichem Rahmen. «Feiern finden gewöhnlich dann statt, wenn der Große Häuptling nach Nahrungsmitteln verlangt . . . Die Gaben häuft man am letzten Tag des Festes vor seiner Hüttentür», schrieb ein französischer Beobachter. Ein anderer bemerkte, daß die Feierlichkeiten abgehalten würden, um dem Häuptling «für die Wohltaten, die er dem Volk angedeihen ließ» zu danken.

1720 verbrachte der Forschungsreisende Antoine Le Page du Pratz (1758) einige Zeit bei den Nah'ci. Er fand sich in einer hierarchisch gegliederten Gesellschaft, die in mehrere Klassen und Ränge zerfiel. Der Adelsschicht gehörten die unmittelbaren Verwandten des sakralen Oberhäuptlings (Sonnen), entferntere Verwandte (Edle) und verdiente Aufsteiger (Geehrte) an. Das Fundament der Pyramide bildeten Gemeine, die «Stinker», wie sie von den Franzosen in Anlehnung an einen Nah'ci-Begriff genannt wurden. Da sich die Schichtenzugehörigkeit matrilinear vererbte, standen Mutter und Schwester(n) des Fürsten in gleich hohem Ansehen wie die «Große Sonne» selbst. Der Oberhäuptling, Inkarnation des Tagesgestirns, hatte despotische Vollmachten. Nur er und ausgewählte Priester durften den Tempel betreten, wo ein ewiges Feuer Tag und Nacht loderte. Wenn die «Große Sonne» starb, folgten ihr Ehefrauen, Verwandte und Diener in den Tod. Besonderes Interesse brachten die Europäer der Heiratsordnung der Nah'ci entgegen: Männliche Nachkommen rutschten auf der sozialen Rangstufenleiter jeweils eine Sprosse tiefer als der Vater, weil Adelige Gemeine ehelichen mußten. Das galt auch für die Söhne der «Großen Sonne», deren Enkel demnach auf das «Stinker»-Niveau absanken. Andererseits gelang Gemeinen die Verbesserung ihrer Position, wenn sie militärische Verdienste vorweisen konnten.

Coosa. Hernando de Soto und seine Streitmacht durchquerten den Südosten, wie in Kapitel 1 geschildert, zwischen 1539 und 1541. Ihre dürren Aufzeichnungen berichten von allerhand Stämmen, denen sie unterwegs begegneten. Beeindruckt waren die Spanier vom Wohlstand Cofitachiquis, der allerdings hinter dem Reichtum Coosas, einem Häuptlingstum der Maskogi sprechenden Šati (Koasati) beim heutigen Carters in Georgia, verblaßte. Little Egypt, wie Coosa nun heißt, durfte sich dreier Mounds rühmen. Es war von etwa 1400 bis 1600

u. Z. besiedelt (Hudson et al., 1985; Milanich & Milbrath, 1989). Im Grabungsbefund tauchten Keramiktypen auf, die mit der Lamar-Kultur sowie mit den Mississippi-Phasen Dallas und Mouse Creek in Verbindung gebracht wurden. Historische Chroniken beschreiben Coosa als Mosaik von Dorfgemeinschaften inmitten einer fruchtbaren Gartenlandschaft. Zwei Tage marschierte Sotos Schar durch strömenden Regen, ehe die Männer hinter Coosa auf eine große Niederlassung namens Itaba stießen. Vermutlich ist damit Etowah gemeint. Auch Etowah weist eine Lamar-Komponente auf, und es fanden sich hier Artefakte spanischer Herkunft.

Charles Hudson und seinem Team ist es durch Korrelierung archäologischer Fakten mit historischen Quellen gelungen, Coosa auf dem Papier wiederaufstehen zu lassen. Untersuchungen dieser Art stehen noch am Anfang, aber bereits jetzt zeichnet sich eine neue Forschungsrichtung ab, die wissenschaftlich dokumentierte Fundorte mit aus europäischen Chroniken bekannten politischen Gebilden kurzzuschließen vermag. Es sollte ferner möglich sein, die Geschichte ethnischer Gruppierungen des 18. und 19. Jhs. bis zu ihren prähistorischen Vorgängern fortzuschreiben (Hudson et. al., 1985). Auf Coosa und andere Häuptlingstümer des 16. Jhs. kommen wir in Kapitel 22 noch einmal zurück, wenn wir die Auswirkungen des Kontaktes mit Weißen auf die im inneren Südosten ansässige Bevölkerung behandeln.

21. ALGONKIN UND IROKESEN

«Ihre Nahrung besteht aus allem, was sie durch Jagd und Fischfang zusammenbringen, denn sie beackern die Erde nicht . . . In den Monaten von Februar bis Mitte März halten sie eine große Jagd auf Biber, Fischotter, Elche, Bären . . . und das Karibu ab, ein Tier, halb Esel, halb Hirsch. Bei guter Witterung leben sie dann in Saus und Braus und sind so hochmütig wie Prinzen und Könige. Ist das Wetter aber schlecht, muß man sie füglich bemitleiden, und oft sterben sie Hungers . . .» (Père Biard, 1616 *fide* Snow, 1980).

«Als wir weiter ins Landesinnere vorstießen, sahen wir ihre Behausungen. Kreisrund sind diese, vierzehn oder fünfzehn Schritt über alles und aus gebogenen Stämmchen gemacht . . .» (Giovanni da Verrazzano, 1524 *fide* Snow, 1980).

«Sie essen gewöhnlich gekochten Mais, manchmal vermengt mit Kidneybohnen. In solcherlei Eintopf schmoren sie Fleisch, frisch oder getrocknet, und gar manchen Fisch, zuvörderst Alsen, Aale und eine Art Hering. Mit Wurzeln . . . und Nüssen oder anderen Waldfrüchten schmecken sie besagten Eintopf ab . . .» (Daniel Gookin, 1674 *fide* Snow, 1980).

Die ersten Berichte europäischer Seeleute über die indianische Küstenbevölkerung des Nordostens gerieten zum Palimpsest der Eindrücke. Zutreffendes wurde mit Fantastischem verrührt, sachliche Informationen mit Irrtümern. Doch im Lauf der Zeit nahmen die Kontakte zu. Man tauschte Biberpelze gegen allerlei Tand, den gelegentlich haltende Schiffe anboten. Mit den «Pilgervätern» kamen schließlich die ersten weißen Siedler, am Plimoth Rock von einem Indianer namens Samoset willkommengeheißen (Snow, 1980). Seit dem Archaikum hatte sich die Lebensweise der Menschen kaum verändert. Sommerfischfang, Sammelwirtschaft, Winterjagd auf Elche und Rentiere sowie Fallenstellerei lieferten die Erträge, von denen man zehrte. Wenn wir die komplizierte Geschichte der Region aufhellen wollen, müssen wir uns abermals auf die Kellerstiege zum Spät-Archaikum begeben.

Sprachblöcke

Als die ersten europäischen Schiffe vor den Gestaden des nordöstlichen Nordamerika Anker warfen, hielten Ost-Algonkin, darunter die bekannten Wobanakiiak (Westliche Abenaki), Mahi'kanak (Mahican) und Länape (Delaware), den gesamten Küstenstreifen zwischen Nova Scotia und North Carolina besetzt. Über Herkunft und Genese der Algonkin haben wir bereits in Kapitel 8 einiges gesagt. Ihre kulturelle Heimat ist das Schild-Archaikum des Nordens. Die Proto-Ost-Algonkin allerdings entstammen vielleicht einem mit der Laurentischen Tradition zu verbindenden ethnischen Substrat, das sich nach 3200 v. Chr. vom südlichen Ontario nach Osten zum St. Lawrence-Golf ausbreitete. Der Linguist Ives Goddard (1979) sieht das Ursprungsgebiet der Ost-Algonkin im oberen St. Lawrence-Tal, das ihnen als Sprungbrett für die nachfolgende Expansion diente. Um 1000 v. Chr. verloren sie den Sprachkontakt zu ihren westlichen Verwandten, womöglich infolge des irokesischen Vorstoßes zum St. Lawrence, und wanderten entlang der Atlantikküste nach Süden.

Auf der Sprachenkarte schieben sich die Mundarten der Nordirokesen wie ein Keil zwischen die Idiome der Ost- und Zentralalgonkin. Die Sprachinsel reichte noch zu Beginn der europäischen Kontaktperiode von Pennsylvania bis Süd-Ontario und Südost-Québec. Bekannt als tapfere Krieger, mit allen Wassern gewaschene Händler und gewitzte Politiker sollten die Irokesen im Nordosten eine wichtige Rolle während der Kolonialzeit und darüberhinaus spielen. Vor allem mit der irokesischen Vorgeschichte sind viele kontroverse Fragen verbunden, denen wir nachgehen müssen. Zunächst aber werfen wir einen Blick auf ihre Nachbarn, die Zentral- und Ost-Algonkin.

Die Waldlandperiode und der Ursprung der Zentral-Algonkin

Ab 1500 v. Chr. leitete ein Klimaumschwung in den subarktischen Wäldern die Südwanderung schildarchaischer Gruppen ein. Einige gelangten in den nördlichen Randbereich der Großen Seen, wo sich ihre Anwesenheit in der sogenannten Laurel-Tradition niedergeschlagen haben dürfte (Wright, 1967). Fundstellen dieser Kulturgruppe, die mehrere lokale Ausformungen umfaßt, sind in Zentralsaskatchewan, Manitoba, Ontario, Michigan, Minnesota und Nordwest-Québec nachgewiesen. Etwa um 600 v. Chr. tritt die Tradition deutlich hervor, örtlich währte sie bis 1030 u. Z. (Syms, 1977). Im Westen des Gebietes überschnitt sich Laurel vom Ende des 8. Jhs. u. Z. an mit der verwandten Blackduck-Kultur, aus der vermutlich Teile der historischen Plains-Algonkin hervorgingen, und im nördlich-zentralen Wisconsin mit dem früheren Nokomis-Komplex. Im südlichen und östlichen Ontario blühten während der Mittel-Waldlandperiode die Saugeen- und die Point Peninsula-Kultur, letztere auch in Süd-Québec und New York. Ihre Träger waren wahrscheinlich Proto-Irokesen.

Die Laurel-, Blackduck- und Nokomis-Gruppen setzten die Lebensweise ihrer archaischen Vorfahren auf dem Kanadischen Schild im Grunde unverändert fort. Neu waren lediglich Keramik und Hügelgräber. Man lebte in kleinsten Verbänden, beanspruchte aber ausgedehnte Jagd- und Sammelreviere. Da und dort mag es zur Kultivierung von Wildpflanzen gekommen sein. Folgt man Trigger (1985), hielt der Mais frühestens im 7. Jh. u. Z. im Gebiet Einzug; er hatte allerdings keine wirtschaftstragende Bedeutung.

Während der Frühjahrs- und Sommermonate trafen sonst versprengte Familiengruppen in einer Stärke von vielleicht 100–300 Personen zusammen, um an Flüssen und Seen gemeinsam Fische zu fangen. Bestattungszeremonien abzuhalten, Ehen anzubahnen und Handel zu treiben; man lauschte den Erzählungen der Alten und gab sich ausgelassenen Spielen hin. Am Rice Lake im südlichen Ontario setzte man angesehene Führer unter Erdhügeln bei. Hopewell-Artefakte, die durch Seitenkanäle der Interaktionssphäre – Hopewell- Zentren bezogen Silbernuggets aus Ontario – hierher gelangten, fanden sich als Grabbeigaben (Spence, 1982). Die meisten Hügel maßen radial über 16 m und 1,80 m in der Höhe. Sie enthielten örtlich bis zu 100 Zweitbestattungen, was darauf schließen läßt, daß man Verstorbene vor der Grablege zunächst eine Weile aufbahrte.

Jahrestreffen, auf denen man freundschaftliche Beziehungen zu Nachbarn erneuerte, waren lebensnotwendig, denn sie gewährleisteten, daß wirtschaftliche Aktivitäten nicht durch Kriege gestört wurden. Außerdem garantierten sie ständigen Bevölkerungsaustausch, wichtig vor allem, wenn Populationen nach Hungersnöten zusammenbrachen. Unklar bleibt die Verwandtschaftsorganisation (Trigger, 1985), doch dürfte sie bilateral gewesen sein, d. h. man rechnete seine Abstammung in väterlicher *und* mütterlicher Linie. Dies erleichterte das Hin- und Herwechseln zwischen verschiedenen Lokalgruppen. Das rauhe Klima gestattete nirgendwo Dauersiedlungen und zwang die Menschen zur Vereinzelung. Familienverbände vermochten sich im Winter eher als größere Gemeinschaften durchzuschlagen.

Auch die historischen Anišsinape (Ojibwa) vom Nordrand der Großen Seen veranstalteten regelmäßige Jahrestreffen. Bei ihnen gab es Persönlichkeiten, die, obwohl bar jeder formalisierten politischen Macht, in den Sommercamps als Schlichter bei Streitfällen auftraten (Cleland, 1982). Vielleicht hatten die mittelwaldlandzeitlichen Völker Süd-Ontarios ähnliche Führer.

Erinnerte das kulturelle Umfeld der nördlichen Zentral-Algonkin während der Waldlandperiode an archaische Verhältnisse, so wichen die südlichen Vertreter, allen voran die Vorfahren der Iliniwek-Gruppe (Illinois/Miami) und der Šaawanwa (Shawnee) beträchtlich von diesem Muster ab. Sie waren fest in die Hopewell-Interaktionssphäre eingebunden. Die Proto-Iliniwek dürften maßgeblich am Zustandekommen der Illinois-Variante beteiligt gewesen sein, die Proto-Šaawanwa trugen eventuell Hopewell-Elemente an den Ohio (vgl. Kapitel 19).

Das Illinois-Hopewell unterschied sich in einigen Punkten von seiner Ohio-Schwester. Brandbestattungen fehlten weitgehend, und es existierten weder aufwendig gestaltete Beinhäuser noch Groß-Mounds und Bilderhügel.

Interessante Aussagen zur Sozialverfassung des Illinois-Hopewell erlauben Skelettuntersuchungen (Struever & Holton, 1979). Hochrangige Männer litten stark an arthritischen Veränderungen der Ellbogen, Angehörige der Unterschicht an solchen der Handgelenke. Im einen Fall spricht dies für den häufigen Gebrauch von Speerwerfern bei der Jagd, was zu extremen Beanspruchungen der Armbeuge geführt haben mochte, im anderen für handwerkliche Tätigkeiten. Zudem kamen bei Oberschicht-Männern, kenntlich am Ausmaß der Grabbeigaben und der Bestattung im Zentrum eines Tumulus, nicht selten tumorartige Verknöcherungen der Ohrknorpel vor. Heute tritt diese Erkrankung vornehmlich bei Sporttauchern auf, was zu der Vermutung veranlaßt hat, daß hochrangige Personen das Privileg „genossen", nach Perlmuscheln zu tauchen.

Ost-Algonkin: Streiflichter ihrer Anpassung

Bei ihrer Einwanderung am Atlantik mischten sich die Ost-Algonkin mit den Trägern des Maritimen Archaikums, die als gesonderte ethnische Einheit vielleicht nur auf Neufundland bis in die europäische Kontaktzeit überlebten (vgl.

Kapitel 17). Obwohl also an der Küste ein Bevölkerungsaustausch stattfand, änderte sich die Lebensführung der Menschen kaum. Gruppen in Maine und den nördlichen Neuengland-Staaten übernahmen kurz vor der Zeitenwende die Töpferei, wesentlich später als Verbände im Süden. Sie blieben Jäger, Wildpflanzen- und Molluskensammler. Bodenbau war ihnen bis zum Eintreffen der Europäer fremd. Einige Küstenvölker lebten in halbunterirdischen Grubenbehausungen. Diese Ovale erreichten 3,5–4 m Länge, verfügten über abgesenkte Herdstellen nahe dem Eingang und Schlafpritschen entlang der Wände. Über der wegen besserer Wärmeisolierung ausgeschachteten Wohngrube erhob sich eine konische Stangenkonstruktion, die wohl mit Rindenschwarten abgedeckt wurde (Sanger, 1979). Dem aufgefundenen Tierknochenabfall nach zu urteilen, verbrachte man Herbst, Winter und Frühjahr in der Nähe des Dorfbereichs. Im Sommer dagegen schwärmten die Küstenbewohner aus, um in Flüssen und Seen Atlantiklachse *(Salmo salar)*, Flußaale *(Anguilla rostrata)* und Alsen *(Alosa pseudoharengus, A. sapidissima)* zu fangen.

Im Südabschnitt der Nordostküste kombinierten «Schrebergärtner» Wildpflanzenkultivierung mit Jagd, Sammelwirtschaft und Muschelernte. Ihr Anpassungstyp entsprach eher dem der Bewohner sommergrüner Laubwälder, doch stellte sich nach Zuzug von Algonkin-Gruppen ab 700 v. Chr. und Sioux-Splittern um 500 v. Chr. größere regionale Unterschiede ein. Die Sioux brachten Keramik, Algonkin möglicherweise die Bogenwaffe mit. Während der Wintermonate hielten sich die Menschen offenbar in Jagdlagern auf, die am Rand von Seen und Teichen im Hinterland aufgeschlagen wurden, den Sommer dagegen verbrachte man am Meer, wo ausgedehnte Muschelbänke lockten. Zwischen 300 v. Chr. und 300 u. Z., als mildere Witterung herrschte, kamen die wärmeliebenden Kammuscheln, Austern und Quahogs «auf den Tisch», im nachfolgenden kälteren Klimaabschnitt hauptsächlich Klaffmuscheln. Erst nach 800 u. Z. verbreiteten sich domestizierte Pflanzen im Gebiet, doch blieb ihr Anteil an der Nahrung vergleichsweise gering. In Virginia machten Feldbauprodukte noch im 17. Jh. lediglich 25% des Wirtschaftsaufkommens aus (Feest, 1978). Dort zogen Algonkin-Bauern Mais, Bohnen, Kürbisse, Grenadillen *(Passiflora)* und Tabak.

Den Irokesen auf der Spur

Nach Meinung von Francis Parkman (1825–1893), der seinen Ruf als Historiker mit einer Chronik des englisch-französischen Hegemonialstrebens in Nordamerika begründete, stellten die Wanderungen indianischer Konfliktbeteiligter nichts weiter dar als ziellose Migrationen durch einen riesigen, dünn besiedelten Kontinent (Parkman, 1867). Hotinohsyonni (Liga-Irokesen), Atiwendahrõk (Huron/Neutrals) und andere irokesische Gruppen des Nordostens sahen europäische Beobachter als Schemen aus grauer Vorzeit, «eher vertraut mit den Wäldern, in denen sie hausten, und mit den Tieren, die sie jagten, denn als Konkurrenten um die Beherrschung Nordamerikas» (Trigger, 1985).

Theorien. Es waren Ethnologen, die sich als erste für den Ursprung der irokesischen Bevölkerungsgruppe im St. Lawrence-Tiefland interessierten. Da es keine archäologischen Befunde gab, verließen sie sich bei der Spurensicherung auf mündliche Traditionen und linguistische Vergleiche.

Sprachwissenschaftlern verdankt die Forschung den Nachweis enger Verwandtschaft zwischen den nordirokesischen Mundarten und dem Idiom der Aniyunwiha (Cherokee) in den Appalachen. Diese Entdeckung führte zu der lange vertretenen These, die Nordirokesen seien aus dem tiefen Süden ins St. Lawrence-Gebiet gekommen (Parker, 1916). Erst in den späten 30er Jahren begannen Archäologen über eine Entfaltung der irokesischen Kultur *in situ* zu spekulieren. Im Süden waren keine kulturellen Hinweise gefunden worden, und es gab auch keinerlei Anzeichen für eine nordwärts gerichtete Migration. Richard McNeish, dessen Abrechnung mit der Wanderungshypothese 1952 erschien, verdanken wir die Trendwende, McNeish hatte die Keramikformen historischer Irokesen untersucht und war zu dem Schluß gelangt, daß deren Wurzeln in ein ethnisches Substrat der Mittel-Waldlandzeit reichten, das man vordem von Algonkin-Gruppen gebildet sah.

Ausgrabungen der letzten Jahrzehnte, insbesondere in den Draper- und Nodwell-Siedlungen Ontarios vermittelten ein facettenreiches Bild irokesischer Materialkultur, sich wandelnder Subsistenzbedingungen und einer entwickelten Sozialordnung (Wright, 1974; Finlayson, 1985; Warrick, 1984). Dank der Arbeit McNeishs wurde Einvernehmen darüber erzielt, daß die irokesische Geschichte weit zurückreicht, doch herrscht hinsichtlich der Festlegung des genauen Haltepunktes noch Unsicherheit.

James Tuck (1977), James Wright (1984) und andere identifizieren die Proto-Irokesen mit Bevölkerungsgruppen des Laurentischen Archaikums, doch kommen für die ethnische Trägerschaft der limno-borealen Tradition eher Proto-Ost-Algonkin in Betracht. Haviland und Power (1981) stellten daher die These auf, das irokesische Element trete erstmals in der spätarchaischen Lamoka-Kultur des Staates New York zutage. Bei Lamoka hat es sich, wie in Kapitel 17 ausgeführt, um einen Ableger der Laubwald-Tradition gehandelt, und dort scheinen in der Tat die ethno-linguistischen Anfänge der Irokesen verborgen.

Sprachhistorische Untersuchungen verlegen die Aniyunwiha/Nord-Iroquois-Spaltung in den Zeitraum zwischen 2000 und 1500 v. Chr. (Lounsburg, 1978). Derselbe Autor kommt nach eingehender Prüfung von Lautwandel und Wortschatz zu dem Ergebnis, daß Proto-Irokesen bereits um 2500 v. Chr. im zentralen New York und nördlich-zentralen Pennsylvania ansässig waren. Von dort aus hätten sie sich zunächst nach Süden, dann nach Norden und Osten aufgemacht – ein Befund, der gut zu der von Haviland und Power vertretenen Ansicht paßt. Insbesondere Wortgleichungen bei ökospezifischen Begriffen nähren die Vermutung, die Entwicklung der Ursprache habe sich in einer Region mit dem heutigen Lebensraum ähnlicher biotischer Ausstattung vollzogen.

Wenn wir also im Laubwald-Archaikum den ethnisch-kulturellen Hintergrund der Irokesen vermuten, sind wir mit einem neuen Problem konfrontiert: der Siedlungsraum der Wurzelgruppe kann sich unmöglich bis zu Ohio und Mississippi ausgedehnt haben. Wieder kommt uns die Sprachforschung zu Hilfe. Als nächste Verwandte der Irokesen gelten die Sioux (Chafe, 1973). Es spricht einiges dafür, daß Proto-Sioux und Proto-Iroquois noch im Spät-Archaikum ein Sprachenkontinuum bildeten, das an den Standorten sommergrüner Wälder vom

Orient-Fischschwanzspitze; Länge ca. 11 cm.

Atlantik bis zum Mississippi reichte. Erst als Algonkin-Gruppen in den Westen der Region einsickerten, zerriß dieses Band. Später stiegen Proto-Sioux scheinbar zu den Trägern einiger Phasen der Mississippi-Tradition auf. So kann man etwa die Vorfahren der Ciwere (Iowa/Oto) und Hocágra (Winnebago) mit dem Oneota-Komplex verknüpfen oder die Proto-Iyeye (Catawba) mit der südappalachischen Variante. Einige Sioux-Verbände zog es schon früh in die Prärien am mittleren Missouri (vgl. Kapitel 7), andere, die Wajaje (Osage/Omaha/Ponca), lebten noch lange am Ohio, dem sie erst nach 1640 u. Z., als dort eine schwere Pockenepidemie wütete, den Rücken kehrten.

Doch zurück zu den Irokesen. Neben dem sprachlichen untermauert auch der anatomische Befund die Theorie von ihrer Genese *in situ*. Skelette früh- und mittelwaldlandzeitlicher Bevölkerungen unterscheiden sich nicht von denen historischer Gruppen (Molto, 1983). Spätestens seit dem Auftritt der ersten Gartenbauer-Kulturen (s. unten), wahrscheinlich aber schon früher, lebten die Vorfahren der Irokesen im Nordosten. Einen Vorschlag von Dean Snow (1980) aufgreifend, nehmen wir ihre Spur im Endarchaikum neu auf und verfolgen dann die Kulturentwicklung bis zum Eintreffen der Europäer.

Endarchaikum: 1650 bis 700 v. Chr.

Über die Jahrtausende hatte es im Nordosten kaum demografische Veränderungen gegeben. Snow (1980) schätzt, daß vor 8000 v. Chr. in den Neuengland-Staaten etwa 25 000 Menschen lebten und um 1600 u. Z. 158 000–191 000, was einer Steigerungsrate von nur 0,0002 % entspricht. Ohne Zweifel aber kam es in diesen 9600 Jahren zu Episoden rapider Bevölkerungsverdichtung und katastrophaler Zusammenbrüche. Zur demografischen Entwicklung eine Vergleichszahl: Neuerdings wächst die Erdbevölkerung, nicht zuletzt wegen des «Baby-Booms» in den Drittweltländern, um 0,018 %!

Nach 1650 v. Chr. genossen die Archaiker des Nordostens die Früchte einer vielschichtigen Subsistenzökonomie. Sie betrieben Fischfang, jagten, sammelten

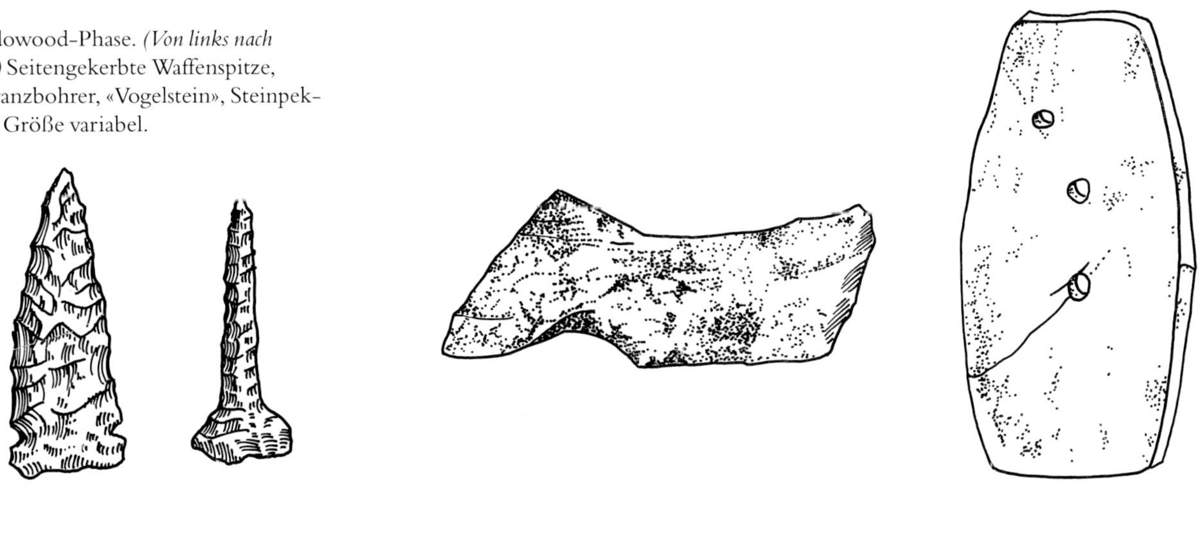

Meadowood-Phase. *(Von links nach rechts)* Seitengekerbte Waffenspitze, Schwanzbohrer, «Vogelstein», Steinpektoral. Größe variabel.

und kultivierten Wildpflanzen. Das «Endarchaikum» überspannte etwa zehn Jahrhunderte. Während dieses Zeitraums bestimmten weit gefächerte Handelsverbindungen sowie der Gebrauch von Steatitgefäßen, breiten und schmalen Fischschwanzspitzen den Aspekt. Es blühten zahlreiche Lokalkulturen, von denen hier Susquehanna und Orient erwähnt seien, weil sie möglicherweise von Proto-Irokesen getragen wurden. Einen Gesamtüberblick vermittelt die Arbeit von Snow (1980).

Susquehanna und Orient. Die sogenannte Susquehanna-Tradition, eher eine Geschoßspitzenindustrie als ein Kulturkomplex, war in den ersten Abschnitten des Endarchaikums (ca. 1650–1320 v. Chr.) in New York, Pennsylvania und angrenzenden Gebieten verbreitet. Ihr Markenzeichen sind breite Projektilköpfe, die sich auch als Messer verwenden ließen.

Auf Susquehanna folgt in New York Orient, eine Tradition, deren Träger lange, schmale Waffenspitzen mit Fischschwanzbasen herstellten. Ähnliche Artefakte benutzten auch spätere waldlandzeitliche Kulturen. In Mode kamen flachbödige, ovale oder rechteckige Specksteinbehälter mit Griffen, die nach dem Vorbild hölzerner Prototypen entstanden. Solche groben Kochgefäße waren sehr beliebt und ziemlich robust. Nach 700 v. Chr. wichen sie Keramiktöpfen.

Frühe Gartenbauer-Gesellschaften im Nordosten: ca. 700 v. Chr. bis 1000 u. Z.

Dean Snow prägte den Begriff *Early Horticultural* für post-endarchaische Waldlandkulturen des Nordostens, die ihr Erscheinungsbild bis etwa 1000 u. Z. bewahrten. Die Vorzüge dieses Etiketts liegen auf der Hand. Einerseits ist der Terminus «Waldlandperiode» *(Woodland)* durch Gruppierungen im Südosten besetzt, andererseits wird die Epoche von einer bedeutenden Innovation bestimmt – der Einführung des «Schrebergartenbaus».

Töpferei und Wildpflanzenkultivierung auf kleinen Parzellen traten im Nordosten recht spät, während der zweiten Hälfte des 1. Jahrtausend v. Chr., auf, keinesfalls aber flächendeckend und zu ganz unterschiedlichen Zeitpunkten. Der wachsende Zuspruch, den Keramikprodukte erfuhren, dürfte auf zunehmende Seßhaftigkeit deuten. Um 500 v. Chr. befanden sich im Gebiet der Großen Seen kleine, spitzbödige Kochgefäße, die man in Spiralwulsttechnik hergestellt und mit gestempelten oder geschnürten Mustern versehen hatte, in Gebrauch.

Meadowood-Phase (? ca. 700 bis ? 300 v. Chr.). Fundstätten der Meadowood-Phase verdichten sich im westlichen und zentralen New York sowie in der Mohawk-Niederung weiter im Westen. Die Menschen pendelten zwischen Basiscamps und temporär frequentierten Stationen. Einige Hauptlager deuten darauf hin, daß sie sich vorübergehend längere Zeit in der Nähe von Orten aufhielten, wo man Gänsefuß *(Chenopodium)* und andere Wildpflanzen kultivierte.

Tonimitate steinerner Adena-Röhrenpfeifen waren im Umlauf. Ohio-Einfluß zeigt sich auch bei Fernhandelswaren. Kupferschmuck, Schieferpektorale sowie «Vogel- und Bootsteine» lassen Adena-Einschlag erkennen. Waffenspitzen und Klingenrohlinge fertigten die Meadowood-Leute aus Onondaga-Hornstein.

Bestattungsplätze wurden auf den Wällen eiszeitlicher Endmoränen angelegt, so wie es die frühere Glacial Kame-Bevölkerung vorgemacht hatte. Üblich war Leichenverbrennung, doch verstrich wohl einige Zeit bis zur Einäscherung. Trauernde legten die Gräber mit Rinde aus. Die Totenasche sammelte man in ockerüberstäubten Geflechten aus Indianerhanf *(Apocynum cannabinum)*. Waffenspitzen und gelegentlich auch auf dem Fernhandelsweg erworbene Luxusgüter vervollständigten das Grabarrangement.

Später erschienen Grabhügel, Holzkistengräber und Beigaben, wie sie auch am Ohio gebräuchlich waren. Bestattungstumuli sind aus Süd-Ontario, New York, dem südlichen und westlichen Neuengland sowie der Delaware-Niederung nachgewiesen. Möglicherweise stand hinter dieser Entwicklung ein missionarischer Antrieb, der von Adena-Zentren weiter im Süden ausging (Snow, 1980).

Point Peninsula-Phase (? ca. 300 v. Chr. bis ca. 800 u. Z.). Während der sub-atlantischen Klimaepisode (300 v. Chr.–300 u. Z.) setzten im Nordosten stärkere Regenfälle ein, gefolgt von einer kühl-trockeneren Periode und, ab 800 u. Z., dem Neo-Atlantikum mit wieder höheren Niederschlägen, die bis etwa 1300 u. Z. anhielten (Baerreis & Bryson, 1965). Die Wechselbäder, die die Wetterküche über den Menschen ausschüttete, blieben nicht ohne Auswirkungen. Es ist eine Zunahme der Wildpflanzenkultivierung zu verzeichnen, insbesondere in der regenreichen Spanne nach 800 u. Z.

Aus Meadowood-Trieben erblühte in New York die Point Peninsula-Phase, die bis Ontario und Süd-Québec ausstrahlte. Ritchie (1969) gliedert sie in mehrere Subphasen. In ihrem Habitus glich Point Peninsula grundsätzlich den Kulturen der nördlichen Zentral-Algonkin weiter westlich: Waldlandzeitliche Komponenten wurden (bei zeitlich immer stärkerer Abschwächung) auf eine dem Lebensraum entsprechende Matrix geprägt.

Frühirokesische Periode: ca. 1000 bis 1300 u. Z.

Um 1000 u. Z. herrschten auf der Nordhalbkugel noch die milden Klimabedingungen des Neo-Atlantikums. Wie in Kapitel 1 geschildert, nutzten skandinavische Seeleute diesen Umstand zu Törns nach Island, Grönland und Labrador. Die günstige Witterung verlängerte die Vegetationsperiode der Pflanzen. Zwischen 800 und 1200 u. Z. erfolgte daher auch in den unwirtlicheren Teilen des amerikanischen Nordostens die Übernahme von Mais, Bohnen und Kürbissen. Bevölkerungsgruppen am Ostrand der Großen Seen, in denen wir die Vorfahren der Nordirokesen sehen, setzten ihre Nordostwanderung fort und erreichten den St. Lawrence-Golf, wo im 16. Jh. europäische Schiffsbesatzungen mit ihnen zusammentrafen. Die verbesserte wirtschaftliche Situation führte aber auch zu höherem Bevölkerungsdruck, der sich in Spannungen zwischen den Stämmen, oft sogar militärischer Eskalation entlud.

Princess Point und Glen Meyer. Die ersten untrüglichen Spuren der Irokesen erkennt die Forschung im südwestlichen Ontario, namentlich in den Princess Point- und Glen Meyer-Kulturen. Noch ist die Datierung ungesichert, doch dürften die An-

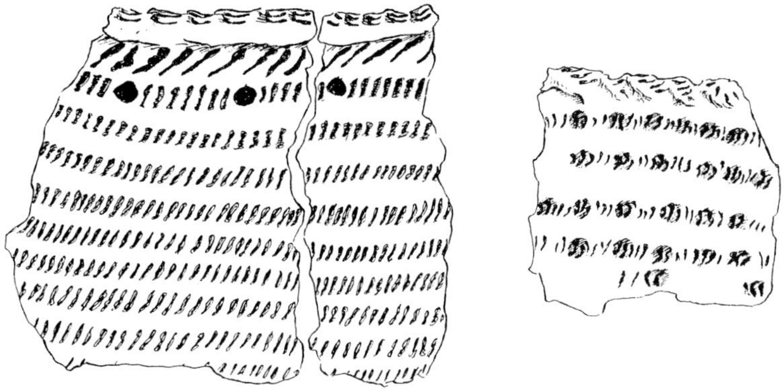

Mit Schnurabdrücken verzierte Keramikscherben von der Fundstelle Princess Point.

fänge von Princess Point um 800 u. Z. liegen, die von Glen Meyer etwas später (Trigger, 1985). Princess Point-Sommerlager befanden sich in Flußniederungen, im Schutz von Landzungen oder an der Einmündung von Seitenarmen. Den Winter verbrachte man wohl in entfernteren Jagdstationen, doch während der Sommermonate pflanzten die Irokesen am Fluß Mais oder fingen Fische (Stothers, 1977).

In den Sommercamps mögen sich zwischen 100 und 400 Personen aufgehalten haben. Sie bewohnten kleine Mehrfamilienbehausungen mit zentraler Herdstelle. Der Herd teilte die Unterkunft in gegenüberliegende Familienquartiere. Ähnliche Gebäude kennt man bereits aus der Mittel-Waldlandperiode (Brose, 1970).

Der Mais scheint etwa um 800 u. Z., genauere Datierungen sind derzeit noch nicht möglich, aus dem Mittelwesten im Norden eingebürgert worden zu sein. Sicher erlaubte sein Anbau längeres Verweilen in den Sommerlagern, vielleicht bis in den Herbst, und er bot zu Trockenfisch und Wildpflanzenkost eine willkommene Ergänzung, die über die kritischen Wintermonate hinweghalf. Von Vorteil war außerdem, daß man Mais nahe bei den Hauptniederlassungen ausbringen konnte, wo weder der geschätzte, auf ruhige Seen angewiesene Wasserreis *(Zizania aquatica)* noch Nußbäume gediehen.

So waren Princess Point und Glen Meyer in gewisser Weise kulturelle Verlängerungen des mittel-waldlandzeitlichen Wildbeuterlebens, freilich bereichert durch Maisanbau.

Owasco. Weiter im Süden, im Mohawk-Tal und an den Finger Lakes von New York, erschien gegen 1000 u. Z. die Owasco-Tradition, der eine Anzahl kleiner, locker miteinander verknüpfter Gemeinschaften angehörten. Im Grunde war Owasco den Kulturen in Ontario ähnlich, doch fiel der Gesamthabitus bereits vielschichtiger aus, und es zeigte sich die Tendenz zu größerer Siedlungskonzentration. Maxon-Derby, eine Fundstätte bei Syracuse, illustriert dies: Die Reste der Niederlassung liegen an einer Flußböschung; das Areal umfaßt einen Hektar (Ritchie & Funk, 1973). Sieben Häuser wurden ausgegraben – ein fast quadratisches Gebäude, mehrere zigarrenförmige und ein länglich-ovales, das 8×18 m maß. Noch ist keine Typenstandardisierung auszumachen, wohl aber Schritte in Richtung der bekannten irokesischen Langhäuser späterer Jahrhunderte.

Ab 1200 u. Z. schützten sich einige Owasco-Dörfer mit Palisaden. In Sackett bei Canandaigua z. B. gürtete ein Bering aus Holzwall und Graben das 62×74 m

Maxon-Derby, New York: Grabung Haus C (von Osten gesehen). Holzpflöcke vermitteln einen Eindruck von den Abmessungen des Gebäudes.

messende Siedlungsoval (Ritchie & Funk, 1973). Bereits gegen 1250 umschlossen solche Holzbollwerke die meisten größeren Dörfer. Mais, Bohnen und Kürbisse hatten an wirtschaftlicher Bedeutung gewonnen. Nicht von ungefähr litten jetzt viele Menschen an Karies, wahrscheinlich infolge der kohlenhydratreichen Kost, die sie nun zu sich nahmen.

Mit Pfeilspitzen gespickte Skelette und die Befestigungsanlagen verdeutlichen, daß kriegerische Auseinandersetzungen die Owasco-Leute in Atem hielten. Tote wurden im übrigen nicht länger unter Grabhügeln, sondern in einfachen Erdgruben beigesetzt, und Beigaben fielen, falls überhaupt vorhanden, recht bescheiden aus. Diese Entwicklung hatte sich bereits Jahrhunderte zuvor angekündigt.

Mittelirokesische Periode: 1300 bis ca. 1400 u. Z.

In den Dörfern der frühirokesischen Periode lebten jeweils nur ein paar Hundert Seelen. Vor allem Senioren hielten sich wohl das ganze Jahr in den Niederlassungen auf. Exogame Matri-Linien, die ihre Abstammung auf eine verehrte Stammmutter zurückführten, bestimmten die Sozialordnung. Dies folgt aus der von Dorf zu Dorf verschiedenen Keramikvielfalt. Da gewiß die Frauen töpferten, ist zu vermuten, daß sie den Kern einer Residenzgruppe bildeten, zu dem sich die angeheirateten Ehemänner gesellten (Trigger, 1985). Lineage und Siedlungseinheit waren demnach identisch. Heiratspartnerschaften besiegelten freundschaftliche Beziehungen zu Nachbarn.

Obwohl wir bisher kaum etwas über Ausmaß und Motive des Kulturwandels in frühirokesischer Zeit wissen, schält sich die Rolle des Maisanbaus als Schubkraft demografischer wie gesellschaftlicher Veränderungen immer deutlicher heraus. Seine Bedeutung wuchs ständig. Ob dies mit der Züchtung ertragreicherer Kultivate zusammenhing oder sich in Wechselwirkung mit steter Bevölkerungszunahme vollzog, bleibt ungewiß (Trigger, 1985).

Die mittelirokesische Periode dauerte nur etwa 80 Jahre (Trigger, 1985; Wright, 1966). Ihr kultureller Ausgangspunkt lag im südwestlichen Ontario, doch griffen neue Entwicklungen rasch auch anderswo Platz. Die Irokesen lebten jetzt in wesentlich größeren Dörfern, und sie widmeten sich intensiver denn je der Landwirtschaft. Vorher autonome Siedlungen verschmolzen. Am Beispiel der zwei oder drei Glen Meyer-Gemeinschaften bei London, Ontario, die nun fusionierten, läßt sich der Prozeß gut verfolgen. Das neue Großdorf stand an einem Bachlauf, weit von vorher genutzten Eichenhainen entfernt, auf schwerem Auelehmboden, der zwar nicht leicht zu bearbeiten, wegen stauender Nässe aber gegen Austrocknung gefeit war (Pearce, 1984).

Größere mittelirokesische Niederlassungen deckten rund zwei Hektar. Mehr Familien als früher gehörten zu einem Haushalt. Langhäuser, oft in paralleler Reihung, bildeten Gruppen. Möglicherweise entsprach diese Anordnung verwandtschaftlicher Segmentierung. Das engere Zusammenrücken der Baukomplexe hatte auch einen praktischen Effekt: Es mußte weniger Bauholz zur Errichtung der Palisade herangeschafft werden (Noble, 1969). Gegen 1400 zählten Großdörfer gewöhnlich 1500 Einwohner. Alle Anlagen waren sorgfältig geplant. Sie verfügten über ausgewiesene Werkplätze und Mülldeponien (Warrick, 1984).

Mit ihren Großsiedlungen bürdeten sich die Irokesen aber neue Probleme auf. Eine Kommune, in der 1500 Menschen lebten, verbrauchte enorme Mengen Feuerholz, ganz zu schweigen von dem Material, das man zum Hausbau benötigte. Auch die Versorgung bereitete zunehmend Schwierigkeiten. Insbesondere durch intensive Maiskultur verringerte sich die Bodenqualität; landwirtschaftliche Nutzflächen laugten aus. Großdörfer mußten also häufiger verlegt werden als kleinere Niederlassungen. Faktionalismus, der in der irokesischen Sozialstruktur angelegt war, verhinderte jedoch in der Regel durch Abspaltung dissidenter Gruppen unmäßige Siedlungskonzentrationen. Wir kennen allerdings Dörfer, Draper in Ontario z. B., die zwischen 2000 und 3000 Einwohner beherbergten (Trigger, 1985).

Wandel im sozio-politischen Gefüge. Großdörfer wie Draper dürften durch Zusammenlegung kleinerer Siedlungseinheiten, vielleicht unter dem Druck äußerer Bedrohung, zustandegekommen sein. Gewiß schuf das Miteinander so vieler Menschen ein Reizklima, in dem Mißhelligkeiten gediehen. Bruce Trigger (1985) vertritt daher die Meinung, daß man Gremien ins Leben rief, die schlichtend wirkten. Solche Dorfräte scheinen sich aus Repräsentanten verschiedener Klane konstituiert zu haben. Bei historischen Irokesen war das Amt des Klanoberhauptes *(hotiyaneshõ)* erblich. Hotiyaneshõ oder Sachems, wie das in der Literatur gebräuchlichere Algonkinwort lautet, traten als Friedenshäuptlinge auf. Daneben gab es Kriegsanführer, sogenannte *Pine Tree Chiefs,* die sich ihre Stellung in Schlachten verdienen mußten.

Sachems regelten die Nutzungsrechte der Felder, schlichteten Zwistigkeiten, verliehen Ehrennamen, bewirteten Gäste und traten als Ausrichter bestimmter

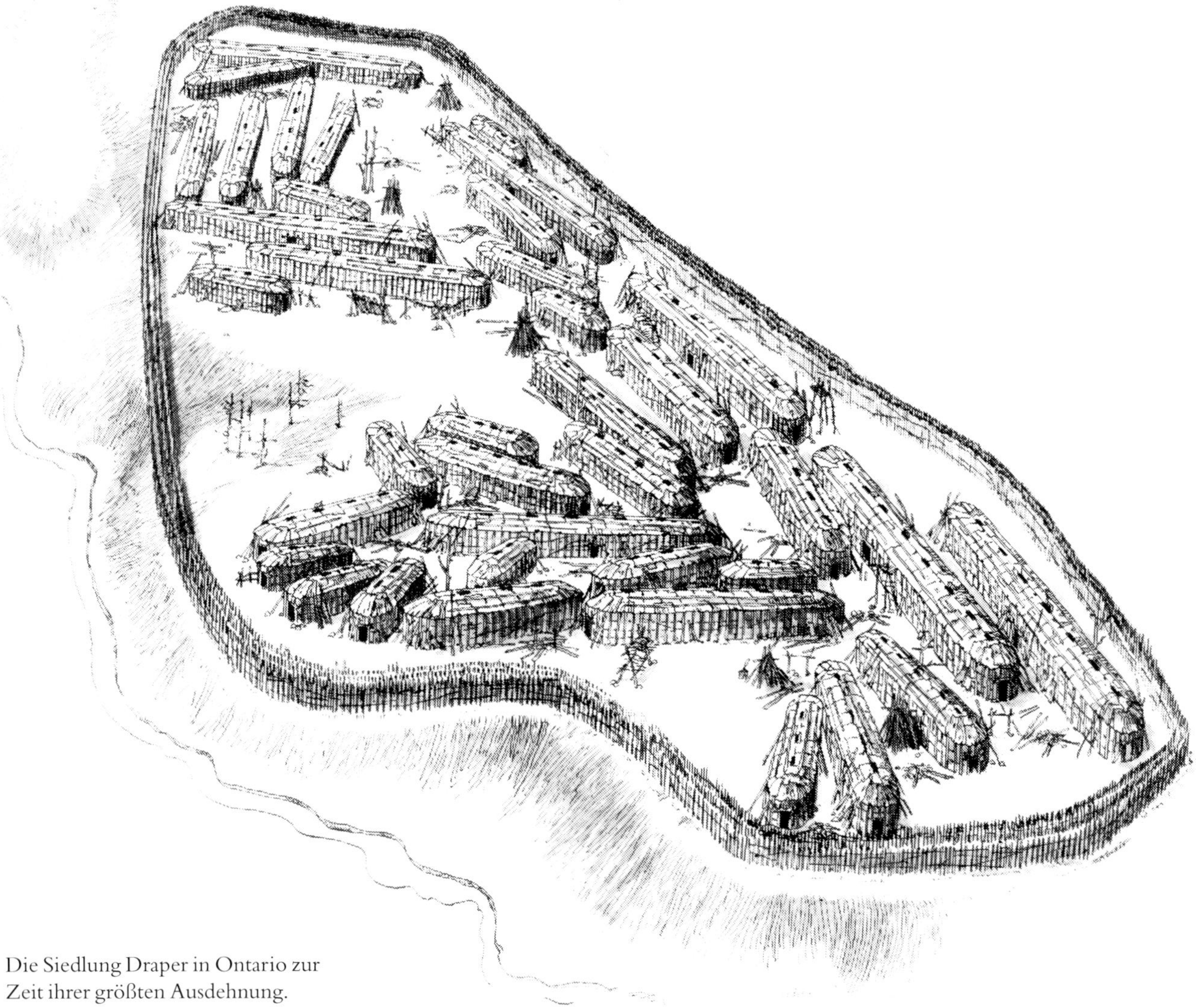

Die Siedlung Draper in Ontario zur Zeit ihrer größten Ausdehnung.

Feste auf. Den Kriegshäuptlingen oblag Planung und Ausführung militärischer Operationen, sie waren für Gefangene zuständig und töteten der Hexerei Verdächtige. Die Familien der Oberhäupter mußten hart arbeiten, damit diese sich großzügig zeigen konnten.

Neben den politischen Institutionen sicherten Feste den dörflichen (später tribalen) Zusammenhalt. Die historischen Wendat (Huron) etwa veranstalteten, ehe sie ein Dorf verlegten, was alle 8–12 Jahre geschah, eine große Totenfeier, anläßlich derer sie die Gebeine all jener, die in der Zwischenzeit verstorben waren, ausgruben, reinigten und erneut bestatteten. Andere irokesische Feste orientierten sich an einer kalendarischen Richtschnur. Sie standen im Zeichen des bäuerlichen Lebensrhythmus und vermittelten den Menschen über das Gruppenerlebnis ein Gefühl solidarischer Geborgenheit. Ähnliche Gefühle beschworen auch die esoterischen Medizinbünde. Ihr Wirken zielte nicht allein auf die Genesung des Einzelnen, sondern, in ausgesprochener Pars-pro-toto-Symbolik, auf universalen Harmonieausgleich, der die Gemeinschaft nur dann gedeihen sah, wenn sich all ihre Glieder wohl befanden.

Krieg und Marter. Im 14. Jh. hatten kriegerische Aktivitäten erheblich zugenommen. Viele Dörfer schützten sich mit ausgeklügelten Befestigungen. Zersplitterte, angesengte Menschenknochen beweisen, daß es im Zuge von Marterriten zu kannibalistischen Exzessen kam (Wright, 1966).

Folter und Tod eines Kriegsgefangenen waren in historischer Zeit stark ritualisiert. Während der Zeremonie, die sich mehrere Tage hinschleppte, sang der Gemarterte Loblieder auf seinen Stamm und schmähte die Peiniger. Diese setzten die Prozedur mitleidlos fort. War die Qual vorbei, verzehrte man, sofern das Opfer sich tapfer verhalten hatte, des Toten Herz, gelegentlich auch andere Körperteile. Dieser «Wut-Kannibalismus» war keinesfalls Ausdruck kulinarischer Verirrung, sondern Ventil angestauter Aggressionen und Akt höchster Demütigung, da der Gefangene symbolisch die gesamte feindliche Gruppe vertrat.

Wieso kam es ausgerechnet nach 1300 zu einer solch eklatanten Zunahme gewaltsamer Auseinandersetzungen? Einige Wissenschaftler glauben, daß kühlere Witterung zu Dürre und Ernteeinbußen führte. Irokesische Verbände, die auf den Sandböden des südwestlichen Ontario oder auf dem rauhen Alleghany-Plateau New Yorks lebten, seien deshalb aufgebrochen, um nach fruchtbarerem Land zu suchen. Kriegerischer Ressourcenwettstreit war, so die These, unausweichliche Konsequenz (Warrick, 1984).

Andere Autoren erklärten den Krieg zur Prestigesache, die der Erziehung zur Mannbarkeit diente. Der «Kraftüberschuß der Jugend» hätte so kanalisiert, diszipliniert und nach außen umgeleitet werden können. Außerdem hätten in der irokesischen Gesellschaft Frauen bei der Nahrungsbeschaffung die Hauptlast getragen und, als Chefinnen der Matri-Linien, ihr wirtschaftliches Gewicht auch in die soziale Waagschale geworfen. Männer, so die Argumentation, mußten demnach ihren Wert anderweitig beweisen. John Witthoft (1959) stellte daher die These auf, Krieg habe die Jagd als Nagelprobe männlichen Prestiges abgelöst.

Eine weitere Theorie vertritt Bruce Trigger (1985). Seiner Beobachtung nach formierten sich die ersten befestigten Siedlungen im Westen, an der Grenze zum Siedlungsgebiet von Algonkin-Gruppen, mit denen man um Land konkurrierte.

Zu Verteidigungszwecken schlossen sich dort bald kleinere Dörfer zu größeren zusammen. Über Generationen hatten Heiratsbündnisse zwischen verstreuten Niederlassungen friedensstiftende Funktion. Nun entfiel dieser Mechanismus, denn die frühere Lokalgruppenexogamie war durch Klanexogamie auf dörflicher Ebene ersetzt worden. Traten jetzt Spannungen auf, blieb nur die martialische römische Devise, die Krieg als bestes Mittel zur Friedenssicherung pries. Im Lauf der Zeit mag es zur Institutionalisierung solcher Konfliktlösungen gekommen sein. Im Hintergrund stand vielleicht auch hier das allgemein verbreitete Reziprozitätsdenken. Historische Irokesen sahen im Krieg ein selbsttragendes System ausgleichender Vergeltung (Prinzip der symmetrischen Opposition), die gleichwertige Kontrahenten ausfochten. Da man Rache aufschieben konnte, entstanden Erbfeindschaften – ein ständig sprudelnder Quell männlicher Prestigebestätigung.

Stämme nehmen Gestalt an. Nach 1400 illustrieren regionale Unterschiede bei Keramik, Bestattungsbräuchen und Hausformen ethnische Sonderwege. So konstituierte sich zwischen 1450 und 1475 aus einem kleineren und einem sehr viel größeren Dorf bei Syracuse in New York der Onõta'keka-Stamm, der uns unter der für europäische Zungen geläufigeren Namensvariante «Onondaga» besser bekannt ist. James Tuck (1971) konnte zeigen, daß auch die Großsiedlung aus der Fusion zweier kleinerer Niederlassungen hervorging. Ähnliche Zusammenschlüsse sind überall nachzuweisen. In Ontario kam es häufiger zu Migrationen und Regruppierungen, vielleicht deshalb, weil dort der Mais an die äußerste Grenze seiner möglichen Verbreitung stieß, und Seßhaftigkeit demzufolge schwieriger aufrechtzuerhalten war.

Höhere soziale Verzweigung zeichnete die Struktur der neuen politischen Gebilde. Aus dörflichen Entscheidungsgremien wuchsen Stammesräte. Klane, also nicht-unilineare Verwandtschaftsverbände, die ihre Abstammung von einem mythischen Ahnen ableiten, durchschnitten Dörfer und Stämme (Fenton, 1978). Ein Klan bildete gewissermaßen das körperschaftliche Dach mehrerer Langhausgemeinschaften (Matri-Linien). Seine Mitglieder waren zu gegenseitiger Hilfeleistung aufgerufen. So mußten sie z. B. Blutrache üben, wenn Feinde einen Genossen töteten. Bei historischen Irokesen gruppierten sich Klane zu dualen Sozialeinheiten *(Moieties),* die insbesondere bei religiösen Zeremonien und kultischen Wettkämpfen in Erscheinung traten. Daneben gab es die bereits erwähnten Medizingesellschaften. Ausgefallene Masken, die grotesken Falschgesichter oder die drolligen Strohgesichter, sind ihr Markenzeichen gewesen (Bolz & Peyer, 1987). Solche Schnitz- und Flechtmasken stellen mythische Wesen dar. Ihre steinernen Abbilder hat man auch – en miniature – in prähistorischen Siedlungen gefunden.

Worin lagen die Antriebe der Entwicklung zu Stammes-Organisation? Es könnte sein, daß einige Großdörfer wichtige Ressourcen und Verteilersysteme für Rohstoffe und Fernhandelswaren kontrollierten. Derartige Monopole verschafften ihnen eine gewisse Unabhängigkeit, die der Absonderung von Stämmen den Weg ebnete. Entscheidender jedoch dürfte die latente Kriegsgefahr gewesen sein. Äußere Bedrohung zwang zur Bündelung der Kräfte, also zu kommunaler Vereinigung. Wenn die neu entstandenen Großgemeinden an das Limit des ökologisch Verträglichen stießen, kam es zu Fissionen. Wahrscheinlich blieben aber auch diese Abspaltungen, indem sie politische Bündnisse eingingen, miteinander verbunden. Es entstanden Stämme und im Lauf der Zeit Stammeskonföderationen.

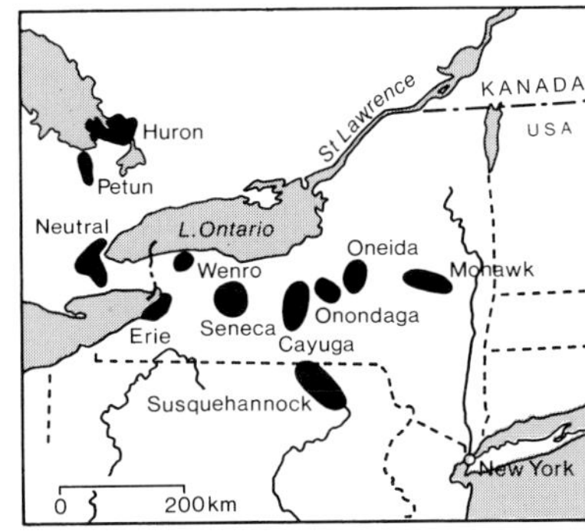

Historisches Verbreitungsgebiet der nordirokesischen Stämme.

Spätirokesische Periode: 1400 u. Z. bis zur europäischen Hegemonie

Nach der Überlieferung gründeten 1575 der Sachem Dekanawida und sein Adept Hiawatha im späteren Staat New York eine Liga aus fünf Stämmen: Onõtawá'ka (Seneca), Kayohkóno (Cayuga), Onõta'keka (Onondaga), Oneyõte'aka (Oneida) und Kanye'keháha (Mohawk). 1722 trat ein weiterer Stamm, die vom Atlantik vertriebenen Skarorẽ (Tuscarora), der Konföderation bei. Auch die Wendat (Huron) und andere Nordirokesen schlossen ähnliche Bündnisse.

Einige Autoren, an ihrer Spitze Elisabeth Tooker (1964), sehen im Phänomen der konföderativen Einigung eine indirekte Antwort der Irokesen auf das Erscheinen der Europäer. Da die Ost-Algonkin von diesen mit Gewehren beliefert wurden, waren sie nun ihren Erbfeinden militärisch überlegen. Was also lag näher als der Bedrohung mit einem Trutzbündnis zu begegnen? Fraglos erforderte die Bewaffnung der Algonkin Gegenmaßnahmen von irokesischer Seite. Die Wurzeln des Zusammenschlusses aber reichen wohl tiefer in die Vorgeschichte. Bruce Trigger (1976) sieht in den irokesischen Konföderationen logische Weiterentwicklungen des oben geschilderten Prozesses zu schrittweiser soziopolitischer Komplexität. Der adaptive Nutzen der Bündnisse bestand, so Trigger, in ihrer korrektiven Funktion zur Vermeidung unnötigen Blutvergießens bei Bestätigung der kulturellen und politischen Identität einzelner Föderaten. In den unsicheren Zeiten nach Ankunft europäischer Pelzhändler und Kolonisten ergriffen indianische Gruppen die Chance, sich eines Halts und verbindlicher Handlungsanweisungen zu versichern. Da Bündnisse bereits existierten, dürfte es ein leichtes gewesen sein, solche Klammern noch auszubauen.

Irokesischer Wampumgürtel aus dem 17. Jh. Herkunft unbekannt.

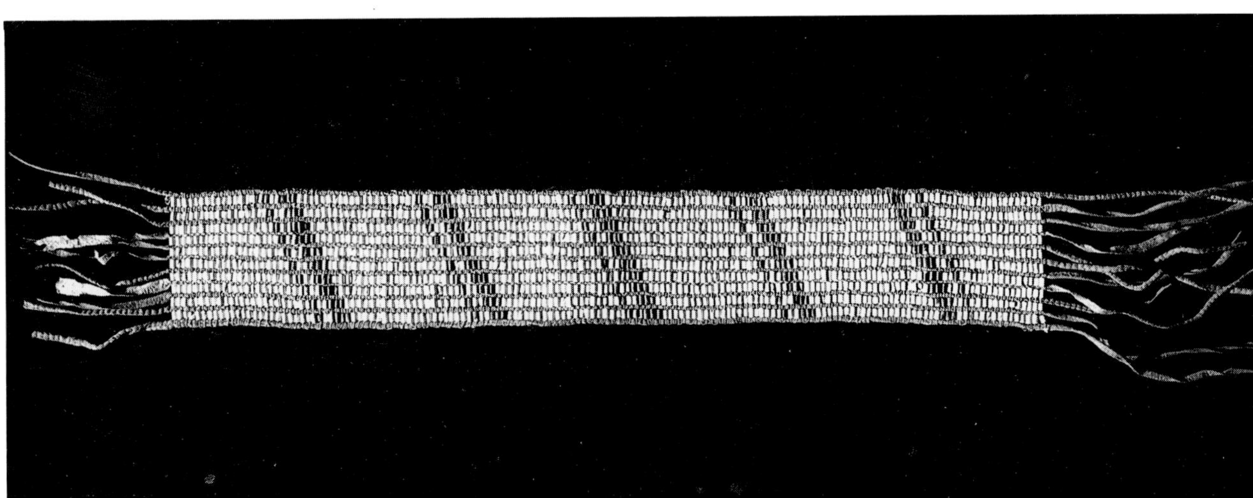

Seit ihrem Bestehen wurde die Liga der fünf Stämme von den Wendat und Algonkin-Nachbarn gefürchtet. Seine Mitglieder verglichen den Bund mit einem gewaltigen Langhaus, das von West nach Ost reichte. Sie bezeichneten sich darum als Hotinohsyonni, «Bewohner des einzig wahren Hauses». Die Onõtawá'ka galten als «Hüter des westlichen Eingangs», die Kanye'keháha als «Wächter der Ostpforte». Den zentral siedelnden Onõta'keka kam der Ehrenname «Bewahrer des Ratsfeuers» zu. (Einzelheiten der Liga-Organisation bei Tooker, 1978.)

Irokesen und Algonkin der Region reihten Perlen aus weißen Gehäusen von Blitz- und Wellhornschnecken sowie purpurfarbene von Quahogs auf Schnüre, die unter dem Algonkinnamen «Wampum» gewisse Berühmtheit erlangten. Ursprünglich kultische Wertobjekte, beglaubigten Wampum später – jetzt in Form perlenbesetzter Litzen und Schärpen – Friedensschlüsse, Kriegserklärungen oder Handelsverträge, die man Partnern oder Gegnern überreichte. Dem Obersten des Onõta'keka-Rates z. B. oblag die Bewahrung des Gründungsdokumentes der Hotinohsyonni-Liga. Weil die Herstellung des Schärpenbesatzes selbst unter Zuhilfenahme von Eisenbohrern äußerst arbeitsaufwendig war, verdrängten nach dem Kontakt mit Europäern rasch handelsübliche Glasperlen die Konchylienschalen.

Nach 1400 überwog Bodenbau in der Subsistenzplanung. Wendat und Onõtawá'ka deckten mit Agrarprodukten – Bohnen, Mais, Kürbisse, Sonnenblumen – 80% ihres Nahrungsbedarfs. An die zweite Stelle trat Fischfang, der sich im wesentlichen auf Hechte *(Esox lucius, E. masquinongy, E. americanus),* Weißbarsche *(Morone americana),* Gelbbarsche *(Perca flavescens),* Saiblinge *(Salvelinus fontinalis, S. namaycush)* und Aale stützte. Daneben spielten Wasserreisernte und die Gewinnung von Sirup aus Zuckerahornsaft regional wichtige wirtschaftliche Rollen. In Notzeiten besann man sich auch auf andere Wildpflanzen, Gelbe Sumpfcalla *(Lysichiton americanum)* z. B. oder Erdbirnen *(Apios americana).*

Im 16. Jh. hausten die Nordirokesen in mit Doppelpalisaden, Erdwällen und Rampen befestigten Dörfern. Die von Tonnendächern überwölbten Langhäuser waren mit Ulmenrindeschwarten verkleidet. Mehrere Kleinfamilien, die zu einer Matri-Linie gehörten, lebten in jedem der Gebäude. Bei der Heirat zog der Mann an den Wohnsitz der Mutter seiner Gattin (uxori-matrilokale Residenzregelung). Als Vorstände der Hausgemeinschaften fungierten Lineage-Chefinnen, Matronen, die die Feldarbeit überwachten und auf Ordnung im Langhaus sahen. Der Umstand, daß sie ein gewichtiges Wort bei der Wahl von Sachems mitredeten, gab zu der Legende Anlaß, in der irokesischen Gesellschaft hätten matriarchale Verhältnisse geherrscht. Weil die Matronen aber keine völlige Wahlfreiheit genossen, und die tatsächliche politische Macht bei Männern lag, ist diese Deutung abzulehnen.

Soziale und politische Strukturen der Nordirokesen sind Glanzstücke spätprähistorischer bzw. früh-historischer Kulturentfaltung im Nordosten der Neuen Welt. Dank dieses Instrumentariums gelang es, Blutfehden unter der etwa 20000 Seelen zählenden Liga-Bevölkerung abzustellen und diplomatische Fäden nach außen zu spinnen. Die Finesse des Apparates beweist sich aber auch in seinem Moralkodex. Irokesen bewahrten Würde und schätzten selbstsicheres Auftreten. Voller Verachtung blickten sie dagegen auf öffentliche Zurschaustellung von Gefühlen oder Streitsucht. Höflichkeit im Umgang miteinander und gegenüber Fremden sowie Gastfreundschaft bedeuteten ihnen viel. Wie die Geschichte lehrt, waren diese kämpferischen und listigen Menschen keine Gegner, den europäische Pelzhändler und Missionare leicht in die Knie zwangen.

Im Jahr 1534 verschlug es den französischen Seemann Jacques Cartier an den St. Lawrence-Golf. Rauhe See ließ ihn in der Gaspé Bay Schutz suchen. Dort traf er 300 Männer, Frauen und Kinder eines indianischen Volkes, das sich in die «Häute wilder Tiere» kleidete. Die Männer dieser Akwehã schoren ihre Häupter kahl; Lederriemen hielten die «Skalplocke», ein einziges, langes Haarbüschel, das bei manchen Kriegern vom Scheitel bis zum Gesäß reichte, in Form. Cartier zeigte sich von den «armseligsten Leuten auf Erden» nicht sehr beeindruckt, denn sie besaßen keine wertvollen Pelze, mit denen sie hätten Handel treiben können. Aber die Franzosen unterzogen sich der Mühe, ein Vokabular aufzunehmen. Diese Wortliste ist die älteste Urkunde einer irokesischen Sprache. Von dem Moment an, arbeitete das Rad der Geschichte gegen die Indianer Nordamerikas, angetrieben von einer Wirtschaftsmaschinerie jenseits des Horizontes, im fernen Europa.

Irokesisches Dorfleben. Die Rekonstruktion beruht auf dem in Keffer, Ontario, angetroffenen Grabungsbefund.

SIEBENTER TEIL

NACH KOLUMBUS

«Es ist ganz wichtig, daß man den Alltagspetitessen wieder mehr Beachtung schenkt. Denn gerade in den scheinbar trivialen Dingen, die gleichwohl die Summe des Lebens ausmachen, liegt die Essenz unseres Daseins . . .»

James Deetz, in: Small Things Forgotten, 1977

22. ARCHÄOLOGIE DER EUROPÄISCHEN KONTAKTZEIT

Mehr als 12 000 Jahre lebten die Ureinwohner Amerikas ungestört. Während dieser Spanne fanden sie zu einer verwirrenden Vielfalt kultureller Anpassungsformen, mit denen sie auf die Herausforderungen des Umfelds reagierten. Dabei schwang das adaptive Pendel zwischen Beharrung und Wandel. Gelegentlich kam es zu sprunghaften Entwicklungen, etwa im Zuge der Gewöhnung an Landbau, insgesamt aber liefen kulturelle Veränderungen gemächlich ab und stets in Feinabstimmung mit der die Menschen umgebenden natürlichen Umwelt. Dies sollte sich mit einem Schlag ändern, als Christoph Kolumbus 1492 vor einer Karibikinsel Anker werfen ließ. Das letzte Kapitel im Buch der indianischen Geschichte wurde geschrieben. Es erzählt von Glücksrittertum, Bereicherungssucht, missionarischem Eifer, Unterdrückung, Krankheit und Tod, aber auch von Aufbegehren, indianischer Renaissance und der geglückten Übernahme neuer Elemente in eine alte Kultur.

Bis vor kurzem zeigten überraschend wenige Archäologen Interesse an der Kontaktzeit, die der kubanische Literat Alejo Carpentier immerhin für eine der nachhaltigsten Epochen der Menschheitsgeschichte hält. Schriftliche Dokumente dieser Periode sind rar, und wenn sie vorliegen, beschäftigen sie sich vorrangig mit europäischen Angelegenheiten. Die Ureinwohner besetzen in solchen Chroniken lediglich die Statistenrolle. Erst in den letzten Jahren hat man die Möglichkeiten der Archäologie als Quelle wertvoller historischer Information erkannt. Günstig beeinflußt wurde die Anteilnahme an Vorgängen in der Grauzone früher indianisch-europäischer Beziehungen von dem Schatten, den die Fünfhundertjahrfeier der «Entdeckung» Amerikas vorauswarf (Thomas, 1989). Man begriff, daß Grabungsbefunde ein Fenster zur Alltagswelt von Menschen aufzustoßen vermögen, die in historischen Berichten ebenso anonym bleiben wie ihre vorgeschichtlichen Antipoden (Bass, 1988; Baudry, 1987; Deetz, 1977; Noel Hume, 1969).

Kulturwandelphänomene haben Ethnologen und Archäologen schon immer in ihren Bann gezogen, denn sie sind nicht allein Ereignisgeschichte, sondern auch Teil menschlicher Systematik. Gewöhnlich befinden sie sich im Gleichgewicht von Konstanz (Traditionsbildung, Sozialisierung, soziale Kontrolle, Abgrenzungsbedürfnis, Ethnozentrismus) und Innovation (schöpferisches Handeln, Anpassung an veränderte natürliche und soziale Umwelten, Aufnahme exogener Elemente). Der europäische Kolonisierungssturm in Nordamerika brachte diese Äquilibritätsschaukel völlig aus dem Takt. Gleichwohl kam es auch dabei zu (obschon asymmetrischen) Prozessen des Gebens und Nehmens mit lang anhaltendem Impakt auf beide beteiligte Kultursphären (vgl. die Diskussion bei Trigger, 1985). Aus europäischer Sicht ist die Phase der Erforschung und Urbarmachung Amerikas zwischen dem 15. und dem 18. Jh. u. Z. recht gut dokumentiert, die

(Gegenüber) Grabungsarbeiten am früheren Standort der Missionskirche Santa Catalina de Guale, St. Catherine's Island, Georgia. Das von David Hurst Thomas geleitete Projekt ist eines der Glanzlichter Historischer Archäologie. Vgl. Seiten S. 447/448..

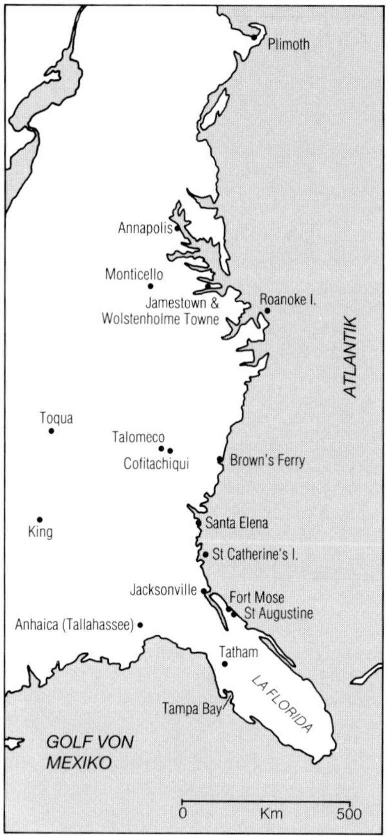

Fundorte im östlichen Nordamerika, auf die in diesem Kapitel Bezug genommen wird.

Auswirkungen des Zusammenpralls so unterschiedlicher Bevölkerungsgruppen auf die Einheimischen jedoch verschließen sich noch weitgehend unserem Verständnis. Ein ungeheures Arbeitsfeld liegt vor Historikern und Kulturwissenschaftlern. Wir können hier nur wenige Aspekte anschneiden und beschränken uns auf solche, die grundsätzliche Fragen aufwerfen. Einer dieser Themenkreise wird sich mit dem Nachhall der von den Europäern eingeschleppten Seuchen beschäftigen, ein anderer mit materiellen und sozio-politischen Deformierungen oder Neubildungen, die aus dem Kontakt resultierten.

Seuchenzüge und Entvölkerung

1519 schleppte ein infizierter Soldat aus Hernán Cortés' Expeditionsarmee in Veracruz Pocken ein. Da die Indianer keinerlei Abwehrkräfte gegen die Seuche mobilisieren konnten, breitete sie sich in Windeseile von der Küste ins mexikanische Hochland aus. Die erste pandemische Welle traf Tenochtitlán, die aztekische Kapitale, 1520. Tausende wurden dahingerafft. Doch die Blattern waren nur Vorbote einer ganzen Reihe epidemischer Krankheiten. Grippe, Masern, Typhus und Cholera zehnteten die Bevölkerung. 1519 hatten in Mexiko ca. 11 Millionen Menschen gelebt, zwanzig Jahre später war ihre Zahl auf unter 6,5 Millionen gesunken, und 1607 gar auf ein Fünftel der ursprünglichen Ziffer. Ähnliche demografische Zusammenbrüche sind auch andernorts in Amerika zu verzeichnen. Von den 310000 Indianern, die 1769, zu Beginn der spanischen Kolonisierung, in Kalifornien siedelten, gelang z. B. nur 20000 der Sprung ins 20. Jahrhundert – 7% der Vorkontaktpopulation (Cook, 1978).

Weshalb erging es den Europäern nicht genauso? Hätten auf dem amerikanischen Kontinent bereits vor Kolumbus Seuchen gewütet, wären die Fremden, die zunächst nur in kleinen Gruppen erschienen, ohne Chancen gewesen. Doch offenbar gab es in der Neuen Welt vor dem keine epidemisch verlaufenden Infektionskrankheiten. Warum das so war, bewegt Mediziner und Anthropologen schon lange. Früher meinte man, entsprechende Keime seien von arktischer Kälte abgetötet worden, als die Vorfahren der Indianer über die Bering-Landbrücke einwanderten. Heute geht die Wissenschaft das Problem ernsthafter an. Wir wissen, daß in der Alten Welt bereits seit 150000 Jahren Menschen der Art *Homo sapiens* leben, in Amerika aber erst seit etwa 15000 Jahren. In Eurasien und Afrika stand den Erregern demnach ausreichend Zeit zur Verfügung, sich auf ihren Wirt einzustellen und, was wichtig ist, endemische Vorkommen zu begründen, in der Neuen Welt aber nicht. Ferner hängt die Ausbreitung einer Epidemie vom Kontagionsindex (Zahl der empfänglichen Personen), der Besiedlungsdichte und der Übertragungsweise ab. Nirgendwo auf dem Doppelkontinent existierten vor 500 v. Chr. Siedlungskonzentrationen einer Größenordnung, die den Aufbau virulenter Erregerpopulationen begünstigt hätten. Auch die Spanne danach reichte bei weitem nicht aus, um ein mögliches Erreger/Wirt-Verhältnis zu stabilisieren, zumal selbst in den urbanen Zivilisationen Alt-Amerikas kaum Austausch zwischen potentiellen Tardivzentren bestand.

Umfang und Zeitstellung demografischer Abschwünge in Nordamerika sind Gegenstand heftiger akademischer Kontroversen. Alfred Kroeber, der renommierte Ethnologe aus Berkeley, und andere vertraten die Auffassung, daß Bevölkerungsausfälle durch exotische Krankheiten während der Frühphase europäisch-indianischer Berührung kaum ins Gewicht fielen, wohl aber nach Etablierung dauerhafter Kontakte. Kroebers Schätzung des präkolumbischen Bevölkerungsvolumens ging daher von nur 900 000 Menschen aus (Kroeber, 1939).

Dagegen nahmen der Ethnologe Henry Dobyns (1983) und die Geschichtsdemografen Sherborne Cook und William Borah (1976) an, daß eingeschleppte Infektionskrankheiten ihren Weg selbst zu isolierten Volksgruppen fanden, Jahrzehnte (wenn nicht Jahrhunderte) *vor* der flächendeckenden Kolonisierung. Nach Dobyns' Ansicht mußte die Postkontaktbevölkerung Verluste bis zu 95% hinnehmen. Aus dieser Rechnung folgt ein Schätzwert von 18 Millionen Menschen am Vorabend der europäischen Landnahme in Nordamerika (Dobyns, 1983).

Aus Brasilien, wo man auch heute noch gelegentlich auf isolierte Stämme und Dorfgruppen stößt, kommen interessante Vergleichszahlen. Hier läßt sich der demografische Kollaps nach dem (meist flüchtigen) Erstkontakt mit Weißen *in vivo* studieren. Dazu zwei Beispiele. Als «Befriedungstrupps» der Indianerbehörde FUNAI im März 1971 das Dorf Paranatĩ der Awareté (Parakanã) im Bundesstaat Pará betraten, lebten dort 200 Personen, nur ein Jahr später ganze 82 Männer, Frauen und Kinder (Magalhães, 1976). Noch dramatischer verlief die Bevölkerungsabnahme bei den Mondawa (Arikêm) in Rondônia. Vor dem Kontakt 1981 zählten sie etwa 400 Seelen. Mitte der 80er Jahre waren 120 übriggeblieben, und das Sterben ging – trotz Impfung – weiter!

Ann Ramenofsky (1987) hat kürzlich die Ansätze von Kroeber und Dobyns zu bewerten versucht. Dazu bediente sie sich der Methoden von Haus- und Siedlungsforschung, ein Verfahren, das sie von ethnografischen und historischen Quellen unabhängig machte. Ihre Fragestellung war einfach: «Erfolgte bereits nach der flüchtigen Berührung mit Europäern ein demografischer Abschwung oder setzte dieser erst nach Beginn der Kolonisierung ein?» Drei Untersuchungsgebiete wurden ausgewählt – das untere Mississippital, die Region der Finger Lakes in New York und die Niederung des mittleren Missouri. Obwohl in einigen Fällen brauchbare Daten zu Haus- und Siedlungsgrößen oder zur Raumverteilung fehlten, erkannte Frau Ramenofsky ein allgemein verbindliches Muster. Am unteren Mississippi dokumentieren sowohl historische Belege als auch der archäologische Befund einen tiefen Sturz der Bevölkerungskurve im 16. Jh. – nach der Soto-Expedition, aber vor der Landnahme durch französische Siedler.

Die Finger Lakes liegen im traditionellen Verbreitungsgebiet irokesischer Stämme. Blieben Population und Kultursystem bis zur amerikanischen Revolution intakt, oder trugen Epidemien zu deren Veränderung im 16. und 17. Jh. bei? Berechnungen von Wohnraumkapazität und dörflicher Siedlungsfläche ergaben, daß im 17. Jh. auch hier Niedergang einsetzte. Gestützt wird dieser Befund von Schilderungen europäischer Zeitzeugen, die über den Verfall traditioneller Siedlungsorganisation, gipfelnd in der Aufgabe von Mehrfamilienhäusern und Befestigungswerken, berichten. Aus den Chroniken geht ebenso hervor, daß die Irokesen damals neue politische Strategien erprobten, möglicherweise als Reaktion auf beschnittene Bevölkerungszahlen.

Das dritte Untersuchungsgebiet befindet sich im Bereich der östlich-zentralen Plains. Weiße Pioniere erschienen dort 1540, die Kolonisierung setzte im 18. Jh. ein. Wieder deuten die Fakten auf eine demografische Baisse im 17. Jh., die mit der Ausbreitung europäischer Handelsware in der Region zusammenfällt.

An jedem der drei Loci bestätigt also das archäologische Material Dobyns' These signifikanter Populationseinbußen vor Herstellung dauerhafter zwischenkultureller Beziehungen. Aufgrund ihrer Erkenntnisse taxiert Ann Ramenofsky die indigene Bevölkerung der Vorkontaktzeit auf etwa 12 Millionen. Berücksichtigt man allerdings die demographischen Verhältnisse in Mangelgebieten, ergeben sich Werte zwischen fünf und acht Millionen, eine konservativere Annahme als die der Autorin, aber deutlich über Kroebers Schätzung.

Jeder kulturgeschichtliche Rückblick muß demnach schwerste Bevölkerungsverluste einkalkulieren – ein Aderlaß, der mancherorts bis ins 19. Jh. anhielt. Diese Feststellung ist bedeutsam, denn sie unterstreicht, daß der «ethnografische Präsens», die kulturelle Bestandsaufnahme in historischer Zeit, nicht zwingend den *status quo ante* spiegelt.

Kulturelle Neubestimmung: Der Fall der Onõta'keka

1535 überwinterte Jacques Cartier am St. Lawrence. Ihm sollten bald weitere europäische Seefahrer, Pelzhändler und Abenteurer folgen. Handelsware aus Übersee gelangte tief ins Binnenland. Zwischen den Stämmen entbrannte der Krieg heftiger denn je, da alle um die Gebiete mit den reichsten Pelztiervorkommen stritten.

Die historischen Ereignisse, in die Irokesen und Algonkin nach ihrer ersten Berührung mit der weißen Kultur verwickelt waren, sind uns heute vertraut, viele gesellschaftsverändernde Details aber müssen noch in mühsamer wissenschaftlicher Detektivarbeit erschlossen werden. James Bradley (1987) hat sein Forscherinteresse auf die Onõta'keka (Onondaga) gerichtet. Dieser Stamm bildete im 17. Jh. die Kerngruppe der irokesischen Liga.

Selektiver Zugriff auf europäische Güter bestimmte zunächst die Haltung der Onõta'keka zu der ihnen fremden Kultur. Äxte mit eisernen Klingen z. B. wurden hauptsächlich deswegen akzeptiert, weil man in ihnen wertvolle Prestigeobjekte sah. Diese Vorgehensweise befand sich in Einklang mit der jahrtausendealten Perspektive, die seltenen oder am Ort nicht vorhandenen Materialien und Sachgütern magische Bedeutung zuschrieb (Bradley, 1987). Die Europäer galten anfangs vermutlich als Hüter solcher «Wunderstoffe», deren Erwerb Teilhabe an den scheinbar außergewöhnlichen Fähigkeiten der Neuankömmlinge versprach. In proto-historischen Ansiedlungen der Onõta'keka kamen vor allem Spiegel, Messingblech, Eisengerät und Glasperlen zum Vorschein.

Während des späten 16. und des frühen 17. Jhs. trat die magisch-spirituelle Komponente irokesischer Objektpräferenz zugunsten einer eher gebrauchsorientierten Auswahl in den Hintergrund. Dies mag damit zusammenhängen, daß europäische Handelswaren nunmehr den Markt überschwemmten. Da sie jetzt überall zur Verfügung standen, verlor sich ihr besonderer Nimbus. Immerhin scheint die geschilderte Entwicklung nicht jede Artefaktklasse erfaßt zu haben.

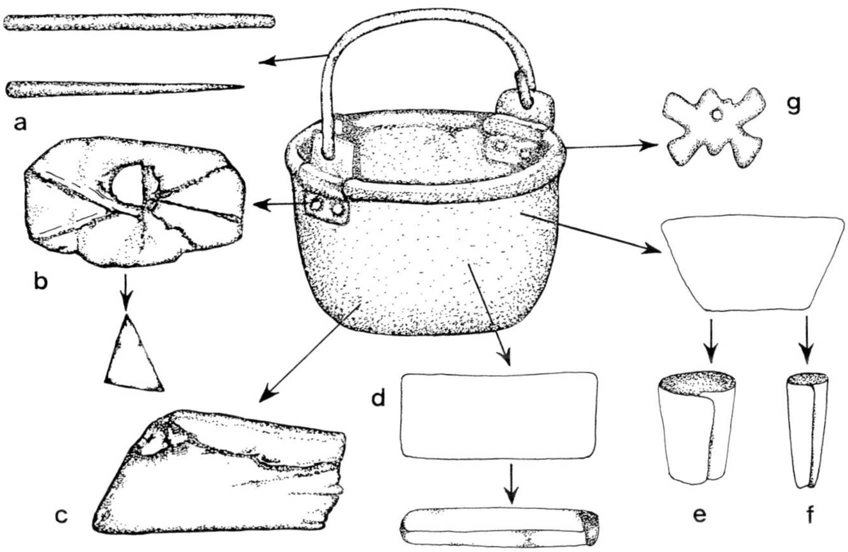

Recycling europäischer Importware durch die Onõta'keka: Eisengriffe von Messingkesseln wurden geradegehämmert und zu Ahlen (a) geschliffen; aus den Beschlägen entstanden dreieckige Pfeilspitzen (b). Das Blech der Gefäßwände verwandelte sich in Messerklingen (c), Schmuckröhren (d), Armmanschetten (e), Pfeifenkopffutterale (f) und Anhänger (g).

So erfreuten sich in dem genannten Zeitabschnitt Gläser und glasierte Keramik höchster Wertschätzung. Ausschlaggebend war ihre Seltenheit, die sie über Massenprodukte stellte. Ab 1655, nach Gründung einer jesuitischen Mission, färbte die religiöse Aura christlicher Symbole – Ringe, Medaillons, Kruzifixe, Rosenkränze – Besitzwünsche.

Irokesische Fundstätten des 16. und 17. Jhs. erbrachten große Mengen Messingkessel und Eisenwaren. Neben ihrer Gebrauchsfunktion dienten solche Gerätschaften als wichtige Rohstoffquellen. Einheimische Handwerker fertigten daraus Schmuckstücke, Waffen u.ä. In der Frühphase indianisch-europäischen Kontaktes bewirkten materielle Externa also keine Abkehr vom althergebrachten Lebenswandel, sie wurden vielmehr sinnvoll in das bewährte Kulturmuster einbezogen (Fenton, 1978).

Nach 1655 schlug der Wind um. Missionare hatten sich unter den Onõta'keka niedergelassen, und in ihrer Nähe war eine französische Kolonie entstanden. Im archäologischen Kontext tauchen zunehmend hybride Artefaktformen auf. Dieser Verschnitt fremder und indigener Traditionen läßt sich gut an Wampum nachvollziehen.

Wampum waren bereits in voreuropäischer Zeit im Umlauf. Ursprünglich handelte es sich um Konchylienperlenschnüre mit vornehmlich magisch-religiöser Besetzung. Weichtierschalen galten den Irokesen als lebensstärkender Kraftquell. Wampumschnüre trösteten Verwandte über den Verlust eines lieben Menschen und ermannten Verzagte. Unter europäischem Einfluß applizierte man Perlen auf Gürtel. Nun zeichneten Wampum historische Ereignisse auf oder beurkundeten Handelskontrakte. Farbe und Musterung wurden dem jeweiligen Anlaß angepaßt. Die Onõta'keka archivierten Vertragswampum für die Irokesen-Liga. Es sind wohl holländische Kaufleute gewesen, die darüber hinaus die Möglichkeiten der Perlengürtel als transaktionale Medien erkannten. Die Händler der niederländischen Westindienkompagnie hatten Erfahrung mit ähnlichen Symbolträgern, denn in Westafrika, wo sie Sklaven erwarben, kursierten Meeresschnecken als Wertmesser. Auf Initiative dieser Unternehmer ging wahrscheinlich die Verbreitung von Wampum als standardisierte, informelle Währung im Nordosten Nordamerikas zurück.

Wie in Kapitel 21 erläutert, war das Bündnis der fünf irokesischen Stämme ins Leben gerufen worden, um für politische Stabilität zu sorgen. Nun nahte seine Bewährungsprobe, denn Rivalitäten um Handelsvorteile entzweiten selbst Föderaten. Nicht allein eingeschleppte Krankheiten, sondern auch Mißgunst und Kämpfe dezimierten die Bevölkerung, schwächten die Liga. Ihr Niedergang erschien unvermeidlich, doch gelang 1660 den Onõta'keka dank ihres diplomatischen Fingerspitzengefühls die Rekonstituierung der Föderation. Nun handelten die «Fünf Nationen» als Organismus. Gestärktes politisches Selbstbewußtsein schlug sich 1677 in Vertragsabschlüssen nieder, die der Beilegung von Interessenkonflikten zwischen englischen Kolonisten, der Liga und anderen indianischen Gruppen dienen sollten. Die Engländer akzeptierten den *Covenant* als bindendes Dokument, desgleichen die Irokesen, die darin ein Paket sozialer und politischer Verpflichtungen sahen, das Mißhelligkeiten im Konzert der Vertragsparteien dämpfen half. In diesem Manifest spiegelt sich das Ergebnis akkulturativer Prozesse, die nicht nur materielle Aspekte der Onõta'keka-Kultur wandelten, sondern auch Instrumente zur Bewältigung der neuen Realität schufen.

Zwischen den Fronten

Nachdem europäische Händler die Flüsse aufwärts gezogen waren und ihre Tätigkeit immer weiter ins Inland verlegt hatten, traten an den Küsten Nordamerikas Kolonisten an ihre Stelle. Die hier heimischen Indianervölker erlagen als erste im Kampf um ihr Land (Lindig, 1985). Viele wurden vertrieben oder ausgerottet, andere zur Arbeit auf den Pflanzungen der Weißen gepreßt. In Kalifornien begründeten Missionare sogenannte «Reduktionen». Umgesiedelte Gruppen sollten dort «zu Kirche und Zivilisation rückgeführt» werden (Spicer, 1962). Den Gemeinschaften im Innern Nordamerikas blieb dieses Schicksal vorläufig erspart, aber auch sie litten schwer unter Epidemien, deren Impakt vielerorts zu Atavismen und drastischen Korrekturen des traditionellen Kulturbildes zwang.

Noch immer wissen wir über Verlauf, Beweggründe und Tragweite des von den Europäern verschuldeten Kulturwandels recht wenig. Anhaltspunkte liefern aber die Vorgänge im Südosten, wo systematische Forschungen, die Interaktion zwischen Spaniern und Einheimischen betreffend, bisher am weitesten fortgeschritten sind.

Archäologie der Soto-Entrada

Hernando de Sotos Beutezug im Südosten 1539–1543 setzte einen blutbefleckten Grenzstein der amerikanischen Frühgeschichte. Noch vor 15 Jahren schien es, als hätte die an Brutalität kaum zu überbietende Entrada keine archäologischen Spuren hinterlassen. Dank der engen Zusammenarbeit von Bodenforschern, Ethno-

Deklamation kodifizierter Gesetze der Hotinohsyonni. Einer der Wampumgürtel, die hierbei als Gedächtnisstütze dienten, ist (stark vergrößert) unten zu sehen. Die Darstellung dieser «Notabelnversammlung» verdanken wir Joseph François Lafitau (1724).

logen und Historikern ist es zuletzt aber gelungen, drei Plätze ausfindig zu machen, wo Sotos Armee wütete (Milanich, 1987; Milanich & Milbrath, 1989).

Im Citrus County Floridas liegt der Tatham-Grabhügel. Hier stieß man jüngst auf große Mengen spanischer Artefakte aus der Zeit vor 1550. Zum Vorschein kamen u. a. gegen Rost rußgeschwärzte Harnischteile und Fragmente eines Burgonet-Helms, wie er von 1520–1550 bei Infanteristen und Pikeniers (Lanzenreitern) üblich war. Im Tumulus befand sich ein Massengrab, das 70 Indianer, vielleicht Opfer einer Epidemie, aufnahm. Einige Skelette wiesen Verletzungen auf, die von Schwertstreichen herrührten (Mitchem & Hutchinson, 1987).

Noch dramatischere Entdeckungen machten Archäologen am Coosa River in Nordwestgeorgia. Der Fundort King war ein befestigter Außenposten des Šati-Häuptlingstums Coosa, das von Sotos Marodeuren heimgesucht wurde (Hudson et al., 1985). Die Grabung erbrachte neben anderen Artefakten ein im 16. Jh. entstandenes Korbgriffschwert deutscher oder norditalienischer Manufaktur. Nach Untersuchung der in King beigesetzten Toten kam heraus, daß jeder Fünfte eine

Empfang Hernando de Sotos durch den Häuptling von Coosa. Dieser ist auf einer Sänfte zu sehen. Herolde, die Schneckentrompeten blasen, begleiten ihn. Kupferstich aus dem frühen 18. Jh.

Schwert- oder Lanzenwunde empfangen hatte. Bei den Opfern handelte es sich um adoleszente Mädchen sowie Männer und Frauen mittleren Alters.

Von den drei spanischen Korps, die im 16. Jh. Coosa besuchten, konnten nur Sotos Männer King erreicht haben. Wo immer er sich aufhielt, fing der Konquistador Sklaven – Frauen zur Befriedigung sexueller Gelüste und Träger –, eben jenen Bevölkerungsausschnitt, der in Kings Gräbern ruhte. Vielleicht leisteten diese Menschen Widerstand und wurden niedergemetzelt, als die Krieger abwesend waren. Ihre Knochen wiesen Nagespuren von Opossums und anderen Tieren auf. Demnach lagen die Gebeine eine Weile im Freien, ehe sie von Überlebenden versorgt werden konnten. Das Dorf sollte sich von dem Schlag, den die Spanier führten, nicht wieder erholen; 1575 fiel es wüst (Blakeley, 1988).

Von Oktober 1539 bis März 1540 überwinterte Sotos 600 Mann zählende Streitmacht in Anhaica, der Hauptsiedlung der Maskogi sprechenden Heci (Apalachee) beim heutigen Tallahassee (Ewen, 1989). Anhaica verfügte damals über 250 Behausungen und andere Bauwerke. Die Heci öffneten den ungebetenen Gästen zwar ihre Niederlassung, bedrängten die Spanier aber fortwährend. Calvin Jones und nach ihm Charles Ewen gruben Teile des Soldatenlagers aus. Zutage förderte man die Überreste zweier runder Lehm- und Bindwerkbauten der Indianer, fünf spanische und portugiesische Münzen des frühen 16. Jhs., Heci-Artefakte, das Bruchstück eines Armbrustbolzens, Glasperlen, Glieder eines Kettenhemdes und zeittypische Majolikagefäße. Überraschung löste in Fachkreisen der Fund des Kettenhemdes aus, denn nach ihren Erfahrungen mit der mexikanischen Hitze und angesichts der unerhörten Strapazen, die Märsche durch unwegsames Terrain mitbrachten, trugen die Truppen gewöhnlich mit Eisenplättchen besetzte Lederwämse (Brigantinen) oder – nach aztekischem Vorbild – leichte, gesteppte Baumwollpanzer, in die Steinsalzpackungen eingenäht waren.

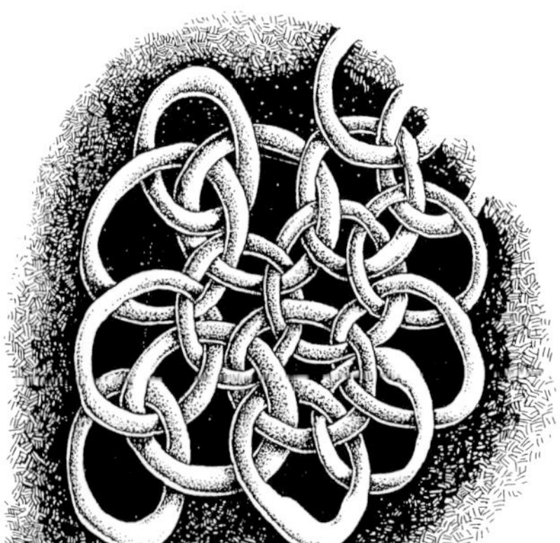

Fragment eines spanischen Kettenhemdes, das in Tallahassee, dem alten Anhaica, wo Sotos Armee den Winter 1539/40 verbrachte, geborgen wurde.

Die Suche nach Sotos Blutspur geht weiter, begleitet von Diskussionen über den genauen Verlauf der Route, die der Konquistador nahm. Man mag dies für unfruchtbaren Gelehrtenstreit halten, doch erschließt der Disput auch andere, weit folgenschwerere Facetten der spanischen Entradas.

Kulturwandel im tiefen Südosten

Marvin Smith (1987) hat im Bemühen, das Ausmaß proto-historischen Kulturwandels einzuschätzen, Teilbereiche des inneren Südostens genauer untersucht. Forschungsschwerpunkt war das Gebirgsvorland Georgias und Alabamas. Erste Kontakte mit Weißen brachte die Soto-Expedition 1540. Im folgenden Jahrhundert verbreiteten sich Seuchen und einzelne europäische Zivilisationsgüter. Mit dem Zuzug englischer Siedler aus Virginia und South Carolina begann die Phase ständiger Kontakte zwischen Einheimischen und Europäern.

Während des 16. Jhs. blühten im Südosten zahlreiche Häuptlingstümer, die für gewöhnlich hoher Organisationsgrad und straffe militärische Zucht auszeichnete. In deren Einflußsphäre lebten Hunderte, bisweilen Tausende von Menschen in festen Niederlassungen. Beherrscht wurden sie von einer entrückten Politikerkaste. Strenge religiöse Regeln und komplexe Glaubensvorstellungen drückten diesen Kulturen ihren Stempel auf (Hudson, 1976), ebenso soziale Schichtung der gesellschaftlichen Pyramide und ausgeprägte Siedlungshierarchie. So umfaßte die Okut-Domäne der Hiciti in Smiths Untersuchungsgebiet neben der Metropole, die fünf Mounds (Shoulderbone-Moundgruppe) vorweisen konnte, mehrere Nebenzentren und eine Reihe kleinerer Satelliten. Dieses Siedlungsareal umgab eine unbewohnte Pufferzone (Smith & Kowalewski, 1980). Indem sie die Rapporte spanischer Heerführer und alte Chroniken auswerteten, gelang es Smith und seinen Mitarbeitern, viele solcher Domänen des 16. Jhs. sowie einzelne Dörfer zu lokalisieren. Das Material diente den Forschern als Richtschnur, an der sie Bevölkerungsrückgänge und politische Restrukturierungen der Folgezeit maßen.

Der innere Südosten war Ende des 16., Anfang des 17. Jhs. *Terra Incognita,* obwohl an seiner Peripherie die Stürme der Geschichte brausten. Spanische Missionen schoben sich entlang der Küste Georgias nach Florida vor. Als Engländer das erste Mal Cofitachiqui in South Carolina besuchten, fanden sie die Siedlung noch immer in blühendem Zustand vor. Ihre Einwohner hatten von den Spaniern gehört – einem Land, in dem glatzköpfige Männer in schweren Kutten eherne Töpfe mit einem Stab darinnen zum Klingen brachten und auf gewaltigen geweihlosen Hirschen ritten. 1673 verfügten die Aniyunwiha (Cherokee) am Tennessee über Feuerwaffen und Messingkessel. Von Norden, aus dem Gebiet der Großen Seen, zum Mississippi gereiste Franzosen berichteten von Zusammenstößen mit Indianern, die Musketen, Eisenäxte und Glasflaschen besaßen. Es hieß, daß diese Gerätschaften von der etwa zehn Tagesmärsche entfernten Küste stammten. Pfirsichbäume, Wassermelonen und Hühner gelangten rasch in fast jedes Dorf (Sauer, 1980). Derlei Bereicherungen des materiellen Besitzes aber waren nur Oberfläche viel einschneidenderer Veränderungen im Kulturgefüge der einheimischen Bevölkerung.

Marvin Smith betrachtete die Akkulturationsproblematik aus mehreren Gesichtswinkeln. So erarbeitete er unter anderem relative Chronologien auf Grundlage des Stilwandels leicht zu datierender, weil weltweit verbreiteter europäischer Handelswaren. Diese Methode trägt vor allem dann Früchte, wenn, wie in den Trappergebieten Nordamerikas, kontinuierlicher Kontakt bestand (Wray & Schoff, 1953). Im Südosten dagegen, so Smiths Analyse, verlief die Frühphase europäisch-indianischer Begegnung weniger ausgeglichen. Der Warenfluß resultierte nur selten aus geregeltem Handel, sondern speiste sich aus so unterschiedlichen Quellen wie Plünderung gestrandeter Schiffe, missionarischer Fürsorge und Auslösung gefangener Weißer. Und selbst wenn geordnete merkantile Verbindungen geknüpft waren, lag die Ausführung der Transaktionen meist bei indianischen Mittelsmännern.

Smiths Seriation der in archäologischen Fundstätten aufgetauchten Handelswaren beschreibt die von der Zeitstellung abhängige Güterakzeptanz und die kulturelle Bedeutung der Objekte. Zwischen 1525 und 1565 waren Fremdeinflüsse noch gering. Sie beschränkten sich auf prestigeträchtige Einzelstücke, die als Beigaben in den Gräbern der Elite Verwendung fanden. Einheimisches Kupfer, durch die merkantilen Kanäle des «Südlichen Kultkomplex» geschleust, behauptete seinen Platz im kulturellen System. Um 1600 jedoch kam die Kupferverarbeitung weitgehend zum Erliegen, während andere Esoterika – verzierte Konchylienschalen z. B. – ihre Anteile hielten. Nach 1600 gingen immer mehr europäische Importe in indianischen Besitz über. Lediglich ortsübliche Keramik blieb von der allgemeinen Entwicklung verschont. Ihrer Funktion als Prestigeausweis ledig, leisteten neue Gerätschaften nun auch im Alltag gute Dienste. Möglicherweise reflektiert diese Umwidmung den Zusammenbruch straff organisierter Häuptlingstümer. In der Zeit von 1640 bis 1670 erfolgte die Übernahme von Feuerwaffen, und es gelangten Waren aus den englischen Kolonien im Nordosten in die Region.

Der Wandel im materiellen Besitz vollzog sich vor dem Hintergrund katastrophaler Seuchenschübe. Chronisten der Soto-Expedition legen Wert auf die Feststellung, daß Epidemien dort bereits vor ihrer Exkursion ins Landesinnere Opfer forderten, eingeschleppt offenbar von früheren Besuchern an der Küste. Im Dorf Talomeco etwa sahen die Spanier Hunderte Leichen in vier Häusern gestapelt. Auch in späterer Zeit schwang der Tod die Seuchengeißel. So brachten Sir Francis Drakes Männer Typhus, aufgeschnappt auf den Kapverden, als sie 1586 die spanische Niederlassung San Augustín angriffen (Crosby, 1972). Kurz darauf starben die ringsum lebenden Indianer wie Fliegen. Und Thomas Hariot berichtet, wie Virginia-Kolonisten ihre eingeborenen Nachbarn infizierten: «Nur wenige Tage nach unserer Abreise aus jeder dieser Städte begannen die Leute zu siechen, und viele verschieden im Handumdrehen.»

Fraglos erhoben epidemische Krankheiten hohen Tribut, rafften bis zu 90% der Einwohnerschaft mancher Dörfer dahin (Smith, 1987). Doch damit nicht genug. Wahrscheinlich gingen Hungersnöte um, wenn der Tod in der Pflanzperiode oder zur Erntezeit zuschlug. Gewiß hatte die Apokalypse Auswirkungen auf das überlieferte Kulturbild, denn es waren die schwachen Alten, Hüter der Traditionen, die als erste starben. Ohne ihren Rat und ihr Wissen aber muß es Überlebenden schwergefallen sein, die vorherige Kultur zu restaurieren (Smith, 1987;

Trigger, 1976). Im inneren Südosten dürften die Enthauptung der Alterspyramide und der teilweise eklatante Bevölkerungsverlust Anlaß zur Atomisierung vormals mächtiger Häuptlingstümer gewesen sein. Es entstanden kleinere, weniger straff gezügelte politische Gebilde. Auch kunsthandwerkliche Fähigkeiten ließen nach. So ist die mutmaßlich von Caci (Creek) hergestellte Ocmulgee Fields-Keramik, die im 17. Jh. in Zentral-Georgia ihre Lamar-Vorgängerin ablöste, gröber und deutlich schlechter gearbeitet. Aus archäologischer Sicht schlägt sich die dramatische Entvölkerung während des 16. und 17. Jhs. in der Zunahme multipler Bestattungen nieder. Fundstellen der Mouse Creek-Kultur im östlichen Tennessee und King in Nordwest-Georgia legen davon beredtes Zeugnis ab. Massenbeisetzungen häuften sich hier zwischen 1525 und 1565. Ein Chronist, der 1698 die im östlichen Arkansas siedelnden Tunika aufsuchte, bemerkt, daß «kein Monat seit ihrer Ansteckung mit Pocken verstrich, und viele der Krankheit erlagen. Im Dorf reiht sich nun Grab an Grab, jedes mit zwei Leichnamen, und wir schätzten, daß weniger als Hundert Menschen davonkamen» (zitiert nach Philips u.a., 1951). Legt man die Verhältnisse von Toqua in Tennessee zugrunde, nahm der Siedlungsumfang beträchtlich ab. Toqua, ein mit Befestigungen gesichertes Zentrum, ist von 1215 bis 1620 bewohnt gewesen. Die ursprüngliche Anlage deckte 39018 m². Später, zwischen 1350 und dem frühen 16. Jh., schmolz das Areal auf 19509 m², von 1580 bis 1600 schrumpfte es gar auf 16727 m² (Smith, 1987).

Besonders sticht der Machtverlust politischer Zentralen ins Auge. Noch während der Soto-Entrada beherrschten solche sakralen Kleinfürstentümer die Szene. Danach zerfielen sie in unabhängige Dorfgruppen (Wright, 1981), von denen die meisten zu Beginn des 18. Jhs. in der locker gefügten Caci-Konföderation zusammenfanden. Das Bündnis beachtete anfangs strenge Neutralität den Kolonialmächten gegenüber. Franziskanermönchen gelang es jedoch, Teile der eingefallenen Caci und Hiciti zum Bleiben im spanischen Missionsgebiet am Atlantik zu überreden, wo sie einen Puffer gegen die englische Expansion bilden sollten. Aus diesen Verbänden, zu denen sich noch Reste der Wali (Guale) und versprengte Yujiha (Yuchi) aus Tennessee gesellten, gingen nach Proklamation der britischen Kolonie Georgia die Simenoli (Seminole) hervor, die das nach Dezimierung der Urbevölkerung weitgehend menschenleere Florida besetzten.

Offenbar erfolgte im inneren Südwesten der Zerfall zentral gestützter Siedlungshierarchien bereits Ende des 16. Jhs. Grabungen im Gebiet des Wallace-Stausees und am Oconee River, Georgia, unterstreichen das (Smith & Kowalewski, 1980). Kupferäxte, Zepterkeulen und andere Machtinsignien kamen im frühen 17. Jh. aus der Mode – Indiz fortschreitender Erosion zentralistischer Herrschaftsausübung. Zusammengeschmolzen an Zahl und bar vieler traditioneller Werte, zeichneten nun kulturelle Verarmung und Desorientierung die Indianer des Südostens, was sie anfälliger für akkulturative Umwälzungen machte. Erst als sich im 18. Jh. die Situation stabilisiert hatte, fand man zu altem Selbstbewußtsein und erprobte bis dato unbekannte Verhaltensmuster. Dazu gehörte die erwähnte Konföderation der Caci-Stämme, die angesichts der Bedrohung durch Aniyunwiha und weiße Sklavenjäger ins Leben gerufen wurde.

Quellengestützte Forschung: Die Archäologie La Floridas

Die wenigsten europäischen Pioniere in der Neuen Welt konnten lesen und schreiben. An der Seite spanischer Konquistadoren befanden sich deshalb oft gelehrte Mönche, denen es oblag, wichtige Ereignisse aufzuzeichnen. Auch in den englischen oder französischen Kolonien gab es nur eine Handvoll Personen, die mit Feder und Tinte umzugehen verstanden. Doch diese Minderheit hat uns wertvolle Dokumente über sich und ihre Zeitgenossen überliefert. Man schrieb Berichte in die alte Heimat, registrierte Geburten und Todesfälle, führte Steueraufstellungen oder kommentierte Bescheide, die irgendein Monarch im fernen Europa erlassen hatte. Solche Schriftquellen komplementieren archäologische Befunde. Sie sind Chronik oft einfachster Verhältnisse und der Lebensumstände verschiedener gesellschaftlicher Schichten oder ethnischer Minderheiten. Die Historische Archäologie, deren Anliegen es ist, «die weltweite Ausbreitung europäischer Kultur ab dem 15. Jh. und ihre Auswirkungen auf indigene Völker» (Deetz, 1977) zu erforschen, findet hier reiches Material.

In den USA ist die Historische Archäologie im Aufwind, da es vielen Amerikanern leichter fällt, sich mit Zeugnissen der jüngeren Vergangenheit zu identifizieren als mit solchen indianischer Kulturen. Hinzu kommt, daß man ihrer Hilfe bei der Rettung geschichtsrelevanter Denkmäler bedarf. Früher war die Forschung auf herausragende Einzelfundstätten – Forts, Missionsstationen, Wohnsitze berühmter Persönlichkeiten – fixiert, und Grabungen wurden vorrangig mit Blick auf architektonische Aspekte durchgeführt. Im letzten Vierteljahrhundert aber verschob sich die Perspektive. Menschliches Wirken in seinen Verhaltensfacetten steht nun im Mittelpunkt der Betrachtungen (Deetz, 1977; Noel Hume, 1969; Schuyler, 1977). Die meisten jüngeren Arbeiten, insbesondere jene, deren Gegenstand Entwicklungen im sogenannten «Spanischen Grenzland» sind, orientieren sich an anthropologischen Fragestellungen und zielen da vor allem auf den Hintergrund der Interaktion diverser ethnischer Blöcke.

Die Nordgrenze des spanischen Kolonialgebietes in der Neuen Welt war zu keiner Zeit ein starrer Wall, sondern stets ein erratischer Puffer zwischen dem Vizekönigreich «Nueva España» und der Wildnis im Norden. Während seiner größten Ausdehnung erstreckte sich das Grenzland von San Augustín in Florida bis zum kalifornischen San Francisco. Ihren Anfang hatte die iberische Kolonisierung mit der Entrada Ponce de Leóns im Osten, der Expedition Vásquez de Coronados im Südwesten und Juan Cabrillos Reise entlang der kalifornischen Küste genommen; 1821, als Mexiko seine Unabhängigkeit vom Mutterland erstritt, sollte sie enden.

Viele Jahre behaupteten Historiker das Feld, alleingelassen in ihrem Bemühen, das Geschichtsdunkel dieses riesigen Gebietes auszuleuchten. Unausweichlich färbten stereotype Vergröberungen und vereinfachende Interpretationen das Historiengemälde, einige dem Zeitgeist geschuldet, der die Abfassung wissenschaftlicher Arbeiten stets begleitet, andere dokumentarischen Lücken. Wie David Hurst Thomas (1989) ausführt, hat die quellengestützte Archäologie hier ausgleichend wirken und mit neuen Einsichten aufwarten können. Nirgendwo kommt dies besser zum Ausdruck, als bei der historischen Rekonstruktion

La Floridas, dem nordöstlichsten Außenposten des spanischen Imperiums in Amerika.

1492 pflanzte Cristobal Colón, der «Besiedler», wie seine königlichen Auftraggeber den Genuesen Colombo nannten, das Banner abendländischer Zivilisation auf eine Bahamasinsel. Kurze Zeit darauf erweiterten beutegierige Abenteurer den Herrschaftsbereich «Ihrer christlichen Majestäten von Kastilien und Aragón» in der ganzen Karibik, in Mittel- und Südamerika. Einige Entdecker erforschten die Nordküste des Golfs von Mexiko, einen Landstrich, den Ponce de León 1513 «La Florida» taufte (vgl. Kapitel 1). Trotz ihres vielversprechenden Namens war «Die Blühende» nicht gerade mit Reichtümern, wie sie die Spanier erwarteten, gesegnet. Blumige Vorspiegelungen lockten daher nur wenige Kolonisten in diese Gefilde. Das sollte sich ändern, nachdem Pedro Menendez de Áviles eine französische Siedlung beim heutigen Jacksonville überrannte und zwei Niederlassungen gründete – San Augustín und Santa Elena, letztere auf Parris Island vor der Küste South Carolinas (South u.a., 1980). Santa Elena widerstand dem Druck seiner indianischen Nachbarn nur kurz. Es wurde 1587, zwei Jahre nach Proklamation der englischen Kolonie Virginia durch Walter Raleigh, aufgegeben.

San Augustín war längere Blüte beschieden. Es lag in strategisch günstiger Position nahe dem Punkt, wo spanische Schatzgaleonen aus Mexiko kommend nach Steuerbord abdrehten, um dem Lauf des Golfstroms folgend die Heimat zu erreichen. Nicht weniger als 21% des königlichen Verteidigungsetats wurden zwischen 1564 und 1577 in den militärischen Ausbau San Augustíns investiert. Der Geldsegen aus der Kronschatulle förderte regen Schiffsverkehr. Man löschte Proviant und andere Versorgungsgüter. Die örtliche Garnison erhielt Verstärkungen, und es landeten Marketender, Missionare oder Siedler.

Dennoch ist San Augustín im 16. Jh. ein eher verschlafenes Nest gewesen, mit Mission und Festung im Mittelpunkt. Ende des Jahrhunderts lebten dort etwa 425 Personen, die sich auf 120 Haushalte verteilten (Deagan, 1980; 1983). Davon waren nur 30% Frauen – zumeist indianische Gattinnen und Konkubinen. Sturmfluten, Feuersbrünste und Tornados suchten den Ort heim, englische Piraten 1586. Einer der Freibeuter, die unter dem Kommando Francis Drakes standen, zeichnete einen Plan San Augustíns, auf dem neun Wohnblocks mit eingeschossigen, bretterverkleideten und palmstrohgedeckten Gebäuden zu sehen sind (Mancy, 1985). Frühere Behausungen errichtete man aus geflochtenen Zweigen, über denen man Lehm verstrich oder dachziegelartige Lagen aus Palmwedeln anbrachte. Bis 1702 konnte sich San Augustín als spanischer Hauptsitz La Floridas halten. Dann kapitulierte es vor den Briten, die das Kastell San Marcos sechs Wochen belagerten. Die Verteidiger flohen, steckten zuvor aber die Stadt in Brand. Ihnen folgten neue Kolonisten, die feste Häuser bauten und miterlebten, wie San Augustín anfangs des 18. Jhs. an Ausdehnung zunahm.

Seit 1977 beschäftigt sich Kathleen Deagan mit der aufregenden Siedlungsgeschichte dieses befestigten spanischen Vorpostens (Deagan, 1983). Dabei verbanden ihre Mitarbeiter und sie historische Überlieferungen mit den Ergebnissen der Bodenforschung. Die Grabungen gestalteten sich keineswegs einfach, denn die drei Jahrhunderte überspannende Fundschicht wies maximal eine Mächtigkeit von 1 m auf, und sie war vielfach gestört. Dennoch lokalisierte man Dutzende faßdaubengesäumter Abfallgruben und die Fundamente von Häusern aus dem

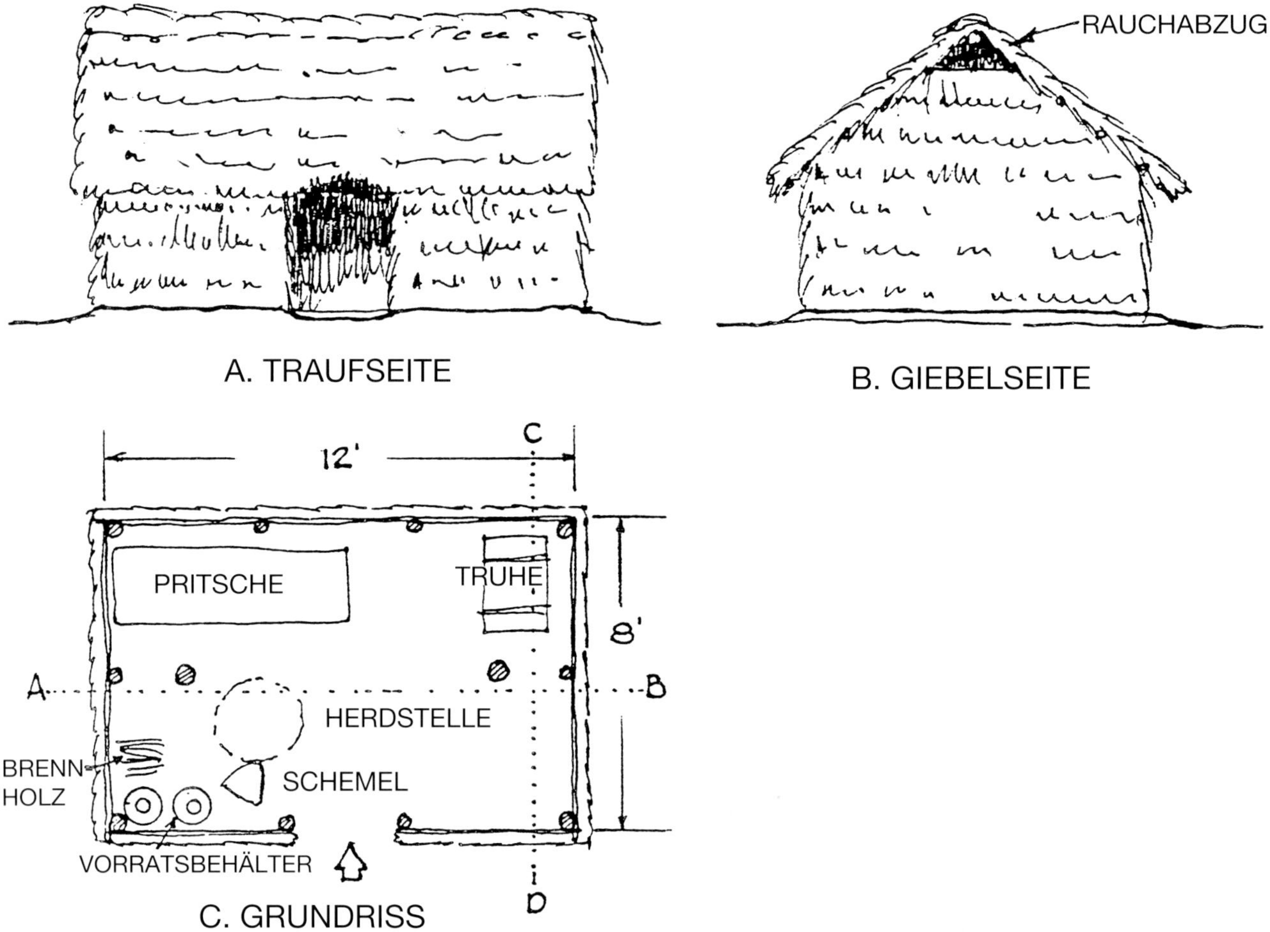

Gebäudeplan und Ansichten eines palmstrohgedeckten Armeleutehauses des 16. Jhs. in San Augustín, Florida.

Spanische Fayencen aus dem 16. Jh., die Kathleen Deagan in San Augustín zutage förderte.

Ein Stereotyp spanischer Kolonialpolitik: Kampfhunde zerfleischen Eingeborene. Kupferstich von G. Benzoni, 1594.

18. Jh. Fußböden und Wände der Gebäude bestanden aus «Tabby», einem zementartigen Kalk-Sand-Gemisch mit Muschelbruchzuschlag. Hatte sich der Fußboden abgenutzt, brachte man eine Erdschicht auf und versiegelte sie mit einer neuen Tabby-Lage.

Die Kampagne des Deagan-Teams hat unser Wissen um den Aufbau früher spanischer Niederlassungen in wesentlichen Punkten ergänzt. Bei Planung und Anlage solcher Siedlungen verfuhr man nach starren Regeln, was nicht verwundert, denn es galten für derlei Dinge obrigkeitliche Verordnungen. Einzelhaushalte und ihre mit Holzdauben gefaßten Brunnen hielten etwa 15 m Abstand voneinander. Wege liefen speichenförmig auf die zentrale Plaza zu. Dieses im 16. Jh. entwickelte Schema wurde auch in späterer Zeit noch befolgt, nur das Baumaterial der Häuser wechselte. Grabungsbefunde konnten also bestätigen, was man nach historischen Berichten vermuten mußte. In der konservativen Siedlungsweise spiegelt sich die ungebrochene Ethnizität der Kolonisten. Man darf dies wohl als adaptive Strategie werten, die in fremder, meist feindseliger Umwelt Eigenart hervorhob und Kraft zu solidarischem Handeln vermittelte. Von Milieu und sozialem Umfeld vorgegebene Faktoren führten gleichwohl zu gewissen Modifizierungen persistenter Identitätsbilder, insbesondere auf Haushaltsebene, wo Heiraten mit Indianerinnen neue Nahrungsgewohnheiten und Artefakte einbürgerten (Reitz & Scarry, 1986).

Über Generationen hielt sich hartnäckig ein Klischee, das spanische Kolonisten zu blutdurstigen, lüsternen Bestien stempelte, schuldig am Tod vieler

Tausend Indianer (Maltby, 1971). Dieser Mythos hat schon früh Korrekturen erfahren, aber es bedurfte des kritischen Blicks von Archäologen, um einer objektiveren und differenzierteren Einschätzung – vor allem im Vergleich hispanoamerikanischer und anglo-amerikanischer Siedlungsgeschichte – zum Durchbruch zu verhelfen (Thomas, 1989). Fakt ist, daß ungezählte Greueltaten das Konto der Konquistadoren belasten, und die Übertragung von im Mittelmeerraum üblichen Patronatsverhältnissen, die bäuerliche Klienten in Abhängigkeit von weißen Grundherrn beförderte, soziale Ungerechtigkeiten schuf. Die Brandschriften des Dominikaners Bartolomé de Las Casas, der das Kolonialsystem in seiner Fragwürdigkeit begriff und sich, völkerrechtliche Überlegungen der Aufklärungszeit kühn antizipierend, um juristische Regelungen zum Schutz der Indianer bemühte, unterstreichen dies. Hält man aber die Landnahme anglophoner Siedler und die kolonialspanische Praxis nebeneinander, so fallen doch wesentliche Unterschiede auf. Krieg und Sklaverei waren ständige Begleiter der Engländer, während in der Regel friedliche Koexistenz das Kolonisierungsverhalten der Iberer bestimmte. Frauenmangel zwang letztere zu Heiraten mit Indianerinnen. Patronagen sorgten für weitere zwischenkulturelle Interaktion. So entstand ein Kontaktklima, das auf religiöser Bekehrung, Heiratspartnerschaft und dem (später abgeschafften) Einzug von Tributen beruhte. Die Archäologie kann derlei Entwicklungen u. a. am gehäuften Auftreten indianischer Keramik in kolonialspanischen Fundstätten ablesen, wohingegen diese im Siedlungsgebiet der englischen Partei meist fehlt.

Die Geschichte europäisch-überseeischer Beziehungen ist bisher fast ausschließlich unter politischem und wirtschaftlichem Vorzeichen dargestellt worden. Kolonialhistorie darf aber, will sie umfassend orientieren, nicht einzig und allein Macht- bzw. Interessenverlagerungen mit den daraus resultierenden administrativen oder ökonomischen Veränderungen behandeln. Sie ist auch Leidensgeschichte indigener Völker. Darüber hinaus muß sie deren Versuche beschreiben, sich unter gewandelten Verhältnissen neu einzurichten. Und sie ist die Geschichte einfacher Leute – Bauern, Hirten, Handwerker aus Europa –, die, versetzt in eine ihnen fremde Natur, ums nackte Überleben kämpften. Der Archäologie verdanken wir Beiträge zu differenzierter Betrachtung, etwa bezüglich der Rahmenbedingungen, in denen sich die englische und spanische Kolonisierung entfaltete. Den Grabungen in San Augustín nach zu urteilen, fanden sich spanische Kolonisten in ein durchstrukturiertes und organisiertes soziales Milieu gebettet (Deagan, 1983), dessen konservative Richtlinien über Jahrhunderte befolgt wurden. Demgegenüber veränderten Siedler in Neu-England rasch ihre angestammte bäuerliche Tradition zugunsten lokaler Anpassungen (Deetz, 1977). Diese Menschen lebten nicht mit den Vorgaben eines imperialen Organismus, sondern waren – in fast völliger Abschottung – auf sich selbst gestellt.

Spanische Missionen im Südosten

Nur vier Franziskanermönche hüteten 1584 die Schafe der christlichen Herde La Floridas. Da sie mit der seelsorgerischen Betreuung der Einwohnerschaft von San Augustín und Santa Elena ausgelastet waren, blieb kaum Zeit für das Missionswerk unter den ortsansässigen Tawasa (Timucua) oder den weiter nördlich siedelnden Wali (Guale). 1587 erzwangen feindliche Wali die Aufgabe Santa Elenas. Dessen Einwohner zogen auf St. Catherine's Island vor der Küste Georgias. Die Insel mit der Mission Santa Catalina de Guale markierte im 17. Jh. den nördlichsten Punkt spanischen Einflusses am Atlantik. 1680 fiel die Kolonie einem britischen Angriff zum Opfer.

Santa Catalina de Guale war Glied einer ausgedehnten monastischen Kongregation (Thomas, 1988). Mitte des 17. Jhs. betreuten 70 Franziskaner etwa 25 000 Indianer in 38 Missionen, die über ganz La Florida verteilt lagen. Im Südwesten Nordamerikas wirkten zur selben Zeit 26 Mönche in 50 Stationen und in Alta California – um 1830 – 60 Fratres, die 21 Reduktionen mit 18 000 Schutzbefohlenen leiteten. Die kalifornischen Missionen, unter ihnen San Diego, San Gabriel, San Luís Obispo, San Juan Capistrano, Santa Barbara und San Luís Rey, und die des Südwestens sind geschichtsnotorisch. So kam es 1680 im Pueblogebiet zu dem bekannten Indianeraufstand, der sich vornehmlich gegen klerikale Bigotterie richtete. Andere Glaubensfesten, so das im frühen 18. Jh. unter jesuitischer Ägide erbaute San Xavier del Bac im Gebiet der Tóhono Ó'odham (Papago), sind noch heute Mittelpunkt christlicher Gemeinden. Dagegen gerieten die Missionen des Südostens, ungeachtet ihrer numerischen und strategischen Bedeutung, in Vergessenheit. Nach katholischem Ritus getaufte Indianer verschwanden von der Bildfläche, als La Florida 1763 unter britische Herrschaft kam. Die leicht gebauten Aedificia zerfielen zu Staub. Da sich keines dieser Bauwerke bis heute erhielt, ist insbesondere die Missionsarchäologie gefordert.

Aus historischen Berichten entnehmen wir, daß sich Santa Catalina de Guale im 16. Jh. lediglich auf Kirche und Kloster beschränkte. Nachdem die Originalanlage 1597 niederbrannte, entstand an ihrer Stelle ein mit Palisaden umfriedeter Bezirk, der Gotteshaus, Kloster, Gemeinschaftsküche und Garnison einschloß. David Hurst Thomas vom American Museum of Natural History hat unter Ausnutzung der ganzen Spannbreite archäologischer Hilfsmittel versucht, das Ambiente, in dem Missionszöglinge und ihre christlichen Mentoren sich bewegten, zu beschreiben. Unterirdische Strukturen wurden durch geophysikalische Sondierung geortet und kartiert. Bodenwiderstandsmessungen mit fließenden elektrischen Strömen gaben Auskunft über Gestalt, Lage und Ausdehnung einzelner Funde. Weitere Details erschloß ein Protonenmagnetometer, der anthropogene Bodenanomalien (zugeschüttete Gruben, Brunnen u. ä.) und Baureste mit thermoremanentem Magnetismus (z. B. Herde) lokalisierte. Ultraschallprofile schließlich ermittelten das Layout des Berings mit seinen Basteien. Der geballte Einsatz des naturwissenschaftlichen Apparates bewies Vorteile. Er war weniger zeitraubend und kostengünstiger als eine Grabung in großem Stil. Schnitte konnten dank der vorliegenden Meßwerte ideal positioniert werden, und es ergaben sich Informationen über Teile des Komplexes, die man nicht auszugraben gedachte. Wer das folgende kurze Resümee vertiefen möchte, sei an Thomas (1988) verwiesen.

Die einschiffige Kirche hatte ein Länge von 20 m und eine Breite von 11 m. Sie besaß einen Spitzgiebel. Palmstrohlagen bildeten die Dachhaut, Kiefernholzplanken die Wände. Die Fassade trug Lehmbewurf, darüber Kalkanstrich. Über dem Portal befand sich vermutlich ein Tympanon aus Metallbeschlägen. Der

Chor lag um einige Stufen erhöht – Hinweis auf eine darunter verborgene Krypta. Sakristei und Altar waren in Opposition angeordnet. Im Chor stieß Thomas auf Weizenkörner, vielleicht Reste von Opfergaben oder von zu weihendem Getreide, aus dem Hostien für die Abendmahlsfeier gebacken wurden. Weißes Muschelpflaster schmückte die auf jeder Seite des Gotteshauses 15 m Breite erreichende Plaza. Den Platz umgab eine Brüstung.

Etwa 400 bis 450 getaufte Wali waren unter Mittelschiff und Chor begraben. Beigaben umfaßten religiöse Paraphernalien, seltene Fayencen, handelsübliche Glasperlen sowie andere Artefakte. Nach genauer Untersuchung sollen die Gegenstände in den inzwischen wieder geweihten Boden der Mission zurückkehren.

Jenseits der Plaza stand einst das Kloster. Es war Nachfolgebau eines 1597 von den Wali eingeäscherten Aedificiums. Neben dem Wohngebäude mit seinen spartanisch eingerichteten Zellen und dem zentralen Refektorium gab es eine separate Küche.

Wie San Augustín ist auch Santa Catalina Produkt rigider Planungsvorschriften gewesen, die selbst architektonische Details ordneten. Alle Eingeborenen La Floridas waren dem Diktat von Kreuz und Krone unterworfen. Die Geschichte indessen meinte es mit den Missionsindianern nicht gut. 1708 meldet der Gouverneur von San Augustín seinem König, daß über 10 000 der im Schutz des Forts lebenden Tawasa von eingefallenen Caci (Creek) und Hiciti hingemetzelt oder in die Sklaverei geführt worden seien. Die Wali teilten dieses Schicksal.

Anglo-amerikanische Kultur: Martin's Hundred und Neu-England

1607 gründeten Engländer in Virginia die Siedlung Jamestown, das schon bald zur Handelsdrehscheibe der Region avancierte. Merkantile Tentakeln reichten bis in den Südosten. Die Heirat des Tabakpflanzers John Rolfe mit Pokahonta, einer Tochter des Hetaniw (Powhatan)-Großhäuptlings sicherte zunächst friedliche Beziehungen zu den indianischen Nachbarn. «Wenn es Gott nicht gefallen hätte», heißt es in einem Bericht aus Virginia, «Furcht in die Herzen der Wilden zu säen, würden wir bei dem schwachen Zustand, in dem wir uns befanden, von den grausamen Heiden vernichtet worden sein . . . Aber der Allmächtige fügte es, dieses im Grunde feindlich gesinnte Volk nach einer gewissen Zeit mit Lebensmitteln wie Brot, Getreide, Fisch und Fleisch in großer Menge zu uns zu senden . . .» (Barbour, 1606–1609 [1969]). Die Engländer vergalten diese Fürsorge schlecht. Sklavenjäger trieben ihr Unwesen, und die Ermordung eines angesehenen Schamanen führte 1622 zum Hetaniw-Überfall auf die Kolonien am James River, dem über 300 Weiße zum Opfer fielen.

Zwei Jahre zuvor hatte die *Mayflower* vor Plimoth in Neu-England festgemacht. 1664 erwarb die britische Krone New York von den Holländern, die 50 Jahre lang den Pelzhandel im Nordosten kontrollierten. Noch weiter im Norden siedelten Franzosen am St. Lawrence. Französische Waldläufer erkundeten im 17. Jh. das Gebiet der Großen Seen, die Forschungsreisenden Marquette und Joliet 1673 das Mississippi-Tal. Der Sieur de La Salle folgte ihren Spuren und startete an der texanischen Küste einen Kolonisierungsversuch. Um 1700 befand sich

Santa Catalina de Guale; Grabungsstand Juni 1982. Die Fundamente des Kirchenschiffs sind als Fantom (Verfärbungssilhouette) zu erkennen.

der gesamte Osten im Würgegriff europäischer Mächte, und die Schlinge zog sich immer enger. Holländer, Briten, Franzosen und Spanier wetteiferten um die besten Stücke des wirtschaftlichen Kuchens. Sie brachten, wie die Geschichte lehrt, unsägliches Leid über die einstigen Herren des Landes. Aber auch die weißen Pioniere führten kein leichtes Leben. Anhand einiger Beispiele wollen wir dem nachgehen.

Martin's Hundred. 1618 schifften sich 220 englische Siedler in Virginia ein und gingen daran, ein 8000 Hektar umfassendes Areal, Martin's Hundred am James

River, urbar zu machen (Noël Hume, 1982). Dort errichteten sie das palisadenbewehrte Hauptdorf. Nahebei entstand der Trabant Wolstenholme Towne, wo 30 bis 40 Personen wohnten. Am 22. März 1622 wurden beide Niederlassungen von den Hetaniw überrannt. Die Hälfte der Kolonisten fand dabei den Tod oder geriet in Gefangenschaft. Wer überlebte, fristete ein erbärmliches Dasein am Abgrund von Hungersnot und Seuchengefahr.

1970 suchte Ivor Nöel Hume, damals Chefarchäologe des Williamsburg-Projektes, nach den verschollenen Nebengebäuden eines kolonialzeitlichen Herrenhauses, das restauriert werden sollte. Zu seiner Verblüffung stieß Nöel Hume aber auf Pfostenlöcher, Gruben und Gräber aus dem 17. Jh. – die Überreste von Wolstenholme Towne. Es kam heraus, daß das Holzfort einst 929 m^2 deckte, einen trapezoiden Umriß aufwies und über einen stabilen Wachtturm sowie eine Bastei verfügte. In der Bastei stand eine Kanone, die auf den James River zielte, von wo man spanische Schiffe erwartete. Der Ausgräber schätzt die Höhe der Palisade auf 2,3 m; dahinter lag ein erhöhter Umgang aus Stampflehm. Die meist unterkellerten Häuser waren mit Lehmstakung versehen und strohgedeckt. Mit einem Goldfaden und einer Kanonenkugel als Anhaltspunkten gelang es Nöel Hume (1982), einen der Hauseigner in den damaligen Zensus- und Steuerlisten ausfindig zu machen. Er hieß William Harwood und diente seiner kleinen Gemeinde als Bürgermeister.

Grabungen wie Martin's Hundred bieten gute Einblicke in die mit detektivischem Spürsinn betriebene Arbeit der Historischen Archäologie. Ein Puzzle verschiedenster Informationen aus Schriftquellen und Ergebnissen der Bodenforschung muß zusammengesetzt werden. Manche geben Rätsel auf, die nur mit hohem Aufwand zu lösen sind. So reiste Nöel Hume nach Deutschland, Irland, England und Bermuda, um Aufschluß über scheinbar so nebensächliche Dinge wie die Form von Sargdeckeln des 17. Jhs. oder die Pathologie einer Dolchwunde bei Mordopfern zu bekommen.

Stechhelm von 1622 aus der Grabung Martin's Hundred.

Neu-England. «Vorgeschichtliche Akteure sind anonym und gesichtslos, ganz im Gegensatz zu den charismatischen, tatkräftigen Figuren der historischen Bühne . . . Gerade die Tatsache aber, daß wir diese Menschen nicht individuell kennen, erweist sich als unschätzbarer Vorteil, denn Geschichte wird ja in der Regel nicht von singulärer Aktion bestimmt, sondern ist Summe allgemeiner Lebensäußerungen.» Mit diesen Sätzen umreißt James Deetz (1977) den Kern Historischer Archäologie. Die Bodenforschung untersucht allgemeine Phänomene, elementare menschliche Verhaltensweisen und Antriebe. Und in den materiellen Hinterlassenschaften unserer Vorgänger spiegelt sich eher ein gesamtgesellschaftliches Schnittmuster denn das Wirken abgehobener Eliten.

Auch die englische Calvinistengemeinde, die im Dezember 1620 die Überfahrt nach Massachusetts wagte, gehörte zu den sogenannten «kleinen Leuten». Gleichwohl hatten diese Handwerker und Bauern klare Vorstellungen von ihrem künftigen Leben. Weder erstrebten sie Reichtum noch planten sie Eroberungszüge. Im Vertrauen auf göttliche Vorsehung und ihrer Hände Arbeitskraft hofften sie, sich fern von konfessioneller Verfolgung und sozialer Diskriminierung eine neue Heimstatt zu schaffen, ihre Bedürfnisse mit dem zu befriedigen, was der Boden hergab, und eine gerechte, fromme und sittsame Gemeinschaft zu begrün-

Martin's Hundred: Pfostenlöcher lassen die Abmessungen des Holzforts von Wolstenholme erahnen.

den. Ihr Kulturbild ankerte in Überlieferungen, die sie aus ihrer ländlichen englischen Heimat mitbrachten. Mehr als 40 Jahre lang hielten die Siedler treu an dieser Vorgabe fest. Deetz (1977) konnte zeigen, daß die ersten Kolonistenhäuser in Neu-England britische Büdnereien kopierten. Gewöhnlich waren es strohgedeckte Langhäuser – Ständerbauten, die auf Holzschwellen ruhten. Entsprechend den unterschiedlichen Herkunftsgebieten der «Pilgerväter» herrschte ansonsten architektonische Vielfalt vor. Um 1660 ging die Besinnung auf überkommene Bautraditionen verloren, und es wurden fortan den örtlichen Gegebenheiten angepaßte Behausungen errichtet.

Grabsteine und irdenes Geschirr dienten Archäologen als weitere wichtige Kennungen, um den Wandel in der anglo-amerikanischen Kultur des 17. Jhs. zu verfolgen (Dethlefsen & Deetz, 1966). Keramik spielte ebenfalls eine Hauptrolle, als Deetz die Überreste eines 15,2 m langen und 9,1 m breiten Hauses auf einer Insel der Wellfleet Bay im Außenwasser von Cape Cod freilegte. Gläser und glasierte Töpferware datierten das Gebäude in die Zeit zwischen 1670 und 1740. Unmengen von Eßgeschirr kamen zutage, ferner Bruchstücke tönerner Tabakspfeifen sowie – in einem Kellerraum – ein Walwirbel und eine Harpune. Die Schänke, um nichts anderes konnte es sich gehandelt haben, thronte einsam auf einer Kuppe, von wo aus man die Bucht gut überblicken konnte. Noch heute tauchen hier regelmäßig Grindwale auf. In der Schänke saßen wohl Walfänger gemütlich beisammen und erwarteten das Erscheinen ihrer Beute.

Natürlich können wir hier, um den konzeptionellen Rahmen unseres Buchs nicht zu sprengen, keine erschöpfende Übersicht der Arbeitsfelder Historischer Archäologen in Nordamerika bieten, wir wollen aber noch ein paar andere Projekte vorstellen, die verdeutlichen, wodurch sich dieser Wissenschaftszweig vor allem auszeichnet – die Dokumentation der Lebensverhältnisse einfacher Frauen und Männer in ihrer Alltagswelt.

Plantagensklaverei im archäologischen Spiegel

Es ist noch nicht lange her, da beschäftigte sich die Historische Archäologie ausschließlich mit der dominanten euro-amerikanischen Kultur. Ihr Hauptaugenmerk galt der Rekonstruktion eleganter Herrensitze und kolonialzeitlicher Siedlungen (Silberman, 1989). Doch als in den 60er Jahren, ausgehend von den unruhigen Universitäten, das Interesse an sozialen und gesellschaftspolitischen Fragen erwachte, erkannte man auch das Potential der Archäologie für die geschichtliche Aufarbeitung der Minderheitenproblematik. Ein wichtiger Mosaikstein war dabei das Phänomen der Sklaverei.

An dieser Stelle soll nicht die Rede sein von den unvorstellbaren Leiden, denen Schwarze während der «Middle Passage», der Überfahrt von Afrika nach Amerika, ausgesetzt waren, auch nicht von den Erniedrigungen und Bestrafungen, die sie auf den Plantagen weißer Pflanzer erdulden mußten, denn diese Vorgänge sind archäologisch kaum zu belegen, historisch aber gut dokumentiert. Was uns hier – in gebotener Kürze – beschäftigen wird, ist die Suche nach den Wurzeln afroamerikanischer Kultur sowie die Darstellung von Wohn- und Lebensbedingungen der Plantagensklaven, soweit diese aus Bodenfunden Kontur gewinnen.

Erste Grabungen fanden auf ehemaligen Pflanzungen im Küstengebiet Georgias und South Carolinas statt (Singleton, 1985). Die dabei geborgenen Artefakte bekunden, daß von 1740 bis 1790 in den Sklavengemeinschaften afrikanisches Kulturerbe noch fest verankert war. Von Sklavenhaltern zwischen 1790 und 1861 systematisch diskreditiert, verblaßte der traditionelle Hintergrund aber immer mehr, erst recht in der Landarbeiterphase nach der Sklavenbefreiung. Einige Funde der letzten Jahre aus Virginia, South Carolina und Texas bezeugen durch Artefakte wie tönerne Pfeifenköpfe mit Piktogrammen, die an westafrikanische Vorbilder erinnern, ebenfalls die anfänglich noch enge kulturelle Bindung der Deportierten an den Schwarzen Kontinent (Silberman, 1989).

Die Spurensicherung des traditionellen Erbes ist aber nur ein Bestandteil afroamerikanischer Historiografie. Wichtige Aufschlüsse erwartet die Forschung

Monticello, Virginia. Die Überreste des Kaufladens und der Räucherei/Meierei werden ausgegraben.

von Grabungen in Fort Mose nördlich St. Augustines in Florida, wo entflohene Zwangsarbeiter spanischen Schutz genossen und die erste bekannte Siedlung freier Schwarzer in Nordamerika gründeten.

Auf Thomas Jeffersons Landsitz Monticello in Virginia arbeiteten einst 200 Negersklaven. Jefferson war nicht nur Politiker, Philosoph und Altertumsforscher, er verfügte auch über ausgedehnte Ländereien. Dem heutigen Betrachter gaukelt der wohlerhaltene Besitz trügerische Idylle vor, die leicht vergessen läßt, wie es zu Lebzeiten dieses großen Amerikaners hier aussah. Wieder zeigt uns das unbestechliche Auge des Archäologen Einzelheiten, die so nicht bekannt gewesen sind, und die man in Geschichtsbüchern vergeblich sucht.

Einige von Jeffersons Sklaven hausten an der Mulberry Row, dem Zugang nach Monticello. William Kelso (1986) legte dort die Überreste von 19 Handwerker- und Dienerunterkünften frei, dazu die von Wirtschaftsgebäuden und Werkstätten. Jeffersons penible Aufzeichnungen leisteten den Ausgräbern gute Dienste. Ganz unterschiedliche Wohngebäude boten den Schwarzen Obdach. Einige wiesen nur eine Grundfläche von 3,6 × 4,26 m auf, hatten Lehmböden, hölzerne Rauchabzüge und Bretterwände. Andere überraschten bei einer Fläche von 10,3 × 5,18 m mit gemauerten Kaminen, respektablen klassizistischen Fassaden und Schaugiebeln. Ein Besucher Monticellos kommentierte, er habe den Eindruck, daß sich «die Nebengebäude der Sklaven und Hausangestellten in sehr viel besserem Zustand als anderswo» befänden.

Der Schein trügt nicht, aber er verstellt den Blick auf die Realität der Lebensverhältnisse insgesamt. Die Farbigen, die längs der Mulberry Row wohnten, genossen als Hausdiener und Handwerker Privilegien. Den Plantagenarbeitern ging es nicht annähernd so gut (Kelso, 1984). Ihre ärmlichen Katen, oft einfache Holzverschläge, verteilten sich über den gesamten Besitz. Erstaunlicherweise stand Fleisch recht oft auf dem Speiseplan. Die minderwertigen Rinder- und Schweineknochen, die man zutage förderte, nähren jedoch den Verdacht, es habe sich um Speise- und Küchenabfälle der Herrschaft gehandelt. Ziemlich häufig stießen Ausgräber auf Knöpfe, die scheinbar von abgetragener Kleidung stammten. Die Sklaven nähten aus solchen Fetzen Steppdecken.

All diese Grabungen bieten Ansatzpunkte zur Redefinition des historischen Bandes, das heutige Afro-Amerikaner mit ihren Vorfahren verknüpft. Sie bilden die konkreten Wohn- und Arbeitsbedingungen schwarzer Sklaven getreuer ab als jene undifferenzierten Kolportagen, die wir aus Trivialromanen, Film und Fernsehen kennen.

Schiffe und Wracks

Seen, Flüsse und andere Wasserwege waren die «Highways» des frühneuzeitlichen Amerika. Tausende von Schiffern, Schauerleuten und Kleinunternehmern gingen hier ihrer Beschäftigung nach, abseits weltgeschichtlicher Ströme und von der Mehrzahl ihrer Zeitgenossen unbeachtet.

1976 bargen Archäologen im Flachwasser bei Brown's Ferry in South Carolina einen kleinen Zweimastschoner (Albright & Steffy, 1979; Steffy, 1988). Solche Schiffe dienten während des 18. Jhs. als Frachter im regionalen Nahverkehr. Gestakt, gesegelt oder gerudert verbanden sie eine Wasserstraße mit der anderen. Sie beförderten Passagiere, Vieh und Stückgut aller Art. Viele dieser nützlichen Gefährte hauchten eines Tages auf einer Sandbank oder an einem Seeufer ihr Leben aus. Der mit Ziegelsteinen beladene Schoner von Brown's Ferry war an einem häufig befahrenen Flußabschnitt gesunken, nahe einer Pier, wo man Transportgut zu löschen pflegte. Allerhand Müll, darunter ein vierrädriger Einspänner, bedeckte den zu zwei Dritteln erhaltenen Schiffsrumpf. Nachdem

Von J. Richard Steffy gebautes Modell eines im 18. Jh. bei Brown's Ferry gesunkenen Zweimastschoners.

die Backsteine entfernt worden waren, hob man ihn in einem eigens konstruierten Bergerahmen. Mancherlei Artefakte kamen zum Vorschein, darunter ein Bierkrug, Glasflaschen und ein Quadrant. Nach intensiven Archivstudien und anhand der intakten Holzteile gelang es dem Schiffshistoriker und Modellbauer J. Richard Steffy, die Gestalt des Schoners zu rekonstruieren. Er maß 15,4 m über alles und verfügte über einen kleineren Fockmast sowie einen 4,2 m hohen mittleren Mastbaum. Als Takelage kommen einfache Sprietsegel in Betracht. Der Tiefgang des breiten Schiffes schlug kaum zu Buche, was ihm Flachwasseroperationen und Anlegemanöver auch im Uferbereich von Flüssen ermöglichte. An Bug und Heck lagen Mannschaftsquartiere; die Kombüse befand sich vor dem Fockmast. Baumaterial des Rumpfes war Eichenholz, die Decksplanken bestanden aus Kiefernbrettern. Mindestens einmal wurde der Schoner repariert und neu kalfatert.

Das Brown's Ferry-Schiff ist nur eines von unzähligen Wracks, die heute von Unterwasserarchäologen geborgen, zumindest aber genauer untersucht werden. Die historische Spannbreite reicht von spanischen Schatzgaleonen bis zu Ozeanlinern wie der *Titanic* oder Schlachtschiffen aus dem 2. Weltkrieg.

Weniger spektakulär, aber von großer lokaler Bedeutung war die *Bertrand,* einer der zahlreichen Heckraddampfer, die im 19. Jh. auf Missouri und Colorado verkehrten. Die meisten dieser kiellosen Schiffe versorgten örtliche Militärbasen und Bergarbeitersiedlungen. Sie beförderten nicht nur Passagiere, sondern auch Schüttgut (etwa Kohle oder Erze) und Stückfracht. Die 49 m lange *Bertrand* havarierte am 1. April 1865 an einer Sandbank im Missouri. Entdeckt wurde sie von Schatzsuchern in 8 m Wassertiefe. Unter der Ägide des National Park Service 1968/69 konnten Archäologen den Dampfer näher in Augenschein nehmen. Den Sand, der das Wrack bedeckte, trug man mit Hochdruckpumpen, Förderbändern und von Hand ab. Bis zum Passagierdeck kam die untere Hälfte des Rumpfes frei. Fast 2 000 000 Fundstücke gelangten ans Tageslicht, darunter Proviant, Kleidung, landwirtschaftliches Gerät, Schürfausrüstung, Medikamente, Schnaps und Haushaltsgegenstände. An Bord befand sich auch Munition für die Berghaubitzen der Garnisonen an der Strecke. Die Ladung der *Bertrand* verrät uns eine Menge über das Leben an der Pioniergrenze Mitte des 19. Jhs. Auf die Versorgung von Fort Benson hatte der Untergang des Schiffes beträchtliche Auswirkungen, denn 13% der Gesamttonnage, die 1865 dorthin zu liefern waren, gingen verloren (Simmons, 1988).

Bergwerke und Minenarbeiter

Zum «Wilden Westen» gehört das Klischee vom rauschebärtigen Goldgräber mit seinem bepackten Esel ebenso wie Postkutschenüberfälle, Saloonromantik und Revolverduelle auf offener Straße. Viele, die in der amerikanischen Wildnis nach Edelmetallen schürften, waren in der Tat Individualisten, gesellschaftliche Außenseiter, die fast nur mit ihresgleichen verkehrten. Aber dort, wo industriell verwertbare Kohle- und Erzlager anstanden, wie im Minengürtel Nevadas, wurden kleine Bergarbeitersiedlungen aus dem Boden gestampft – kulturelle Inseln mit eigenem Sozialklima. Auswärtige Geschäftsleute, z. B. englische und amerikanische Unternehmer, finanzierten, beschickten und versorgten diese «Mining Areas». Ansonsten war die Mehrzahl der Camps von der Außenwelt abgeschnitten. Erst ab 1860, nach Installierung der transkontinentalen Telegrafenlinie, verbesserte sich der Informationsfluß und band die Siedlungen fester an die Brennpunkte der Wirtschaftsfront. Der Kapitalstrom nahm zu, und victorianische Werte verbreiteten sich in der Abgeschiedenheit (Hardesty, 1988).

Bergbauliche Aktivitäten in Nevada sind durch zeitgenössische Dokumente gut belegt, doch vermag es die Archäologie, im dreidimensionalen Feld von Raum und Zeit, zusätzliche Quellen zu erschließen. Es sind dies Botschaften, die etwa von Gebäuderesten, Müllhalden, verstürzten oder aufgelassenen Stollen ausgehen. Hand in Hand mit Historikern gelangen dichte Beschreibungen technologischer Aspekte des Bergbaus, von Arbeitersiedlungen und Einzelhaushalten. Wie Donald Hardesty (1988) formuliert, kann nur der archäologische Befund neues Detailwissen über die wirtschaftlichen und sozialen Verhältnisse in den Minencamps liefern. Die meisten dieser Niederlassungen waren kaum mehr als unregelmäßige Häuserzeilen an Wegen oder Gebäudeansammlungen um Gruben oder Brechwerke.

Das Shoshone Wells Mining Camp im Cortez-Abbaudistrikt Nevadas wurde 1863 bezogen. Es erreichte in den 80er Jahren des letzten Jahrhunderts seine größte Ausdehnung. Noch 1902 arbeiteten hier chinesische und einige italienische Einwanderer im Berg. Shoshone Wells ist ein Musterbeispiel dafür, wie quellengestützte Archäologie Aspekte des Zusammenlebens ethnisch heterogen komponierter Nachbarschaften aufhellen kann. Man deckte dort die Überreste von 50 Wohnbauten auf, die fünf Siedlungsblöcke bildeten. Einer dieser Blöcke, bestehend aus ehedem 22 Adobe-, Schacht- und Ständer-Bohlenhäusern, flankierte einen Zufahrtsweg in der Talsohle. Die vor Ort geförderten Artefakte waren hauptsächlich anglo-europäischer, anglo-amerikanischer und chinesischer Herkunft. Vier Steinbauten am Hang darüber erbrachten Gegenstände italienischer Provenienz. Vermutlich hat es sich dabei um Quartiere der italienischen Holzfäller gehandelt, die in Berichten erwähnt werden.

Auf dem Anwesen des Grubenbesitzers Simeon Wenban kamen victorianische Luxusobjekte, etwa feines französisches Porzellan, zum Vorschein. Schriftquellen geben Auskunft darüber, daß Wenbans zweistöckiges Wohnhaus aus Mammutbaumholz erbaut wurde. Es stand inmitten einer künstlich bewässerten Garten- und Rasenanlage. Der Patron hatte Ärger mit seinen trinkfesten cornischen und walisischen Arbeitern, die er als «aufsässig und zügellos» bezeichnete. Um 1870 ersetzte er sie daher durch genügsamere und weniger streitlustige Chinesen. Am Standort ihrer Hütten barg man chinesisches Steingut, Einlegekästchen zur Aufbewahrung von Opium, eine Opiumpfeife, Mikadostäbe sowie Flaschen.

Shoshone Wells gestattet uns Einblicke in ein kulturelles Nebeneinander, wie es für viele Minenarbeitercamps des 18. Jhs. typisch war. In den Worten Hardestys (1988) bietet es ausgezeichnete Voraussetzungen, um die Wechselbeziehung von «Siedlung», also wohnlich gestaltetem Lebensraum, mit «Gemeinschaft», dem sozialen Ort menschlicher Interaktion, zu studieren. Von besonderem Reiz ist ferner die Tatsache, daß es die Forschung bei den Bergarbeitergemeinden mit reinen Männergruppen kosmopolitischer Herkunft zu tun hat, in denen Individualität, ethnische Sonderung und Selbstbezogenheit Vorrang genossen. Im weiteren Verlauf der Untersuchungen wird interessant sein zu erfahren, ob und wie solche Verhaltensmuster unter den Vorzeichen fortschreitender Industrialisierung und Verstädterung aufgebrochen wurden. Anderswo vorgenommene Netzwerkanalysen konnten nämlich zeigen, daß räumliche Nähe, wirtschaftliche Pression, soziale Zwänge sowie Abwehr unerwünschter Personen zur Überwindung ethnischer Schranken und zum Aufbau gemeinsamer Handlungsstrukturen mit Austausch, Vertrauensbildung und konzertierter Problembewältigung führten.

Der W. C. Hoff General Store in San Francisco

Ein Scharnier im montanwirtschaftlichen Gefüge des Westens war San Francisco. Als man 1848 auf dem Besitz des Schweizer Abenteurers Johann (John) Sutter Gold fand, brach in Kalifornien Hysterie aus. Menschen aus aller Herren Länder überschwemmten den kleinen Ort – San Francisco zählte damals weniger als 1000 Einwohner – am Pazifik. 1852 hatte sich dieses Nest zur pulsierenden Boomtown mit billigen Absteigen, Bordellen, Schnurrentheatern, Bars und

Kaufläden gemausert. Viele Gebäude standen auf Stelzen direkt am Wasser. Oft kam es in der drangvollen Enge der Holzhäuser zu Feuersbrünsten. Dem verheerenden Großfeuer vom 3. Mai 1851 z. B. fiel praktisch die ganze Stadt zum Opfer. Auch William Hoffs General Store wurde ein Raub der Flammen.

1986 entdeckte man im Zuge von Grabungen an der Kreuzung von Sacramento und Battery Street, 4,5 m unter der Asphaltdecke, Teile des Mobiliars und des Sortimentes. Die Einrichtung des Kramladens war im feuchten Schlamm konserviert worden (Pastron, 1988). Sensationen hatten die Archäologen von vornherein nicht erwartet, nichts, was den Forscheratem stocken läßt, aber die Funde, Chronik des Alltäglichen und Nützlichen, ergaben doch eine recht aufschlußreiche Momentaufnahme aus den Tagen des Goldrauschs. Man stieß auf Fäßchen mit Nägeln, Arbeitsschuhe, chinesisches Porzellan, Krüge mit importierten Oliven, gepökeltes Schweinefleisch, getrocknete Bohnen sowie Flaschen voller Sekt und Whiskey. Karabiner, Pulverflakons und Bleikugeln aus Armeebeständen begleiteten so manchen Goldgräber ins Landesinnere, desgleichen Toilettartikel und (mehr oder weniger wirksame) Arzneien.

San Francisco verfügt über ein reiches archäologisches Erbe, darunter auch die Überreste eines chinesischen Fischerdorfes am Rincon Point. Die hier lebenden Menschen betätigten sich des öfteren als Strandpiraten, plünderten auf Grund gelaufene Schiffe der Goldrauschzeit und lasen Treibgut auf. Grabungen förderten Reis, Opiumutensilien (Kohlebecken, Nadeln, Zangen, Pfeifen), Heilmittel sowie Gebrauchsgegenstände chinesischer und euro-amerikanischer Provenienz zutage. Den häufigen tönernen Schmelztiegeln nach zu urteilen, sind zumindest einige Dorfbewohner in den Schürfgebieten der Sierra Nevada gewesen. Die Funde von Rincon Point gewähren Einblick in das Treiben einer Gemeinschaft, die, durch wirtschaftliche Not und rauhes Sozialklima gezwungen, eine Fülle ökonomischer Varianten erprobte und sich Existenznischen am Rand der Gesellschaft aufbaute (Pastron, 1989).

Die Gärten von Annapolis

Quellengestützte Archäologie vermittelt nicht nur Lebensbilder von Arm und Reich, beschreibt Nachbarschaften afro-amerikanischer Ghettobewohner des 19. Jhs. in den Städten des Ostens, die Wohnverhältnisse von Plantagensklaven im Süden oder die Nischenökonomie chinesischer Immigranten an der Westküste, sondern belichtet darüber hinaus gängige Verhaltensmuster vergangener Jahrhunderte (Schuyler, 1977). Maßstäbe der Historischen und der Stadtarchäologie setzte ein Projekt der University of Maryland (Leone & Potter, 1984). Schauplatz des Vorhabens war Annapolis, dessen geschichtsträchtiger Kern von Bürgerkrieg und industrieller Revolution weitgehend verschont blieb und darum mit gut erhaltener alter Bausubstanz aufwartet. Nach und nach konnten eine Gastwirtschaft aus dem 18. Jh., eine Druckerei, mehrere Privathäuser, eine Gartenanlage und drei Grundstücke, die seit 1690 in Nutzung stehen, untersucht werden. Flaschen, Tassen und Teller aus der Zeit vor 1700 erbrachte die Grabung auf dem Besitz von Gouverneur Calvert (Yentoch & McKee, 1987). In der folgenden Siedlungsschicht förderte man die Überreste eines in den 20er Jahren des 18. Jhs. erbauten

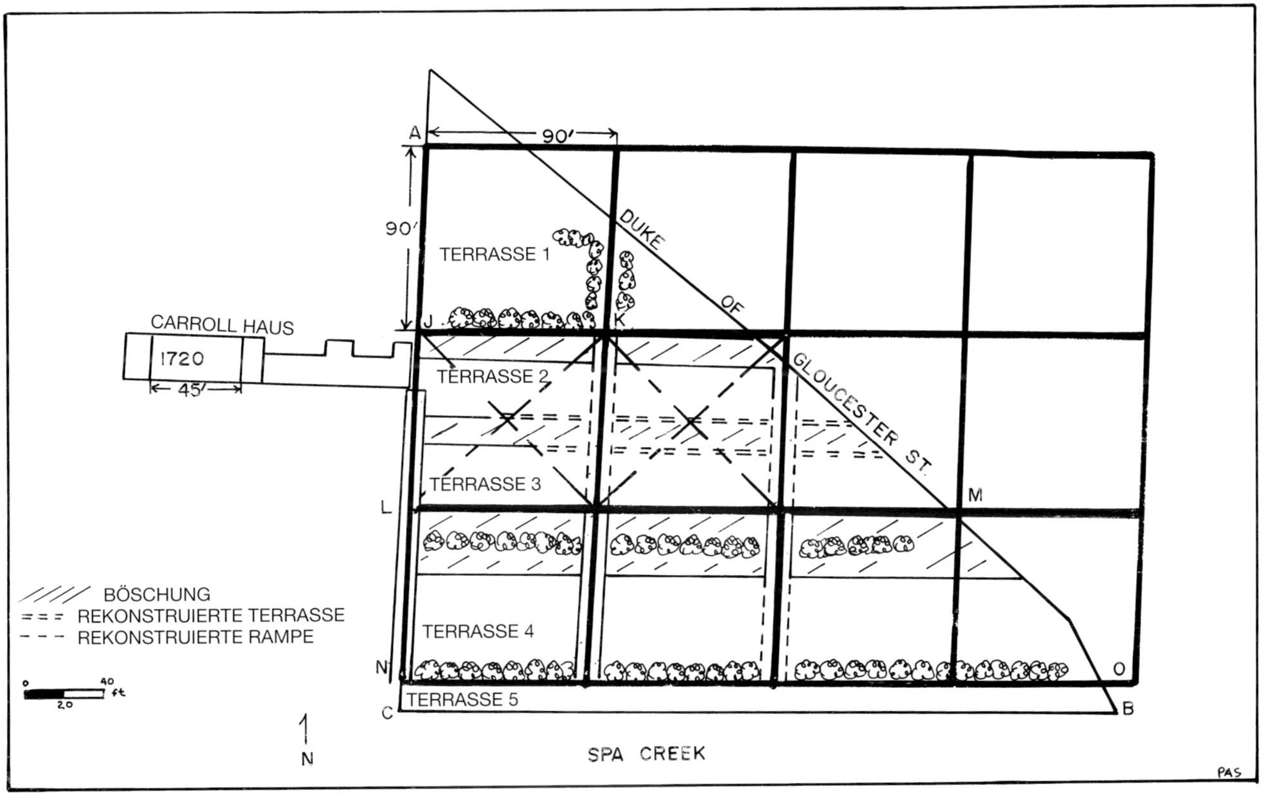

Annapolis. Plan der zum Carroll House gehörenden Gartenanlage. Die Skizze gibt uns eine Vorstellung, wie Eigentümern (und Passanten) durch geschickte gärtnerische Gestaltung unterschiedliche Schauerlebnisse geboten wurden. Anlagen wie diese waren Ausweis gesellschaftlicher Stellung und spiegelten das Selbstverständnis der Besitzer.

Holzhauses. An Ort und Stelle entstand kurz darauf ein Backsteingebäude, das Gouverneurspalais, dessen Fußboden nun Attraktion eines modernen Hotels ist. Zudem enthüllte die Grabung eine gemauerte Heizlüftung für ein Treibhaus. Nach 1760 aufgerissen, wurde diese Anlage mit Hausmüll verfüllt, ehe eine Erweiterung des Palais sie endgültig zudeckte. Der Müll erwies sich als wahre archäologische Fundgrube, denn er enthielt Tierknochen, Fischschuppen, Nadeln, Knöpfe, Haar, Papierfetzen und abgetragene Kleidung. Dank solcher komplett überlieferter, intakter Kulturschichten gelang es, wesentliche Abschnitte in Annapolis' Siedlungsgeschichte realitätsnah zu rekonstruieren.

Das Annapolis-Projekt vermittelte aber noch weitergehende Einsichten (Leone, 1984). Mark Leone und seine Kollegen bezogen anthropologische Fragestellungen in ihre Arbeit ein. Zu den Prämissen gehörte die Überlegung, daß ebensowichtig wie ein Gebäude der es umgebende Raum ist. Landschaftsarchitektur trägt wesentlich zum Erscheinungsbild eines Hauses bei; Ausdehnung und Beschaffenheit der Randflächen bezeugen Reichtum oder Stand des Besitzers. Gestaltete Umwelt, so eine weitere Annahme, spiegelt Komfort, formuliert aber auch Lebensqualität (Leone et al., 1989). Indem Kernbohrungen niedergebracht, geodätische Messungen durchgeführt, Familienchroniken und Fotografien ausgewertet wurden, gelangte das Leone-Team zu einer Vorstellung, wie der Garten des Anwesens von Charles Carroll im 18. Jh. aussah. Terrassen, Pfade und

Blumenrabatten gliederten die Anlage. Effektvolle Terrassierung und Planierung ermöglichten reizvolle Ausblicke, riefen Sinnestäuschungen hervor, die z. B. das Wohnhaus größer erscheinen ließen. Der Übersichtsplan der Archäologen warf Licht auf alle gestalterischen Facetten und versteckten Geheimnisse des Carroll-Gartens. Er stellte unter Beweis, daß Kunstgärten zum Selbstverständnis eines Gentleman im Annapolis des 18. Jhs. gehörten, und daß geschickte Landschaftsarchitektur Wohlergehen und Ansehen dieser Personen nach außen reflektierte.

Die Grabungen in Annapolis sind nur eines von vielen Beispielen für das breit gefächerte Wirkungsfeld quellengestützter Archäologie sowie weiterer Beitrag zur Enträtselung der ferneren und näheren Vergangenheit. In den Kapiteln des vorliegenden Buches wurde der Versuch unternommen, den geduldigen Leser teilhaben zu lassen an den verschiedenen Möglichkeiten, die die Bodenforschung anbietet, um Schleier der Vor- und Frühgeschichte zu lüften. Natürlich war es bei einer Materie voller ungelöster Probleme ausgeschlossen, jeder Hypothese oder Deutung auch nur annähernd gerecht zu werden. Wichtiger erschien, unter Inkaufnahme regionaler Lücken, ein Gesamtportrait der Kulturentwicklung in Nordamerika. Vielhundertfache Buntheit evolutiver Anpassungen zeichnete das Antlitz des nördlichen Teilkontinentes. Dem europäischen Kolonialismus und einer nur am materiellen Zugewinn orientierten Weltzivilisation fiel das meiste zum Opfer. Man mag die «Entdeckung» Amerikas durch Kolumbus jetzt mit blumiger Rhetorik feiern, ihre Folgen jedoch sind an allen Ecken und Enden zu sehen. «Lest nicht, was wir schrieben, schaut auf das, was wir angerichtet haben», fordert daher James Deetz (1977). Wenn wir dies beherzigen, werden gegenseitiges Verstehen, Achtung fremder Kulturen und unsere Selbsterkenntnis reifen.

ANHANG

GLIEDERUNG DER ALTAMERIKANISCHEN SPRACHEN

HOLARKTISCHER SPRACHBEREICH

A. Eurasiatisches Phylum
 (hier nicht untergliedert)
B. Ainu-Isolat
C. Arktisch-Pazifisches Phylum
 (A) Beringia-Stamm
  1. Westberingia-Makrofamilie
  2. Ostberingia-Makrofamilie
   (1) Unangan-Isolat (Alëutisch)
   (2) Yughet/Inuit-Familie (Eskimo)
 (B) Yukwot/Enoqw-Stamm (Wakash)

JENISEJISCH-TRANSAMERIKANISCHER SPRACHBEREICH

A. Ket-Isolat (Jenisejisch)
B. Na-Dene-Phylum
 (A) Haade/Xaaydegaay (Haida)
 (B) Tlingit/Dene-Stamm
  1. Tlingit-Isolat
  2. Daxuhyu/Dene-Makrofamilie
   (1) Daxuhyu-Isolat (Eyak)
   (2) Dene/Dakelne-Familie (Athapaskisch)
C. Penutoides Phylum
 (A) Penuti-Stamm
  1. Penuti-Makrofamilie
   (1) Cmsyan-Familie (Tsimshian)
   (2) Oregon/Plateau-Familie
   (3) Maklaks-Isolat (Klamath/Modoc)
   (4) Kalifornische Familie
  2. Mississippi-Makrofamilie
   (1) Yukhiti-Isolat (Atakapa)
   (2) Tunika-Isolat
   (3) Yujiha-Isolat (Yuchi)
  3. Mesoamerikanische Makrofamilie
   (1) Tatikilhati/Limakalkama (Totonakisch)
   (2) Tenek/Yokot'an-Familie (Maya)
   (3) S'in-Familie (Xinka)
 B) Zirkumamazonischer Stamm
  (hier nicht untergliedert)
 (C) Südanden/Äquator-Stamm
  (hier nicht untergliedert)

OCHOTSKISCH-ALTINDIANISCHER SPRACHBEREICH

A. Niwxi/Nikw-Phylum
 (A) Niwxi-Isolat (Giljakisch)
 (B) Algosal-Stamm
  1. Ksan'qa/Nikw-Makrofamilie
   (1) Ksan'qa-Isolat (Kutenai)
   (2) Nikw-Familie (Salish)
  2. Axóqulo-Makrofamilie (Chimaku)
  3. Sulátelek/Pelikwa-Makrofamilie (Ritwan)
  4. Iyiyuc/Inunaina-Makrofamilie (Algonkin)
B. Hoka/Sioux-Phylum
 (A) Ost-nordamerikanischer Stamm
  1. St. Laurent/Texas-Makrofamilie
   (1) Yokwe-Familie (Irokesisch)
   (2) Wokwe-Familie (Sioux)
   (3) Cahiks/Ki'tsaš-Familie (Caddo)
   (4) Ahaks-Isolat (Karankawa)
  2. Onacatis/Šati-Makrofamilie
   (1) Óntilka/Onacatis-Familie (Yuki)
   (2) A'šiwi-Isolat (Zuñi)
   (3) Caci/Šati-Familie (Golf)
   (4) Ayuuk/Wawe-Familie (Isthmische Familie)
 (B) Hoka-Stamm
  1. Kalifornische Makrofamilie
   (1) Árar-Isolat (Karok)
   (2) Zentralhoka-Familie
   (3) Ughuigh/Kwikke-Familie (Litorale Familie)
   (4) Piipaas/Pai-Familie (Yuma)
   (5) Wašišiw-Isolat (Washoe)
  2. Rio Grande-Makrofamilie
   (1) Titska/Tedexa-Familie (Tonkawa/Coahuilteco)
   (2) Pakam-Familie (Comecrudo)
  3. Mittelamerikanische Makrofamilie
   (1) Yopi-Familie (Tlappaneco/Subtiaba)
   (2) Otomangue-Familie
   (3) Ašans-Isolat (Tequistlateco)
   (4) Tolupan-Isolat (Jicaque)
C. Mittel- und südamerikanisches Phylum
 (A) K'iñago/Téweš-Stamm (Kiowa/Tano)
 (B) Mets'ha/Mešika-Stamm
  1. Mets'ha-Isolat (Keres)
  2. Nuum/Mešika-Makrofamilie (Uto-aztekische Mfm.)
   (1) Nordamerikanische Familie
   (2) Mexikanische Familie
 (C) Chibcha-Stamm (hier nicht untergliedert)
 (D) Pano/Quechua-Stamm (hier nicht untergliedert)
 (E) Ost-südamerikanischer Stamm (hier nicht untergliedert)

Holarktische und ochotskisch-altindianische Sprachen sind möglicherweise verwandtschaftlich miteinander verbunden, doch dürfte ihre Trennung vor sehr langer Zeit erfolgt sein. Bei allen drei Einheiten fallen regional unterschiedlich ausgeprägte Angleichungen hinsichtlich Struktur und Wortschatz auf. Hier liegt keine genetische Verwandtschaft vor, und bestehende Ähnlichkeiten lassen sich mit innigen Kontakten, Akkulturations- und Lehnbeziehungen erklären.

LITERATURVERZEICHNIS

Die nachfolgende Auswahlbibliografie erhebt keinen Anspruch auf Vollständigkeit, und sie umfaßt nur einen kleinen Ausschnitt der Werke und Aufsätze, die nötig waren, um dieses Buch zu schreiben. Dem Leser, der das eine oder andere Sachgebiet vertiefen möchte, gibt sie aber einen Leitfaden an die Hand, der es ihm gestattet, sich in dem unübersichtlichen Literaturdickicht vorwärtszutasten. Für die deutsche Ausgabe wurden einige wesentliche (auch populärwissenschaftliche) Arbeiten neueren Datums zusätzlich aufgenommen.

Ackermann, R.: «The Neolithic-Bronze Age cultures of Asia and the Norton Phase of Alaskan Prehistory». *Arctic Anthropology* 19 (2): 11–38. 1982

Adovasio, J.: «Yes, Virginia, it is really that old: A reply to Haynes and Mead». *American Antiquity* 45: 588–595. 1980

–: «Meadowcroft Rockshelter 1973–1977: A synopsis». In: Ericson, J. E. et al. (Hg.) *Peopling of the New World:* 97–131. Los Altos, 1982

–: «Meadowcroft Rockshelter and the Pleistocene/Holocene Transition in South-West Pennsylvania». In: Genoways, H. und Dawson, M. (Hg.) *Contributions in Quaternary Vertebrate Paleontology of the Carnegie Museum of Natural History 8.* 1984

– und Donahue, J. und Stuckenrath, R.: «The Meadowcroft Rockshelter Radiocarbon Chronology 1975–1990». *American Antiquity* 55 (2): 348–354. 1990

Agogino, G.: «The Midland Complex – Is it valid?» *American Anthropologist* 71: 1117–1118. 1969

Aigner, J.: «The Unifacial, Core, and Blade Site on Anangula Island, Aleutians». *Arctic Anthropologist* 7 (2): 59–88. 1970

– und Del Bene, T.: «Early Maritime Adaptions in the Aleutian Islands». In: Ericson, J. E. et al. (Hg.) *Peopling of the New World.* 1982

Aikens, C. M.: *Fremont-Promontory-Plains Relationships . . . University of Utah Anthropological Papers* 82. 1966

–: «Plains Relationships of the Fremont Culture: A Hypothesis». *American Antiquity* 32: 198–209. 1967

–: *Hogup Cave. University of Utah Anthropological Papers* 93. 1970

–: «The Far West». In: Jennings, J. D. (Hg.) *Ancient Native Americans:* 131–182. San Francisco, 1978

–: «Archaeology of the Northern Great Basin: an overview». In: Madsen, D. und O'Connell, J. (Hg.) *Man and Environment in the Great Basin:* 139–155. Washington, 1982

–: «The Far West». In: Jennings, J. D. (Hg.) *Ancient Native Americans:* 149–201. San Francisco, 1983

– und Madsen, D.: «Prehistory of the Eastern Area». In: D'Azevado, W. (Hg.) *Handbook of North American Indians, Bd. 11 «Great Basin»:* 149:–160. Washington, 1986

Albright, A. B. und Steffy, J. R.: «The Brown's Ferry Vessel, South Carolina». *International Journal of Nautical Archaeology 8:* 121–142. 1979

Ames, K. M.: «The Evolution of social ranking on the Northwest Coast of North America». *American Antiquity 46:* 789–805, 1981

Anderson, D. et al. (Hg.): *The Mattasee Lake Sites.* Atlanta, 1982

Anderson, D. G. und Hanson, G. T.: «Early Archaic Settlement in the Southeastern United States: A Case Study from the Savannah River Valley». *American Antiquity 53:* 262–286, 1988

Anderson, D. D.: «A Stone Age Campsite at the Gateway to America». *Scientific American 218 (6):* 24–33, 1968

Antevs, E.: «Climatic Changes and Pre-White Man». In: *The Great Basin with Emphasis on Glacial and Postglacial times. University of Utah Bulletin 38 (20), Biological Series 10 (7):* 168–191, 1948

Asch, D. und Asch, N.: «The Economic Potential of *Iva annua* and its Prehistoric Importance in the Lower Illinois Valley». In: Ford, R. I. (Hg.) *The Nature and Status of Ethnobotany:* 300–341. Ann Arbor, 1978

–: «Prehistoric Plant Cultivation in West-Central Illinois». In: Ford, R. I. (Hg.) *Prehistoric Food Production in North America:* 199–203. Ann Arbor, 1985

Asch, D. et al.: «Woodland Subsistence and Settlement in West Central Illinois». In: Brose, D. S. und Greber, N. (Hg.) *Hopewellian Archaeology:* 80–85. Kent, 1979

Atwater, C.: «Description of the Antiquities Discovered in the State of Ohio and other Western States». *Transactions and Collections of the American Antiquarian Society 1:* 105–267, 1820

Baerreis, D. A. und Bryson, R. A.: «Climatic Episodes and the Dating of the Mississippian Culture». *Wisconsin Archaeologist* 46 (4): 203:–220, 1965

Bamforth, D.: *Ecology and Human Organization on the Great Plains.* New York, 1988

Bandelier, A. F.: «Report on the Ruins of the Pueblo of Pecos». *Papers of the Archaeological Institute of America* 1: 37–133, 1881

Bareis, C. J. und Porter, J. W. (Hg.): *American Bottom Archaeology.* Urbana, 1984

Barley, D.: *Marpole: Anthropological Reconstructions of a Prehistoric Northwest Culture Type. Occasional Paper 8, Department of Anthropology,* Simon Fraser University. Burnaby, 1980

Barnett, H. G.: *The Coast Salish of British Columbia.* University of Oregon. Eugene, 1955

Barth, F.: *Ritual and Knowledge among the Baktama of New Guinea.* New Haven, 1975

Bartram, W.: «Observations on the Creek and Cherokee Indians (1789)». *American Ethnological Society Transactions* 3,1. 1853

Bass, G. (Hg.): *Ships and Shipwrecks of the Americas.* London und New York, 1988

Baumhoff, M.: «Ecological determinants of aboriginal Coliformia populations». *University of California Publications in Archaeology and Ethnology* 49 (2): 155–236, 1963

–: «Environmental Background». In: Heizer, R. F. (Hg.) *Handbook of North American Indians, Bd. 8 «California»:* 16–24. Washington, 1978

– und Heizer, R. F.: «Postglacial climate and archaeology in the Desert West». In: Wright, H. E. und Frey, D. G. (Hg.) *The Quaternary of the United States:* 697–707. Princeton, 1965

Beadle, G.: «The Ancestor of Corn». *Scientific American* 242 (1): 96–103, 1981

Beaudry, M. C. (Hg.): *Documentary Archaeology in the New World.* Cambridge, 1987

Bednarik, R. G.: «On the Pleistocene Settlement of South America». *Antiquity* 63 (238): 101–111, 1989

Belovich, S. J. et al.: «Archaeological Survey at George Andrews Lake and Chattahoochee River». *Archaeological Research Reports of the Cleveland Museum of Natural History 37,* 1982

Benninghoff, W. S.: «Biological Consequences of Quaternary glaciations in the Illinois region». In: Bergstrom, R. E. (Hg.) *The Quaternary of Illinois:* 70–77. Illinois, 1968

Berry, C. F. und Berry, M. S.: «Chronological and conceptual models of the Southwest Archaic». In: Condie, C. J. und Fowler, D. D. (Hg.) *Anthropology of the Desert West: Essays in Honor of Jesse D. Jennings.* Department of Anthropology, University of Utah: 253–327. 1986

Betancourt, J. L. und Van Devender, T. R.: «Holocene vegetation in Chaco Canyon, New Mexico». *Science* 214: 656–658, 1981

Bettinger, R. L.: «Archaeological Approaches to Hunter-Gatherers». *Annual Review of Anthropology* 16: 121–142. 1987

– und Baumhoff, M. A.: «The Numic Spread: Great Basin Cultures in competition». *American Antiquity* 47: 485–503, 1982

–: «Return dates and intensity of resource use in Numic and Pre-Numic adaptive strategies». *American Antiquity* 48: 830–834, 1983

Bickel, P. McW.: «Changing sea levels along the California coast: Anthropological implications». *Journal of California Archaeology* 5: (1): 6–20, 1978

Bielawski, E.: «Paleoeskimo Variability: The Early Arctic Small-Tool Tradition in the Central Canadian Arctic». *American Antiquity* 53 (1): 52–74, 1988

Binford, L. R.: «Post-Pleistocene adaptations». In: Binford, S. und L. (Hg.) *New Perspectives in Archaeology:* 313–342. Chicago, 1968

–: *Nunamuit Ethnoarchaeology.* New York, 1978

–: *In Pursuit of the Past.* London und New York, 1983

–: «In Pursuit of the Future». In: Meltzer, D. und Fowler, D. und Sabloff, J. (Hg.) *American Archaeology Past and Future:* 459–479. Washington, 1986

– und Chasko, W. J. Jr.: "Nunamuit demographic history: a provocative case». In: Zubrow, E. (Hg.) *Demographic Anthropology: Quantitative Approaches:* 63–144. Albuquerque, 1976

Binford, S. R. und Binford, L. R. (Hg.): *New Perspectives in Archaeology.* Chicago, 1968

Birket-Smith, K.: *The Caribou Eskimo. Report of the Fifth Thule Expedition 1921–1924,* Bd. 5. Kopenhagen, 1929

Biswell, H. H.: «The Use of Fire in Wildlife Management in California». In: Ciriacy-Wantrup, S. V. und Parson, J. J. (Hg.) *Natural Resources: Quality and Quantity:* 71–86. Berkeley, 1967

Blakely, R. (Hg.): *The King Site: Continuity and Contact in Sixteenth-Century Georgia.* Athens, 1988

Blanton, D. B. und Sassaman, K. E.: «Pattern and Process in the Middle Archaic of South Carolina». In: Goodyear, A. C. (Hg.) *Papers in the Honor of Robert L. Stapleton* ... Institute of Archaeology and Anthropology, University of South Carolina. Columbia, 1988

Blevins, B. B. und Joiner, C.: «The archaeological survey of Tijeras Canyon». In: Cordell, L. S. (Hg.) *The 1976 excavation of Tijeras Pueblo, Cibola National Forest, New Mexico:* 126–152. Albuquerque, 1977

Blitz, J. H.: «Adoption of the Bow in Prehistoric North America». *North American Archaeology* 9 (2): 123–145, 1988

Boas, F.: «The Kwakiutl of Vancouver Island». *Memoirs of the American Museum of Natural History* 8: 307–515, 1905–1909

Bolz, P. und Peyer, B.: *Indianische Kunst Nordamerikas.* Köln, 1987

Borah, W.: «The Historical Demography of Aboriginal and Colonial America: An Attempt at Perspective». In: Denevan, W. H. (Hg.) *The Native Population of the Americas in 1492:* 13–34. Madison, 1976

Borden, C. A.: *Origins and Development of Early Northwest Coast Culture to about 3000 BC. Archaeological Survey of Canada, Mercury Series* 45. Ottawa, 1975

Bradley, J.: *Evolution of the Onondaga Iroquois.* Syracuse, 1987

Braun, D. P.: «Pots as Tools». In: Moore, J. und Keene, A. (Hg.) *Archaeological Hammers and Theories:* 107–134. New York, 1983

–: «Ceramic Decorative Diversity and Illinois Woodland Regional Integration». In: Nelson, B. A. (Hg.) *Decoding Prehistoric Ceramics:* 128–153. Southern Illinois University. Carbondale, 1985

–: «Midwestern Hopewellian Exchange and Supralocal Interaction». In: Renfrew, C. und Cherry, J. (Hg.) *Peer Polity Interaction and Sociopolitical Change:* 117–126. Cambridge, 1986

–: «Coevolution of Sedentism, Pottery Technology, and Horticulture in the Central Midwest, 200 BC-AD 600». In: Keegan, W. F. (Hg.) *Emergent Horticultural Economies of the Eastern Woodlands:* 153–182. Carbondale, 1989

Bray, W.: «The Paleoindian Debate». *Nature* 332: 107. 1988

Brose, D. S.: *The Summer Island Site: A Study of Prehistoric Cultural Ecology and Social Organization in the Northern Lake Michigan Area.* Case Western Reserve Studies in Anthropology 1, 1970

–: «A Speculative Model of the Role of Exchange in the Prehistory of the Eastern Woodlands». In: Brose, D. S. und Greber, N. (Hg.) *Hopewellian Archaeology:* 3–8. Kent, 1979

– und Plog, S.: «Evolution of «Tribal» social networks: theory and prehistoric North American evidence». *American Antiquity* 473: 504–525, 1982

Brose, D. S. und Greber, N. (Hg.): *Hopewellian Archaeology.* Kent, 1979

Brown, J. A.: «The Southern Cult Reconsidered». *Midcontinental Journal of Archaeology* 1,2: 115–135, 1976

–: «Charnel Houses and Mortuary Crypts: Disposal of the Dead in the Middle Woodland Period». In: Brose, D. S. und Greber, N. (Hg.) *Hopewellian Archaeology:* 211–219. Kent, 1979

Broyles, B.: *Second Preliminary Report: the St. Albans site. Kanawka Country.* West Virginia Geological and Economic Survey, 1971

Bryan, A. L. (Hg.) *Early Man in America from a Circum-Pacific Perspective.* Edmonton, 1978

– (Hg.): *New Evidence for the Pleistocene Peopling of the Americas.* Orono, 1986

Bryant, V. und Holloway, R. (Hg.): *Pollen Records of Late-Quaternary North American Sediments.* Dallas, 1985

Buikstra, J. E. et al.: «Fertility and the Development of Agriculture in the Prehistoric Midwest». *American Antiquity* 51: 528–546, 1986

Byers, D.: «Bull Brook – a fluted point site in Ipswich, Massachusetts». *American Antiquity* 19: 343–351. 1954

Byrd, K. M.: «Tchefuncte Subsistence: information obtained from the excavation of the Morton Shell Mound, Iberia Parish, Louisiana». *Southeastern Archaeology Bulletin,* 19. 1976

Caldwell, J. R.: *Trend and Tradition in the Prehistory of the Eastern United States.* Springfield, 1958

Cambell, J. M. (Hg.): *Prehistoric Cultural Relations between the Arctic and Temperate Zones of North America. Arctic Institute of North America. Technical Paper 11.* Montreal, 1962

– und Cordell, L. S.: «The Arctic and Subarctic». In: Gorenstein, S. (Hg.) *North America:* 36–73. New York, 1975

Campbell, L. und Mithun, M. (Hg.): The Languages of Native America. Historical and Comparative Assessment. Austin und London, 1979

Carlisle, R.: *Americans before Columbus: Ice Age Origins. Ethnology Monographs 12,* Department of Anthropology, University of Pittsburgh. 1988

Carlson, R. C.: «Archaeology in British Columbia, new discoveries». *BC Studies* 6–7, 1970

– (Hg.): *Indian Art Traditions of the Northwest Coast.* Burnaby, 1983

–: «Cultural Antecedants». In: Suttles, W. (Hg.) *Handbook of North American Indians, Bd. 7 «Northwest Coast»:* 60–69. Washington, 1990

Cassidy, F.: «Fire Temple, Mesa Verde National Park». In: Vivian, G. und Reuter, P. (Hg.) *The Great Kiwas of Chaco Canyon and their relationships. School of American Research Monographs* 22: 73–81, 1965

Castetter, E. F. und Bell, W. M.: *Pima and Papago Indian agriculture.* Albuquerque, 1942

Ceram, C. W.: *Der erste Amerikaner.* München, 1991 (überarbeitete und erweiterte Neuauflage).

Chagnon, N.: «Ecological and Adaptive Aspects of California Shell Money». *Annual Report of the UCLA Archaeological Survey* 12: 1–25, 1970

Champion, S.: *DuMont's Lexikon archäologischer Fachbegriffe und Techniken.* Köln, 1982

Chapman, J.: *The Icehouse Bottom site 40MR23.* Department of Anthropology, University of Tennessee, Knoxville, 1973

–: *The Rose Island site.* Department of Anthropology, University of Tennessee, Knoxville, 1975

–: *The Bacon Farm site and a buried site reconnaissance.* Department of Anthropology, University of Tennessee, Knoxville, 1978

–: *The Howard and Calloway Island sites.* Department of Anthropology, University of Tennessee, Knoxville, 1979

– (Hg.): *The 1979 Archaeological and Geological Investigations in the Tellico Reservoir, Eastern Tennessee.* Department of Anthropology, University of Tennessee, Knoxville, 1980

–: *Tellico Archaeology.* Knoxville, 1985

Chard, C. S.: *Northeast Asia in Prehistory.* Madison, 1974

Charles, D. K. und Buikstra, J. E.: «Archaic Mortuary Sites in the Central Mississippi Drainage: Distribution, Structure, and Implications». In: Phillips, J. und Brown, J. (Hg.) *Archaic Hunters and Gatherers in the Midwest:* 117–145. New York, 1983

Childe, V. G.: *Piecing Together the Past.* London, 1956

Chung, T. und Pei, G.: «Upper Palaeolithic Cultural Traditions in North China». *Advances in World Archaeology* 5: 339–364, 1986

Cinq-Mars, J.: «Bluefish Cave I: a late Pleistocene eastern Beringian cave deposit in the northern Yukon». *Canadian Journal of Archaeology* 3: 1–32, 1978

Clark, D. W.: «Perspectives in the Prehistory of Kodiak Island, Alaska». *American Antiquity* 31: 356–371, 1966

–: «The Earliest Prehistoric Cultures of Kodiak Island, Alaska: 1971 Fieldwork, Preliminary Report». *Arctic Anthropology* 11 (1): 41–46, 1974

Clark, J. G. D.: *Star Carr.* Cambridge, 1954

Claussen, C. J. et al.: «Little Salt Spring, Florida: A unique underwater site». *Science* 203: 609–614, 1979

Cleland, C. E.: «The Inland Shore Fishery of the Northern Great Lakes: Its Development and Importance in Prehistory». *American Antiquity* 47: 761–784, 1982

Coe, J.: «The cultural sequence of the Carolina Piedmont». In: Griffin, J. B. (Hg.) *Archaeology of the eastern United States.* Chicago, 1952

–: «The formative cultures of the Carolina Piedmont». *Transactions of the American Philosophical Society* 54, 5. 1964

Coe, M. und Snow, D. und Benson, E.: *Atlas of Ancient America.* New York und Oxford, 1986

Cohen, M.: *The Food Crisis in Prehistory.* New Haven, 1977

Cole, F. C.: *Kincaid.* University of Chicago Publications in Anthropology, Chicago, 1951

Coles, J. R.: *Archaeology by Experiment.* London, 1973

Colinvaux, P.: «Vegetation of the Bering Land Bridge revisited». *Quarterly Review of Archaeology* 1: 18–36, 1980

Collins, H. B.: «Archaeology of St Lawrence Island, Alaska». *Smithonian Miscellaneous Collections* 96, 1. 1937

–: «Notes and News: Arctic». *American Antiquity* 5: 234, 1940

–: «Archaeological Investigations on Southampton and Coats Island, Northwest Territories». *National Museum of Canada Bulletin* 142: 82–113. 1956

Collins, M. und Dillehay, T.: «The implications of the lithic assemblage from Monte Verde for Early Man studies». In: Bryan, A. L. (Hg.) *New Evidence for the Pleistocene Peopling of the Americas:* 339–355. Orono, 1986

Condie, C. und Fowler, D. D. (Hg.): *Archaeology of the Desert West: Essays in Honor of Jesse D. Jennings.* Salt Lake City, 1985

Conger, P. S. et al.: «The Boylston Street Fishweir II». *Papers of the Robert S. Peabody Foundation for Archaeology* 4,1. 1949

Cook, S. F.: *The Populations of the California Indians 1969–1970.* Berkeley, 1976

–: «Historical Demography». In: Heizer, R. F. (Hg.) *Handbook of North American Indians, Bd. 8 «California»:* 91–98. Washington, 1978

– und Borah, W. W.: «The Indian Population of Central Mexico 1531–1610». *Ibero-Americana* 44. Berkeley, 1960

Cordell, L. S.: *Cultural Resources Overview of the Middle Rio Grande Valley, New Mexico.* Washington, 1979

–: *Prehistory of the Southwest.* New York, 1984

Cox, S. L.: «A re-analysis of the Shoop site». *Archaeology of Eastern North America* 14: 101–170, 1986

– und Gumerman, G. J. (Hg.): *Dynamics of Southwest Prehistory.* Washington, 1989

Crawford, J. M.: «Timucua and Yuchi: Two Language Isolates of the Southeast». In: Campbell, L. und Mithun, M. (Hg.) *The Languages of Native America.* Austin und London, 1979

Crites, D.: «Human-Plant Mutualism and Niche Expression in the Paleoethnobotanical Record: A Middle Woodland Example». *American Antiquity* 52: 725–740, 1987

Croes, D.: «The significance of the 3000 BP Hoko River Waterlogged Fishing Camp in our overall understanding of Southern Northwest Coast Cultural Evolution». In: Purdy, B. (Hg.) *Wet Site Archaeology.* Caldwell, 1988

–: »Prehistoric ethnicity on the Northwest Coast of North America: An evaluation of style in basketry and lithics». *Journal of Anthropological Archaeology* 8: 101–130, 1989

– und Blinman, E. (Hg.): *Hoko River: a 2500 year-old fishing camp on the Northwest Coast of North America. Laboratory of Anthropology, Report of Investigations* 58, 1980

– und Hackenberger, S.: «Hoko River Archaeological Complex: Modeling prehistoric Northwest Coast Economic Evolution». *Research in Economic Anthropology,* Supplement 3: 19–85, 1988

Crosby, A. W.: *The Columbian Exchange.* Westport, 1972

Currey, D. R. und James, S. R.: «Paleoenvironments of the Northeastern Great Basin and Northeastern Basin Rim Region: A Review of Geological and Biological Evidence». In: Madsen, D. und O'Connell, J. (Hg.) *Man and Environment in the Great Basin:* 27–52. Washington, 1982

Cushing, F.: *My Adventures in Zuñi*. Palo Alto 1882–1883. (Ausgabe von 1970).

Damas, D. (Hg.): *Handbook of North American Indians, Bd. 5 «Arctic»*. Washington, 1984

Davis, I.: «The Kiowa-Tanoan, Keresan, and Zuni Languages». In: Campbell, L. und Mithun, M. (Hg.) *The Languages of Native America*. Austin und London, 1979

D'Azevado, W. (Hg.): *Handbook of North American Indians, Bd. 11 «Great Basin»*. Washington, 1986

Deagan, K.: «Spanish St Augustine: America's first melting pot». *Archaeology* 33 (5): 22–30, 1980

–: *Spanish St Augustine*. New York, 1983

Dean, J. S. und Ravesloot, J. C.: «The chronology of cultural interaction in the Gran Chichimeca». In: *Culture and Contact: Charles C. Di Peso's Gran Chichimeca*. Dragoon, 1989

Deetz, J.: *In Small Things Forgotten*. New York, 1977

Delcourt, H. R. et al.: «Quaternary palynology and vegetational history of the southeastern United States». In: Bryant, V. M. und Holloway, R. G. (Hg.) *Pollen Records of Late Quaternary North American Sediments*: 1–37, 1985

–: «Holocene Ethnobotanical and Paleoecological Record of Human Impact on Vegetation in the Little Tennessee

River Valley, Tennessee». *Quaternary Research* 25: 330–349, 1986

– und Delcourt, P. A.: «Vegetation maps for eastern North America». *Geobotany* 11: 123–165, 1981

–: «Late Quaternary vegetational dynamics and community stability reconsidered». *Quaternary Research* 19: 265–271, 1983

Dethlefsen, E. und Deetz, J.: «Death's Heads, Cherubs, and Willow Trees: Experimental Archaeology in Colonial Cemeteries». *American Antiquity* 31: 502–510

Deuel, T.: «Basic cultures of the Mississippi Valley». *American Anthropologist* 37: 429–445. 1935

Dewhirst, J.: «The indigenous archaeology of Yoquot, a Nootkan Outside village». *National Historic Parks and Sites Branch, History and Archaeology* 39. Ottawa, 1980

Dillehay, T.: «How New is the New World?» *Antiquity* 62: 94–97, 1988

– und Collins, M.: «Early Cultural Evidence from Monte Verde, in Chile». *Nature* 332: 150–152, 1988

Dincauze, D.: «An Archaic Sequence for southern New England». *American Antiquity* 36: 194–198, 1971

–: *The Neville Site: 8000 years at Amoskeag*. Cambridge, 1976

–: «An Archaeo-Logical Evaluation of the Case for Pre-Clovis Occupations». *Advances in World Archaeology* 3: 275–323, 1984

Di Peso, C. C. et al.: *Casas Grandes: a fallen trading center of the Gran Chichimeca*. Flagstaff, 1974

Dobyns, H.: *Their Numbers became Thinned*. Knoxville, 1983

Dragoo, D. W.: «Mounds for the Dead: an analysis of the Adena Culture». *Annals of the Carnegie Museum*, 37, 1963

Dumond, D. E.: «On the Presumed Spread of Slate Grinding in Alaska». *Arctic Anthropology* 5 (1): 82–91, 1968

–: «A Summary of Archaeology in the Katmai Region, Southern Alaska». *University of Oregon Archaeological Papers*, 2, 1971

–: «Alaska and the Northwest Coast». In: Jennings, J. D. (Hg.) *Ancient Native Americans*: 43–94. San Francisco, 1978

–: «Trends and Traditions in Alaskan Prehistory: The Place of Norton Culture». *Arctic Anthropology* 19(2): 39–52, 1982

– (Hg.): *The Eskimo and Aleuts*. London und New York, 1987

Dunnell, R.: «Evolutionary Theory and Archaeology». *Advances in Archaeological Method and Theory* 3: 38–99, 1980

–: «Science, Social Science, and Common Sense: the Agonizing Dilemma of Modern Archaeology». *Journal of Anthropological Research* 38 (1): 1–25, 1982

Earle, T. K.: «The Evolution of Chiefdoms». *Current Anthropology* 30 (1): 84–88, 1989

Eddy, J. A.: "Medicine Wheels and Plains Indian Astronomy». In: Brecher und Feirtag (Hg.) *Astronomy of the Ancients*: 1–24, Cambridge, 1981

Elston, R. G.: «Good Times, Bad Times: Prehistoric Culture Change in the Western Great Basin». In: Madsen, D. und O'Connell, J. (Hg.) *Man and Environment in the Great Basin*: 186–206. Washington, 1982

–: «Prehistory of the Western Area». In: D'Azevado, W. (Hg.) *Handbook of North American Indians, Bd. 11 «Great Basin»*: 135–148. Washington, 1986

Ericson, J. E.: «Egalitarian Exchange Systems in California: A preliminary view». In: Earle, T. K. und Ericson, J. E. (Hg.) *Exchange Systems in Prehistory*: 109–126. New York, 1977

Ewen, C. R.: «Apalachee Winter». *Archaeology* 42 (3): 37–41, 1989

Fagan, B. M.: *Elusive Treasure*. New York, 1977

–: *The Aztecs*. New York, 1984

–: *The Great Journey*. London und New York, 1987a

–: *In the Beginning*. Glenview, 1987b

–: *People of the Earth*. Glenview, 1989

Fages, P.: *A historical, political, and natural description of California by Pedro Fages (1775), Soldier of Spain*. Ramona, 1972

Farwell, R. E.: «Pit houses: prehistoric energy conservation?» *El Palacio* 87 (3): 43–47, 1981

Feest, C. F.: «Virginia Algonquians». In: Trigger, B. G. (Hg.) *Handbook of North American Indians, Bd. 15 «Northeast»*: 253–270. Washington, 1978

– und Kann, P.: Das Altertum der Neuen Welt. Voreuropäische Kulturen Amerikas. Berlin, 1992

Fenton, W. N.: «Northern Iroquoian cultural patterns». In: Trigger, B. G. (Hg.) *Handbook of North American Indians, Bd. 15 «Northeast»*: 296–321. Washington, 1978

Ferguson, W. M. und Rohn, A. H.: *Anasazi Ruins of the Southwest in Color*. Albuquerque, 1987

Fiedel, S. J.: *Prehistory of the Americas*. Cambridge, 1987

Finlayson, W. D.: *The 1975 and 1978 Rescue Excavations at the Draper Site: Introduction and Settlement Patterns*. National Museum of Canada. Mercury Series 130, 1985

Fish, P. R. und Fish, S. K.: «Verde Valley Archaeology: Review and Perspective». *Museum of Northern Arizona Research Paper* 8, 1977

Fish, S. K. und Fish, P. R. (Hg.): *Prehistoric Agricultural Strategies in the Southwest*. Tempe, 1984

Fisher, R.: *Contact and Conflict: Indian-European Relations in British Columbia 1774–1890*. Vancouver, 1977

Fitzhugh, W. W.: «Environmental factors in the end of the Dorset Culture: a marginal proposal for Hudson Bay». In: Maxwell, M. (Hg.) *Eastern Arctic Prehistory: Paleoeskimo Problems*: 139–149. Washington, 1976

–: «Preliminary Report on the Torngat Archaeology Project». *Arctic* 33: 585–606. 1980

– und Crowell, A. (Hg.) *Cultures in Contact: The European Impact on Native Cultural Institutions in Eastern North America, AD 1000–1800*. Washington, 1985

– (Hg.): *Crossroads of Continents*. Washington, 1988

Fladmark, K. E.: «A Preliminary Report on Lithic Assemblages from the Queen Charlotte Islands, British Columbia». In: Smith, R. A. und Smith, J. W. (Hg.) *Early Man and*

Environments in Northwest North America: 117–136. Calgary, 1971
–: *A Paleoecological Model for Northwest Coast Prehistory.* National Museum of Man, Mecury Series 51, Ottawa, 1975
–: «Times and Places in Environmental Correlates of Mid-to-Late-Wisconsinian Human Population Expansions in North America». In: Shutler, R. (Hg.) *Early Man in the New World:* 13–42. Beverly Hills, 1983
–: «Early Prehistory of the Queen Charlotte Islands». *Archaeology* 32 (2): 38–45, 1989
Flannery, K. V.: «Archaeology with a Capital A». In: Redman, C. (Hg.) *Research and Theory in Current Archaeology:* 337–354. New York, 1973 a
–: «The Origins of Agriculture». *Annual Review of Anthropology* 2: 271–310, 1973 b
Ford, J. A.: «Measurement of some Prehistoric Design Developments in the Southeastern States». *Anthropological Papers, American Museum of Natural History* 44, 3. 1952
– und Willey, G. R.: «An Interpretation of the Prehistory of the Eastern United States». *American Anthropologist* 43 (3): 325–363, 1941
Ford, R. I.: «Northeastern archaeology: past and future developments». *Annual Review of Anthropology* 3: 385–413, 1974
–: «Gardening and Farming before AD 1000: patterns of prehistoric culture north of Mexico». *Journal of Ethnobiology* 1 (1): 6–7, 1981
– (Hg.): *Prehistoric Food Production in North America.* Ann Arbor, 1985
Fowler, C. S.: «Settlement Patterns and Subsistence Systems in the Great Basin: The Ethnographic Record». In: Madsen, D. und O'Connell, J. (Hg.) *Man and Environment in the Great Basin:* 121–138, Washington, 1982
–: «Subsistence». In: D'Azevado, W. (Hg.) *Handbook of North American Indians, Bd. 11 «Great Basin»:* 64–97. Washington, 1986
Fowler, D. D. und Jennings, J. D.: «Great Basin Archaeology: A Historical Overview». In: Madsen, D. und O'Connell, J. *Man and Environment in the Great Basin:* 105–120. Washington, 1982
Fowler, M.: *Summary Report of Modoc Rock Shelter.* Springfield, 1959
– (Hg.): *Investigations in Cahokia Archaeology.* Urbana, 1969
–: *Cahokia: Ancient Capital of the Midwest.* Menlo Park, 1974
–: «Cahokia and the American Bottom: Settlement Archaeology». In: Smith, B. D. (Hg.) *Mississippian Settlement Patterns:* 455–478. New York, 1978
– und Hall, R. L.: *Archaeological Phases at Cahokia.* Springfield, 1972
Frazier, H.: *People of Chaco: A Canyon and its Cultures.* New York, 1986
Frederickson, D. A.: «Early Cultures of the North Coast Ranges, California.» Davis, 1973
Freeman, M. A.: «A Critical View of Thule Culture and Ecologic Adaptations». In: Mc Cartney, A. P. (Hg.) *Thule Eskimo Culture: An Anthropological Retrospective. National Museum of Man, Mercury Series* 88: 278–285. Ottawa, 1979
Frison, G. C.: «The Buffalo Pound in Northwest Plains Prehistory. Site 48CA302». *American Antiquity* 36: 77–91, 1971
–: «The Wardell Buffalo Trap 48SU301: Communal Procurement in Post-Altithermal Populations in the Northwestern Plains». *University of Michigan Anthropological Papers* 46: 11–20. 1973
–: *The Casper Site.* New York, 1974
–: *Prehistoric Hunters of the High Plains.* New York, 1978
– und Bradley, B. A.: *Folsom Tools and Technology at the Hanson Site, Wyoming.* Albuquerque, 1981
– und Stanford, D. (Hg.) *The Agate Basin Site: a record of the Paleo-Indian occupation of the Northwestern High Plains.* New York, 1973
– und Todd, L. C. (Hg.): *The Horner Site.* New York, 1987
– und Wilson, M.: «An Introduction to Bighorn Basin archaeology». *Wyoming Geological Association 27th Annual Field Conference Guidebook:* 19–35. 1975
Funk, R. E.: «The Laurentian Concept: A Review». *Archaeology of Eastern North America* 16: 1–42. 1988

Galinat, W. C.: «Domestication and Diffusion of Maize». In: Ford, R. I. (Hg.) *Prehistoric Food Production in North America:* 245–282. Ann Arbor, 1985
– und Campbell, R. G.: «The diffusion of Eight-Rowed Maize from the Southwest to the Central Plains». *Massachusetts Agricultural Experiment Station Monograph, University of Massachusetts.* Amherst, 1967
Gardner, W. M.: «The Flint Run Complex: Pattern and Process During the Paleo-Indian to Early Archaic». *Occasional Publications of the Catholic University of America:* 5–47. Washington, 1974
–: «Paleo-Indian to early Archaic: continuity and change in Eastern North America during the Late Pleistocene and early Holocene». In: Griffin, J. B. (Hg.) *Habitats Humaines Anterieurs a L'Holocene en Amerique:* 19–46. 1976
–: «The Flint Run Paleo-Indian Complex and its implications for eastern North American prehistory». *Annals of the New York Academy of Sciences* 288: 257–263. 1977
Geist, O. W. und Rainey, F. G.: *Archaeological Excavations at Kukulik, St Lawrence Island, Alaska. Miscellaneous Publications of the University of Alaska,* 2. Fairbanks, 1936
Gerasimov, M. M.: «Excavations of the Palaeolithic Site of Mal'ta». *Investia Gosudarstvennoy Akademii Istorii Material'noy Kultury* 118: 78–115. 1935
Gerow, B. A.: *An Analysis of the University Village Complex with a reappraisal of Central California Archaeology.* Palo Alto, 1968
Gibson, J. L.: «Poverty Point, the first Native American Chiefdom». *Archaeology* 27: 96–105, 1974
–: «Speculations on the origin and development of Poverty Point Culture». In: Gibson, J. (Hg.) «Caddoan and Poverty Point Archaeology», *Bulletin of the Lousiana Archaeological Society* 6: 321–348. 1980
Giddings, J. L.: *Ancient Men of the Arctic.* New York, 1960
–: *The Archaeology of Cape Denbigh.* Providence, 1964 Gladwin, W. und Gladwin, H. S.: «Some Southwestern Pottery Types, Series II». *Medallion Papers* 10. Globe, 1931
Glassow, M. A.: «Changes in the Adaptions of Southwestern Basketmakers: a systems perspective». In: Leone, M. (Hg.) *Contemporary Archaeology:* 289–302. Carbondale, 1972
–: «The Concept of carrying capacity in the study of culture process». *Advances in Archaeological Method and Theory* 1: 32–48. 1978
–: «An evaluation of models of Inezeño Chumash subsistence and economics». *Journal of California and Great Basin Archaeology* 1 (1): 155–161. 1979
–: *Prehistoric agricultural development in the northern Southwest: a study in changing patterns of land use. Anthropology Papers* 16. Socorro, 1980
– und Wilcoxon, L. und Erlandson, J.: «Cultural and Environmental Change during the Early Period of Santa Barbara Channel Prehistory». In: Bailey, G. und Parkington, J. (Hg.) *The Archaeology of Prehistoric Coastlines:* 64–77. Cambridge, 1987
Goad, S.: «Middle Woodland Exchange in the prehistoric southeastern United States». In: Brose, D. und Greber, N. (Hg.) *Hopewellian Archaeology:* 239–246. Kent, 1979
–: «Patterns of Late Archaic Exchange». *Tennessee Archaeologist* 5: 1–16. 1980

Goddard, I.: «Central Algonquian Languages». In: Trigger, B. G. (Hg.) *Handbook of North American Indians, Bd. 15 «Northeast»:* 583–587. Washington, 1978

Gould, R. (Hg.): *Explorations in Ethnoarchaeology.* Albuquerque, 1978

Goss, J. A.: «Linguistic Tools for the Great Basin Prehistorian». In: Fowler, D. D. (Hg.) *Models and Great Basin Prehistory: A Symposium.* Reno, 1977

Grant, C.: *Rock Paintings of the Chumash.* Berkeley, 1965

Grayson, D.: «Toward a History of Great Basin Mammals during the Past 15,000 years». In: Madsen, D. und O'Connell, J. (Hg.) *Man and Environment in the Great Basin:* 82–101. Washington, 1982

Greenberg, J.: *Languages in the Americas.* Palo Alto, 1987

– et al.: «The Settlement of the Americas: A Comparison of the Linguistic, Dental, and Genetic Evidence». *Current Anthropology* 27: 477–497. 1986

Griffin, J. B.: «Culture Change and Continuity in the Eastern United States». In: Johnson, F. (Hg.) *Man in Northeastern North America:* 37–95. Andover, 1946

–: «Some correlates of climatical and cultural change in eastern North American prehistory». *Annals of the New York Academy of Sciences* 95 (1): 710–717. 1961

–: «Hopewell and the dark black glass». In: Fitting, J. (Hg.) *Papers in Honor of Emerson F. Greenman, Michigan Archaeologist* 11: 115–155. 1965

–: «Eastern North American Archaeology: A Summary». *Science* 156: 175–191. 1967

–: «The Midlands and Northeastern United States». In: Jennings, J. D. (Hg.) *Ancient Native Americans:* 221–280. San Francisco, 1978

– et al.: *The burial complexes of the Knight and Norton Mounds in Illinois and Michigan.* Ann Arbor, 1970

Guidon, N. und Delibrias, J.: «Carbon-14 Dates Point to Man in the Americas 33,000 years ago». *Nature* 321: 769–771. 1986

Gumerman, G.: *A View from Black Mesa.* Tucson, 1984

Gunnerson, J. H.: «The Fremont Culture: a study in cultural dynamics on the northern Anasazi frontier». *Papers of the Peabody Museum of Archaeology and Ethnology* 59 (2). 1969

–: «Southern Athapascan Archaeology». In: Ortiz, A. (Hg.) *Handbook of North American Indian, Bd. 9 «Southwest»:* 162–169. Washington, 1979

Guthrie, R. D.: «Paleoecology of the large-mammal community in interior Alaska during Pleistocene». *American Midland Naturalist* 79: 346–363. 1982 a

–: «Mammals of the Mammoth Steppe as Paleoenvironmental Indicators». In: Hopkins, D. et al. (Hg.) *Paleoecology of Beringia:* 307–326. New York, 1982 b

Haberland, W.: Amerikanische Archäologie. Geschichte, Theorien, Kulturentwicklung. Darmstadt, 1991

Hale, K. und Harris, D.: «Historical Linguistics and Archaeology». In: Ortiz, A. (Hg.) *Handbook of North American Indian, Bd. 9 «Southwest»:* 170–177. Washington, 1979

Hardesty, D. L.: The Archaeology of Mining and Miners: A View from the Silver State. Pleasant Hill, 1988

Harlan, J. R. und Wet, J. M. J. de und Stemler, A. (Hg.): Origins of African Plant Domestication. Den Haag etc., 1976

Harp, E. J.: «The Archaeology of the Lower and Middle Thelon, Northwest Territories». *Arctic Institute of North America Technical Paper* 11. 1961

–: «The culture history of the Central Barren Grounds». In: Campbell, J. M. (Hg.) *Prehistoric Cultural Relations Between the Arctic and Temperate Zones of North America:* 69–75. 1962

–: «Dorset settlement patterns in Newfoundland and southeastern Hudson Bay». In: Maxwell, M. S. (Hg.) *Eastern Arctic Prehistory: Paleoeskimo Problems:* 119–138. 1976

–: «Pioneer Cultures of the Sub-Arctic and the Arctic». In: Jennings, J. D. (Hg.) *Ancient Native Americans:* 95–129. San Francisco, 1978

– und Hughes, D. R.: «Five prehistoric burials from Port aux Choix, Newfoundland». *Polar Notes* VIII: 1–47. 1968

Harper, K. T.: «Historical Environments». In: D'Azevado, W. (Hg.) *Handbook of North American Indians, Bd. 11 «Great Basin»:* 51–63. Washington, 1986

– und Alder, G. M.: «The Macroscopic Plant Remains of the Deposits of Hogup Cave, Utah, and their Paleoclimatic Implications». In: Aikens, C. M. *Hogup Cave, Anthropological Papers of the University of Utah* 93: 215–240. 1970

Harrington, J. P.: «Culture Element Distributions XIX: Central California coast». *University of California Anthropological Records* 7: 1–146. 1942

Harrison, W. M. und Harrison, E. S.: «An archaeological sequence for the Hunting People of Santa Barbara, California». *UCLA Archaeological Survey Annual Report 1965–1966:* 1–89, 1966

Haury, E. W.: *The Stratigraphy and Archaeology of Ventana Cave.* Tucson, 1950

–: «An alluvial site on the San Carlos Indian Reservation, Arizona». *American Antiquity* 23: 2–27, 1957

–: *The Hohokam, desert farmers and craftsmen: excavations at Snaketown 1964–1965.* Tucson, 1976

Haven, S.: *Archaeology of the United States.* Washington, 1856

Haviland, W. A. und Power, M.: *The Original Vermonters. Native inhabitants: Past and Present.* Hanover, 1981

Hayden, B.: «Research and Development in the Stone Age: Technological Transitions among Hunter-Gatherers». *Current Anthropology* 22 (5): 519–548. 1981

–: «Interaction Parameters and the Demise of Paleo-Indian craftsmanship». *Plains Anthropologist* 27: 109–123. 1982

Hayes, A. C.: «A survey of Chaco Canyon». In: Hayes, A. C. et al. (Hg.) *Archaeological Surveys of Chaco Canyon, New Mexico. National Park Service Publications in Archaeology 18A:* 1–68. Washington, 1981

– et al. *Archaeological Surveys of Chaco Canyon.* Albuquerque, 1981

Haynes, V.: «Elephant Hunting in North America». *Scientific American* 214 (6): 104–112. 1966

–: «Pleistocene and recent stratigraphy». In: Wendorf, F. und Hester, J. (Hg.) *Late Pleistocene Environments of the Southern High Plains.* Fort Burgwin Research Center Publications 9: 576–596. 1975

–: «Paleo-Indian Charcoal from Meadowcroft Rockshelter: is contamination a problem?» *American Antiquity* 45: 582–587. 1980

–: «Were Clovis Progenitors in Beringia?» In: Hopkins, D. et al. (Hg.) *The Paleoecology of Beringia:* 383–398. New York, 1982

–: «Clovis Origins Update». *The Kiva* 52: 83–93. 1987

Heiser, C. B.: «Some Botanical Considerations of the Early Domesticated Plants North of Mexico». In: Ford, R. I. (Hg.) *Early Food Production in North America:* 57–72. Ann Arbor, 1985

Heizer, R. F.: «The western coast of North America». In: Jennings, J. D. und Norbeck, E. (Hg.) *Prehistoric Man in the New World:* 117–148. Chicago, 1964

– und Elsasser, A. B.: «Archaeology of Hum-67: the Gunther Island site in Humboldt Bay, California». *University of California Archaeological Survey Reports* 62: 1–122. 1964

– und Hester, T. R.: «Great Basin Projectile Points: Forms and Chronology». *Ballena*

Press Publications in Archaeology, Ethnology, and History 10. 1978
– und Napton, L. K.: «Archaeology ... as seen from Lovelock Cave, Nevada». *University of California Archaeological Research Facility Contributions* 10 (1). 1970
– und Whipple, M. A. (Hg.): *The California Indians: A Source Book.* Berkeley, 1971
Hester, J. J.: «Paleoarchaeology of the Llano Estacado». In: Wendorf, F. und Hester, J. (Hg.) *Late Pleistocene Environments of the Southern Plains.* Fort Burgwin Research Center Publications, 9: 247–256. 1975
Hester, T. R.: «Chronological Ordering of Great Basin Prehistory». *University of California Archaeological Research Facility Contributions* 17. 1973
Hodder, I.: *Symbolic and Structural Archaeology.* Cambridge, 1982
Hoffman, J. J.: «Comments on the use and distribution of tipi rings in Montana, North Dakota, and Wyoming». *Montana State University Anthropological and Sociological Papers* 14. 1953
Hoijer, H.: «The Position of the Apachean Languages in the Athapascan Stock». *Anthropological Papers of the University Arizona* 21: 3–6. 1971
Holmes, W. H.: «Aboriginal Pottery of the Eastern United States». *Bureau of American Ethnology, 20th Annual Report,* Washington, 1903
Holtved, E.: «Archaeological investigations in the Thule District (Part 3): Nugdlit and Comer's Midden». Kopenhagen, 1954
Hopkins, D. O. et al. (Hg.): *Paleoecology of Beringia.* New York, 1982
Hudson, C.: *The Southeastern Indians.* Knoxville, 1980
– et al.: «Coosa: A Chiefdom in the Sixteenth-Century southeastern United States». *American Antiquity* 50: 723–737. 1985
Hudson, T. und Blackburn, T.: *The Material Culture of the Chumash Interaction Sphere.* Socorro, 1983
– et al. (Hg.): *Tomol: Chumash watercraft as described in the ethnographic notes of John P. Harrington.* Socorro, 1978
– et al.: «Solstice observations in Native California». *Journal of California and Great Basin Archaeology* 1 (1): 38–63. 1979
– und Underhay, E.: *Crystals in the Sky: An Intellectual Odyssey involving Chumash astronomy, cosmology, and rock art.* Socorro, 1978
Hunter-Anderson, R.: *Prehistoric Adaptation in the American South-West.* Cambridge, 1987
Husted, W. M.: *Bighorn Canyon Archaeology. Publications in Salvage Archaeology* 12. 1969
Hutchings, S. S. und Stewart, G.: «Increasing Forage Yields and Sheep Production on Intermontains Winter Ranges». *US Department of Agriculture Circular* 925, Washington, 1953

Ingstad, A.: *The Discovery of a Norse Settlement in America.* Oslo, 1977
– (Hg.): *The Norse Discovery of America.* Oslo, 1985
Irwin, H. T. und Wormington, M.: «Paleo-Indian tool types on the Great Plains». *American Antiquity* 325: 24–34. 1970
Irwin-Williams, C.: «Picosa: the elementary Southwestern culture». *American Antiquity* 32: 441–456. 1967
–: *Archaic Culture History in the Southwestern United States.* Portales, 1968
–: «The Oshara Tradition: origins of Anasazi culture». *Eastern New Mexico University Contributions to Anthropology* 5, 1. 1973
–: «Post-Pleistocene archaeology 7000–2000 BC». In: Ortiz, A. (Hg.) *Handbook of North American Indian, Bd. 9 «Southwest»:* 31–42. 1979
–: «Investigations at Salmon Ruin: Methodology and Overview». In: Irwin-Williams, C. und Shelley, P. W. (Hg.) *Investigations at the Salmon site: the structure of Chacoan Society in the northern Southwest:* 107–170. Portales, 1980
– et al.: «Hell Gap: Paleo-Indian Occupation on the High Plains». *Plains Anthropologist* 19: 40–53. 1973

Jeffries, R.: *Carrier Mills.* Carbondale, 1987
Jefferson, T.: *Notes on the State of Virginia.* London, 1797
Jenkins, N.: *Archaeology of the Gainesville Lake Area: Synthesis.* Birmingham, 1982
Jennings, D. J.: *Danger Cave.* University of Utah Anthropological Papers, 27. 1957
–: «The Desert West». In: Jennings, D. J. und Norbeck, E. (Hg.) *Prehistoric Man in the New World.* Chicago, 1964
–: *Glenn Canyon: A Summary.* Department of Anthropology, University of Utah. 1966
– (Hg.): *Ancient Native Americans.* San Francisco, 1978 a
–: *Prehistory of Utah and the Eastern Great Basin.* University of Utah Anthropological Papers 98. 1978 b
–: «Introduction». In: D'Azevado, W. (Hg.) *Handbook of North American Indians, Bd. 11 «Great Basin»:* 113–119. Washington, 1986
–: *The Prehistory of North America.* Palo Alto, 1987
– und Norbeck, E.: «Great Basin Prehistory: A Review». *American Antiquity* 21: 1–11. 1955
– et al.: *Sudden Shelter.* University of Utah Anthropological Papers 103. 1980
Johnson, A. und Earle, T. K.: *The Evolution of Human Societies.* Palo Alto, 1987
Johnson, E. und Halliday, V. T.: «A Plainview Kill-Butchering locale on the Llano Estacado – The Lubbock Lake Site». *Plains Anthropologist* 25: 89–111. 1980
Jordan, R. H.: «Introduction». *Arctic Anthropology,* 15: 1–8. 1978
Judd, N. M.: «The Material Culture of Pueblo Bonito». *Smithonian Miscellaneous Collections* 124. 1954
–: «The Architecture of Pueblo Bonito». *Smithonian Miscellaneous Collections* 147 (1). 1964
–: *The Bureau of American Ethnology.* Norman, 1967
Judge, W. T.: «New light on Chaco Canyon». In: Noble, D. (Hg.) *New Light on Chaco Canyon:* 1–12. Santa Fé, 1984

Kaplan, L.: «Beans of the Wetherill Mesa». In: Osborne, D. (Hg.) *Contributions of the Wetherill Mesa Archaeological Project:* 153–155. Washington, 1965
Keegan, W. F. (Hg.): *Emergent Horticultural Economies of the Eastern Woodlands.* Carbondale, 1987
Kehoe, T. F.: «Stone tipi rings in north-central Montana and the adjacent portion of Alberta, Canada. Their historical and archaeological aspects». *Bureau of American Ethnology Bulletin 173. Anthropological Papers* 62: 421–473. 1960
– und Kehoe, A. B.: «Solstice-Aligned Boulder Configurations in Saskatchewan». *National Museum of Man, Mercury Series* 48. Ottawa, 1997
Kelly, R. L. und Todd, L. C.: «Coming into the country: Early Paleoindian hunting and mobility». *American Antiquity* 53: 231–244. 1988
Kelso, W. M.: *Kingsmill Plantation 1619–1800.* New York, 1984
–: «Mulberry Row: Slave Life at Thomas Jefferson's Monticello». *Archaeology* 39 (5): 28–35. 1986
Key, M. R.: «North and South American Linguistic Connections». *La Linguistique* 17 (1): 3–18. 1981
Kidder, A. V.: «A contribution to the study of Southwestern Archaeology, with a preliminary account of the excarvations at Pecos». *Papers of the Southwestern Expedition. Philips Academy* 1. New Haven, 1924

–: «Southwestern archaeology conference». *Science* 68: 489–491. 1927

–: «The Pottery of Pecos (Vol. 1)». *Papers of the Southwestern Expedition. Philips Academy* 5. New Haven, 1931

King, C. D.: «Chumash inter-village economic exchange». *Indian Historian* 4 (1): 31–43. 1971

–: «Protohistoric and historic archaeology». In: Heizer, R. F. (Hg.) *Handbook of North American Indians, Bd. 8 «California»: 58–68.* Washington, 1978

–: The Evolution of Chumash Society: A Comparative Study of artefacts used in social system maintenance in the Santa Barbara Channel region». Santa Cruz, 1984

King, T. F.: «Archaeological problems and research in the Coast Miwok area». *Treganza Anthropological Museum Papers* 6: 32–81. 1970

–: «The evolution of status ascription around San Francisco Bay». In: Bean, L. J. und King, T. F. (Hg.) *Antap: California Indian political and economic organisation. Ballena Press Anthropological Papers* 2: 35–54. 1974

Kirk, R.: *Hunters of the Whale.* New York, 1975

Kirk, R. und Szathmary, E. (Hg.): *Out of Asia: Peopling the Americas and the Pacific.* Canberra, 1985

Klein, H. E. M. und Stark, L. R. (Hg.): *South American Indian Languages. Retrospect and Prospect.* Austin, 1985

Knight, V. J.: «The institutional organization of Mississippian Religion». *American Antiquity* 61: 675–587. 1986

Knudsen, R.: «Organizational Variability in Late Paleo-Indian Assemblages». *Washington State University Laboratory of Anthropology. Report of Investigations* 60. 1983

Knuth, E.: «Archaeology of the Musk Ox Way». *Contributions du Centre d'Etudes Arctiques et Finnoscandinaves* 5. 1967

Köhler, U. (Hg.): *Altamerikanistik. Eine Einführung in die Hochkulturen Mittel- und Südamerikas.* Berlin, 1990

Kornfeld, M. und Todd, L. A. (Hg.): «McKean/Middle Plains Archaic. *Occasional Papers on Wyoming Archaeology* 4. 1989

Krauss, M. E. und Golla, V. K.: «Northern Athapascan Languages». In: Helm, J. (Hg.) *Handbook of North American Indians, Bd. 6 «Subarctic»:* 67–85. Washington, 1981

Kroeber, A. L.: «Zuni Potsherds». *Anthropological Papers of the American Museum of Natural History* 18 (1): 7–37. 1916

–: *Cultural and Natural Areas of Native North America.* University of California Publications an American Archaeology and Ethnology 38. 1939

Kroeber, T.: *Ishi in Two Worlds.* Berkeley, 1965

Lafferty, R.: *The Evolution of Mississippian Settlement Patterns and Exploitation Technology in the Black Bottom* of Southern Illinois. Southern Illinois University, 1977

Lamb, S. M.: «Linguistic Prehistory in the Great Basin». *International Journal of American Linguistics* 24 (2): 95–100. 1958

Landberg, L. C. W.: «The Chumash Indians of Southern California». *Southwest Museum Papers* 19. 1965

Larsen, H.: «Near Ipiutak and Uwelen-Okvik». *Folk* 10: 81–90. 1968

– und Rainey, F.: «Ipiutak and the Arctic Whale Hunting Culture». *Anthropological Papers of the American Museum of Natural History* 42. 1948

Larsen, L. H.: «Archaeological implications of social stratifications at the Etowah site, Georgia». In: Brown, J. A. (Hg.) *Approaches to the Social Dimensions of Mortuary Practices:* 58–67. Washington, 1971

Lawton, H. W. et al.: «Agriculture among the Paiute of Owens Valley». *Journal of California Anthropology* 3 (1): 13–50. 1976

LeBlanc, S. A.: *The Mimbres People: ancient pueblo potters of the American Southwest.* London und New York, 1983

Lekson, S. H. et al.: «The Chaco Canyon Community». *Scientific American* 259 (1): 100–109. 1988

Leone, M.: «Interpreting Ideology in Historical Archaeology: the William Paca Garden in Annapolis, Maryland». In: Miller, D. und Tilley, C. (Hg.) *Ideology, Power, and Prehistory:* 25–35. Cambridge, 1984

–: «Symbolic, Structural, and Critical Archaeology». In: Meltzer, D. et al. (Hg.) *American Archaeology Past and Future:* 415–438. Washington, 1986

– und Potter, P. B.: *Archaeological Annapolis.* Annapolis, 1984

– et al.: «Power Gardens of Annapolis». *Archaeology* 42 (2): 34–40. 1989

Le Page du Pratz, A. S.: *Histoire de la Louisiane.* 3Bde. Paris, 1758

Lewin, R.: *Spuren der Menschwerdung. Die Evolution des Homo sapiens.* Spektrum der Wissenschaft. 1991

Lewis, J.: *Patterns of Indian Burning.* Socorro, 1973

Lewis, T. M. N. und Lewis, M. K.: *Eva: An Archaic Site.* Knoxville, 1961

Libby, W.: *Radiocarbon Dating.* Chicago, 1955

Lindig, W.: «Zur Entstehung des Formativums im östlichen Nordamerika». *Beiträge zur Allgemeinen und Vergleichenden Archäologie* 1. Deutsches Archäologisches Institut. München, 1979

– und Münzel, M.: *Die Indianer, Bd. 1 Nordamerika.* München, 1985

– und Teiwes, H.: *Navajo.* Zürich, 1991

Lipe, W. D.: «The Southwest». In: Jennings, J. D. (Hg.) *Ancient Native Americans:* 421–494. San Francisco, 1978

Lister, R. H. und Lister, F. C.: *Chaco Canyon: Archaeology and Archaeologists.* Albuquerque, 1981

Lobdell, J. E.: «The Kuparuk Pingo site: A northern Archaic hunting camp on the Arctic Coastal Plain, North Alaska». *Arctic* 39 (1): 47–51. 1986

Lounsbury, F. G.: «Iroquoian Languages». In: Trigger, B. (Hg.) *Handbook of North American Indians, Bd. 15 «Northeast»:* 334–343. Washington, 1978

Lynch, T. F.: «Glacial-Age Man in South America? A critical review». *American Antiquity* 55 (1): 12–36. 1990

MacDonald, G. F.: «Debert: a Paleo-indian site in central Nova Scotia». *Anthropology Papers* 16. National Museum of Canada, Ottawa, 1968

MacNeish, R. (Hg.): *The Prehistory of the Tehuacan Valley.* Austin, 1970

Madsen, D. B.: «The Fremont and the Sevier: Defining Prehistoric Agriculturalists North of the Anasazi». *American Antiquity* 44: 711–122. 1979

–: «Fremont Perspectives». *Utah Division of State History Antiquities Section Selected Papers* 7 (16). 1980

–: «Get it where the Gettin's Good: A Variable Model of Great Basin Subsistence of Settlement Based on Data from the Eastern Great Basin». In: Madsen, D. und O'Connell, J. (Hg.) *Man and Environment in the Great Basin:* 207–226. Washington, 1982

–: «Black Rock Cave Revisted». *Utah Bureau of Land Management Cultural Resource Series* 14. 1983

–: «Great Basin Nuts: A Short Treatise on the Distribution, Productivity, and Prehistoric Use of Pinyon». In: Condie, C. und Fowler, D. (Hg.) *Anthropology of the Desert West:* 110–125. Salt Lake City, 1985

– und Lindsay, L. W.: «Backhoe Village». *Utah Division of State History Antiquities Section Selected Papers* 4 (12). 1977

– und O'Connell, J. (Hg.): *Man and Environment in the Great Basin.* Washington, 1982

Madson, R. G.: «The Locarno Beach Phase and the Origins of the Northwest Coast Ethnographic Pattern». In: Onat, A. B.

Development of Hunting-Fishing-Gathering Maritime Societies of the Pacific, Bd. 3. Circum-Pacific Prehistory Conference Reprint Proceedings, Teil 2C. Washington, 1989
Magalhães, A. C.: «Os Parakanan». *Informativo FUNAI* 15/16: 26–38. Brasilia, 1976
Malinowski, B.: *Argonauts of the western Pacific.* 1922
Malouf, C. und Conner, S.: *Symposium on Buffalo Jumps. Montana Archaeological Survey Memoir* 1. 1962
Maltby, W. S.: *The Black Legend in England: The Development of Anti-Spanish Sentiment.* Durham, 1971
Mangelsdorf, P.: *Corn: Its Origin, Evolution, and Improvement.* Cambridge, 1974
Manucy, A.: «The Physical Setting of Sixteenth-Century St Augustine». *The Florida Anthropologist* 38 (1–2): 34–53. 1985
Marquandt, W. und Watson, P. J.: «The Shell Mound Archaic of Western Kentucky». In: Philips, J. L. und Brown, J. A. (Hg.) *Archaic hunters of the American Midwest:* 323–332. New York, 1983
Marshall, M. P. und Doyel, D. E.: *An Interim Report on Bi Sa'ani Pueblo, with notes on the Chacoan Regional System.* Window Rock, 1981
Martin, P. S.: «Pleistocene Overkill». In: Martin, P. S. und Wright, H. E. (Hg.) *Pleistocene Extinctions: The Search for a Cause.* Yale, 1967
–: «The Discovery of America». *Science* 197: 969–974. 1973
– und Klein, R. (Hg.): *Quaternary Extinctions. A Prehistoric Revolution.* Tucson, 1984
Martin, P. S.: «Prehistory: Mogollon». In: Ortiz, A. (Hg.) *Handbook of North American Indians, Bd. 10 «Southwest»:* 61–74. Washington, 1979
– und Plog, F.: *The Archaeology of Arizona.* Garden City, 1973
Marwitt, J.: «Median Village and Fremont Culture Regional Variation.» *University of Utah Anthropological Papers* 95. 1970
–: «Fremont Cultures». In: D'Azevado, W. (Hg.) *Handbook of North American Indians, Bd. 11 «Great Basin».* 161–172. Washington, 1986
Mason, R.: *Great Lakes Archaeology.* New York, 1981
Mathiassen, T.: «Archaeology of the Central Eskimos, the Thule culture and its position within the Eskimo culture». In: *Report of the Fifth Thule Expedition 1921–1924.* Kopenhagen, 1927
Matson, R. G.: *The Locarno Beach Phase and the Origins of the Northwest Coast Pattern.* o. O. 1989
Matteson, E. et al.: *Comperative Studies in Amerindian Languages.* Den Haag, 1972
Matthews, J. V.: «East Beringia during Late Wisconsin Time: A Review of the Biotic Evidence». In: Hopkins, D. et al. (Hg.) *Paleoecology of Beringia:* 127–152. New York, 1982
Maxwell, M. S.: «An archaeological analysis of eastern Grant Land, Ellesmere Island, Northwest Territories». *National Museum of Canada Bulletin* 180: 20–25. 1960
–: Archaeology of the Lake Harbor District, Baffin Island. *Archaeological Survey of Canada Mercury Series, Paper* 6. Ottawa, 1973
–: «Pre-Dorset and Dorset Artefacts: the view from Lake Harbor». In: Maxwell, M. S. (Hg.) *Eastern Arctic Prehistory: Paleoeskimo Problems.* Washington, 1976b
–: «Dorset site variation on the southeastern coast of Baffin Island». *Arctic* 33: 505–516. 1980
–: *Prehistory of the Eastern Arctic.* New York, 1985
McCartney, A. P.: «Thule Eskimo Prehistory Along Northwestern Hudson Bay». *Archaeological Survey of Canada, Mercury Series* 70, 1977
–: «Archaeological Whale bone: a northern resource». *University of Arkansas Anthropology Papers* 1. Fayetteville, 1979
–: «The Nature of the Thule Eskimo Whale Bone». *Arctic* 33 (3): 517–541. 1980
–: «Prehistory of the Aleutian Region». In: Dames, D. (Hg.) *Handbook of North American Indians, Bd. 5 «Arctic»:* 119–135. Washington, 1984a
–: «History of native whaling in the Arctic and Subarctic». In: Jacob, H. K. et al. (Hg.) *Arctic Whaling:* 79–112. Groningen, 1984b
–: «The Cape York Meteorite as a Metal Source for Prehistoric Canadian Eskimos». *Meteorics* 23 (3): 288. 1988
– und Mack, D. J.: «Iron Utilization by Thule Eskimo». *American Antiquity* 38: 328–229. 1973
– und Savelle, J. M.: «Thule Eskimo Whaling in the Central Canadian Arctic». *Arctic Anthropology* 22 (2): 37–58. 1985
McCluskey, S. C.: «The Astronomy of the Hopi Indians». *Journal for the History of Astronomy* 8 (2): 174–195. 1977
McDonald, J. N.: *North American Bison.* Berkeley, 1981
McGhee, R.: «Speculations on climatic change and Thule culture development». *Folk* 11–12: 172–184. 1970
–: «Paleoeskimo occupations of Central and High Arctic Canada». In: Maxwell, M. S. (Hg.) *Eastern Arctic Prehistory: Paleoeskimo Problems:* 15–39. Washington, 1976
–: *Canadian Arctic Prehistory.* Ottawa, 1978
–: The Paleoeskimo occupations at Port Refuge, High Arctic Canada. *Archaeological Survey of Canada, Mercury Series* 92, Ottawa, 1979
–: «Norsemen and Eskimos in Arctic Canada». In: Guralnick, E. (Hg.) *Vikings in the West:* 38–52. Chicago, 1982
–: «Contact Between Native North Americans and the Medievel Norse: A Review of Evidence». *American Antiquity* 49: 4–26. 1984
– und Tuck, J. A.: «An Archaic Sequence from the Strait of Belle Isle, Labrador». *Archaeological Survey of Canada, Mercury Series* 34. 1975
–: «An Archaic Indian burial mound in Labrador». *Scientific American* 235 (5): 122–129. 1977
McGregor, J. C.: *Southwestern Archaeology.* New York, 1941
McKern, W. C.: «The Midwest Taxonomic Method as an Aid to Archaeological Study». *American Antiquity* 4: 301–313. 1939
McNett, C. A. (Hg.): *Shawnee Minisink.* New York, 1985
McNitt, F.: *Robert Wetherill: Anasazi.* Albuquerque, 1957
Mehringer, P. J.: «Great Basin Late Quaternary Environment and Chronology». In: Fowler, D. D. (Hg.) *Models and Great Basin Prehistory: A Symposium. Desert Research Institute, University of Nevada, Publications in the Social Sciences* 12: 113–167. Reno, 1977
–: «Prehistoric Environments». In: D'Alzevado, W. (Hg.) *Handbook of North American Indians, Bd. 11 «Great Basin»:* 31–50. Washington, 1986
Meighan, C. und Haynes, C. V.: «The Borax Site revisted». *Science* 167: 1213–1221. 1970
Meldgaard, J.: «On the Formative Period of the Dorset Culture». In: CAmpbell, J. M. (Hg.) *Prehistoric Relations between the Arctic and Temperate Zones of North America.* 1962
Meltzer, D.: «The Antiquity of Man and the Development of American Archaeology». *Advances in Archaeological Method and Theory* 6: 1–51. 1983
–: «Late Pleistocene Human Adaptations in Eastern North America». *Journal of World Prehistory* 2 (1): 1–52. 1988
–: «Why Don't We Know When the First People came to North America?» *American Antiquity* 54: 471–490. 1989
– et al. (Hg.): *American Archaeology Past and Future.* Washington, 1986
– und Mead, J. I. (Hg.): *Environments and Extinctions: Man in Late Glacial North America.* Orono, 1985

– und Smith, B. (Hg.): «Paleo-Indian and Early Archaic Subsistence Strategies in Eastern North America». In: Neusius, S. (Hg.) *Foraging, Collecting, and Harvesting: Archaic Period Subsistence and Settlement in the Eastern Woodlands:* 3–32. Carbondale, 1986

Milanich, J. T.: *The Southeastern Deptford Culture: a preliminary definition.* Tallahassee, 1973 a

–: «A Deptford Phase house structure, Cumberland Island, Georgia». *Florida Anthropologist* 26: 105–118. 1973 b

–: «Hernando de Soto and the expedition in La Florida». *Miscellaneous Project Report Series* 32. Gainesville, 1987

– und Fairbanks, C.: *Florida Archaeology.* New York, 1980

– et al.: *McKeithen Wedden Island: The Culture of Northern Florida, AD 200–900.* New York, 1984

– und Milbrath, S. (Hg.): *First Encounters.* Gainesville, 1989

Milner, G. R.: «The Late Prehistoric Cahokia Cultural System of the Mississippi Valley: Foundations, Florescence, and Fragmentation». *Journal of World Prehistory* 4 (1): 1–44. 1990

Mitchell, D.: «Prehistory of the Coasts of Southern British Columbia and Northern Washington». In: Suttles, W. (Hg.) *Handbook of North American Indians, Bd. 7 «Nordwest Coast»:* 60–69. Washington, 1990

Mitchell, D. H.: «Archaeology of the Gulf of Georgia area: a natural region and its cultural types». *Syesis* 4, Supplement 1. 1971

Mitchem, J. M. und Hutchinson, D. L.: *Interim Report on archaeological research at Tatham Mound, Citrus Country, Florida: Season III.* Gainesville, 1987

Mochanov, Y. A.: *The Most Ancient Stages of the Human Settlement of Northeast Asia.* Nowosibirsk, 1977

Molto, J. E.: «Biological Relationships of Southern Ontario Woodland Peoples: The Evidence of Discontinuous Cranial Morphology». *Archaeological Survey of Canada, Mercury Series* 117, Ottawa, 1983

Moore, J. A. und Keene, K. S. (Hg.): *Archaeological Hammers and Theories.* Cambridge, 1983

Moratto, M. J.: *California Archaeology.* New York, 1984

Morgan, L. H.: *Ancient Society.* New York, 1877

Morison, S. E.: *The European Discovery of America. Bd. 1: The Northern Voyages.* New York, 1971

Morlan, R.: *Taphonomy and Archaeology in the Upper Pleistocene of the Northern Yukon Territory: A Glimpse into the Peopling of the New World.* Ottawa, 1980

Morse, D. und Morse, P.: *Archaeology of the Central Mississippi Valley.* New York, 1983

Morss, N. M.: «The Ancient Culture of the Fremont Servier in Utah». *Papers of the Peabody Museum of American Archaeology and Ethnology* 12 (3). Cambridge, 1931

Morton, S.: *Crania Americana.* Philadelphia, 1839

Müller, W.: «Indianische Sprachen». In: Müller, K. E. (Hg.) *Lexikon der Ethnologie.* Frankfurt a. M. (im Druck)

Müller-Beck, H.-J.: «Amerika». In: *Neue Forschungen zur Altsteinzeit. Beiträge zur Allgemeinen und Vergleichenden Archäologie* 4. Deutsches Archäologisches Institut. München, 1984

–: «Later Pleistocene Man in Northern Eurasia and the Mammoth-Steppe Biome». In: Hopkins, D. et al. (Hg.) *Palecology of Beringia:* 329–352. New York, 1982

Muller, J.: *Archaeology of the Lower Mississippi-Ohio River Valley.* New York, 1986

–: «Salt, chert and shell: Mississippian Exchange and Economy». In: Brumfiel, E. und Earle, T. K. *Specialization and Exchange in Complex Societies:* 10–21. Cambridge, 1987

–: «The Southern Cult». In: Galloway, P. (Hg.) *The Southeastern ceremonial complex: Artifacts and Analysis:* 11–26. Lincoln, 1989

Muller, W. R.: «Anthropological Linguistics in the Great Basin». In: D'Azevado, W. et al. (Hg.) *The Current Status of Anthropological Research in the Great Basin. Desert Research Institute, University of Nevada, Social Sciences Publications* 1. Reno, 1966

– et al.: «A Lexicostatic study of Shoshoni Dialects». *Anthropological Linguistics* 13 (4): 142–164. 1971

Nassaney, M. S.: «On the Causes and Consequences of Subsistence Interactions in the Mississippi Alluvial Valley». In: Keegan, W. (Hg.) *Emergent Horticultural Economies of the Eastern Woodlands:* 129–151. Carbondale, 1987

Nelson, N. C.: «Chronology of the Tano Ruins, New Mexico». *American Anthropologist* 18 (2): 159–180. 1916

Nelson, R. K.: *Hunters of the Northern Ice.* Chicago, 1969

Neusius, S. W. (Hg.): *Foraging, Collecting, and Harvesting: Archaic Period Subsistence and Settlement in the Eastern Woodlands.* Carbondale, 1986

Noble, D. (Hg.): *New Light on Chaco Canyon.* Santa Fé, 1984

–: Mesa Verde National Park. Santa Fé, 1985

Noble, W. C.: «Archaeological Surveys and Sequences in Central District Mackenzie, Northwest Terretories». *Arctic Anthropology* 8 (1): 102–135. 1971

–: «Prehistory of the Great Slave Lake and Great Bear Lake». In: Helm, J. (Hg.) *Handbook of North American Indians, Bd. 6 «Subarctic».* Washington, 1981

Noël Hume, I.: *Historical Archaeology.* New York, 1969

–: *Martin's Hundred.* New York etc. 1982

O'Connell, J.: «Elko Eared/Elko Corner-Notched Projectile Points as Time Markers in the Great Basin». *University of California Archaeological Survey Papers on the Great Basin Archaeology* 70. Berkeley, 1967

–: «The Prehistory of Surprise Valley». *Ballena Press Anthropological Papers* 4. Ramona, 1975

– et al.: «Some Thoughts on Prehistoric Archaeology in the Great Basin». In: Madsen, D. und O'Connell, J. (Hg.) *Man and Environment in the Great Basin:* 227–240. Washington, 1982

O'Laughlin, T. C.: *The Keystone Dam Site and other Archaic and Formative Sites in northwest El Paso, Texas.* El Paso, 1980

Ortiz, A.: *The Tewa World.* Chicago, 1969

Osborn, A. J.: «Ecological Aspects of Equestrian Adaptations in North America». *American Anthropologist* 85: 563–591. 1983

Parker, A. C.: «The Origin of the Iroquois as Suggested by their Archaeology». *American Anthropologist* 18: 479–507, 1916

Parkman, F.: *The Jesuits in North America in the Seventeenth Century.* 1867

Parsons, E. C.: *Pueblo Indian Religion,* 2 Bde. Chicago, 1939

Pastron, A. G.: «Bonanza from Old San Francisco». *Archaeology* 41 (4): 32–40. 1988

–: «Golden Mountain». *Archaeology* 42 (4): 49–53. 1989

Peebles, C.: «Determinants of Settlement size and location in the Moundville Phase». In: Smith, B. (Hg.) *Mississippian Settlement Patterns:* 369–416. New York, 1978

–: *Excavations at Moundville 1905–1951.* Ann Arbor, 1979

– und Kus, S.: «Some archaeological correlates of ranked societies». *American Antiquity* 42 (3): 421–448. 1977

Petruso, K. M. und Wickens, J. M.: «The Acorn in Aboriginal Subsistence in Eastern North America». In: Munson, P. J. (Hg.) *Experiments and Observations of Aboriginal Wild Plant Foods Utilized in Eastern North America:* 360–378. Indianapolis, 1984

Philips, J. L. und Brown, J. A. (Hg.): *Archaic Hunters and Gatherers in the American Midwest.* New York, 1983
Philips, P.: «Archaeological Survey in the Lower Yazoo Basin, Mississippi 1945–1955». *Papers of the Peabody Museum of Archaeology and Ethnology* 60. 1970
– und Brown, J.: *Pre-Columbian Shell Engravings from the Craig Mound at Spiro, Oklahoma* 2 Bde. Harvard, 1984
– et al.: «Archaeological survey in the Lower Mississippi alluvial valley, 1940–1947. *Peabody Museum Papers* 25. 1951
Plog, F.: *The study of Prehistoric Culture Change.* New York, 1974
–: «Political and economic alliances on the Colorado Plateau, AD 400–1450». *Advances in World Archaeology* 2: 289–330. 1983
Plog, S. E.: *Stylistic variations in prehistoric ceramics: design analysis in the American Southwest.* New York, 1980
Pörtner, R. und Davies, N. (Hg.): *Alte Kulturen der Neuen Welt.* Düsseldorf, 1980
Pope, S. T.: *Hunting with the Bow and Arrow.* San Francisco, 1923
Porter, S. C.: «Landscapes of the Last Ice Age in North America». In: Carlisle, R. (Hg.) *Americans before Columbus: Ice Age Origins:* 1–24. Pittsburgh, 1988
Powell, S.: *Mobility and Adaptation: the Anasazi of Black Mesa.* Carbondale, 1983
Powers, W. R. und Hamilton, T. D.: «Dry Creek: A Late Pleistocene human occupation in Central Alaska». In: Bryan, A. L. (Hg.) *Early Man in America from a Circum-Pacific Perspective:* 72–77. Edmonton, 1978
– und Hoffecker, J.: «Late Pleistocene Settlement in the Nenana Valley, Central Alaska». *American Antiquity* 54 (2): 263–287. 1989
Prufer, O. H.: «Der Hopewell-Komplex der östlichen Vereinigten Staaten». *Paideuma* 9: 122–147. Wiesbaden, 1963
–: «The Hopewell Complex of Ohio». In: Caldwell, R. und Hall, R. L. (Hg.) *Hopewellian Studies:* 35–84. Springfield, 1964

Ragir, S. R.: «The Early Horizon in Central California prehistory». *University of California Archaeological Research Facility Paper* 15, 1972
Rainey, F. G.: «Eskimo Prehistory: The Okvik Site on the Punuk Islands». *Anthropological Papers of the American Museum of Natural History* 37 (4): 443–569, 1941
Ramenovsky, A.: *Vectors of Death: The Archaeology of European Contact.* Albuquerque, 1987
Rasmussen, K.: «The Netsilik Eskimos: social life and spiritual culture». *Report of the Fifth Thule Expedition 1921–1924:* 8. Kopenhagen, 1931
Ravesloot, J. und Dean, J. S.: «The Chronology of Cultural Interaction in the Gran Chichimeca». Dragoo, 1989
Reeves, B. O. K.: *Culture Change in the Northern Plains, 1000 BC–AD 1000.* 2 Bde. Calgary, 1970
Redman, C. L.: *The Rise of Civilization.* San Francisco, 1978
Reher, C. A.: «Population Study of the Casper site bison». In: Frison, G. (Hg.) *The Casper Site:* 231–240. New York, 1974
– und Frison, G. E.: «The Vere Site, 48CK302, A Stratified Buffalo Jump in the Wyoming Black Hills». *Plains Anthropological Memoirs* 16, 1980
Reichholf, J. H.: *Das Rätsel der Menschwerdung.* München, 1990
Reitz, E. J. und Scarry, M. C.: «Reconstructing Historic Subsistence with an Example from Sixteenth-Century Spanish Florida». *Society for Historical Archaeology, Special Publication Series* 3. Glassburough, 1986
Renfrew, C. und Bahn, P.: *Archaeology: Theories, Methods, and Practice.* London und New York, 1991
Rice, G. E. (Hg.): *The Hohokam Community of La Ciudad.* Tempe, 1987
Ritchie, W.: *Archaeology of New York State.* New York, 1969
Ritchie, W. A. und Funk, R. E.: «Aboriginal Settlement Patterns in the Northeast.» *New York State Museum and Science Service Memoir* 20. Albany, 1973
Rohn, A. H.: «Mug House, Mesa Verde National Park, Colorado». *National Park Service, Archaeological Research Series* 7 D. Washington, 1971
–: *Cultural Change and Continuity on Chapin Mesa.* Lawrence, 1977
Roosa, W.: «Some Great Basin Fluted Point Types». *Michigan Archaeologist* 11 (3–4): 89–102, 1965
–: «Great Lakes Paleoindian: the Parkhill Site, Ontario». In: Newman, W. und Salwen, B. (Hg.) *Amerinds and Their Paleoenvironments in Northeastern North America. Annals of New York Academy of Sciences* 228: 349–354, 1977
Rothschild, N. A.: «Mortuary behavior and social organization at Indian Knoll and Dickson Mounds». *American Antiquity* 44: 658–675, 1979
Rountree, H.: *The Powhatan Indians of Virginia.* Norman, 1989
Rudenko, S. I.: *The Ancient Culture of the Bering Sea and the Eskimo Problem.* Toronto, 1961
Rutter, N. W.: «Late Pleistocene History of the Western Canadian Ice-Free Corridor». *Journal of Canadian Anthropology* 1: 1–8, 1980

Sahlins, M.: *Stone Age Economics.* Chicago, 1972
Sanger, D.: «The Ceramic Period in Maine». In: Sanger, D. (Hg.) *Discovering Maine's Archaeological Heritage:* 99–115. Augusta, 1979
Sauer, C. O.: «Comments to *Gatherers and Farmers in the Southwest*». *American Anthropologist* 56 (4): 529–560, 1954
–: *Seventeenth Century North America.* Berkeley, 1980
Savelle, J. M. und McCartney, A. P.: «Geographical and Temporal Variation in Thule Eskimo Subsistence Economies: a model». *Research in Economic Anthropology* 10: 21–72, 1988
Sayles, E. B.: «Some Southwestern Pottery Types, Series V». *Medallion Papers* 21. Globe, 1936
–: «The Cochise Culture Sequence in Southern Arizona». *Anthropological Papers of the University of Arizona* 42, 1938
– und Antevs, E.: «The Cochise Culture». *Medallion Papers* 25. Globe, 1941
Schaafsma, P. und Schaafsma, C. F.: «Evidence for the origins of the Pueblo Katchina cult as suggested by Southwestern rock art». *American Antiquity* 39 (4): 535–545, 1974
Schell, D. M.: «Carbon-13 and Carbon-14 abundances in Alaskan aquatic organisms: delayes production from peat in Alaskan food webs». *Science* 219: 1068–1071, 1983
Schiffer, M. B.: «Some further comments on the Dalton settlement pattern hypothesis». In: Schiffer, M. und House, J. (Hg.) *The Cache River Archaeological Project:* 103–112. Fayetteville, 1975
Schledermann, P.: «The *Baleen Period* of the Arctic whaling hunting tradition». In: McCartney, A. (Hg.) *Thule Eskimo culture: an anthropological retrospective. National Museum of Man, Mercury Series* 88: 134–148. Ottawa, 1979
– und McCullogh, K.: «Western elements in the early Thule culture of the eastern High Arctic». *Arctic* 33: 833–842, 1980
–: *Formation Processes of the Archaeological Record.* Albuquerque, 1987
Schledermann, P.: *Crossroads to Greenland: 3000 Years of Prehistory in the Eastern High Arctic.* Calgary, 1990
Schnell, F. T. et al.: *Chemochechobee: Archaeology of a Mississippian Ceremonial Center on the Chattahoochee River.* Gainesville, 1981
Schultz, C. B.: «Some Artefact Sites of Early

Man in the Great Plains». *American Antiquity* 8: 242–249, 1943

Schuyler, R. L.: «The spoken word, the written record, observed behavior, and preserved behavoir: the contexts available to the archaeologist». *Conference on Historic Sites Archaeology Papers* 10: 99–120, 1977

–: *Historical Archaeology: A guide to substantive and theoretical contributions.* Farmingdale, 1979

Schwabe, J.: *Die Tonfiguren der Hohokam und ihr zeremonieller Kontext. Arbeiten aus dem Seminar für Völkerkunde der Johann Wolfgang Goethe-Universität Frankfurt a. M., Bd. 20.* Wiesbaden, 1989

Sears, W.: *Excavations at Kolomoki: final report.* Athens, 1956

–: «The sacred and the secular in prehistoric ceramics». In: Lathrap, D. und Douglas, J. (Hg.) *Variations in Anthropology: essays in honor of John McGregor:* 31–42. Urbana, 1973

Seeman, M. F.: *The Hopewell Interaction Sphere: the evidence for Interregional Trade and Structural Complexity.* Indianapolis, 1979a

–: «Feasting of the Dead: Ohio Hopewell Charnel House Ritual as a Context for Redistribution». In: Brose, D. und Greber, N. (Hg.) *Hopewellian Archaeology:* 39–46. Kent, 1979b

–: «Ohio Hopewell Trophy-Scull Artifacts as Evidence for Competition in Middle Woodland Societies ca. 50 BC–AD 350». *American Antiquity* 53: 565–577, 1988

Shafer, H. J.: «Classic Mimbres phase households and room use patterns». *The Kiva* 48 (1–2): 17–38, 1982

Sharer, R. und Ashmore, W.: *Archaeology: Discovering our Past.* Palo Alto, 1987

Shaw, R. D. und Holmes, C. E.: «The Norton Interaction Sphere: Selected Papers from a Symposium». *Arctic Anthropology* 19 (2), 1982

Shepherd, A. O.: «Ceramics for the Archaeologist». *Carnegie Institute of Washington Publications* 609. Washington, 1954

Shimada, I.: «Horizontal archipelago and coast-highland interaction in north Peru: Archaeological models». In: Millones und Tomoeda (Hg.) *El hombre y su ambiente en los Andes centrales. Senri Ethnological Studies* 10. Osaka, 1982

Shipley, W.: «Native Languages of California». In: Heizer, R. F. (Hg.) *Handbook of North American Indians, Bd. 8 «California»:* 80–90. Washington, 1978

Shutler, R. et al.: «The Cherokee Sewer site (13CK405)». In: Henning, D. R. (Hg.) *A Preliminary Report of a stratified Paleo-Indian/Archaic site in northwestern Iowa. Journal of the Iowa Archaeological Society* 21, 1974

Silberman, N. A.: «The Black Experience in America». *Archaeology* 42 (5): 62–72, 1989

Silverberg, R.: *Mound Builders of Ancient America: the archaeology of a myth.* New York Graphic Society. Greenwich (Connect.), 1968

Simmons, A. A.: *Archaic Prehistory and Paleoenvironments: the San Juan Basin, New Mexico.* University of Kansas Museum of Anthropology. Lawrence, 1984

–: «New Evidence for the Early Use of Cultigens in the American Southwest». *American Antiquity* 51: 73–88, 1986

Simmons, J. J. III.: «Steamboats on Island Waterways: Prime Movers of Manifest Destiny». In: Bass, G. (Hg.) *Ships and Shipwrecks of the Americas:* 189–206. London und New York, 1988

Singleton, T. A.: *The Archaeology of Slavery and Plantation Life.* Orlando, 1985

Smith, B. D. (Hg.): *Mississippian Settlement Patterns.* New York, 1978

–: «*Chenopodium* as a Prehistoric Domesticate in Eastern North America: Evidence from Russell Cave, Alabama». *Science* 226: 165–167, 1984

–: «The Archaeology of the Southeastern United States: From Dalton to de Soto, 10 500 to 500 BP». *Advances in World Archaeology* 5: 1–92, 1986

–: «The Independent Domestication of Indigenous Seed-Bearing Plants in Eastern North America». In: Keagan, W. F. (Hg.) *Emergent Horticultural Economies of the Eastern Woodlands:* 3–48. Southern Illinois University. Carbondale, 1987

Smith, E. A.: «Anthropological application of optimal foraging strategy: a critical review». *Current Anthropology* 24: 625–651, 1983

Smith, M. T.: *Archaeology of Aboriginal Culture Change in the Interior Southeast.* Gainesville, 1987

– und Kowalewski, S. A.: «Tentative Identification of a prehistoric «province» in piedmont Georgia». *Early Georgia* 8: 1–13, 1980

Smith, S.: *Method and Theory in Historical Archaeology.* New York, 1977

–: *The Discovery of Santa Elena.* Institute of Archaeology, University of South Carolina. Columbia, 1980

Snow, D.: *The Archaeology of New England.* New York, 1980

– und Forman, W.: *The Archaeology of North America.* New York, 1976

Soffer, O.: *The Upper Palaeolithic of the Central Russian Plain.* New York, 1984

South, S.: *Research Strategies in Historical Archaeology.* New York, 1977

– et al.: *Spanish Artifacts from Santa Elena.* South Carolina Institute of Archaeology and Anthropology, 1988

Spaulding, A. C.: «Statistical Techniques for the Discovery of Artifact Types». *American Antiquity* 18: 305–313, 1953

–: «Archaeology in the Active Voice: The New Anthropology». In: Redman, C. (Hg.) *Research and Theory in Current Archaeology:* 337–354. New York, 1973

Spence, M. W.: «The Social Context of Production and Exchange». In: Ericson und Earle (Hg.) *Contexts for Prehistoric Exchange:* 173–197. New York, 1982

Speth, J. D.: *Bison Kills and Bone Counts.* Chicago, 1983

Spicer, E. H.: *Cycles of Conquest.* Tucson, 1962

Spier, L.: «An Outlinie for a Chronology of Zuni Ruins». *Anthropological Papers of the American Museum of Natural History* 18, 3. 1917

Squier, E. G. und Davis, E. V.: *Ancient Monuments of the Mississippi Valley.* Washington, 1848

Stanford, D.: «The Walakpa Site, Alaska». *Smithsonian Contributions to Anthropology* 20, 1976

–: «The Jones-Miller Site: An Example of Hell Cap Bison Procurement Strategy». In: Davis, L. und Wilson, M. (Hg.) *Bison Procurement and Utilization: A Symposium. Plains Anthropologist Memoir* 16: 90–97, 1978

Stark, B. L.: «Origins of Food Production in the New World». In: Meltzer, D. et al. (Hg.) *American Archaeology Past and Future:* 277–322. Washington, 1986

Steffy, J. R.: «The Thirteen Colonies: English Settlers and Seafarers». In: Bass, G. (Hg.) *Ships and Shipwrecks of the Americas:* 107–128. London und New York, 1988

Steponaitis, V.: «Location theory and complex chiefdoms: a Mississippian example». In: Smith, B. D. (Hg.) *Mississippian Settlement Patterns:* 417–453. New York, 1978

–: *Ceramics, chronology, and community patterns: An archaeological study at Moundville.* New York, 1983

–: «Technological Studies of prehistoric pottery from Alabama: Physical properties and vessel function». In: Leuw, S. E. van der und Pritchard, A. C. (Hg.) *The Many Dimensions of Pottery:* 79–122. Van Giffen Instituut. Amsterdam, 1984

–: «Prehistoric Archaeology in the Southeastern United States 1970–1985». *Annual Review of Anthropology* 15: 363–404, 1986

Steward, J. H.: «Basin-Plateau Aboriginal Sociopolitical Groups». *Bureau of American Ethnology Bulletin* 120, 1938

–: «Culture Element Distribution, XII: Nevada Shoshone». *University of California Anthropological Records* 4 (2): 209–360, 1941

–: «Culture Element Distribution, XXIII: Northern and Gosiute Shoshone». *University of California Anthropological Records* 8 (3): 263–392, 1943

–: *A Theory of Culture Change.* Urbana, 1955

Stoltman, J.: «New Radiocarbon Dates for Southeastern Fiber Tempered Pottery». *American Antiquity* 31: 872–873, 1966

–: «Temporal Models in Prehistory: An Example from Eastern North America». *Current Anthropology* 19 (4): 703–746, 1978

Stolz, A.: *Ressourcennutzung und Siedlungsgeschichte der prähistorischen Kulturen Grönlands unter Berücksichtigung klimatischer und ökologischer Veränderungen.* Frankfurt a. Main, 1992

Storck, P. L.: «Research into the Paleo-Indian occupations of Ontario: A Review». *Ontario Archaeology* 41: 3–18, 1984

Story, D. A.: «Adaptive Strategies of Archaic Cultures of the Gulf Coastal Plain». In: Ford, R. I. (Hg.) *Early Food Production in North America:* 19–56. Museum of Anthropology, University of Michigan. Ann Arbor, 1985

Stothers, D. M.: «The Princess Point Complex». *Archaeological Survey of Canada, Mercury Series* 58. Ottawa, 1977

Strong, W. D.: «An Introduction to Nebraska Archaeology». *Smithsonian Miscellaneous Collections* 93, 10. 1935

–: «From History to Prehistory in the Northern Great Plains». *Smithsonian Miscellaneous Collections* 100: 353–394, 1940

Struever, S. (Hg.): *Prehistoric Agriculture.* Garden City, 1971

– und Holton, F.: *Koster: Americans in Search of the Prehistoric Past.* New York, 1979

– und Houart, G.: «An analysis of the Hopewell Interaction Sphere». In: Wilmsen, E. (Hg.) *Social Change and Interaction:* 47–80. Museum of Anthropology, University of Michigan. Ann Arbor, 1972

Stuart, D. E. und Gauthier, R. P.: *Prehistoric New Mexico: background for survey.* New Mexico Historic Preservation Bureau. Santa Fé, 1981

Styles, B. W.: «Faunal Exploitation and Ressource Selection: Early Late Woodland Subsistence in the Lower Illinois Valley». *Northwestern University Archaeological Program Scientific Paper* 3, 1981

– et al.: «Modoc Rock Shelter Revisited». In: Phillips, J. L. und Brown, J. A. (Hg.) *Archaic Hunter-Gatherers in the American Midwest:* 261–297. New York, 1983

Suarez, B. K. et al.: «Genetic Variation in North American Populations: The Geography of Gene Frequencies». *American Journal of Physical Anthropology* 67: 217–232, 1985

Swadesh, M.: «Linguistic Relations Across Bering Strait». *American Anthropologist* 64: 1262–1291, 1962

Swanton, J. R.: «Indian Tribes of the Lower Mississippi and adjacent coast of the Gulf of Mexico». *Bureau of American Ethnology Bulletin* 43, 1911

–: «Source material for the social and ceremonial life of the Choctaw Indians». *Bureau of American Ethnology Bulletin* 103, 1931

Szathmary, E. J. E.: «Genetic markers in Sibirian and northern North American populations». *Yearbook of Physical Anthropology* 24: 37–73, 1981

Talalay, L. et al.: «Hickory nuts, walnuts, butternuts, and hazelnuts: Observations and experiments relevant to their aboriginal exploitation in Eastern North America». In: Munson, P. J. (Hg.) *Experiments and Observations on Aboriginal Wild Plant Food Utilization in Eastern North America. Indiana Historical Society Prehistoric Research Series* 6 (2): 338–359, 1984

Taylor, W. E.: «A description of Sadlermiut houses excavated at Nature Point, Southampton Island, NWT». *National Museum of Canada Bulletin* 62: 53–99, 1956

– und Swinton, G.: «Prehistoric Dorset Art». *The Beaver* 298: 32–47, 1967

Thomas, D. H.: «Artiodactyls and man in the prehistoric Great Basin». *Center for Archaeological Research Publication* 2: 199–208. Davis, 1970

–: «How to classify the projectile points from Monitor Valley, Nevada». *Journal of California and Great Basin Archaeology* 3 (1): 7–43, 1981

–: «The 1981 Alta Toquima Village Project: A Preliminary Report». *Desert Research Institute Social Sciences Technical Report Series* 27, 1982

–: «The Archaeology of Monitor Valley: 1. Epistemology, 2. Gatecliff Shelter». *Anthropological Papers of the American Museum of Natural History* 58 (1) und 59 (1), 1983

–: «The Archaeology of Hidden Cave, Nevada». *Anthropological Papers of the American Museum of Natural History* 61 (1), 1985

–: «Mission Santa Catalina de Guale». *Anthropological Papers of the American Museum of Natural History* 63, 1988

–: *Columbian consequences, Bd. 1: The Spanisch Borderlands.* Washington, 1989

– und Bettinger, R. L. «Prehistoric piñon ecotone settlements of the Upper Reese River Valley, central Nevada». *Anthropological Papers of the American Museum of Natural History* 53 (3): 263–366, 1976

Thompson, D.: «Salishan and the Northwest». In: Campbell und Mithun (Hg.) *The Languages of Native America. Historical and Comparative Assessment:* 692–765. Austin und London, 1979

Toll, H. et al.: «Late ceramic patterns in Chaco Canyon: the programmatics of modeling ceramic exchange». In: Fry, R. E. (Hg.) *Models and Methods in Regional Exchange:* 95–118. Society for American Archaeology. Washington, 1980

Tooker, E.: «An Ethnography of the Huron Indians, 1615–1649«. *Bureau of American Ethnology Bulletin* 190. Washington, 1964

–: «The League of the Iroquois: Its History, Politics, and Ritual». In: Trigger, B. G. (Hg.) *Handbook of North American Indians, Bd. 15 «Northeast»:* 418–441. Washington, 1978

Trigger, B. G.: *The Huron: Farmers of the North.* New York, 1969

–: *The Children of Aataentsic: A History of the Huron People to 1660,* 2 Bde. Montreal, 1976

–: *Natives and Newcomers.* Montreal, 1985

Tuck, J. A.: «An Archaic Indian Cemetery in Newfoundland». *Scientific American* 222 (6): 112–121, 1970

–: *Onondaga Iroquois Prehistory: A Study in Settlement Archaeology.* Syracuse, 1971

–: «Early Archaic Horizons in eastern North America». *Archaeology of Eastern North America* 2 (1): 72–80, 1974

–: «Prehistory of Saglek Bay, Labrador: Archaic and Paleo-Indian occupations». *Archaeological Survey of Canada Publications* 34, 1975

–: *Newfoundland and Labrador Prehistory.* National Museums of Canada. Ottawa, 1976

–: «A Look at Laurentian». *Researches and Transactions of the New York State Archaeological Association* 17 (1): 31–40, 1977

–: «Regional Cultural Development, 3000–300 BC». In: Trigger, B. G. (Hg.) *Handbook of North American Indians, Bd. 15 «Northeast»:* 28–43. Washington, 1978

–: *Maritime Provinces Prehistory.* Archaeological Survey of Canada. Ottawa, 1984

Turner, C.: «Advances in the Dental Search for Native American Origins». *Acta Anthropogenetica* 8 (1, 2): 23–78, 1984

–: «The First Americans: The Dental Evi-

dence». *National Geographic Research* 2: 37–46, 1986
–: «Telltale Teeth». *Natural History* 96 (1): 6–10, 1987

Upham, S.: *Politics and Power: an economic and political history of the Western Pueblo.* New York, 1982
– et al.: «Evidence concerning the origin of Maiz de Ocho». *American Anthropologist* 89 (3): 410–419, 1987

Van Devender, T. R. und Spaulding, W. R.: «Development of vegetation and climate in the Southwestern United States». *Science* 204: 701–710, 1979
Vivelo, F. R.: *Handbuch der Kulturanthropologie.* München, 1988
Vivian, G.: «The Hubbard site and other tri-wall structures in New Mexico and Colorado». *National Park Service Archaeological Research Series* 5. Washington, 1979
– und Mathews, T. W.: «Kin Kletso, A pueblo III community in Chaco Canyon, New Mexico». *Southwestern Monuments Association, Technical Series* 6. Globe, 1965
Vivian, G. R.: «Conservation and Diversion: water-control systems in the Anasazi Southwest». In: Downing, T. und McGuire, G. (Hg.) *Irrigation's Impact on Society. University of Arizona Anthropological Papers* 25: 95–112, 1974
–: «Kluckhohn Reappraised: the Chacoan System as an Egalitarian Enterprise». *Journal of Anthropological Research* 45 (1): 101–113, 1988
–: *The Chacoan Prehistory of the San Juan Basin.* Orlando, 1990

Wahlgren, E.: *The Vikings and America.* London und New York, 1986
Wallace, W. J.: «Post Pleistocene Archaeology». In: Heizer, R. F. (Hg.) *Handbook of North American Indians, Bd. 8 «California»:* 462–470. Washington, 1978
Walthall, J. A.: *Prehistoric Indians of the Southeast.* Birmingham (Alab.), 1980
Warren, C. N.: «The San Dieguito Complex: A review and hypothesis». *American Antiquity* 32 (2): 168–185, 1967
– und True, D. L.: «The San Dieguito Complex and its place in California prehistory». *UCLA Archaeological Survey Annual Report 1960/61:* 246–338, 1961
Warrick, G.: «Reconstructing Ontario Iroquoian Village Organization». *Archaeological Survey of Canada, Mercury Series* 124: 1–18, 1984
Waters, M. R.: «The Geoarchaeology of Whitewater Draw». *Anthropological Papers of the University of Arizona* 45, 1986
Watson, P. J.: «The Impact of Early Horticulture on the Upland Drainage of the Midwest and Midsouth». In: Ford, R. I. (Hg.) *Early Food Production in North America:* 73–98. Museum of Anthropology, University of Michigan. Ann Arbor, 1985
–: «Prehistoric Gardening and Agriculture in the Midwest and Midsouth». In: Yerkes, R. (Hg.) *Interpretations of Culture Change in Eastern Woodlands During the Late Woodland Period:* 39–67. Department of Anthropology, Ohio State University, 1988
Wauchope, R.: *Lost Tribes and Sunken Continents.* Chicago, 1972
Webb, C. M.: «The Poverty Point Culture». *Geoscience and Man* 17: 1–73, 1977
Webb, W. S.: *Indian Knoll.* Knoxville, 1974
– und Baby, R. S.: *The Adena People* (2). Ohio Historical Society. Columbus, 1957
– und Snow, C. E.: *The Adena People.* Knoxville, 1945
Wedel, W.: «The Direct-Historical Approach in Pawnee Archaeology». *Smithsonian Miscellaneous Collections* 97, 7. 1938
–: «Some aspects of human ecology in the central plains». *American Anthropologist* 55 (4): 499–514, 1953
– et al.: «Mummy Cave: Prehistoric record for the Rocky Mountains of Wyoming». *Science* 160: 184–186, 1968
–: «The prehistoric Plains». In: Jennings, J. D. (Hg.) *Ancient North Americans:* 203–241. San Francisco, 1983
Welch, P.: «The West Jefferson Phase: Terminal Woodland Tribal Societies in West Central Alabama». *Southeastern Archaeology Conference Bulletin* 24: 81–83, 1981
Wendland, W. M.: «Holocene Man in North America: The Ecological Setting and Climatic Background». *Plains Archaeologist* 23: 273–287, 1978
Wendorf, F. und Hester, J. (Hg.): «Late Pleistocene environments on the Southern High Plains.» *Fort Burgwin Research Center Publication* 9, 1975
– und Kreiger, A. D.: «New Light on the Midland Discovery». *American Antiquity* 25: 66–78, 1959
– und Reed, E.: «An alternative reconstruction of northern Rio Grande prehistory». *El Palacio* 62 (5–6): 131–173, 1955
West, F. H.: *The Archaeology of Beringia.* New York, 1981
Whalen, N. M.: «Cochise site distribution in the San Pedro River Valley». *The Kiva* 40 (3): 203–211, 1975
Wheat, J. B.: *The Olsen-Chubbock Site: A Paleo-Indian Bison Kill.* Society for American Archaeology. Washington, 1972
Wilcox, D. R.: «The Entry of Athapascans into the American Southwest». In: Wilcox und Masse (Hg.) *The Proto-historic Period in the North American Southwest, AD 1450–1700:* 213–256. *Arizona State University Anthropological Research Papers* 24. Tempe, 1981
–: «The Tepiman Connection: A model of Mesoamerican-Southwestern Interaction». In: McGuire, R. H. und Mathier, F. J. (Hg.) *Ripples in the Chichimec Sea:* 86–94. Carbondale, 1985
Willey, G. R.: «Archaeology of the Florida Gulf Coast». *Smithsonian Miscellaneous Collections* 113, 1949
–: «Prehistoric Settlement Patterns in the Virú Valley, Peru». *Bureau of American Ethnology Bulletin* 155, 1953
–: *Introduction to American Archaeology, Bd. 1 «North America».* Englewood Cliffs, 1966
– und Phillips, P.: *Method and Theory in American Archaeology.* Chicago, 1958
– und Sabloff, J. A.: *History of American Archaeology.* San Francisco, 1980[2]
Williams, S. C. (Hg.): *Adair's History of the American Indians.* Johnson City, 1930
Williams, S. und Brain, J. P.: «Excavations at the Lake George Site, Yazoo City, Mississippi, 1958–1960». *Papers of the Peabody Museum of Archaeology and Ethnology* 68, 1983
Williamson, R. A.: «North America: A Multiplicity of Astronomies». In: Williamson, R. A. (Hg.): *Archaeoastronomy in the Americas:* 61–80. Los Altos, 1981
–: *Living the Sky.* Albuquerque, 1984
Wills, W. H.: *Early Prehistoric Agriculture in the American Southwest.* School of American Research. Santa Fé, 1989
Wilmsen, E. und Roberts, F. H. H.: «Lindenmaier 1934–1974. Concluding Report on Investigations». *Smithsonian Contributions in Anthropology* 24, 1978
Winterhalder, B. und Smith, E. (Hg.): *Hunter-Gatherer Foraging Strategies.* Chicago, 1981
Winters, H.: *The Riverton Culture: a 2nd Millenium occupation in the Central Wabash Valley.* Illinois State Museum. Springfield, 1968
–: «Introduction». In: Webb, W. *Indian Knoll:* V–XXVII. Knoxville, 1974
Witthoft, J.: «A Paleo-Indian site in eastern Pennsylvania: An early hunting culture». *Proceedings of the American Philosophical Society* 96: 464–495, 1952
–: «The Ancestry of the Susquehannocks». In:

Witthoft, J. und Kinsey, W. F. III (Hg.) *Susquehannock Miscellany:* 19–60. Pennsylvania Historical Museum Commission. Harrisburg, 1959

Wittlaufer, B. N.: «The Mortlach Site in the Besant Valley of Central Saskatchewan». *Department of Natural Ressources Anthropological Series* 1. Regina, 1955

Wobst, H. M.: «Boundary Conditions for Paleolithic Social Systems: A Simulation Approach». *American Antiquity* 39: 147–177, 1974

Wormington, M.: «A Reappraisal of the Fremont Culture». *Proceedings of the Denver Museum of Natural History* 1. 1955

–: *Ancient Man in North America.* Denver Museum of Natural History. 1957

Wray, C. F. und Schoff, H. L.: «A Preliminary Report on the Seneca Sequence in Western New York». *Pennsylvania Archaeologist* 22: 53–63, 1953

Wright, H. E. (Hg.): *Late-Quaternary Environments of the United States, Bd. 2 «Holocene».* Minneapolis, 1983

Wright, J. L.: *The only land they knew.* New York, 1981

Wright, J. V.: «The Ontario Iroquois Tradition». *National Museum of Canada Bulletin* 210, 1966

–: «The Laurel Tradition and the Middle Woodland Period». *National Museum of Canada Bulletin* 217, 1967

–: *The Shield Archaic.* National Museum of Man. Ottawa, 1972

–: «The Cultural Continuity of the Northern Iroquoian-Speaking Peoples». In: Foster, M. K. et al. (Hg.) *Extending the Rafters: Interdisciplinary Approaches to Iroqoian Studies:* 283–299. Albany, 1984

Wylie, A.: The Reaction Against Analogy». *Advances in Archaeological Method and Theory* 8: 63–111. 1985

Yamamura, K.: «On the origin of Thule culture as seen from the typological studies of toggle horpoon heads». In: McCartney, A. P. (Hg.) *Thule Eskimo prehistory: an anthropological retrospective. Archaeological Survey of Canada, Mercury Series* 88: 474–484. Ottawa, 1979

Yarnell, R. A.: «Domestication of sunflower and sumpweed in eastern North America». In: Ford, R. I. (Hg.) *Early Food Production in North America:* 285–299. Museum of Anthropology, University of Michigan. Ann Arbor, 1978

Yellen, J. E.: *Archaeological Approaches to the Present: Models for Predicting the Past.* New York, 1977

Yerkes, R. W. (Hg.): *Interpretations of Culture Change in the Eastern Woodland Period.* Department of Anthropology, Ohio State University. Columbus, 1988

Young, S. B.: «The vegetation of Land-Bridge Beringia». In: Hopkins, D. et al. (Hg.) *Paleoecology of Beringia:* 179–194. New York, 1982

ABBILDUNGSNACHWEIS

Frontispiz: Mit freundlicher Genehmigung des Museum of Indian Archaeology (London). Aufnahme der University of Western Ontario Künstler Ivan Kocsis.
S. 14 Zeichnung von Simon S. S. Driver. *17* (oben links u. rechts) Von A. S. Ingstad, *The Discovery of a Norse Settlement in America,* 1977. (unten links) Newfoundland and Labrador Historic Parks and Sites. *18* (links) National Museums of Canada, Canadian Museum of Civilization. (rechts) Peter Schledermann. *23* Trustees of the British Museum. *25* Von G. Benzoni, *America pars quarta,* 1594 (British Library). *26* (links) The New York Public Library, Astor, Lenox and Tilden Foundations. (rechts) Von Theodor de Bry, *Indorum Floridam provinciam inhabitantium eicones,* Frankfurt, 1591 (British Library). *27* Museum of the American Indian. *29* Trustees of the British Museum. *32* (oben) Von Squier und Davis, 1848. (unten) Smithsonian Institution, National Anthropological Archives, Bureau of American Ethnology Collection. *33* (oben) Von Squier and Davis, 1848. (unten links) Peabody Museum, Harvard University. (unten Mitte u. rechts) Smithsonian Institution, National Anthropological Archives, Bureau of American Ethnology Collection. *34* Peabody Museum, Harvard University. *36* (oben) Smithsonian Institution, National Anthropological Archives, neg. no. Port, 22-E. (unten) Von Cushing 1882–83. *37* National Museum of American Art and National Portrait Gallery Library, Smithsonian Institution. *38* Smithsonian Institution, National Anthropological Archives series B, box 20. *39* (oben u. rechts unten) Museum of New Mexico. (unten links) Von Kidder, 1924. *43* American Museum of Natural History. *45* Zeichnung von Simon S. S. Driver. *47* (oben u. unten) Mit freundlicher Genehmigung des Centre for American and Commonwealth Studies. *48* Zeichnung von Tracy Wellman. *49* Zeichnung von Hanni Bailey. *53* (oben) Smithsonian Institution, National Anthropological Archives, neg. no. 72–8413. (unten) Arizona State Museum, The University of Arizona. Foto: Helga Teiwes. *56* Fotos: Brian Fagan. *58, 59* Mit freundlicher Genehmigung von Lewis Binford. *66* Mit freundlicher Genehmigung von Olga Soffer. *67* (links) Zeichnung von Simon S. S. Driver. (rechts) Nach Mochanov 1977. *68* Zeichnung von Julie Longhill. *72* Zeichnung von Simon S. S. Driver. *73* (oben links) Zeichnung von Simon S. S. Driver. (oben rechts) Nach J. Wymer, *The Paleolithic Age,* 1982. (unten) Foto: T. L. Péwé. *76* Zeichnung von Simon S. S. Driver. *79* (oben u. unten) Mit freundlicher Genehmigung von J. M. Adovasio, Department of Anthropology, University of Pittsburgh. *80* Ders. *82, 83* Arizona State Museum, The University of Arizona. *84* (oben) Arizona State Museum, The University of Arizona. Fotograf: Bruce Huckell. (unten) Nach Willey, 1966. 85 Nach Paul Martin, «The Discovery of America», *Science* 179 (1973), 969. *89* Museum of the American Indian, Heye Foundation. *90* Aus: George Catlin's *Illustrations...,* 1876. *91* Royal Ontario Museum, Toronto, Canada. *93* Smithsonian Institution, National Anthropological Archives, neg. no. 75–14715. *96, 97* Zeichnungen von Simon S. S. Driver, nach Jennings, 1989. *102* Zeichnung von Simon S. S. Driver. *103* © Photo Archives, Denver Museum of Natural History. *104* Montana Historical Society, Helena. *105* (links u. rechts) Mit freundlicher Genehmigung von George Frison. *106* Nach Joe Ben Wheat in Zubrow, Fritz and Fritz (Hrsg.) *New World Archaeology,* 1974, p. 221. *108* Zeichnung von Simon S. S. Driver, nach Irwin and Wormington, 1970. *110* Mit freundlicher Genehmigung von George Agogino, Eastern New Mexico University, Portales. *114* Thunderbird Research Corporation. (oben rechts, nachgezeichnet von Sue Cawood). *116* Nach Prufer and Baby, 1963. *117* Zeichnung von Simon S. S. Driver. *124* Zeichnung von Simon S. S. Driver. *125* Library of Congress, Washington. *129* Smithsonian Institution. *131* Von Wedel u. a., 1968. *133* George Frison, University of Laramie, Wyoming. *137* (oben) Zeichnung von Sue Cawood. (unten) Mit freundlicher Genehmigung des Head-Smashed-In Buffalo Jump Interpretive Center, Alberta, Canada. *138* (unten) Smithsonian Institution, National Anthropological Archives, neg. no. 20560. *141* Aquarell von Peter Rindisbacher, National Archives of Canada/C 1917. (unten) New York Public Library. *143* Walters Art Gallery, Baltimore. *147* National Film Archive, London. *148* (unten) Nach Dumond, 1987, Abb. 5. *148–49* Zeichnung von Simon S. S. Driver. *153* Nach Dumond, 1987, Abb. 14. *154* (oben) Nach Dumond, 1987, Abb. 19. (unten) Mit freundlicher Genehmigung von Jean S. Aigner. *155* (oben) Zeichnung von Simon S. S. Driver, nach Turner. (unten) Smithsonian Institution, neg. no. SI 343588. *156* (oben) Foto mit freundlicher Genehmigung Museum of the American Indian, Heye Foundation. (unten) Nach Dumond, 1987, Abb. 26, 28. *157* Don E. Dumond, Oregon State Museum of Anthropology, University of Oregon. *158* Von Fitzhugh and Crowell, 1988, Abb. 251 (Zeichnung von Jo Ann Moore). *159* (oben) Nach Dumond, 1987, Abb. 48. (unten) National Museums of Canada, Canadian Museum of Civilization, neg. # 51166. *160* Mit freundlicher Genehmigung von Don E. Dumond. *161* Nach: McGhee, 1978, p. 27. *162* National Museums of Canada, Canadian Museum of Civilization. *163* National Archives of Canada/PA 129869. *164* (oben) National Museums of Canada, Canadian Museum of Civilization, neg. no. 37080. (unten) National Museums of Canada, Canadian Museum of Civilization, neg. no. 77–26. *166* (oben) National Archives of Canada/PA 114646. (unten) Nach Dumond, 1987, Abb. 22. *171* (oben Mitte) Don E. Dumond (oben links) und Haffenreffer Museum, Brown University, Fotograf: Douglas D. Anderson. (oben rechts u. unten) Fotograf: Werner Forman. *172* (oben links und ganz unten) Von Fitzhugh and Crowell, 1988, Abb. 195, 137 (Zeichnung von Jo Ann Moore). (unten) Fotograf: Werner Forman. 173 (oben links) Von Fitzhugh and Crowell, 1988, Abb. 192. (oben rechts) Smithsonian Institution, National Anthropological Archives, neg. no. 73–10872. (unten links) National Archives of

Canada/C 8160. Fotograf: G. S. McTavish. *174* Nach Fitzhugh and Crowell, 1988, Abb. 140. *175* Fotograf: Werner Forman. *179* (oben) Nach McGhee, 1978, p. 57. (unten links) National Museums of Canada, Canadian Museum of Civilization. (unten rechts) National Museums of Canada, Canadian Museum of Civilization, neg. no. 77–28. *177* National Museums of Canada, Canadian Museum of Civilization. *178* National Museums of Canada, Canadian Museum of Civilization. 180 Nach McGhee, 1978, p. 84. *181* National Museums of Canada, Canadian Museum of Civilization, neg. no. 43295. *182* Hudson's Bay Company Archives, Provincial Archives of Manitoba. *184* National Museums of Canada, Canadian Museum of Civilization. *185* National Museums of Canada, Canadian Museum of Civilization. 186 National Archives of Canada. *187* Department of Ethnography, National Museum of Denmark. *192* Zeichnung von Simon S. S. Driver. *193* (oben) National Archives of Canada. (unten) Nach einem Aquarell von John Webber, 1778. *194* (links) Fotograf: Werner Forman. *195* (unten) Lowie Museum of Anthropology, The University of California at Berkeley. *197* Smithsonian Institution, National Anthropological Archives, photo no. 56748. *198* Nach Carlson, 1983, Abb. 1.3. *200* Zeichnung von Tracy Wellman, nach Carlson 1983, Abb. 1.5. *201* Nach Moratto, 1984, Abb. 4.6. *203* Lowie Museum of Anthropology, The University of California at Berkeley. *204, 206* Mit freundlicher Genehmigung von Dale R. Croes, Washington State University. *209, 210* Mit freundlicher Genehmigung von Richard D. Daugherty. *213* Zeichnungen von Simon S. S. Driver, nach Moratto, 1984. *214* Gezeichnet nach Moratto, 1984, Abb. 10.6. *215* Gezeichnet nach Moratto, 1984, Abb. 5.12. *218* Santa Barbara Museum of Natural History. *220* Santa Barbara Museum of Natural History. Fotograf: William Dewey. *221* Santa Barbara Museum of Natural History. Fotograf: Peter Howorth. *222* (oben) Santa Barbara Museum of Natural History. Fotograf: William Dewey. (unten links) Santa Barbara Museum of Natural History. Fotograf: William D. Hyder. *224* (oben) Zeichnung von Simon S. S. Driver. (unten) Fotos: H. Drewes/USGS. *227* Zeichnung von Tracy Wellman. *228* Mit freundlicher Genehmigung des Museum of New Mexico, neg. no. 21618. *231* (oben) Fotograf: Werner Forman. Gezeichnet nach Jennings, 1989, Abb. 4.19. *232* (rechts) Nach Fagan, *People of the Earth,* 1989. (links) Utah Museum of Natural History, Fotograf: John Telford. *233* (oben) University of Utah Archaeological Center. (unten) Utah Museum of Natural History. Fotograf: John Telford. *234* (rechts) Utah Museum of Natural History. Fotograf: John Telford. (links oben) Fotograf: Werner Forman. *238* Fotograf: L. Kyle Napton. *239* (rechts) Mit freundlicher Genehmigung des Museum of the American Indian, Heye Foundation. *240* Mit freundlicher Genehmigung von David Hurst Thomas, American Museum of Natural History. *242* David Hurst Thomas, AMNH. *244* David Hurst Thomas, AMNH. *246* University of Utah Archaeological Center. *247* (oben) Utah Museum of Natural History. Fotograf: Laurel Casjens. (Mitte und unten) Utah Museum of Natural History. Fotograf: John Telford. *248* Von K. F. Wellmann, *North American Indian Rock Art.* *250* Zeichnung von Simon S. S. Driver. *252* (oben) Museum of New Mexico. (unten) Smithsonian Institution National Anthropological Archives, neg. no. 2747 B. *254* Foto: I. J. Witkind/ USGS. *255* Foto: W. T. Lee/USGS. *256* Zeichnung von Tracy Wellman. *259* National Park Service. Fotograf: Jack Boucher. *263* Nach Cordell, 1984. *264* Arizona State Museum, University of Arizona, Fotograf: Helga Teiwes. *269* Museum of New Mexico, neg. no. 43170. *273* (links) Robert S. Peabody Foundation for Archaeology. (rechts) Museum of New Mexico, neg. no. 2571. *274* Seaver Center for Western History Research, Natural History Museum of Los Angeles County. *276* Fotograf: Wesley Bradfield, Mit freundlicher Genehmigung des Museum of New Mexico, neg. no. 43277. *278* Field Museum of Natural History (neg. no. 133), Chicago. *280* Zeichnung von Tracy Wellman, nach Jennings, 1989, Abb. 6.7, 6.8. *281* Field Museum of Natural History, Chicago. *282* (oben) Arizona State Museum, The University of Arizona. (unten) Arizona State Museum, The University of Arizona, Fotograf: Helga Teiwes. *286* Seaver Center for Western History Research, Natural History Museum of Los Angeles County. *288* Von Morgan, *Houses and House Life of the American Aborigines,* 1881. *289* Zeichnung von Sue Cawood. *290* (oben) Fotograf: Werner Forman. *290–91* Foto: O. C. Havens, National Geographic Society. *291* (oben) Nach Ferguson and Rohn, 1987. *294* (rechts) Arizona State Museum, University of Arizona, Fotograf: R. G. Vivian. (links) Zeichnung von Tracy Wellman. *297* (oben) Foto: Werner Forman. (unten) Arizona State Museum, University of Arizona, Fotograf. E. W. Haury. *298* Foto: Werner Forman. *299* Nach Ferguson and Rohn, 1987. *300* Foto: Werner Forman. *302* Zeichnung von Tracy Wellman, nach Cordell 1984. *304* Fotos: Werner Forman. *307* (links) Mit freundlicher Genehmigung The Amerind Foundation, Inc., Dragoon, Arizona. (rechts) Naprstkovo Museum, Prag. *309* National Park Service, Fotograf: Fred Mang, Jun. *314* Zeichnung von ML Design. *317* Arkansas Archaeological Survey. *319* Mit freundlicher Genehmigung von Jefferson Chapman. *321* Zeichnung von Tracy Wellman, nach Anderson and Hanson, 1988. *322* (oben) Aus: *Archaeology of Carrier Mills: 10,000 Years in the Saline Valley of Illinois,* von Richard W. Jefferies, mit Illustrationen von Thomas W. Gatlin, © 1987 by the Board of Trustees, Southern Illinois University. (unten) Mit freundlicher Genehmigung von Frank H. McClung Museum, The University of Tennessee, Knoxville. *323* Mit freundlicher Genehmigung von Jefferson Chapman and the Frank H. McClung Museum, The University of Tennessee, Knoxville (Zeichnungen von Calvert McIlhany). *327* Foto: Christopher Peebles. *328* Mit freundlicher Genehmigung von James Brown. *332* Center for Archaeological Research, Southern Illinois University, Carbondale. *334* Aus: *Archaeology of Carrier Mills: 10,000 Years in the Saline Valley of Illinois,* von Richard W. Jefferies, mit Illustrationen von Thomas W. Gatlin, © 1987 by the Board of Trustees, Southern Illinois University. *343* Zeichnung von Sue Cawood. *344* James A. Tuck, Memorial University of Newfoundland. *345* Gezeichnet nach Willey, 1966, Abb. 5.15. *346* (oben) University Museum of Archaeology and Ethnology, Cambridge. *348* Gezeichnet nach Willey, 1966, Abb. 5.14. *350* Zeichnung von ML Design. *351* (oben) Gezeichnet nach Jennings, 1989, Abb. 4.3. (unten) Zeichnung von Tracy Wellman, nach Jennings, 1989, Abb. 4.5. *353* Aus: Theodor de Bry, *Indorum Floridam provinciam inhabitantium eicones,* 1591. *356* Aus: Jon E. Gibson, *Poverty Point: A Culture of the Lower Mississippi Valley,* Baton Rouge, LA 1985. *357* Mit freundlicher Genehmigung des Department of Library Services, American Museum of Natural History, neg. no. 32906 (Fotograf: Junius B. Bird). *364* Foto: Werner Forman. *365* Zeichnung von Sue Cawood. *366* (oben) Aus: Webb, *The Wright Mounds,* Department of Anthropology and Archaeology, University of Kentucky, vol. V, no. 1, 1940. (unten) Nach Fagan, *People of the Earth,* 1989, Abb. 14.9. *367* (oben) Ohio Historical Society. (unten) Peabody Museum, Harvard University, Fotograf: Hillel Burger. *368* (links) Nach Jennings, 1989, Abb. 5.6. *371* Foto: Werner Forman. *371–72* (oben, Mitte) Fotos: Werner Forman. (unten) Trustees of the British Museum. *374* Zeichnung von ML Design. *377* Zeichnung von Elise O'Connor. *379* (oben) Ohio Historical Society. (unten) Zeichnung von Lucy Maw. *380* Zeichnung von Sue Cawood, nach Jennings, 1989, Abb. 5.11. *381* Field Museum of Natural History, Chicago. *389* Mit freundlicher Genehmigung des Florida Museum of Natural History (oben links, aus: Milanich et al. *McKeithen Weeden Island: The Culture of Northern Florida, a.D. 200–900,* Academic Press, New York, Abb. 5.1). *392* Foto: Werner Forman. *395* Fotos: Werner Forman. *396* Zeichnung von Sue Cawood. *398* Cahokia Mounds State Historic site. Gemälde von William R. Iseminger. *399* (oben) Cahokia Mounds State Historic site. (unten) Cahokia Mounds State Historic site. Gemälde von L. K. Townsend. *400* Mit freundlicher Genehmigung von Christopher Peebles. *402* (oben) Mit freundlicher Genehmigung von Christopher Peebles. (unten) Zeichnung von Lucy Maw. *403–6* Fotos: Werner Forman. *408* Von Le Page du Pratz, 1758. *416* Gezeichnet nach Jennings, 1989, Abb. 5.1. *419* Mit freundlicher Genehmigung von David M. Stethers, University of Toledo. *420* New York State Museum, Division of Research and Collections. *422* Mit freundlicher Genehmigung des Museum of Indian Archaeology (London). An Affiliate of The University of Western Ontario. Künstler: Ivan Kocsis. *425* (oben) Zeichnung von Tracy Wellman. (unten) Museum für Völkerkunde, Wien. *427* Mit freundlicher Genehmigung des Museum of Indian Archaeology (London). An Affiliate of The University of Western Ontario. Künstler: Ivan Kocsis. *430* Mit freundlicher Genehmigung von David Hurst Thomas, American Museum of Natural History. *432* Zeichnung von Sue Cawood. *435* Zeichnung von Lucy Maw, nach James W. Bradley. *437* Von Joseph Lafitau, *Moeurs des Sauvages Amériquains,* 1724. *438* (oben) *De gedenkwaardige voyagie van don Ferdinand De Soto, na Florida,* Leyden, P. Van Der As, 1706. W. S. Hoole Special Collections Library, University of Alabama. (unten) Aus: L. Tesan and B. C. Jones, «In Search of the 1539–40 De Soto Expedition Wintering Site in Apalache *Florida Anthropologist* (1989), vol. 42, no. 4, Abb. 4. Zeichnung von Frank Gilson. *444* (oben) Zeichnungen von Albert Manucy. (unten) Foto mit freundlicher Genehmigung von Kathleen Deagan. *445* Von G. Benzoni *Americae pars quarta,* 1594. *449* American Museum of Natural History, St Catherine's Island Foundation, Fotograf: Dennis O'Brien. *450* Colonial Williamsburg Foundation. *451* Colonial Williamsburg Foundation. *453* Foto: Thomas Jefferson Memorial Foundation and William M. Kelso. *455* South Carolina Institute of Archaeology and Anthropology, University of South Carolina, Fotograf: G. Brown. *459* Mit freundlicher Genehmigung von Mark Leone, Department of Anthropology, University of Maryland at College Park.

REGISTER

DANKSAGUNG

Dutzende von Kollegen haben an der Entstehung des vorliegenden Buches Anteil – Feldforscher, Museumsleute, Bibliothekare und Hochschullehrer. Ihr Rat und ihre Ermutigung erreichten mich selbst an den Gestaden des Arktischen Ozeans und in heißen Quellen entlang der Flüsse Idahos. Jedem einzelnen zu danken ist unmöglich. Ich gebe aber meiner Hoffnung Ausdruck, daß das Endprodukt ihren Bemühungen gerecht wird. Kraft ihrer Hilfe kann sich das Werk sehen lassen, und dafür schulde ich allen Beteiligten großen Dank.

Zu Dank bin ich auch den vielen Freunden verpflichtet, die die Rohfassung ganz oder teilweise gelesen haben. Ihre Meinungen, Einsichten und kritischen Anmerkungen sind der Arbeit gut bekommen. Erwähnen will ich besonders Douglas Bamforth, Cindy Bettison, Jefferson Chapman, Linda Cordell, Dale Croes, Michael Glassow, Michael Jochim, John Johnson, Jack Lobdell, Allen McCarthy, Robert McGhee, George Michaels, James O'Connell, Terry Rudolf, Vincas Steponaitis und William Turnbaugh. Ein herzliches Dankeschön Euch allen!

Abschließend ein Wort der Anerkennung und des Dankes an meine Kollegen in Santa Barbara, die mir über mehr als zwanzig Jahre stets ein Quell geistiger Anregung und befruchtender Ideen gewesen sind. Ich schätze unsere Verbindung mehr als ich ausdrücken kann.

Santa Barbara, Kalifornien
Brian Fagan